第二版
非税收入
征缴实务

丁正智 ◎ 编著

FEISHUI SHOURU
ZHENGJIAO SHIWU

图书在版编目(CIP)数据

非税收入征缴实务 / 丁正智编著. — 2版. — 上海：立信会计出版社,2023.8
ISBN 978-7-5429-7347-4

Ⅰ.①非… Ⅱ.①丁… Ⅲ.①非税收收入-财政管理-研究-中国 Ⅳ.①F812.43

中国国家版本馆 CIP 数据核字(2023)第 092394 号

责任编辑　毕芸芸

非税收入征缴实务(第二版)
FEISHUI SHOURU ZHENGJIAO SHIWU

出版发行	立信会计出版社		
地　　址	上海市中山西路 2230 号	邮政编码	200235
电　　话	(021)64411389	传　真	(021)64411325
网　　址	www.lixinaph.com	电子邮箱	lixinaph2019@126.com
网上书店	http://lixin.jd.com		http://lxkjcbs.tmall.com
经　　销	各地新华书店		
印　　刷	固安华明印业有限公司		
开　　本	787 毫米×1092 毫米　1/16		
印　　张	34.5		
字　　数	688 千字		
版　　次	2023 年 8 月第 2 版		
印　　次	2023 年 8 月第 1 次		
书　　号	ISBN 978-7-5429-7347-4/F		
定　　价	109.00 元		

如有印订差错,请与本社联系调换

第二版前言

本书2019年12月面世以后,非税收入的理论与实务发生了较大的变化。自2020年起,全国非税收入又经历了多轮次划转,特别是国有土地使用权出让收入划转后,非税收入征缴格局发生了巨大转变,"税费皆重"成为税务系统加强非税收入征管的重要管理理念。同时,非税收入征缴实务产生了一些新问题。为此,我们结合税务机关在非税收入征缴过程中遇到的实际问题,重点补充了2020年以后新划转税务部门征收的非税收入,包括水土保持补偿费、国有土地使用权出让收入、城镇垃圾处理费、森林植被恢复费等12个费种的相关基本政策和管理实务,并根据其他费种的最新优惠政策对本书相关内容进行了修订和完善。在此基础上,对归集的非税收入政策法规进行了补充,对已废止的文件进行了删除。

本次修订得到了扬州市税务局张佞同志的鼎力相助,在此表示衷心的感谢!同时,对本书修订过程中出版社编辑的辛勤付出一并表示谢意。

由于作者水平有限,且政策更新较快,疏漏之处在所难免,敬请读者批评指正。

丁正智

2023年8月9日

前　言

非税收入是政府收入的一部分,是政府取得的除税收以外的收入。非税收入的存在,有的是基于政府提供的服务,有的是基于政府的政治权力,有的是基于资产所有权,在此不一一枚举。在市场经济条件下,政府的职能范围与强度,决定了政府收入的形式与规模。对于非税收入的性质、范围以及获取非税收入的依据等,我们还存在着认识上的差异,这种差异对财政制度的构建产生重大影响。在我国的财税理论和实践中,非税收入一直是我国政府收入的重要组成部分。长期以来,非税收入的种类繁多,形式多样,征缴依据不一,既不利于政府履行职责、建设人民满意政府的要求,也不利于体现政府管理水平和效率的提升,更不符合依法治国、依法理财的财税改革体制的需要。

随着社会主义市场经济制度和财政体制的不断完善,非税收入的管理经历了从自收自支到逐步规范的过程。特别是2011年以后,财政部出台《政府非税收入管理办法》,重新对非税收入进行定义,并确定非税收入的范围包括12个项目,即行政事业性收费收入、政府性基金收入、罚没收入、国有资源(资产)有偿使用收入、国有资本收益、彩票公益金收入、特许经营收入、中央银行收入、以政府名义接受的捐赠收入、主管部门集中收入、政府收入的利息收入、其他非税收入。从此以后,非税收入受到规范化管理。从预算外资金到非税收入的转变,标志着我国在建立公共财政体系的过程中,在强化政府财政职能、规范非税收入管理和完善公共收入体系方面取得了思想认识和财政实践上的新突破。

以习近平同志为核心的党中央,着眼全局,立足长远,做出了国税地税征管体制改革的重大决策。2018年7月20日,中共中央办公厅、国务院办公厅印发《国税地税征管体制改革方案》,强调改革国税地税征管体制,合并省级和省级以下国税地税机构,划转社会保险费和非税收入征管职责,构建优化高效统一的税收征管体系,为高质量推进新时代税收现代化提供有力制度保证,更好地发挥税收在国家治理中的基础性、支柱性、保障性作用。按照中央的部署,2018年底,全国税务系统已经完成了征管体制改革的机构合并任务,并进入"划转社会保险费和非税收入征管职责"改革的具体工作阶段。

国税地税机构合并后,税务机关征缴的非税收入,除2015年以前已经由税务部门普遍征管教育费附加、地方教育附加、残疾人就业保障金、文化事业建设费、废弃电器电子产品处理基金5项非税收入,部分省市税务部门征管地方水利建设基金(含防洪工程维护费)、城镇垃圾处理费、水土保持补偿费、地方大中型水库库区基金、国家重大水利工程建设基金(地方部分)、外商投资企业土地使用费、海上石油矿区使用费、陆上石油矿区使用费、土地闲置费等9项非税收入外,2019年1月1日起,原由财政部专员办负责征管的11大项13细项中央非税收入划转至税务部门征管。

为了帮助税务干部更好地了解非税收入,适应非税收入征管职责划转的工作要求,在国家税务总局税务干部进修学院党委和院领导的支持下,《非税收入征缴实务》一书得以出版。本书的出版,一方面是为了从源头上清本正源,力图说明非税收入的基本理论和历史演变,另一方面是结合税务机关目前普遍征收的非税收入的征缴实际,力图说明非税收入的基本政策和管理实务。全书共分为两部分。第一部分的第一章至第三章,重点阐述非税收入的基本概念、种类划分、征管体制改革;第四章至第七章,重点介绍税务机关普遍征收的5项非税收入;第八章,重点介绍原由财政部专员办负责征管划转至税务部门征管的11大项13细项中央非税收入。第二部分为非税收入政策法规。

由于作者水平有限,且政策更新较快,疏漏之处在所难免,敬请读者批评指正。

丁正智

2019年12月

目 录

第一部分 非税收入管理

第一章 非税收入概述 … 3
第一节 非税收入的内涵 … 3
一、非税收入的概念 … 3
二、非税收入与税收收入 … 5
三、非税收入与预算外资金 … 6
第二节 非税收入的职能与作用 … 7
一、非税收入的职能 … 7
二、非税收入的作用 … 8
第三节 非税收入的历史演变 … 10
一、非税收入管理的发展 … 11
二、非税收入管理模式的完善 … 13

第二章 非税收入的分类 … 15
第一节 行政事业性收费收入 … 15
一、行政事业性收费的概念和特点 … 15
二、行政事业性收费的分类 … 16
三、行政事业性收费的管理 … 17
四、收费单位违章责任 … 19
五、行政事业性收费目录清单 … 20
第二节 政府性基金收入 … 29
一、政府性基金的概念和特点 … 29
二、政府性基金的分类 … 29
三、政府性基金的征收和缴库 … 30
四、政府性基金目录清单 … 31
第三节 罚没收入 … 34
一、罚没收入的概念和特点 … 34
二、罚没收入的分类 … 35
三、罚没收入的立项与管理 … 36
四、行政处罚的程序 … 37
五、税务机关收取的罚没收入 … 39

第四节　其他各类非税收入 ··· 46
　　一、国有资源(资产)有偿使用收入 ······················· 46
　　二、国有资本收益 ··· 46
　　三、彩票公益金收入 ·· 46
　　四、特许经营收入 ··· 47
　　五、中央银行收入 ··· 47
　　六、以政府名义接受的捐赠收入 ·························· 47
　　七、主管部门集中收入 ····································· 47
　　八、政府收入的利息收入 ·································· 47
　　九、其他非税收入 ··· 47

第三章　非税收入管理体制及征管改革 ··························· 48
第一节　非税收入管理体制 ··· 48
　　一、非税收入管理体制的概念与原则 ···················· 48
　　二、非税收入管理体制的内容 ···························· 49
　　三、非税收入的管理机构 ·································· 50
第二节　非税收入的设立和征收管理 ···························· 51
　　一、非税收入的设立 ·· 51
　　二、非税收入的征收管理 ·································· 53
第三节　税务部门非税收入征管改革 ···························· 55
　　一、税务部门非税收入征管的历史沿革 ················ 55
　　二、税务部门征收非税收入的模式及优势 ············· 58
　　三、税务部门征收非税收入改革方向 ··················· 60
　　四、征管模式的国际比较 ·································· 64

第四章　教育费附加与地方教育附加 ······························ 68
第一节　教育费附加与地方教育附加概述 ······················ 68
　　一、教育费附加与地方教育附加的征收目的 ·········· 68
　　二、教育费附加和地方教育附加的特点 ················ 69
　　三、国外教育税收经验借鉴 ······························· 69
第二节　教育费附加与地方教育附加的计算与缴纳 ·········· 69
　　一、缴纳义务人和扣缴义务人 ···························· 69
　　二、计征依据与相关政策 ·································· 70
　　三、征收标准 ··· 74
　　四、教育费附加、地方教育附加的计算 ················ 75
第三节　教育费附加与地方教育附加的征收管理 ············· 80
　　一、征收机关 ··· 80
　　二、缴纳义务发生时间 ····································· 80
　　三、缴纳环节与地点 ·· 80
　　四、关于教育费附加和地方教育附加的几个问题 ···· 80

五、登记申报 ··· 81
第五章　文化事业建设费 ··· 87
　第一节　文化事业建设费概述 ··· 87
　　一、文化事业建设费的由来 ··· 87
　　二、文化事业建设费的特点 ··· 88
　　三、文化事业建设费的使用管理 ··· 88
　　四、文化事业建设费的制度变更 ··· 89
　第二节　文化事业建设费的计算与缴纳 ·· 90
　　一、缴纳义务人和扣缴义务人 ·· 90
　　二、征费范围 ··· 90
　　三、计费依据和费率 ··· 91
　　四、减免优惠 ··· 91
　　五、应缴费额的计算 ··· 92
　第三节　文化事业建设费的征收管理 ·· 94
　　一、征收管理特点 ·· 94
　　二、征收机关 ··· 95
　　三、缴纳地点 ··· 95
　　四、缴纳义务发生时间与缴纳期限 ··· 95
　　五、登记申报 ··· 95
第六章　废弃电器电子产品处理基金 ·· 102
　第一节　废弃电器电子产品处理基金概述 ··································· 102
　　一、废弃电器电子产品处理的必要性 ·· 102
　　二、征收废弃电器电子产品处理基金的制定依据 ······················· 103
　　三、废弃电器电子产品处理基金的使用管理 ······························ 104
　第二节　废弃电器电子产品处理基金的计算与缴纳 ····················· 105
　　一、缴纳义务人 ··· 105
　　二、征收范围和标准 ··· 106
　　三、废弃电器电子产品处理基金的计算 ···································· 110
　　四、减免优惠 ··· 110
　第三节　废弃电器电子产品处理基金的申报与征收 ····················· 112
　　一、废弃电器电子产品处理基金的征管现状 ······························ 112
　　二、废弃电器电子产品处理基金的申报 ···································· 113
　　三、废弃电器电子产品处理基金的征收管理规定 ······················· 115
　　四、关于废弃电器电子产品处理基金的几个问题 ······················· 116
第七章　残疾人就业保障金 ·· 118
　第一节　残疾人就业保障金概述 ·· 118
　　一、残疾人就业保障金制度的历史沿革 ···································· 118
　　二、残疾人就业保障金的作用和意义 ·· 120

三、残疾人就业保障金的性质 ………………………………………… 121
　第二节　残疾人就业保障金的计算与缴纳 ………………………………… 121
　　一、缴费主体 …………………………………………………………… 121
　　二、征缴范围 …………………………………………………………… 121
　　三、计费依据与计算公式 ……………………………………………… 121
　　四、会计处理 …………………………………………………………… 124
　　五、减、免、缓相关政策 ……………………………………………… 124
　　六、残保金的缴纳 ……………………………………………………… 125
　第三节　残疾人就业保障金的征收管理 …………………………………… 125
　　一、征收管理特点 ……………………………………………………… 125
　　二、征收管理主体及相应的职权范围 ………………………………… 126
　　三、征收管理流程 ……………………………………………………… 126
　　四、违法主体的法律责任 ……………………………………………… 129

第八章　先行划转税务部门征收的其他非税收入 ……………………………… 131
　第一节　概述 ………………………………………………………………… 131
　第二节　适用于通用申报表的非税收入 …………………………………… 134
　　一、国家重大水利工程建设基金 ……………………………………… 134
　　二、农网还贷资金 ……………………………………………………… 138
　　三、中央水库移民扶持基金 …………………………………………… 139
　　四、可再生能源发展基金 ……………………………………………… 143
　　五、三峡电站水资源费 ………………………………………………… 144
　　六、核电站乏燃料处理处置基金 ……………………………………… 146
　　七、场外核应急准备金 ………………………………………………… 146
　　八、免税商品特许经营费 ……………………………………………… 147
　　九、国家留成油收入 …………………………………………………… 149
　　十、水土保持补偿费 …………………………………………………… 151
　　十一、地方水库移民扶持基金 ………………………………………… 153
　　十二、排污权出让收入 ………………………………………………… 154
　　十三、防空地下室易地建设费 ………………………………………… 155
　　十四、城镇垃圾处理费 ………………………………………………… 157
　　十五、土地闲置费 ……………………………………………………… 158
　　十六、国有土地使用权出让收入 ……………………………………… 159
　　十七、矿产资源专项收入 ……………………………………………… 162
　　十八、海域使用金 ……………………………………………………… 167
　　十九、无居民海岛使用金 ……………………………………………… 171
　　二十、森林植被恢复费 ………………………………………………… 176
　　二十一、草原植被恢复费 ……………………………………………… 178
　　二十二、非税收入通用申报表样式与填写 …………………………… 178

第三节 适用于专门申报表的非税收入 ………………………………………… 181
一、石油特别收益金专项收入 ……………………………………………… 181
二、油价调控风险准备金 …………………………………………………… 183

第四节 工会经费 …………………………………………………………… 189
一、工会经费概述 …………………………………………………………… 189
二、工会经费的计征 ………………………………………………………… 190
三、工会经费的征收管理 …………………………………………………… 191

第二部分 非税收入政策法规

一、非税收入管理与票据管理 ………………………………………………… 199
政府非税收入管理办法 ………………………………………………………… 199
财政票据管理办法 ……………………………………………………………… 203

二、教育费附加 …………………………………………………………………… 209
国务院关于征收教育费附加的暂行规定 …………………………………… 209
财政部关于征收教育费附加几个具体问题的通知 ………………………… 210
财政部 国家税务总局请改正营业所缴纳教育费附加地点的函 …………… 211
财政部 国家税务总局关于征收教育费附加两个政策问题的批复 ………… 212
财政部关于"112专项"进口汽车免征教育费附加的复函 ………………… 212
国家税务总局关于印发《国务院关于修改〈征收教育费附加的暂行规定〉的决定》的通知 …… 212
国务院关于修改《征收教育费附加的暂行规定》的决定 ………………… 214
国务院关于教育费附加征收问题的紧急通知 ……………………………… 214
国务院关于调整金融保险业税收政策有关问题的通知 …………………… 215
国家税务总局关于中央直属储备粮库建设有关税费问题的批复 ………… 217
财政部 国家税务总局关于黄金税收政策问题的通知 ……………………… 217
财政部 国家税务总局关于被撤销金融机构有关税收政策问题的通知 …… 218
财政部 国家税务总局关于中国东方资产管理公司处置港澳国际(集团)有限公司有关资产
　　税收政策问题的通知 …………………………………………………… 219
财政部 国家税务总局关于生产企业出口货物实行免抵退税办法后有关城市维护建设税
　　教育费附加政策的通知 ………………………………………………… 221
国家税务总局关于国家税务局为小规模纳税人代开发票及税款征收有关问题的通知 …… 222
财政部 国家税务总局关于国家石油储备基地建设有关税收政策的通知 … 223
国家税务总局关于中国建银投资有限责任公司纳税申报地点问题的通知 … 224
国家税务总局关于进一步加强房地产税收管理的通知 …………………… 224
财政部 国家税务总局关于增值税营业税消费税实行先征后返等办法有关城建税和教育费
　　附加政策的通知 ………………………………………………………… 227
财政部 国家税务总局关于免征国家重大水利工程建设基金的城市维护建设税和教育费
　　附加的通知 ……………………………………………………………… 228
国务院关于统一内外资企业和个人城市维护建设税和教育费附加制度的通知 …… 228

财政部 国家税务总局关于对外资企业征收城市维护建设税和教育费附加有关问题的通知 …… 229
国家税务总局关于做好统一内外资企业和个人城市维护建设税和教育费附加制度有关
　工作的通知 …… 229
财政部 国家税务总局关于对小微企业免征有关政府性基金的通知 …… 230
财政部 海关总署 国家税务总局关于支持鲁甸地震灾后恢复重建有关税收政策问题的
　通知 …… 231
财政部 国家税务总局关于扩大有关政府性基金免征范围的通知 …… 234
国家税务总局关于个人保险代理人税收征管有关问题的公告 …… 234
财政部 国家税务总局关于纳税人异地预缴增值税有关城市维护建设税和教育费附加政策
　问题的通知 …… 235
财政部 国家税务总局关于集成电路企业增值税期末留抵退税有关城市维护建设税 教育费
　附加和地方教育附加政策的通知 …… 236
财政部 税务总局关于增值税期末留抵退税有关城市维护建设税 教育费附加和地方教育
　附加政策的通知 …… 236
财政部 税务总局关于实施小微企业普惠性税收减免政策的通知 …… 237
财政部 税务总局 退役军人部关于进一步扶持自主就业退役士兵创业就业有关税收政策的
　通知 …… 238
财政部 税务总局 人力资源社会保障部 国务院扶贫办关于进一步支持和促进重点群体
　创业就业有关税收政策的通知 …… 241
财政部关于调整部分政府性基金有关政策的通知 …… 243
财政部 税务总局关于支持新型冠状病毒感染的肺炎疫情防控有关捐赠税收政策的公告 …… 244
国家税务总局关于支持新型冠状病毒感染的肺炎疫情防控有关税收征收管理事项的公告 …… 245
财政部 税务总局关于延续实施应对疫情部分税费优惠政策的公告 …… 247
财政部 税务总局关于明确增值税小规模纳税人免征增值税政策的公告 …… 248
国家税务总局关于增值税、消费税与附加税费申报表整合有关事项的公告 …… 249
国家税务总局关于城市维护建设税征收管理有关事项的公告 …… 249
国家税务总局 财政部关于制造业中小微企业延缓缴纳2021年第四季度部分税费有关事项
　的公告 …… 251
国家税务总局 财政部关于延续实施制造业中小微企业延缓缴纳部分税费有关事项的
　公告 …… 252
财政部 税务总局关于进一步支持小微企业和个体工商户发展有关税费政策的公告 …… 253
财政部 税务总局 退役军人事务部关于进一步扶持自主就业退役士兵创业就业有关税收
　政策的公告 …… 254
财政部 税务总局 人力资源社会保障部 农业农村部关于进一步支持重点群体创业就业
　有关税收政策的公告 …… 256

三、地方教育附加 …… 258

中华人民共和国教育法 …… 258
财政部关于统一地方教育附加政策有关问题的通知 …… 268
国务院关于进一步加大财政教育投入的意见 …… 269

财政部 国家税务总局关于对小微企业免征有关政府性基金的通知 …………………… 272

国家税务总局关于合理简并纳税人申报缴税次数的公告 …………………………… 273

国家税务总局关于个人保险代理人税收征管有关问题的公告 ………………………… 273

财政部 税务总局关于集成电路企业增值税期末留抵退税有关城市维护建设税 教育费附加和地方教育附加政策的通知 ……………………………………………… 275

财政部 国家税务总局关于增值税期末留抵退税有关城市维护建设税 教育费附加和地方教育附加政策的通知 ……………………………………………………………… 275

四、残疾人就业保障金 …………………………………………………………………… 276

中华人民共和国残疾人保障法 ……………………………………………………… 276

残疾人就业条例 ……………………………………………………………………… 284

财政部 国家税务总局关于对小微企业免征有关政府性基金的通知 …………………… 288

财政部 国家税务总局 中国残疾人联合会关于印发《残疾人就业保障金征收使用管理办法》的通知 ………………………………………………………………… 288

财政部关于取消、调整部分政府性基金有关政策的通知 …………………………… 292

国家税务总局关于贯彻落实降低残疾人就业保障金征收标准政策的通知 …………… 294

财政部关于降低部分政府性基金征收标准的通知 …………………………………… 295

财政部关于发布全国政府性基金项目目录的通知 …………………………………… 296

财政部关于调整残疾人就业保障金征收政策的公告 ………………………………… 301

财政部关于延续实施残疾人就业保障金优惠政策的公告 …………………………… 301

五、文化事业建设费 ……………………………………………………………………… 302

国务院关于进一步完善文化经济政策的若干规定 …………………………………… 302

财政部关于开征文化事业建设费有关预算管理问题的通知 ………………………… 304

财政部 中宣部关于颁发《文化事业建设费使用管理办法》的通知 ………………… 305

财政部 国家税务总局关于对外商投资企业、外国企业和外籍个人征收文化事业建设费问题的通知 ………………………………………………………………… 308

国务院关于支持文化事业发展若干经济政策的通知 ………………………………… 308

国家税务总局关于营业税改征增值税试点有关文化事业建设费登记与申报事项的公告 …… 311

财政部 国家税务总局关于对小微企业免征有关政府性基金的通知 …………………… 312

财政部 国家税务总局关于营业税改征增值税试点有关文化事业建设费政策及征收管理问题的通知 ………………………………………………………………… 313

财政部 国家税务总局关于营业税改征增值税试点有关文化事业建设费政策及征收管理问题的补充通知 ……………………………………………………………… 315

财政部 税务总局关于电影等行业税费支持政策的公告 …………………………… 315

财政部 税务总局关于延续实施应对疫情部分税费优惠政策的公告 ………………… 316

六、废弃电器电子产品处理基金 ………………………………………………………… 317

废弃电器电子产品回收处理管理条例 ……………………………………………… 317

财政部 环境保护部 国家发展改革委 工业和信息化部 海关总署 国家税务总局关于印发《废弃电器电子产品处理基金征收使用管理办法》的通知 ……………… 325

国家税务总局关于征收废弃电器电子产品处理基金有关税收会计统计核算问题的通知 …… 332

国家税务总局关于发布《废弃电器电子产品处理基金征收管理规定》的公告 …………… 334
财政部 国家税务总局关于进一步明确废弃电器电子产品处理基金征收产品范围的通知 …… 337
财政部关于进(来)料受托加工复出口免征废弃电器电子产品处理基金有关问题的公告……… 338
国家发展和改革委员会 环境保护部 工业和信息化部 财政部 海关总署 国家税务总局关于
　公布《废弃电器电子产品处理目录(2014年版)》的公告 …………………………………… 339
国家税务总局关于修订《废弃电器电子产品处理基金申报表》的公告 ………………… 341
国家发展和改革委员会办公厅 环境保护部办公厅 工业和信息化部办公厅 财政部办公厅
　海关总署办公厅 国家税务总局办公厅关于印发《废弃电器电子产品处理目录(2014年版)
　释义的通知》……………………………………………………………………………… 343

七、工会经费 ……………………………………………………………………………… 347
中华人民共和国工会法 …………………………………………………………………… 347
国家税务总局关于税务机关代收工会经费企业所得税税前扣除凭据问题的公告 ………… 355
中华总工会办公厅关于实施小微企业工会经费支持政策的通知 ………………………… 355
中华总工会办公厅关于实施小额缴费工会组织工会经费全额返还支持政策的通知………… 356

八、先行划转部分非税收入 ……………………………………………………………… 357
国家税务总局关于国家重大水利工程建设基金等政府非税收入项目征管职责划转有关事项
　的公告 …………………………………………………………………………………… 357
财政部 国家发展改革委 水利部关于印发《国家重大水利工程建设基金征收使用管理暂行
　办法》的通知 …………………………………………………………………………… 359
财政部关于征收国家重大水利工程建设基金有关问题的通知 …………………………… 362
财政部关于对分布式光伏发电自发自用电量免征政府性基金有关问题的通知 …………… 363
财政部关于印发农网还贷资金征收使用管理办法的通知 ………………………………… 364
财政部关于印发《大中型水库移民后期扶持基金征收使用管理暂行办法》的通知 ……… 365
财政部关于降低国家重大水利工程建设基金和大中型水库移民后期扶持基金征收标准的
　通知 ……………………………………………………………………………………… 369
财政部关于将国家重大水利工程建设基金等政府非税收入项目划转税务部门征收的通知 …… 370
财政部关于国家重大水利工程建设基金、水利基金划转税务部门征收的通知 ………… 371
财政部关于印发《大中型水库移民后期扶持基金项目资金管理办法》的通知 …………… 372
财政部关于印发《大中型水库库区基金征收使用管理暂行办法》的通知 ……………… 374
财政部 发展改革委 能源局关于印发《可再生能源发展基金征收使用管理暂行办法》的通知 … 377
关于调整可再生能源电价附加征收标准的通知 ………………………………………… 380
财政部 国家发展改革委关于提高可再生能源发展基金征收标准等有关问题的通知 …… 380
财政部 国家发展改革委 水利部 中国人民银行关于三峡电站水资源费征收使用管理有关
　问题的通知 ……………………………………………………………………………… 381
国家发展改革委 财政部 水利部关于调整中央直属和跨省水力发电用水水资源费征收
　标准的通知 ……………………………………………………………………………… 383
财政部 国家发展改革委 工业和信息化关于印发《核电站乏燃料处理处置基金征收使用
　管理暂行办法》的通知 ………………………………………………………………… 384
财政部 国防科工委关于印发《核电厂核事故应急准备专项收入管理规定》的通知 …… 386

财政部关于印发《免税商品特许经营费缴纳办法》的通知 …………………………… 389

财政部 国家发展改革委 水利部 中国人民银行关于印发《水土保持补偿费征收使用管理办法》的通知 …………………………………………………………………… 390

国家发展改革委 财政部关于降低电信网码号资源占用费等部分行政事业性收费标准的通报 …………………………………………………………………………………… 394

财政部关于水土保持补偿费等四项非税收入划转税务部门征收的通知 …………… 395

国家税务总局关于水土保持补偿费等政府非税收入项目征管职责划转有关事项的公告 ………………………………………………………………………………… 396

财政部关于加强大中型水库库区基金征收管理有关问题的问题 …………………… 397

财政部关于取消、停征和整合部分政府性基金项目等有关问题的通知 …………… 398

财政部 发展改革委关于延长部分行政事业性收费、政府性基金优惠政策执行期限的公告 ………………………………………………………………………………… 399

财政部 国家发展改革委 环境保护部关于印发《排污权出让收入管理暂行办法》的通知 …………………………………………………………………………………… 399

国家计委财政部 国家国防动员委员会建设部印发关于规范防空地下室易地建设收费的规定的通知 ……………………………………………………………………… 403

财政部 国家发展改革委关于减免养老和医疗机构行政事业性收费有关问题的通知 …… 405

国务院批转住房城乡建设部等部门关于进一步加强城市生活垃圾处理工作意见的通知 ………………………………………………………………………………… 406

城市生活垃圾管理办法 …………………………………………………………………… 411

国家发展计划委员会 财政部 建设部 国家环境保护局关于实行城市生活垃圾处理收费制度促进垃圾处理产业化的通知 …………………………………………… 419

闲置土地处置办法 ………………………………………………………………………… 421

财政部 税务总局 发展改革委 民政部 商务部 卫生健康委关于养老、托育、家政等社区家庭服务业税费优惠政策的公告 ……………………………………… 427

财政部关于土地闲置费、城镇垃圾处理费划转税务部门征收的通知 ……………… 428

国家税务总局 财政部 自然资源部 住房与城乡建设部 中国人民银行关于土地闲置费城镇垃圾处理费划转有关征管事项的公告 …………………………………… 429

中华人民共和国土地管理法 ……………………………………………………………… 431

中华人民共和国土地管理法实施条例 …………………………………………………… 445

中华人民共和国城市房地产管理法 ……………………………………………………… 455

国务院办公厅关于规范国有土地使用权出让收支管理的通知 ………………………… 461

财政部 自然资源部 税务总局 人民银行关于将国有土地使用权出让收入、矿产资源专项收入、海域使用金、无居民海岛使用金四项政府非税收入划转税务部门征收有关问题的通知 …………………………………………………………………… 465

财政部 国土资源部关于印发《矿产资源节约与综合利用专项资金管理办法》的通知 …… 466

矿产资源补偿费征收管理规定 …………………………………………………………… 470

国土资源部 财政部关于印发《探矿权采矿权使用费和价款管理办法》的通知 …… 473

国土资源部 财政部关于印发《探矿权采矿权使用费减免办法》的通知 …………… 475

国土资源部关于印发《中央所得探矿权采矿权使用费和价款使用管理暂行办法》的
　　通知……………………………………………………………………………… 477
财政部办公厅 国土资源部办公厅 人民银行办公厅关于国土资源部征收的探矿权采矿权
　　价款收入收缴管理有关事宜的通知……………………………………………… 480
国土资源部关于进一步加强探矿权采矿权价款管理的通知………………………… 482
财政部 自然资源部 税务总局关于印发《矿业权出让收益征收办法》的通知………… 483
中华人民共和国海域使用管理法……………………………………………………… 492
财政部 国家海洋局关于调整海域使用金免缴审批权限的通知……………………… 499
财政部 国家海洋局关于印发《无居民海岛使用金征收使用管理办法》的通知……… 500
财政部 国家海洋局关于印发《调整海域无居民海岛使用金征收标准》的通知……… 507
财政部 国家林业局关于印发《森林植被恢复费征收使用管理暂行办法》的通知…… 517
财政部 国家林业局关于调整森林植被恢复费征收标准引导节约集约利用林地的通知…… 520
财政部关于将森林植被恢复费、草原植被恢复费划转税务部门征收的通知………… 522
财政部 国家发展和改革委员会关于同意收取草原植被恢复费有关问题的通知…… 523
国家发展改革委 财政部关于草原植被恢复费收费标准及有关问题的通知………… 524
国务院关于开征石油特别收益金的决定……………………………………………… 525
财政部关于印发《石油特别收益金征收管理办法》的通知…………………………… 526
财政部关于征收石油特别收益金有关问题的补充通知……………………………… 528
财政部关于提高石油特别收益金起征点的通知……………………………………… 529
财政部关于调整石油特别收益金征收方式的通知…………………………………… 530
财政部 国家发展改革委关于印发《油价调控风险准备金征收管理办法》的通知…… 530

第一部分

非税收入管理

第一章

非税收入概述

第一节 非税收入的内涵

一、非税收入的概念

(一) 我国对非税收入的界定

我国对非税收入目前有两种比较明确的定义。一是《政府非税收入管理办法》(财税〔2016〕33号印发)明确：政府非税收入是指除税收以外，由各级国家机关、事业单位、代行政府职能的社会团体及其他组织依法利用国家权力、政府信誉、国有资源(资产)所有者权益等取得的各项收入。二是《2019年政府收支分类科目》(财预〔2018〕108号印发)明确：非税收入是反映各级政府及其所属部门和单位依法利用行政权力、政府信誉、国家资源、国有资产或提供特定公共服务征收、收取、提取、募集的除税收和政府债务收入以外的财政收入。

从上述两个文件对非税收入的定义看，第一种定义突出了政府非税收入是与税收相对的范围概念，强调政府非税收入和税收收入共同构成政府财政收入；突出了非税收入取得的依据，非税收入可以依法利用国家权力、政府信誉、国有资产所有者权益等。第二种定义细化了非税收入取得的方式，同时明确了非税收入的范围，即除税收和政府债务收入以外的财政收入都属于非税收入。

由此可以确定，政府非税收入是指除税收以外，由各级国家机关、事业单位、代行政府职能的社会团体及其他组织依法利用国家权力、政府信誉、国有资源(资产)所有者权益或提供特定公共服务征收、收取、提取、募集的除税收和政府债务收入以外的财政收入。

非税收入包括以下内涵：

(1) 非税收入是政府财政收入的重要组成部分，应当纳入财政预算管理。

(2) 非税收入征收主体具有多样性，包括各级国家机关、事业单位、代行政府职能的社会团体及其他组织。如行政事业性收费中的签证费、驻外使领馆收费由外交部门收取,公民出入境证件费、机动车号牌工本费、中国国籍申请手续费由公安部门收取,公办幼儿园保育费、住宿费由教育部门收取。

(3) 非税收入的收缴需依法进行,按照规定的程序(包括国家赋予地方政府及税收部门的审批权限)批准后方可收取。

(4) 非税收入的征缴凭借的是国家权力、政府信誉和国有资源(资产)所有者权益。如罚没收入的收缴凭借的是国家权力,知识产权部门收取的专利费凭借的是政府信誉。

还需要说明的是,社会保险费基本满足了非税收入定义的每一个要件,但是,《政府非税收入管理办法》(财税〔2016〕33号印发)又明确指出"本办法所称非税收入不包括社会保险费、住房公积金(指计入缴存人个人账户部分)"。因此,社会保险费是否属于非税收入,目前还存在争论。由于社会保险费与其他非税收入相比更具有税收的属性,而且规模相对庞大,此外,目前中央层面对税务部门征管职责转化的表述常将社会保险费与非税收入并称[①],因此本书论述的非税收入不包括社会保险费。

依据《2019年政府收支分类科目》(财预〔2018〕108号印发)中对非税收入的描述:非税收入是反映各级政府及其所属部门和单位依法利用行政权力、政府信誉、国家资源、国有资产或提供特定公共服务征收、收取、提取、募集的除税收以外的财政收入。因此,本书论述的非税收入也不包括政府债务收入。

(二) 国际上对非税收入的界定

国际上通常将政府收入分为经常性收入、资本收入和赠与收入三大类,其中,经常性收入又分为税收收入和非税收入。因此,国外非税收入通常是政府经常性收入之中的一个概念。我国将赠与收入和财产变现收入等归为非税收入的范畴。

世界银行认为,经常性非税收入是政府为公共目的而取得的无须偿还的收入,如罚款、管理费、政府财产经营收入等,以及政府以外的单位自愿和无偿地向政府支付的款项等。经常性非税收入不包括政府间拨款、借款、前期贷款收回以及固定资产、股票、土地、五星资产的售卖变现收入,也不包括来自非政府部门的以资本形成为目的的赠与收入。

经济合作与发展组织(OECD)对税收收入和非税收入的界定,以征收是否具有对应的报偿性作为标准。在实践中,税与费的差别并不容易辨清,其原因在于对所谓的"报偿性"的界定存在一定困难。因此,OECD在对税收分类进行界定时强调,在满足以下条件时,征收可以被视为是无偿的:一是费的收入大大超过了该项公共服务的提供成本;二是费的缴纳者并非利益的获得者;三是政府并不根据取得的征收额来提供相应的具体服务;四是尽管只有付费的人受益,但每个人所得到的利益并不必然同自己所支付的金额

[①] 2018年6月1日,韩正副总理在国税地税征管体制改革座谈会上强调,"按照成熟一批、划转一批的原则,稳妥有序开展社会保险费和非税收入征管职责划转"。中共中央办公厅、国务院办公厅印发的《国税地税征管体制改革方案》也作了同样的表述,将社会保险费与非税收入并称。

成正比。如果一种收入形式满足以上条件之一,那么从性质上说就是税,除此之外的就是非税。

国际货币基金组织(IMF)关于非税收入的定义与世界银行的定义基本一致,即非税收入是指政府在税收之外取得的收入,它包括因公共目的而获得的不需要归还的补偿性收入以及非政府单位自愿和无偿向政府支付的款项,具体包括经营和资产收益、罚款收入、收费等。

二、非税收入与税收收入

非税收入与税收收入是一对互相对应的概念。财政收入主要由税收收入和非税收入构成。非税收入是财政收入的一种形式和重要组成部分。

税收是国家为了向社会提供公共产品、满足社会共同需要,按照法律的规定,强制、无偿取得财政收入的一种规范形式。目前我国征收的18个税种虽然具体征管要素不同,但基本属性都类似,具有"强制性、无偿性、固定性"的典型特征。非税收入与税收收入虽然同为财政收入的重要组成部分,但是非税收入种类多、项目多、具体征管要素差异大,各项非税收入有部分"强制性、无偿性、固定性"的表现,并具有共同的典型特征,因此,非税收入与税收收入既有相似之处,又有较大区别。两相比较,两者在职能作用、性质目的、预算管理、征管模式等方面存在显著差异。

(一) 职能作用不同

税收的主要功能是筹集财政收入,此外还有调节经济、监督反映的职能,在此基础上一般坚持"税收中性"的原则,尽量减少对市场经济的干预。而非税收入除筹集财政收入外,还承担了更多的职能作用。

一是减少拥挤和补偿成本。对准公共产品收费,既可以在一定程度上防止"公地的悲剧",减少对公共产品的过度使用,还可以充分体现"谁受益谁负担、多收益多负担"的原则,实现准公共产品提供与分配的经济效率和社会福利最大化。

二是减少负外部效应。当税收无法有效解决负外部效应时,便可依据政府强制性行政权力,采用收费或罚没的方式,促使缴费人自觉减少负外部效应。

三是国有资产保值增值。国家凭借国有资产所有者的身份,对其进行管理和经营,使其保值增值,并从中获取收益。

(二) 性质目的不同

众所周知,税收具有"强制性、无偿性、固定性"三性。与税收三性相比,各项非税收入的特点不完全一致,呈现多种特点:有的具有"强制性、无偿性、固定性",如企业缴纳的教育费附加、地方教育附加、残疾人就业保障金(以下简称残保金)等,需要按期缴纳,具有一定的强制性,且缴费人和受益人不直接关联;有的具有"强制性、无偿性、一次性",如各种罚没收入,没有固定的收缴对象;有的具有"自愿性、补偿性、一次性",如各种考试收费、检验检测收费等,缴费人自愿缴纳,是政府服务成本的一定补偿,大多是一次性缴费,随事而收。

(三) 预算管理不同

一是预算类别不同。根据《中华人民共和国预算法》的规定,政府的全部收入和支出都应当纳入预算。税收和非税收入虽然都纳入了预算管理,但税收只在一般公共预算中核算,而政府非税收入分布在一般公共预算、政府性基金预算、国有资本经营预算3个预算中。

二是收入分成方式不同。税收一般是分税种按比例确定中央与地方的收入分成方式,如企业所得税60%归属中央,40%归属地方。而政府非税收入的分成方式呈现多样化:第一种是按比例分成,如水资源费10%归中央,90%归地方;第二种是按地区分成,如国家重大水利工程建设基金,北京等14个省市缴纳的属于中央收入,山西等16个省市缴纳的属于地方收入;第三种是按照缴费对象分成,如国有资本收益,中央企业缴纳的属于中央收入,地方企业缴纳的属于地方收入。

(四) 征管模式不同

税收的征管模式基本一致,分为登记、申报、征收、检查、处罚、保全强制等征管环节,而政府非税收入的征管模式却差异比较大。

一是自愿与强制并存。有的非税收入是缴费人自愿缴纳的,如捐赠收入,各类检验检测费等行政事业性收费;有的非税收入是强制缴纳的,如残保金,不仅需要自行申报缴纳,还具有强制性。

二是征收部门多样化。税收的征收集中于税务部门和海关部门,而政府非税收入的执收部门比较多,大多数政府部门都涉及非税收入的收缴。

三是管理方式不同。税务部门大多使用"征收管理"的模式,纳税人依法自行申报,税务部门开展风险应对,对税收缴纳情况进行全方位管理。而非税收入大多是用"收缴"或"执收"的概念,大多采取事前核对的方式,核对无误后再开具缴款书征收入库。

四是票据管理方式不同。目前税收都是使用税收票证,而非税收入一般是使用非税收入票据。根据《财政部关于将国家重大水利工程建设基金等政府非税收入项目划转税务部门征收的通知》(财税〔2018〕147号),对于首批划转的13项专员办非税收入项目,将按照税务部门全国统一信息化方式,使用财政非税收入票样打印票据。

三、非税收入与预算外资金

非税收入和预算外资金都是政府性收入,甚至大部分观点认为现在的非税收入就是传统概念里的预算外资金。但本质上它们是两个不同的概念，两者是按照不同的分类标准得出的收入形式。按照收入形式划分，政府财政收入分为税收收入和非税收入；按照资金管理方式划分，政府财政收入分为预算内资金和预算外资金。从资金管理方式上看，预算内资金也存在非税收入的情况。2011年1月1日起，我国将预算外资金全部纳入预算管理，在财政收入中也就不存在预算外资金，因此习惯将预算外资金称为非税收入。

第二节　非税收入的职能与作用

一、非税收入的职能

非税收入的职能是指非税收入所具有的满足国家需要的能力。它以非税收入的内在功能为基础，以国家行使职能的需要为依据，是非税收入内在功能和国家行使职能需要的有机统一。非税收入的职能一般包括财政职能、经济职能和监督职能。财政职能是非税收入最基本的职能，是实现经济职能和监督职能的基础条件。经济职能和监督职能是在财政职能的基础上发生的，并且各项非税收入发挥的经济和监督职能在具体作用发挥上存在差异。

（一）财政职能

和税收一样，非税收入也有财政职能，即筹集财政收入的职能。国家为了实现其职能，需要大量的财政资金，在财政收入中，税收收入是主体，非税收入是重要补充，特别是地方财政收入的重要补充。

（二）经济职能

和税收一样，非税收入也有经济职能，即经济杠杆职能，调节经济的职能。非税收入是政府参与国民收入分配和再分配的一种形式，非税收入在参与分配和再分配的过程中，必然改变国民收入在各部门、各地区、各缴纳义务人之间的分配比例，改变利益分配格局，对经济产生影响。所以，非税收入作为政府拥有的众多经济调节工具或手段之一，政府可以通过有目的地利用非税收入手段，调节各种经济组织和社会成员的经济利益，使他们的微观经济行为尽可能符合国家预期的社会经济发展方向，以有助于社会经济的顺利发展，从而使非税收入成为国家调节社会经济活动的重要经济杠杆。

政府非税收入调节经济的职能主要体现在两个方面：一是公平社会负担，体现谁受益、谁负担的原则;二是作为政府行使社会经济管理职能的经济手段之一,与政府的法律手段、行政手段一起,成为政府管理社会经济活动的三大基本手段。

(三) 监督职能

非税收入在调节社会成员经济利益的同时,其征收管理过程也能反映各级政府部门及其所属单位、社会成员遵守国家相关法律、法规的情况,反映政府提供公共服务的数量、质量及其满足社会成员需要的情况。因此,非税收入具有监督政府及其所属单位履行其职责、监督社会成员行为的功能。非税收入监督社会经济活动的广泛性与深入性,是随着市场经济的发展和国家干预社会经济生活的程度而发展的。一般来说,市场经济越发达,经济生活越复杂,政府干预或调节社会经济生活的活动就越复杂,非税收入监督也就越广泛而深入。

二、非税收入的作用

(一) 非税收入在深化财税体制改革中发挥的作用

2014年,中央政治局审议通过了《深化财税体制改革总体方案》。该方案强调,财政是国家治理的基础和重要支柱,财税体制在治国安邦中始终发挥着基础性、制度性、保障性作用。新一轮财税体制改革是一场关系国家治理体系和治理能力现代化的深刻变革,是立足全局、着眼长远的制度创新。深化财税体制改革重点推进三个方面的改革:一是促进预算管理制度的改革;二是深化税收制度改革,优化税制结构、完善税收功能、稳定宏观税负、推进依法治税,建立有利于科学发展、社会公平、市场统一的税收制度体系,充分发挥税收筹集财政收入、调节分配、促进结构优化的职能作用;三是调整中央和地方政府间财政关系。新一轮财税体制改革于2016年基本完成重点工作和任务,2020年基本建立现代财政制度。

非税收入作为财税体制的组成部分直接影响着财税体制改革的成败,在深化财税体制改革重点推进的三个方面的改革中都发挥着重要作用。

1. 促进预算管理制度的改革

2011年以后,非税收入虽然纳入预算管理,但管理不规范。部分非税收入虽然实行了"收支两条线"管理,但实质上仍由相关部门和单位支配,财政部门仅起到出纳作用。

同时,非税收入项目多、涉及范围广、资金性质各异,在纳入预算管理后与预算管理制度会产生一些不适应。例如,一些成本补偿性非税收入,按照预算管理的要求,应按统一的支出标准来核定支出,当统一的支出标准不能全部弥补其公共服务成本时,将会影响有关部门和单位正常履行职能。又如,资本性的非税收入管理应当反映资本运营过程和成效,但现行的预算管理还不具备这样的功能。

深化财税体制改革重点之一是改进预算管理制度，强化预算约束、规范政府行为、实现有效监督，加快建立全面规范、公开透明的现代预算制度。非税收入的预算制度改革是预算制度改革的重点和难点，直接影响着改革的成果。

2. 深化税收制度改革

深化财税体制改革重点之二是深化税收制度改革，优化税制结构、完善税收功能、稳定宏观税负、推进依法治税，建立有利于科学发展、社会公平、市场统一的税收制度体系，充分发挥税收筹集财政收入、调节分配、促进结构优化的职能作用。其中费改税是税收制度改革的重点。费改税就是在对现有的政府收费进行清理整顿的基础上，用税收取代一些具有税收特征的收费。这些政府收费大部分都是非税收入。2018年1月1日起我国开征了环境保护税，实际是将原属于非税收入的排污费改为环境保护税。将一部分具有税收特征的非税收入改为税收，将各种不规范的收费、基金等纳入税收轨道上来，使用税收的手段进行征管，使管理更加法制化和规范化，使非税收入的结构更合理，同时也促进了税收制度的改革。

3. 调整中央和地方政府间财政关系

深化财税体制改革重点之三是调整中央和地方政府间财政关系，在保持中央和地方收入格局大体稳定的前提下，进一步理顺中央和地方收入划分，合理划分政府间事权和支出责任，促进权力和责任、办事和花钱相统一，建立事权和支出责任相适应的制度。

在财政收入中，税收收入是主体，非税收入是重要补充，特别是地方财政收入的重要补充。所以，非税收入的改革，有利于进一步理顺中央和地方的收入划分，有利于合理划分政府间事权和支出责任。

（二）非税收入在健全公共财政体系中的作用

非税收入是一个完整的公共财政体系不可缺少的组成板块。规范、健全非税收入征收管理，有利于充分发挥非税收入在健全公共财政体系中的作用。

1. 非税收入是政府提供准公共产品的成本补偿

公共产品具有消费上的非竞争性和非排他性，因此只能通过强制征税的方式弥补其供给成本。对于介于私人产品和公共产品之间的准公共产品而言，在消费上，一方面具有一定的公共性或外部性，要么市场不会提供，要么由市场提供会带来低效性；另一方面又具有一定的排他性和竞争性特征，在此种情况下，依据成本补偿原则，向使用者收费或征收基金就显得更为合理，且具有实际操作的可行性。对准公共产品征收非税收入，不仅能够在一定程度上减少拥挤，还可以充分体现"谁受益谁负担、多收益多负担"的原则，在政府对所提供产品的成本费用支出全部或部分收回的同时，给予所有社会成员消费的机会，实现了准公共产品提供与分配的经济效率和社会福利最大化。

2. 非税收入是政府解决负外部效应的重要方式

外部效应是指在市场活动中没有得到补偿的额外成本或额外收益,分为正外部效应和负外部效应。矫正负外部效应的方法一般有两种:征税和收费。当征税在现实环境中无法实施时,便可依据政府所具有的强制性行政权力采用收费或罚没的方式,促使生产者自觉减少负外部效应的产生。收费或罚没收入的标准确定与取得依据既不能超出负外部效应所存在的区间范围,也不能突破法律所赋予行政权力的权限。

3. 非税收入是依据国家财产所有权获得收益的主要途径

财产所有权是指财产所有人依法对自己的财产享有的占有、使用、收益和处分的权利。社会中除了私人财产,还存在大量的公共财产,这些财产的所有权归属于国家,在我国被称为国有资产,具体包括经营性国有资产、行政事业性国有资产和资源性国有资产。国家凭借国有资产所有者的身份,对其进行管理和经营,使其保值增值,并从中获取收益。这部分收益,自然成为政府非税收入重要的来源渠道之一。

4. 非税收入是参与国民收入分配的重要手段

在实行市场经济制度的国家,非税收入也是政府参与国民收入初次分配和再分配的重要手段。例如,通过发行彩票筹集彩票公益金和以政府名义接受捐赠收入等方式来解决经济和社会建设的资金供求缺口,既符合国际上的通行惯例,也是现阶段我国经济发展的客观需要。同时,以政府名义接受的捐赠收入和彩票公益金主要依据政府信誉为社会公益事业的发展而融资,是实现分配正义途径的重要补充。

(三)非税收入在政府转型和构建和谐社会中发挥的作用

服务型政府是我国政府转型的目标。服务型政府是廉洁高效的政府,这是服务型政府职能实现过程的总体要求。建成人民满意的政府是服务型政府建设的最终目的和评判标准。而非税收入涉及领域广,缴纳义务人多样化,包括公民、法人或者其他组织等。这使得非税收入的征收管理与人民群众生活息息相关,其规范与否不仅关系到广大人民群众的切身利益,更关系到政府的廉洁和效率,关系到人民群众对政府的满意度。非税收入征收管理的公开化和规范化,不仅可以堵住权力"寻租"的贪腐空间,还可以有效避免财政收入的流失,有效保障人民群众的切身利益。因此,非税收入是促进政府转型和构建和谐社会的重要组成部分。

第三节 非税收入的历史演变

目前,非税收入已全部纳入财政预算管理,相应地,其来源渠道、收入规模和结构、使用方向、支出结构等,都通过年度财政收支预算来体现和规范,并每年经各级人民代表大会批准后,开始执行。

一、非税收入管理的发展

我国非税收入管理经过了以下几个阶段的发展历程。

(一) 1958—1995 年:预算外资金管理时期

在 2005 年以前,非税收入是以"预算外资金"的形式存在的,完全游离于预算管理体制之外。作为政府收入的来源,预算外资金在中华人民共和国成立之初就开始存在。1958 年的财政体制改革中财政部明确提出了预算外资金的概念。之后,预算外资金的范围在不同时期差异较大。1958 年的财政体制改革后,预算外资金的范围主要包括国有企业及其主管部门集中的各种专项基金以及中央和地方主管部门管理的预算外资金。

1978 年后,我国处于改革开放初期,经济基础比较薄弱,财政比较困难。为缓解国民经济发展的"瓶颈",国家鼓励国内民间资金和境外企业投资国内的基础设施建设,允许以收费的方式回收投资成本。同时,国家积极推进行政事业单位管理改革,鼓励事业单位开展有偿服务活动,创收单位、主管部门和财政部门实施"谁创收、谁所有、谁使用"的管理体制。创收单位的经营收入归单位所有,不需要上缴财政,属于预算外资金。预算外管理体制,必然导致分配主体的多元化和分配秩序的混乱,导致预算外资金的范围迅速增加、规模迅速扩大。

1993 年,针对预算外资金的膨胀,财政部对预算外资金做了一次大的调整,缩减了预算外资金的范围,将拥有法人财产权的企业及其主管部门集中的资金不再列作预算外收入。1993—1995 年预算外资金收入项目只包括行政事业性收费和地方财政收入两项。

(二) 1996—2003 年:预算外资金和非税收入"双轨"并存时期

1996 年 7 月,《国务院关于加强预算外资金管理的决定》(国发〔1996〕29 号)规定,预算外资金是指国家机关、事业单位和社会团体为履行或代行政府职能,依据国家法律、法规和具有法律效力的规章而收取、提取和安排使用的未纳入国家预算管理的各种财政性资金;预算外资金是国家财政性资金,不是部门和单位自有资金,必须纳入财政管理。与以前的政策相比,预算外资金的管理发生两个重要改变:一是明确了预算外资金是国家的财政性资金,不是部门和单位自有资金,所有权归财政;二是必须纳入财政管理,就是说管理权也归财政。这就从政策上明确了"预算外资金"的所有权和管理权都属于财政。根据《国务院关于加强预算外资金管理的决定》(国发〔1996〕29 号)的规定,预算外资金的范围主要包括:法律、法规规定的行政事业性收费、基金和附加收入等;国务院或省级人民政府及其财政、计划(物价)部门审批的行政事业性收费;国务院以及财政部审批建立的基金、附加收入等;主管部门从所属单位集中的上缴资金;用于乡镇政府开支的乡自筹和乡统筹资金;其他未纳入预算管理的财政性资金。

从1996年开始,电力建设基金、铁路建设基金等中央政府性基金(收费)被纳入预算管理,加入乡镇自筹、统筹资金;从1997年开始,又取消地方财政收入,增加政府性基金收入、国有企业和主管部门收入和其他收入。

2001年12月,《国务院办公厅转发财政部关于深化收支两条线改革进一步加强财政管理意见的通知》(国办发〔2001〕93号)将30个政府部门和系统的预算外资金全部纳入财政预算管理。该文件第一次提出了预算外资金"收支脱钩"的管理理念,从根本上指出了解决"谁征收,谁使用"问题必须实施收支脱钩的方向,同时,第一次将纳入预算管理的原"预算外资金"称为非税收入。2003年5月,财政部、国家发改委、监察部、审计署印发《关于加强中央部门和单位行政事业性收费等收入"收支两条线"管理的通知》(财综〔2003〕29号),进一步将行政事业性收费、政府性基金、罚没收入、彩票资金收入、国有资本经营收益、以政府名义接受的捐赠收入、主管部门集中收入等不论纳入预算管理与否,都明确为政府非税收入。自此,虽然大部分预算外资金被纳入了非税收入的范畴,但国有资源和国有资产有偿使用收入仍然被作为预算外资金管理。这一时期被称为预算外资金和非税收入"双轨"并存时期。

注:根据《国务院关于宣布失效一批国务院文件的决定》(国发〔2015〕68号)的规定,自2015年11月27日起,本通知全文废止。

(三) 2004年至今:政府非税收入管理新时代

2004年,《财政部关于加强政府非税收入管理的通知》(财综〔2004〕53号)将国有资源和国有资产有偿使用收入、应缴财政资金产生的利息收入等都纳入非税收入管理范畴。根据《财政部关于将按预算外资金管理的收入纳入预算管理的通知》(财预〔2010〕88号)的规定,为贯彻落实全国人大和国务院有关规定,决定从2011年1月1日起,将按预算外资金管理的收入(不含教育收费)全部纳入预算管理。自此,我国将预算外资金全部纳入预算管理,预算外资金退出历史舞台。2016年财政部出台《政府非税收入管理办法》(财税〔2016〕33号印发),重新对非税收入进行定义,并确定非税收入的范围包括12个项目,即行政事业性收费收入、政府性基金收入、罚没收入、国有资源(资产)有偿使用收入、国有资本收益、彩票公益金收入、特许经营收入、中央银行收入、以政府名义接受的捐赠收入、主管部门集中收入、政府收入的利息收入、其他非税收入。从此以后,非税收入进入规范化的管理渠道。从预算外资金到非税收入的转变,标志着在建立公共财政体系的过程中,我国在强化政府财政职能、规范非税收入管理和完善公共收入体系方面取得了思想认识和财政实践上的新突破。

从上述政府非税收入与预算外资金交替出现和转化的过程可以看出,非税收入是与税收收入相对应的财政概念,两者都是组织财政收入的重要来源。预算外资金是与预算内资金相对应的概念,是不同的资金管理方式。当非税收入的所有权归属于执收部门时,就是财政预算管理以外的收入,简称预算外收入;当非税收入的所有权归属于政府时,就是政府的非税收入。所以,非税收入与预算外资金在资金的表现形式上没有区别,它们体现的是所有权归属的差异。所有权的改变,导致了审视角度的转变。预算外资金时期,对部门来讲,"谁创收、谁所有、谁使用"。在非税收入管理框架下,非税收入是部门收取、政府所有、预算使用。收入归属政府所有,先作为非税收入上缴财政部门,然后根据部门支出需要申请财政拨款。

二、非税收入管理模式的完善

我国非税收入的历史演变与政府非税收入的管理模式紧密联系。在非税收入管理的发展过程中,相应地,其管理模式也经历了以下几个发展阶段。

(一)预算外资金管理的"两权"不变管理模式

我国预算外资金传统的管理模式是"两权"不变,即不纳入国家预算管理,由各地区、各部门、各单位自收自支,资金所有权和使用权归同一主体。

(二)并轨时期的"收支两条线"管理模式

1996年,中央开始对预算外资金进行治理整顿,《国务院关于加强预算外资金管理的决定》(国发〔1996〕29号)的精神,预算外资金的管理发生了根本性的改变,打破了"两权"不变的管理模式,明确了预算外资金的三权所属关系,即所有权归国家、调控权归政府、管理权归财政。

2001年国务院出台了《国务院办公厅转发财政部关于深化收支两条线改革进一步加强财政管理意见的通知》(国办发〔2001〕93号),要求深化"收支两条线"的改革,并指出深化"收支两条线"改革需要做好三个方面的工作:一是要将各部门的预算外收入全部纳入财政专户管理,有条件地纳入预算管理,任何部门不得"坐收""坐支";二是部门预算要全面反映部门及所属单位预算内外资金收支状况,提高各部门支出的透明度,同时,财政部门要合理核定支出标准,并按标准足额供给经费;三是要根据新的情况,修订、完善有关法规和规章制度,使"收支两条线"管理工作法制化、制度化、规范化。

(三)非税收入管理阶段的预算管理模式

2011年非税收入全部纳入预算管理。预算管理是整个非税收入管理的核心内容,包括资金的预测和筹划,资金的取得、分配使用所组成的系统。

非税收入纳入预算管理应遵循国家预算管理的基本管理要求,非税收入预算要与财政预算统一布置、统一编制、统一审批,将非税收入按不同类别分别纳入财政收支预算的相应类别,按照财政收支预算的口径,全面、系统、完整地予以反映。将非税收入的征收与执收单位的经费支出完全脱钩,真正做到将非税收入纳入财政预算,实行统筹安排。

第二章

非税收入的分类

第一节 行政事业性收费收入

一、行政事业性收费的概念和特点

(一) 行政事业性收费的概念

《行政事业性收费项目审批管理暂行办法》(财综〔2004〕100号印发)规定,行政事业性收费是指国家机关、事业单位、代行政府职能的社会团体及其他组织,根据法律、行政法规、地方性法规等有关规定,依照国务院规定程序批准,在向公民、法人提供特定服务的过程中,按照成本补偿和非营利原则向特定服务对象收取的费用。

(二) 行政事业性收费的特点

行政事业性收费具有以下特点:

(1) 主体限定性。行政事业性收费的主体包括行政机关和事业单位,还包括代行政府职能的社会团体及其他组织。

(2) 事项特定性。只有依法特别限定(指定、规定)的某些行政管理项目和某些事业服务项目才准收费,非特定的行政管理和事业服务不准收费。

(3) 依据强制性。行政事业性收费依据国家法律征收,只要属于被管理、被指定服务的对象,就必须按期如数缴费,逾期缴纳的还要交滞纳金,拒不缴纳的要受到国家法律的制裁。这明显不同于具有明显的市场性(或竞争性)的经营服务性收费。

(4) 费用补偿性。行政事业性收费的补偿性是行政事业性收费的另一个明显特点。事业性收费所提供社会事业服务的成本耗费,其部分或大部分要向服务受益人收取补偿,谁直接享受服务,直接受益,就由谁补偿;谁不直接享受服务,不直接受益,就不用负担补偿。行政性收费,除部分干预性和惩罚性收费外,一些行政管理也为被管理者带来一定的特别受益,或者其特别权益受到国家的保护,这些特别受益都必须向国家做出补偿;从另一角度看,行政事业性收费还可看作是对国家财政支出的一种补偿。

(5)行政事业性收费属于纳入财政管理的财政性资金收入,一般为不征税收入。

二、行政事业性收费的分类

行政事业性收费项目包括中央设立的行政事业性收费项目和省级设立的行政事业性收费项目。

(一)按收费对象分

行政事业性收费按收费对象分为涉企收费、涉农收费、其他收费三类。

(1)涉企收费。涉企收费是指行政机关、事业单位、代行政府职能的社会团体面向企业收取的行政事业性收费。

(2)涉农收费。涉农收费是指所有涉及农民生产、生活的行政事业性收费。

(3)其他收费。行政事业性收费中除上述项目以外的收费为行政事业性收费其他收费。

(二)按收费性质分

行政事业性收费按收费性质分为行政性收费、事业性收费两类。

(1)行政性收费。行政性收费是指根据法律、法规等有关规定,在履行政府行政管理职能时,向公民、法人和其他组织收取的费用。

(2)事业性收费。事业性收费是指根据法律、法规等有关规定,在向公民、法人和其他组织提供特定服务时收取的费用。

(三)按管理权限分

行政事业性收费按管理权限分为中项中标收费、中项省标收费、省项省标收费、其他收费四类。

(1)中项中标收费。中项中标收费是指中央审批项目、中央制定标准的行政事业性收费。

(2)中项省标收费。中项省标收费是指中央审批项目、省(区、市)制定标准的行政事业性收费。

(3)省项省标收费。省项省标收费是指省(区、市)审批项目、省(区、市)制定标准的行政事业性收费。

(4)其他收费。其他收费是指省(区、市)审批项目、省(区、市)委托下级价格主管部门制定标准的行政事业性收费。

(四)按收费类别分

行政事业性收费按收费类别分为行政管理类收费、资源补偿类收费、鉴定类收费、考试类收费、培训类收费、其他类收费六类。

（1）行政管理类收费。行政管理类收费是指国家行政机关依据有关法律、法规规定，在行使国家管理职能时，向被管理对象收取的费用。其中，"证照类收费"是指国家行政机关根据社会、经济、技术、资源管理的需要，依据法律、法规和省以上人民政府的规定制发各种证件、牌照、簿卡而收取的工本费，主要包括注册费、登记费、手续费、审验费、审查费、签证费以及各种证照收费。

（2）资源补偿类收费。资源补偿类收费是指开采、利用自然和社会公共资源，按照法律、法规规定缴纳的费用，主要包括无线电频率占用费、水资源费等资源类收费和特许权等无形资产使用费；排污费、水土流失防治费、林地补偿费、社会抚养费等补偿和治理类收费。

（3）鉴定类收费。鉴定类收费是指按照法律、法规规定，从事检验、检测、鉴定、检定、认证、检疫等活动而收取的费用，主要包括检验费、检测费、鉴定费、检定费、认证费、检疫费等。

（4）考试类收费。考试类收费是指国家行政机关、事业单位和社会团体按照法律、法规以及国务院或省级政府文件规定组织的考试，或实施经人事部批准的专业技术资格和执业资格考试，以及经劳动和社会保障部批准的职业资格考试而收取的费用。

（5）培训类收费。培训类收费是指根据法律、法规规定开展强制性培训活动而收取的费用。

（6）其他类收费。其他类收费是指上述五类收费以外的行政事业性收费。

三、行政事业性收费的管理

（一）行政事业性收费立项管理

立项管理是决策行为，其目标是做正确的事情。立项之后的管理活动的目标是正确地做事情。

对于行政事业性收费要进行立项调查，进行可行性分析，撰写立项建议书，申请立项。通过立项的形式实行行政事业性收费归口管理。

立项管理的目的是加强行政事业性收费标准管理，保护公民、法人和其他组织的合法权益，规范对收费标准的管理行为，堵塞管理漏洞，提高收费决策的科学性和透明度。

1. 中央立项管理

中央有关部门和单位（包括中央驻地方单位，下同），以及全国或区域（跨省、自治区、直辖市）范围内的行政事业性收费，由收费单位按规定的管理权限，向国务院价格、财政部门提出书面申请，提供相应的材料。

价格、财政部门收到申请后，应对申请材料的形式及内容进行初步审查。对符合行政事业性收费标准管理暂行办法规定的,应予以受理;对不符合行政事业性收费标准管理暂行办法规定的,应及时通知申请单位对申请材料做出修改或补充。

2. 省级立项管理

全省范围内收取行政事业性收费,由省人民政府有关业务主管部门提出收费项目、收费标准的具体方案,按照管理权限向省人民政府财政、价格主管部门申报;省人民政府财政主管部门会同省级价格主管部门审批,省人民政府及其财政、价格主管部门设立行政事业性收费项目时,应当通过座谈会、论证会、书面征求意见或者听证会等形式听取社会意见。

3. 县(市)级立项管理

在县(市)范围内收取的,由县(市)人民政府有关业务主管部门提出收费项目、收费标准的具体方案,报县(市)人民政府财政、价格主管部门审核,经县(市)人民政府同意后,由设区的市人民政府财政、价格主管部门审核并经本级人民政府同意后,按照管理权限向省人民政府财政、价格主管部门申报。

(二) 行政事业性收费审批原则

1. 符合国际惯例

符合国际惯例或国际对等原则的行政事业性收费,依照国际惯例或国际对等原则审批收费项目。

2. 符合法律行政法规

法律、行政法规明确规定的行政许可收费,按照法律、行政法规规定审批收费项目。

3. 符合地方性法规

法律、行政法规、地方性法规明确规定的收费,且不属于行政许可收费的,按照法律、行政法规、地方性法规规定审批收费项目。

4. 符合服务对象

向公民、法人提供除行政许可事项以外的特定公共服务,虽然没有法律、行政法规、地方性法规收费依据,但其服务对象具体、明确的,按照规定审批收费项目。除国务院和省级政府及其财政、价格主管部门外,其他国家机关、事业单位、社会团体,以及省级以下(包括计划单列市和副省级省会城市)政府均无权审批。

(三) 行政事业性收费标准管理

行政事业性收费标准实行中央和省两级审批制度。国务院和省、自治区、直辖市人民政府(省级政府)的价格、财政部门按照规定权限审批收费标准。

1. 中央审批制度

中央有关部门和单位(包括中央驻地方单位,下同),以及全国或区域(跨省、自治区、直辖市)范围内实施收费的收费标准,由国务院价格主管部门、财政部门审批。其中,重要收费项目的收费标准应由国务院价格主管部门、财政部门审核后报请国务院批准。

国务院价格主管部门、财政部门负责审批的收费标准,应统一归口由中央有关部门提出书面申请,并以公文形式报国务院价格主管部门、财政部门。

价格主管部门、财政部门可以采用召开座谈会、论证会、听证会或书面征求意见等形式,征求社会有关方面的意见。对技术含量高、专业性强的收费标准可进行专家论证。

对符合规定申请的收费标准,应根据收费的不同性质实行分类审核。例如,行政管理类收费、证照印制费用、资源补偿类收费、鉴定类收费、考试类收费、培训类收费等。

其他收费类别的收费标准,根据管理或服务需要,按照成本补偿和非营利原则审核。

收费涉及与其他国家或地区关系的,收费标准按照国际惯例和对等原则审核。

2. 省级审批制度

全省范围内收取行政事业性收费的标准应当由省人民政府价格主管部门会同省级财政主管部门核定。省财政、物价部门根据管理权限公布行政事业性收费管理目录,接受社会监督。

例如,公办高校学历教育学费、水资源费等重要收费项目、标准以及财政、价格主管部门作为收费主体的收费项目、标准应当报省人民政府审批。

3. 县(市)审批制度

县级以上地方人民政府财政、价格主管部门负责本行政区域内行政事业性收费管理工作。

县级以上地方人民政府有关业务主管部门应当协同财政、价格主管部门对行政事业性收费进行监督管理。

除法律、行政法规另有规定外,不得设立专门面向农民的收费项目。

四、收费单位违章责任

(1) 擅自设立行政事业性收费项目,对直接负责的主管人员和其他直接责任人员给予降级或者撤职处分。

(2) 擅自变更行政事业性收费,对直接负责的主管人员和其他直接责任人员给予记大过处分;情节严重的,给予降级或者撤职处分。

(3) 对行政事业性收费项目审批机关已经明令取消或者降低标准的收费项目,仍按原定项目或者标准收费的,对直接负责的主管人员和其他直接责任人员给予记大过处分;情节严重的,给予降级或者撤职处分。

(4) 违反财政票据管理规定实施行政事业性收费的,对直接负责的主管人员和其他直接责任人员给予降级或者撤职处分;以实施行政事业性收费,不出具任何票据的,给予

（5）不履行行政事业性收费职责，应收不收，经批评教育仍不改正的，对直接负责的主管人员和其他直接责任人员给予警告处分；情节严重的，给予记过或者记大过处分。

（6）不按照规定将行政事业性收费纳入单位财务统一核算、管理的，对直接负责的主管人员和其他直接责任人员给予记过处分；情节严重的，给予记大过或者降级处分。

（7）不按照规定将行政事业性收费缴入国库的，对直接负责的主管人员和其他直接责任人员给予记大过处分；情节严重的，给予降级或者撤职处分。

（8）截留、挪用、坐收坐支行政事业性收费的，对直接负责的主管人员和其他直接责任人员给予降级处分；情节严重的，给予撤职或者开除处分。

（9）违反规定，将行政事业性收费用于提高福利补贴标准或者扩大福利补贴范围、滥发奖金实物、挥霍浪费或者有其他超标准支出行为的，对直接负责的主管人员和其他直接责任人员给予记大过处分；情节严重的，给予降级或者撤职处分。

（10）对坚持原则抵制违法违纪的行政事业性收费的单位或者个人打击报复的，给予降级处分；情节严重的，给予撤职或者开除处分。

五、行政事业性收费目录清单

根据财政部最新发布的行政事业性收费目录清单，目前在征的中央设立的行政事业性收费共有50项（表2-1）。

表2-1　全国性及中央部门和单位行政事业性收费目录清单

序号	部门	项目序号	项目名称	资金管理方式	政策依据
一	外交部门	1	认证费（含加急）	缴入中央和地方国库	计价格〔1999〕466号，价费字〔1992〕198号
		2	签证费		
			（1）代办外国签证（含加急，限于各国家机关收取的）	缴入中央和地方国库	财综〔2003〕45号，计价格〔1999〕466号，价费字〔1992〕198号
			（2）代填外国签证申请表（限于国家机关）	缴入中央和地方国库	财综〔2003〕45号，计价格〔1999〕466号，价费字〔1992〕198号
		3	驻外使领馆收费	缴入中央国库	计价格〔1999〕466号，价费字〔1992〕198号，公境外〔1992〕898号，公通字〔1996〕89号
		4	公办幼儿园保教费、住宿费	缴入中央和地方国库	《幼儿园管理条例》，发改价格〔2011〕3207号，教财〔2020〕5号
		5	普通高中学费、住宿费	缴入中央和地方财政专户	《中华人民共和国教育法》，教财〔2003〕4号，教财〔1996〕101号，教财〔2020〕5号

(续表)

序号	部门	项目序号	项目名称	资金管理方式	政策依据
二	教育部门	6	中等职业学校学费、住宿费	缴入中央和地方财政专户	《中华人民共和国教育法》,财综〔2004〕4号,教财〔2003〕4号,教财〔1996〕101号,教财〔2020〕5号
		7	高等学校(含科研院所、各级党校等)学费、住宿费、委托培养费、函大电大夜大及短期培训费	缴入中央和地方财政专户	《中华人民共和国教育法》,《中华人民共和国高等教育法》,财教〔2013〕19号,发改价格〔2013〕887号,教财〔2006〕2号,发改价格〔2005〕2528号,教财〔2003〕4号,计价格〔2002〕665号,计办价格〔2000〕906号,教财〔1996〕101号,价费字〔1992〕367号,教财〔1992〕42号,发改价格〔2006〕702号,教财〔2006〕7号,教电〔2005〕333号,教财〔2005〕22号,教高〔2015〕6号,教财〔2020〕5号
		8	国家开放大学收费	缴入中央和地方财政专户	财综〔2014〕21号,发改价格〔2009〕2555号,计价格〔2002〕838号,教财厅〔2000〕110号,财办综〔2003〕203号,教财〔2020〕5号
三	公安部门	9	证照费		
			(1)外国人证件费		价费字〔1992〕240号,公办〔2022〕136号
			①居留许可	缴入中央和地方国库	财综〔2004〕60号,发改价格〔2004〕2230号
			②永久居留申请	缴入中央和地方国库	财综〔2004〕32号,发改价格〔2004〕1267号
			③永久居留身份证工本费	缴入中央国库	财综〔2004〕32号,发改价格〔2004〕1267号,财税〔2018〕10号
			④出入境证	缴入地方国库	公通字〔1996〕89号
			⑤旅行证	缴入地方国库	公通字〔1996〕89号
			(2)公民出入境证件费		《中华人民共和国护照法》,价费字〔1993〕164号,价费字〔1992〕240号,发改价格〔2017〕1186号,财税函〔2018〕1号,发改价格〔2019〕914号,公办〔2022〕136号
			①因私护照(含护照贴纸加注)	缴入中央和地方国库	发改价格〔2013〕1494号,计价格〔2000〕293号,价费字〔1993〕164号,发改价格〔2019〕914号

(续表)

序号	部门	项目序号	项目名称	资金管理方式	政策依据
三	公安部门	②	出入境通行证	缴入中央和地方国库	价费字〔1993〕164号，公办〔2022〕136号
		③	往来(含前往)港澳通行证(含签注)	缴入中央和地方国库	发改价格〔2005〕77号，计价格〔2002〕1097号，发改价格〔2019〕914号
		④	港澳居民来往内地通行证(限于补发、换发)	缴入中央和地方国库	财税〔2020〕46号，发改价格〔2020〕1516号
		⑤	台湾居民来往大陆通行证	缴入中央和地方国库	计价格〔2001〕1835号，发改价格〔2004〕334号，价费字〔1993〕164号，发改价格规〔2019〕1931号
		⑥	台湾同胞定居证	缴入地方国库	发改价格〔2004〕2839号，价费字〔1993〕164号
		⑦	大陆居民往来台湾通行证(含签注)	缴入中央和地方国库	发改价格〔2016〕352号，计价格〔2001〕1835号，价费字〔1993〕164号，发改价格规〔2019〕1931号
		(3)	户籍管理证件工本费(限于丢失、补办和过期失效重办)	缴入地方国库	财综〔2012〕97号，价费字〔1992〕240号
		①	居民户口簿		《中华人民共和国户口登记条例》
		②	户口迁移证件		《中华人民共和国户口登记条例》
		(4)	居民身份证工本费	缴入地方国库	《中华人民共和国居民身份证法》，财综〔2007〕34号，发改价格〔2005〕436号，财综〔2004〕8号，发改价格〔2003〕2322号，财税〔2018〕37号
		(5)	机动车号牌工本费	缴入地方国库	《中华人民共和国道路交通安全法》，发改价格〔2004〕2831号，计价格〔1994〕783号，价费字〔1992〕240号，行业标准GA36—2014，发改价格规〔2019〕1931号
		①	号牌(含临时)		
		②	号牌专用固封装置		
		③	号牌架		
		(6)	机动车行驶证、登记证、驾驶证工本费	缴入地方国库	《中华人民共和国道路交通安全法》，发改价格〔2004〕2831号，财综〔2001〕67号，计价格〔2001〕1979号，计价格〔1994〕783号，价费字〔1992〕240号，发改价格〔2017〕1186号
		(7)	临时入境机动车号牌和行驶证、临时机动车驾驶许可工本费	缴入地方国库	《中华人民共和国道路交通安全法》，财综〔2008〕36号，发改价格〔2008〕1575号，发改价格〔2017〕1186号

（续表）

序号	部门	项目序号	项目名称	资金管理方式	政策依据
三	公安部门	10	外国人签证费	缴入中央和地方国库	计价格〔2003〕392号，价费字〔1992〕240号，公办〔2022〕136号
		11	中国国籍申请手续费（含证书费）	缴入地方国库	价费字〔1992〕240号，公通字〔1996〕89号，公办〔2022〕136号
四	民政部门	12	殡葬收费	缴入地方国库	价费字〔1992〕249号，发改价格〔2012〕673号
五	自然资源部门	13	土地复垦费	缴入地方国库	《中华人民共和国土地管理法》，《土地复垦条例》，财税〔2014〕77号，财政部税务总局发展改革委民政部商务部卫生健康委公告2019年第76号
		14	土地闲置费	缴入地方国库	《中华人民共和国土地管理法》，《中华人民共和国城市房地产管理法》，国发〔2008〕3号，财税〔2014〕77号，财政部税务总局发展改革委民政部商务部卫生健康委公告2019年第76号，财税〔2021〕8号
		15	不动产登记费	缴入中央和地方国库	《中华人民共和国民法典》，财税〔2014〕77号，财税〔2016〕79号，发改价格规〔2016〕2559号，财税〔2019〕45号，财税〔2019〕53号，财政部税务总局发展改革委民政部商务部卫生健康委公告2019年第76号
		16	耕地开垦费	缴入地方国库	《中华人民共和国土地管理法》，《中华人民共和国土地管理法实施条例》，财税〔2014〕77号，财政部税务总局发展改革委民政部商务部卫生健康委公告2019年第76号
六	生态环境部门	17	海洋废弃物倾倒费	缴入中央国库	《中华人民共和国海洋环境保护法》，发改价格〔2008〕1927号
七	住房城乡建设部门	18	污水处理费	缴入地方国库	《中华人民共和国水污染防治法》，《城镇排水与污水处理条例》，财税〔2014〕151号，发改价格〔2015〕119号
		19	生活垃圾处理费	缴入地方国库	《中华人民共和国固体废物污染环境防治法》，《城市市容和环境卫生管理条例》，国发〔2011〕9号，计价格〔2002〕872号，财税〔2021〕8号
		20	城市道路占用、挖掘修复费	缴入地方国库	《城市道路管理条例》，建城〔1993〕410号，财税〔2015〕68号

(续表)

序号	部门	项目序号	项目名称	资金管理方式	政策依据
八	交通运输部门	21	车辆通行费（限于政府还贷）	缴入地方国库	《中华人民共和国公路法》,《收费公路管理条例》,交公路发〔1994〕686号
		22	长江干线船舶引航收费	缴入中央国库	发改价格〔2013〕1494号,发改价格〔2011〕1536号,财综〔2007〕60号,财税〔2014〕101号,财办税〔2015〕14号
九	工业和信息化部门	23	无线电频率占用费	缴入中央和地方国库	《中华人民共和国无线电管理条例》,计价格〔2000〕1015号,发改价格〔2013〕2396号,发改价格〔2011〕749号,发改价格〔2005〕2812号,发改价格〔2003〕2300号,计价费〔1998〕218号,发改价格〔2017〕1186号,发改价格〔2018〕601号,发改价格〔2019〕914号
		24	电信网码号资源占用费	缴入中央国库	《中华人民共和国电信条例》,信部联清〔2004〕517号,信部联清〔2005〕401号,发改价格〔2017〕1186号
十	水利部门	25	水资源费	缴入中央和地方国库	《中华人民共和国水法》,《取水许可和水资源费征收管理条例》,财税〔2016〕2号,发改价格〔2014〕1959号,发改价格〔2013〕29号,财综〔2011〕19号,发改价格〔2009〕1779号,财综〔2008〕79号,财综〔2003〕89号,价费字〔1992〕181号,财税〔2018〕147号,财税〔2020〕15号
		26	水土保持补偿费	缴入中央和地方国库	《中华人民共和国水土保持法》,财综〔2014〕8号,发改价格〔2017〕1186号,财税〔2020〕58号
十一	农业农村部门	27	农药实验费	缴入中央和地方国库	《农药管理条例》,价费字〔1992〕452号,发改价格〔2015〕2136号,发改价格〔2017〕1186号
			(1)田间试验费		
			(2)残留试验费		
			(3)药效试验费		
		28	渔业资源增殖保护费	缴入中央和地方国库	《中华人民共和国渔业法》,财税〔2014〕101号,财综〔2012〕97号,计价格〔1994〕400号,价费字〔1992〕452号
十二	林业和草原部门	29	草原植被恢复费	缴入地方国库	《中华人民共和国草原法》,财综〔2010〕29号,发改价格〔2010〕1235号,财税〔2022〕50号

(续表)

序号	部门	项目序号	项目名称	资金管理方式	政策依据
十三	卫生健康部门	30	预防接种服务费	缴入地方国库	《疫苗流通和预防接种管理条例》，财税〔2016〕14号，财综〔2008〕47号，发改价格〔2016〕488号
		31	鉴定费		
			（1）医疗事故鉴定费	缴入中央和地方国库	《医疗事故处理条例》，财税〔2016〕14号，财综〔2003〕27号，发改价格〔2016〕488号
			（2）职业病诊断鉴定费	缴入地方国库	《中华人民共和国职业病防治法》，财税〔2016〕14号，发改价格〔2016〕488号
			（3）预防接种异常反应鉴定费	缴入地方国库	《疫苗流通和预防接种管理条例》，《医疗事故处理条例》，财税〔2016〕14号，财综〔2008〕70号，发改价格〔2016〕488号
		32	非免疫规划疫苗储存运输费	缴入地方国库	《中华人民共和国疫苗管理法》，财税〔2020〕17号
十四	人防部门	33	防空地下室易地建设费	缴入中央和地方国库	中发〔2001〕9号，计价格〔2000〕474号，财税〔2014〕77号，财税〔2019〕53号，财政部税务总局发展改革委民政部商务部卫生健康委公告2019年第76号，财税〔2020〕58号
十五	法院	34	诉讼费	缴入中央和地方国库	《中华人民共和国民事诉讼法》，《中华人民共和国行政诉讼法》，《诉讼费用交纳办法》（中华人民共和国国务院令481号）
十六	市场监管部门	35	特种设备检验检测费	缴入地方国库	《中华人民共和国特种设备安全法》，《特种设备安全监察条例》，发改价格〔2015〕1299号，财综〔2011〕16号，财综〔2001〕10号
十七	民航部门	36	航空业务权补偿费	缴入中央国库	发改价格〔2011〕3214号，财综〔2002〕54号
		37	适航审查费	缴入中央国库	发改价格〔2011〕3214号，财综〔2002〕54号
十八	体育部门	38	外国团体来华登山注册费	缴入中央和地方国库	财综〔2004〕7号，价费字〔1992〕207号
十九	药品监管部门	39	药品注册费	缴入中央和地方国库	《中华人民共和国药品管理法实施条例》，财税〔2015〕2号，发改价格〔2015〕1006号，食药监公告2015第53号，财政部国家发展改革委公告2020年第11号，食药监公告2020年第75号，财政部税务总局公告2020年第28号，财政部国家发展改革委公告2021年第9号，财政部发展改革委公告2022年第5号

(续表)

序号	部门	项目序号	项目名称	资金管理方式	政策依据
十九	药品监管部门		(1) 新药注册费		
			(2) 仿制药注册费		
			(3) 补充申请注册费		
			(4) 再注册费		
			(5) 加急费		
		40	医疗器械产品注册费	缴入中央和地方国库	《医疗器械监督管理条例》,财税〔2015〕2号,发改价格〔2015〕1006号,食药监公告2015第53号,财政部国家发展改革委公告2020年第11号,财政部税务总局公告2020年第28号,财政部国家发展改革委公告2021年第9号,财政部发展改革委公告2022年第5号
			(1) 首次注册费		
			(2) 变更注册费		
			(3) 延续注册费		
			(4) 临床试验申请费		
			(5) 加急费		
二十	知识产权部门	41	商标注册收费	缴入中央国库	《中华人民共和国商标法》,《中华人民共和国商标法实施条例》,发改价格〔2015〕2136号,财税〔2017〕20号,发改价格〔2013〕1494号,发改价格〔2008〕2579号,财综〔2004〕11号,计价费〔1998〕1077号,财综字〔1995〕88号,计价格〔1995〕2404号,价费字〔1992〕414号,发改价格〔2015〕2136号,财税〔2017〕20号,发改价格〔2019〕914号
			(1) 受理商标注册费		
			(2) 补发商标注册证费(含刊登遗失声明费用)		
			(3) 受理转让注册商标费		
			(4) 受理商标续展注册费		
			(5) 受理商标注册延迟费		
			(6) 受理商标评审费		
			(7) 变更费		
			(8) 出具商标证明费		
			(9) 受理集体商标注册费		

(续表)

序号	部门	项目序号	项目名称	资金管理方式	政策依据
二十	知识产权部门		(10) 受理证明商标注册费		
			(11) 商标异议费		
			(12) 撤销商标费		
			(13) 商标使用许可合同备案费		
		42	专利收费	缴入中央国库	
			(1) 专利收费（国内部分）		《中华人民共和国专利法》，《中华人民共和国专利法实施细则》，财税〔2017〕8号，发改价格〔2017〕270号，财税〔2016〕78号，财税〔2018〕37号，财税〔2019〕45号
			① 申请费、申请附加费、公布印刷费、优先权要求费		
			② 发明专利申请实质审查费、复审费		
			③ 专利登记费、公告印刷费、年费、年费滞纳金		
			④ 恢复权利请求费、延长期限请求费		
			⑤ 著录事项变更费、专利权评价报告请求费、无效宣告请求费		
			⑥ 专利文件副本证明费		
			(2) PCT专利申请收费		《中华人民共和国专利法》，《中华人民共和国专利法实施细则》，财税〔2017〕8号，发改价格〔2017〕270号，财税〔2018〕37号
			① 申请国际阶段收取的国际申请费和手续费，传送费、检索费、优先权文件费、初步审查费、单一性异议费、副本复制费、后提交费、恢复权利请求费、滞纳金		
			② 申请进入中国国家阶段收取的宽限费、译文改正费、单一性恢复费、优先权恢复费		
			(3) 为其他国家和地区提供检索和审查服务收费		《中华人民共和国专利法》，《中华人民共和国专利法实施细则》，财税〔2017〕8号，发改价格〔2017〕270号

(续表)

序号	部门	项目序号	项目名称	资金管理方式	政策依据
二十	知识产权部门		（4）单独指定费		《中华人民共和国专利法》,《中华人民共和国专利法实施细则》,财税〔2017〕8号,财税〔2022〕13号,发改价格〔2022〕465号
		43	集成电路布图设计保护收费	缴入中央国库	《集成电路布图设计保护条例》,财税〔2017〕8号,发改价格〔2017〕270号,发改价格〔2017〕1186号
			（1）布图设计登记费		
			（2）布图设计登记复审请求费		
			（3）著录事项变更手续费		
			（4）延长期限请求费		
			（5）恢复布图设计登记权利请求费		
			（6）非自愿许可使用布图设计请求费		
			（7）报酬裁决费		
二十一	银保监会	44	银行业监管费	缴入中央国库	财税〔2015〕21号,财税〔2017〕52号,财税〔2021〕65号,发改价格〔2021〕1947号
		45	保险业监管费	缴入中央国库	财税〔2015〕22号,财税〔2017〕52号,财税〔2021〕65号,发改价格〔2021〕1947号
二十二	证监会	46	证券、期货业监管费	缴入中央国库	财税〔2015〕20号,财税〔2018〕37号,发改价格规〔2018〕917号,财税〔2021〕65号,发改价格〔2021〕1947号
二十三	仲裁部门	47	仲裁收费	缴入地方国库	《中华人民共和国仲裁法》,财综〔2010〕19号,国办发〔1995〕44号
二十四	红十字会	48	造血干细胞配型费	缴入中央国库	财税〔2016〕115号,发改价格〔2016〕2492号
二十五	相关行政机关	49	信息公开处理费	缴入中央和地方国库	《中华人民共和国政府信息公开条例》、国办函〔2020〕109号
二十六	相关部门	50	考试考务费	缴入中央和地方国库或财政专户	见《全国性考试考务费目录清单》

第二节 政府性基金收入

一、政府性基金的概念和特点

(一) 政府性基金的概念

政府性基金是指各级人民政府及其所属部门根据法律、行政法规和中共中央、国务院文件规定,为支持特定公共基础设施建设和公共事业发展,向公民、法人和其他组织无偿征收的具有专项用途的财政资金。

(二) 政府性基金的特点

政府性基金具有以下特点:

(1) 政府性基金收费的主体是各级人民政府及其所属部门,有部分政府性基金由企业代为收取后上缴各级人民政府及其所属部门。如重大水利基金由省级电网企业在向电力用户收取电费时一并代征,其中北京、天津、河北、河南、山东、江苏、上海、浙江、安徽、江西、湖北、湖南、广东、重庆等14个南水北调和三峡工程直接受益省份电网企业代征的重大水利基金,由财政部驻当地财政监察专员办事处负责征收,并全额上缴中央国库。山西、内蒙古、辽宁、吉林、黑龙江、福建、广西、海南、四川、贵州、云南、陕西、甘肃、青海、宁夏、新疆等16个南水北调和三峡工程非直接受益省份电网企业代征的重大水利基金,由当地省级财政部门负责征收,并全额上缴省级国库。

(2) 政府性基金属于政府非税收入,全额纳入财政预算,实行"收支两条线"管理。各级人民政府财政部门(以下简称各级财政部门)以及政府性基金征收、使用部门和单位按照规定权限,分别负责政府性基金的征收、使用、管理和监督。

(3) 政府性基金一般具有专项用途。如铁路建设基金主要用于国家计划内大中型铁路建设项目以及与建设有关的支出,国家重大水利工程建设基金主要用于南水北调工程建设、解决三峡工程后续问题以及加强中西部地区重大水利工程建设。

(4) 政府性基金一般无偿征收。

二、政府性基金的分类

政府性基金按照所在领域、项目名称、设立依据、项目级次、课征基础、征收程序、资金使用用途等方面可做如下分类:

(1) 按照所在领域,可以将政府性基金分为经济类政府性基金和社会类政府性基金两大类。经济类政府性基金是指履行政府的经济职能,实现特定经济政策的基金,比如提供交通、水利等基础设施建设资金的部分政府性基金项目；社会类政府性基金是指履行政府的社会职能，实现特定社会政策的基金，比如教育、科技、文化等领域的部分政府性基金项目。

（2）按照项目名称，可以将政府性基金分为基金、资金、附加、专项收费等类别。基金类如水利建设基金、新菜地开发建设性基金；资金类如国家电影事业发展专项资金；附加类如城市公用事业附加；专项收费类如文化事业建设费等。

（3）按照设立依据，可以将政府性基金分为法定型基金和行政型基金。前者是以狭义的法律即全国人大及其常委会制定的法律为设立依据的政府性基金，如育林基金、森林植被恢复费、教育费附加、残疾人就业保障金等；后者是指依据政府和部门规定设立的政府性基金，这类基金占据了现行政府性基金项目的主体。

（4）按照项目级次或收入归属，可以将政府性基金分为中央基金、地方基金和中央地方共享基金。中央基金，如民航基础设施建设基金等；地方基金，如新菜地开发建设基金等；中央地方共享基金，如水利建设基金等。

（5）按照课征基础，政府性基金包括以税收为依据征收的基金，如教育费附加；以价格为依据征收的基金，如国家重大水利工程建设基金等；以销售（营业）收入为依据征收的基金，如国家电影事业发展专项资金等。

（6）按照征收程序，可以将政府性基金分为按照税收征收管理程序征收的政府性基金和按照非税收入管理程序征收的政府性基金。各类税收附加通常采用税收管理程序征收，其他的基金通常采用非税收入管理程序征收。

（7）按照资金使用用途，可分为建设集资类基金和专项事业发展类基金。列入全国政府性基金征收目录的建设集资类基金包括农网还贷资金、国家重大水利工程建设基金、民航发展基金、铁路建设基金、水利建设基金、水库移民扶持基金等。支持专项事业发展的基金包括旅游发展基金、残疾人就业保障金、文化事业建设费、国家电影事业发展专项资金、城市基础设施配套费、可再生能源发展基金等。

三、政府性基金的征收和缴库

（一）政府性基金的征收

1. 征收部门

政府性基金按照规定实行国库集中收缴制度。各级财政部门可以自行征收政府性基金，也可以委托其他机构代征政府性基金。

委托其他机构代征政府性基金的，其代征费用由同级财政部门通过预算予以安排。

2. 征收标准

政府性基金征收机构应当严格按照法律、行政法规和中共中央、国务院或者财政部规定的项目、范围、标准和期限征收政府性基金。

公民、法人或者其他组织不得拒绝缴纳符合规定设立的政府性基金。

3. 票据开具

除财政部另有规定外,政府性基金征收机构在征收政府性基金时,应当按照规定开具财政部或者省级政府财政部门统一印制或监制的财政票据;不按规定开具财政票据的,公民、法人和其他组织有权拒绝缴纳。

(二)政府性基金的缴库

政府性基金收入应按规定及时、足额缴入相应级次国库,不得截留、坐支和挪作他用。各级财政部门应当按照有关规定,监督政府性基金的征收和解缴入库。

四、政府性基金目录清单

按照国务院有关规定,政府性基金实行中央一级审批,由财政部审核后报国务院批准。除法律、行政法规和中共中央、国务院或者财政部规定外,其他任何部门、单位和地方各级人民政府均不得批准设立或者征收政府性基金,不得改变征收对象、调整征收范围、标准及期限,不得减征、免征、缓征、停征或者撤销政府性基金,不得以行政事业性收费名义变相设立政府性基金项目。

财政部于每年3月31日前编制截至上年12月31日的全国政府性基金项目目录,向社会公布。各省、自治区、直辖市人民政府财政部门按照财政部规定,于每年4月30日前编制截至上年12月31日在本行政区域范围内实施的政府性基金项目,向社会公布。通过建立和实施收费目录清单制度,将依法合规设立的收费项目全部纳入清单并主动公开,给社会一本明白账,有助于从源头上防止各类乱收费、乱摊派。

根据财政部最新公布的全国政府性基金目录清单(表2-2),目前全国政府性基金项目共有20项。

表2-2 全国政府性基金目录清单

序号	项目名称	资金管理方式	政策依据	征收地区
1	铁路建设基金	缴入中央国库	国发〔1992〕37号,财工字〔1996〕371号,财工〔1997〕543号,财综〔2007〕3号	全国
2	民航发展基金	缴入中央国库	国发〔2012〕24号,财综〔2012〕17号,财税〔2015〕135号,财税〔2019〕46号,财税〔2020〕72号,财政部公告2021年第8号	全国
3	高等级公路车辆通行附加费	缴入地方国库	财综〔2008〕84号,《海南经济特区机动车辆通行附加费征收管理条例》(海南省人民代表大会常务委员会公告第54号),琼价费管〔2013〕153号,琼交财〔2021〕267号	海南

（续表）

序号	项目名称	资金管理方式	政策依据	征收地区
4	国家重大水利工程建设基金	缴入中央和地方国库	财综〔2009〕90号，财综〔2010〕97号，财税〔2010〕44号，财综〔2013〕103号，财税〔2015〕80号，财办税〔2015〕4号，财税〔2017〕51号，财办税〔2017〕60号，财税〔2018〕39号，财税〔2018〕147号，财税〔2019〕46号，财税〔2020〕9号	除西藏以外
5	水利建设基金	缴入中央和地方国库	《中华人民共和国防洪法》，财综字〔1998〕125号，财综〔2011〕2号，财综函〔2011〕33号，财办综〔2011〕111号，财税函〔2016〕291号，财税〔2016〕12号，财税〔2017〕18号，财税〔2020〕9号，财税〔2020〕72号	内蒙古、吉林、江苏、安徽、江西、山东、湖北、湖南、广西、福建、云南、陕西、宁夏（向社会征收）
6	城市基础设施配套费	缴入地方国库	国发〔1998〕34号，财综函〔2002〕3号，财综〔2007〕53号，财税〔2019〕53号，财政部 税务总局 发展改革委 民政部 商务部 卫生健康委公告2019年第76号	除天津以外
7	农网还贷资金	缴入中央和地方国库	财企〔2001〕820号，财企〔2002〕446号，财企〔2006〕347号，财综〔2007〕3号，财综〔2012〕7号，财综〔2013〕103号，财税〔2015〕59号，财税〔2018〕147号，财税〔2020〕67号	山西、吉林、湖南、湖北、广西、四川、重庆、云南、陕西
8	教育费附加	缴入中央和地方国库	《中华人民共和国教育法》，国发〔1986〕50号（中华人民共和国国务院令第60号修改发布），国发明电〔1994〕2号、23号，财综〔2007〕53号，国发〔2010〕35号，财税〔2010〕103号，财税〔2016〕12号，财税〔2019〕13号，财税〔2019〕21号，财税〔2019〕22号，财税〔2019〕46号	全国
9	地方教育附加	缴入地方国库	《中华人民共和国教育法》，财综〔2001〕58号，财综函〔2003〕2号、9号、10号、12号、13号、14号、15号、16号、18号，财综〔2004〕73号，财综函〔2005〕33号，财综〔2006〕2号、61号，财综函〔2006〕9号，财综函〔2007〕45号，财综〔2007〕53号，财综函〔2008〕7号，财综函〔2010〕2号、3号、7号、8号、11号、71号、72号、73号、75号、76号、78号、79号、80号，财综〔2010〕98号，财综函〔2011〕1号、2号、3号、4号、5号、6号、7号、8号、9号、10号、11号、12号、13号、15号、16号、17号、57号，财税〔2016〕12号，财税〔2018〕70号，财税〔2019〕13号，财税〔2019〕21号，财税〔2019〕22号，财税〔2019〕46号	全国

(续表)

序号	项目名称		资金管理方式	政策依据	征收地区
10	文化事业建设费		缴入中央和地方国库	国发〔1996〕37号，国办发〔2006〕43号，财综〔2007〕3号，财综〔2013〕102号，财文字〔1997〕243号，财预字〔1996〕469号，财税〔2016〕25号，财税〔2016〕60号，财税〔2019〕46号，财政部2020年公告第25号，财政部税务总局公告2021年第7号	全国
11	国家电影事业发展专项资金		缴入中央和地方国库	《电影管理条例》，国办发〔2006〕43号，财税〔2015〕91号，财税〔2018〕67号	全国
12	旅游发展基金		缴入中央国库	旅办发〔1991〕124号，财综〔2007〕3号，财综〔2010〕123号，财综〔2012〕17号，财税〔2015〕135号	全国
13	中央水库移民扶持基金	大中型水库移民后期扶持基金	缴入中央国库	《大中型水利水电工程建设征地补偿和移民安置条例》，《长江三峡工程建设移民条例》，国发〔2006〕17号，财综〔2006〕29号，财监〔2006〕95号，监察部、人事部、财政部令第13号，财综〔2007〕26号，财综函〔2007〕69号，财综〔2008〕17号，财综〔2008〕29号、30号、31号、32号、33号、34号、35号、64号、65号、66号、67号、68号、85号、86号、87号、88号、89号、90号，财综〔2009〕51号、59号，财综〔2010〕15号、16号、43号、113号，财综函〔2010〕10号、39号，财综〔2013〕103号，财税〔2015〕80号，财税〔2016〕11号，财税〔2016〕13号，财税〔2017〕51号，财办税〔2017〕60号，财农〔2017〕128号，财税〔2018〕147号	除西藏以外
		跨省大中型水库库区基金			全国
		三峡水库库区基金			湖北
14	地方水库移民扶持基金	省级大中型水库库区基金	缴入地方国库	《大中型水利水电工程建设征地补偿和移民安置条例》，国发〔2006〕17号，财综〔2007〕26号，财综〔2008〕17号，财综〔2008〕29号、30号、31号、32号、33号、34号、35号、64号、65号、66号、67号、68号、85号、86号、87号、88号、89号、90号，财综〔2009〕51号、59号，财综〔2010〕15号、16号、43号、113号，财综函〔2010〕10号、39号，财税〔2016〕11号，财税〔2016〕13号，财税〔2017〕18号，财政部 发展改革委公告2022年第5号，财税〔2020〕58号	广西、辽宁、浙江、湖北、吉林、福建、黑龙江、四川、甘肃、广东、河南、江西、贵州、海南、云南、山西、青海、重庆、陕西
		小型水库移民扶助基金			广西、辽宁、黑龙江、福建、甘肃、河北、广东、河南、贵州、海南、山东、重庆、云南、陕西
15	残疾人就业保障金		缴入地方国库	《残疾人就业条例》，财税〔2015〕72号，财综〔2001〕16号，财税〔2017〕18号，财税〔2018〕39号，财政部2019年公告第98号	全国
16	森林植被恢复费		缴入中央和地方国库	《中华人民共和国森林法》，《中华人民共和国森林法实施条例》，财综〔2002〕73号，财税〔2015〕122号，财税〔2022〕50号	全国

(续表)

序号	项目名称	资金管理方式	政策依据	征收地区
17	可再生能源发展基金	缴入中央国库	《中华人民共和国可再生能源法》，财综〔2011〕115号，财建〔2012〕102号，财综〔2013〕89号，财综〔2013〕103号，财税〔2016〕4号，财办税〔2015〕4号，财税〔2018〕147号，财建〔2020〕4号，财建〔2020〕5号	除西藏以外
18	船舶油污损害赔偿基金	缴入中央国库	《中华人民共和国海洋环境保护法》，《防治船舶污染海洋环境管理条例》，财综〔2012〕33号，交财审发〔2014〕96号，财政部公告2020年第14号，财政部公告2020年第30号	全国
19	核电站乏燃料处理处置基金	缴入中央国库	《中华人民共和国核安全法》，财综〔2010〕58号，财税〔2018〕147号	全国
20	废弃电器电子产品处理基金	缴入中央国库	《废弃电器电子产品回收处理管理条例》，财综〔2012〕34号，财综〔2012〕48号，财综〔2012〕80号，财综〔2013〕32号，财综〔2013〕109号，财综〔2013〕110号，财综〔2014〕45号，财税〔2015〕81号，财政部公告2014年第29号，财政部公告2015年第91号，国家税务总局公告2012年第41号，海关总署公告2012年第33号，财税〔2021〕10号	全国

注：
1. 自2016年2月1日起，将散装水泥专项资金并入新型墙体材料专项基金。
2. 自2017年4月1日起，取消城市公用事业附加和新型墙体材料专项基金。
3. 自2016年2月1日起，将新菜地开发建设基金、育林基金征收标准降为零。
4. 自2016年2月1日起，按月纳税的月销售额或营业额不超过10万元（按季度纳税的季度销售额或营业额不超过30万元）的缴纳义务人免征教育费附加、地方教育附加、水利建设基金。
5. 重大水利工程基金从2010年1月1日起开始征收，至2019年12月31日止。2019年4月财政部印发《关于调整部分政府性基金有关改革的通知》（财税〔2019〕46号）中明确延期征收至2025年12月31日。
6. 根据《财政部关于取消港口建设费和调整民航发展基金有关政策的公告》（财政部公告2021年第8号）的规定，自2021年1月1日起，取消港口建设费。

第三节 罚没收入

一、罚没收入的概念和特点

（一）罚没收入的概念

罚没收入是指国家行政机关、司法机关和法律、法规授权的机构依据法律、法规，对公民、法人和其他组织实施处罚所取得的罚没款以及没收赃物的折价收入。税务机关经办的税款滞纳金、补税罚款收入,通过税收渠道上缴,不属于罚没收入。

(二) 罚没收入的特点

罚没收入是对违法违章行为实施的一种经济处罚,具有以下特点。

1. 强制性

罚没收入的取得具有明显的强制性特征,如行政处罚决定依法做出后,就具有法律效力,当事人应在行政处罚期限内无条件地履行。除国家法律另有规定外,当事人对行政处罚不服的可以申请行政复议或提起行政诉讼,但行政处罚不停止执行。当事人不履行行政处罚的,做出行政处罚的机关可以采取强制措施:一是到期不缴纳罚款的,每日按罚款数额的3%加处罚款;二是根据法律规定,将查封、扣留的财物拍卖或冻结的存款划拨抵缴罚款;三是申请人民法院强制执行,用强制手段保证国家法律得以顺利实施。

2. 无偿性

收取罚没款是执法机关对违法者的一种经济惩处方式,具有惩罚的性质,收取的罚没收入是无偿的,不是执法者与违法者之间的"等价交换",政府不需要对当事人提供对应的服务或者补偿。

3. 不稳定性

罚没收入的取得不是稳定可靠的,是以当事人违反相关法律法规为前提,它取决于多种因素:第一,违法事件的多少,事先难以预料,往往只有可能性,只有违规行为发生了才有现实性;第二,违法者的经济状况也决定罚没收入的数额;第三,执法单位管理水平和执法人员的政治业务素质对罚没收入也有影响。

因此,罚没收入是国家实施社会管理的一项重要手段,罚没方式和罚没数额以公民、法人和其他社会组织的违法类型和程度为前提,其出发点是对当事人的违规行为进行惩戒,目的不是获取较多的罚没收入,而是减少违规行为的发生。

罚没收入与税收存在较大的区别,主要表现为:罚没收入是对违章、违规行为实施的一种经济处罚,罚没收入比税收具有更明显的强制性和无偿性,是财政收入的一种特殊形式。与税收相比,罚没收入缺乏固定性,具有定向性、一次性的特征,对取得财政收入缺乏稳定可靠的保证。

二、罚没收入的分类

按照2016年政府收支分类科目(收入分类科目),罚没收入分为:一般罚没收入、缉私罚没收入和缉毒罚没收入三大类。

罚没收入是财政收入的一种形式。国家司法、公安、行政、海关或其他经济管理部门对违反法律、法令或行政法规的行为按规定课以罚金、罚款或没收品变价收入,以及各部门、各单位追回的赃款和赃物变价收入等。

在法律、法规之外,任何地方、部门和个人均无权擅自设置收费、罚没项目。各级政府和财政部门要对本级各部门、各单位的收费和罚没情况进行管理,凡越权自行设立的收费、罚没项目,要一律取消。

三、罚没收入的立项与管理

(一)罚没收入的立项

罚没收入项目是由国家法律、法规和规章规定的。我国现行法律法规有上千部,如刑法、刑事诉讼法、民事诉讼法、行政诉讼法、企业法、公司法、合同法、反不正当竞争法、价格法、医师法、计量法、信托法、银行法、保险法、食品卫生法、消费者权益保护法、城市房地产管理法、土地管理法、环境保护法等,国务院及省、自治区、直辖市人大和地方政府根据国家法律规定,结合各自情况制定了相配套的行政法规、地方性法规和规章。一般来说,行政法律、规章都涉及对违法者进行罚款和没收物品的规定,有多少违法行为就有多少罚没项目。例如,《中华人民共和国刑法》对各种犯罪行为处以罚金和没收财产进行了详细的规定,如对生产、销售不符合卫生标准的食品,足以造成严重食物中毒事故或者其他严重食源性疾患的,处罚金或没收财产;在生产、销售的食品中掺入有毒、有害的非食品原料的,或者销售明知掺有有毒、有害的非食品原料的食品的,处罚金;走私武器、弹药、核材料或者伪造的货币的,处罚金或者没收财产等。《中华人民共和国医师法》第五十九条规定:违反本法规定,非医师行医的,由县级以上人民政府卫生健康主管部门责令停止非法执业活动,没收违法所得和药品、医疗器械,并处违法所得2倍以上10倍以下的罚款,违法所得不足1万元的,按1万元计算。

(二)罚没收入的管理

根据《中共中央办公厅、国务院办公厅关于转发财政部〈关于对行政性收费、罚没收入实行预算管理的规定〉的通知》(中办发〔1993〕19号)的规定,各执法机关对依法获得的罚没收入必须严格按照"收支两条线"的规定进行管理,实行罚缴分离,设立专用账簿,并建立相应的账物交接、验收、登记、保管、定期结算对账制度。

各级执收、执罚部门和单位要严格执行罚没项目的规定。罚没收入必须全部上缴财政,绝不允许将罚没收入与本部门的经费划拨和职工的奖金、福利挂钩,严禁搞任何形式的提留、分成和收支挂钩。各级财政部门和主管部门不得给执收、执罚单位和个人下达收费、罚没收入指标。

有关罚没收入的归属,按财政部的有关规定执行。

各级执收部门,应在每年11月15日以前,将下一年度各项收费收入和相关的行政管理补助支出编入本部门的预算草案,报本级财政部门审核,财政部门要在预算中做出安排。在执行中,如果收入和支出情况发生变化,有关部门应及时提出调整预算的方案,报本级财政部门审批。

行政管理补助支出预算应明确列出具体项目和数额。支出项目和范围,应按国家有关规定执行,不得擅自突破或变动。

各级执收、执罚部门和单位所取得罚没收入,应在3日内上缴国库。对零星收入,账面余额不足1 000元的,经本级财政部门同意,可每15日上缴一次;达到1 000元的,应即时上缴国库。任何单位和个人不得拖欠、截留、坐支、挪用、私分。

各级执收、执罚部门和单位应使用财政部门统一制发的罚没票据,将罚没收入上缴国库时,应使用"一般缴款书"。有关单位应按《中华人民共和国国家金库条例实施细则》(财预字〔1989〕68号)的规定,认真办理缴库手续。每年2月底以前,根据上一年度的罚没收入和经费补助支出编制本部门的决算草案,报本级财政部门审批。

各级财政部门要建立、健全票据的领发、使用、缴销、保管制度,并严格管理,堵塞漏洞。应加强对罚没收入的管理,建立、健全内部管理和核算制度。应加强对罚没收入的监督和检查。对拖欠、截留、坐支、挪用、私分罚没收入,实行提留、分成和收支挂钩办法或者下达罚没收入指标的,要按违反财经纪律论处,情节严重的,要追究直接责任人员和有关领导人的法律责任。

四、行政处罚的程序

按照《中华人民共和国行政处罚法》的规定,行政机关在做出行政处罚决定之前,应当告知当事人做出行政处罚决定的事实、理由及依据,并告知当事人依法享有的权利。

当事人有权进行陈述和申辩。行政机关必须充分听取当事人的意见,对当事人提出的事实、理由和证据,应当进行复核;当事人提出的事实、理由或者证据成立的,行政机关应当采纳。行政机关不得因当事人申辩而加重处罚。行政处罚的程序主要包括以下两种。

(一) 简易程序

《中华人民共和国行政处罚法》第五十一条至第五十三条规定,违法事实确凿并有法定依据,对公民处以200元以下、对法人或者其他组织处以3 000元以下罚款或者警告的行政处罚的,可以当场做出行政处罚决定。法律另有规定的,从其规定。

执法人员当场作出行政处罚决定的,应当向当事人出示执法证件,填写预定格式、编有号码的行政处罚决定书,并当场交付当事人。当事人拒绝签收的,应当在行政处罚决定书上注明。行政处罚决定书应当载明当事人的违法行为、行政处罚的种类和依据、罚款数额、时间、地点、申请行政复议、提起行政诉讼的途径和期限以及行政机关名称,并由执法人员签名或者盖章。

执法人员当场作出的行政处罚决定,应当报所属行政机关备案。

对当场作出的行政处罚决定,当事人应当依照《中华人民共和国行政处罚法》第六十七条至第六十九条的规定履行。

(二) 普通程序

《中华人民共和国行政处罚法》第五十四条至第六十二条规定,除本法第五十一条规定的可以当场作出的行政处罚外,行政机关发现公民、法人或者其他组织有依法应当给予行政处罚的行为的,必须全面、客观、公正地调查,收集有关证据;必要时,依照法律、法规的规定,可以进行检查。符合立案标准的,行政机关应当及时立案。

执法人员在调查或者进行检查时,应当主动向当事人或者有关人员出示执法证件。当事人或者有关人员有权要求执法人员出示执法证件。执法人员不出示执法证件的,当事人或者有关人员有权拒绝接受调查或者检查。当事人或者有关人员应当如实回答询问,并协助调查或者检查,不得拒绝或者阻挠。询问或者检查应当制作笔录。

行政机关在收集证据时,可以采取抽样取证的方法;在证据可能灭失或者以后难以取得的情况下,经行政机关负责人批准,可以先行登记保存,并应当在7日内及时作出处理决定,在此期间,当事人或者有关人员不得销毁或者转移证据。

调查终结,行政机关负责人应当对调查结果进行审查,根据不同情况,分别作出如下决定:

(1) 确有应受行政处罚的违法行为的,根据情节轻重及具体情况,作出行政处罚决定。

(2) 违法行为轻微,依法可以不予行政处罚的,不予行政处罚。

(3) 违法事实不能成立的,不予行政处罚。

(4) 违法行为涉嫌犯罪的,移送司法机关。

对情节复杂或者重大违法行为给予行政处罚,行政机关负责人应当集体讨论决定。

有下列情形之一,在行政机关负责人作出行政处罚的决定之前,应当由从事行政处罚决定法制审核的人员进行法制审核;未经法制审核或者审核未通过的,不得作出决定:

(1) 涉及重大公共利益的。

(2) 直接关系当事人或者第三人重大权益,经过听证程序的。

(3) 案件情况疑难复杂、涉及多个法律关系的。

(4) 法律、法规规定应当进行法制审核的其他情形。

行政机关中初次从事行政处罚决定审核的人员,应当通过国家统一法律职业资格考试取得法律职业资格。

行政机关按规定给予行政处罚,应当制作行政处罚决定书。行政处罚决定书应当载明下列事项:

(1) 当事人的姓名或者名称、地址。

(2) 违反法律、法规、规章的事实和证据。

(3) 行政处罚的种类和依据。

(4) 行政处罚的履行方式和期限。

(5) 申请行政复议、提起行政诉讼的途径和期限。

(6) 作出行政处罚决定的行政机关名称和作出决定的日期。

行政处罚决定书必须盖有作出行政处罚决定的行政机关的印章。

行政机关应当自行政处罚案件立案之日起90日内作出行政处罚决定。法律、法规、规章另有规定的,从其规定。

行政处罚决定书应当在宣告后当场交付当事人;当事人不在场的,行政机关应当在7日内依照民事诉讼法的有关规定,将行政处罚决定书送达当事人。当事人同意并签订确认书的,行政机关可以采用传真、电子邮件等方式,将行政处罚决定书等送达当事人。

行政机关及其执法人员在作出行政处罚决定之前,未按照《中华人民共和国行政处罚法》第四十四条、第四十五条的规定向当事人告知拟作出行政处罚的内容及事实、理由、依据,或者拒绝听取当事人的陈述、申辩,不得作出行政处罚决定;当事人明确放弃陈述或者申辩权利的除外。

五、税务机关收取的罚没收入

根据《中华人民共和国行政处罚法》《中华人民共和国税收征收管理法》《中华人民共和国税收征收管理法实施细则》《税务行政处罚裁量权行使规则》(国家税务总局公告2016年第78号)等相关法律法规,税务机关对违反税收法律、法规和规章进行行政处罚。本书对此进行了归类,大致分为以下几类。

(一) 税务管理违法行为的处罚

税务管理违法行为包括税务登记、纳税申报、会计核算及凭证管理、税务代理管理以及妨碍税务检查五个方面的违法行为。

1. 税务登记

1) 对未按照规定的期限申报办理税务登记、变更或者注销登记的行政处罚

(1) 处罚依据:《中华人民共和国税收征收管理法》第六十条第一款第(一)项。

(2) 处罚标准:由税务机关责令限期改正,可以处2 000元以下的罚款;情节严重的,处2 000元以上10 000元以下的罚款。

2) 对纳税人未按照规定办理税务登记证件验证或者换证手续的行政处罚

（1）处罚依据：《中华人民共和国税收征收管理法实施细则》第九十条。

（2）处罚标准：由税务机关责令限期改正，可以处 2 000 元以下的罚款；情节严重的，处 2 000 元以上 10 000 元以下的罚款。

3) 对骗取税务登记证的行政处罚

（1）处罚依据：《税务登记管理办法》（国家税务总局令第 48 号）第四十三条。

（2）处罚标准：纳税人通过提供虚假的证明资料等手段，骗取税务登记证的，处 2 000 元以下的罚款；情节严重的，处 2 000 元以上 10 000 元以下的罚款。

4) 对扣缴义务人未按照规定办理扣缴税款登记的行政处罚

（1）处罚依据：《税务登记管理办法》（国家税务总局令第 48 号）第四十四条。

（2）处罚标准：税务机关应当自发现之日起 3 日内责令其限期改正，并可处以 1 000 元以下的罚款。

5) 对银行和其他金融机构未依照规定登录税务登记证件号码或者未按规定登录账户账号的行政处罚

（1）处罚依据：《中华人民共和国税收征收管理法实施细则》第九十二条。

（2）处罚标准：由税务机关责令其限期改正，处 2 000 元以上 20 000 元以下的罚款；情节严重的，处 20 000 元以上 50 000 元以下的罚款。

6) 对纳税人未按照规定使用税务登记证件，或者转借、涂改、损毁、买卖、伪造税务登记证件的行政处罚

（1）处罚依据：《中华人民共和国税收征收管理法》第六十条第三款。

（2）处罚标准：纳税人未按照规定使用税务登记证件，或者转借、涂改、损毁、买卖、伪造税务登记证件的，处 2 000 元以上 10 000 元以下的罚款；情节严重的，处 10 000 元以上 50 000 元以下的罚款。

2. 纳税申报

1) 对纳税人未按照规定的期限办理纳税申报和报送纳税资料的行政处罚

（1）处罚依据：《中华人民共和国税收征收管理法》第六十二条。

（2）处罚标准：纳税人未按照规定的期限办理纳税申报和报送纳税资料的，由税务机关责令限期改正，可以处 2 000 元以下的罚款；情节严重的，可以处 2 000 元以上 10 000 元以下的罚款。

2) 对扣缴义务人未按照规定的期限向税务机关报送代扣代缴、代收代缴税款报告表和有关资料的行政处罚

处罚依据和处罚标准同 1) 项。

3) 对纳税人不进行纳税申报，不缴或者少缴应纳税款的行政处罚

(1) 处罚依据:《中华人民共和国税收征收管理法》第六十四条第二款。

(2) 处罚标准:由税务机关追缴其不缴或者少缴的税款、滞纳金,并处不缴或者少缴的税款50%以上5倍以下的罚款。

3. 会计核算及凭证管理

1) 对未按照规定设置、保管账簿或者保管记账凭证和有关资料的行政处罚

(1) 处罚依据:《中华人民共和国税收征收管理法》第六十条第一款第(二)项。

(2) 处罚标准:由税务机关责令限期改正,可以处2 000元以下的罚款;情节严重的,处2 000元以上10 000元以下的罚款。

2) 对未按照规定将财务、会计制度或者财务、会计处理办法和会计核算软件报送税务机关备查的行政处罚

(1) 处罚依据:《中华人民共和国税收征收管理法》第六十条第一款第(三)项。

(2) 处罚标准:由税务机关责令限期改正,可以处2 000元以下的罚款;情节严重的,处2 000元以上10 000元以下的罚款。

3) 对未按照规定将其全部银行账号向税务机关报告的行政处罚

(1) 处罚依据:《中华人民共和国税收征收管理法》第六十条第一款第(四)项。

(2) 处罚标准:由税务机关责令限期改正,可以处2 000元以下的罚款;情节严重的,处2 000元以上10 000元以下的罚款。

4) 对未按照规定安装、使用税控装置,或者损毁或者擅自改动税控装置的行政处罚

(1) 处罚依据:《中华人民共和国税收征收管理法》第六十条第一款第(五)项。

(2) 处罚标准:由税务机关责令限期改正,可以处2 000元以下的罚款;情节严重的,处2 000元以上10 000元以下的罚款。

5) 对非法印制、转借、倒卖、变造或者伪造完税凭证的行政处罚

(1) 处罚依据:《中华人民共和国税收征收管理法实施细则》第九十一条。

(2) 处罚标准:由税务机关责令改正,处2 000元以上10 000元以下的罚款;情节严重的,处10 000元以上50 000元以下的罚款;构成犯罪的,依法追究刑事责任。

6) 对扣缴义务人未按照规定设置、保管代扣代缴、代收代缴税款账簿或者保管代扣代缴、代收代缴税款记账凭证及有关资料的行政处罚

(1) 处罚依据:《中华人民共和国税收征收管理法》第六十一条。

(2) 处罚标准:由税务机关责令限期改正,可以处2 000元以下的罚款;情节严重的,处2 000元以上5 000元以下的罚款。

7) 对扣缴义务人未按规定开具税收票证的行政处罚

(1) 处罚依据:《税收票证管理办法》(国家税务总局令第28号)第五十四条第二款。

(2) 处罚标准:可以根据情节轻重,处以1 000元以下的罚款。

4. 税务代理管理

对税务代理人违法行为造成纳税人未缴或者少缴税款的行政处罚：

(1) 处罚依据：《中华人民共和国税收征收管理法实施细则》第九十八条。

(2) 处罚标准：税务代理人违反税收法律、行政法规，造成纳税人未缴或者少缴税款的，除由纳税人缴纳或者补缴应纳税款、滞纳金外，对税务代理人处纳税人未缴或者少缴税款50%以上3倍以下的罚款。

5. 妨碍税务检查

1) 对纳税人、扣缴义务人逃避、拒绝或者以其他方式阻挠税务机关检查的行政处罚

(1) 处罚依据：《中华人民共和国税收征收管理法》第七十条。

(2) 处罚标准：由税务机关责令改正，可以处10 000元以下的罚款；情节严重的，处10 000元以上50 000元以下的罚款。

2) 对纳税人、扣缴义务人提供虚假资料，不如实反映情况，或者拒绝提供有关资料；对拒绝或者阻止税务机关记录、录音、录像、照相和复制与案件有关的情况和资料；对在检查期间，纳税人、扣缴义务人转移、隐匿、销毁有关资料以及对有不依法接受税务检查的其他情形的行政处罚

(1) 处罚依据：《中华人民共和国税收征收管理法》第九十六条第（一）至第（四）项。

(2) 处罚标准：依照《中华人民共和国税收征收管理法》第七十条的规定处罚，即由税务机关责令改正，可以处10 000元以下的罚款；情节严重的，处10 000元以上50 000元以下的罚款。

3) 对金融机构拒绝配合税务机关执行的行政处罚

(1) 处罚依据：《中华人民共和国税收征收管理法》第七十三条。

(2) 处罚标准：纳税人、扣缴义务人的开户银行或者其他金融机构拒绝接受税务机关依法检查纳税人、扣缴义务人存款账户，或者拒绝执行税务机关做出的冻结存款或者扣缴税款的决定，或者在接到税务机关的书面通知后帮助纳税人、扣缴义务人转移存款，造成税款流失的，由税务机关处100 000元以上500 000元以下的罚款，对直接负责的主管人员和其他直接责任人员处1 000元以上10 000元以下的罚款。

4) 对拒绝协助检查单位的行政处罚

(1) 处罚依据：《中华人民共和国税收征收管理法实施细则》第九十五条。

(2) 处罚标准：税务机关依照《中华人民共和国税收征收管理法》第五十四条第（五）项的规定，到车站、码头、机场、邮政企业及其分支机构检查纳税人有关情况时，有关单位拒绝的，由税务机关责令改正，可以处10 000元以下的罚款；情节严重的，处10 000元以上50 000元以下的罚款。

(二) 发票管理违法行为的处罚

1) 对非法印制发票的行政处罚

(1) 处罚依据:《中华人民共和国税收征收管理法》第七十一条。

(2) 处罚标准:由税务机关销毁非法印制的发票,没收违法所得和作案工具,并处 10 000 元以上 50 000 元以下的罚款;构成犯罪的,依法追究刑事责任。

2) 违反《中华人民共和国发票管理办法》规定的发票开具、使用、缴销、存放和保管的行政处罚

具有下列情形之一的行为都是违反《中华人民共和国发票管理办法》规定的发票开具、使用、缴销、存放和保管的行为:①应当开具而未开具发票,或者未按照规定的时限、顺序、栏目,全部联次一次性开具发票,或者未加盖发票专用章。②使用税控装置开具发票,未按期向主管税务机关报送开具发票的数据。③使用非税控电子器具开具发票,未将非税控电子器具使用的软件程序说明资料报主管税务机关备案,或者未按照规定保存、报送开具发票的数据。④拆本使用发票。⑤扩大发票使用范围。⑥以其他凭证代替发票使用。⑦跨规定区域开具发票。⑧未按照规定缴销发票。⑨未按照规定存放和保管发票的。

(1) 处罚依据:《中华人民共和国发票管理办法》第三十五条第(一)项至第(九)项。

(2) 处罚标准:由税务机关责令改正,可以处 10 000 元以下的罚款;有违法所得的予以没收。

3) 对跨规定的使用区域携带、邮寄、运输空白发票,以及携带、邮寄或者运输空白发票出入境和对丢失发票或者擅自损毁发票的行政处罚

(1) 处罚依据:《中华人民共和国发票管理办法》第三十六条第一款至第二款。

(2) 处罚标准:由税务机关责令改正,可以处 10 000 元以下的罚款;情节严重的,处 10 000 元以上 30 000 元以下的罚款;有违法所得的予以没收。

4) 虚开发票、非法代开发票的行政处罚

虚开发票行为包括:第一,为他人、为自己开具与实际经营业务情况不符的发票;第二,让他人为自己开具与实际经营业务情况不符的发票;第三,介绍他人开具与实际经营业务情况不符的发票。

(1) 处罚依据:《中华人民共和国发票管理办法》第三十七条第一款至第二款。

(2) 处罚标准:由税务机关没收违法所得;虚开金额在 10 000 元以下的,可以并处 50 000 元以下的罚款;虚开金额超过 10 000 元的,并处 50 000 元以上 500 000 元以下的罚款;构成犯罪的,依法追究刑事责任。

5) 对私自印制、伪造、变造发票,非法制造发票防伪专用品,伪造发票监制章的行政处罚

(1) 处罚依据:《中华人民共和国发票管理办法》第三十八条。

(2) 处罚标准:由税务机关没收违法所得,没收、销毁作案工具和非法物品,并处 10 000 元以上 50 000 元以下的罚款;情节严重的,并处 50 000 元以上 500 000 元以下的罚款;对印制发票的企业,可以并处吊销发票准印证;构成犯罪的,依法追究刑事责任。

6) 对转借、转让、介绍他人转让发票、发票监制章和发票防伪专用品的;知道或者应当知道是私自印制、伪造、变造、非法取得或者废止的发票而受让、开具、存放、携带、邮寄、运输的行政处罚

(1) 处罚依据:《中华人民共和国发票管理办法》第三十九条。

(2) 处罚标准:由税务机关处 10 000 元以上 50 000 元以下的罚款;情节严重的,处 50 000 元以上 500 000 元以下的罚款;有违法所得的予以没收。

7) 对违反发票管理法规,导致其他单位或者个人未缴、少缴或者骗取税款的行政处罚

(1) 处罚依据:《中华人民共和国发票管理办法》第四十一条。

(2) 处罚标准:由税务机关没收非法所得,可以并处未缴、少缴或者骗取的税款 1 倍以下的罚款。

(三) 税款征收违法行为的处罚

税款征收违法行为可分为偷骗抗税、税款征收管理两个部分。

1. 偷骗抗税

1) 对纳税人偷税的行政处罚

(1) 处罚依据:《中华人民共和国税收征收管理法》第六十三条第一款。

(2) 处罚标准:对纳税人偷税的,由税务机关追缴其不缴或者少缴的税款、滞纳金,并处不缴或者少缴的税款 50%以上 5 倍以下的罚款;构成犯罪的,依法追究刑事责任。

2) 对扣缴义务人采取偷税手段,不缴或少缴已扣、已收税款的行政处罚

(1) 处罚依据:《中华人民共和国税收征收管理法》第六十三条第二款。

(2) 处罚标准:由税务机关追缴其不缴或者少缴的税款、滞纳金,并处不缴或者少缴的税款 50%以上 5 倍以下的罚款;构成犯罪的,依法追究刑事责任。

3) 对以假报出口或者其他欺骗手段,骗取国家出口退税款的行政处罚

(1) 处罚依据:《中华人民共和国税收征收管理法》第六十六条。

(2) 处罚标准:追缴骗取的退税款,并处骗取税款 1 倍以上 5 倍以下罚款;对骗取国家出口退税款的,可以在规定期间内停止为其办理出口退税。

4) 对纳税人抗税的行政处罚

(1) 处罚依据:《中华人民共和国税收征收管理法》第六十七条。

（2）处罚标准：以暴力、威胁方法拒不缴纳税款的，是抗税，除由税务机关追缴其拒缴的税款、滞纳金外，依法追究刑事责任。情节轻微，未构成犯罪的，由税务机关追缴其拒缴的税款、滞纳金，并处拒缴税款 1 倍以上 5 倍以下的罚款。

2. 税款征收管理

1) 对编造虚假计税依据的行政处罚

（1）处罚依据：《中华人民共和国税收征收管理法》第六十四条第一款。

（2）处罚标准：由税务机关责令限期改正，并处 50 000 元以下的罚款。

2) 对纳税人逃避追缴欠税的行政处罚

（1）处罚依据：《中华人民共和国税收征收管理法》第六十五条。

（2）处罚标准：纳税人欠缴应纳税款，采取转移或者隐匿财产的手段，妨碍税务机关追缴欠缴的税款的，由税务机关追缴欠缴的税款、滞纳金，并处欠缴税款 50％以上 5 倍以下的罚款；构成犯罪的，依法追究刑事责任。

3) 对纳税人、扣缴义务人在规定期限内不缴或者少缴应纳或者应解缴的税款，经税务机关责令限期缴纳，逾期仍未缴纳的行政处罚

（1）处罚依据：《中华人民共和国税收征收管理法》第六十八条。

（2）处罚标准：税务机关除依照本法第四十条的规定采取强制执行措施追缴其不缴或者少缴的税款外，可以处不缴或者少缴的税款 50％以上 5 倍以下的罚款。

4) 对扣缴义务人应扣未扣、应收而不收税款的行政处罚

（1）处罚依据：《中华人民共和国税收征收管理法》第六十九条。

（2）处罚标准：由税务机关向纳税人追缴税款，对扣缴义务人处应扣未扣、应收未收税款 50％以上 3 倍以下的罚款。

5) 对为纳税人、扣缴义务人非法提供银行账户、发票、证明或者其他方便，导致未缴、少缴税款或者骗取国家出口退税款的行政处罚

（1）处罚依据：《中华人民共和国税收征收管理法实施细则》第九十三条。

（2）处罚标准：税务机关除没收其违法所得外，可以处未缴、少缴税款或者骗取退税款 1 倍以下的罚款。

6) 对境内机构或个人发包工程作业或劳务项目，未按规定向主管税务机关报告有关事项的行政处罚

（1）处罚依据：《非居民承包工程作业和提供劳务税收管理暂行办法》（国家税务总局令第 19 号）第三十三条。

（2）处罚依据：责令限期改正，可以处 2 000 元以下的罚款；情节严重的，处 2 000 元以上 10 000 元以下的罚款。

7) 纳税人、纳税担保人采取欺骗、隐瞒等手段提供担保的，或者非法为纳税人、纳税

担保人实施虚假纳税担保提供方便的行政处罚

（1）处罚依据：《纳税担保试行办法》(国家税务总局令第11号)第三十一条。

（2）处罚依据：由税务机关处以1 000元以下的罚款；属于经营行为的，处10 000元以下的罚款。

第四节　其他各类非税收入

一、国有资源(资产)有偿使用收入

国有资源(资产)有偿使用收入是指有偿转让国有资源(资产)使用权而取得的收入，包括国有资产有偿使用收入和国有资源有偿使用收入。

国有资产有偿使用收入，包括国家机关、实行公务员管理的事业单位、代行政府职能的社会团体以及其他组织的固定资产和无形资产出租、出售、出让、转让等取得的收入，世界文化遗产保护范围内实行特许经营项目的有偿出让收入和世界文化遗产的门票收入，利用政府投资建设的城市道路和公共场地设置停车泊位取得的收入，及利用其他国有资产取得的收入。

国有资源有偿使用收入，包括土地出让金收入、新增建设用地土地有偿使用费、海域使用金、探矿权和采矿权使用费及价款收入、场地和矿区使用费收入；出租汽车经营权、公共交通线路经营权、汽车号牌使用权等有偿出让取得的收入；政府举办的广播电视机构占用国家无线电频率资源取得的广告收入，以及利用其他国有资源取得的收入。

二、国有资本收益

国有资本收益是指国家以所有者身份依法取得的国有资本投资收益。

国家以所有者身份进行投资成立国家出资企业，国家出资企业的形式主要有国有独资公司、国有资本控股公司和国有资本参股公司。国有资本收益主要包括国有资本分享的企业税后利润，国有股股利、红利、股息，企业国有产权(股权)出售、拍卖、转让收益和依法由国有资本享有的其他收益。

三、彩票公益金收入

彩票公益金是从彩票发行收入中按规定比例提取的，专项用于社会福利、体育等社会公益事业的资金。按彩票类型划分，彩票公益金收入分为福利彩票公益金收入、体育彩票公益金收入和其他彩票公益金收入。

四、特许经营收入

特许经营收入是指国家依法特许企业、组织或个人垄断经营某种产品或服务而获得的收入,主要包括烟草专卖收入、酒类产品专卖收入、免税商品专营收入、货币发行收入、印钞造币收入、纪念邮票(纪念币)发行收入、食盐批发专营收入等。

五、中央银行收入

中央银行收入是指中国人民银行按规定上缴国家的收入,具体包括利息收入、业务收入、租赁收入和赔款收入。

六、以政府名义接受的捐赠收入

以政府名义接受的捐赠收入是指以各级政府、国家机关、实行公务员管理的事业单位、代行政府职能的社会团体以及其他组织名义接受的非定向捐赠货币收入,不包括定向捐赠货币收入、实物捐赠收入以及以不实行公务员管理的事业单位、不代行政府职能的社会团体、企业、个人或者以其他民间组织名义接受的捐赠收入。

以政府名义接受的捐赠收入,必须坚持自愿原则,不得强行摊派,不得将以政府名义接受的捐赠收入转交不实行公务员管理的事业单位、不代行政府职能的社会团体、企业、个人或者其他民间组织管理。

七、主管部门集中收入

主管部门集中收入主要是指国家机关、实行公务员管理的事业单位、代行政府职能的社会团体及其他组织集中所属事业单位收入,这部分收入必须经同级财政部门批准。今后,随着事业单位体制改革的深入进行,主管部门应当与事业单位财务实行彻底脱钩,逐步取消主管部门集中事业单位收入。作为过渡性措施,目前主管部门集中收入应当统一纳入非税收入管理范围,实行"收支脱钩"管理,有关支出纳入部门预算,实行统一安排。

八、政府收入的利息收入

政府财政资金产生的利息收入是指税收和非税收入产生的利息收入,按照中国人民银行规定计息,统一纳入政府非税收入管理范围。

九、其他非税收入

其他非税收入是指上述收入外其他利用国家权力、政府信誉等取得的,应当纳入政府非税收入管理的资金。

第三章

非税收入管理体制及征管改革

第一节 非税收入管理体制

一、非税收入管理体制的概念与原则

(一)非税收入管理体制的概念

非税收入管理体制是指中央和地方及地方政府之间、财政与相关部门及单位之间非税收入管理权限划分的制度,具体表现为特定的非税收入管理模式,以及基于管理模式下的管理组织机构设置、管理职能及管理权责划分、人力等管理要素资源的配置等。

(二)非税收入管理体制的原则

非税收入管理体制隶属于财政管理体制。财政管理体制的确立原则,是非税收入管理体制的基本依据和原则。这些原则包括统一领导、分级管理的原则;财权与事权相匹配的原则。

1. 统一领导、分级管理的原则

统一领导、分级管理就是中央集权和地方分权的关系问题。集权与分权,是一对矛盾。一般地说,凡是关系国家全局的管理权限一定要集中到中央,不能任意分散,以保证中央的统一领导;凡是需要由地方因地制宜的管理权限,一定要放给地方,中央不能统得过死,以充分调动地方的积极性。在非税收入的管理体制中,统一领导要求非税收入管理政策和制度由政府制定,非税收入立项权、标准制定或审定权由政府掌握,属于全国性的非税收入项目由中央负责,属于地方性的非税收入项目由地方负责;非税收入管理制度的审批和发布按照立项权限由同级人大或政府负责;非税收入资金使用必须纳入政府预算和财政国库进行管理。分级管理要求具体非税收入项目的审定和批准、非税收入管理制度的制定与发布分别由中央与地方政府分权管理;在人大与政府之间、政府部门(财政部门、物价管理部门)之间、部门与相关单位之间在政府非税收入的立项、标准制定、征收管理和资金使用方面,按照分权与制衡的原则和非税收入征收管理方式进行分权管理。

2. 财权与事权相匹配的原则

财权与事权相匹配本质上就是事权与支出责任相适应。理顺中央与地方的收入分配关系,合理界定中央与地方的财权和事权,使财权与事权相匹配,是财税体制改革十分重要的一个方面。非税收入管理体制也要求坚持财权与事权相匹配的原则。事权就是非税收入资金使用各主体的职能范围和权责关系,财权是指在法律或上级机关赋予的非税收入资金使用各主体拥有支配收入的权力。财权与事权相匹配要求各级政府在非税收入资金使用上按行业或系统进行跨区域资金调节中的责任,明确财政部门与部门单位之间各自在跨区域资金调节中的责任。财权与事权相匹配要求在同级政府内部,按照政府、部门与单位之间的财政预算管理权责,明确其预算管理、资金管理与结果报告及财务监督等方面各自职责。

二、非税收入管理体制的内容

非税收入税收管理权限包括非税收入立法权、非税收入法律解释权、非税收入立项权或停征权、非税收入征收管理权、非税收入资金使用权等。

(一)非税收入立法权

非税收入立法权是国家最高权力机关根据法律程序赋予非税收入法律效力时所具有的权力,包括非税收入法律的制定权、审议权、表决权、批准权及公布权等。

目前我国没有法律层次高的非税收入法律,只有《政府非税收入管理办法》(财税〔2016〕33号印发)等规范性文件,还有一些地方性的管理办法。

(二)非税收入法律解释权

非税收入法律解释权是指经过立法机关授权,对非税收入有关法律法规进行解释的权限。

(三)非税收入立项权或停征权

非税收入立项权是指设立开征某项非税收入的权利,包括确定开征的具体项目、开征的时间、征收的范围、征收标准等。非税收入停征权是指对已经开征的某项非税收入停止征收的权利,包括停止征收的条件、时间等。

(四)非税收入征收管理权

非税收入征收管理权包括非税收入的征收权、票据管理权、资金管理权、对缴纳义务人的稽查权、对各管理方的监督检查权、行政处罚权等。

(1)我国非税收入的征收权比较分散,各级国家机关、事业单位、代行政府职能的社会团体及其他组织都可能拥有某项非税收入的征收权。国税地税机构合并后,税务机关将具体承担所辖区域内各项税收、非税收入征管等职责。

(2)非税收入票据管理权是对非税收入征收过程中使用的合法凭证的管理,包括票据的印制管理、领购与发放管理、使用管理、保管管理等内容。非税收入票据管理的职能部门是各级财政部门,健全非税收入的票据管理,有利于规范征收单位的征收行为,从源头上杜绝乱收费,并确保依法合规的非税收入及时足额上缴国库。

(3)非税收入的资金管理权包括非税收入的资金收缴、存储、退付、清算、核算等权利。非税收入收缴实行国库集中收缴制度,应当全部上缴国库,通过国库单一账户体系收缴、存储、退付、清算和核算。

(4)对缴纳义务人的稽查权一般归属于拥有征收权的主体,有的也归属于受托代征的主体。

(5)对各管理方的监督检查的职能部门是各级财政机关和审计机关,同时也应接受公众的监督。

(6)非税收入行政处罚权是指对违反规定设立、征收、缴纳、管理非税收入等行为依法给予处罚的权利。处罚的依据包括《中华人民共和国预算法》《财政违法行为处罚处分条例》和《违反行政事业性收费和罚没收入收支两条线管理规定行政处分暂行规定》等规定;涉嫌犯罪的,依法移送司法机关处理。

(五)非税收入资金使用权

非税收入资金使用权是指非税收入的收益归属权,即收入缴入哪级国库、由谁支配使用等权利。传统的非税收入管理体制的做法是"谁征收谁使用",也即资金使用权因非税收入征管权的实现而产生。现代的非税收入管理体制是"收缴分享,统一征管",如税务机关有非税收入的征收权,但无非税收入的资金使用权。例如,水利建设基金中的中央水利建设基金,专项用于关系经济社会发展全局的防洪和水资源配置工程建设及其他经国务院批准的水利工程建设;中央水利工程维修养护;防汛、应急度汛。资金使用结构为55%用于水利工程建设;30%用于水利工程维修养护;15%用于应急度汛,各部分资金结余可统筹安排使用。

三、非税收入的管理机构

我国非税收入管理机构的设置无统一规定。总体上讲,政府非税收入的管理职责主要由政府财政部门负责管理。中央没有专门负责非税收入的管理机构,管理职责由财政综合部门负责。地方政府在管理机构设置上,各地区差异较大,但都在各级财政部门设置了专门负责政府非税收入管理的工作机构。各级政府内部,有的地方非税收入管理职责从立项到征收及资金使用的管理全部由财政部门负责,有的则在财政、物价等部门之间划分了职责。

根据《政府非税收入管理办法》(财税〔2016〕33号印发)第十一条的规定:"非税收入可以由财政部门直接征收,也可以由财政部门委托的部门和单位(以下简称执收单位)征收。未经财政部门批准,不得改变非税收入执收单位。法律、法规对非税收入执收单位已有规定的,从其规定。"由此可见,非税收入征收单位有三种:一是财政部门;二是财政部门授权的其他部门;三是其他法律、法规特别规定的部门。具体来看包括以下几种:

(1)由财政部门直接征收的非税收入,包括彩票公益金(中央部分)、中央企业国有资本收益等。各省财政部门征收的非税收入,包括彩票公益金(地方部分)、地方企业国有资本收益等。

(2)财政部门授权其他部门征收的非税收入,包括残疾人就业保障金(由财政部授权税务部门征收)、废弃电器电子产品处理基金(由财政部授权税务部门征收)等。

(3)其他法律、法规特别规定的征收部门征收的非税收入。例如,教育费附加就是由国务院依据《国务院关于征收教育费附加的暂行规定》(国发〔1986〕50号)直接明确由税务部门征收。

2018年3月17日,第十三届全国人大第一次会议表决通过了关于国务院机构改革方案的决定。国务院机构改革方案的内容之一是改革国税地税征管体制。为降低征纳成本,理顺职责关系,提高征管效率,为纳税人提供更加优质、高效、便利的服务,将省级和省级以下国税地税机构合并,具体承担所辖区域内各项税收、非税收入征管等职责。依据改革方案的决定,税务机关成为非税收入的征管部门。由于非税收入涉及的项目多,全部一次性划归税务机关征管难度大。当前根据国家的安排,按照"成熟一批划转一批,逐步推进"的基本思路,非税收入正在分步骤、分时期地逐步划转至税务机关征收。

值得注意的是,财政部门和其他部门在征收非税收入时,大多是用的"收缴"的概念,注重通过非税收入票据,采取以票控费的方式将非税收入收缴入库。而税务部门大多使用的是"征管"的概念,注重通过日常管理、风险识别、缴费检查等措施,对非税收入缴纳情况进行全方位征收管理。因此,税务部门征收非税收入,具有更强的规范性和刚性。

第二节 非税收入的设立和征收管理

一、非税收入的设立

(一)非税收入设立的主体

设立非税收入,应当依据法律、法规的规定或者按下列管理权限予以批准。

1. 行政事业性收费按照国务院和省、自治区、直辖市（以下简称省级）人民政府及其财政、价格主管部门的规定设立

行政事业性收费设立的主体有国务院和省级人民政府及其财政、价格主管部门。由于行政事业性收费设立的主体多，所以行政事业性收费项目也比较多。

当前，按照中央的要求，我国多年持续清理规费，很多省份取消了大部分省级人民政府设立的行政事业性收费项目，还有不少省份不设立针对企业的涉企行政事业性收费。所以很多省份的行政事业性收费项目中只有国务院设立的行政事业性收费项目。

2. 政府性基金按照国务院和财政部的规定设立

政府性基金设立的主体有国务院和财政部。省级人民政府无权设立政府性基金。政府性基金项目只有铁路建设基金、民航发展基金、高等级公路车辆通行附加费（海南）、国家重大水利工程建设基金、水利建设基金、城市基础设施配套费、农网还贷资金、教育费附加、地方教育附加、文化事业建设费、国家电影事业发展专项资金、旅游发展基金、中央水库移民扶持基金（包括大中型水库移民后期扶持基金、跨省大中型水库库区基金、三峡水库库区基金）、地方水库移民扶持基金（包括省级大中型水库库区基金、小型水库移民扶助基金）、残疾人就业保障金、森林植被恢复费、可再生能源发展基金、船舶油污损害赔偿基金、核电站乏燃料处理处置基金、废弃电器电子产品处理基金，共计20项。

3. 其他非税收入的设立

（1）国有资源有偿使用收入、特许经营收入按照国务院和省级人民政府及其财政部门的规定设立。

（2）国有资产有偿使用收入、国有资本收益由拥有国有资产（资本）产权的人民政府及其财政部门按照国有资产（资本）收益管理规定征收。

（3）彩票公益金按照国务院和财政部的规定筹集。

（4）中央银行收入按照相关法律、法规征收。

（5）罚没收入按照法律、法规和规章的规定征收。

（6）主管部门集中收入、以政府名义接受的捐赠收入、政府收入的利息收入及其他非税收入按照同级人民政府及其财政部门的管理规定征收或者收取。

（二）非税收入设立的内容

非税收入的设立包括具体非税收入项目的确定、征收的对象、征收的范围、征收的标准、征收期限、征收管理等内容。

任何部门和单位不得违反规定设立非税收入项目或者设定非税收入的征收对象、范围、标准和期限。

取消、停征、减征、免征或者缓征非税收入，以及调整非税收入的征收对象、范围、标准和期限,应当按照设立和征收非税收入的管理权限予以批准,不许越权批准。

取消法律、法规规定的非税收入项目,应当按照法定程序办理。

二、非税收入的征收管理

(一) 征收主体

非税收入执收主体由法律、法规、规章规定,法律、法规、规章没有规定执收主体的,由非税收入管理机构直接征收或依法委托相关单位征收。未经财政部门批准,不得改变非税收入执收主体。法律、法规对非税收入执收主体已有规定的,从其规定。

执收主体应当履行下列职责:

(1) 公示非税收入征收依据和具体征收事项,包括项目、对象、范围、标准、期限和方式等。

(2) 严格按照规定的非税收入项目、征收范围和征收标准进行征收,及时足额上缴非税收入,并对欠缴、少缴收入实施催缴。

(3) 记录、汇总、核对并按规定向同级财政部门报送非税收入征缴情况。

(4) 编报非税收入年度收入预算。

(5) 执行非税收入管理的其他有关规定。

执收主体不得违规多征、提前征收或者减征、免征、缓征非税收入。

各级财政部门应当加强非税收入执收管理和监督,不得向执收主体下达非税收入指标。

(二) 缴纳义务人

公民、法人或者其他组织(以下简称缴纳义务人)应当按规定履行非税收入缴纳义务。例如,水利建设基金的缴纳义务人是从事生产、经营的单位和个人。城市基础设施配套费缴纳义务人是建设单位。

对违规设立非税收入项目、扩大征收范围、提高征收标准的,缴纳义务人有权拒绝缴纳并向有关部门举报。

缴纳义务人因特殊情况需要缓缴、减缴、免缴非税收入的,应当向执收单位提出书面申请,并由执收单位报有关部门按照规定审批。

(三) 非税收入的票据管理

非税收入的票据管理的内容包括印制、领取、发放、使用、保管、核销、销毁、监督检查等内容。

各级财政部门应当通过加强非税收入票据管理,来规范执收单位的征收行为,从源头上杜绝乱收费,并确保依法合规的非税收入及时足额上缴国库。

(四) 非税收入的收缴管理

1. 非税收入收缴的电子化管理

各级财政部门应当加快推进非税收入收缴电子化管理,逐步降低征收成本,提高收缴水平和效率。

2. 非税收入的资金管理

非税收入的资金管理包括收缴、存储、退付、清算、核算等内容。

1) 非税收入收缴实行国库集中收缴制度

非税收入收缴实行国库集中收缴制度,非税收入应当全部上缴国库,任何部门、单位和个人不得截留、占用、挪用、坐支或者拖欠。

非税收入国库集中收缴制度是国库集中收付制度的组成部分。国库集中收付制度是指建立国库单一账户体系,所有财政性资金都纳入国库单一账户管理,收入直接缴入国库或财政专户,支出通过国库单一账户体系,按照不同支付类型,采用财政直接支付与授权支付的方法,支付到商品或货物供应者或用款单位。

非税收入应当通过国库单一账户体系收缴、存储、退付、清算和核算。

上下级政府分成的非税收入,由财政部门按照分级划解、及时清算的原则办理。

已上缴中央和地方财政的非税收入依照有关规定需要退付的,分别按照财政部和省级财政部门的规定执行。

2) 非税收入应当依照法律、法规规定或者按照管理权限确定的收入归属和缴库要求,缴入相应级次国库

非税收入实行分成的,应当按照事权与支出责任相适应的原则确定分成比例,并按下列管理权限予以批准:

(1) 涉及中央与地方分成的非税收入,其分成比例由国务院或者财政部规定。

(2) 涉及省级与市、县级分成的非税收入,其分成比例由省级人民政府或者其财政部门规定。

(3) 涉及部门、单位之间分成的非税收入,其分成比例按照隶属关系由财政部或者省级财政部门规定。

未经国务院和省级人民政府及其财政部门批准,不得对非税收入实行分成或者调整分成比例。

3) 非税收入的预算管理

根据非税收入不同性质,分别纳入一般公共预算、政府性基金预算和国有资本经营预算管理。

(五) 非税收入的监督管理

(1) 各级财政部门应当建立健全非税收入监督管理制度,加强非税收入政策执行情

况的监督检查,依法处理非税收入违法违规行为。

(2) 执收单位应当建立健全内部控制制度,接受财政部门和审计机关的监督检查,如实提供非税收入情况和相关资料。

(3) 各级财政部门和执收单位应当通过政府网站和公共媒体等渠道,向社会公开非税收入项目名称、设立依据、征收方式和标准等,并加大预决算公开力度,提高非税收入透明度,接受公众监督。

(4) 任何单位和个人有权监督和举报非税收入管理中的违法违规行为。

各级财政部门应当按职责受理、调查、处理举报或者投诉,并为举报人保密。

(5) 对违反《政府非税收入管理办法》(财税〔2016〕33号印发)规定设立、征收、缴纳、管理非税收入的行为,依照《中华人民共和国预算法》《财政违法行为处罚处分条例》和《违反行政事业性收费和罚没收入收支两条线管理规定行政处分暂行规定》等国家有关规定追究法律责任;涉嫌犯罪的,依法移送司法机关处理。

第三节 税务部门非税收入征管改革

一、税务部门非税收入征管的历史沿革

从相关文件看,税务部门非税收入征管起步于1986年教育费附加的开征,历经2015年以前、2015—2018年、2018年以后三个阶段。

(一) 委托征管阶段(2015年以前)

2015年以前,从税务部门征管效率高、征管成本低的角度出发,各级政府及财政等部门将普遍征管、具有"同税"特点的非税收入主动划转税务部门征管,主要存在两种形式:

一是设立阶段,即明确由税务部门征管。比如教育费附加、废弃电器电子产品处理基金等。1986年,国务院发布《征收教育费附加的暂行规定》,即明确"教育费附加由税务机关负责征收"。2012年,国务院设立废弃电器电子产品处理基金时,授权财政部、环境保护部、国家发展改革委、工业和信息化部、海关总署、国家税务总局等6部委,联合印发《废弃电器电子产品处理基金征收使用管理办法》(财综〔2012〕34号),明确"由国家税务局对电器电子产品生产者征收废弃电器电子产品处理基金"。

二是征收中逐步划转税务部门征收。典型例子是残保金。残保金初期是由残联部门征收,由于征收面广,与企业员工数量、工资总额等指标具有密切联系,为提高征管效率,在各地政府的主导下,财政、残联纷纷委托税务部门代征。其主要模式是残联核定缴

费额,税务部门征收入库,既提高了征缴效率,又减轻了缴费人的缴费成本。为了进一步提高征管效率,财政部于 2005 年发布了《残疾人就业保障金征收使用管理办法》(财税〔2015〕72 号),提出了原则上由税务部门直接征收残保金的改革导向。各地政府陆续发文,明确由税务部门直接征收残保金,即残联部门不再核定缴费额,而是缴费人直接向税务部门申报缴纳。

初步统计,2015 年以前,各地税务部门共征管 14 项非税收入。其中,税务部门普遍征管教育费附加、地方教育附加、残保金、文化事业建设费、废弃电器电子产品处理基金 5 项非税收入,部分省市税务部门征管地方水利建设基金(含防洪工程维护费)、城镇垃圾处理费、水土保持补偿费、地方大中型水库库区基金、国家重大水利工程建设基金(地方部分)、外商投资企业土地使用费、海上石油矿区使用费、陆上石油矿区使用费、土地闲置费等 9 项非税收入。

(二) 拓展征管阶段(2015 — 2018 年)

2015 年 10 月,中办国办出台《深化国税、税务征管体制改革方案》,明确要求要发挥税务部门税费统征效率高等优势,按照便利征管、节约行政资源的原则,将依法保留、适宜由税务部门征收的行政事业性收费、政府性基金等非税收入项目,改由税务部门统一征收。

在营改增改革的大背景下,原地税部门与国税部门的收入规模平分秋色的局面被打破,国税部门的收入规模远超地税部门。为促进地税部门的可持续发展,从制度层面,考虑到地税部门服务地方经济的特点和已征收多项非税收入的实际,为拓展地税部门服务地方财政收入的能力,提出了地税部门征收非税收入的改革目标。

从落实的情况来看,部分省市划转了 10 余项非税收入由地税部门征管,主要包括:北京市将城市基础设施配套费、防空地下室易地建设费、国家电影事业发展专项资金、无线电频率占用费、彩票公益金、彩票发行和销售机构业务费等 6 项非税收入划转税务部门征收;云南省将防空地下室易地建设费、国家电影事业发展专项资金、无线电频率占用费、国有资产有偿使用收入(包括出租收入、处置收入、利息收入)、国有资本收益、土地复垦费等 6 项非税收入划转税务部门征收;广西壮族自治区将国有资本收益划转税务部门征收;等等。

(三) 研判征管阶段(2018 年以后)

2018 年 3 月,中共中央《深化党和国家机构改革方案》指出:为降低征纳成本,理顺职责关系,提高征管效率,为纳税人提供更加优质高效便利服务,将省级和省级以下国税地税机构合并,具体承担所辖区域内各项税收、非税收入征管等职责。中办国办随之出台了《国税地税征管体制改革方案》,明确"按照'便民、高效'的原则,合理确定非税收入征管职责划转到税务部门的范围,对依法保留,适宜划转的非税收入项目,成熟一批划转一批,逐步推进。"

税务部门自2019年起一共经历五轮全国范围的划转:

第一轮划转时点为2019年1月1日,根据《财政部关于将国家重大水利工程建设基金等政府非税收入项目划转税务部门征收的通知》(财税〔2018〕147号)的规定,原由专员办负责征管11大项13细项中央非税收入划转至税务部门征管。一是对电力企业征收的9项,包括国家重大水利工程建设基金(中央部分)、农网还贷资金、大中型水库移民扶持基金、可再生能源发展基金、核电站乏燃料处理处置基金、核事故应急准备专项收入、跨省大中型水库库区基金、三峡水库库区基金、三峡电站水资源费;二是对石油生产经营企业征收的3项,包括油价调控风险准备金、石油特别收益金、国家留成油收入;三是对免税商品经营企业征收的1项,主要是免税商品特许经营收入。首批划转项目多属于政府性基金类,涉及全国绝大多数省份(仅西藏暂无),且税费关联性强,其费基与增值税或企业所得税税基相同或相近。划转税务部门征管后,既能方便缴费企业,又能联动税费规范征管。近年来收入规模相对稳定,2018年总收入规模在1300亿元左右。省级项目方面,现行12大类非税收入中,省级设立的项目主要集中在行政事业性收费、国有资源(资产)有偿使用类和特许经营权3类,且有19个省已推行涉企"零收费"改革,总体来看适宜划转的项目不多。2018年,经各省政府商税务总局,17省共确定29项省级非税收入划转税务部门征管,其中有13项资源资产补偿费、6项路损赔偿费、4项广告收入、3项价差收入、1项竞价收入、1项招生经费、1项基础设施配套费。这些项目划转后,税务部门能充分利用现有的征管服务资源,采取多种缴费方式,切实减少缴费人多头跑、来回跑。总体来看,专员办划转13项、省级划转29项,加上税务部门原已征24项,2019年起税务部门共征管66项非税收入。

第二轮划转时点为2020年1月1日,根据《财政部关于国家重大水利工程建设基金、水利建设基金划转税务部门征收的通知》(财税〔2020〕9号)的规定,国家重大水利工程建设基金(地方部分)、水利建设基金征管职责划转税务部门。

第三轮划转时点为2021年1月1日,根据《财政部关于水土保持补偿费等四项非税收入划转税务部门征收的通知》(财税〔2020〕58号)的规定,水土保持补偿费、地方水库移民扶持基金、排污权出让收入、防空地下室易地建设费征管职责划转税务部门。

第四轮划转时点为2021年7月1日,根据《财政部关于土地闲置费、城镇垃圾处理费划转税务部门征收的通知》(财税〔2021〕8号)的规定,将自然资源部门负责征收的土地闲置费、住房城乡建设等部门负责征收的按行政事业性收费管理的城镇垃圾处理费划转至税务部门征收。同时根据《财政部自然资源部税务总局人民银行关于将国有土地使用权出让收入、矿产资源专项收入、海域使用金、无居民海岛使用金四项政府非税收入划转税务部门征收有关问题的通知》(财综〔2021〕19号)的规定,选择在河北、内蒙古、上海、浙江、安徽、青岛、云南省7个省(区、市)先行试点国有土地使用权出让收入、矿产资源专项收入、海域使用金、无居民海岛使用金四项政府非税收入征管职责划转工作,其他非试点地区自2022年1月1日起全面实施征管划转工作。

第五轮划转时点为2023年1月1日,根据《财政部关于将森林植被恢复费、草原植被恢复费划转税务部门征收的通知》(财税〔2022〕50号)的规定,将森林植被恢复费、草原植被恢复费征管职责划转税务部门。

经过五轮次全国范围划转,税务部门征收的非税收入中央级设立项目达到29项,收入规模也将达到90 000亿元,可以说涵盖了社会事业、能源发展、生态环境、市政管理、国防安全等方方面面。划转后,税务部门参与国家治理体系的广度和深度将进一步拓展。

二、税务部门征收非税收入的模式及优势

(一)税务部门征收非税收入的主要模式

按照执收单位征收非税收入权限的不同,可分为全流程征收、部门协作征收、委托代征三种模式。如果将非税收入征收环节定义为征(申报征收)、管(征前管理/后续监管)、罚(费款追缴)三个部分,执收单位仅负责"征"的模式可称为"委托代征",负责"征+管"的模式可称为"部门协作征管",负责"征+管+罚"的模式可称为"全流程征管"。三种模式的适用条件及利弊如表3-1所示。

表3-1 税务部门征收非税收入的模式分析

征管模式	涵盖征管环节	适用条件	优点	不足
全流程征管	征前管理、申报征收、后续监管、费款追缴	缴纳期限比较长,需要进行费款追缴,且具有一定的强制性	有利于发挥税务部门征管效率高、征缴成本低、执法严格规范的优势	工作量大,执法责任重
部门协作征管	征前管理、申报征收、后续监管	缴纳期限比较长,需要进行费款追缴	有利于发挥税务部门的征管效率高、成本低的优势	工作量比较大
委托代征	申报征收	一般为一次性征收	提高征纳效率,税务部门执法责任少	没有完全发挥税务部门执法严格、规范的优势

1. 全流程征管模式

全流程征管模式包括完整的征、管、罚三个环节,其主要特点是"税务全程管理,无需外部干预",各项职能由税务部门独立完成。采取这种征缴模式具有以下优点:一是征收单位可主动进行税费比对,能有效提高申报准确率。比如,社会保险费和个人所得税的

计算依据类似,税务部门利用个人所得税和企业所得税数据,能够对社会保险费开展比对、审核,有效避免了缴费基数不实的问题。二是征收单位可主动开展检查处罚等执法行为,能有效提高缴费遵从度。有的非税收入有加收滞纳金或处罚等强制性条款,如果授予税务部门全责征收,能够充分发挥执法刚性,有效提高缴费遵从度。虽然全流程征管模式有利于最大化发挥税务部门优势,但一定程度上也增加了税务部门的工作量和执法责任,而且涉及原征收单位的职责调整、人员安置等事项,社会影响也较大。

2. 部门协作征管模式

部门协作征管也可称为半责征管。该模式是执收单位仅负责征、管两个环节,其主要特点是"税务管前期申报征收,其他部门管后续处理处罚",税务部门必须与其他部门配合,才能实现对费种的完整管理。目前部分地区社会保险费的征管采取的就是此种征收模式。部门协作征管模式具有以下优点:一是执收单位工作相对单一,有时间和精力细化日常管理;二是工作压力相对减小,有助于进一步做好不同费种间数据比对,提高征管质量。但也存在着弊端:一是工作中需要花费大量精力进行部门间协调;二是部门间软件系统匹配性、数据传递质量等对工作效率产生影响;三是执收单位失去制衡手段,缴费人遵从度不高。

3. 委托代征模式

委托代征模式仅包括"征"这个环节,主要特点是"部门核定费额、税务照单征收"。对于一次性缴纳,且需要其他部门提前核定缴费金额的非税收入,比如土地出让金、土地闲置费、防空地下室易地建设费、城市基础设施配套费等非税收入,采取代征的方式更加适宜,一是工作量相对较少,税务人员的执法责任也较轻;二是不影响主管单位的管理职责,面临阻力较小。

(二) 税务部门征收非税收入的优势

在长期的税费征管实践中,税务部门已建立起成熟的税费征管体系,具有显著的征管优势,具体表现为以下七个方面。

1. 组织优势明显

税务部门实行以国家税务总局为主与省(自治区、直辖市)政府双重领导管理体制,机构上下联动,工作统一部署,能够实现对非税收入征收工作的集中统一领导,确保相关政策得到有效落实,征收任务顺利完成。

2. 信息资源充分

税务部门已经建立了"征、管、查"三分离的征管模式,对税源进行分级分类专业化管理。税务部门可以基于对企业生产经营状况的掌握,充分利用财务信息、申报信息及第三方信息进行税费比对,深入开展风险管理,强化非税收入费源监控,最大限度地减少虚假申报。随着金税三期系统的不断完善和第三方信息的大量获取,税务部门将对各种非税收入费源变化情况掌握得更加充分,有利于对非税收入征收工作的精细化管理。

3. 征收成本降低

税务部门信息化程度较高,金税三期系统在满足目前征收税费的基础上,稍加修改,即可满足征收其他非税收入的需要,且征收效率更高。同时,税务部门人员充足,无须为承担非税收入征收职责增员扩编,只需适当调整处室职责,合理调配人员和设备,即可迅速实现机构人员和配套措施到位,减少了机构人员冗余和行政资源浪费的现象。另外,税务部门对非税收入的管理和检查可以与税收风险应对一并进行,不会额外增加甚至会大幅降低非税收入征收成本,比较经济高效。

4. 缴费负担减轻

利用税务部门完善的网络申报平台,缴费人在缴纳费款的同时,足不出户即可办结申报、缴纳费款,降低了缴费人的负担。在办税大厅方面,缴费人进一家门办多家事,税费同步办理,能够减少缴费人多头奔波的成本。

5. 资金安全完整

税务部门征收非税收入,能够确保及时、足额地将资金缴入国库,从机制上实现财政资金"收支两条线",有利于促进形成"税务征收、国库记账、财政管理、部门使用、审计监督"的科学管理机制,最大限度地保障财政资金安全。

6. 管理规范有效

税务部门在非税收入征收中,始终坚持税费同管、税费联管、信息管费和综合治费,在管理标准上提高到税收征管的层次,符合非税收入法治化的发展要求。税务部门有着完善的分析平台和风险监控指标体系,对以销售收入、职工人数、工资总额、应缴税额等指标为计费依据的非税收入,能够及时识别纳税人的涉费风险,并采取风险应对措施加以处理,从而有效管控非税收入征缴风险。

7. 执法保障有力

目前,税务部门在省、市、县三级都有相应的非税收入征收管理职能部门,经过多年的锻炼,拥有了一支业务熟练、素质较高的专业组织非税收入队伍,为征收非税收入提供了坚强的人力资源保障。同时,税务部门属于组织收入的专业执法部门,处罚、保全、强制等系列执法手段完善,能够保障税费及时足额入库。

三、税务部门征收非税收入改革方向

税务部门征收非税收入,可以借鉴税收管理的成功经验,在征管系统、信息共享、风险管理、信用管理、税费联办、票证管理等方面,采取统一的征管模式,实现征管模式的科学化、规范化。

(一) 征管系统

目前税务部门统一使用金税三期系统征收各项税收和非税收入。目前金税三期是按照《中华人民共和国税收征收管理法》的规定,分登记、申报、征收、开票、违章处罚等环节设计,各环节环环相扣,其中登记是后续申报征收的起点。对于定期缴费的非税收入,税务部门在管理上也需要登记、申报、征收、开票,因此可以直接纳入金税三期系统。但随着划转项目的增加,非定期缴纳的非税收入呈现出不同的征管特点。比如,四川省划转的公路赔偿费,主要是对损坏公路的缴费人征收,由公路管理部门确定赔偿金额,由税务部门负责代征入库。由于公路赔偿费缴纳义务人大多为自然人,且属于一次性缴费,缴费人无须进行登记即可直接缴费。这与金税三期系统先办理登记再申报缴费的模式产生了差异。目前只能采取变通的方式,即由主管部门提前采集缴费人信息和应缴金额,提前传递给税务部门,税务部门直接将登记信息和应缴信息提前写入金税三期数据库,缴费人登录后可以直接调取应缴金额,直接缴费。

但是此种变通的缴费方式不是长久之计。为做好非税收入项目的征管工作,需根据非税收入的征管流程,分类设计征管系统,初步考虑可以分为两类:一类是需按期缴纳的项目,可为缴费人办理税务登记、进行缴费认定后,缴费人按期通过电子税务局或金税三期系统缴纳;另一类是一次性缴纳的项目,可以不办理税务登记,或者建立简化的登记信息,缴费人通过在线验证证件号码或缴费人名称,即可完成身份确认,直接进行后续的缴费。

(二) 信息共享

税收具有无偿性的特点,与纳税人其他办事关联程度低,与其他部门共享信息的需求较弱。非税收入与税收不同之处在于,税务部门为了"便民高效"地征收非税收入,有的非税收入需从其他部门获取缴费信息,有的非税收入需将缴费明细传递给财政等相关部门。

从信息共享的类型上看,目前实践中信息共享具体有三种情况:

一是从其他部门接收费源信息。比如部分省市税务部门征收的国家电影事业发展基金,需要定期从宣传主管部门获取电影播映单位的登记信息,及时将新增播映单位纳入基金管理范围。

二是将征缴明细传递给其他部门。比如核应急处理处置基金,是对核电站征管的应急准备资金,需及时传递给财政部门及其他业务主管部门,在应急处理的时候能够随时查询可用资金情况及已缴资金明细。

三是既接收费源信息又外传征缴明细。比如残保金。根据财税〔2015〕72号文件,残保金按上年用人单位安排残疾人就业未达到规定比例的差额人数和本单位在职职工年平均工资之积计算缴纳。残保金年缴纳额＝(上年用人单位在职职工人数×所在地省、自治区、直辖市人民政府规定的安排残疾人就业比例－上年用人单位实际安排的残疾人就业人数)×上年用人单位在职职工年平均工资。其中,上年用人单位实际安排的残疾人就业人数由残联进行审核确认,传递给税务部门,作为残保金的计算依据。同时根据财税〔2015〕72号文件,用人单位未按规定缴纳残保金的,按照《残疾人就业条例》的规定,由税务部门提交财政部门,由财政部门予以警告,责令限期缴纳;逾期仍不缴纳的,除补缴欠缴数额外,还应当自欠缴之日起,按日加收5‰的滞纳金。因此,残保金的征管需要残联、税务、财政三部门合作共治。税务部门征收残保金,既需残联部门提供残疾人安置信息,又需将未缴信息及时传递给财政部门进行违规处理,可以称为"两头在外"的征管模式。

根据上述情况,税务部门征管非税收入,应根据非税收入是否需要其他部门提供费源信息或核定应缴费额,以及是否需与后续征管流程相衔接,综合研判需共享的信息内容、方式方法等。在共享的层级上,根据信息的需求,确定共享的层级:一是中央层面的共享,即税务总局与财政部的共享,主要是专员办划转的非税收入项目可以通过税务总局云平台定期汇总各省数据,然后采取与财政部直连的方式,将征缴明细信息及时传递给财政部;二是省级层面的共享,主要是省级税务部门与省级财政等部门的共享。在共享的方式上,可以实施部门直接连接和部门间接连接。部门直接连接,即需要共享的两部门直接连接,比如税务总局与财政部直接连接共享数据。这种做法的好处是时效性高,缺点是需按部门单设专线,建设维护成本较高。部门间接连接,即依托政府数据共享平台,各部门与政府数据共享平台连接,提供数据的部门将共享数据传入数据共享平台,数据需求方根据授权,定期到共享平台提取数据。在共享的频率上,可以实施即时共享和延时共享。对于时效性较强的缴费行为,比如办证中缴纳的证件费、办事中缴纳的工本费、在线考试的报名费等,要求缴费后实时反馈缴费结果,需即时共享,即在缴费入库后立即将缴费情况反馈给主管部门。对实时性要求不高的信息,如税务部门向财政部门传递残保金未缴信息,可以采取在征期后,一次性传递未缴信息或采取按日传递未缴信息等方式实施延时共享。

(三) 风险管理

目前税务部门对税收开展风险管理大多局限于企业财务数据,缺乏企业其他相关数据的交叉验证,一定程度上降低了风险管理的有效性。税务部门征管非税收入后,可以直接获取其他部门的费源数据,将非税收入征管信息纳入税务部门风险管理系统,能够丰富风险管理的数据来源,搭建"税收＋非税"的数据库,建立税费联动、分类管控的风险应对机制,能够大幅提高风险管理的水平。比如,在契税和耕地占用税管理方面,如果能够及时获取自然资源部门的土地出让金信息,则能够及时有效地对两税开展风险管理。税务部门可在集成"税收+非税"的基础上,进一步拓展风险指标内容,既可以通过非税数据比对税收数据,也可以用税收数据比对非税数据,还可以用非税数据比对非税数据,在征管上实现"1+1>2"的效果。

(四) 信用管理

目前非税收入存在征管制度不完善、征管办法不统一、违规处理手段不健全等现实问题,在减税降费的大背景下,非税收入征管职责划转改革初期,不宜一步到位强化征管,宜保持征管模式不变,征管手段上适宜采取征纳冲突较小的管理方式促进缴费遵从度。比较有效的方式是将应报未报、申报不实、不按规定缴纳等违规行为,纳入社会信用体系,对守信者实施联合激励,对失信者实施联合惩戒,提高非税收入违法违规成本,打造诚信缴费环境。

(五) 税费联办

非税收入划转税务部门征收后,税务部门依托布点广泛的办税服务厅、便捷的电子税务局、灵活多样的缴费方式,可为缴费人提供更加便捷高效的缴纳服务。

一是简化申报资料。对于税务部门已掌握的信息,缴费人可以免于报送。对于定期申报事项,可取消原审核审批方式,按照诚信原则,由缴费人自行申报,相关优惠政策自行享受,相关资料自行留存备查。

二是拓展缴费渠道。税务部门可以根据缴费人的需求变化,在巩固和夯实原有缴费渠道的基础上,进一步完善实体办税服务厅和电子税务局功能,拓展"实体、网上、掌上、自助"等多样化缴费渠道,提升缴费服务水平,最大限度地便利缴费人,持续优化营商环境。

三是探索协同服务。按照各项非税收入的特点,深入分析税费协同服务的共同点和差异性,探索开展税费"一并申报、同窗办理"与缴费特色服务"专窗办理、绿色通道"相结合的方式,增强缴费人满意度和获得感。

四是优化缴费辅导。跟踪分析缴费服务和降费政策执行中的堵点、难点,研究解决办法,充实12366咨询库,借助税务部门12366平台和纳税人学堂,推动精准辅导。同时在政策宣传上,可以协同税费宣传,扩大政策知晓面,探索"一站式"税费优惠政策的联申联办,确保降费政策落地落实。

(六) 票证管理

税务部门征收税收使用税收票证。在2018年之前,税务部门征收的教育费附加、地方教育附加、文化事业建设费、废弃电器电子产品处理基金等非税收入,都是使用税收票证,能够在一张税收票证上合并开具多个项目,甚至可以和税收同时开具,既方便了缴费人,又便于征管,降低了征收成本。

上述非税收入主要是"同税"类非税收入,缴费人一般是纳税人,使用税收票证较为方便。但税收票证主要是征收税款,而税收具有一定的强制性,如果"租税""似税""非税"类非税收入也统一开具税收票证,缴费人容易误认为非税收入都是与税收一样,具有强制性,也容易造成税收负担过重的误解。后续划转的非税收入项目多种多样,有的从名称或性质上,明显与税收不一样,比如公路损坏赔偿收入。将非税收入专门开具财政部门的非税收入票据,则能够让缴费人从票据上明确区分税收与非税收入,既有利于税务部门征管,也有利于厘清税费缴纳。

对于成本问题,税务部门目前已经推行了电子税票,在非税收入方面,财政部门也在推行电子票据,因此可以在财政部门的授权下,给税务部门赋予一定的号段,将非税收入电子票据纳入税务部门金税三期系统开具,既不增加征纳成本,又实现了分类开票的功能。这一点已经在财税〔2018〕147号文件中进行了明确。

四、征管模式的国际比较

我国虽然自2004年起开始加强和规范非税收入的管理,但是与其他国家尤其是与经济发达国家相比,在非税收入的项目管理、收费标准、预算管理、财务管理、政策制定等方面都存在较大差距。这值得我们从国际比较的角度去研究。

(一)部分国家非税收入管理方式比较

部分国家非税收入管理方式比较见表3-2。

表3-2 部分国家非税收入管理方式比较

比较点	美国	加拿大	澳大利亚	韩国	新加坡	芬兰
收费项目的确定	需要通过议会或选民投票来决定,并对是否要民主投票、谁来投票和多少票数通过才能有效都做出了具体明确的规定	实行听证协商制度,在设立新的收费项目前,要与缴费人进行充分磋商	通过严格的法律程序确定政府收费项目。收费机构必须向联邦政府国库部或州政府国库部提出申请,审核后再上报总理内阁讨论及国会(州议会)审议,最终以法律的形式颁布实施	任何收费项目均经法定程序确定	由相关部门在征求社会意见后制定	宪法规定;政府收费行为和数额应依法管理;《收费法》对收费行为进行了具体规定;地方收费主要由地方议会负责审批

(续表)

比较点	美国	加拿大	澳大利亚	韩国	新加坡	芬兰
收费标准的确定	需要通过议会或选民投票来决定,而且美国法律条款明确规定每项收费水平不能超过政府提供服务或福利的成本,不能超过外溢损失的额度	实行听证协商制度,邀请缴费人参与确定收费标准。另外,分类制定收费标准。原则上规定使用者收费不能超过成本	以"成本补偿"为原则确定收费标准。澳大利亚有关法律规定,制定政府性收费标准应以"成本补偿"为原则,不能以营利为目的	变动收费标准要经过复杂而严格的法律和行政审批程序	由相关部门在征求社会意见后确定收费标准	《收费法》分类定价:受公共法律约束的行为的收费,按成本收费,如驾驶执照,同时也可按地域成本收费或免费提供,如卫生保健、教育;政府商业行业收费则依据市场原则进行
非税收入的管理	所有非税收入都要纳入预算管理。但只是严格地比照预算管理的方式,不在预算收入表上反映	依法分联邦、省(地区)和地方三级管理,设立收费项目,分别管理本级收费。同时,所有非税收入都由政府集中统管统支	统一纳入预算管理	全部纳入政府财政预算,但反映社会公益性服务事业的收费和支出,一般是专款专用	由税务部门、法庭、相关部门分别征收,征收款项统一上缴国库	全部纳入政府财政账户
非税收入的监管		实行收费收支监督制度。收费情况要接受议会的审查			受多个机构的监督:审计机构审计,公平竞争,调查管理局调查,有关部门的监督检查	
非税收入的使用	收费收入具有专用性	政府统一安排使用,不与有关部门和机构的支出相挂钩	政府统一安排使用,不与有关部门和机构的支出相挂钩		上缴国库,统一支出	由政府统一安排使用
其他方面			有适当的非税收入激励机制,给收费机构适当增加支出预算		有完备的电子计算机税收管理系统,税收成本低	通过银行、网上付费、邮寄付费等方式收缴资金

资料来源:马洪范、蒋义:"政府非税收入管理国际经验及借鉴",《地方财政研究》2009年第9期。

从上述国家非税收入管理方式的比较看，有以下几个方面的特点：

第一，项目管理的法制化。市场经济国家一般将费界定在提供准公共产品的领域，主要包括反垄断的规则性收费、反欺诈的规范性收费、非营利组织的补偿性收费、消除负外部效应的惩罚性收费、消除拥挤的准入性收费和发展公共物品生产的集资性收费。公共部门出台任何政府非税收入项目都要求有严格的法律依据和程序，若要变动收费项目也需经过严格的法律和行政审议程序。立法层次一般集中在中央和省两级。对于社会公益事业的收入和支出的预算和决算，同样要经过政府审查和批准，并对其财务情况进行审议和监督。

第二，收费标准的科学化。对于以提供准公共产品为核心的政府非税收入，大多数市场经济国家普遍按低于平均成本的边际成本收费。政府对所提供的公共服务成本测算非常严格，以使其制定的收费标准，既能满足政府补偿成本的需要，又能使社会公众普遍接受。

第三，预算管理的规范化。非税收入作为政府收入来源的一部分，与其他收入一起纳入了政府预算，统一管理。

第四，财务管理透明化。这些国家将收费收支过程都纳入监督管理过程，防止非税收入的多征、滥用的发生。

第五，政策制定的民主化。为避免向缴费人收取不合理费用，并取得缴费人的理解和支持，这些国家的中央政府部门和机构在收费项目设立过程中，往往采取听证的形式，与服务对象进行磋商，确保缴费人在收费政策制定中具有实际的发言权。在设立新的收费项目或修订收费标准之前，有关部门和机构会向缴费人说明为什么要实施收费，收费标准是如何控制的；与缴费人一起，对联邦政府现有的相关收费以及收费设立的环境进行分析；对收费可能产生的正反两方面的影响进行评估；设立答辩程序，就可能出现的问题与各类代表性的缴费人进行磋商，阐明对缴费人提出意见和建议的吸收程度及其原因。有关部门和机构未履行上述程序，或者未经协商和达成一致意见的，不能实施收费。各省和地方政府设立收费的有关程序与联邦政府大体相似，也要在本区域范围内征求意见。

(二) 部分国家非税收入管理方式对我国的启示

改革开放以来，我国各级政府一直在利用各种非税收入形式多渠道筹措财政资金，为经济建设和社会发展服务。1984年国家相继颁布了一系列允许地方和部门收费的政策，此后的几十年来，非税收入在政府收入中起着十分重大的作用。同国外非税收入相比，我国的非税收入管理尚存在一定的差距。管理好非税收入已成为完善现代财政制度的重要环节。对比美国、加拿大、韩国、新加坡等国非税收入的共性和管理经验，结合中

国非税收入现状,可以得到如下启示:

第一,清理规范收费基金。一是要清理取消不合法、不合理的收费基金。凡未经国务院或财政部批准,地方及部门越权设立的政府性基金应一律取消;凡未经国务院和省级政府及其财政、价格管理部门批准设立的行政事业性收费应一律取消。取消用于政府一般性管理职能、"收费养人"的收费项目。二是要整合性质相近、重复设置的收费基金,合并不同部门分别设立但性质相近的收费基金。三是将部分收费转为经营性收费。随着政府职能转变,要将相关机构体现市场经济服务性质的收费转为经营性收费,并对其依法征税。四是将部分具有税收性质的收费基金改为税收。

第二,加强非税收入征收管理。一是对执收单位加强监督,规范收费行为,确保按规定的征收范围、标准和期限征收非税收入,杜绝随意减免和截留挪用行为,依法征管、应收尽收。二是重视对重大基金项目的征管检查,分析查找征管漏洞,确保政策完整有效落实。三是建立完善征收责任追究制度,特别是对擅自减免、缓征、停征非税收入的,要依法处罚,并追究有关责任人的责任。四是继续推进非税收入收缴改革,扩大试点范围,优化收缴流程,加快研究电子缴款,提高收缴管理水平和效率。

第三,加快非税收入立法进程。一是修订《中华人民共和国预算法》,明确非税收入在财政收入中的地位、管理范围、分类及各类非税收入的基本管理原则,尽快出台政府性基金预算、国有资本经营预算和社会保险基金预算的实施细则。二是积极研究制定《非税收入管理条例》,全面加强非税收入征收管理,规范征收行为。三是建立健全非税收入专项管理制度体系,包括非税收入预算管理制度、财政票据管理办法、收入收缴管理办法、罚没收入管理办法、捐赠管理办法、政府性基金管理办法、国有资源(资产)有偿使用管理办法等。

与此同时,重视政策宣传和舆论引导,破除对于政府非税收入在认识和体制机制方面的桎梏,真正使非税收入管理进入有法可依的发展阶段。

第四章

教育费附加与地方教育附加

第一节 教育费附加与地方教育附加概述

一、教育费附加与地方教育附加的征收目的

教育费附加是国家为扶持教育事业发展,计征用于教育的专项收入。1984年,国务院颁布了《关于筹措农村学校办学经费的通知》(国发〔1984〕174号),开征了农村教育事业经费附加。1985年,中共中央作出了《关于教育体制改革的决定》指出"发展教育事业不增加投资是不行的。在今后一定时期内,中央和地方政府的教育拨款的增长要高于财政经常性收入的增长,并使按在校学生人数平均的教育费用逐步增长"。国家在增拨教育经费的同时,应开辟多种渠道筹措经费。为此,1986年,国务院颁布《征收教育费附加的暂行规定》(国发〔1986〕50号),从1986年7月起,以各单位和个人实际缴纳的增值税、营业税、消费税总额的2%计征。1994年,国务院发布的《关于教育费附加征收问题的紧急通知》(国发明电〔1994〕2号)规定,从1994年1月1日起,教育费附加率提高为3%。2005年,国务院《关于修改〈征收教育费附加的暂行规定〉的决定》(国务院令第448号)对《征收教育费附加的暂行规定》进行修订,教育费附加分别与增值税、营业税、消费税同时缴纳。教育附加费作为专项收入,由教育部门统筹安排使用。2011年1月8日,国务院《关于废止和修改部分行政法规的决定》(国务院令第588号)对《征收教育费附加的暂行规定》进行了第三次修订。地方政府为发展地方教育事业,由各省、自治区、直辖市人民政府根据《中华人民共和国教育法》和国务院有关规定,决定是否开征及征收率。根据《财政部关于统一地方教育附加政策有关问题的通知》(财综〔2010〕98号)和《国务院关于进一步加大财政教育投入的意见》(国发〔2011〕22号)的精神,从2011年起,部署各省全面开征地方教育附加。

教育费附加和地方教育附加由中央一级审批,遵循统一领导、分级管理原则,纳入预算管理,统一由税务机关征收。作为教育专项资金,根据"先收后支、列收列支、收支平衡"的原则,在《2022年政府收支科目分类》中,教育费附加收入(1030203)属于103类"非税收入"下02款"专项收入"款下的第3项,反映税务部门以增值税、消费税为计征依据征

收的教育费附加收入;地方教育附加收入(1030216)属于103类"非税收入"下02款"专项收入"款下的第16项,反映按各省按规定征收的地方教育附加收入。

二、教育费附加和地方教育附加的特点

（一）专款专用

教育费附加纳入预算管理,作为教育专项资金,根据"先收后支、列收列支、收支平衡"的原则使用和管理。地方各级人民政府应当依照国家有关规定,使预算内教育事业费逐步增长,不得因教育费附加纳入预算专项资金管理而抵顶教育事业费拨款。

（二）附加征收

教育费附加和地方教育附加本身没有特定的课税对象,而以纳税人实际缴纳的增值税和消费税的税额为计征依据。

（三）征收简便

教育费附加和地方教育附加的纳费环节、纳费地点、纳费期限等方面的规定,与增值税、消费税的规定相似、趋同。在申报方式、信息化支撑、入库及退库方式上,均与两税入库、退库方式一致。

三、国外教育税收经验借鉴

教育经费的来源一般多为政府拨款,而政府拨款的资金来源主要是税收收入。从财政学的角度来看,义务教育为纯公共产品,非义务教育为准公共产品。所以,教育经费最终应该来源于或者主要来源于税收收入。

世界范围内,教育经费的筹资方式主要有三种:一是不开征独立的教育税,教育经费从一般财政支出中安排;二是开征独立的教育税,教育税收独立于一般税收,教育方面的税收收入与财政支出都处于独立地位;三是开征教育税,但是教育支出并不独立,教育支出是与一般财政支出结合在一起的。

我国一直采用征收一般税收和征收教育费附加相结合的方式来筹措教育经费,但尚未有效满足教育经费的充足性需求。我国应该借鉴国际经验,将各种教育性收费改征教育税,提高其法律地位,从而确保教育经费的足额征收、满足教育事业发展的需要。

第二节 教育费附加与地方教育附加的计算与缴纳

一、缴纳义务人和扣缴义务人

依据《财政部 国家税务总局关于对外资企业征收城市维护建设税和教育费附加有

关问题的通知》(财税〔2010〕103号)的规定,缴纳增值税、消费税、营业税"三税"的单位和个人(2010年12月1日起,包括外商投资企业、外国企业及外籍个人)均应缴纳教育费附加和地方教育附加。相应地,营改增后,调整为凡缴纳增值税、消费税(以下简称"两税")的单位和个人。

按照《国务院关于筹措农村学校办学经费的通知》的规定,缴纳农村教育事业费附加的单位不再缴纳教育费附加。

凡代征"两税"的单位和个人,亦为代征教育费附加的义务人。

二、计征依据与相关政策

教育费附加与"两税"的征收范围相同。但是需要注意的是:

(1) 依据《财政部关于征收教育费附加几个具体问题的通知》(财税字〔1986〕120号)的规定,海关对进口产品征收增值税、消费税,不征收教育费附加。

(2) 依据《财政部关于征收教育费附加几个具体问题的通知》(财税字〔1986〕120号)的规定,对由于减免增值税、消费税而发生退税的,同时退还已征的教育费附加。但对出口产品退还增值税、消费税的,不退还已征的教育费附加。

(3) 依据《财政部 国家税务总局关于生产企业出口货物实行免抵退税办法后有关城市维护建设税教育费附加政策的通知》(财税〔2005〕25号)的规定,自2005年1月1日起,经国家税务局正式审核批准的当期免抵的增值税税额应纳入城市维护建设税和教育费附加的计征范围,分别按规定的税(费)率征收城市维护建设税和教育费附加。2005年1月1日前,已按免抵的增值税税额征收的城市维护建设税和教育费附加不再退还,未征的不再补征。

(4) 依据《财政部 国家税务总局关于增值税营业税消费税实行先征后返等办法有关城市维护建设税和教育费附加政策的通知》(财税〔2005〕72号)的规定,对增值税、消费税实行先征后返、先征后退、即征即退办法的,除另有规定外,对随之附征的城市维护建设税和教育费附加,一律不予退(返)还。

(5) 依据《财政部 国家税务总局关于免征国家重大水利工程建设基金的城市维护建设税和教育费附加政策的通知》(财税〔2010〕44号)的规定,自2010年5月25日起,经国务院批准,为支持国家重大水利工程建设,对国家重大水利工程建设基金免征城市维护建设税和教育费附加。

(6) 依据《财政部关于免征全国中小学校舍安全工程建设有关政府性基金的通知》(财综〔2010〕54号)的规定,自2010年6月28日起,对全国城乡公办和民办、教育系统和非教育系统的所有中小学校"校舍安全工程"建设所涉及的政府性基金项目,均应当予以免收,包括教育费附加和地方教育附加。

(7) 依据《国务院关于统一内外资企业和个人城市维护建设税和教育费附加制度的

通知》(国发〔2010〕35号)的规定,自2010年12月1日起,外商投资企业、外国企业及外籍个人适用国务院1985年发布的《中华人民共和国城市维护建设税暂行条例》和1986年发布的《征收教育费附加的暂行规定》。1985年及1986年以来国务院及国务院财税主管部门发布的有关城市维护建设税和教育费附加的法规、规章、政策同时适用于外商投资企业、外国企业及外籍个人。

注:根据《国务院关于废止和修改部分行政法规的决定》(中华人民共和国国务院令第588号)的规定,自2011年1月8日起,本条例全文废止。

(8) 依据《财政部 国家税务总局关于扩大政府性基金免征范围的通知》(财税〔2016〕12号)的规定,自2016年2月1日起,将免征教育费附加、地方教育附加、水利建设基金的范围,由现行按月纳税的月销售额或营业额不超过3万元(按季度纳税的季度销售额或营业额不超过9万元)的缴纳义务人,扩大到按月纳税的月销售额或营业额不超过10万元(按季度纳税的季度销售额或营业额不超过30万元)的缴纳义务人。

(9) 依据《财政部 税务总局关于增值税期末留抵退税有关城市维护建设税教育费附加和地方教育附加政策的通知》(财税〔2018〕80号)的规定,自2018年7月27日起,对实行增值税期末留抵退税的纳税人,允许其从城市维护建设税、教育费附加和地方教育附加的计税(征)依据中扣除退还的增值税税额。

(10) 依据《财政部 税务总局关于实施小微企业普惠性税收减免政策的通知》(财税〔2019〕13号)的规定,2019年1月1日至2021年12月31日,由省、自治区、直辖市人民政府根据本地区实际情况,以及宏观调控需要确定,对增值税小规模纳税人可以在50%的税额幅度内减征教育费附加、地方教育附加。增值税小规模纳税人已依法享受教育费附加、地方教育附加其他优惠政策的,可叠加享受以上规定的优惠政策。

(11) 依据《财政部 税务总局 退役军人部关于进一步扶持自主就业退役士兵创业就业有关税收政策的通知》(财税〔2019〕21号)的规定,2019年1月1日至2021年12月31日,对自主就业退役士兵从事个体经营的,在3年内按每户每年12 000元为限额依次扣减其当年实际应缴纳的增值税、城市维护建设税、教育费附加、地方教育附加和个人所得税。限额标准最高可上浮20%,各省、自治区、直辖市人民政府可根据本地区实际情况在此幅度内确定具体限额标准。

企业招用自主就业退役士兵,与其签订1年以上期限劳动合同并依法缴纳社会保险费的,在3年内按实际招用人数予以定额依次扣减增值税、城市维护建设税、教育费附加、地方教育附加和企业所得税优惠。定额标准为每人每年6 000元,最高可上浮50%,各省、自治区、直辖市人民政府可根据本地区实际情况在此幅度内确定具体定额标准。

(12) 依据《财政部 税务总局 人力资源社会保障部 国务院扶贫办部关于进一步支持和促进重点群体创业就业有关税收政策的通知》(财税〔2019〕22号)的规定,2019年

1月1日至2021年12月31日,建档立卡贫困人口、持《就业创业证》(注明"自主创业税收政策"或"毕业年度内自主创业税收政策")或《就业失业登记证》(注明"自主创业税收政策")的人员从事个体经营的,在3年内按每户每年12 000元为限额依次扣减其当年实际应缴纳的增值税、城市维护建设税、教育费附加、地方教育附加和个人所得税。限额标准最高可上浮20%,各省、自治区、直辖市人民政府可根据本地区实际情况在此幅度内确定具体限额标准。

企业招用建档立卡贫困人口,以及在人力资源社会保障部门公共就业服务机构登记失业半年以上且持《就业创业证》或《就业失业登记证》(注明"企业吸纳税收政策")人员,与其签订1年以上期限劳动合同并依法缴纳社会保险费的,在3年内按实际招用人数予以定额依次扣减增值税、城市维护建设税、教育费附加、地方教育附加和企业所得税优惠。定额标准为每人每年6 000元,最高可上浮30%,各省、自治区、直辖市人民政府可根据本地区实际情况在此幅度内确定具体定额标准。城市维护建设税、教育费附加、地方教育附加的计税依据是享受本项税收优惠政策前的增值税应纳税额。

(13) 依据《财政部关于调整部分政府性基金有关政策的通知》(财税〔2019〕46号)的规定,2019年1月1日起,纳入产教融合型企业建设培养范围的时点企业,兴办职业教育的投资符合本通知规定的,可按投资额的30%比例,抵免该企业当年应缴教育费附加和地方教育附加。试点企业属于集团企业的,其下属成员单位(包括全资子公司、控股子公司)对职业教育有实际投入的,可按本通知规定抵免教育费附加和地方教育附加。允许抵免的投资是指试点企业当年实际发生的,独立举办或参与职业教育的办学投资和办学经费支出,以及按照有关规定与职业院校稳定开展校企合作,对产教融合实训基地等国家规划布局的产教融合重大项目建设投资和基本运行费用的支出。试点企业当年应缴教育费附加和地方教育附加不足抵免的,未抵免部分可在以后年度继续抵免。试点企业有撤回投资或转让股权等行为的,应当补缴已经抵免的教育附加和地方教育附加。

(14) 依据《财政部 税务总局关于支持新型冠状病毒感染的肺炎疫情防控有关税收政策的公告》(财政部 税务总局公告2020年第8号)和《国家税务总局关于支持新型冠状病毒感染的肺炎疫情防控有关税收征收管理事项的公告》(国家税务总局公告2020年第4号)的规定,2020年1月1日起,对纳税人运输疫情防控重点保障物资取得的收入,免征增值税,相应免征城市维护建设税、教育费附加、地方教育附加。2020年1月1日起,对纳税人提供公共交通运输服务、生活服务,以及为居民提供必需生活物资快递收派服务取得的收入,免征增值税,相应免征城市维护建设税、教育费附加、地方教育附加。

注:根据《财政部 税务总局关于延续实施应对疫情部分税费优惠政策的公告》(财政部 税务总局公告2021年第7号)的规定,本文件规定的税收优惠政策执行期限延长至2021年3月31日。

(15)依据《财政部 税务总局关于支持新型冠状病毒感染的肺炎疫情防控有关捐赠税收政策的公告》(财政部 税务总局公告2020年第9号)的规定,单位和个体工商户将自产、委托加工或购买的货物,通过公益性社会组织和县级以上人民政府及其部门等国家机关,或者直接向承担疫情防治任务的医院,无偿捐赠用于应对新型冠状病毒感染的肺炎疫情的,免征增值税、消费税、城市维护建设税、教育费附加、地方教育附加。

注:根据《财政部 税务总局关于延续实施应对疫情部分税费优惠政策的公告》(财政部 税务总局公告2021年第7号)的规定,本文件规定的税收优惠政策执行期限延长至2021年3月31日。

(16)依据《国家税务总局 财政部关于制造业中小微企业延缓缴纳2021年第四季度部分税费有关事项的公告》(国家税务总局公告2021年第30号)的规定,制造业中小微企业延缓缴纳的税费包括所属期为2021年10月、11月、12月(按月缴纳)或者2021年第四季度(按季缴纳)的企业所得税、个人所得税(代扣代缴除外)、国内增值税、国内消费税及附征的城市维护建设税、教育费附加、地方教育附加,不包括向税务机关申请代开发票时缴纳的税费。《国家税务总局 财政部关于延续实施制造业中小微企业延缓缴纳部分税费有关事项的公告》(国家税务总局 财政部公告2022年第2号)将该政策延续,制造业中小企业延缓缴纳的税费包括所属期为2021年11月、12月,2022年2月、3月、4月、5月、6月(按月缴纳)或者2021年第四季度,2022年第一季度、第二季度(按季缴纳)已按规定缓缴的企业所得税、个人所得税、国内增值税、国内消费税及附征的城市维护建设税、教育费附加、地方教育附加,不包括代扣代缴、代收代缴以及向税务机关申请代开发票时缴纳的税费。

(17)依据《财政部 税务总局关于进一步支持小微企业和个体工商户发展有关税费政策的公告》(财政部 税务总局公告2023年第12号)的规定,自2023年1月1日至2027年12月31日,对增值税小规模纳税人、小型微利企业和个体工商户减半征收教育费附加、地方教育附加。已依法享受教育费附加、地方教育附加其他优惠政策的,可叠加享受本公告规定的优惠政策。

(18)依据《财政部 税务总局 退役军人事务部关于进一步扶持自主就业退役士兵创业就业有关税收政策的公告》(财政部 税务总局 退役军人事务部公告2023年第14号)的规定,自2023年1月1日至2027年12月31日,自主就业退役士兵从事个体经营的,自办理个体工商户登记当月起,在3年(36个月)内按每户每年20 000元为限额,依次扣减其当年实际应缴纳的增值税、城市维护建设税、教育费附加、地方教育附加和个人所得税。限额标准最高可上浮20%,各省、自治区、直辖市人民政府可根据本地区实际情况在此幅度内确定具体限额标准。自2023年1月1日至2027年12月31日,企业招用自主就业退役士兵,与其签订1年以上期限劳动合同并依法缴纳社会保险费的,自签订劳动合同并缴纳社会保险当月起,在 3 年内实际招用人数予以定额依次扣减增值税、城市维护建设税、教育费附加、地方教育附加和企业所得税优惠。定额标准为每人每年 6 000 元,最高上浮 50%,各省、自治区、直辖市人民政府可根据本地区实际情况在此幅度内确定具体限额标准。

(19) 依据《财政部 税务总局 人力资源社会保障部 农业农村部关于进一步支持重点群体创业就业有关税收政策的公告》(财政部 税务总局 人力资源社会保障部 农业农村部公告 2023 年第 15 号)的规定,自 2023 年 1 月 1 日至 2027 年 12 月 31 日,脱贫人口(含防止返贫监测对象)、持《就业创业证》(注明"自主创业税收政策"或"毕业年度内自主创业税收政策")或《就业失业登记证》(注明"自主创业税收政策")的人员,从事个体经营的,自办理个体工商户登记当月起,在 3 年(36 个月)内按每户每年 20 000 元为限额,依次扣减其当年实际应缴纳的增值税、城市维护建设税、教育费附加、地方教育附加和个人所得税。限额标准最高可上浮 20%,各省、自治区、直辖市人民政府可根据本地区实际情况在此幅度内确定具体限额标准。自 2023 年 1 月 1 日至 2027 年 12 月 31 日,企业招用脱贫人口,以及在人力资源社会保障部门公共就业服务机构登记失业半年以上且持《就业创业证》或《就业失业登记证》(注明"企业吸纳税收政策")的人员,与其签订 1 年以上期限劳动合同并依法缴纳社会保险费的,自签订劳动合同并缴纳社会保险当月起,在 3 年内按实际招用人数予以定额依次扣减增值税、城市维护建设税、教育费附加、地方教育附加和企业所得税。定额标准为每人每年 6 000 元,最高可上浮 30%,各省、自治区、直辖市人民政府可根据本地区实际情况在此幅度内确定具体限额标准。

(20) 依据《国家税务总局关于个人保险代理人税收征管有关问题的公告》(国家税务总局公告 2016 年第 45 号),个人保险代理人为保险企业提供保险代理服务应当缴纳的增值税和城市维护建设税、教育费附加、地方教育附加,税务机关可以根据《国家税务总局关于发布〈委托代征管理办法〉的公告》(国家税务总局公告 2013 年第 24 号)的有关规定,委托保险企业代征。

三、征收标准

教育费附加征收比率经历了一个由低到高的变化过程。1986 年在全国范围内统一开征时,征收比率为 1%;1990 年 5 月,《国务院关于修改〈征收教育费附加的暂行规定〉的决定》将征收比率调整至 2%;按照 1994 年 2 月 7 日《国务院关于教育费附加征收问题的紧急通知》的规定,从 1994 年 1 月 1 日起,教育费附加征收比率调整至 3%,该征收比率沿用至今。

2010 年 11 月 7 日,财政部下发的《财政部关于统一地方教育附加政策有关问题的通知》(财综〔2010〕98 号)规定,各地统一开征地方教育附加,地方教育附加的征收比率统一为 2%。

四、教育费附加、地方教育附加的计算

(一) 计算公式

应纳教育费附加＝(实际缴纳的增值税＋实际缴纳的消费税)×征收比率

应纳地方教育附加＝(实际缴纳的增值税＋实际缴纳的消费税)×征收比率

(二) 一般情况下，教育费附加与地方教育附加的计算

【例4-1】 A企业2022年1月实际缴纳增值税100万元，实际缴纳消费税50万元。请计算该企业应缴纳的教育费附加和地方教育附加。

【解答】

应纳教育费附加＝(实际缴纳的增值税＋实际缴纳的消费税)×征收比率＝(100＋50)×3％＝4.5(万元)

应纳地方教育附加＝(实际缴纳的增值税＋实际缴纳的消费税)×征收比率＝(100＋50)×2％＝3(万元)

(三) 生产企业出口货物增值税"免、抵、退"办法下，教育费附加与地方教育附加的计算

自2005年1月1日起，生产企业出口货物全面实行"免、抵、退"税办法后，经国家税务局正式审核批准的当期免抵的增值税税额应纳入教育费附加的计征范围，按规定的费率征收教育费附加。2005年1月1日前，已按免抵的增值税税额征收的城市维护建设税和教育费附加不再退还，未征的不再补征。

生产企业出口货物、劳务、服务和无形资产的增值税"免、抵、退"税，依下列公式计算：

(1) 当期应纳税额的计算：

$$当期应纳税额 = 当期销项税额 - (当期进项税额 - 当期不得免征和抵扣税额)$$

$$当期不得免征和抵扣税额 = 当期出口货物离岸价 \times 外汇人民币折合率 \times (出口货物适用税率 - 出口货物退税率) - 当期不得免征和抵扣税额抵减额$$

$$当期不得免征和抵扣税额抵减额 = 当期免税购进原材料价格 \times (出口货物适用税率 - 出口货物退税率)$$

出口货物离岸价(FOB)以出口发票计算的离岸价为准。实际离岸价应以出口发票上的离岸价为准，但如果出口发票不能反映实际离岸价，主管税务机关有权予以核定。

从上述计算公式看，出口退税在"销项税额"方面并非执行真正的零税率，而是一种"超低税率"，即征税率与退税率(各货物不同)之差。

(2) 当期"免、抵、退"税额的计算：

$$当期"免、抵、退"税额 = 当期出口货物离岸价 \times 外汇人民币折合率 \times 出口货物退税率 - 当期"免、抵、退"税额抵减额$$

$$当期"免、抵、退"税额抵减额 = 当期免税购进原材料价格 \times 出口货物退税率$$

(3) 当期应退税额和免抵税额的计算：

A. 如果当期期末留抵税额≤当期"免、抵、退"税额,则：

当期应退税额＝当期期末留抵税额

当期免抵税额＝当期"免、抵、退"税额－当期应退税额

B. 如果当期期末留抵税额＞当期"免、抵、退"税额,则：

当期应退税额＝当期"免、抵、退"税额

当期免抵税额＝0

当期期末留抵税额为当期增值税纳税申报表中的"期末留抵税额"。

(4) 当期免税购进原材料价格,包括当期国内购进的无进项税额且不计提进项税额的免税原材料的价格和当期进料加工保税进口料件的价格,其中当期进料加工保税进口料件的价格为进料加工出口货物耗用的保税进口料件金额①：

$$进料加工出口货物耗用的保税进口料件金额 = 进料加工出口货物人民币离岸价 \times 进料加工计划分配率$$

$$计划分配率 = 计划进口总值 \div 计划出口总值 \times 100\%$$

计算不得免征和抵扣税额时,应按当期全部出口货物的销售额扣除当期全部进料加工出口货物耗用②的保税进口料件金额后的余额乘以征退税税率之差计算。

进料加工出口货物收齐有关凭证申报免抵退税时,以收齐凭证的进料加工出口货物人民币离岸价扣除其耗用的保税进口料件金额后的余额计算免抵退税额。

(5) 就当期免抵的增值税税额应纳的教育费附加的计算：

$$就当期免抵的增值税税额应纳的教育费附加 = 经税务局正式审核批准的当期免抵的增值税税额 \times 征收比率$$

【例 4-2】 某内资生产型企业为增值税一般纳税人,经营内销与出口业务。2017 年 4 月份实际缴纳增值税 40 万元,出口货物免抵税额为 5 万元。另外,进口货物缴纳增值税 17 万元、消费税 30 万元。请计算该企业 4 月应缴纳的教育费附加及地方教育附加。

说明：进口不征,出口不退。

【解答】

该企业 4 月应缴纳的教育费附加＝(40＋5)×3%＝1.35(万元)

该企业 4 月应缴纳的地方教育附加＝(40＋5)×2%＝0.9(万元)

【例 4-3】 自营出口的生产企业 A 公司,为增值税一般纳税人。2022 年 8 月,A 公

---

① 参见《财政部 国家税务总局关于出口货物劳务增值税和消费税政策的通知》(财税〔2012〕39 号)、《国家税务总局关于〈出口货物劳务增值税和消费税管理办法〉有关问题的公告》(国家税务总局公告 2013 年第 12 号)。

② 参见《财政部 国家税务总局关于出口货物劳务增值税和消费税政策的通知》(财税〔2012〕39 号)、《国家税务总局关于〈出口货物劳务增值税和消费税管理办法〉有关问题的公告》(国家税务总局公告 2013 年第 12 号)。

司出口货物的征税率为13％,退税率为9％。当月,A公司购进原材料4 000万元,税率为13％,已经取得增值税专用发票并通过认证。上月月末留抵税款为55万元,当月内销货物1 000万元,税率为13％。当月出口货物实际离岸价(FOB)折合人民币2 500万元。

说明:A公司所属行业不在《财政部 国家税务总局关于2018年退还部分行业增值税留抵税额有关税收政策的通知》(财税〔2018〕70号)关于退还增值税期末留抵税额的特定行业范围内。

1. 计算A公司当期的"免、抵、退"税额,以及当期就免抵的增值税税额而应纳的教育费附加。

2. 写出相关会计分录。

【解答】

1. 计算

(1)"免、抵、退"税不得免征和抵扣税额＝2 500×(13％－9％)＝100(万元)

(2)当期应纳税额＝1 000×13％－(4 000×13％－75)－55＝－370(万元)

(3)当期出口货物"免、抵、退"税额＝当期出口货物离岸价×外汇人民币折合率×出口货物退税率＝2 500×9％＝225(万元)

(4)此时,当期期末留抵税额＞当期"免、抵、退"税额

所以,当期应退税额＝当期"免、抵、退"税额＝225(万元)。

(5)当期免抵税额＝0

(6)期末留抵结转下期继续抵扣税额＝(370－225)＝145(万元)

(7)当期就免抵的增值税税额而应纳的教育费附加＝0×3％＝0

2. 主要会计分录

(1)出口货物确认收入:

借:应收账款	25 000 000
贷:主营业务收入	25 000 000

(2)内销货物确认收入:

借:应收账款	11 300 000
贷:主营业务收入	10 000 000
应交税费——应交增值税(销项税额)	1 300 000

(3)购进原材料:

借:原材料	40 000 000
应交税费——应交增值税(进项税额)	5 200 000
贷:应付账款	45 200 000

(4) 进项税额转出：

借：主营业务成本　　　　　　　　　　　　　　　　　　　　　　　　　1 000 000
　　贷：应交税费——应交增值税(进项税额转出)　　　　　　　　　　　　1 000 000

(5) 收到退税款：

借：银行存款　　　　　　　　　　　　　　　　　　　　　　　　　　　2 250 000
　　贷：应交税费——应交增值税(出口退税)　　　　　　　　　　　　　　2 250 000

【例 4-4】　自营出口的生产企业 A 公司，为增值税一般纳税人。2016 年 2 月，A 公司出口货物的征税率为 17%，退税率为 13%。当月，A 公司购进原材料 2 000 万元，税率为 17%，已经取得增值税专用发票并通过认证。上月月末留抵税款为 55 万元，当月内销货物 1 000 万元，税率为 17%。当月出口货物实际离岸价(FOB)折合人民币 2 500 万元。

1. 计算 A 公司当期的"免、抵、退"税额，以及当期就免抵的增值税税额而应纳的教育费附加。

2. 写出相关会计分录。

【解答】

1. 计算

(1) 当期"免、抵、退"税不得免征和抵扣税额 = 2 500×(17%−13%) = 100(万元)

(2) 当期应纳税额 = 1 000×17%−(2 000×17%−100)−55 = −125(万元)

(3) 当期出口货物"免、抵、退"税额 = 当期出口货物离岸价×外汇人民币折合率×出口货物退税率 = 2 500×13% = 325(万元)

(4) 此时，当期期末留抵税额 ≤ 当期"免、抵、退"税额

所以，当期应退税额 = 当期期末留抵税额 = 125(万元)。

(5) 当期免抵税额 = 当期"免、抵、退"税额 − 当期应退税额 = 325−125 = 200(万元)

(6) 当期期末留抵结转下期继续抵扣税额 = (125−125) = 0

(7) 当期就免抵的增值税税额而应纳的教育费附加 = 200×3% = 6(万元)

2. 主要会计分录

(1) 出口货物确认收入：

借：应收账款　　　　　　　　　　　　　　　　　　　　　　　　　　25 000 000
　　贷：主营业务收入　　　　　　　　　　　　　　　　　　　　　　　25 000 000

(2) 内销货物确认收入：

借：应收账款　　　　　　　　　　　　　　　　　　　　　　　　　　11 700 000
　　贷：主营业务收入　　　　　　　　　　　　　　　　　　　　　　　10 000 000
　　　　应交税费——应交增值税(销项税额)　　　　　　　　　　　　　 1 700 000

（3）购进原材料：

借：原材料		20 000 000
应交税费——应交增值税（进项税额）		3 400 000
贷：应付账款		23 400 000

（4）进项税额转出：

借：主营业务成本		1 000 000
贷：应交税费——应交增值税（进项税额转出）		1 000 000

（5）应退税额：

借：其他应收款——应收补贴款		1 250 000
贷：应交税费——应交增值税（出口退税）		1 250 000

（6）免抵税额：

借：应交税费——应交增值税（出口抵减内销产品应纳税额）		2 000 000
贷：应交税费——应交增值税（出口退税）		2 000 000

（7）收到退税款：

借：银行存款		1 250 000
贷：其他应收款——应收补贴款		1 250 000

（8）应纳教育费附加：

借：税金及附加——教育费附加		60 000
贷：应交税费——应交教育费附加		60 000

【例4-5】 A公司在2022年5月符合留抵退税的条件，申请留抵退税10万元，并在5月份实际收到。该公司在2022年6月实际缴纳增值税20万元。请计算A公司6月份应该缴纳的教育费附加及地方教育附加，并写出会计分录。

【解答】

1. 计算

（1）A公司2022年6月应缴纳的教育费附加＝(20－10)×3‰＝0.3(万元)

（2）A公司2022年6月应缴纳的地方教育附加＝(20－10)×2‰＝0.2(万元)

2. 主要会计分录

借：税金及附加——教育费附加		3 000
——地方教育附加		2 000
贷：应交税费——应交教育费附加		3 000
——应交地方教育附加		2 000

第三节 教育费附加与地方教育附加的征收管理

一、征收机关

依据《国务院征收教育费附加暂行规定》(国发〔1986〕50号)的规定,自1986年7月1日起,教育费附加由税务机关负责征收。教育费附加的征收管理,按照消费税、增值税的有关规定办理。

各省对地方教育附加的征收管理,也与教育费附加保持一致,按照增值税、消费税的规定办理。在缴纳增值税、消费税时同时缴纳教育费附加和地方教育附加。

二、缴纳义务发生时间

义务发生时间,与缴纳义务人的增值税、消费税纳税义务发生时间相同。

教育费附加和地方教育附加的扣缴义务发生时间,为缴纳义务人的增值税、消费税纳税义务发生时间。

三、缴纳环节与地点

教育费附加和地方教育附加的缴纳环节和地点,原则上与增值税、消费税一样。

(1) 固定业户应当向其机构所在地主管税务机关申报缴纳。

(2) 总机构和分支机构不在同一县(市)的,应当分别向各自所在地主管税务机关申报缴纳。

(3) 非固定业户销售货物或者应税劳务,应当向销售地主管税务机关申报缴纳。

(4) 依据《财政部 国家税务总局关于纳税人异地预缴增值税有关城市维护建设税和教育费附加政策问题的通知》(财税〔2016〕74号),根据全面推开"营改增"试点后增值税政策调整情况,明确了:①纳税人跨地区提供建筑服务、销售和出租不动产的,应在建筑服务发生地、不动产所在地预缴增值税时,以预缴增值税税额为计税依据,并按预缴增值税所在地的城市维护建设税适用税率和教育费附加征收率就地计算缴纳城市维护建设税和教育费附加。②预缴增值税的纳税人在其机构所在地申报缴纳增值税时,以其实际缴纳的增值税税额为计税依据,并按机构所在地的城市维护建设税适用税率和教育费附加征收率就地计算缴纳城市维护建设税和教育费附加。

四、关于教育费附加和地方教育附加的几个问题

(一) 滞纳金和处罚问题

目前,对应缴未缴、应缴少缴教育费附加和地方教育附加等违规事项,没有征收滞纳

金或进行处罚的依据,虽然部分省份规定了滞纳金的比例,但是不能处以罚款。

(二) 优惠政策的适用范围问题

目前财税〔2016〕12号文件优惠政策适用所有纳税人,财政部 税务总局公告2023年第1号文件优惠政策只适用小规模纳税人,两者适用范围不一,而金税三期系统在通用代扣代缴申报中也未能作相应的系统设置,基层操作易造成失误,产生超范围享受或应享未享问题。因此,需要统一两个优惠政策适用范围,同时进一步完善金税三期核心征管系统,实现教育费附加、地方教育附加和主税种统一申报扣款、统一比对审核。

五、登记申报

(一) 教育费附加与地方教育附加的登记

在对纳税人进行设立登记后,税务机关根据纳税人的生产经营范围及税法的有关规定,对纳税人的增值税和消费税进行税种登记时,一并进行教育费附加和地方教育附加的登记。

(二) 税务机关申报处理管理流程

1. 受理

税务机关办税受理岗核对报送资料是否齐全,是否符合法定形式,对符合的,应受理并即时办理。办税受理岗在系统内录入相关信息,录入信息必须规范、完整,并与纳税人提供的资料信息一致。纳税人提交资料不齐全或不符合法定形式的,办税受理岗制作《税务事项通知书》(补正通知),一次性告知需补正的内容。依法不属于本机关职权或本业务受理范围的,制作《税务事项通知书》(不予受理通知),告知不予受理的原因。

随增值税、消费税、营业税附征的城市维护建设税、教育费附加和地方教育附加免于零申报。

2. 出件

办税受理岗在《城市维护建设税、教育费附加、地方教育附加税(费)申报表》上签名并加盖业务专用章,一份返还纳税人,一份作为资料归档。

涉及税款的,办税受理岗可开具税收缴款书或税收完税凭证。

(三) 申报方式及申报表

缴纳义务人、扣缴义务人应在申报期内随增值税、消费税申报的同时,一并申报教育费附加和地方教育附加。依据《国家税务总局关于增值税、消费税与附加税费申报表整合有关事项的公告》(国家税务总局公告2021年第20号),自2021年8月1日起,增值税、消费税分别与城市维护建设税、教育费附加、地方教育附加申报表整合,具体如表4-1、表4-2、表4-3、表4-4所示。

表4-1 增值税及附加税费申报表附列资料(五)

(附加税费情况表)

税(费)款所属时间：　年　月　日至　年　月　日

纳税人名称：(公章)　　　　　　　　　　　　　　金额单位：元(列至角分)

税(费)种	计税(费)依据			税(费)率(%)	本期应纳税(费)额	本期减免税(费)额		试点建设培育产教融合型企业		本期已缴税(费)额	本期应补(退)税(费)额
	增值税税额	增值税免抵税额	留抵退税本期扣除额			减免性质代码	减免税(费)额	减免性质代码	本期抵免金额		
	1	2	3	4	5=(1+2−3)×4	6	7	8	9	10	11=5−7−9−10
城市维护建设税											
教育费附加			—					—	—		
地方教育附加			—					—	—		
合计	—	—	—	—		—		—	—		

当期是否适用试点建设培育产教融合型企业抵免政策	□是　□否	
可用于抵除和增值税留抵退税抵免金额使用情况	当期新增投资额	
	上期留抵可抵免金额	
	结转下期可抵免金额	
	当期新增可用于扣除的留抵退税额	
	上期结存可用于扣除的留抵退税额	
	结转下期可用于扣除的留抵退税额	

《增值税及附加税费申报表附列资料(五)》(附加税费情况表)填写说明

1. "税(费)款所属时间":指纳税人申报的附加税(费)额的所属时间,应填写具体的起止年,月,日。
2. "纳税人名称":填写纳税人名称全称。
3. "本期是否适用试点建设培育产教融合型企业抵免政策":符合《财政部关于调整部分政府性基金有关政策的通知》(财税〔2019〕46号)规定的试点建设培育产教融合型企业,选择"是";否则,选择"否"。
4. 第5行"当期新增投资额":填写试点建设培育产教融合型企业当期新增投资额减去股权转让、撤回投资等金额后投资净额,该数值可为负数。
5. 第6行"上期留抵可抵免金额":填写上期的"结转下期可抵免金额"。
6. 第7行"结转下期可抵免金额":填写本期新应缴教育费附加、地方教育费附加抵免后允许结转下期可抵免部分。
7. 第8行"当期新增可用于扣除的留抵退税额":填写本期税务机关核准的上期留抵税额退税额。本栏等于《附列资料二》第22栏"上期留抵税额退税"。
8. 第9行"上期结存可用于扣除的留抵退税额":填写上期的"结转下期可用于扣除的留抵退税额"。
9. 第10行"结转下期可用于扣除的留抵退税额":填写本期扣除后剩余的增值税留抵退税额,结转下期可用于扣除的留抵退税额=当期新增可用于扣除的留抵退税额+上期结存可用于扣除的留抵退税额-留抵退税本期扣除额。
10. 第1列"增值税":填写主表增值税扣除的计税依据。
11. 第2列"增值税留抵退税本期扣除额":填写本期经税务机关核准的留抵退税本期扣除额。
12. 第3列"留抵退税本期扣除额":填写本期因增值税留抵退税扣除的计税依据。当第8行+第9行之和大于(大于0)小于(大于等于0)小于等于第1行+第2列之和时,第3列第1至3行分别按第1至3行分别第1行第1列与第2列之和,第1行第1列与第2列之和时,第3列第1至3行均填写0。当第8行+第9行之和(小于等于0)小于等于第1行+第2列之和时,第3列按第8行+第9行之和对应填写。
13. 第4列"税(费)率":填写适用税(费)率。
14. 第5列"本期应纳税(费)额":按率计算纳税缴纳的应纳税(费)额。计算公式为:本期应纳税(费)额=(增值税额+增值税免抵税额-留抵退税本期扣除额)×税(费)率。
15. 第6列"减免性质代码":按《减免税政策代码目录》中附加税费适用的减免性质代码填写,试点建设培育产教融合型企业分别填写有减免税(费)情况的必填。
16. 第7列"减免税(费)额":填写本期减免的税(费)额。
17. 第8列"减免性质代码":符合《财政部关于调整部分政府性基金有关政策的通知》(财税〔2019〕46号)规定的试点建设培育产教融合型企业本期抵免的教育费附加、地方教育费附加金额。教育费附加产教融合型企业试点减免性质代码6110140、地方教育附加预缴应补(退)税费情况。该列不包括本期预缴应补(退)税(费)额中已经缴纳的部分。不适用建设培育产教融合型企业免抵报空。
18. 第9列"本期抵免金额":填写试点建设培育产教融合型企业本期抵免的税(费)额。
19. 第10列"本期已缴纳税(费)额":该列次与主表第39至41栏对应相等。
20. 第11列"本期应补(退)税(费)额":计算公式为:本期应补(退)税(费)额=本期应纳税(费)额-本期已缴税(费)额-本期减免税(费)额-试点建设培育产教融合型企业本期抵免金额。

表 4-2 增值税及附加税费申报表（小规模纳税人适用）附列资料（二）
（附加税费情况表）

税（费）款所属时间：　年　月　日至　年　月　日

纳税人名称：(公章)　　　　　　　　　　　　　　　　金额单位：元（列至角分）

税（费）种	计税（费）依据 增值税税额	税（费）率（%）	本期应纳税（费）额	本期减免税（费）额		增值税小规模纳税人"六税两费"减征政策		本期已缴税（费）额	本期应补（退）税（费）额
				减免性质代码	减免税（费）额	减征比例（%）	减征额		
	1	2	3=1×2	4	5	6	7=(3-5)×6	8	9=3-5-7-8
城市维护建设税									
教育费附加									
地方教育附加									
合计	—	—		—		—			

《增值税及附加税费申报表（小规模纳税人适用）附列资料（二）（附加税费情况表）》填写说明

1. "税（费）款所属时间"：指纳税人申报的附加税费应纳税（费）额的所属时间，应填写具体的起止年，月，日。
2. "纳税人名称"：填写纳税人名称全称。
3. 第 1 栏"增值税税额"：填写主表增值税税额。
4. 第 2 栏"税（费）率"：填写适用税（费）率。
5. 第 3 栏"本期应纳税（费）额"：填写本期应按适用的税（费）率计算缴纳的应纳税（费）额。计算公式为：本期应纳税（费）额＝增值税税额×税（费）率。
6. 第 4 栏"减免性质代码"：按《减免税政策代码目录》中附加税费适用的减免性质代码代码填写。减免性质代码，增值税小规模纳税人"六税两费"减征政策优惠不在此栏填写。
7. 第 5 栏"减免税（费）额"：填写本期减免的税（费）额。
8. 第 6 栏"减征比例（%）"：填写当地省级政府根据财政部税务总局关于实施小微企业普惠性税收减免政策的通知》（财税〔2019〕13 号）确定的减征比例。
9. 第 7 栏"减征额"：填写纳税人本期享受增值税小规模纳税人"六税两费"减征政策减征额。计算公式为：增值税小规模纳税人"六税两费"减征额=（本期应纳税（费）额－本期减免税（费）额）×减征比例。
10. 第 8 栏"本期已缴税（费）额"：填写本期应纳税（费）额中已经缴的部分。该栏不包括本期预缴税（费）额。
11. 第 9 栏"本期应补（退）税（费）额"：填写次与主表第 23 至 25 栏对应相等。计算公式为：本期应补（退）税（费）额＝本期应纳税（费）额－增值税小规模纳税人"六税两费"减征额－本期减免税（费）额－本期已缴税（费）额。

表 4-3 增值税及附加税费预缴表附列资料

（附加税费情况表）

纳税人名称：（公章） 税（费）款所属时间： 年 月 日 至 年 月 日

金额单位：元（列至角分）

税（费）种	计税（费）依据	税（费）率（%）	本期应纳税（费）额	本期减免		增值税小规模纳税人"六税两费"减征政策		本期实际预缴税（费）额
				减免性质代码	减免税（费）额	本期是否适用 □是 □否	减征额	
	增值税预缴税额					减征比例（%）		
	1	2	3=1×2	4	5	6	7=(3-5)×6	8=3-5-7
城市维护建设税								
教育费附加					—	—	—	
地方教育附加					—	—	—	
合计	—	—		—		—		

《增值税及附加税费预缴表附列资料（附加税费情况表）》填写说明

1. "税（费）款所属时间"：指纳税人申报的附加税（费）额的所属时间，应填写具体的起止年、月、日。
2. "纳税人名称"：填写纳税人名称全称。
3. 第 1 栏"增值税预缴税额"：填写纳税人按规定应预缴增值税税额。该次（月）等于主表增值税本期合计预征税额（主表第 6 行第 4 栏）。
4. 第 2 栏"税（费）率"：填写相应税（费）率。
5. 第 3 栏"本期应纳税（费）额"：填写本期按适用税（费）率计算缴纳的应纳税（费）额。
6. 第 4 栏"减免性质代码"：按《减免税政策代码目录》中附加税费代码填写，本期应纳税，增值税小规模纳税人"六税两费"减征政策优惠不在此栏填写。
7. 第 5 栏"减免税（费）额"：填写本期减免的税（费）额。
8. 第 6 栏"增值税小规模纳税人'六税两费'减征政策"：本期适用增值税小规模纳税人的，勾选"是"；否则，勾选"否"。增值税一般纳税人按规定转登记为增值税小规模纳税人生效之日起不再适用减征优惠；纳税人的当年增值税应税销售额超过标准登记为增值税一般纳税人的，自超限季度的下一个季度起不再适用减征优惠。"减征比例"：填写当地省级政府根据《财政部 税务总局关于实施小微企业普惠性税收减免政策的通知》（财税〔2019〕13 号）确定的比例。
9. 第 7 栏"减征额"：填写纳税人本期享受增值税小规模纳税人"六税两费"减征政策减征额。减征额=本期应纳税（费）额×减征比例。
10. 第 8 栏"本期实际预缴税（费）额"：反映纳税人预缴税（费）情况。本期实际预缴税（费）额=本期应纳税（费）额-本期减免税（费）额-增值税小规模纳税人"六税两费"减征额。

表 4-4 消费税附加税费计算表

本期是否适用小微企业"六税两费"减免政策：□是 □否　　增值税小规模纳税人：□是 □否

增值税一般纳税人：□个体工商户 □小型微利企业　　年 月 至 年 月

税（费）种	计税（费）依据	税（费）率（%）	本期应纳税（费）额	减免政策适用主体	适用减免政策起止时间	本期减免税（费）额	小微企业"六税两费"减免政策		本期已缴税（费）额	本期应补（退）税（费）额
				减免性质代码			减征比例（%）	减征额		
	1	2	3=1×2	4	5		6	7=(3−5)×6	8	9=3−5−7−8
消费税税额										
城市维护建设税										
教育费附加										
地方教育附加										
合计	—	—		—	—		—			

《消费税附加税费计算表》填表说明

1. 本表由消费税纳税人填报。
2. 本期是否适用小微企业"六税两费"减免政策：纳税人在税款所属期内适用增值税小规模纳税人、个体工商户、小型微利企业减免政策的，勾选"是"；否则，勾选"否"，无需勾选"减免政策适用主体"。"增值税一般纳税人"：适用小微企业"六税两费"减免政策的，在"增值税小规模纳税人"或"增值税小规模纳税人"处勾选"是"。"增值税一般纳税人"是增值税一般纳税人的，"个体工商户"或"小型微利企业"勾选"个体工商户"、"小型微利企业"。"小型微利企业"，据类型填写："个体工商户"同时符合设立时从业人数不超过300人、资产总额不超过5000万元两项条件的，勾选"小型微利企业"。适用减免政策优惠不再写。
3. 本表第1栏"消费税税额"：填写相应的税（费）额。
4. 本表第2栏"税（费）率"：填写相应的税（费）的税率。
5. 本表第3栏"本期应纳税（费）额"：填写本期按适用的税（费）率计算缴纳的应纳税（费）额。计算公式为：本期应纳税（费）额＝消费税税额×税（费）率
6. 本表第4栏"减免性质代码"：按《减免税政策代码目录》中附加税费适用的减免性质代码填写。
7. 本表第5栏"减免税（费）额"：填写本期主表"本期应纳税（费）额"税额中已经减免的部分。
8. 本表第6栏"减征比例（%）"：填写当地省级政府根据《……》（财税〔2022〕××号）确定的比例。小微企业"六税两费"减征政策减征额＝本期应纳税（费）额（本期应纳税（费）额−本期减免税（费）额）×减免政策减征额×减征比例
9. 本表第7栏"减征额"：填写纳税人本期享受小微企业"六税两费"减征政策减征额。计算公式为：本期应纳税（费）额＝(本期应纳税（费）额−本期减免税（费）额)×小微企业"六税两费"减免政策减征额−本期减免税（费）额
10. 本表第8栏"本期已缴税（费）额"：填写本期应纳税（费）额中已经缴纳的部分。
11. 本表第9栏"本期应补（退）税（费）额"：计算公式为：本期应补（退）税（费）额＝本期应纳税（费）额−本期减免税（费）额−小微企业"六税两费"减免政策减征额−本期已缴税（费）额。
12. 本表为A4横式，所有数字小数点后保留两位。一式二份，一份纳税人留存，一份税务机关留存。

第五章

文化事业建设费

第一节 文化事业建设费概述

文化事业建设费是为筹集必要经费、促进文化事业健康发展而对广告服务和娱乐服务征收的一种政府非税收入。在《2022年政府收支分类科目》中,文化事业建设费被归类为非税收入下的专项收入,作为一般公共预算收入列第103类103类02款17项"文化事业建设费收入",作为中央与地方共用收入科目。

一、文化事业建设费的由来

文化事业建设费源于国务院为进一步完善文化经济政策,拓展文化事业资金投入渠道而开征。

1996年10月10日召开的党的十四届六中全会,从战略和全局的高度,全面分析了当时社会主义精神文明建设的形势,明确了社会主义精神文明建设的指导思想和奋斗目标,审议通过了《中共中央关于加强社会主义精神文明建设若干重要问题的决议》(以下简称《决议》)。《决议》提出,要从社会主义现代化建设的全局出发,把精神文明建设纳入经济和社会发展的总体规划,保证必需的资金;要适应社会主义市场经济的要求,建立规范有效的筹资机制,逐渐形成对精神文明建设多渠道投入的体制。《决议》强调,要切实解决目前宣传文化事业投入总量偏少、比例偏低的问题,认真落实《国务院关于进一步完善文化经济政策的若干规定》(国发〔1996〕37号)。中央和地方财政对宣传文化事业的投入,要随着经济的发展逐年增加,增加幅度不低于财政收入的增长幅度。健全宣传文化事业的财政专项资金制度,运用税收、贷款、价格等经济手段支持宣传文化事业。进一步完善宣传文化事业的财税优惠政策,鼓励社会力量资助宣传文化事业。对中西部欠发达地区和少数民族地区的文化事业,要采取有效措施增加投入。对政府兴办的图书馆、博物馆、科技馆、文化馆、革命历史纪念馆等公益性事业单位,应给予经费保证。对反映国家和民族学术、艺术水平的精神产品,代表国家水平的艺术院校、表演团体和国家重点文物保护单位,有代表性的地方、民族特色艺术团体,要加大扶持力度。

1997年6月17日,经国务院批准,财政部和国家税务总局制定《文化事业建设费征收管理暂行办法》(财税字〔1997〕95号)并正式公布执行。文化事业建设费的开征,是国务院为加强社会主义精神文明建设、促进文化事业健康发展,拓宽文化事业资金投入渠道,逐步建立适应社会主义市场经济要求的筹资机制的多渠道投入体制而出台的一项重大举措。

注:根据《财政部 国家税务总局关于营业税改征增值税试点有关文化事业建设费政策及征收管理问题的补充通知》(财税字〔1997〕95号)的规定,自2016年5月1日起,本办法全文废止。

二、文化事业建设费的特点

(1) 专款专用。纳入财政预算管理,建立专项资金,用于文化事业建设。

(2) 仅对特定服务开征。"营改增"之前,仅对广告业和娱乐业征收文化事业建设费;"营改增"之后,仅对广告服务和娱乐服务征收文化事业建设费。

(3) 征收简便。文化事业建设费缴纳义务人按照提供广告服务和娱乐服务取得的计费销售额和3%的费率计算应缴费额,政策全国统一。

三、文化事业建设费的使用管理

财政部、中宣部根据《中共中央关于加强社会主义精神文明建设若干重要问题的决议》(党的十四届六中全会)精神和《国务院关于进一步完善文化经济政策的若干规定》(国发〔1996〕37号)文件精神,制定了《文化事业建设费使用管理办法》(财文字〔1997〕243号)。2017年11月29日,财政部发布《关于修改〈文化事业建设费使用管理办法〉的决定》(中华人民共和国财政部2018年第91号令)。根据上述文件中文化事业建设费的使用管理规定:

(1) 文化事业建设费的征收目的是"引导和调控文化事业的发展"。

(2) 文化事业建设费的征收机关是税务机关[①]。

(3) 明确文化事业建设费的收入范围:中央单位缴纳的文化事业建设费,由地方税务机关征收后全额上缴中央金库。地方单位缴纳的文化事业建设费,全额缴入省级金库。

(4) 中央级文化事业建设费由财政部会同中央精神文明建设指导委员会办公室管理。省级文化事业建设费由省级财政部门会同省级精神文明建设指导委员会办公室管理。

---

① 随着税收征管体制的不断改革,文化事业建设费的征收机关也在发生变化。我国于2012年1月1日、2013年8月1日、2016年5月1日分三次逐步扩大营改增实施范围,营改增之前的文化事业建设费由地税机关征收,营改增后的文化事业建设费由国家税务局征收,2018年国税地税机构合并后,由合并后的税务局征收。

(5) 文化事业建设费的支出范围。文化事业建设费主要用于国家对社会主义精神文明建设,重点是思想道德和文化建设进行宏观调控等方面的开支。

其中,中央级文化事业建设费的具体支出范围包括:重大活动经费、培训经费、优秀作品奖励经费、中央级国家公益性文化事业单位维修购置补助经费、中央级国家公益性文化事业单位的特殊需要。省级文化事业建设费的支出范围参照上述规定范围办理。

(6) 文化事业建设费不得用于下列各项开支:部门和单位人员支出、正常办公支出、行政后勤支出、职工福利支出,部门和单位的基本建设支出,宣传文化企业的支出,其他不属于文化事业建设费开支范围的支出。

(7) 文化事业建设费支出预算,根据"先收后支、收支平衡、专款专用,重点扶持"的原则编制和核定。

(8) 各级财政部门和相关主管部门及其工作人员在文化事业建设费审批工作中,存在违反《文化事业建设费使用管理办法》(财文字〔1991〕243号)规定的行为,以及其他滥用职权、玩忽职守、徇私舞弊等违法违纪行为的,依照《中华人民共和国预算法》《中华人民共和国公务员法》《中华人民共和国行政监察法》《财政违法行为处罚处分条例》等国家有关规定追究相应责任;涉嫌犯罪的,依法移送司法机关处理。

四、文化事业建设费的制度变更

《财政部 国家税务总局关于印发文化事业建设费征收管理暂行办法的通知》(财税字〔1997〕95号)的规定,自1997年纳税年度起,在广告业和娱乐业全国统一开征文化事业建设费[①]。《财政部 国家税务总局关于营业税改征增值税试点有关文化事业建设费征收管理问题的通知》(财综〔2013〕88号)的规定,自2013年8月1日起,对广告服务征收文化事业建设费。2016年3月28日,财政部、国家税务总局发布《财政部 国家税务总局关于营业税改征增值税试点有关文化事业建设费政策及征收管理问题的通知》(财税〔2016〕25号)的规定,中华人民共和国境外的广告媒介单位和户外广告经营单位在境内提供广告服务,在境内未设有经营机构的,以广告服务接受方为文化事业建设费的扣缴义务人。2018年5月13日,财政部、国家税务总局发布《财政部 国家税务总局关于营业税改征增值税试点有关文化事业建设费政策及征收管理问题的补充通知》(财税〔2016〕60号)的规定,在中华人民共和国境内提供娱乐服务的单位和个人应按照本通知以及《财政部 国家税务总局关于营业税改征增值税试点有关文化事业建设费政策及征收管理问题的通知》(财税〔2016〕25号)的规定缴纳文化事业建设费。

注:根据《财政部 国家税务总局关于营业税改征增值税试点有关文化事业建设费政

---

① 此前,部分地区已经开始了局部征收文化事业建设费的实践。

策及征收管理问题的通知》(财税〔2016〕25号)和《财政部关于公布废止和失效的财政规章和规范性文件目录(第十三批)的决定》(中华人民共和国财政部令第103号)的规定,本通知已全文废止。

第二节 文化事业建设费的计算与缴纳

一、缴纳义务人和扣缴义务人

(一) 缴纳义务人

在中华人民共和国境内提供广告服务的广告媒介单位和户外广告经营单位、提供娱乐服务的单位和个人(以下称缴纳义务人),应按照规定缴纳文化事业建设费。缴纳义务人包括外商投资企业、外国企业和个人,无论境内还是境外的单位和个人在境内发生应当缴纳文化事业费的行为,均应按照相关规定缴纳文化事业建设费。

广告媒介单位和户外广告经营单位是指发布、播映、宣传、展示户外广告和其他广告的单位,以及从事广告代理服务的单位。需要特别指出的是广告服务文化事业建设费缴纳义务人不包括提供广告服务的个体工商户和其他个人。缴纳义务人确定的主要依据有:第一,《财政部 国家税务总局关于营业税改征增值税试点有关文化事业建设费征收管理问题的通知》(财综〔2013〕88号)规定提供广告服务的单位和个人应缴纳文化事业建设费,文件自2013年8月1日起施行,自2016年5月1日起废止。第二,依据2014年2月26日发布的《国务院关于推进文化创意和设计服务相关产业融合发展的若干意见》(国发〔2014〕10号),其第三条第八款明确规定广告领域文化事业建设费征收范围严格限定在广告媒介单位和户外广告经营单位。

(二) 扣缴义务人

中华人民共和国境外的广告媒介单位和户外广告经营单位在境内提供广告服务,在境内未设有经营机构的,以广告服务接受方为文化事业建设费的扣缴义务人。

二、征费范围

广告服务、娱乐服务是指《财政部 国家税务总局关于全面推开营业税改征增值税试点的通知》(财税〔2016〕36号)的《销售服务、无形资产、不动产注释》中"广告服务""娱乐服务"范围内的服务。

广告服务是指利用图书、报纸、杂志、广播、电视、电影、幻灯、路牌、招贴、橱窗、霓虹灯、灯箱、互联网等各种形式为客户的商品、经营服务项目、文体节目或者通告、声明等委托事项进行宣传和提供相关服务的业务活动,包括广告代理和广告的发布、播映、宣传、展示等。

娱乐服务是指为娱乐活动同时提供场所和服务的业务,具体包括歌厅、舞厅、夜总会、酒吧、台球、高尔夫球、保龄球、游艺(包括射击、狩猎、跑马、游戏机、蹦极、卡丁车、热气球、动力伞、射箭、飞镖等)。

三、计费依据和费率

缴纳义务人应按照提供广告服务、娱乐服务取得的计费销售额和3%的费率计算应缴费额。其中,广告业缴纳义务人的计费销售额,为提供广告服务取得的全部含税价款和价外费用,减除支付给其他广告公司或广告发布者的含税广告发布后的余额;娱乐业缴纳义务人的计费销售额,为提供广告服务和娱乐服务取得的全部含税价款和价外费用。

依据《财政部关于调整部分政府性基金有关政策的通知》(财税〔2019〕46号)的精神,自2019年7月1日至2024年12月31日,对归属中央收入的文化事业建设费,按照缴纳义务人应缴费额的50%减征;对归属地方收入的文化事业建设费,各省(区、市)财政、党委宣传部门可以结合当地经济发展水平、宣传思想文化事业发展等因素,在应缴费额50%的幅度内减征。各省(区、市)财政、党委宣传部门应当将本地区制定的减征政策文件抄送财政部、中共中央宣传部。

四、减免优惠

(一)起征点

未达到增值税起征点的缴纳义务人(即提供娱乐服务的个人),免征文化事业建设费。

(二)优惠政策

为减轻广告业缴纳义务人负担,财税〔2016〕25号文件明确,增值税小规模纳税人中月销售额不超过2万元(按季纳税6万元)的企业和非企业性单位提供的应税服务,免征文化事业建设费。自2015年1月1日起至2017年12月31日,对按月纳税的月销售额不超过3万元(含3万元),以及按季纳税的季度销售额不超过9万元(含9万元)的缴纳义务人,免征文化事业建设费。娱乐业纳入营改增试点范围后,财政部和国家税务总局又共同制发财税〔2016〕60号文明确,娱乐业缴纳义务人可以按照上述规定,享受免征文化事业建设费的优惠政策。2017年底,对月销售额2万~3万元的缴纳义务人免征文化事业建设费政策执行到期后未延续,现行免征文化事业建设费的月销售额标准仍为2万元。

自2019年1月1日起,对月销售额10万元以下(含本数)的增值税小规模纳税人,免征增值税。那么文化事业建设费是否也相应免征?这需要对文化事业建设费与起征点政策进行简要回顾。小规模纳税人免税标准为2万元时,为减轻文化事业建设费缴费人负担,财政部、国家税务总局发文明确,小规模纳税人中月销售额不超过2万元的缴费义务人,同时免征文化事业建设费,这是一项长期有效的政策。小规模纳税人免税标准提高至3万元后,财政部、国家税务总局又发文明确,对月销售额不超过3万元的缴费义务人,同时免征文化事业建设费,但此项政策有明确的执行期限,并于2017年12月31日到期停止执行。小规模纳税人免税标准提高至10万元后,财政部、国家税务总局也未再相应提高免征文化事业建设费的标准。因此,目前仅有月销售额不超过2万元免征文化事业建设费的政策仍继续有效。下一步文化事业建设费有关征缴问题,需要等相关部门明确。

依据《财政部 税务总局关于电影等行业税费支持政策的公告》(财政部 税务总局公告2020年第25号)的规定,2020年1月1日至2020年12月31日,免征文化事业建设费。对于缴费人已缴纳2020年所属期文化事业建设费的,根据已征的应予免征费款,可抵减或予以退还。《财政部 税务总局关于延续实施应对疫情部分税费优惠政策的公告》(财政部 税务总局公告2021年第7号)已将该优惠政策的执行期限延长至2021年12月31日。

五、应缴费额的计算

(一)一般费额计算

$$应缴费额 = 计费销售额 \times 3\%$$

其中,计费销售额的具体意义是指:

(1)广告服务计费销售额,为缴纳义务人提供广告服务取得的全部含税价款和价外费用,减除支付给其他广告公司或广告发布者的含税广告发布费后的余额。

缴纳义务人减除价款的,应当取得增值税专用发票或国家税务总局规定的其他合法有效凭证,否则,不得减除。

(2)娱乐服务计费销售额,为缴纳义务人提供娱乐服务取得的全部含税价款和价外费用。

(二)扣缴费额计算

中华人民共和国境外的广告媒介单位和户外广告经营单位在境内提供广告服务,在境内未设有经营机构的,以广告服务接受方为文化事业建设费的扣缴义务人。按规定扣缴文化事业建设费的,扣缴义务人应按下列公式计算应扣缴费额:

$$应扣缴费额 = 支付的广告服务含税价款 \times 费率$$

(三)会计账务处理

1. 直接缴纳文化事业建设费的账务处理

借:税金及附加
　　贷:货币资金或银行存款

2. 先计提后缴纳文化事业建设费的账务处理

（1）借：税金及附加

　　　贷：应交税费——应交文化事业建设费

（2）借：应交税费——应交文化事业建设费

　　　贷：货币资金或银行存款

（四）文化事业建设费缴纳、核算举例

1. 一般纳税人文化事业建设费缴纳、核算

【例5-1】 A广告公司2022年6月收到客户广告发布费，价税合计106万元，并开具了增值税专用发票，款已收到。支付给广告发布者B媒体广告费53万元（含税），并取得了增值税专用发票；取得C广告公司由税务机关代开的价税合计10万元的增值税普通发票；上述款项均已支付。

（1）收到广告发布费时：

借：银行存款　　　　　　　　　　　　　　　　　　　　　　　　1 060 000

　　贷：主营业务收入——广告服务收入　　　　　　　　　　　　1 000 000

　　　　应交税费——应交增值税（销项税额）　　　　　　　　　　　60 000

（2）支付B媒体广告费时：

借：主营业务成本　　　　　　　　　　　　　　　　　　　　　　　500 000

　　应交税费——应交增值税（进项税额）　　　　　　　　　　　　　30 000

　　贷：银行存款　　　　　　　　　　　　　　　　　　　　　　　530 000

（3）支付C广告公司时：

借：主营业务成本　　　　　　　　　　　　　　　　　　　　　　　100 000

　　贷：银行存款　　　　　　　　　　　　　　　　　　　　　　　100 000

（4）由于企业还有其他进项税额抵扣，计算增值税、城市维护建设税和教育费附加计算及会计分录从略。

（5）计算文化事业建设费时：应缴费额＝(106－53－10)×3‰＝1.29(万元)

借：税金及附加　　　　　　　　　　　　　　　　　　　　　　　　 12 900

　　贷：应交税费——应交文化事业建设费　　　　　　　　　　　　 12 900

（6）上交文化事业建设费时：

借：应交税费——应交文化事业建设费　　　　　　　　　　　　　　12 900

　　贷：银行存款　　　　　　　　　　　　　　　　　　　　　　　 12 900

2. 小规模纳税人文化事业建设费缴纳、核算

【例5-2】 D广告公司为小规模纳税人。2022年6月收到客户广告发布费10.3万

元(含税),已收款并开具增值税普通发票。支付给广告发布者 E 媒体广告费 5 万元(含税),并取得了增值税专用发票;支付 F 广告公司广告发布费 2 万元,取得 F 公司开具的增值税普通发票;上述款项均已支付。

(1) 收到广告发布费:

借:银行存款　　　　　　　　　　　　　　　　　　　　　103 000
　贷:主营业务收入——广告服务收入　　　　　　　　　　　100 000
　　　应交税费——应交增值税　　　　　　　　　　　　　　3 000

(2) 支付 E 媒体广告费时:

借:主营业务成本　　　　　　　　　　　　　　　　　　　50 000
　贷:银行存款　　　　　　　　　　　　　　　　　　　　　50 000

(3) 支付 F 广告公司时:

借:主营业务成本　　　　　　　　　　　　　　　　　　　20 000
　贷:银行存款　　　　　　　　　　　　　　　　　　　　　20 000

(4) 计算城市维护建设税和教育费附加计算及会计分录从略。

(5) 计算文化事业建设费时:应缴费额=(103 000-50 000-20 000)×3%=990(元)

借:税金及附加　　　　　　　　　　　　　　　　　　　　990
　贷:应交税费——应交文化事业建设费　　　　　　　　　　990

(6) 上交文化事业建设费时:

借:应交税费——应交文化事业建设费　　　　　　　　　　990
　贷:银行存款　　　　　　　　　　　　　　　　　　　　　990

第三节　文化事业建设费的征收管理

一、征收管理特点

(一) 全国性统一事项

凡应缴纳和扣缴文化事业建设费的单位和个人,须按规定填写《文化事业建设费登记表》,向主管税务机关申报办理文化事业建设费登记事项。缴纳人、扣缴人应在增值税申报期内分别向主管税务机关报送《文化事业建设费申报表》和《文化事业建设费代扣代缴报告表》,并按规定缴纳文化事业建设费。

(二) 各省统一事项

各省对文化事业建设费都采用税费"同征同管"方式,由税务机关征收入库,主要体现如下：一是在申报方式上，采用网上申报与上门申报结合，网上申报为主；二是在信息化支撑方面，依托总局金税三期系统和各省电子税务局实现申报与征收；三是在票证使用方面，统一使用税收票证；四是在入库及退库方式上，与税收入库、退库方式一致。

二、征收机关

随着税收征管体制的不断改革，文化事业建设费的征收机关也在发生变化。我国于2012年1月1日、2013年8月1日、2016年5月1日分三次逐步扩大营改增实施范围，营改增之前的文化事业建设费由地税机关征收，营改增后的文化事业建设费由国家税务局征收，2018年国税地税机构合并后，由合并后的税务局征收。

三、缴纳地点

缴纳义务人缴纳文化事业建设费的地点，与缴纳义务人的增值税纳税地点相同。文化事业建设费的扣缴义务人应当向其机构所在地或者居住地主管税务机关申报缴纳其扣缴的文化事业建设费。

四、缴纳义务发生时间与缴纳期限

文化事业建设费的缴纳义务发生时间，与缴纳义务人的增值税纳税义务发生时间相同。

文化事业建设费的扣缴义务发生时间，为缴纳义务人的增值税纳税义务发生时间。

文化事业建设费的缴纳期限与缴纳义务人的增值税纳税期限相同。

文化事业建设费扣缴义务人解缴税款的期限，与缴纳义务人的增值税纳税期限相同。

五、登记申报

（一）登记事项

文化事业建设费的缴纳义务人和扣缴义务人，须按以下规定填写《文化事业建设费登记表》（表5-1），向主管税务机关办理文化事业建设费缴费信息登记事项。

（1）缴纳义务人、扣缴义务人在办理税务登记或扣缴税款登记的同时，办理文化事业建设费登记。

（2）已经办理税务登记或扣缴税款登记，但未办理文化事业建设费登记的缴纳义务人、扣缴义务人，应在首次申报缴纳文化事业建设费前，补办登记事项。

（3）不经常发生文化事业建设费应缴纳行为或按规定不需要办理税务登记、扣缴税款登记的缴纳义务人、扣缴义务人，可以在首次文化事业建设费应缴纳行为发生后，办理登记事项。

表 5-1　文化事业建设费登记表

填表日期：　　年　月　日

缴纳（扣缴）人名称		缴纳（扣缴）人识别号			
法定代表人（负责人）		身份证件名称		证件号码	
财务负责人		固定电话		移动电话	
经办人		固定电话		移动电话	
隶属关系		登记注册类型		注册地址	
中央投资比例		％			
地方投资比例		％			
无隶属关系投资比例		％			

文化事业建设费缴纳（扣缴）人：
经办人：　　　　法定代表人（负责人）：　　　　单位（签章）：
　　　　　　　　　　　　　　　　　　　　　　　　　　　　　　年　月　日

以下由税务机关填写	
缴纳人□是□否	扣缴人□是□否
对应税目：□广告业　是否允许差额扣除□是□否 　　　　　□娱乐业	
缴纳期限：　　　　申报期限：　　　　征收率：	

经办人：　　　　负责人：　　　　税务机关（签章）：
　　　　　　　　　　　　　　　　　　　　　　　　　年　月　日

填表说明：
一、本表适用于营业税改征增值税后，文化事业建设费缴纳人、扣缴人，向税务机关办理登记时使用。
二、有关栏目填写说明：
（一）"缴纳（扣缴）人名称"：填写缴纳（扣缴）人名称全称，即税务机关核发的税务登记证或扣缴税款登记证件上注明的名称。
（二）"缴纳（扣缴）人识别号"：填写税务机关为缴纳（扣缴）人确定的号码，即税务登记证号码或扣缴税款登记证件号码。
（三）"身份证件名称"：一般填写"居民身份证"，如无身份证，则填写"军官证""士兵证""护照"等有效身份证件。
（四）"登记注册类型""注册地址"：填写办理税务登记或扣缴税款登记时填报的"登记注册类型""注册地址"。
（五）"隶属关系"：缴纳人隶属关系确定和清晰的，填写本栏。缴纳人为中央所属企事业单位，则本栏填写"中央"，"中央投资比例"栏填写100％；缴纳人为地方所属企事业单位，则本栏填写"地方"，"地方投资比例"栏填写100％；缴纳人为集体企业、私营企业、外商独资企业、其他等，则本栏填写"无隶属关系"，"无隶属关系投资比例"栏填写100％。
（六）"中央投资比例""地方投资比例""无隶属关系投资比例"：缴纳人有多种投资主体，无确定和清晰隶属关系的，不填写"隶属关系"栏，分别填写各投资主体在缴纳人中的投资比例。其中，"中央投资比例"填写中央所属企事业单位在缴纳人中的投资比例；"地方投资比例"填写地方所属企事业单位在缴纳人中的投资比例；"无隶属关系投资比例"填写无隶属关系主体（集体企业、私营企业、外商、其他等）在缴纳人中的投资比例。
（七）税务机关填写项目，按有关税费政策进行判定后填写。
（八）若仅具有扣缴行为，不填写隶属关系、各投资主体投资比例等栏次。
三、本表一式两份，税务机关受理后留存一份，退缴纳人或扣缴人一份。

(二) 申报事项

(1) 缴纳义务人、扣缴义务人应在申报期内分别向主管税务机关报送《文化事业建设费申报表》(表 5-2)、《文化事业建设费代扣代缴报告表》(表 5-3)。

表 5-2　文化事业建设费申报表

缴纳人识别号：□□□□□□□□□□□□□□□□□□

缴纳人名称(公章)：　　　　　　金额单位：元(列至角分)

费款所属期：　　年　月　日至　　年　月　日　　　　　填表日期：　　年　月　日

	项目	栏次	本月(期)数	本年累计
计费收入	应征收入	1		
	免征收入	2		
费额计算	减除项目期初金额	3		—
	减除项目本期发生额	4		
	本期减除额　应征收入减除额	5		
	免征收入减除额	6		
	减除项目期末余额	7＝3＋4－5－6		
	计费销售额	8＝1－5		
	费率	9		—
	应缴费额	10＝8×9		
费额缴纳	期初未缴费额(多缴为负)	11		—
	本期已缴费额	12＝13＋14＋15		
	其中：本期预缴费额	13		
	本期缴纳上期费额	14		
	本期缴纳欠费额	15		
	期末未缴费额(多缴为负)	16＝10＋11－12		
	其中：欠缴费额(≥0)	17＝11－14－15		—
	本期应补(退)费额	18＝10－13		—
	本期检查已补缴费额	19		

缴纳人或代理人声明：此申报表是根据国家相关规定填报的，我确定填报内容是真实的、可靠的、完整的。	如缴纳人申报，由缴纳人填写以下各栏：	
	经办人员(签章)：	财务负责人(签章)：
	法定代表人(签章)：	联系电话：
	如委托代理人申报，由代理人填写以下各栏	
	代理人名称：	经办人(签章)：
	代理人(公章)：	联系电话：

以下由税务机关填写：

收到日期：　　　　接收人：　　　　主管税务机关盖章：

填表说明：

一、本申报表适用于营业税改征增值税后，文化事业建设费缴纳人向税务机关办理申报时使用。

二、有关栏目填写说明：

（一）"缴纳人识别号"，填写税务机关为缴纳人确定的号码，即税务登记证号码。

（二）"缴纳人名称"，填写缴纳人名称全称，不得填写简称。

（三）"费款所属期"，指缴纳人申报的文化事业建设费所属时间，应填写具体的起止年、月、日。

（四）"填表日期"，指缴纳人填写本表的具体日期。

（五）"计费收入"，指缴纳人本期提供有关应税服务取得的全部含税价款和价外费用，包括"应征收入"和"免征收入"。当期第1栏"应征收入"有发生额时，第2栏"免征收入"应为零，当期第2栏"免征收入"有发生额时，第1栏"应征收入"应为零。

（六）第1栏"应征收入"：反映缴纳人本期按规定应征文化事业建设费的收入。按规定可以减除相关价款的，本栏填写减除之前的全部含税价款和价外费用。"本年累计"栏数据，为年度内各月（期）数之和。

（七）第2栏"免征收入"：反映缴纳人本期按规定免征文化事业建设费的收入。按规定可以减除相关价款的，本栏填写减除之前的全部含税价款和价外费用。"本年累计"栏数据，为年度内各月（期）数之和。

（八）第3栏"减除项目期初金额"：反映本期期初减除项目的金额，为上期本表第7栏"减除项目期末余额"。

（九）第4栏"减除项目本期发生额"：反映缴纳人本期发生的按规定可以从计费收入中减除的相关价款，等于文化事业建设费申报表附列资料《应税服务减除项目清单》的"合计"项。"本年累计"栏数据，为年度内各月（期）数之和。

（十）第5栏"应征收入减除额"：反映本期从应征收入中实际减除的价款数额。若第3栏"减除项目期初金额"＋第4栏"减除项目本期发生额"≤第1栏"应征收入"，则第5栏"应征收入减除额"＝第3栏"减除项目期初金额"＋第4栏"减除项目本期发生额"；若第3栏"减除项目期初金额"＋第4栏"减除项目本期发生额"＞第1栏"应征收入"，则第5栏"应征收入减除额"＝第1栏"应征收入"。"本年累计"栏数据，为年度内各月（期）数之和。

（十一）第6栏"免征收入减除额"：反映本期从免征收入中实际减除的价款数额。若第3栏"减除项目期初金额"＋第4栏"减除项目本期发生额"≤第2栏"免征收入"，则第6栏"免征收入减除额"＝第3栏"减除项目期初金额"＋第4栏"减除项目本期发生额"；若第3栏"减除项目期初金额"＋第4栏"减除项目本期发生额"＞第2栏"免征收入"，则第6栏"免征收入减除额"＝第2栏"免征收入"。"本年累计"栏数据，为年度内各月（期）数之和。

（十二）第7栏"减除项目期末余额"：反映本期期末尚未减除的项目金额，按表中公式计算填列。"本年累计"栏数据，与"本月（期）"数相同。

（十三）第8栏"计费销售额"：反映计算文化事业建设费的销售额，按表中公式计算填列。"本年累计"栏数据，为年度内各月（期）数之和。

（十四）第10栏"应缴费额"：反映本期应缴文化事业建设费金额，按表中公式计算填列。"本年累计"栏数据，为年度内各月（期）数之和。

（十五）第11栏"期初未缴费额"：反映本期期初欠缴费额、应缴未缴上期费额的合计数，等于上期本表第16栏"期末未缴费额"。

（十六）第12栏"本期已缴费额"：反映本期已缴上期费额、已缴欠缴费额、已预缴本期费额的合计数，按表中公式计算填列。其中，"本期预缴费额"填写本期已预缴的本期应缴费额；"本期缴纳上期费额"填写本期缴纳的上期应缴未缴费额；"本期缴纳欠费额"填写本期缴纳的以前各期形成的欠费额。"本年累计"栏数据，为年度内各月（期）数之和。

（十七）第16栏"期末未缴费额"：反映本期期末应缴未缴费额，按表中公式计算填列。其中，"欠缴费额"反映已形成的欠费额，按表中公式计算填列。"本年累计"栏数据，与"本月（期）数"相同。

（十八）第18栏"本期应补（退）费额"：反映本期应缴费额中应补缴或应退回的数额，按表中公式计算填列。

（十九）第19栏"本期检查已补缴费额"：反映税务、财政、审计部门检查已补缴的费额。

三、本表一式两份，税务机关受理审核后留存一份，退缴纳人一份。

表5-3 文化事业建设费代扣代缴报告表

扣缴人识别号：□□□□□□□□□□□□□□□

扣缴人名称(公章)：　　　　金额单位：元(列至角分)

费款所属期：　　年　月　日至　　年　月　日　　　　　填表日期：　　年　月　日

项目	栏次	本月(期)数	本年累计
计费依据	1		
费率	2		—
本期应扣缴费额	3＝1×2		

扣缴人或代理人声明： 此表是根据国家相关规定填报的，我确定填报内容是真实的、可靠的、完整的。	如扣缴人申报，由扣缴人填写以下各栏：	
	经办人员(签章)：	财务负责人(签章)：
	法定代表人(签章)：	联系电话：
	如委托代理人申报，由代理人填写以下各栏：	
	代理人名称：	经办人(签章)：
	代理人(公章)：	联系电话：

以下由税务机关填写：
收到日期：　　　　接收人：　　　　主管税务机关盖章：

填表说明：

一、本表适用于营业税改征增值税后，文化事业建设费扣缴人，向税务机关办理代扣代缴申报时使用。

二、有关栏目填写说明：

(一)"扣缴人识别号"，填写税务机关为扣缴人确定的号码，即税务登记证号码或扣缴税款登记证件号码。

(二)"扣缴人名称"，填写扣缴人名称全称，不得填写简称。

(三)"费款所属期"，指代扣代缴文化事业建设费的所属时间，填写具体的起止年、月、日。

(四)"填表日期"，指扣缴人填写本表的具体日期。

(五)第1栏"计费依据"：反映代扣代缴文化事业建设费的计算依据，"本年累计"栏数据，应为年度内各月(期)数之和。

(六)第3栏"本期应扣缴费额"：反映扣缴人本期应扣缴文化事业建设费金额，按表中公式计算填列。"本年累计"栏数据，为年度内各月(期)数之和。

三、本表一式两份，税务机关受理审核后留存一份，退扣缴人一份。

（2）缴纳义务人计算缴纳文化事业建设费时，允许从提供相关应税服务所取得的全部含税价款和价外费用中减除有关价款的，应根据取得的合法有效凭证逐一填列《应税服务减除项目清单》(表5-4)，作为文化事业建设费申报表附列资料，向主管税务机关同时报送。

表 5-4 应税服务减除项目清单

缴纳人识别号：□□□□□□□□□□□□□□□□□□□

缴纳人名称(公章)：　　　　　金额单位：元(列至角分)

费款所属期：　年　月　日至　年　月　日　　　　填表日期：　年　月　日

开票方纳税人识别号	开票方单位名称	服务项目名称	凭证种类	凭证号码	金额
合计	—		—		—

填表说明：

一、本表适用于营业税改征增值税后，文化事业建设费缴纳人向税务机关办理申报时，填列按规定允许减除计算价款项目明细时使用。

二、有关填写说明：

（一）"缴纳人识别号"，填写税务机关为缴纳人确定的号码，即税务登记证号码。

（二）"缴纳人名称"，填写缴纳人名称全称，不得填写简称。

（三）"费款所属期"，与申报表所属期相同。

（四）"填表日期"，指缴纳人填写本表的具体日期。

（五）本清单按照缴纳人取得的合法有效凭证内容填写，其中"凭证种类"为"发票"的，必须填写"开票方纳税人识别号"；"金额"均为价税合计金额。

三、本表一式两份，税务机关受理审核后留存一份，退缴纳人一份。

（3）缴纳义务人应将合法有效凭证的复印件加盖财务印章后编号并装订成册，作为备查资料并妥善保管，以备税务机关检查审核。

（4）文化事业建设费的申报期限与缴纳义务人、扣缴义务人的增值税申报期限相同。

(三) 申报办理

（1）办理渠道。办税服务厅(场所)、电子税务局、移动终端、自助办税终端。具体渠道由省税务机关确认。

（2）办理时限。资料齐全、符合法定形式、填写内容完整的，税务机关受理后即时办结。

（3）报送资料。

提供广告服务的广告媒介单位和户外广告经营单位应提供：《文化事业建设费申报表》2份；允许从提供相关应税服务所取得的全部含税价款和价外费用中减除有关价款的，还应该报送《应税服务减除项目清单》1份，并根据取得的合法有效凭证逐一填列。

提供娱乐服务的单位和个人应提供：《文化事业建设费申报表》2份。

（4）办理结果。税务机关反馈申报结果。

（5）缴费人注意事项。在申报办理中，缴费人应该注意对报送材料的真实性和合法性承担责任；在资料完整且符合法定受理条件的前提下，最多只需要到税务机关跑一次；文化事业建设费的申报期限与缴纳人、扣缴人的增值税申报期限相同；增值税小规模纳税人缴纳文化事业建设费，原则上实行按季申报；未按照规定的期限办理纳税申报和报送纳税资料的，将影响纳税信用评价结果；缴费人应将合法有效凭证的复印件加盖财务印章后编号并装订成册，留存备查；办税服务厅地址、电子税务局网址，可在省税务机关门户网站或拨打12366纳税缴费服务热线查询。

第六章

废弃电器电子产品处理基金

第一节 废弃电器电子产品处理基金概述

一、废弃电器电子产品处理的必要性

2009年2月25日,国务院公布《废弃电器电子产品回收处理管理条例》(中华人民共和国国务院令第551号,以下简称《回收处理管理条例》)于2011年1月1日起施行。该条例实施的主要原因是我国正逐渐成为电器电子产品生产和消费大国,许多产品已到了淘汰报废的高峰期。

根据2017年《中国统计年鉴》中提供的我国"2013—2016年全国居民平均每百户年末主要电器拥有量"(表6-1)可以进一步估算,我国作为电子产品报废大国,保有的电子产品数量巨大,每年不断递增,每年废弃的电子产品数量巨大,并且呈现逐年递增的趋势。此外,每年还有大量的复印机、传真机、打印机等电子产品报废淘汰。如果大量废弃电器电子产品没有得到合理处置,既浪费资源、又污染环境、对人体健康也存在较大危害。家用电器、电脑、手机、数码相机等电子产品的快速更新,使电子垃圾的处理成为越来越受到关注的社会问题,所以废旧的电子产品如何处理就成为一个难题。

表6-1 2013—2016年全国居民平均每百户年末主要电器消费品拥有量

指标	2013年	2014年	2015年	2016年
洗衣机(台)	80.8	83.7	86.4	89.8
电冰箱(台)	82.0	85.5	89.0	93.5
微波炉(台)	34.6	36.0	36.9	38.4
彩色电视机(台)	116.1	119.2	119.9	120.8
空调(台)	70.4	75.2	81.5	90.9
热水器(台)	64.2	67.7	71.2	76.2
脱排油烟机(台)	42.5	44.3	45.7	48.6
移动电话(部)	203.2	215.9	224.8	235.4
计算机(台)	48.9	53.0	55.5	57.5
照相机(台)	21.0	21.7	20.4	17.7

我国废旧电器电子产品的流向主要有三个：一是通过商贩上门回收或者生产厂家、销售商采用"以旧换新"等方式回收后，流入旧货市场，二次销售给消费者。二是通过捐赠等方式，向西部地区、希望小学等特定地域、群体转移利用。三是通过拆解、处理等方式，提取贵金属等原材料。环境污染问题主要集中在第三个流向中，即由于一些地方存在较多的拆解处理废弃电器电子产品的个体手工作坊，部分手工作坊为追求短期效益，采用露天焚烧、强酸浸泡等原始落后方式提取贵金属，随意排放废气、废液、废渣，对大气、土壤和水体造成严重污染。尽管各级人民政府对电子废弃物引发的环境和健康问题给予了高度关注，但某些地方仍存在着应对措施不力的问题，有必要对电子废弃物处理加强法制化管理，以利于可持续发展。

废弃电器电子产品中有许多有用的资源，如铜、铝、铁及各种稀贵金属、玻璃和塑料等，具有很高的再利用价值。通过再生途径获得资源的成本大大低于直接从矿石、原材料等冶炼加工获取资源的成本，而且节约能源。加强废弃电器电子产品的回收利用，对于发展循环经济，克服资源短缺对中国经济发展的制约，具有重要意义。我国作为电器电子产品生产和消费大国，规范废弃电器电子产品回收处理活动，有利于防止和减少环境污染，有利于促进资源综合利用，发展循环经济，创建节约型社会，保障人体健康。

《回收处理管理条例》的颁布规范了废弃电器电子产品在处理中所涉及的各项管理活动。根据《回收处理管理条例》第二条规定，废弃电器电子产品的处理活动是指将废弃电器电子产品进行拆解，从中提取物质作为原材料或者燃料，用改变废弃电器电子产品物理、化学特性的方法减少已产生的废弃电器电子产品数量，减少或者消除其危害成分，以及将其最终置于符合环境保护要求的填埋场的活动，不包括产品维修、翻新以及经维修、翻新后作为旧货再使用的活动。考虑到旧电器电子产品的管理主要涉及产品安全、知识产权保护、打击违法销赃等问题，管理的主要目的是保护旧电器电子产品消费者的合法权益，这与规范废弃电器电子产品的回收处理活动，促进资源综合利用、保护和改善环境、保障人体健康的目标以及管理的内容，有很大差别。因此，《回收处理管理条例》未规定旧货管理的内容，条例所称废弃电器电子产品的处理活动不包括产品维修、翻新以及经维修、翻新后作为旧货再使用的活动。

二、征收废弃电器电子产品处理基金的制定依据

废弃电器电子产品处理基金是国家为促进废弃电器电子产品回收处理而设立的政府性基金。基金全额上缴中央国库，纳入中央政府性基金预算管理，实行专款专用，年终结余结转下年度继续使用。在《2022年政府收支分类科目》中，废弃电器电子产品处理基金列政府性基金预算收入103类01款75项"废弃电器电子产品处理基金收入"下的有关科目，全部上缴中央国库。

建立废弃电器电子产品处理专项基金制度，是依据有关法律规定，立足我国国情，并借鉴国外"生产者责任制"的做法而提出的。一是《固体废物污染环境防治法》规定，国家对固体废物污染环境防治实行污染者依法负责的原则，产品的生产者、销售者、使用者对其产生的固体废物依法承担污染防治责任。二是为推动生产者承担一定的废弃电器电子产品的回收处理责任，支持处理企业实现产业化经营，需要国家出台一定的激励措施。三是从一些国家的实践情况看，生产者也是通过缴纳回收处理费用，由专门机构统一组织回收处理。四是为提高废弃电器电子产品处理专项基金收取和使用的公平性和透明度，《回收处理管理条例》规定，制订废弃电器电子产品处理基金的征收标准和补贴标准，应当充分听取电器电子产品生产企业、处理企业、有关行业协会及专家的意见。

三、废弃电器电子产品处理基金的使用管理

（一）废弃电器电子产品处理基金使用管理的总原则

根据《回收处理管理条例》第七条的规定，国家建立废弃电器电子产品处理基金，用于废弃电器电子产品回收处理费用的补贴。电器电子产品生产者、进口电器电子产品的收货人或者其代理人应当按照规定履行废弃电器电子产品处理基金的缴纳义务。废弃电器电子产品处理基金应当纳入预算管理，其征收、使用、管理的具体办法由国务院财政部门会同国务院环境保护、资源综合利用、工业信息产业主管部门制订，报国务院批准后施行。

（二）废弃电器电子产品处理基金的使用范围

根据《废弃电器电子产品处理基金征收使用管理办法》（财综〔2012〕34号）第十七条的规定，废弃电器电子产品处理基金的使用范围包括：

（1）废弃电器电子产品回收处理费用补贴。

（2）废弃电器电子产品回收处理和电器电子产品生产销售信息管理系统建设，以及相关信息采集发布支出。

（3）基金征收管理经费支出。

（4）经财政部批准与废弃电器电子产品回收处理相关的其他支出。

（三）对废弃电器电子产品处理企业的补贴管理

根据《废弃电器电子产品处理基金征收使用管理办法》（财综〔2012〕34号）第十八至第二十二条的规定：

（1）依照《回收处理管理条例》和《废弃电器电子产品处理资格许可管理办法》（环境保护部令第13号）的规定，在取得废弃电器电子产品处理资格的企业（以下简称处理企业），对列入《废弃电器电子产品处理目录》的废弃电器电子产品进行处理，可以申请基金补贴。

给予基金补贴的处理企业名单,由财政部、环境保护部会同国家发展改革委、工业和信息化部向社会公布。

(2) 对处理企业按照实际完成拆解处理的废弃电器电子产品数量给予定额补贴。基金补贴标准为:电视机 85 元/台、电冰箱 80 元/台、洗衣机 35 元/台、房间空调器 35 元/台、微型计算机 85 元/台。上述实际完成拆解处理的废弃电器电子产品是指整机,不包括零部件或散件。

根据《财政部生态环境部国家发展改革委工业和信息化部关于调整废弃电器电子产品处理基金补贴标准的通知》(财税〔2021〕10 号)的规定,现对废弃电器电子产品处理基金补贴标准予以调整,自 2021 年 4 月 1 日起施行。本通知施行前已处理的废弃电器电子产品,按规定申请废弃电器电子产品处理基金补贴,按原补贴标准执行。

(3) 财政部会同环境保护部、国家发展改革委、工业和信息化部根据废弃电器电子产品回收处理成本变化情况,在听取有关企业和行业协会意见的基础上,适时调整基金补贴标准。

(4) 处理企业拆解处理废弃电器电子产品应当符合国家有关资源综合利用、环境保护的要求和相关技术规范,并按照环境保护部制定的审核办法核定废弃电器电子产品拆解处理数量后,方可获得基金补贴。

(5) 处理企业按季对完成拆解处理的废弃电器电子产品种类、数量进行统计,填写《废弃电器电子产品拆解处理情况表》,并在每个季度结束次月的 5 日前报送各省(区、市)环境保护主管部门。

第二节 废弃电器电子产品处理基金的计算与缴纳

为了规范废弃电器电子产品处理基金征收使用管理,根据《回收处理管理条例》规定,2012 年 5 月,财政部、环境保护部、国家发展改革委、工业和信息化部、海关总署与国家税务总局联合下发了《废弃电器电子产品处理基金征收使用管理办法》(财综〔2012〕34 号,以下简称《基金征收使用管理办法》),自 2012 年 7 月 1 日起执行。根据国务院批准的《关于印发〈废弃电器电子产品处理基金征收使用管理办法〉的通知》的规定,国家税务总局制定了《废弃电器电子产品处理基金征收管理规定》(国家税务总局公告 2012 年第 41 号,以下简称《基金征收管理规定》),自 2012 年 7 月 1 日起施行。

一、缴纳义务人

我国境内电器电子产品生产者、进口电器电子产品的收货人或者其代理人应当履行基金缴纳义务。电器电子产品生产者包括自主品牌生产企业和代工生产企业。

(1) 根据《基金征收使用管理办法》第四条"电器电子产品生产者、进口电器电子产品的收货人或者其代理人应当按照本办法的规定履行基金缴纳义务"的规定,履行废弃电器电子产品处理基金缴纳义务的包括电器电子产品生产者、进口电器电子产品的收货人或者其代理人两种情况。其中:①电器电子产品生产者应缴纳的基金,由税务局负责征收。税务局对电器电子产品生产者征收基金,适用税收征收管理的规定。②进口电器电子产品的收货人或者其代理人应缴纳的基金,由海关负责征收。海关对基金的征收缴库管理,按照关税征收缴库管理的规定执行。

(2) 根据《基金征收管理规定》,中华人民共和国境内电器电子产品的生产者,为基金缴纳义务人,应当按照本规定缴纳基金。

①电器电子产品生产者包括自主品牌生产企业和代工生产企业。②基金缴纳义务人销售应征基金产品时缴纳基金。本规定所称销售是指通过从购买方取得货物、货币或其他经济利益转让应征基金产品所有权。③基金缴纳义务人受托加工生产应征基金产品的,不论原料和主要材料由何方提供,不论在财务上是否做销售处理,均由受托方缴纳基金。④基金缴纳义务人将应征基金产品用于生产非应征基金产品、在建工程、管理部门、非生产机构、提供劳务、馈赠、赞助、集资、广告、样品、职工福利、奖励等方面,于移送使用时缴纳基金。⑤废弃电器电子产品处理基金缴纳义务人向其主管税务机关申报缴纳基金。对基金缴纳义务人征收基金,适用税收征收管理的规定。

基金缴纳义务人应当自觉接受税务机关的监督检查,提供有关资料,如实反映情况,不得拒绝、隐瞒。未经国务院批准或者授权,任何地方、部门和单位不得擅自减免基金,不得改变基金征收对象、范围和标准。任何单位和个人有权监督和举报基金缴纳和使用中的违法违规问题。有关部门应当按照职责分工对单位和个人举报投诉的问题进行调查和处理。

二、征收范围和标准

废弃电器电子产品处理基金分别按照电器电子产品生产者销售、进口电器电子产品的收货人或者其代理人进口的电器电子产品数量定额征收。

(一) 国内销售电器电子产品基金征收范围和标准

根据《废弃电器电子产品处理基金征收使用管理办法》和《基金征收管理规定》的有关规定,中华人民共和国境内电器电子产品的生产者销售时应缴纳的废弃电器电子产品处理基金,其征收范围、征收标准依照《国内销售电器电子产品基金征收范围和标准》(表6-2)执行。

表 6-2　国内销售电器电子产品基金征收范围和标准

序号	产品种类	产品范围	征收标准(元/台)
1	电视机	阴极射线管(黑白、彩色)电视机	13
		液晶电视机	13
		等离子电视机	13
		背投电视机	13
		其他用于接收信号并还原出图像及伴音的终端设备	13
2	电冰箱	冷藏冷冻箱(柜)	12
		冷藏箱(柜)	12
		冷冻箱(柜)	12
		其他具有制冷系统、消耗能量以获取冷量的隔热箱体	12
3	洗衣机	波轮式洗衣机	7
		滚筒式洗衣机	7
		搅拌式洗衣机	7
		脱水机	7
		其他依靠机械作用洗涤衣物(含兼有干衣功能)的器具	7
4	房间空调器	整体式空调(窗机、穿墙机等)	7
		分体式空调(分体壁挂、分体柜机等)	7
		一拖多空调器	7
		其他制冷量在 14 000 W 及以下的房间空气调节器具	7
5	微型计算机	台式微型计算机的显示器	10
		主机、显示器一体形式的台式微型计算机	10
		便携式微型计算机(含平板电脑、掌上电脑)	10
		其他信息事务处理实体	10

注：对电器电子产品生产者销售台式微型计算机整机不征收基金,但台式微型计算机显示器生产者将其生产的显示器组装成计算机整机销售的除外。对台式微型计算机显示器生产者组装的计算机整机按照 10 元/台的标准征收基金。

上述列入征收范围的各类电器具体的含义是：

纳入基金征收范围的电视机是指含有电视调谐器(高频头)的用于接收信号并还原出图像及伴音的终端设备,包括阴极射线管(黑白、彩色)电视机、液晶电视机、等离子电视机、背投电视机以及其他用于接收信号并还原出图像及伴音的终端设备。

纳入基金征收范围的电冰箱是指具有制冷系统、消耗能量以获取冷量的隔热箱体,包括各自装有单独外门的冷藏冷冻箱(柜)、容积≤500 升的冷藏箱(柜)、制冷温度≥-40℃且容积≤500 升的冷冻箱(柜),以及其他具有制冷系统、消耗能量以获取冷量的隔热箱体。对上述产品中分体形式的设备,按其制冷系统设备的数量计征基金。对自动售货机、容积≤50升的车载冰箱以及不具有制冷系统的柜体,不征收基金。

纳入基金征收范围的洗衣机是指干衣量≤10 kg的依靠机械作用洗涤衣物(含兼有干衣功能)的器具,包括波轮式洗衣机、滚筒式洗衣机、搅拌式洗衣机、脱水机以及其他依靠机械作用洗涤衣物(含兼有干衣功能)的器具。

纳入基金征收范围的房间空调器是指制冷量≤14 000 W(12 046大卡/时)的房间空气调节器具,包括整体式空调(窗机、穿墙机、移动式等)、分体形式空调(分体壁挂、分体柜机、一拖多、单元式空调器等)以及其他房间空气调节器。对分体形式空调器,按室外机的数量计征基金。对不具有制冷系统的空气调节器,不征收基金。

纳入基金征收范围的微型计算机是指接口类型仅包括VGA(模拟信号接口)、DVI(数字视频接口)或HDMI(高清晰多媒体接口)的台式微型计算机的显示器、主机和显示器一体形式的台式微型计算机、便携式微型计算机(含笔记本电脑、平板电脑、掌上电脑)以及其他信息事务处理实体。

(二) 对进口电器电子产品征收基金适用的商品名称、海关税则号列和征收标准

根据《基金征收使用管理办法》的有关规定,目前,进口电器电子产品的收货人或者其代理人进口的电器电子产品应缴纳的废弃电器电子产品处理基金,其征收范围、征收标准依照《对进口电器电子产品征收基金适用的商品名称、海关税则号列和征收标准》(表6-3)执行。

表6-3 对进口电器电子产品征收基金适用的商品名称、海关税则号列和征收标准

序号	产品种类	商品名称	税则号列	征收标准(元/台)
1	电视机	其他彩色的模拟电视接收机,带阴极射线显像管的	85287211	13
		其他彩色的数字电视接收机,阴极射线显像管的	85287212	13
		其他彩色的电视接收机,阴极射线显像管的	85287219	13
		彩色的液晶显示器的模拟电视接收机	85287221	13
		彩色的液晶显示器的数字电视接收机	85287222	13
		其他彩色的液晶显示器的电视接收机	85287229	13
		彩色的等离子显示器的模拟电视接收机	85287231	13
		彩色的等离子显示器的数字电视接收机	85287232	13
		其他彩色的等离子显示器的电视接收机	85287239	13
		其他彩色的模拟电视接收机	85287291	13
		其他彩色的数字电视接收机	85287292	13
		其他彩色的电视接收机	85287299	13
		黑白或其他单色的电视接收机	85287300	13

(续表)

序号	产品种类	商品名称	税则号列	征收标准（元/台）
2	电冰箱	容积＞500升冷藏—冷冻组合机（各自装有单独外门的）	84181010	12
		200升＜容积≤500升冷藏—冷冻组合机（各自装有单独外门的）	84181020	12
		容积≤200升冷藏—冷冻组合机（各自装有单独外门的）	84181030	12
		容积＞150升压缩式家用型冷藏箱	84182110	12
		压缩式家用型冷藏箱（50升＜容积≤150升）	84182120	12
		容积≤50升压缩式家用型冷藏箱	84182130	12
		半导体制冷式家用型冷藏箱	84182910	12
		电气吸收式家用型冷藏箱	84182920	12
		其他家用型冷藏箱	84182990	12
		制冷温度＞－40℃小的其他柜式冷冻箱（小的指容积≤500升）	84183029	12
		制冷温度＞－40℃小的立式冷冻箱（小的指容积≤500升）	84184029	12
3	洗衣机	干衣量≤10 kg全自动波轮式洗衣机	84501110	7
		干衣量≤10 kg全自动滚筒式洗衣机	84501120	7
		其他干衣量≤10 kg全自动洗衣机	84501190	7
		装有离心甩干机的非全自动洗衣机（干衣量≤10 kg）	84501200	7
		干衣量≤10 kg的其他洗衣机	84501900	7
4	房间空调器	独立窗式或壁式空气调节器（装有电扇及调温、调湿装置，包括不能单独调湿的空调器）	84151010	7
		制冷量≤4 000大卡/时分体式空调，窗式或壁式（装有电扇及调温、调湿装置，包括不能单独调湿的空调器）	84151021	7
		4 000大卡/时＜制冷量≤12 046大卡/时（14 000 W）分体式空调，窗式或壁式（装有电扇及调温、调湿装置，包括不能单独调湿的空调器）	ex84151022	7
		制冷量≤4 000大卡/时热泵式空调器（装有制冷装置及一个冷热循环换向阀的）	84158110	7
		4 000大卡/时＜制冷量≤12 046大卡/时（14 000 W）热泵式空调器（装有制冷装置及一个冷热循环换向阀的）	ex84158120	7
		制冷量≤4 000大卡/时的其他空调器（仅装有制冷装置，而无冷热循环装置的）	84158210	7
		4 000大卡/时＜制冷量≤12 046大卡/时（14 000 W）的其他空调（仅装有制冷装置，而无冷热循环装置的）	ex84158220	7

(续表)

序号	产品种类	商品名称	税则号列	征收标准（元/台）
5	微型计算机	便携式自动数据处理设备（重量≤10 kg，至少由一个中央处理器、键盘和显示器组成）	84713000	10
		微型机	84714140	10
		以系统形式报验的微型机	84714940	10
		含显示器的微型机的处理部件	ex84715040	10
		专用或主要用于84.71商品的阴极射线管监视器	85284100	10
		专用或主要用于84.71商品的液晶监视器	85285110	10
		其他专用或主要用于84.71商品的监视器	85285190	10
		其他彩色的监视器	85285910	10
		其他单色的监视器	85285990	10

三、废弃电器电子产品处理基金的计算

废弃电器电子产品处理基金缴纳义务人销售或受托加工生产相关电器电子产品，按照从量定额的办法计算应缴纳基金。应缴纳基金的计算公式：

$$应缴纳基金 = 销售数量(受托加工数量) \times 征收标准$$

【例6-1】 某电视机生产企业2022年6月销售电视机2 000台，取得销售收入600万元，计算缴纳废弃电器电子产品处理基金。

【解答】

2022年6月应申报废弃电器电子产品处理基金＝2 000×13＝26 000(元)

企业应作分录如下：

借：生产成本　　　　　　　　　　　　　　　　　　　　　　　　　26 000
　　贷：应交税费——应交废弃电器电子产品处理基金　　　　　　　　　26 000

借：应交税费——应交废弃电器电子产品处理基金　　　　　　　　　26 000
　　贷：银行存款　　　　　　　　　　　　　　　　　　　　　　　　26 000

四、减免优惠

（1）废弃电器电子产品处理基金缴纳义务人出口电器电子产品，免征基金。由电器电子产品生产者依据《中华人民共和国海关出口货物报关单》列明的出口产品名称和数量，向税务局申请从应缴纳基金的产品销售数量中扣除。

（2）基金缴纳义务人购进或者收回委托加工电器电子产品已缴纳基金的，从应征基

金产品销售数量中扣除；不足扣除部分，可留待下期继续扣除。

（3）基金缴纳义务人应当准确核算购进和委托加工收回的已缴纳基金的电器电子产品数量，不能准确核算的，按实际销售数量征收基金。

（4）基金缴纳义务人已缴纳基金的电器电子产品发生销货退回的，准予在当期申报中扣除，不足扣除部分，可留待下期继续扣除。

（5）对采用有利于资源综合利用和无害化处理的设计方案以及使用环保和便于回收利用材料生产的电器电子产品，可以减征基金，具体办法由财政部会同环境保护部、国家发展改革委、工业和信息化部、税务总局、海关总署另行制定。

（6）电器电子产品生产者生产用于出口的电器电子产品免征基金，由电器电子产品生产者依据《中华人民共和国海关出口货物报关单》列明的出口产品名称和数量，向税务机关申请从应缴纳基金的产品销售数量中扣除。

（7）电器电子产品生产者进口电器电子产品已缴纳基金的，国内销售时免征基金，由电器电子产品生产者依据《中华人民共和国海关进口货物报关单》和《进口废弃电器电子产品处理基金缴款书》列明的进口产品名称和数量，向税务机关申请从应缴纳基金的产品销售数量中扣除。

资料链接

废弃电器电子产品处理基金案例分析

某税务局根据《中华人民共和国税收征收管理法》的有关规定，于2013年5月28日至2014年11月30日，对辖区内某公司2011年1月1日至2012年12月31日的纳税情况进行了检查。检查结果显示，该公司2012年度共生产平板电脑315 351台，用于国外销售140 314台，国内销售149 832台，结存25 205台，未按规定缴纳废弃电器电子产品处理基金。税务人员认为该公司的行为违反了《基金征收使用管理办法》第四条、第九条第一款，《基金征收管理规定》第二条、第五条第一款、第十四条第一款规定。根据《基金征收使用管理办法》第九条第二款，《基金征收管理规定》第三条、第四条、第七条规定，该公司2012年度应缴废弃电器电子产品处理基金1 498 320元（149 832×10）。同时适用《中华人民共和国税收征收管理法》第三十二条规定加收滞纳金。该公司不服，并辩称，2012年7月至12月，该公司累计生产并出口平板电脑290 146台，其中140 314台是公司直接报关出口的，149 832台是销售给客户，由客户再出口的（其中销售给某市A企业服务公司19 000台，某市B电器有限公司117 702台，某市C股份有限公司13 130台）。该公司遂认为他们生产的平板电脑全部是用于出口的电子产品，符合免征废弃电器电子产品处理基金的范围。于是该公司2015年5月8日向该税务机关申请行政复议。税务机关认为，根据《基金征收使用管理办法》第二条规定"中华人民共和国境内电器电子产品的生产者,为基金缴纳义务人,应当按照本规定缴纳基金。"本案中,该公司生产平板电脑,即为基金缴纳义务人。《基金征收使用管理办法》第九条规定"基金缴纳义务人出口电器电子产品,免征基金"。但是 2012 年 7 月至 12 月,该公司有 149 832 台平板电脑是销售给国内客户,国内销售 149 832 台平板电脑的行为并不构成"基金缴纳义务人出口电器电子产品",不符合免征基金的条件。最后,该税务局查处了该公司不缴废弃电器电子产品处理基金的违规行为,追缴其少缴废弃电器电子产品处理基金 1 498 320 元,并加收了滞纳金。

第三节 废弃电器电子产品处理基金的申报与征收

一、废弃电器电子产品处理基金的征管现状

自 2012 年 7 月基金开征以来,对境内电器电子产品生产者的基金缴纳义务人征收基金由国家税务局系统负责。总局层面由征管和科技发展司负责,于 2019 年 3 月起划转至非税收入司管理。

(一) 总局层面

1. 配合财政部制定基金征收政策

国家税务总局、财政部共同研究起草并发布了《废弃电器电子产品处理基金征收使用管理办法》(财综〔2012〕34 号)、《进一步明确废弃电器电子产品处理基金征收产品范围的通知》(财综〔2012〕80 号)、《关于进(来)料受托加工复出口免征废弃电器电子产品处理基金有关问题的公告》(财政部 国家税务总局 海关总署公告 2014 年第 29 号)、《废弃电器电子产品处理目录(2014 年版)释义》(发改办环资〔2016〕1050 号印发)等政策文件。

2. 制发基金征管政策文件

国家税务总局起草制发了《废弃电器电子产品处理基金征收管理规定》(国家税务总局公告 2012 年第 41 号印发);修订了《废弃电器电子产品处理基金申报表》;要求各省局在季度征期结束后当月底向总局报送本省基金征收情况;在总局数据资源建设项目云平台开发了基金统计分析项目,提高了基金征管信息化水平。

3. 提出基金征管经费分配建议

国家税务总局配合财务管理司制发《废弃电器电子产品处理基金征管经费管理暂行规定》。在编制年度预算时,根据确定的分配原则、标准等,提出基金征管经费预算初步分配方案。2019 年基金征管经费总额为 4 000 万元,其中总局机关为 50 万元。

(二) 各省层面

各省对废弃电器电子产品处理基金采取"同征同管"方式,由税务机关征收入库。自

2012年7月基金开征以来,均由国税局负责征收,各省废弃基金主管部门为省国税局征管科技处。国家税务局对电器电子产品生产者征收基金,适用税收征收管理的规定。基金缴纳义务人的主管税务机关为其征管机关。根据《国家税务总局关于明确非税收入主管税务机关有关事宜的通知》(税总函〔2019〕71号),自2019年3月20日起,省级和省级以下税务局非税收入业务主管部门对包括废弃基金在内的非税收入项目实行扎口统管。

二、废弃电器电子产品处理基金的申报

(一) 废弃电器电子产品处理基金的申报

废弃电器电子产品处理基金缴纳义务人按季申报缴纳基金。基金缴纳义务人应当自季度终了之日起15日内申报缴纳基金,向主管税务机关报送《废弃电器电子产品处理基金申报表》。电器电子产品生产者缴纳的基金计入生产经营成本,准予在计算应纳税所得额时扣除。

经国务院批准,发展改革委、环境保护部、工业和信息化部、财政部、海关总署和税务总局于2015年2月9日联合发布了《废弃电器电子产品处理目录(2014年版)》(发展改革委 环境保护部 工业和信息化部 财政部 海关总署 税务总局公告2015年第5号,以下简称《公告》)。为保证《公告》顺利实施,《国家税务总局关于发布〈基金征收管理规定〉的公告》中附件2《废弃电器电子产品处理基金申报表》修订为《废弃电器电子产品处理基金申报表(2015年版)》。新申报表(表6-4)自2016年3月1日起启用,原申报表同时废止。

表6-4 废弃电器电子产品处理基金申报表(2015年版)

金额单位:元
数量单位:台

纳税人识别号(统一社会信用代码):　　　　　基金所属期:　年　月　日至　年　月　日
纳税人名称(公章):　　　　　　　　　　　　　填表日期:　年　月　日

	应征基金产品名称	征收标准	本期销售数量	其中		本期应征金额
				应征销售数量	出口免征销售数量	
	1	2	3=4+5	4	5	6=4*2
一、应征金额计算						
	合计					

(续表)

	本期可扣除数量	其中				本期可扣除金额
		进口数量	国内购进数量	委托加工收回数量	已征基金产品可抵退货数量	
	7＝8＋9＋10＋11	8	9	10	11	12＝7×2
二、扣除金额计算						
	合计					

三、应缴金额计算	本期合计应征金额	13（第 6 项合计数）		如缴纳义务人填报，由缴纳义务人填写以下两栏：
	本期合计可扣除金额	14（第 12 项合计数）		经办人（签章）：
	本期减征金额	15		法定代表人（签章）：
	已预缴金额	16		如委托代理人填报，由代理人填写以下两栏：
	上期结转金额	17		
	本期应缴金额	18（若 13－14－15－16－17＞0，为 13－14－15－16－17；否则为 0）		代理人名称（公章）： 授权人（签章）：
	本期结转下期金额	19（若 14＋15＋16＋17－13＞0，为 14＋15＋16＋17－13；否则为 0）		代理经办人（签章）： 联系电话：

缴纳义务人或代理人声明：
 本基金申报表是根据国家关于废弃电器电子产品处理基金的相关规定填报的，我确定它是真实的、可靠的、完整的。

受理税务机关： 受理人： 受理日期： 年 月 日

填表说明：
(1) 本表适用于废弃电器电子产品处理基金(以下简称基金)缴纳义务人填报。
(2) "纳税人识别号"：填写税务机关为基金缴纳义务人确定的识别号或统一社会信用代码。
(3) "纳税人名称"：填写基金缴纳义务人单位名称全称，不得填写简称。
(4) "填表日期"：填写基金缴纳义务人填写本表的具体日期。
(5) "基金所属期"：填写基金缴纳义务人申报的应缴纳基金所属时间，填写具体的起止年、月、日。
(6) 第1项"应征基金产品名称"：按照《国内销售电器电子产品基金征收范围和标准》填写相应的基金产品种类。
(7) 第2项"征收标准"：按照《国内销售电器电子产品基金征收范围和标准》对应填写。
(8) 第5项"出口免征销售数量"：填写出口的产品数量。
(9) 第8项"进口数量"：填写已由海关征收基金的进口产品数量。
(10) 第9项"国内购进数量"：填写从国内购进的已征基金产品数量。
(11) 第10项"委托加工收回数量"：填写从受托方收回委托加工已征基金的产品数量。
(12) 第11项"已征基金产品可抵退货数量"：填写已征基金产品发生销货退回的数量。
(13) 第15项"本期减征金额"：在国务院相关部门的具体规定未明确之前暂不填写。
(14) 第16项"已预缴金额"：填写已预缴的基金金额。
(15) 第17项"上期结转金额"：填写本表上期第19项"本期结转下期金额"。

(二) 申报方式

纳税人、扣缴义务人可以直接到税务机关办理纳税申报，也可以按照规定采取邮寄、数据电文或者其他方式办理上述申报、报送事项。纳税人采取电子方式办理纳税申报的，应当按照税务机关规定的期限和要求保存有关资料，并定期书面报送主管税务机关。

三、废弃电器电子产品处理基金的征收管理规定

(一) 征收机关

电器电子产品生产者应缴纳的基金，由税务局负责征收。进口电器电子产品的收货人或者其代理人应缴纳的基金，由海关负责征收。

税务机关对电器电子产品生产者征收基金，适用税收征收管理的规定。税务机关征收基金应使用税收票证。基金缴纳义务人应妥善保管基金缴款凭证、增值税专用发票及清单、海关进(出)口货物报关单、代理出口货物证明、委托代理出口协议、委托加工协议、退货证明及其他相关资料。

(二) 废弃电器电子产品处理基金缴纳义务时间

废弃电器电子产品处理缴纳义务人销售应征基金产品时缴纳基金。所称销售是指通过从购买方取得货物、货币或其他经济利益转让应征基金产品所有权。废弃电器电子产品处理基金缴纳义务的发生时间按照如下要求确定：

(1) 基金缴纳义务人销售电器电子产品的，按不同的销售结算方式分别为：①采取赊销和分期收款结算方式的，为书面合同约定的收款日期的当天，书面合同没有约定收款日期或者无书面合同的，为发出电器电子产品的当天。②采取预收货款结算方式的，

为发出电器电子产品的当天。③采取托收承付和委托银行收款方式的,为发出电器电子产品并办妥托收手续的当天。④采取其他结算方式的,为收讫销售款或者取得索取销售款凭据的当天。

(2) 受托加工应征基金产品,基金缴纳义务人只收取加工费的,为委托方提货的当天。

(3) 基金缴纳义务人将应征基金产品用于《基金征收管理规定》第六条规定情形的,为移送使用的当天。

(4) 基金缴纳义务人以委托代销方式销售应征基金产品的,为收到代销单位的代销清单或者收到全部或者部分货款的当天。未收到代销清单及货款的,为发出应征基金产品满 180 天的当天。

(三) 违章处罚

单位和个人有下列情形之一的,依照《财政违法行为处罚处分条例》(中华人民共和国国务院令第 427 号)和《违反行政事业性收费和罚没收入收支两条线管理规定行政处分暂行规定》(中华人民共和国国务院令第 281 号)等法律法规进行处理、处罚、处分;构成犯罪的,依法追究刑事责任:

(1) 未经国务院批准或者授权,擅自减免基金或者改变基金征收范围、对象和标准的。

(2) 以虚报、冒领等手段骗取基金补贴的。

(3) 滞留、截留、挪用基金的。

(4) 其他违反政府性基金管理规定的行为。

基金缴纳义务人违反基金征收管理规定的,税务机关比照税收违法行为予以行政处罚。基金征收、使用管理有关部门的工作人员违反本办法规定,在基金征收和使用管理工作中滥用职权、玩忽职守、徇私舞弊,构成犯罪的,依法追究刑事责任;尚不构成犯罪的,依法给予处分。

四、关于废弃电器电子产品处理基金的几个问题

(一) 关于废弃电器电子产品处理基金扩围实施

按照国务院部署,从 2016 年 3 月 1 日起,废弃电器电子产品处理基金征收范围由现有的洗衣机、电冰箱、电视机、房间空调器、微型计算机等 5 类产品,扩大到包含以上 5 类产品在内共 14 类产品,增加了吸油烟机、电热水器、燃气热水器、打印机、复印机、传真机、监视器、移动通信手持机、电话单机等 9 类产品。但财政部一直未公布具体征收标准,导致税务部门无法落实基金扩围政策。

(二) 关于废弃电器电子产品处理基金政策的完善

废弃电器电子产品处理基金政策需持续完善。从量计征、永不退库的弊端逐渐显现,并影响到基金扩围的实施。电器电子产品生产企业直接出口的免征基金,但通过第三方出口的目前还需缴纳基金,凸显制度设计不完善,相关企业多次表示希望能尽快完善基金征收政策。对采用有利于资源综合利用和无害化处理的设计方案以及使用环保和便于回收利用材料生产的电器电子产品,可以减征基金的具体办法始终未公布。

第七章

残疾人就业保障金

第一节 残疾人就业保障金概述

一、残疾人就业保障金制度的历史沿革

残疾人就业保障金是为保障残疾人权益，由未按规定安排残疾人就业的机关、团体、企业、事业单位和民办非企业单位（以下简称用人单位）缴纳，主要用于支持残疾人就业和保障残疾人生活的资金。残保金属于政府性基金，收入全部归属地方。我国实施残保金制度发展比较晚，其过程主要经历以下三个阶段。

（一）残保金制度的探索阶段（1990—2005年）

改革开放以后，随着市场经济的确立，残疾人就业面临着十分严峻的形势，为了解决这一问题，为残疾人切实提供有效的生活保障，1990年12月28日，全国人大常委会审定并通过了《中华人民共和国残疾人保障法》（1991年5月15日起实施，以下简称《残疾人保障法》），其中第三十条规定，机关、团体、企业事业组织、城乡集体经济组织等用人单位应当按一定比例安排残疾人就业。这为按比例安排残疾人就业提供了制度保障。此后，按比例就业的试点工作逐步推开。实践证明，按比例就业政策解决了部分残疾人的就业问题。例如，根据《1993年民政事业发展统计报告》，1993年我国城镇街道分散安置的残疾人就业人数为20.9万人。然而，《残疾人保障法》只是进行了政策导向性的规定，并没有其他措施来保障该制度的实行，使得这一制度在实践中履行的效果大打折扣，作用有限。面对这样的困境，地方政府率先借鉴国外的做法，尝试探索带税金的按比例就业制度。带税金的按比例就业制度是指达不到法定的雇佣比例的用人单位必须缴纳一定的残保金，用于支持残疾人福利事业的发展，这实际上是政府试图通过经济手段促进按比例就业的发展，也为无法安排残疾人就业的用人单位提供履行按比例安排残疾人就业责任的代偿方式。

为了规范地方政府对残保金的收支和管理，1995年1月14日，财政部发布了《残

疾人就业保障金管理暂行规定》(财综字〔1995〕5号),肯定了地方政府以收取残保金来贯彻落实按比例就业制度,并对残保金的定义、主管机关、收支管理办法、减免方式以及资金的用途等都做了详细的规定,该文件现已废止失效,但它构成了我国残保金政策的雏形。

此后,在财综字〔1995〕5号文件基础之上,相关部门又陆续发文对一些问题做了进一步的规范,比如1995年2月17日,财政部发布《关于印发〈企业缴纳残疾人就业保障金有关会计处理规定〉的通知》(财会字〔1995〕10号),明确了企业缴纳残保金的会计处理规定;1995年5月8日,中国残疾人联合会(简称残联)发布《关于制定地方〈残疾人就业保障金管理暂行规定〉实施办法的若干意见》,为地方政府制定地方的具体实施办法提出了要求。地方政府除了转发财综字〔1995〕5号文件之外,也积极制定本地的地方性法规或规章来明确相关问题。比如,江苏省政府在1996年8月5日,就颁布了《江苏省按比例安排残疾人就业办法》(江苏省人民政府令第78号),该政府规章对残保金的收取条件、征收主体、征收程序和制裁措施等有进一步详细的规定。但是此阶段,残保金的征收还没有纳入税务机关的职权征收范围。

注:根据《财政部关于公布若干废止和失效的会计准则制度类规范性文件目录的通知》(财会〔2015〕3号)和《财政部关于公布废止和失效的财政规章和规范性文件目录(第十二批)的决定》(中华人民共和国财政部令第83号)的规定,本通知已全文废止。

(二)残保金制度的确立阶段(2007—2015年)

虽然出台了上述政策,但实践中由于征缴力度不足,用人单位既不按比例安排残疾人就业,也不按照规定缴纳残保金。为了强化征缴力度,各地在征缴部门上不断地探索变换,由最初政策确立的残疾人就业服务机构负责征收,改由工商管理部门和社保部门负责征收,最后各地普遍的做法是由地税部门负责代收。比如,江苏省早在2004年就由财政厅、省地税局、省残联专门联合发文《关于由地方税务机关征缴残疾人就业保障金的通知》(苏地税发〔2004〕242号);2006年6月21日,北京市人民政府发布《北京市残疾人就业保障金征缴管理办法》(京政发〔2006〕18号)规定,残保金由主管地方税务机关代征。由此,在征缴机关这一问题上,实践中的普遍做法是由税务机关来担任。对相应的程序各地也有规定。

残保金的征收毕竟是对用人单位少量财产权的转移,而此前的相关规范均停留在规范性文件层面,显然法律效力层级过低。2007年2月25日,国务院发布了《残疾人就业条例》(2007年5月1日起实施),从而在较高效力的法律层面真正落实了残疾人按比例就业制度以及残保金制度。该条例第九条明确规定,用人单位安排残疾人就业达不到其所在地省、自治区、直辖市人民政府规定比例的,应当缴纳残疾人就业保障金。同时,第十六条首次明确了将残保金纳入财政预算。而关于残保金的征收、使用和管理的具体办法则授权国务院财政部门会同国务院有关部门规定。

2008年4月24日,《残疾人保障法》进行了修订,在法律上进一步明确了按比例就业制度的具体内容。其第三十三条明确规定,"国家实行按比例安排残疾人就业制度。国家机关、社会团体、企业事业单位、民办非企业单位应当按照规定的比例安排残疾人就业,并为其选择适当的工种和岗位。达不到规定比例的,按照国家有关规定履行保障残疾人就业义务。国家鼓励用人单位超过规定比例安排残疾人就业。"而在对何为"达不到规定比例的,按照国家有关规定履行保障残疾人就业义务"进行解释的时候,全国人大法工委认为,该条文就是指《残疾人就业条例》第九条规定的缴纳残疾人就业保障金制度。

至此,残保金制度作为残疾人按比例就业制度的重要组成部分终于在法律层面完全确立。

(三) 残保金制度的发展阶段(2015年以后)

为了进一步规范残保金的征收使用管理,在充分吸收残保金征缴的实践经验的基础上,2015年9月9日,财政部、国家税务总局、中国残疾人联合会三个部门联合发布《关于印发〈残疾人就业保障金征收使用管理办法〉的通知》(财税〔2015〕72号,自2015年10月1日起施行),就残保金的征收、使用、管理做了进一步的规范,财综字〔1995〕5号文件废止。随后,财政部又相继出台了《关于取消、调整部分政府性基金有关政策的通知》(财税〔2017〕18号)和《关于降低部分政府性基金征收标准的通知》(财税〔2018〕39号),为残疾人保障金设定了上限。

以下介绍的关于残保金征缴的相关内容,均以2007年发布的《残疾人就业条例》和2015年发布的《残疾人就业保障金征收使用管理办法》(以下简称《征收使用管理办法》)以及相关部门出台的现行有效的规范性文件为主要依据。

二、残疾人就业保障金的作用和意义

首先,残保金制度作为残疾人按比例就业制度的重要组成部分,是为了提高残疾人就业比例、促进残疾人就业而存在的。但它本身又不是履行残疾人最低就业比例的强制手段,而是间接地通过经济调整来达到立法的目的。全国人大法工委在对2008年修订的《残疾人保障法》第三十三条规定的"各单位安排残疾人就业达不到规定比例的,应当按照国家有关规定履行保障残疾人就业义务"进行解释时就阐释道,要求未达到标准的用人单位缴纳残保金,"一方面,保障了各单位履行法律责任的严肃性;另一方面,又考虑到现实情况,体现出各单位履行责任的灵活性。"这说明,残保金制度的设立为用人单位提供了履行直接法律义务的一种替代方式。而根据相关法律规定,残保金又是用于残疾人就业的专项资金,这又不同于其他国家在残疾人就业问题上设置的不履行按比例就业的罚款制度。这说明,缴纳残保金,本身也是用人单位履行保障残疾人就业义务的一种方式。用人单位可以基于理性考量,来选择是安排最低比例以上的残疾人就业来直接促进残疾人就业,还是缴纳残保金来间接促进残疾人就业。

三、残疾人就业保障金的性质

根据 2016 年 3 月 15 日财政部公布的《政府非税收入管理办法》(财税〔2016〕33 号印发)第三条对非税收入的内容界定,政府性基金收入属于非税收入的一类。而在财政部公布的《全国政府性基金目录清单》中,残保金赫然在列。可见,残保金属于非税收入中的政府性基金。

在《2022 年政府收支分类科目》中列一般公共预算收入科目 103 类 02 款 18 项"残疾人就业保障金收入",属于中央和地方共用收入科目。残保金纳入地方一般公共预算并统筹安排,缴入地方国库。

第二节　残疾人就业保障金的计算与缴纳

一、缴费主体

残保金的缴费主体是未按规定安排残疾人就业的机关、团体、企业、事业单位和民办非企业单位(以下简称用人单位),包括个人独资企业、合伙企业,不包括个体工商户和个人。

二、征缴范围

用人单位安排残疾人就业的比例不得低于本单位在职职工总数的 1.5%。具体比例由各省、自治区、直辖市人民政府根据本地区的实际情况规定。

用人单位安排残疾人就业达不到其所在地省、自治区、直辖市人民政府规定比例的,应当缴纳残保金。其中,残疾人是指持有《中华人民共和国残疾人证》(以下简称《残疾人证》)上注明属于视力残疾、听力残疾、言语残疾、肢体残疾、智力残疾、精神残疾和多重残疾的人员,或者持有《中华人民共和国残疾军人证》(以下简称《残疾军人证》,1~8 级)的人员。

三、计费依据与计算公式

按照相关文件的规定,残疾人保障金按上年用人单位安排残疾人就业未达到规定比

例的差额人数和本单位在职职工年平均工资之积计算缴纳,计算公式如下:

残疾人保障金年缴纳额=(上年用人单位在职职工人数×所在地省、自治区、直辖市人民政府规定的安排残疾人就业比例1-上年用人单位实际安排的残疾人就业人数)×上年用人单位在职职工年平均工资

这里有三个需要进一步计算确定的指标。

(一) 用人单位在职职工人数的计算方式

用人单位在职职工是指用人单位在编人员或依法与用人单位签订1年以上(含1年)劳动合同(服务协议)的人员。

季节性用工应当折算为年平均用工人数。

劳务派遣单位与派遣职工签订劳动合同(服务协议)的,无论是否代发工资、代扣代缴个人所得税或代缴社会保险费,派遣职工均计入派遣单位在职职工人数。劳务派遣单位与派遣职工未签订劳动合同(服务协议),仅代发工资、代扣代缴个人所得税或代缴社会保险费,用人单位与派遣职工签订劳动合同(服务协议)的,派遣职工计入用人单位在职职工人数。

依据《中华人民共和国劳动合同法实施条例》第二十一条规定:"劳动者达到法定退休年龄的,劳动合同终止。"和《最高人民法院关于审理劳动争议案件适用法律若干问题的解释(三)》第七条规定:"用人单位与其招用的已经依法享受养老保险待遇或领取退休金的人员发生用工争议,向人民法院提起诉讼的,人民法院应当按劳务关系处理"的规定,用人单位雇佣已法定退休人员,不应计入在职职工人数中。

外籍员工与用人单位签订劳动合同(服务协议)的,应当计算在职职工人数。

(二) 用人单位实际安排的残疾人就业人数计算

(1) 计入用人单位实际安排的残疾人就业人数的条件是:持有《残疾人证》(1~4级均可)或《残疾军人证》(需1~8级,9~10级不计入);用人单位与其依法签订1年以上(含1年)劳动合同(服务协议);用人单位实际支付的工资不低于本市最低工资标准,并足额缴纳社会保险费。

(2) 特殊情况。用人单位安排1名持有《中华人民共和国残疾人证》(1~2级)或《中华人民共和国残疾军人证》(1~3级)的人员就业的,按照安排2名残疾人就业计算。

用人单位跨地区招用残疾人的,应当计入所安排的残疾人就业人数。

需要说明的是,在职职工人数与实际安置残疾人人数可以不是整数,计算全年人数时取各月末时点人数的算术平均值即可。如9月份雇佣10名残疾职工,劳动关系约定从10月1日开始,到年末共在职3个月,占全年时间的1/4,计算人数时按照$10 \div 4 = 2.5$(人)计算;也可取各月末平均值,前9个月为0,后3个月为10,按照$(10+10+10) \div 12=$

2.5(人)计算。用人单位安排残疾人就业未达到规定比例的差额人数,以公式计算结果为准,可以不是整数。

(三) 上年度用人单位在职职工年平均工资

上年用人单位在职职工年平均工资,按用人单位上年在职职工工资总额除以用人单位在职职工人数计算。其中:

(1) 工资总额组成包括:计时工资;计件工资;奖金;津贴和补贴;加班加点工资;特殊情况下支付的工资。计算口径以国家统计局指标解释为准。

(2) 用人单位在职职工工资总额不包括用人单位支付的职工福利费、职工教育经费、工会经费以及养老保险费、医疗保险费、失业保险费、工伤保险费、生育保险费等社会保险费和住房公积金,应包括职工个人负担的医疗保险费、养老保险费、失业保险费、住房公积金、工会经费及个人所得税。计算口径以国家统计局指标解释为准。

从2017年后,为减轻企业负担,财政部又连续制定了两份规范性文件,为残保金设置了上限。

根据《财政部关于取消、调整部分政府性基金有关政策的通知》(财税〔2017〕18号),自2017年4月1日起,用人单位在职职工年平均工资未超过当地社会平均工资(用人单位所在地统计部门公布的上年度城镇单位就业人员平均工资)3倍(含)的,按用人单位在职职工年平均工资计征残保金;超过当地社会平均工资3倍以上的,按当地社会平均工资3倍计征残保金。用人单位在职职工年平均工资的计算口径,按照国家统计局关于工资总额组成的有关规定执行。

根据《财政部关于降低部分政府性基金征收标准的通知》(财税〔2018〕39号),自2018年4月1日起,将残保金征收标准上限,由当地社会平均工资的3倍降低至2倍。其中,用人单位在职职工平均工资未超过当地社会平均工资2倍(含)的,按用人单位在职职工年平均工资计征残保金;超过当地社会平均工资2倍的,按当地社会平均工资2倍计征残保金。社会平均工资为城镇私营单位和非私营单位就业人员加权平均工资,以当地统计行政部门公布的数据为准。

自2020年1月1日起至2022年12月31日,对残保金实行分档减缴政策。其中,用人单位安排残疾人就业比例达到1%(含)以上,但未达到所在地省、自治区、直辖市人民政府规定比例的,按规定应缴费额的50%缴纳残保金;用人单位安排残疾人就业比例在1%以下的,按规定应缴费额的90%缴纳残保金。《财政部关于延续实施残疾人就业保障金优惠政策的公告》(财政部公告2023年第8号)明确规定,2023年1月1日至2027年12月31日,继续实施该政策。

【例7-1】 某市2014年成立的一般纳税人企业,2022年在职职工人数1 000人,其中实际安置就业残疾人 10 人。该市上年用人单位安排残疾人就业比例规定为 1.5%。当年在职职工工资总额 9 000 万元,不含残疾人职工工资总额 100 万元,假设 2022 年该市社会平均工资为 90 500 元,则该企业 2022 年度应缴纳残疾人保障金=(1 000×1.5%-10)×90 000×50%=225 000(元)。

四、会计处理

按照《财政部关于印发企业缴纳残疾人就业保障金有关会计处理规定的通知》(财会字〔1995〕10 号)和会计准则要求处理。

(1) 计提保障金:

借:管理费用——残疾人就业保障金
　　贷:应交税费——残疾人就业保障金

(2) 缴纳保障金:

借:应交税费——残疾人就业保障金
　　贷:银行存款等

(3) 收到超比例安置残疾人奖励:

借:银行存款等
　　贷:管理费用——残疾人就业保障金

五、减、免、缓相关政策

(一) 小微企业优惠

自 2017 年 4 月 1 日起,自工商注册登记之日起 3 年内,在职职工总数 30 人(含)以下小微企业,免征残保金。工商注册登记未满 3 年、在职职工总数 30 人(含)以下的企业,可在剩余时期内按规定免征残保金。

自 2015 年 10 月 1 日起,自工商登记注册之日起 3 年内,对安排残疾人就业未达到规定比例、在职职工总数 20 人以下(含)的小微企业,免征残保金。[财政部 国家税务总局 中国残疾人联合会关于印发《残疾人就业保障金征收使用管理办法》的通知(财税〔2015〕72 号)]

(二) 免征政策

自 2020 年 1 月 1 日至 2022 年 12 月 31 日,在职职工人数在 30 人(含)以下的企业,暂免征收残保金。[《财政部关于调整残疾人就业保障金征收政策的公告》(财政部公告 2019 年第 98 号)]

注:《财政部关于延续实施残疾人就业保障金优惠政策的公告》(财政部公告2023年第8号)明确规定,2023年1月1日至2027年12月31日,继续实施该政策。

(三) 困难减免和缓缴

用人单位遇不可抗力自然灾害或其他突发事件遭受重大直接经济损失,可以申请减免或者缓缴残保金。具体办法由各省、自治区、直辖市财政部门规定。

用人单位申请减免残保金的最高限额不得超过1年的残保金应缴额,申请缓缴残保金的最长期限不得超过6个月。

(四) 减免和缓缴的管理

批准减免或者缓缴残保金的用人单位名单,应当每年公告一次。公告内容应当包括批准机关、批准文号、批准减免或缓缴残保金的主要理由等。

六、残保金的缴纳

用人单位应按规定时限向残保金征收机关(即税务局)申报缴纳残保金。在这一过程中,税务机关需要注意实务中对申报缴纳期限的变通规定。

根据《征收使用管理办法》第十条的规定,残保金按月缴纳。《国家税务总局办公厅关于认真贯彻落实〈残疾人就业保障金征收使用管理办法〉的通知》(税总办发〔2015〕206号)规定,残保金一般按月缴纳,暂不具备条件的,应当设置过渡期,在过渡期内按原有缴纳频次缴纳,过渡期结束后按月缴纳。

但是按照申报所要求提供的材料和数据来看,都是上一年度的整年度数据,而残疾人保障金的计算公式也是以年为时间单位,可见按月申报缴纳,给缴费人和征收机关都带来不必要的重复。因此,实务中地方性政策一般不会照搬上述规定,而是根据实际情况按年或按季申报缴费。北京、天津、河北、江苏、浙江、湖北、宁波等省(区、市)按年计征,一次缴纳,主要集中在下半年申报缴纳。

第三节 残疾人就业保障金的征收管理

一、征收管理特点

财税〔2015〕72号文件明确,各省、自治区、直辖市财政部门可以会同税务部门、残疾人联合会根据本办法制定具体实施办法,因此各地残保金征期、具体算法、残疾人安置比例等规定均有差异。一般来看:在安置比例上,绝大部分省市采用了1.5%的规定下限;

在征期设计上,大部分省市采用按年申报,也有小部分省市采用按季或按月申报;在优惠政策上,除统一执行2倍上限政策外,部分省市仍在执行一些地方性优惠政策;在票证使用方面,统一使用税收票证;在入库及退库方式上,与税收入库、退库方式一致。

二、征收管理主体及相应的职权范围

残保金的征收和管理涉及三个机构之间的分工与合作,即残疾人服务机构、财政部门和税务机关,因而显得比较复杂,实践中各地的操作模式也不尽相同。根据现行规定,可以明确的职责主体有:

(1)残保金由用人单位所在地的税务局负责征收。国税地税征管体制改革之前,实践中的普遍做法是残保金由地方税务局代征,国税地税合并以后,由合并后的税务机关征收。

(2)用人单位未按照规定缴纳残保金的,由残保金征收机关提交财政部门,由财政部门给予警告,责令限期缴纳;逾期仍不缴纳的,除补缴欠缴数额外,还应当自欠缴之日起,按日加收5‰的滞纳金(参见《残疾人就业条例》第二十七条、财税〔2015〕72号文件第二十六条)。

(3)用人单位弄虚作假,虚报安排残疾人就业人数,骗取集中使用残疾人的用人单位享受的税收优惠待遇的,由税务机关依法处理(参见《残疾人就业条例》第二十八条)。

三、征收管理流程

(一)用人单位向税务局如实申报缴纳残保金

用人单位应按规定时限向保障金征收机关(即税务局)申报缴纳残保金。在申报时,应提供本单位在职职工人数、实际安排残疾人就业人数、在职职工年平均工资等信息,并保证信息的真实性和完整性。

残保金申报表及其填列的注意事项如表7-1所示。

表7-1 残疾人就业保障金缴费申报表

费款所属期:自 年 月 日至 年 月 日
缴费人识别号(统一社会信用代码):□□□□□□□□□□□□□□□□□□
缴费人名称: 金额单位:元至角分

序号	*上年在职职工工资总额	*上年在职职工人数	*应安排残疾人就业比例	*上年实际安排残疾人就业人数	*上年在职职工年平均工资(或当地社会平均工资的2倍)	本期应纳费额	本期减免费额	本期已缴费额	本期应补(退)费额
1	2	3	4	5	6=2/3	7=(3×4−5)×6	8=7*100%(或50%、10%)	9	10=7−8−9

(续表)

声明:此表是根据国家有关法律法规及相关规定填写的,本人(单位)对填报内容(及附带资料)的真实性、可靠性、完整性负责。

缴费人(签字或者加盖印章): 年 月 日

经办人:	受理人:
经办人身份证号:	受理税务机关(印章):
代理机构(签字或者加盖印章):	受理日期: 年 月 日
代理机构统一社会信用代码:	

本表一式两份,一份缴费人留存,一份税务机关留存。

填表说明:

1. 标记"*"为必填项目。
2. "缴费人名称"指《营业执照》或其他核准证照上的"名称"。
3. "在职职工"是指用人单位在编人员或依法与用人单位签订1年以上(含1年)劳动合同(服务协议)的人员,季节性用工应当折算为年平均用工人数。
4. "应安排残疾人就业比例"依据各省、自治区、直辖市、计划单列市人民政府规定维护并调用。
5. "上年实际安排残疾人就业人数"依据残联(残疾人就业服务机构)审核的残疾人就业情况填写。
6. "上年在职职工年平均工资(或当地社会平均工资的2倍)":上年在职职工年平均工资不超过当地社会平均工资2倍的,按用人单位在职职工平均工资计算;超过当地社会平均工资2倍的,按当地社会平均工资2倍计算。
7. "本期应纳费额":按照公式计算为负数的,填写"0"。
8. "本期减免费额":在职职工总数30人(含30人)以下的企业,按规定暂按"本期应纳费额"的100%计算减免费额。其他企业和其他用人单位,实际安排残疾人就业比例低于应安排残疾人就业比例的,实行分档征收政策,在2020年1月1日至2022年12月31日期间,对于实际安排残疾人就业比例达到1%(含)以上的,按"本期应纳费额"的50%计算减免费额;对于实际安排残疾人就业比例低于1%的,按"本期应纳费额"的10%计算减免费额。

(二) 残保金申报表的审核

在接收到用人单位的申报材料后,税务机关需要注意以下两个方面:

(1) 在对申报材料审核的过程中,要注意保持和残联数据的一致性。

根据《征收使用管理办法》第十二条的规定,残疾人就业服务机构应当配合残保金征收机关做好保障金征收工作。用人单位应按规定时限如实向残疾人就业服务机构申报上年本单位安排的残疾人就业人数。未在规定时限申报的,视为未安排残疾人就业。残疾人就业服务机构进行审核后,确定用人单位实际安排的残疾人就业人数,并及时提供给残保金征收机关。

也就是说,关于上年度本单位安排的残疾人就业人数,用人单位不仅在申报缴纳时向税务局提供,也要向残联进行申报并进行审核,残联审核后还要向税务局提供。但是该政策并没有要求税务局一定要以残联提供的数据为准来核算残保金,所以在理论上有可能存在残联审核的数据和用人单位向纳税人自主申报的数据不一致的情况。

为了弥补上述程序上的不足,有些地方政策有相应的规定,以江苏省为例,其在本省的残保金征收管理办法中规定,用人单位应当在每年3月31日前向同级残疾人就业服务机构申报上年度本单位安排的残疾人就业人数。经审核后,确定用人单位实际安排的残疾人就业人数,并实时提供给同级税务机关。而在规定向税务机关申报缴纳残保金时,则要求,按年申报缴纳的,用人单位应当在6月1日至6月30日期间向主管税务机关申报缴纳残保金。按季申报缴纳的,每季申报缴纳额为全年应缴纳额的四分之一,用人单位应当在季末终了后15日内(节假日顺延)向主管税务机关申报缴纳残保金。可见,即使是按季申报,第一季的申报也是在3月31日之后。可以推断,无论何种方式,用人单位在向税务机关申报缴费时,该单位上年度实际安排的残疾人就业人数已经得到残联的审核并确定。

(2)关于申报材料真实性、完整性的法律责任问题。《征收使用管理办法》第十条规定,"用人单位应按规定时限向保障金征收机关申报缴纳保障金⋯⋯保证信息的真实性和完整性。"该条款明确了征纳双方的法律责任,即用人单位对申报材料的真实性和完整性负责,并承担相应的法律责任。税务部门在实践中对申报资料并不在申报环节逐一审查,而是采用信息化手段,通过风险管理的方式,获取残联部门的数据,结合个人所得税明细申报等资料,开展数据比对分析,发现异常再进行处理。

(三)征收检查与催报催缴

根据《征收使用管理办法》第十一条的规定,残保金征收机关应当定期对用人单位进行检查。发现用人单位申报不实、少缴纳残保金的,征收机关应当催报并追缴。在这个过程中,税务局要厘清自己的权限范围,注意和其他部门程序上的衔接。

(1)根据财税〔2015〕72号文件第二十六条的规定,用人单位未按规定缴纳残保金的,按照《残疾人就业条例》的规定,由残保金征收机关提交财政部门,由财政部门予以警告,责令限期缴纳;逾期仍不缴纳的,除补缴欠缴数额外,还应当自欠缴之日起,按日加收5‰的滞纳金。

也就是说,税务机关只能督促申报和督促缴纳,但正式的警告(属于行政处罚)和责令限期缴纳的行政命令,甚至加收滞纳金的决定(属于行政处理决定),则要由税务机关提交财政部门后,由财政部门做出。

(2)催报催缴是不是警告和责令限期缴纳的前置程序?税务机关未经催报催缴就将材料提交财政部门,而财政部门直接给予警告和责令限期缴纳,算不算违反了法定程序?从《征收使用管理办法》第十一条的文字表述上看,答案应该是肯定的,"征收机关应当催报并追缴保障金",此处用的是"应当"。因此,在用人单位未按规定缴纳保障金时,先由税务机关进行催报催缴,用人单位仍然不愿意申报或缴费的,则再由财政部门警告并责令限期缴纳。

(四) 票证管理

残保金征收机关征收残保金时,应当向用人单位开具省级财政部门统一印制的票据或税收票证。

实践中,税务部门征收都是用税收票证,既方便税务部门征收,又便于纳税人税费同报同缴。

(五) 入库级次

残保金全额缴入地方国库。地方各级人民政府之间残保金的分配比例,由各省、自治区、直辖市财政部门商残疾人联合会确定。具体缴库办法按照省级财政部门的规定执行。

四、违法主体的法律责任

(1)《征收使用管理办法》第二十五条规定,单位和个人违反本办法规定,有下列情形之一的,依照《财政违法行为处罚处分条例》和《违反行政事业性收费和罚没收入收支两条线管理规定行政处分暂行规定》等国家有关规定追究法律责任;涉嫌犯罪的,依法移送司法机关处理:①擅自减免残保金或者改变残保金征收范围、对象和标准的。②隐瞒、坐支应当上缴的残保金的。③滞留、截留、挪用应当上缴的残保金的。④不按照规定的预算级次、预算科目将残保金缴入国库的。⑤违反规定使用残保金的。⑥其他违反国家财政收入管理规定的行为。

(2)《征收使用管理办法》第二十七条规定,残保金征收、使用管理有关部门的工作人员违反《征收使用管理办法》规定,在残保金征收和使用管理工作中滥用职权、玩忽职守、徇私舞弊的,依法给予处分;涉嫌犯罪的,依法移送司法机关。

(3) 在征管过程中,用人单位违反相关规定该如何追究法律责任,现行规定的制裁手段比较有限。比如,只有在用人单位未按规定缴纳残保金时,才由财政部门警告并责令限期缴纳。面对仍然不缴纳的情况,按日加收5‰的滞纳金。这里的滞纳金由于高于市场利率,兼有金钱补偿和惩罚的性质。

那么残保金能不能强制执行? 如果可以强制执行,那么谁是强制执行的申请人,谁又是强制执行人? 这也是实务中急需解决的问题。

首先,残保金作为政府性基金,是法律法规给相关用人单位设定的法律义务,必须得到履行,当然可以强制执行。按照《中华人民共和国行政强制法》第十三条的规定,行政强制执行必须由法律设定。法律没有规定的,只能申请法院强制执行。由于残保金的强制执行法律没有规定,因此只能向法院申请强制执行。

其次,从现有对残保金强制执行报道的案例来看,在《征收使用管理办法》下发之前,对不缴纳残保金做出行政处理决定的是残联,向法院申请强制执行的也是残联。根据《征收使用管理办法》的规定,残保金的征收机关是税务部门,给予违法用人单位警告和责令限期改正的是财政部门。所以,现在面临的难题是,究竟由税务部门还是财政部门来申请法院强制执行?因为没有明确的规定,这也是相关部门比较困惑的地方。笔者试图结合《中华人民共和国行政强制法》的相关规定来回答这一问题。

《中华人民共和国行政强制法》第四十六条第三款规定"没有强制执行权的行政机关应当申请法院强制执行……",这条规定对应的是其第一款中的"行政机关依照本法第四十五条规定实施加处罚款或者滞纳金超过三十日……具有行政强制执行权的行政机关可以强制执行。"行政机关依照本法第四十五条该怎么做呢?第四十五条规定:"行政机关依法做出金钱给付义务的行政决定,当事人逾期不履行的,行政机关可以依法加处罚款或者滞纳金……"也就是说,申请法院强制执行的行政机关应该是做出金钱给付义务的行政决定的行政机关。结合残保金的征收管理,前面已经介绍过,具体残保金的金额是由用人单位自己申报的,税务局只做形式上的审查,不做金钱给付义务的行政决定。如果用人单位申报后拒不缴纳,税务局只是催报催缴,警告和责令限期缴纳则是由财政部门做出的。责令限期缴纳属于行政命令,其中包含有金钱给付义务的行政决定。因此,从《中华人民共和国行政强制法》的相关规定来推断,由财政部门向法院提出强制执行更符合法律的规定,但这并不排除以后会出台新政策将这部分职责再做具体规定。

第八章

先行划转税务部门征收的其他非税收入

第一节 概 述

根据《财政部关于将国家重大水利工程建设基金等政府非税收入项目划转税务部门征收的通知》(财税〔2018〕147号)的精神,国家重大水利工程建设基金13项由财政专员办征收的非税收入自2019年1月1日起划转至税务机关征收。由于13项非税收入的征收范围的差异,各省(自治区、直辖市和计划单列市)税务机关划转的非税收入情况如表8-1所示。

表8-1 专员办划转非税收入分省(自治区、直辖市和计划单列市)分项情况表

序号	省(自治区、直辖市和计划单列市)	划转数量	划转项目
1	北京	6	①国家重大水利工程建设基金;②可再生能源发展基金;③大中型水库移民后期扶持基金;④免税商品特许经营费;⑤油价调控风险准备金;⑥国家留成油收入
2	天津	4	①国家重大水利工程建设基金;②可再生能源发展基金;③大中型水库移民后期扶持基金;④免税商品特许经营费
3	河北	4	①国家重大水利工程建设基金;②可再生能源发展基金;③大中型水库移民后期扶持基金;④油价调控风险准备金
4	山西	4	①农网还贷资金;②可再生能源发展基金;③大中型水库移民后期扶持基金;④跨省大中型水库库区基金
5	内蒙古	2	①可再生能源发展基金;②大中型水库移民后期扶持基金
6	辽宁	4	①可再生能源发展基金;②大中型水库移民后期扶持基金;③跨省大中型水库库区基金;④油价调控风险准备金
7	大连	1	免税商品特许经营费
8	吉林	4	①农网还贷资金;②可再生能源发展基金;③大中型水库移民后期扶持基金;④油价调控风险准备金
9	黑龙江	4	①可再生能源发展基金;②大中型水库移民后期扶持基金;③跨省大中型水库库区基金;④免税商品特许经营费

(续表)

序号	省(自治区、直辖市和计划单列市)	划转数量	划转项目
10	上海	5	①国家重大水利工程建设基金；②可再生能源发展基金；③大中型水库移民后期扶持基金；④免税商品特许经营费；⑤石油特别收益金
11	江苏	7	①核电站乏燃料处理处置基金；②国家重大水利工程建设基金；③可再生能源发展基金；④大中型水库移民后期扶持基金；⑤免税商品特许经营费；⑥油价调控风险准备金；⑦核事故应急准备专项收入
12	浙江	8	①核电站乏燃料处理处置基金；②国家重大水利工程建设基金；③可再生能源发展基金；④大中型水库移民后期扶持基金；⑤跨省大中型水库库区基金；⑥免税商品特许经营费；⑦油价调控风险准备金；⑧核事故应急准备专项收入
13	宁波	1	免税商品特许经营费
14	安徽	3	①国家重大水利工程建设基金；②可再生能源发展基金；③大中型水库移民后期扶持基金
15	福建	5	①核电站乏燃料处理处置基金；②可再生能源发展基金；③大中型水库移民后期扶持基金；④油价调控风险准备金；⑤核事故应急准备专项收入
16	厦门	1	免税商品特许经营费
17	江西	3	①国家重大水利工程建设基金；②可再生能源发展基金；③大中型水库移民后期扶持基金
18	山东	5	①国家重大水利工程建设基金；②可再生能源发展基金；③大中型水库移民后期扶持基金；④免税商品特许经营费；⑤油价调控风险准备金
19	青岛	1	免税商品特许经营费
20	河南	6	①国家重大水利工程建设基金；②可再生能源发展基金；③大中型水库移民后期扶持基金；④跨省大中型水库库区基金；⑤免税商品特许经营费；⑥油价调控风险准备金
21	湖北	8	①三峡电站水资源费(中央分成和湖北分成部分)；②农网还贷资金；③可再生能源发展基金；④大中型水库移民后期扶持基金；⑤三峡水库库区基金；⑥跨省大中型水库库区基金；⑦免税商品特许经营费；⑧油价调控风险准备金
22	湖南	5	①农网还贷资金；②国家重大水利工程建设基金；③可再生能源发展基金；④大中型水库移民后期扶持基金；⑤跨省大中型水库库区基金
23	广东	6	①核电站乏燃料处理处置基金；②国家重大水利工程建设基金；③可再生能源发展基金；④大中型水库移民后期扶持基金；⑤免税商品特许经营费；⑥核事故应急准备专项收入
24	深圳	6	①核电站乏燃料处理处置基金；②国家重大水利工程建设基金；③可再生能源发展基金；④大中型水库移民后期扶持基金；⑤免税商品特许经营费；⑥核事故应急准备专项收入

(续表)

序号	省（自治区、直辖市和计划单列市）	划转数量	划转项目
25	广西	8	①农网还贷资金；②可再生能源发展基金；③大中型水库移民后期扶持基金；④跨省大中型水库库区基金；⑤免税商品特许经营费；⑥油价调控风险准备金；⑦石油特别收益金；⑧核事故应急准备专项收入
26	海南	4	①可再生能源发展基金；②大中型水库移民后期扶持基金；③免税商品特许经营费；④核事故应急准备专项收入
27	重庆	7	①农网还贷资金；②国家重大水利工程建设基金；③可再生能源发展基金；④大中型水库移民后期扶持基金；⑤跨省大中型水库库区基金；⑥免税商品特许经营费；⑦三峡电站水资源费（重庆分成部分）
28	四川	5	①农网还贷资金；②可再生能源发展基金；③大中型水库移民后期扶持基金；④跨省大中型水库库区基金；⑤免税商品特许经营费
29	贵州	4	①可再生能源发展基金；②大中型水库移民后期扶持基金；③跨省大中型水库库区基金；④免税商品特许经营费
30	云南	5	①农网还贷资金；②可再生能源发展基金；③大中型水库移民后期扶持基金；④跨省大中型水库库区基金；⑤免税商品特许经营费
31	陕西	6	①农网还贷资金；②可再生能源发展基金；③大中型水库移民后期扶持基金；④免税商品特许经营费；⑤油价调控风险准备金；⑥石油特别收益金
32	甘肃	4	①可再生能源发展基金；②大中型水库移民后期扶持基金；③跨省大中型水库库区基金；④油价调控风险准备金
33	青海	2	①可再生能源发展基金；②大中型水库移民后期扶持基金
34	宁夏	3	①可再生能源发展基金；②大中型水库移民后期扶持基金；③油价调控风险准备金
35	新疆	2	①可再生能源发展基金；②大中型水库移民后期扶持基金

注：本表为 2019 年 1 月 1 日财政部专员办划转至各省（自治区、直辖市和计划单列市）税务部门征收项目（西藏无划转项目），在实际执行中根据政策和费源情况动态调整。

根据《国家税务总局关于切实做好财政部驻地方财政监察专员办事处划转政府非税收入征收管理工作的通知》（税总发〔2018〕190 号）的精神，国家重大水利工程建设基金、农网还贷资金、可再生能源发展基金、中央水库移民扶持基金（含大中型水库移民后期扶持基金、三峡水库库区基金、跨省大中型水库库区基金）、三峡电站水资源费、核电站乏燃料处理处置基金、免税商品特许经营费、核事故应急准备专项收入和国家留成油收入等非税收入适用于通用申报表进行申报管理；石油特别收益金使用、油价调控风险准备金等非税收入使用专门申报表进行申报管理。因此，为便于叙述，本章第二节专门介绍适用于通用申报表的非税收入；第三节专门介绍使用专门申报表的非税收入；第四节介绍性质特殊的受工会组织委托代征的工会经费。

第二节 适用于通用申报表的非税收入

一、国家重大水利工程建设基金

（一）概况

国家重大水利工程建设基金（以下简称重大水利基金）是国家为支持南水北调工程建设、解决三峡工程后续问题以及加强中西部地区重大水利工程建设而设立的政府性基金。

国家重大水利工程建设基金的征收管理主要依据以下规定征收：

(1)《财政部 国家发展改革委 水利部关于印发〈国家重大水利工程建设基金征收使用管理暂行办法〉的通知》（财综〔2009〕90号）。该通知属于国家重大水利工程建设基金征收的纲领性文件。国家重大水利工程建设基金征收使用管理暂行办法明确了征收机关和入库级次，对缴费人、征收范围、费率等内容进行了规范，后面出台的所有文件都是对该文件的调整和修改。其中，确定该项基金的征收期限为2010年1月1日至2019年12月31日。

(2)《财政部关于征收国家重大水利工程建设基金有关问题的通知》（财综〔2010〕97号）。该通知主要规定拥有自备电厂企业应缴纳的基金改由省级电网企业代征。

(3)《关于对分布式光伏发电自发自用电量免征政府性基金有关问题的通知》（财综〔2013〕103号）、《财政部关于降低国家重大水利工程建设基金和大中型水库移民后期扶持基金征收标准的通知》（财税〔2017〕51号）、《关于明确国家重大水利工程建设基金和大中型水库移民后期扶持基金征收标准有关问题的函》（财办税〔2017〕60号）、《财政部关于降低部分政府性基金征收标准的通知》（财税〔2018〕39号），规定了关于该项基金相关的减免政策或者征收标准调整的政策。

(4)《国家税务总局关于国家重大水利工程建设基金等政府非税收入项目征管职责划转有关事项的公告》（国家税务总局公告2018年第63号），对划转后税务部门征收提出了具体要求。征收范围、对象、标准及收入分成等仍按现行规定执行。

(5)《财政部关于调整部分政府性基金有关政策的通知》（财税〔2019〕46号），涉及该项基金征收截止日期延长和费率下调。其中，将征收期限延续到2025年12月31日。

2019年以前，北京、天津、河北、河南、山东、江苏、上海、浙江、安徽、江西、湖北、湖南、广东、重庆等14个南水北调和三峡工程直接受益省份（以下简称14个省份）电网企业代征的重大水利基金，由财政部驻当地财政监察专员办事处（以下简称专员办）负责征收，并全额上缴中央国库。山西、内蒙古、辽宁、吉林、黑龙江、福建、广西、海南、四川、贵州、云南、陕西、甘肃、青海、宁夏、新疆等16个南水北调和三峡工程非直接受益省份（以下简称16个省份)电网企业代征的重大水利基金,由当地省级财政部门负责征收,并全额上缴省级国库。2018年财政部印发《关于将国家重大水利工程建设基金等政府非税收入项目划转税务部门征收的通知》(财税〔2018〕147号),规定自2019年1月1日起,专员办负责征收的国家重大水利工程建设基金划转税务部门征收。2020年财政部印发《关于国家重大水利建设基金、水利建设基金划转税务部门征收的通知》(财税〔2020〕9号),规定自2020年1月1日起,地方政府及有关部门负责征收的国家重大水利工程建设基金划转税务部门征收。

国家重大水利工程建设基金为政府性基金收入,在《2022年政府收支分类科目》中列为103类01款58项"国家重大水利工程建设基金收入",其中01目为"中央重大水利工程建设资金"、02为目"地方重大水利工程建设资金"。

(二) 筹集和分配的原则

《财政部 国家发展改革委 水利部关于印发〈国家重大水利工程建设基金征收使用管理暂行办法〉的通知》(财综〔2009〕90号)中的有关规定,明确了国家重大水利工程建设基金筹集和分配的原则:

(1) 三峡工程建设基金向重大水利基金平稳过渡,保持三峡工程建设基金现行征收政策基本不变。

(2) 南水北调和三峡工程直接受益省份筹集的重大水利基金,专项用于南水北调工程建设和三峡工程后续工作。

(3) 南水北调和三峡工程非直接受益省份筹集的重大水利基金,留给所在省份用于本地重大水利工程建设。

(三) 缴费主体

(1) 国家重大水利工程建设基金的缴费主体为用电的单位和个人,但下列两种情况除外:西藏自治区的用电单位和个人;国家扶贫开发工作重点县用于农业排灌的用电单位和个人。农业排灌用电不等于农业用电,农业用电还包括农业生产、农副产品加工等用电。

(2) 按照财综〔2009〕90号文件规定,省级电网企业在向电力用户收取电费时一并代征重大水利工程建设基金,个人用电、工商业用电等都是通过代征实现的基金缴纳;按照财综〔2010〕97号文件的规定,自发自用企业自备电厂应缴纳的基金,由省级电网企业代征。

其中,未与电网连接、独立成网的自备电厂企业,直接向税务部门申报。

(3) 第三类缴费主体为地方独立电网企业,主要是指不隶属于国家电网和南方电网的地方电网企业。地方独立电网企业名单在国家能源局网站中进行了公布。

(四) 计费依据与计征标准

1. 计费依据

按照各省、自治区、直辖市扣除国家扶贫开发工作重点县农业排灌用电后的全部销

售电量。全部销售电量,包括:

(1) 省级电网企业销售给电力用户的电量。

(2) 省级电网企业扣除合理线损后的趸售电量(即实际销售给转供单位的电量)。为促进农村地区电力发展,调动县政府管电、办电的积极性,由电网向县供电局售电,形成趸售电的关系。

(3) 省级电网企业销售给子公司的电量和对境外销售电量。

(4) 企业自备电厂自发自用电量。

(5) 地方独立电网销售电量(不含省级电网企业销售给地方独立电网企业的电量)。

(6) 跨省(自治区、直辖市)电力交易,计入受电省份销售电量。例如,天津向北京售电,计入北京销售电量。

2. 征收标准

依据《财政部 国家发展改革委 水利部关于印发〈国家重大水利工程建设基金征收使用管理暂行办法〉的通知》(财综〔2009〕90号)的规定,重大水利工程建设基金征收标准如表8-2所示。

表8-2 重大水利工程建设基金征收标准

(单位:厘/千瓦时)

省(自治区、直辖市)	基金征收标准	省(自治区、直辖市)	基金征收标准
北京	7	河南	11.34
天津	7	湖北	0
上海	13.92	湖南	3.75
河北	7	广东	7
山西	7	广西	4
内蒙古	4	海南	4
辽宁	4	重庆	7
吉林	4	四川	7
黑龙江	4	贵州	4
江苏	14.91	云南	4
浙江	14.36	陕西	4
安徽	12.92	甘肃	4
福建	7	青海	4
江西	5.52	宁夏	4
山东	7	新疆	4

在"放管服"改革和减税降费大环境下,重大水利工程建设基金经历了三次下调,近

3年每年都在下调,在前面政策盘点版块我们也进行了介绍。最新的征收依据《财政部关于调整部分政府性基金有关政策的通知》(财税〔2019〕46号)自2019年7月1日起,将国家重大水利工程建设基金征收标准降低50%。降低后各省(自治区、直辖市)征收标准如表8-3所示。

表8-3 重大水利工程建设基金征收标准

(单位:厘/千瓦时)(2019年7月1日起执行)

省(自治区、直辖市)	基金征收标准	省(自治区、直辖市)	基金征收标准
北京	1.968 75	河南	3.189 375
天津	1.968 75	湖北	0
上海	3.915	湖南	1.054 687 5
河北	1.968 75	广东	1.968 75
山西	1.968 75	广西	1.125
内蒙古	1.125	海南	1.125
辽宁	1.125	重庆	1.968 75
吉林	1.125	四川	1.968 75
黑龙江	1.125	贵州	1.125
江苏	4.193 437 5	云南	1.125
浙江	4.038 75	陕西	1.125
安徽	3.633 75	甘肃	1.125
福建	1.968 75	青海	1.125
江西	1.552 5	宁夏	1.125
山东	1.968 75	新疆	1.125

3. 计算公式

应缴基金＝计征电量×征收标准－扣除数

其中,扣除数的部分,据财综〔2011〕115号文件的规定,对可再生能源电价附加征收增值税而减少的部分,由财政预算安排相应资金予以弥补。基于此,国家税务总局在2018年的第三次视频会议上,延续了划转前的扣除政策,对重大水利工程建设基金等三项电力附加已征收增值税及附加的部分,可在缴费前予以全额扣除。

(五)申报、汇算清缴与征收管理

1. 申报事项

申报事项主要包括计征电量、征收标准、扣除数。其中,扣除数是指该项基金已征收的增值税及附加。

2. 申报日期

国家重大水利工程建设基金按月申报,按年汇算清缴。缴费人应于每月 15 日前申报,期限最后一日是法定休假日的,以休假日期满的次日为最后一日,期限内有连续 3 日以上法定休假日的,按休假日天数顺延。

地方独立电网销售电量,按月自行申报缴纳,税务部门征收。除地方独立电网销售电量外,由省级电网向电力用户收取电费时一并代征,按月自行申报缴费,税务部门征收。

3. 汇算清缴

(1) 财综〔2009〕90 号文件规定,在次年 3 月底前完成对相关企业全年应缴重大水利基金的汇算清缴工作,审核电力用户欠缴电费、电网企业核销坏账损失的电量情况,经确认后不计入相关企业全年实际销售电量。

(2) 国家税务总局 2018 年第 63 号公告中,明确了 2018 年度的汇算清缴由专员办负责办理,以后年度的汇算清缴,缴费人向税务部门申报办理。

省级电网企业、拥有自备电厂企业和地方独立电网企业应根据全年实际销售电量(自发自用电量),在次年 3 月底前完成汇算清缴申报缴纳。

4. 征收管理

(1) 征收主体。国家税务总局 2018 年第 63 号公告中,明确了税务部门按照属地原则征收划转的非税收入,实现了税费同管。

(2) 滞纳金。从滞纳之日起按日加收滞纳部分 2‰的滞纳金。

(六) 优惠政策

1. 基金免征城市维护建设税和教育费附加

《财政部 国家税务总局关于免征国家重大水利工程建设基金的城市维护建设税和教育费附加的通知》(财税〔2010〕44 号)规定,自 2010 年 5 月 25 日起,对国家重大水利工程建设基金免征城市维护建设税和教育费附加。

2. 分布式光伏发电自发自用电量免征基金

《财政部关于对分布式光伏发电自发自用电量免征政府性基金有关问题的通知》(财综〔2013〕103 号)规定,自 2013 年 11 月 19 日起,对分布式光伏发电自发自用电量免收可再生能源电价附加、国家重大水利工程建设基金、大中型水库移民后期扶持基金、农网还贷资金等 4 项针对电量征收的政府性基金。

二、农网还贷资金

(一) 概况

农网还贷资金是对农网改造贷款"一省多贷"的省、自治区、直辖市(指该省市区的农网改造工程贷款由多个电力企业承贷)电力用户征收的政府性基金,专项用于农村电网改造贷款还本付息。

2001年财政部印发《农网还贷资金征收使用管理办法》(财企〔2001〕820号),明确农网还贷资金的征收管理,并将执行时间暂定为2001年1月1日至2005年12月31日。2007年经国务院批准,农网还贷资金继续予以保留。根据党中央、国务院关于非税收入征管职责划转有关要求,自2019年1月1日起,农网还贷资金划转税务部门征收。

农网还贷资金为政府性基金收入,在《2022年政府收支分类科目》中列为103类01款02项"农网还贷资金收入",其中01目为"中央农网还贷资金收入"、02目为"地方农网还贷资金收入"。

(二)计征标准

农网还贷资金按社会用电量每度电2分钱标准,并入电价收取。

农网还贷资金由电网经营企业在向用户收取电费时一并收取,并在电费收款凭证中注明农网还贷资金的征收电量、征收标准和征收金额。除规定的减免用量外,电力用户必须及时足额缴纳农网还贷资金。

(三)征收期限

农网还贷资金实行按月申报缴费。电网企业在向电力用户收取电费时一并代征,并按月向税务部门申报缴纳。

(四)减免范围

农网还贷资金减免范围包括:

(1)农业排灌、抗灾救灾及氮肥、磷肥、钾肥和原化工部颁发生产许可证的复合肥生产用电免征农网还贷资金。

(2)自备电厂自用电量免征农网还贷资金。

(3)国有重点煤炭企业生产用电、核工业铀扩散厂和堆化工厂生产用电农网还贷资金暂按每千瓦时用电量3厘钱标准征收。

(4)对分布式光伏发电自发用电量免征农网还贷资金。

征收农网还贷资金必须按照《中华人民共和国增值税暂行条例》及其他有关规定缴纳增值税和流转环节的其他税费,按规定纳入预算管理后免征企业所得税。

三、中央水库移民扶持基金

大中型水库移民后期扶持基金、跨省际大中型水库库区基金、三峡水库库区基金合并为中央水库移民扶持基金。征收期限:从2006年6月30日起开始征收,属于中央级收入。

(一) 大中型水库移民后期扶持基金

1. 概况

大中型水库移民后期扶持基金(以下简称后期扶持基金),是国家为扶持大中型水库农村移民解决生产生活问题而设立的政府性基金。

大中型水库移民后期扶持基金主要依据以下规定征收:

(1)《财政部关于印发〈大中型水库移民后期扶持基金征收使用管理暂行办法〉的通知》(财综〔2006〕29号)以及《财政部关于印发〈财政监察专员办事处大中型水库移民后期扶持基金征收管理操作规程〉的通知》(财监〔2006〕95号),对大中型水库移民后期扶持基金的缴费人、征收范围、标准、滞纳金等内容进行了规范。

(2)《财政部关于对分布式光伏发电自发自用电量免征政府性基金有关问题的通知》(财综〔2013〕103号)、《财政部关于降低国家重大水利工程建设基金和大中型水库移民后期扶持基金征收标准的通知》(财税〔2017〕51号)、《关于明确国家重大水利工程建设基金和大中型水库移民后期扶持基金征收标准有关问题的函》(财办税〔2017〕60号)等三个文件大中型水库移民后期扶持基金的减免和征收标准调整的文件。

(3)《国家税务总局关于国家重大水利工程建设基金等政府非税收入项目征管职责划转有关事项的公告》(国家税务总局公告2018年第63号)对划转后税务部门征收提出了具体要求。征收范围、对象、标准及收入分成等仍按现行规定执行。

大中型水库移民后期扶持基金纳入中央财政预算管理,在《2022年政府收支分类科目》中列为103类01款49项"大中型水库移民后期扶持基金收入",作为中央收入科目。

2. 筹集原则与筹集渠道

1) 筹集的原则

(1) 全国统筹,分省(自治区、直辖市)计征。

(2) 企业、社会、中央与地方合理负担。

(3) 工业反哺农业,城市支持农村。

(4) 东部地区支持中西部地区。

2) 筹集渠道

(1) 对省级电网企业在本省(自治区、直辖市)区域内扣除农业生产用电后的全部销售电量加价征收。

(2) 财政预算安排的大中型水库移民后期扶持专项资金,包括用对销售电量加价部分征收的增值税安排的资金和用于解决中央直属水库移民遗留问题的定额补助资金。

(3) 经营性大中型水库应承担的移民后期扶持资金,具体办法由国家发展改革委会同财政部、水利部另行制定。

3. 缴费主体

缴费主体是省级电网企业,除西藏外,由省级电网企业在向电力用户收取电费时一并代征,按月上缴中央国库。拥有自备电厂企业、地方独立电网企业不属于缴费主体。

4. 计费依据与计征标准

（1）计费依据是对省级电网企业在本省（自治区、直辖市）区域内的全部销售电量征收。但不包括农业生产用电、省级电网企业间销售电量（由买入方在最终销售环节向用户收取）、经国务院批准可以免征大中型水库移民后期扶持基金的其他电量。

（2）计征标准：

依据《财政部关于印发〈大中型水库移民后期扶持基金征收使用管理暂行办法〉的通知》（财综〔2006〕29号）的规定,大中型水库移民后期扶持基金征收标准如表8-4所示。

表8-4 大中型水库移民后期扶持基金征收标准

（单位：厘/千瓦时）

省（自治区、直辖市）	基金征收标准	省（自治区、直辖市）	基金征收标准
北京	8.3	河南	8.3
天津	8.3	湖北	8.3
上海	8.3	湖南	8.3
河北	8.3	广东	8.3
山西	3.5	广西	8.3
内蒙古	3.2	海南	8.3
辽宁	3.1	重庆	8.3
吉林	8.3	四川	8.3
黑龙江	5.5	贵州	6.3
江苏	3.9	云南	5.0
浙江	8.3	陕西	8.3
安徽	8.3	甘肃	3.5
福建	8.3	青海	1.9
江西	8.3	宁夏	2.1
山东	8.3	新疆	2.8

依据《财政部关于降低国家重大水利工程建设基金和大中型水库移民后期扶持基金征收标准的通知》（财税〔2017〕51号）的精神,大中型水库移民后期扶持基金的征收标准统一降低25%。

总体上看,大中型水库移民后期扶持基金的优惠政策、缴纳计算方法、申报日期、汇算清缴、征收主体和滞纳金等费制要素,与国家重大水利工程建设基金一致。

(二) 跨省际大中型水库库区基金

1. 概况

跨省际大中型水库库区基金属于中央水库移民扶持基金的子项,类别上属于政府性基金,收入归属为中央。国家将原库区维护基金、原库区后期扶持基金及经营性大中型水库承担的移民后期扶持资金进行整合,设立大中型水库库区基金。大中型水库库区基金主要用于库区及移民安置区基础设施建设和经济发展规划;库区防护工程和移民生产、生活设施维护;解决水库移民的其他遗留问题。实行分省统筹,纳入财政预算,实行"收支两条线"管理。在《2022年政府收支分类科目》中列为103类01款50项01目"中央大中型水库库区基金收入",作为中央收入科目。

主要依据《财政部关于印发〈大中型水库库区基金征收使用管理暂行办法〉的通知》(财综〔2007〕26号)和《财政部关于征收跨省大中型水库库区基金有关问题的通知》(财综〔2009〕59号)的规定,进行征收管理。

2. 缴费人

有发电收入的大中型水库(大中型水库是指装机容量在2.5万千瓦及以上有发电收入的水库和水电站),具体由财政部《大中型水库库区基金征收使用管理暂行办法》的通知(财综〔2007〕26号)规定。

3. 计费依据

大中型水库上网销售电量,按不高于8厘/千瓦时的标准征收。库区基金列入企业成本,按规定不征收企业所得税。

4. 征收期限

跨省际大中型水库库区基金划转税务部门征收后,水库(水电站)或其归属企业应于每月15日前申报缴纳。根据水库(水电站)全年实现销售电量,在次年3月底前完成全年应缴省际大中型水库库区基金的清算和征缴。

5. 征收管理

省级辖内大中型水库的库区基金,由省级财政部门负责征收;跨省、自治区、直辖市的大中型水库库区基金,由财政部驻发电企业所在地财政专员办负责征收。

(三) 三峡水库库区基金

三峡水库库区基金(以下简称库区基金)是中央财政安排重庆市用于三峡水库库区和移民安置区(以下简称库区)基础设施建设和经济发展,支持库区防护工程和移民生产、生活设施维护,解决库区移民的其他遗留问题的政府性基金。依据《财政部关于印发〈大中型水库库区基金征收使用管理暂行办法〉的通知》(财综〔2007〕26号)第十四条的规定,三峡工程的库区基金政策,由财政部按照《长江三峡工程建设移民条例》(中华人民共和国国务院令第 299 号)的有关规定另行制定。目前,相关文件未予公开。

四、可再生能源发展基金

(一) 概况

可再生能源发展基金包括国家财政公共预算安排的专项资金(以下简称可再生能源发展专项资金)和依法向电力用户征收的可再生能源电价附加收入等。自 2012 年 1 月 1 日起开始征收,属于中央级收入。在《2022 年政府收支分类科目》中列为 103 类 01 款 68 项"可再生能源电价附加收入",收入全额上缴中央国库。

可再生能源发展基金主要依据以下规定征收:

(1) 依据《财政部 国家发展改革委 国家能源局关于印发〈可再生能源发展基金征收使用管理暂行办法〉的通知》(财综〔2011〕115 号)的规定,可再生能源发展基金筹集渠道有两个,包括国家财政公共预算安排的专项资金和依法向电力用户征收的可再生能源电价附加收入,税务部门负责征收的就是可再生能源电价附加收入。该文件对缴费人、征收范围、费率等内容进行了规定。

(2) 依据《关于调整可再生能源电价附加征收标准的通知》(财综〔2013〕89 号)、《财政部关于对分布式光伏发电自发自用电量免征政府性基金有关问题的通知》(财综〔2013〕103 号)、《财政部 国家发展改革委关于提高可再生能源发展基金征收标准等有关问题的通知》(财税〔2016〕4 号)对免征和征收标准进行调整的文件。

(3)《国家税务总局关于国家重大水利工程建设基金等政府非税收入项目征管职责划转有关事项的公告》(国家税务总局公告 2018 年第 63 号)对划转后税务部门征收可再生能源电价附加提出了具体要求。征收范围、对象、标准及收入分成等仍按现行规定执行。

(二) 缴费主体

电力用户应缴纳的可再生能源电价附加,按照下列方式由电网企业代征:

(1) 大用户与发电企业直接交易电量的可再生能源电价附加,由代为输送电量的电网企业代征。

(2) 地方独立电网销售电量的可再生能源电价附加,由地方电网企业在向电力用户收取电费时一并代征。

(3) 企业自备电厂自发自用电量应缴纳的可再生能源电价附加,由所在地电网企业代征。

(4) 其他社会销售电量的可再生能源电价附加,由省级电网企业在向电力用户收取电费时一并代征。

(三) 计缴依据与计征标准

1. 计缴依据

再生能源电价附加在除西藏自治区以外的全国范围内,对各省、自治区、直辖市扣除农业生产用电(含农业排灌用电)后的销售电量征收。各省、自治区、直辖市纳入可再生能源电价附加征收范围的销售电量包括:

(1) 省级电网企业(含各级子公司)销售给电力用户的电量。

(2) 省级电网企业扣除合理线损后的趸售电量(即实际销售给转供单位的电量,不含趸售给各级子公司的电量)。

(3) 省级电网企业对境外销售电量。

(4) 企业自备电厂自发自用电量。

(5) 地方独立电网(含地方供电企业,下同)销售电量(不含省级电网企业销售给地方独立电网的电量)。

(6) 大用户与发电企业直接交易的电量。

省(自治区、直辖市)际交易电量,计入受电省份的销售电量征收可再生能源电价附加。

2. 征收标准

依据《财政部 国家发展改革委 国家能源局关于印发〈可再生能源发展基金征收使用管理暂行办法〉的通知》(财综〔2011〕115号)的规定,可再生能源电价附加征收标准为8厘/千瓦时。根据可再生能源开发利用中长期总量目标和开发利用规划,以及可再生能源电价附加收支情况,征收标准可以适时调整。

依据财综〔2013〕103号文件和财税〔2016〕4号文件的规定,可再生能源电价附加征收标准已经从8厘/千瓦时分别提高到1.5分/千瓦时和1.9分/千瓦时。

总体上看,可再生能源发展基金的计费依据、优惠政策、缴纳计算方法、申报日期、汇算清缴和征收主体等费制要素,与国家重大水利工程建设基金一致。

五、三峡电站水资源费

(一) 概况

三峡电站水资源费是依据《取水许可和水资源费征收管理条例》(中华人民共和国国务院令第460号)和《财政部 国家发展改革委 水利部关于印发〈水资源费征收使用管理办法〉的通知》(财综〔2008〕79号,以下简称《通知》)的规定,经国务院同意而征收的中央和地方分成的水资源费。三峡电站水资源费收入的10%上缴中央国库,其余90%按比例(湖北省16.67%、重庆市83.33%)在湖北省和重庆市之间进行分配,并分别上缴两省市国库。在《2022年政府收支分类科目》中列为一般公共预算收入第103类07款19项"水资源费收入"01目"三峡电站水资源费收入"。

(二)征收标准与计缴依据

自2009年9月1日起,中国长江电力股份有限公司按照三峡电站实际发电量和《国家发展改革委 财政部 水利部关于中央直属和跨省水利工程水资源费征收标准及有关问题的通知》(发改价格〔2009〕1779号)的规定征收标准缴纳水资源费。2009年9月1日以来中国长江电力股份有限公司尚未缴纳的水资源费予以补征。

2014年,发改委发布《关于调整中央直属和跨省水力发电用水水资源费征收标准的通知》(发改价格〔2014〕1959号),对水资源费的征收标准进行调整。①中央直属和跨省水电站水力发电用水水资源费,现行征收标准低于每千瓦时0.5分钱的,自2015年1月1日起调整为每千瓦时0.5分钱;现行征收标准高于每千瓦时0.5分钱的,维持现行征收标准不变,最高不超过每千瓦时0.8分钱。②跨省界河水电站水力发电用水水资源费,自2015年1月1日起统一征收标准,征收标准不一致的,按较高一方标准征收。③抽水蓄能发电用水暂免征收水资源费。

因此,自2015年1月1日起,中国长江电力股份有限公司应按照实际发电量和新的水资源费征收标准缴纳三峡电站水资源费。

(三)征收管理

1. 征收机关

三峡电站水资源费由财政部驻湖北省财政监察专员办事处(以下简称湖北专员办)负责按月征收。2019年1月1日以后,划转为税务机关征收。依据《关于国家重大水利工程建设基金等政府非税收入项目征管职责划转有关事项的公告》(国家税务总局公告2018年第63号)的规定,三峡电站水资源费的中央分成和湖北省分成部分,由缴费人向湖北省税务部门申报缴纳;重庆市分成部分,由缴费人向重庆市税务部门申报缴纳。

2. 申报与缴纳

因划转后,征收范围、对象、标准及收入分成等仍按现行规定执行。现依据《关于三峡电站水资源费征收使用管理有关问题的通知》(财综〔2011〕19号)的规定,对过去的缴纳方式介绍如下:

(1)中国长江电力股份有限公司于每月10日前向湖北专员办申报上月实际发电量和应缴纳的水资源费。

(2)湖北专员办于每月12日前完成对申报的审核,确定水资源费征收数额,对中央分成的10%部分,由湖北专员办向中国长江电力股份有限公司开具《非税收入一般缴款书》,缴入财政部中央财政专户;对湖北省分成的15.003%部分和重庆市分成的74.997%部分,由中国长江电力股份有限公司自行开具《一般缴款书》分别缴入国库。

（3）中国长江电力股份有限公司于每月 15 日前按《非税收入一般缴款书》和两份《一般缴款书》规定的缴款额足额上缴资金，其中：中央分成收入，由中国长江电力股份有限公司缴入财政部为湖北专员办开设的中央财政专户；湖北省分成收入，由中国长江电力股份有限公司通过其开户银行就地缴入国家金库湖北省宜昌市中心支库；重庆市分成收入，由中国长江电力股份有限公司从其开户银行通过中国现代化支付系统汇划至国家金库重庆市分库。国家金库重庆市分库收到汇款和缴款凭证后，及时准确办理入库手续。收款国库与湖北专员办及同级财政部门之间要加强资金入库的对账工作，确保缴库资金准确和安全。

（4）湖北专员办根据中国长江电力股份有限公司全年实际发电量，在次年 3 月底前完成对该公司全年应缴水资源费的清算和征缴。

六、核电站乏燃料处理处置基金

（一）概况

核电站乏燃料处理处置基金属于政府性基金，收入全额上缴中央国库，按照"收支两条线"原则纳入中央财政预算管理。在《2022 年政府收支分类科目》中列为 103 类 01 款 66 项"核电站乏燃料处理处置基金收入"，作为中央收入科目。

凡拥有已投入商业运行 5 年以上压水堆核电机组的核电厂（以下简称核电厂），应当按照规定缴纳核电站乏燃料处理处置基金。

（二）计征方法

核电站乏燃料处理处置基金按照核电厂已投入商业运行 5 年以上压水堆核电机组的实际上网销售电量征收，征收标准为 0.026 元/千瓦时。今后，财政部会同国家发展改革委、工业和信息化部、国家能源局、国防科工局等部门根据核电发展规模及核电站乏燃料处理处置资金需求的变化，适时调整征收标准。

核电站乏燃料处理处置基金计入核电厂发电成本。

核电站乏燃料处理处置基金由财政部驻核电厂所在省、自治区、直辖市、计划单列市财政监察专员办事处（以下简称专员办）负责征收，并实行直接缴库。

核电厂应按照规定及时足额上缴核电站乏燃料处理处置基金，不得拖欠。凡无正当理由拖欠缴纳核电站乏燃料处理处置基金的，应责令其尽快补缴，并从逾期之日起按日加收滞纳金额 1‰的滞纳金。滞纳金纳入核电站乏燃料处理处置基金收入管理。

七、场外核应急准备金

（一）概况

核应急准备资金分为：核电企业开展场内核事故应急准备工作所需资金；国家和地

方核应急机构开展场外核事故应急准备工作所需资金;国务院有关部门和军队在核电厂核事故应急支援准备工作中所需的资金。

场内核应急准备资金由核电企业承担,并作为核电企业的成本开支项目。基建期在工程基建费中列支;运行期在企业的管理费中列支。

场外核应急准备资金由核电企业和地方省级人民政府共同承担。其中,核电企业承担的部分,按规定的比例,以财政专项收入的形式分别上缴中央和地方财政,并由中央和地方财政纳入预算内管理;地方承担的部分,由地方省级人民政府自行筹措使用。在《2022年政府收支分类科目》中列一般公共预算收入第103类02款12项"场外核应急准备资金收入",作为中央与地方共用收入科目。

核电企业承担上缴的场外核应急专项收入作为成本开支项目,基建期在工程基建费中列支,运行期在企业的管理费中列支。

国务院有关部门和军队所需的核应急准备资金,根据各自在核电厂核事故应急准备工作中的职责和任务,充分利用现有条件安排,不足部分按照各自的计划和资金渠道申请解决。

(二) 计征方法

核电企业承担上缴的场外核应急专项收入,在基建期和运行期分别按以下标准缴纳:

(1) 基建期按设计额定容量每千瓦时5元人民币的标准缴纳。

(2) 运行期按年度上网销售电量每千瓦时0.2厘人民币的标准缴纳。

核电企业按规定标准缴纳场外核应急专项收入后,任何单位、部门及地方各级人民政府不得以核应急准备或者与此相关名义向企业收取资金。

核电企业承担上缴的场外核应急专项收入,基建期应在核电工程浇灌第一罐混凝土的当年起3年内按规定承担数额的30%、40%和30%,分年度缴清;运行期应在商业运行后的次年开始,根据上一年的实际上网销售电量按规定标准缴纳。

同一省、自治区、直辖市内,核电企业缴纳的场外核应急专项收入按以下比例分别上缴中央和地方财政:

(1) 首期建设的核电厂按15%和85%的比例上缴中央和地方财政;

(2) 后续再建的核电厂按50%和50%的比例上缴中央和地方财政。

核电企业应于每年3月底前,将当年应缴纳中央和地方管理的场外核应急专项收入分别及时足额缴库。

八、免税商品特许经营费

(一) 概况

根据《财政部关于印发〈免税商品特许经营费缴纳办法〉的通知》(财企〔2004〕241号)

中的解释,为进一步加强免税商品经营管理,体现免税业特许经营政策,理顺企业与国家的利益分配关系,凡经营免税商品的企业按经营免税商品业务年销售收入(额)的1%,向国家上缴特许经营费。免税商品特许经营费属于十二类非税收入中的特许经营权收入。在《2022年政府收支分类科目》中列一般公共预算收入第103类99款07项"免税商品特许经营费收入",作为中央收入科目。

免税商品特许经营费主要依据以下规定征收:

(1) 依据《财政部关于印发〈免税商品特许经营费缴纳办法〉的通知》(财企〔2004〕241号),从2005年1月1日起开始征收免税商品特许经营费,文件还对缴费人、费率等内容进行了规范;该项收入属于中央级收入。

(2) 依据《财政部关于印发〈免税商品特许经营费缴纳办法〉的补充通知》(财企〔2006〕70号),对征收范围、征收主体、预算科目等内容做了修改和补充。

(3) 依据《国家税务总局关于国家重大水利工程建设基金等政府非税收入项目征管职责划转有关事项的公告》(国家税务总局公告2018年第63号),对划转后税务部门征收提出了具体要求。征收范围、对象、标准及收入分成等仍按现行规定执行。

(二) 缴费主体

免税商品特许经营费的缴费主体是经营免税商品的企业。免税商品是指免征关税、进口环节税的进口商品和实行退(免)税(增值税、消费税)进入免税店销售的国产商品。

(三) 征收范围

免税商品特许经营费的范围是指免税商品经营业务,包括:中国免税品(集团)总公司的免税商品经营业务;设立在机场、港口、车站、陆路边境口岸和海关监管特定区域的免税商店;在出境飞机、火车、轮船上向出境的国际旅客、驻华外交官和国际海员等提供免税商品购物服务的特种销售业务。

当前,从事免税商品经营业务的企业主要有中国免税品(集团)总公司、深圳市国有免税商品(集团)有限公司、珠海免税企业(集团)有限公司、中国中旅(集团)公司、中国出国人员服务总公司、上海浦东国际机场免税店、海南离岛旅客免税购物商店以及其他经营免税商品或代理销售免税商品的企业。

(四) 计费依据和征收标准

计费依据是经营免税商品业务年销售收入。一般按照经营免税商品业务的征收标准是年销售收入的1%缴纳,海南离岛旅客免税购物商店按经营免税商品业务年销售收入的4%缴纳。

(五) 申报事项

1. 申报要求

按照非税收入通用申报表的要求进行申报。

2. 申报日期

免税商品经营企业于年度终了的5个月内,依据注册会计师的审计报告,清算当年应交免税商品特许经营费并上缴中央金库。

3. 征收管理

(1) 中国免税品(集团)总公司按其合并会计报表口径,由总公司集中缴纳。

(2) 中国免税品(集团)总公司供货的其他免税商品经营企业,在企业所在地就地解缴。

(3) 在国际交通工具上销售(或代理销售)免税商品的民航、交通、铁道等行业的企业,以及非全部经营免税商品的企业,在企业纳税所在地缴纳特许经营费。

九、国家留成油收入

(一) 概况

国家留成油是指中国公司对外合作勘探开发生产海上石油,按规定缴纳增值税和矿区使用费后,在余额油分配时根据石油合同的约定比例留给国家的权益。国家留成油收入凭借的是资产所有权征收的收入。在《2022年政府收支分类科目》中列一般公共预算收入第103类07款20项"国家留成油上缴收入",作为中央收入科目。

"石油合同"是资源国或其国家石油公司与外国石油公司依东道国法律,为合作开采石油资源订立的,包括石油勘探、开发和生产等内容的协议的简称。

(二) 合作油田分成模式与计算

中国公司对外合作勘探开发生产海上石油所取得的收入,首先应该向中国政府缴纳增值税、矿区费或资源税;其次用来弥补回收作业费(开发成本,包括双方的弃置费、勘探费、开发投资资金及成本)。剩余的部分称为余额油。"余额油"分为"留成油"和"分成油"两部分。留成油成为国家收入,分成油作为开发企业投资收入。一般情况下,会按照合同约定阶梯分成率,进行分成。所谓阶梯分成率是指在不同的产量水平采用不同的分成比率。这样,就需要根据最后的产量水平,确定一个平均的分成比率(X)。每个油田每个日历年的"分成油"应等于该日历年的"余额油"乘以分成率(X),即分成油=余额油×X;留成油=余额油×$(1-X)$。

上述分析如表8-5所示。

表 8-5 合作油田分成模式

增值税 5%	向中国政府上缴产量税(VAT)		
矿费和费用回收油约为 62.50%	0~12.5%	向中国政府上缴矿区费(或资源税)	
	50%~62.5%	回收作业费	
		回收中方弃置费	回收外方弃置费
		回收中方勘探费	回收外方勘探费
		回收中方开发投资及利息	回收外方开发投资及利息
余额油约为 32.50%	$X \times 32.5\%$	中方分成油	外方分成油
	$(1-X) \times 32.5\%$	上缴中国政府留成油	

【例 8-1】 某中外合作甲油田累计年产量 80 万吨,石油合同约定的阶梯分成率如表 8-6 所示,则甲油田的分成率为多少?

表 8-6 合同约定的阶梯分成率

累计年产量(万吨)	阶梯分成率
等于或少于 50	$X_1 = 95\%$
50 以上至 100	$X_2 = 92\%$
100 以上至 200	$X_3 = 86\%$
200 以上至 300	$X_4 = 82\%$

【解答】

分成率 $X = [50 \times 0.95 + (80-50) \times 0.92] \div 80 \times 100\% = 93.875\%$

年度留成油 = 累计余额油 $\times (1 - 93.875\%)$

(三) 申报与征收

1. 征收机关

自 2019 年 1 月 1 日起,国家留成油收入划转至税务部门征收。征收范围、对象、标准及收入分成等仍按现行规定执行。

2. 申报与缴纳

国家留成油随其合作油田生产的原油一起销售,实现变现折价,一般每月结束后 30 日内申报,并作为专项收入上缴中央财政,具体征收期限由石油企业报财政部核准。按照现行规定,中国海洋石油集团有限公司按月申报缴纳,中国石油化工集团公司、中国石油天然气集团公司按年申报缴纳。缴费人未按规定缴纳,由税务部门责令限期缴纳,并从滞纳之日起按日加收 0.5‰ 的滞纳金。

3. 变现折价中的销售费用处理

(1) 公司应缴纳的国家留成油变价款,应当按照国家留成油实际销售额扣除其本身所发生的销售费用进行核定。销售费用包括国家留成油销售过程中实际发生的商检费用及销售机构管理费。

（2）年度终了后的3个月内，将上年合作油田上缴国家留成油的实际销售费用情况报送相关部门审核。经审核后，可在缴纳以后期间国家留成油变价收入时扣除销售费用。

十、水土保持补偿费

（一）概况

水土保持补偿费是水行政主管部门对损坏水土保持设施和地貌植被、不能恢复原有水土保持功能的生产建设单位和个人征收并专项用于水土流失预防治理的资金。《水土保持补偿费征收使用管理办法》（财综〔2014〕8号印发）第五条规定，在山区、丘陵区、风沙区以及水土保持规划确定的容易发生水土流失的其他区域开办生产建设项目或者从事其他生产建设活动，损坏水土保持设施、地貌植被，不能恢复原有水土保持功能的单位和个人，应当缴纳水土保持补偿费。第二十九条规定，按本办法规定开征水土保持补偿费后，原各地区征收的水土流失防治费、水土保持设施补偿费、水土流失补偿费等涉及水土流失防治和补偿的收费予以取消。

水土保持补偿费属于行政事业性收费，为中央地方共享收入，按照1∶9的比例分别上缴中央和地方国库。地方政府之间水土保持补偿费的分配比例，由各省（区、市）财政部门商水行政主管部门确定。在《2022年政府收支分类科目》中列政府性基金预算收入第103类04款46项09目"水土保持补偿费收入"，作为中央与地方共用收入科目。

依据《国家税务总局关于水土保持补偿费等政府非税收入项目征管职责划转有关事项的公告》（国家税务总局公告2020年第21号）的规定，自2021年1月1日起，水土保持补偿费、地方水库移民扶持基金、排污权出让收入、防空地下室易地建设费划转至税务部门征收，并对划转后的征收工作提出具体要求，但征收范围、征收对象、征收标准等政策仍按现行规定执行。

（二）缴费主体

在山区、丘陵区、风沙区以及水土保持规划确定的容易发生水土流失的其他区域开办生产建设项目或者从事其他生产建设活动，损坏水土保持设施、地貌植被，不能恢复原有水土保持功能的单位和个人。

（三）征收范围

在山区、丘陵区、风沙区以及水土保持规划确定的容易发生水土流失的其他区域开办生产建设项目或者从事其他生产建设活动，损坏水土保持设施、地貌植被，不能恢复原有水土保持功能的单位和个人（以下简称缴纳义务人），应当缴纳水土保持补偿费。其

中,从事其他生产建设活动包括:

(1) 取土、挖砂、采石(不含河道采砂)。

(2) 烧制砖、瓦、瓷、石灰。

(3) 排放废弃土、石、渣。

(四) 计费依据

(1) 对一般性生产建设项目,按照征占用土地面积一次性计征,东部地区每平方米不超过1.4元(不足1平方米的按1平方米计,下同),中部地区每平方米不超过1.5元,西部地区每平方米不超过1.7元。对水利水电工程建设项目,水库淹没区不在水土保持补偿费计征范围之内。

(2) 开采矿产资源的,建设期间,按照征占用土地面积一次性计征,具体收费标准按照上述第(1)项执行。开采期间,石油、天然气以外的矿产资源按照开采量(采掘、采剥总量)计征。石油、天然气根据油、气生产井(不包括水井、勘探井)占地面积按年征收,每口油、气生产井占地面积按不超过2 000平方米计算;对丛式井每增加一口井,增加计征面积按不超过400平方米计算,每平方米每年收费不超过1.4元。各地在核定具体收费标准时,应充分评估损害程度,对生产技术先进、管理水平较高、生态环境治理投入较大的资源开采企业,在核定收费标准时应按照从低原则制定。

(3) 取土、挖砂(河道采砂除外)、采石以及烧制砖、瓦、瓷、石灰的,根据取土、挖砂、采石量,按照每立方米0.3~1.4元计征(不足1立方米的按1立方米计)。对缴纳义务人已按前两种方式计征水土保持补偿费的,不再重复计征。

(4) 排放废弃土、石、渣的,根据土、石、渣量,按照每立方米0.3~1.4元计征(不足1立方米的按1立方米计)。对缴纳义务人已按前三种方式计征水土保持补偿费的,不再重复计征。

上述各类收费具体标准由各省、自治区、直辖市价格主管部门、财政部门会同水行政主管部门根据本地实际情况制定。

(五) 征收期限及方式

按次缴纳的,应于项目开工前或建设活动开始前,缴纳水土保持补偿费。按期缴纳的,在期满之日起15日内申报缴纳。一般情况水土保持补偿费由水行政主管部门审核确定水土保持补偿费征收额,并向缴纳义务人送达水土保持补偿费缴纳通知单。缴纳通知单应当载明征占用土地面积(矿产资源开采量、取土挖砂采石量、弃土弃渣量)、征收标准、缴纳金额、缴纳时间和地点等事项。缴费人按照缴纳通知单的规定向税务部门自行申报缴纳。

(六) 减免优惠

(1) 按照规定,有下列情形之一者,可以免征水土保持补偿费:①建设学校、幼儿园、医院、养老服务设施、孤儿院、福利院等公益性工程项目的。②农民依法利用农村集体土地新建、翻建自用住房的。③按照相关规划开展小型农田水利建设、田间土地整治建设和农村集中供水工程建设的。④建设保障性安居工程、市政生态环境保护基础设施项目的。⑤建设军事设施的。⑥按照水土保持规划开展水土流失治理活动的。⑦法律、行政法规和国务院规定免征水土保持补偿费的其他情形。

(2)《财政部 国家发展改革委关于缓缴涉及企业、个体工商户部分行政事业性收费的公告》(财政部 发改委公告2022年第29号)规定,在2022年10月1日至2022年12月31日,对企业、个体工商户应缴纳的水土保持补偿费,自应缴之日起缓缴一个季度,不收滞纳金。

(3) 2022年1月1日至2023年12月31日,为进一步减轻企业负担,部分省(区、市)在现行收费标准的基础上,按照80%收取水土保持补偿费。

十一、地方水库移民扶持基金

(一) 概况

地方水库移民扶持基金属于政府性基金,具体包括省级大中型水库库区基金、小型水库移民扶持基金两个征收项目,基金收入归属省级财政。在《2022年政府收支分类科目》省级大中型水库库区基金列第103类01款50项02目"地方大中型水库库区基金收入",作为地方收入科目;小型水库移民扶助基金列第103类01款57项"小型水库移民扶助基金收入",作为地方收入科目。2021年1月1日起,地方水库移民扶持基金划转税务部门征收。

(二) 缴费主体

各省、自治区、直辖市行政区域内装机容量在2.5万千瓦及以上的大中型水库和水电站,为省级大中型水库库区基金缴纳义务人。行政区域内装机容量在2.5万千瓦及以下的小型水库和水电站,为小型水库移民扶助基金缴纳义务人。

(三) 征收范围

地方水库移民扶持基金在除内蒙古、上海、江苏、西藏、宁夏、新疆6个省(区、市)以外的全国其他25个省(区、市)征收,大连、青岛、宁波、厦门、深圳5个计划单列市由省税务局统一征收。目前,部分省(区、市)已停征省级大中型水库库区基金和小型水库移民扶助基金。

(四) 计算公式

省级大中型水库库区基金=费率×实际上网销售电量

小型水库移民后期扶助基金=费率×实际上网销售电量(部分省份规定扣除农业生产等用电)

(五) 征收期限

省级大中型水库库区基金按月缴纳,具体入库时间各地规定不完全相同。例如,四川规定每月终了后 10 日内缴纳;江西规定每月终了后 7 日内缴纳。

小型水库移民扶助基金可选择按月、按季、按半年、按年缴纳,具体入库时间各地规定不完全相同。

(六) 减免优惠

《财政部关于取消、调整部分政府性基金有关政策的通知》(财税〔2017〕18 号)规定,"十三五"期间,省、自治区、直辖市人民政府可以结合当地经济发展水平、相关公共事业和设施保障状况、社会承受能力等因素,自主决定免征、停征或减征地方水利建设基金、地方水库移民扶持基金。各省、自治区、直辖市财政部门应当将本地区出台的减免政策报财政部备案。

十二、排污权出让收入

(一) 概况

排污权出让收入,是指政府以有偿出让方式配置排污权取得的收入,包括采取定额出让方式出让排污权收取的排污权使用费和通过公开拍卖等方式出让排污权取得的收入。在《2022 年政府收支分类科目》作为一般公共预算收入列第 103 类 07 款 15 项"排污权出让收入",作为地方收入科目。2021 年 1 月 1 日起,排污权出让收入划转至税务部门征收。征收范围、征收对象、征收标准等政策仍按现行规定执行。

(二) 缴费主体

通过定额出让或市场公开出让(包括拍卖、挂牌、协议等)方式取得出让排污权的排污单位。排污权有效期原则上为 5 年。有效期满后,排污单位需要延续排污权的,应当按照地方环境保护部门重新核定的排污权,继续缴纳排污权使用费。

(三) 征缴标准

现有排污单位取得排污权,原则上采取定额出让方式,出让标准由试点地区价格、财政、环境保护部门根据当地污染治理成本、环境资源稀缺程度、经济发展水平等因素确定,在试点初期可暂免缴纳排污权使用费。新建项目排污权和改建、扩建项目新增排污权,原则上通过公开拍卖方式取得,拍卖底价可参照定额出让标准。

(五) 征收期限

根据非税收入通用申报表的要求按次申报缴纳。缴纳排污权使用费金额较大、一次性缴纳确有困难的排污单位,可在排污权有效期内分次缴纳,首次缴款不得低于应缴总额的 40%。排污单位通过市场公开出让方式购买政府出让排污权的,应当一次性缴清款项,或者按照排污权交易合同的约定缴款。

十三、防空地下室易地建设费

(一) 概况

防空地下室易地建设费,是指在人防重点城市的市区(直辖市含近郊区)新建民用建筑,因条件限制不能同步配套建设防空地下室,由建设单位提出易地建设申请,经有批准权限的人防主管部门批准后,按应建设防空地下室的建筑面积和规定的易地建设费标准缴纳的建设费用。防空地下室易地建设费于 2000 年开征,2002 年明确防空地下室易地建设费为行政事业性收费收入,全额属于地方收入,在《2022 年政府收支分类科目》中列一般公共预算收入第 103 类 04 款 24 项 01 目"防空地下室易地建设费"。2021 年 1 月 1 日起,防空地下室易地建设费划转税务部门征收,征收范围、征收对象、征收标准等政策仍按现行规定执行。

(二) 缴费主体

需要缴纳防空地下室易地建设费的建设单位为缴纳义务人。

(三) 征收范围

防空地下室易地建设费在全国范围内征收,征收对象为城市新建民用建筑。征缴入库后,专项用于人民防空建设。

(四) 计费依据

$$防空地下室易地建设费 = 应建防空地下室建筑面积 \times 征收标准$$

1. 应建防空地下室建筑面积

《国家国防动员委员会国家发展计划委员会建设部财政部关于颁布〈人民防空工程建设管理规定〉的通知》(国人防办字〔2003〕第 18 号)第四十七条规定,新建民用建筑应当按照下列标准修建防空地下室:

(1) 新建 10 层(含)以上或者基础埋深 3 米(含)以上的民用建筑,按照地面首层建筑面积修建 6 级(含)以上防空地下室。

(2) 新建除一款规定和居民住宅以外的其他民用建筑,地面总建筑面积在 2 000 平方米以上的,按照地面建筑面积的 2%~5%修建 6 级(含)以上防空地下室。

(3) 开发区、工业园区、保税区和重要经济目标区除一款规定和居民住宅以外的新建民用建筑,按照一次性规划地面总建筑面积的 2%~5%集中修建 6 级(含)以上防空地下室;按二、三款规定的幅度具体划分:一类人民防空重点城市按照4‰~5‰修建;二类人民防空重点城市按照3‰~4‰修建;三类人民防空重点城市和其他城市(含县城)按照2‰~3‰修建。

(4) 新建除上述第(1)项规定以外的人民防空重点城市的居民住宅楼,按照地面首层建筑面积修建6B级防空地下室。

(5) 人民防空重点城市危房翻新住宅项目,按照翻新住宅地面首层建筑面积修建6B级防空地下室。

2. 征收标准

《国家计划发展委员会 财政部 国家国防动员委员会 建设部关于规范防空地下室易地建设收费的规定的通知》(计价格〔2000〕474号)规定,防空地下室易地建设费的收费标准,由省、自治区。直辖市价格主管部门会同同级财政、人防主管部门按照当地防空地下室的造价制定,报国家计委、财政部、国家人防办备案。例如,《江苏省人民防空建设经费筹集管理规定》应建而未建"满堂红"防空地下室的,按不低于楼房底层建筑面积每平方米2 400~2 800元缴纳易地建设费;其他民用建筑按规定应建防空地下室的面积每平方米2 400~2 800元缴纳易地建设费。

(五) 征收期限

根据非税收入通用申报表的要求按次申报缴纳。

(六) 减免优惠

1. 新建民用建筑项目优惠

按照《国家计划发展委员会 财政部 国家国防动员委员会 建设部关于规范防空地下室易地建设收费的规定的通知》(计价格〔2000〕474号)的规定,对以下新建民用建筑项目应适当减免防空地下室易地建设费:

(1) 享受政府优惠政策建设的廉租房、经济适用房等居民住房,减半收取。

(2) 新建幼儿园、学校教学楼、养老院及为残疾人修建的生活服务设施等民用建筑,减半收取。

(3) 临时民用建筑和不增加面积的危房翻新改造商品住宅项目,予以免收。

(4) 因遭受水灾、火灾或其他不可抗拒的灾害造成损坏后按原面积修复的民用建筑,予以免收。

2. 廉租住房、经济适用住房、棚户区改造和旧住宅区整治优惠

按照《财政部关于贯彻落实国务院关于解决城市低收入家庭住房困难若干意见的通知》(财综〔2007〕53号)的规定,对廉租住房、和经济适用住房建设、棚户区改造、旧住宅区整治,免收防空地下室易地建设费。

3. "校舍安全工程"项目优惠

按照《关于免收全国中小学校舍安全工程建设有关收费的通知》(财综〔2010〕57号)的规定,对所有中小学校"校舍安全工程"建设所涉及的防空地下室易地建设费全额免收。

(七) 征收管理

目前法律法规尚未对欠费追征及罚款、滞纳金作出明确规定。但《国家国防动员委员会国家发展计划委员会建设部财政部关于颁布〈人民防空工程建设管理规定〉的通知》(国人防办字〔2003〕第18号)第五十四条规定,经人民防空主管部门批准需缴纳防空地下室易地建设费的,建设单位在办理建设工程规划许可证前,应当先缴纳防空地下室易地建设费。由于设置了行政审批前置性条件,防空地下室易地建设费欠费较少,征缴率较高。

十四、城镇垃圾处理费

(一) 概况

为加快生活垃圾处理步伐,提高垃圾处理质量,改善城市生态环境,促进可持续发展,党中央、国务院决定建立城市生活垃圾处理收费制度。城市生活垃圾是指城市人口在日常生活中产生或为城市日常生活提供服务的产生的固体废物,以及法律法规规定,视为城镇生活垃圾的固定废物(包括建筑垃圾和渣土,不包括工业固体废物和危险废物)。城镇垃圾处理费按行政事业性收入管理,在《2022年政府收支分类科目》中列第103类04款33项13目"城镇垃圾处理费",作为中央与地方共用收入科目。

(二) 缴费主体

城市建成区(包括建制镇、开发区、独立工矿区等已实施城市化管理的区域)范围内所有产生生活垃圾的机关、企事业单位、部队、社会团体、个体经营者(以下简称单位)和个人(含常住人口、暂住人口),均应按规定缴纳生活垃圾处理费。

(三) 计费依据

垃圾处理费收费标准,由城市人民政府价格主管部门会同建设(环境卫生)行政主管部门制定,报城市人民政府批准执行,并报省级价格、建设行政主管部门备案。

(四) 征收期限

各地城镇垃圾处理费征收期限并不相同,根据不同类型的缴费人群,一般分为按月或按年计征。

(五) 缓缴政策

在2022年10月1日至2022年12月31日,对企业、个体工商户应缴纳的城镇垃圾处理费,自应缴之日起缓缴一个季度,不收滞纳金。

各地根据实际情况,也出台了一些城镇垃圾处理费减免政策。

(六) 征收管理

(1) 征收主体。根据《财政部关于土地闲置费、城镇垃圾处理费划转税务部门征收的通知》(财税〔2021〕8号)的规定,自2021年7月1日起,住房和城乡建设等部门负责征收的按行政事业性收费管理的城镇垃圾处理费划转至税务部门征收。征收范围、对象、标准、分成、使用等政策继续按照现行规定执行。

(2) 退费办理。因缴费人误缴、税务部门误收以及汇算清缴需要退库的,由财政部门授权税务部门审核退库,具体由缴费人直接向税务部门申请办理。其他情形需要退费的,税务部门告知缴费人向住房和城乡建设部门和财政部门申请办理。

(3) 征收模式。城镇垃圾处理费征收模式一般分为自行申报和委托代征。很多地区城镇垃圾处理费由税务部门委托燃气或供水企业等按户代征。

十五、土地闲置费

(一) 概况

土地闲置费是指土地使用者依法取得土地使用权后,未经原批准用地的人民政府同意,超过规定的期限未动工开发建设造成土地荒芜、闲置时,由土地使用者向土地行政主管部门缴纳的费用缴纳闲置费。在《2022年政府收支分类科目》作为一般公共预算收入列第103类04款32项05目"土地闲置费",作为中央与地方公用收入科目。2021年7月1日起,土地闲置费划转至税务部门征收。征收范围、对象、标准、分成、使用等政策继续按照现行规定执行。

(二) 缴费主体

造成土地闲置,未动工开发满1年且不满两年的土地使用权人为缴纳义务人。

(三) 征收范围

土地闲置费在全国范围内征收。

(四) 计费依据

一般按划拨或出让土地价款的20%征收土地闲置费,划拨方式以取得土地发生的成本(扣除税收)作为计费依据,出让方式以土地出让金作为计费依据。

(五) 征收期限

缴费人根据自然资源部门出具的《征缴土地闲置费决定书》按次申报缴纳,原则上使用《非税收入通用申报表》。

(六) 减免优惠

1. 免征情形

(1)《财政部 国家发展改革委关于减免养老和医疗机构行政事业性收费有关问题的通知》(财税〔2014〕77号)规定,自2015年1月1日起,对非营利性养老和医疗机构建设全额免征土地闲置费。

(2)《财政部 税务总局 发展改革委 民政部 商务部 卫生健康委关于养老、托育、家政等社区家庭服务业税费优惠政策的公告》(财政部 税务总局 发展改革委 民政部 商务部 卫生健康委公告2019年第76号)规定,自2019年6月1日起至2025年12月31日,为社区提供养老、托育、家政等服务的机构,用于提供社区养老、托育、家政服务的房产、土地,免征土地闲置费。

2. 减半情形

《财政部 国家发展改革委关于减免养老和医疗机构行政事业性收费有关问题的通知》(财税〔2014〕77号)规定,自2015年1月1日起,对营利性养老和医疗机构建设减半收取土地闲置费。

(七) 征收管理

按照《闲置土地处置办法》(国土资源部令53号)第十八条的规定,国有建设用地使用权人逾期不申请行政复议、不提起行政诉讼,也不履行相关义务的,市、县国土资源主管部门可以采取下列措施:

(1)逾期不办理国有建设用地使用权注销登记,不交回土地权利证书的,直接公告注销国有建设用地使用权登记和土地权利证书。

(2)申请人民法院强制执行。税务部门应及时将逾期信息传递给费种主管部门。部分省(区、市)对逾期缴纳土地闲置费加收滞纳金,如江苏规定对逾期缴纳土地闲置费的,自逾期之日起,按日加收0.1%的滞纳金。

十六、国有土地使用权出让收入

(一) 概况

国有土地使用权出让收入(以下简称土地出让收入)是指政府以出让等方式配置国有土地使用权取得的全部土地价款。土地出让收入的发展分为以下四个阶段。第一阶段为萌芽阶段(1978—1987年),《中华人民共和国中外合资经营企业法》规定可以出租批租土地给外商使用,主要是应对对外开放格局,缓解城市开发建设资金的不足。第二阶段为确立阶段(1988—1998年),这一阶段主要从法律法规层面明确了土地出让收入的法律地位。《中华人民共和国宪法》取消了国有土地不能出租、转让的规定,同时《中华人民共和国土地管理法》《中华人民共和国城镇国有土地使用权出让和转让暂行条例》《中华人民共和国城市房地产管理法》等法律法规相继出台。第三阶段为规范完善阶段（2001—2012年），《关于加强国有土地资产管理的通知》《国务院关于深化改革严格土地管理的决定》等规范性文件出台，大力推行国有土地招拍挂方式。第四阶段是为深化改革阶段（2012年以来），主要是规范市场运行机制，合理配置土地资源，减少非公益性用地划拨，扩大国有土地有偿使用范围，通过市场配置实现国土资源价值。

注：根据《中华人民共和国外商投资法》的规定，自2020年1月1日起，《中华人民共和国中外合资经营企业法》已全文废止。

土地出让收入为政府性基金收入，在《2022年政府收支分类科目》中列第103类01款48项"国有土地使用权出让收入"。

根据《国有土地使用权出让收支管理办法》第十一条的规定，从缴入地方国库的招标、拍卖、挂牌和协议方式出让国有土地使用权所取得的总成交价款中，划出一定比例的资金，用于建立国有土地收益基金，实行分账核算，具体比例由省、自治区、直辖市及计划单列市人民政府确定，并报财政部和国土资源部备案。国有土地收益基金主要用于土地收购储备。国有土地收益基金在《2022年政府收支分类科目》中列第103类01款46项"国有土地收益基金收入"。

根据《国有土地使用权出让收支管理办法》第十二条的规定，从招标、拍卖、挂牌和协议方式出让国有土地使用权所确定的总成交价款中计提用于农业土地开发资金。农业土地开发资金在《2022年政府收支分类科目》中列第103类01款47项"农业土地开发资金收入"。

（二）缴费主体

取得国有土地使用权的单位、组织和个人为缴纳义务人。

（三）征收范围

《国有土地使用权出让收支管理办法》（财综〔2006〕68号），第二条规定，土地出让收入具体包括：

（1）以招标、拍卖、挂牌和协议方式出让国有土地使用权所取得的总成交价款（不含代收代缴的税费）。

（2）转让划拨国有土地使用权或依法利用原划拨土地进行经营性建设应当补缴的土地价款；处置抵押划拨国有土地使用权应当补缴的土地价款。

（3）转让房改房、经济适用住房按照规定应当补缴的土地价款；改变出让国有土地使用权土地用途、容积率等土地使用条件应当补缴的土地价款，以及其他和国有土地使用权出让或变更有关的收入等。

国土资源管理部门依法出租国有土地向承租者收取的土地租金收入；出租划拨土地上的房屋应当上缴的土地收益；土地使用者以划拨方式取得国有土地使用权，依法向市、县人民政府缴纳的土地补偿费、安置补助费、地上附着物和青苗补偿费、拆迁补偿费等费用（不含征地管理费），一并纳入土地出让收入管理。

按照规定依法向国有土地使用权受让人收取的定金、保证金和预付款，在国有土地使用权出让合同生效后可以抵作土地价款。划拨土地的预付款也按照上述要求管理。

（四）征收标准

（1）以招拍挂及协议方式出让国有土地使用权的，为总成交价款。

（2）转让划拨国有土地使用权或依法利用原划拨土地进行经营性建设的，按照市场价补缴国有土地使用权出让收入。

（3）转让已购公房、经济适用住房征收土地出让金，按照规定的计算公式补缴国有土地使用权出让收入，计算公式如下：

$$\text{补缴土地价款（元）} = \text{标定地价（元/平方米）} \times \text{缴纳比例（} \geqslant 10\% \text{）} \times \text{上市房屋分摊土地面积（平方米）} \times \text{年期修正系数}$$

（五）征收期限

土地出让收入申报缴纳期限为土地出让合同签订之日、划拨用地批准文件等制发之日起，至土地出让合同、划拨用地批准文件等规定的付款期限届满之日止。缴费人根据合同约定按次填写《非税收入通用申报表》，自行向税务部门申报缴纳。税务部门根据自然资源部门传递的费源信息及时通知缴费人办理申报缴费业务。涉及分期缴纳土地出让收入的，税务部门应该做好辅导工作。

（六）征收管理

1. 征收主体

财综〔2021〕19号文件明确规定，自2021年7月1日起，试点地区（河北、内蒙古、上海、浙江、安徽、青岛、云南省）国有土地使用权出让收入、矿产资源专项收入、海域使用金、无居民海岛使用金四项政府非税收入划转税务部门征收。非试点地区划转时点为2022年1月1日。税务机关开具财政部统一监（印）制的《中央非税收入统一票据》，并加盖征收专用章。

2. 竞买保证金

竞买保证金主要存在于招拍挂出让方式中，目前税务部门对竞买保证金的征收存在两种方式，一是自然资源部门（或公共资源交易中心）代缴费人向税务部门申报缴纳，可在《中央非税收入统一票据》备注栏注明实际缴费人；二是缴费以自己的名义申报，选择银行端查询缴方式，通过办税服务厅或网上办税系统生成《银行端查询缴税凭证》，经保证金收取单位签章确认后,送交收取竞买保证金的银行划缴入库。

3. 计提项目

对费源信息能够明确计提比例的地块,税务机关可以根据确定的应计提专项资金,按照"国有土地收益基金收入""农业土地开发资金收入""国有土地使用权出让收入"三个征收项目征收入库。对费源信息不能明确计提比例的地块,税务机关按照"国有土地使用权出让收入"征收入库,由财政部门通过调库等方式计提专项资金。

4. 利息

《国土资源部 国家工商行政管理总局关于发布〈国有建设用地使用权出让合同〉示范文本的通知》(国土资发〔2008〕86号)规定,分期支付国有建设用地使用权出让价款的,受让人在支付第二期以及各期国有建设用地使用权出让价款时,同意按照支付第一期土地出让价款之日中国人民银行公布的贷款利率,向出让人支付利息。

5. 违约金

《国务院办公厅关于规范国有土地使用权出让收支管理的通知》(国办发〔2006〕100号)规定,土地出让合同、征地协议等应约定对土地使用者不按时足额缴纳国有土地使用权出让收入的,按日加收违约金额1‰的违约金。违约金随同国有土地使用权出让收入一并缴入地方国库。

缴费人未按规定期限申报缴费的,税务机关应当及时督促提醒缴费人申报缴费。对缴费人经督促提醒仍不缴、少缴土地出让收入的,税务机关应当及时将有关信息推送至自然资源部门,便于费种主管部门履行相关管理职责。

6. 退费

因缴费人误缴、税务机关误收土地出让收入需要退库的,税务机关受理缴费人申请并严格审核后,及时商财政、自然资源部门复核,按规定办理退付手续。因政策调整、费源信息变更等其他情形需要退库的,税务机关应当告知缴费人向财政和自然资源部门申请办理。

十七、矿产资源专项收入

矿产资源专项收入,是指国家基于自然资源所有权对在中华人民共和国领域及管辖海域勘查、开采、使用、占用矿产资源的探矿权人或采矿权人收取的各项收入。这些收入由国家实行专款专用,主要用于矿产资源勘查、保护、管理等支出。《财政部 国土资源部关于将矿产资源专项收入统筹安排使用的通知》(财建〔2010〕925号)明确,矿产资源专项收入是指中央分成(收取)的矿产资源补偿费、探矿权采矿权使用费和探矿权采矿权价款收入。《国务院关于全民所有自然资源资产有偿使用制度改革的指导意见》(国发〔2016〕82号)提出,为完善矿业权有偿出让制度,在矿业权出让环节,取消探矿权价款、采矿权价款,征收矿业权出让收益。《国务院关于印发矿产资源权益金制度改革方案的通知》(国发〔2017〕29号)提出在矿业权占有环节,将探矿权采矿权使用费整合为矿业权占用费。进一步扩大矿业权竞争性出让范围,除协议出让等特殊情形外,对所有矿业权一律以招标、拍卖、挂牌方式出让。综合以上规定,矿产资源专项收入现包括矿产资源补偿费收入、矿业权出让收益和探矿权采矿权使用费(矿业权占用费)。矿产资源专项收入纳入财政预算管理,专款专用。在《2022年政府收支分类科目》列为一般公共预算收入第103类07款14项01目"矿产资源补偿费收入"、02目"探矿权、采矿权使用费收入"、04目"矿业权出让收益"、05目"矿业权占用费收入"。

注:根据《财政部关于公布废止和失效的财政规章和规范性文件目录(第十三批)的决定》(财政部令第103号)的规定,本文自2020年1月23日起失效。

(一) 矿产资源补偿费收入

1. 概况

矿产资源补偿费收入,是指采矿权人为补偿国家矿产资源的消耗而向国家缴纳的一定费用。1994年2月27日,中华人民共和国国务院令第150号发布《矿产资源补偿费征收管理规定》(1997年7月3日中华人民共和国国务院令第222号修改),明确在中华人民共和国领域和其他管辖海域开采矿产资源,应当依照规定缴纳矿产资源补偿费。矿产资源补偿费是一种财产性收益,它是矿产资源国家所有权在经济上的实现形式。矿产资源补偿费由中央和地方共享。2016年,为着力解决税费重叠、功能交叉问题,财政部、国家税务总局印发了《关于全面推进资源税改革的通知》(财税〔2016〕53号),文件明确,在实施资源税从价计征改革的同时,将全部资源品目矿产资源补偿费费率降为0,停止征收价格调节基金,取缔地方针对矿产资源违规设立的各种收费基金项目。

注:根据《财政部 税务总局关于资源税有关问题执行的口径》(财政部 税务总局公告2020年第34号)的规定,本通知自2020年9月1日起全文废止。

2. 缴费主体

凡是在中华人民共和国领域和其他管辖海域开采矿产资源的采矿权人,均须按照规定缴纳矿产资源补偿费。

3. 计费依据

矿产资源补偿费按照矿产品销售收入的一定比例计征。企业缴纳的矿产资源补偿费列入管理费用。采矿权人对矿产品自行加工的,按照国家规定价格计算销售收入;国家没有规定价格的,按照征收时矿产品的当地市场平均价格计算销售收入。采矿权人向境外销售矿产品的,按照国际市场销售价格计算销售收入。

矿产资源补偿费按照下列方式计算:

征收矿产资源补偿费金额＝矿产品销售收入×补偿费费率×开采回采率系数

开采回采率系数＝核定开采回采率÷实际开采回采率

核定开采回采率,以按照国家有关规定经批准的矿山设计为准;按照国家有关规定,只要求有开采方案,不要求有矿山设计的矿山企业,其开采回采率由县级以上地方人民政府负责地质矿产管理工作的部门会同同级有关部门核定。

4. 征收期限

缴费人按次填写《非税收入通用申报表》,自行向税务部门申报缴纳。税务部门根据自然资源部门传递的费源信息及时通知缴费人办理申报缴费业务。

5. 减免优惠

1) 免征情形

采矿权人有下列情形之一的,经省级人民政府地质矿产主管部门会同同级财政部门批准,可以免缴矿产资源补偿费:

(1) 从废石(矸石)中回收矿产品的。

(2) 按照国家有关规定经批准开采已关闭矿山的非保安残留矿体的。

(3) 国务院地质矿产主管部门会同国务院财政部门认定免缴的其他情形。

2) 减征情形

采矿权人有下列情形之一的,经省级人民政府地质矿产主管部门会同同级财政部门批准,可以减缴矿产资源补偿费:

(1) 从尾矿中回收矿产品的。

(2) 开采未达到工业品位或者未计算储量的低品位矿产资源的。

(3) 依法开采水体下、建筑物下、交通要道下的矿产资源的。

(4) 由于执行国家定价而形成政策性亏损的。

(5) 国务院地质矿产主管部门会同国务院财政部门认定减缴的其他情形。

采矿权人减缴的矿产资源补偿费超过应当缴纳的矿产资源补偿费50%的,须经省级人民政府批准。

批准减缴矿产资源补偿费的,应当报国务院地质矿产主管部门和国务院财政部门备案。

6. 征收管理

(1) 征收主体。财综〔2021〕19号文件中,明确了自2021年7月1日起,试点地区(河北、内蒙古、上海、浙江、安徽、青岛、云南省)国有土地使用权出让收入、矿产资源专项收入、海域使用金、无居民海岛使用金四项政府非税收入划转税务部门征收。非试点地区划转时点为2022年1月1日。税务机关开具财政部统一监(印)制的《中央非税收入统一票据》,并加盖征收专用章。

(2) 滞纳金。采矿权人在规定期限内未足额缴纳矿产资源补偿费的,由征收机关责令限期缴纳,并从滞纳之日起按日加收滞纳补偿费2‰的滞纳金。

(二) 探矿权采矿权占用费

1. 概况

探矿权采矿权占用费是国家将矿产资源探矿权采矿权出让给探矿权人,在占用环节按规定向探矿权人收取的费用。矿业权占用费中央与地方分享比例确定为2∶8,不再实行探矿权采矿权使用费按照登记机关分级征收的办法。

2. 缴费主体

在中华人民共和国领域及管辖海域勘查、开采矿产资源的探矿权采矿权人为缴纳义务人。

3. 征收标准

根据《国务院关于印发矿产资源权益金制度改革方案的通知》(国发〔2017〕29号)的规定,将现行主要依据占地面积、单位面积按年定额征收的探矿权采矿权使用费整合为根据矿产品价格变动情况和经济发展需要实行动态调整的矿业权占用费,有效防范矿业权市场中的"跑马圈地""圈而不探"行为,提高矿产资源利用效率。

4. 征收期限

缴费人按次填写《非税收入通用申报表》,自行向税务部门申报缴纳。税务部门根据自然资源部门传递的费源信息及时通知缴费人办理申报缴费业务。

5. 减免优惠

在我国西部地区、国务院确定的边远贫困地区和海域从事符合下列条件的矿产资源勘查开采活动,可以依照本规定申请减免:

(1) 国家紧缺矿产资源的勘查、开发。

(2) 大中型矿山企业为寻找接替资源申请的勘查、开发。

(3) 运用新技术、新方法提高综合利用水平的(包括低品位、难选冶的矿产资源开发及老矿区尾矿利用)矿产资源开发。

(4) 国务院地质矿产主管部门和财政部门认定的其他情况。

国家紧缺矿产资源由国土资源部确定并发布。

6. 征收管理

(1) 征收主体。财综〔2021〕19号文件明确,自2021年7月1日起,试点地区(河北、内蒙古、上海、浙江、安徽、青岛、云南省)国有土地使用权出让收入、矿产资源专项收入、海域使用金、无居民海岛使用金四项政府非税收入划转税务部门征收。非试点地区划转时点为2022年1月1日。税务机关开具财政部统一监(印)制的《中央非税收入统一票据》,并加盖征收专用章。

(2) 滞纳金。未按规定及时缴纳的,从滞纳之日起,每日加收2‰滞纳金;逾期仍不缴纳的,由探矿权、采矿权登记管理机关吊销其勘查许可证或采矿许可证。

(三) 矿业权出让收益

1. 概况

在矿业权出让环节,将探矿权采矿权价款调整为矿业权出让收益。将现行只对国家出资探明矿产地收取、反映国家投资收益的探矿权采矿权价款,调整为适用于所有国家出让矿业权、体现国家所有者权益的矿业权出让收益。矿业权出让收益为中央和地方共享收入,中央与地方分享比例确定为4∶6。地方管理海域的矿业权出让收益,由中央和地方按照4∶6的比例分成;其他我国管理海域的矿业权出让收益,全部缴入中央国库。矿业权出让收益包括探矿权出让收益和采矿权出让收益。

2. 缴费主体

在中华人民共和国领域及管辖海域勘查、开采矿产资源的探矿权采矿权人为缴纳义务人。

3. 征收方式

矿业权出让方式包括竞争出让和协议出让。征收方式包括按矿业权出让收益率形式征收或按出让金额形式征收。

1) 按矿业权出让收益率征收

按矿业权出让收益率征收矿业权出让收益的矿种,仅限《矿业权出让收益征收办法》(财综〔2023〕10号)所附目录中的矿种。按竞争方式出让探矿权、采矿权的,在出让时征收竞争确定的成交价,在矿山开采时,按合同约定的矿业权出让收益率逐年征收采矿权出让收益。矿业权出让收益率依据矿业权出让时《矿业权出让收益征收办法》所附矿种目录中规定的标准确定。按协议方式出让探矿权、采矿权的,成交价按起始价确定,在出让时征收,在矿山开采时,按矿产品销售时的矿业权出让收益率逐年征收采矿权出让收益。

矿业权出让收益＝探矿权(采矿权)成交价＋逐年征收的采矿权出让收益

其中,逐年征收的采矿权出让收益＝年度矿产品销售收入×矿业权出让收益率。

矿产品销售收入不包括增值税税款。

2) 按出让金额形式征收矿业权出让收益

除《矿业权出让收益征收办法》(财综〔2023〕10号)所附矿种目录外的其余矿种,按出让金额形式征收矿业权出让收益。按竞争方式出让探矿权、采矿权的,矿业权出让收益按竞争结果确定。按协议方式出让探矿权、采矿权的,矿业权出让收益按照评估值、矿业权出让收益市场基准价测算值就高确定。

探矿权转为采矿权的,继续缴纳原探矿权出让收益,并在采矿权出让合同中约定剩余探矿权出让收益的缴纳时间和期限,不再另行缴纳采矿权出让收益。探矿权未转为采矿权的,剩余探矿权出让收益不再缴纳。

按出让金额形式征收的矿业权出让收益,可以分期缴纳。出让探矿权的,首次征收比例不得低于探矿权出让收益的 10% 且不高于 20%,探矿权人自愿一次性缴清的除外,剩余部分在转采后在采矿许可证有效期内按年度分期缴清。其中,矿山生产规模为中型及以上的,均摊征收年限不少于采矿许可证有效期的一半。出让采矿权的,首次征收比例不得低于采矿权出让收益的 10% 且不高于 20%,采矿权人自愿一次性缴清的除外,剩余部分在采矿许可证有效期内按年度分期缴清。其中,矿山生产规模为中型及以上的,均摊征收年限不少于采矿许可证有效期的一半。

4. 征收期限

缴费人按次填写《非税收入通用申报表》,自行向税务部门申报缴纳。税务部门根据自然资源部门传递的费源信息及时通知缴费人办理申报缴费业务。矿业权人在收到缴款通知书之日起 30 日内,按缴款通知及时缴纳矿业权出让收益。按矿业权出让收益率逐年缴纳的部分,由矿业权人向税务部门据实申报缴纳上一年度采矿权出让收益,缴款时间最迟不晚次年 2 月底。

5. 征收管理

(1) 征收主体。财综〔2021〕19 号文件明确,自 2021 年 7 月 1 日起,试点地区(河北、内蒙古、上海、浙江、安徽、青岛、云南省)国有土地使用权出让收入、矿产资源专项收入、海域使用金、无居民海岛使用金四项政府非税收入划转税务部门征收。非试点地区划转时点为 2022 年 1 月 1 日。税务机关开具财政部统一监(印)制的《中央非税收入统一票据》,并加盖征收专用章。

(2) 征收原则。原则上按照矿业权属地征收。矿业权范围跨市、县级行政区域的,具体征收机关由有关省(自治区、直辖市、计划单列市)税务部门会同同级财政、自然资源主管部门确定;跨省级行政区域,以及同时跨省级行政区域与其他我国管辖海域的,具体征收机关由税务总局会同财政部、自然资源部确定。

(3) 滞纳金。未按规定及时缴纳的,从滞纳之日起,每日加收 2‰ 滞纳金,加收的滞纳金不超过欠缴金额本金。

总体来看,矿产资源专项收入的征缴流程、票据使用、退费办理等,同土地出让收入一致。

十八、海域使用金

(一) 概况

国家实行海域有偿使用制度,单位和个人使用海域,应当按照国务院的规定缴纳海域使用金。海域属于国家所有,国务院代表国家行使海域所有权,单位和个人使用海域,必须依法取得海域使用权。海域使用金纳入政府预算管理,在《2022 年政府收支分类科目》列为一般公共预算收入第103类07款01项"海域使用金收入",下设01目"中央海域使用金收入"、02目"地方海域使用金收入"。

(二) 缴费主体

在中华人民共和国使用海域的单位和个人为缴纳义务人。海域是指中华人民共和国内水、领海的水面、水体、海床和底土。

(三) 征收标准

沿海省、自治区、直辖市、计划单列市应根据本地区情况合理划分海域级别,制定不低于国家标准的地方海域使用金征收标准。以申请审批方式出让海域使用权的,执行地方标准;以招标、拍卖、挂牌方式出让海域使用权的,出让底价不得低于按照地方标准计算的海域使用金金额。尚未颁布地方海域使用金征收标准的地区,执行国家标准。养殖用海海域使用金执行地方标准。海域等别划分详见表8-7,海域使用金征收标准详见表8-8。

表 8-7 海域等别划分

等别	海域范围
一等	上海:宝山区 浦东新区 山东:青岛市(市南区 市北区) 福建:厦门市(思明区 湖里区) 广东:广州市(黄埔区 番禺区 南沙区 增城区)深圳市(福田区 南山区 宝安区 龙岗区 盐田区)
二等	上海:金山区 奉贤区 天津:滨海新区 辽宁:大连市(中山区 西岗区 沙河口区) 山东:青岛市(黄岛区 崂山区 李沧区 城阳区) 浙江:宁波市江北区 温州市龙湾区 福建:泉州市丰泽区 厦门市(海沧区 集美区) 广东:东莞市 汕头市(龙湖区 金平区 潮阳区) 中山市 珠海市(香洲区 斗门区 金湾区)
三等	上海:崇明区 辽宁:大连市甘井子区 营口市鲅鱼圈区 河北:秦皇岛市(海港区 北戴河区) 山东:青岛市即墨区 胶州市 烟台市(芝罘区 福山区 莱山区)龙口市 蓬莱市 威海市环翠区 荣成市 日照市(东港区 岚山区) 浙江:宁波市(北仑区 镇海区 鄞州区) 台州市(椒江区 路桥区) 舟山市定海区 福建:福州市马尾区 福清市 厦门市(同安区 翔安区) 泉州市(洛江区 泉港区) 石狮市 晋江市 广东:汕头市(濠江区 潮南区 澄海区) 江门市新会区 湛江市(赤坎区 霞山区 坡头区 麻章区) 茂名市电白区 惠州市惠阳区 惠东县 海南:海口市(秀英区 龙华区 美兰区) 三亚市(海棠区 吉阳区 天涯区 崖州区)
四等	辽宁:大连市(旅顺口区 金州区) 瓦房店市 长海县 营口市(西市区 老边区) 盖州市 葫芦岛市(连山区 龙港区) 绥中县 兴城市 河北:秦皇岛市山海关区 山东:烟台市牟平区 莱州市 招远市 海阳市 威海市文登区 乳山市 江苏:连云港市连云区 浙江:慈溪市 余姚市 乐清市 海盐县 平湖市 玉环市 温岭市 舟山市普陀区 嵊泗县 福建:福州市长乐区 惠安县 龙海市 南安市 广东:南澳县 台山市 恩平市 汕尾市城区 阳江市江城区 广西:北海市(海城区 银海区) 海南:儋州市

(续表)

五等	辽宁：大连市普兰店区 庄河市 东港市 河北：秦皇岛市抚宁区 唐山市(丰南区 曹妃甸区) 滦南县 乐亭县 黄骅市 山东：东营市(东营区 河口区) 长岛县 莱阳市 潍坊市寒亭区 江苏：南通市通州区 海安县 如东县 启东市 海门市 盐城市大丰区 东台市 浙江：宁波市奉化区 象山县 宁海县 温州市洞头区 瑞安市 岱山县 三门县 临海市 福建：连江县 罗源县 平潭县 莆田市(城厢区 涵江区 荔城区 秀屿区) 漳浦县 广东：遂溪县 徐闻县 廉江市 雷州市 吴川市 海丰县 陆丰市 阳东县 阳西县 饶平县 揭阳市榕城区 惠来县 广西：北海市铁山港区 防城港市(港口区 防城区) 钦州市钦南区 海南：琼海市 文昌市 万宁市 澄迈县 乐东县 陵水县
六等	辽宁：锦州市太和区 凌海市 盘锦市大洼区 盘山县 河北：昌黎县 海兴县 山东：东营市垦利区 利津县 广饶县 寿光市 昌邑市 滨州市沾化区 无棣县 江苏：连云港市赣榆区 灌云县 灌南县 盐城市亭湖区 响水县 滨海县 射阳县 浙江：平阳县 苍南县 福建：仙游县 云霄县 诏安县 东山县 宁德市蕉城区 霞浦县 福安市 福鼎市 广西：合浦县 东兴市 海南：三沙市 东方市 临高县 昌江县

表8-8 海域使用金征收标准　　　　　　　　　　单位：万元/公顷

用海方式		海域等别	一等	二等	三等	四等	五等	六等	征收方式
填海造地用海	建设填海造地用海	工业、交通运输、渔业基础设施等填海	300	250	190	140	100	60	一次性征收
		城镇建设填海	2 700	2 300	1 900	1 400	900	600	
	农业填海造地用海		130	110	90	75	60	45	
构筑物用海	非透水构筑物用海		250	200	150	100	75	50	
	跨海桥梁、海底隧道用海		17.30						
	透水构筑物用海		4.63	3.93	3.23	2.53	1.84	1.16	
围海用海	港池、蓄水用海		1.17	0.93	0.69	0.46	0.32	0.23	按年度征收
	盐田用海		0.32	0.26	0.20	0.15	0.11	0.08	
	围海养殖用海		由各省(自治区、直辖市)制定						
	围海式游乐场用海		4.76	3.89	3.24	2.67	2.24	1.93	
	其他围海用海		1.17	0.93	0.69	0.46	0.32	0.23	
开放式用海	开放式养殖用海		由各省(自治区、直辖市)制定						
	浴场用海		0.65	0.53	0.42	0.31	0.20	0.10	
	开放式游乐场用海		3.26	2.39	1.74	1.17	0.74	0.43	
	专用航道、锚地用海		0.30	0.23	0.17	0.13	0.09	0.05	
	其他开放式用海		0.30	0.23	0.17	0.13	0.09	0.05	

(续表)

用海方式 \ 海域等别		一等	二等	三等	四等	五等	六等	征收方式
其他用海	人工岛式油气开采用海	13.00						按年度征收
	平台式油气开采用海	6.50						
	海底电缆管道用海	0.70						
	海砂等矿产开采用海	7.30						
	取、排水口用海	1.05						
	污水达标排放用海	1.40						
	温、冷排水用海	1.05						
	倾倒用海	1.40						
	种植用海	0.05						

注：
1. 离大陆岸线最近距离2千米以上且最小水深大于5米(理论最低潮面)的离岸式填海，按照征收标准的80%征收。
2. 填海造地用海占用大陆自然岸线的，占用自然岸线的该宗填海按照征收标准的120%征收。
3. 建设人工鱼礁的透水构筑物用海，按照征收标准的80%征收。
4. 地方人民政府管辖海域以外的项目用海执行国家标准，海域等别按照毗邻最近行政区的等别确定。养殖用海标准按照毗邻最近行政区征收标准征收。

为提高海域资源配置效率，除国家重点建设项目用海、国防建设项目用海、传统赶海区、海洋保护区、有争议的海域、涉及公共利益的海域以及法律法规规定的其他用海情形外，各地在同一海域具有两个以上意向用海单位或个人的，应依法采取招标、拍卖方式出让海域使用权。以招标、拍卖方式取得海域使用权的项目用海，海域使用金征收金额按照招标、拍卖的成交价款确定。

(四) 征收期限

根据不同的用海性质或者情形，海域使用金可以按照规定一次缴纳或者按年度逐年缴纳。缴费人按次填写《非税收入通用申报表》，自行向税务部门申报缴纳。税务部门根据自然资源部门传递的费源信息及时通知缴费人办理申报缴费业务。

(五) 减免优惠

(1) 下列用海，免缴海域使用金：①军事用海。②公务船舶专用码头用海。③非经营性的航道、锚地等交通基础设施用海。④教学、科研、防灾减灾、海难搜救打捞等非经营性公益事业用海。

(2) 下列用海，按照国务院财政部门和国务院海洋行政主管部门的规定，经有批准权的人民政府财政部门和海洋行政主管部门审查批准，可以减缴或者免缴海域使用金：

①公用设施用海。②国家重大建设项目用海。③养殖用海。

(六) 征收管理

1. 征收主体

财综〔2021〕19号文件明确,自2021年7月1日起,试点地区(河北、内蒙古、上海、浙江、安徽、青岛、云南省)国有土地使用权出让收入、矿产资源专项收入、海域使用金、无居民海岛使用金四项政府非税收入划转税务部门征收。非试点地区划转时点为2022年1月1日。税务机关开具财政部统一监(印)制的《中央非税收入统一票据》,并加盖征收专用章。

2. 滞纳金

对不按规定及时足额缴纳海域使用金的,一律按照其滞纳日期及滞纳金额按日加收1‰的滞纳金。滞纳金随同海域使用金一并缴入相应级次国库。对按年度逐年缴纳海域使用金的海域使用权人不按期缴纳海域使用金的,税务部门通知其限期缴纳;在限期内仍拒不缴纳的,税务部门应及时告知业务主管部门,由主管部门注销海域使用权证书,收回海域使用权。

总体来看,海域使用金的征缴流程、票据使用、退费办理等,同土地出让收入一致。

十九、无居民海岛使用金

(一) 概况

无居民海岛使用金,是指国家在一定年限内出让无居民海岛使用权,由无居民海岛使用者依法向国家缴纳的无居民海岛使用权价款,不包括无居民海岛使用者取得无居民海岛使用权应当依法缴纳的其他相关税费。国家实行无居民海岛有偿使用制度,可以通过申请审批方式出让,也可以通过招标、拍卖、挂牌的方式出让,其中旅游、娱乐、工业等经营性用岛有两个及两个以上意向者的,一律实行招标、拍卖、挂牌方式出让。无居民海岛使用金纳入政府预算管理,在《2022年政府收支分类科目》列为一般公共预算收入第103类07款08项"无居民海岛使用金收入",下设01目"中央无海岛使用金收入"、02目"地方无海岛使用金收入"。

(二) 缴费主体

经国务院或者沿海省、自治区、直辖市人民政府依法批准,利用无居民海岛的单位和个人为缴费义务人。足额缴纳无居民海岛使用金的,主管部门按规定办理无居民海岛使用权证书。

(三) 征收标准

无居民海岛使用权出让价款不得低于无居民海岛使用权出让最低价。无居民海岛使用权出让最低价的计算公式为：

$$\begin{matrix}无居民海岛使用权\\出让最低价\end{matrix} = \begin{matrix}无居民海岛使用权\\出让面积\end{matrix} \times \begin{matrix}使用\\年限\end{matrix} \times \begin{matrix}无居民海岛使用权\\出让最低价标准\end{matrix}$$

公式中无居民海岛使用权出让面积以无居民海岛使用批准文件确定的开发利用面积为准。

无居民海岛使用权出让实行最低标准限制制度。无居民海岛使用权出让由国家或省级海洋行政主管部门按照相关程序通过评估提出出让标准，作为无居民海岛市场化出让或申请审批出让的使用金征收依据，出让标准不得低于按照最低标准核算的最低出让标准。无居民海岛的等别划分、用岛类型界定和使用权出让最低价标准分别详见表 8-9、表 8-10 和表 8-11。

表 8-9　无居民海岛等别划分

等别	地区
一等	上海：浦东新区 山东：青岛市（市北区　市南区） 福建：厦门市（湖里　思明区） 广东：广州市（黄埔区　南沙区）深圳市（宝安区　福田区　龙岗区　南山区　盐田区）
二等	上海：金山区 天津：滨海新区 辽宁：大连市（沙河口区　西岗区　中山区） 山东：青岛市（城阳区　黄岛区　崂山区） 福建：泉州市丰泽区　厦门市（海沧区　集美区） 广东：东莞市　中山市　珠海市（金湾区　香洲区）
三等	上海：崇明区 辽宁：大连市甘井子区 山东：即墨市　龙口市　蓬莱市　日照市（东港区　岚山区）荣成市　威海市环翠区　烟台市（莱山区　芝罘区） 浙江：宁波市（北仑区　鄞州区　镇海区）台州市（椒江区　路桥区）舟山市定海区 福建：福清市　福州市马尾区　晋江市　泉州市泉港区　石狮市　厦门市翔安区 广东：茂名市电白区　惠东县　惠州市惠阳区　汕头市（澄海区　濠江区　潮南区　潮阳区　金平区　龙湖区）湛江市（赤坎区　麻章区　坡头区） 海南：海口市美兰区　三亚市（吉阳区　崖州区　天涯区　海棠区）
四等	辽宁：长海县　大连市（金州区　旅顺口区）瓦房店市　葫芦岛市市辖区　绥中县　兴城市 河北：秦皇岛市山海关区 山东：莱州市　乳山市　威海市文登区　烟台市牟平区　海阳市 江苏：连云港市连云区 浙江：海盐县　平湖市　嵊泗县　温岭市　玉环市　乐清市　舟山市普陀区 福建：福州市长乐区　惠安县　龙海市　南安市 广东：恩平市　南澳县　汕尾市城区　台山市　阳江市江城区 广西：北海市海城区 海南：儋州市

(续表)

五等	辽宁:东港市 大连市普兰店区 庄河市 河北:唐山市曹妃甸区 乐亭县 山东:长岛县 东营市(东营区 河口区) 莱阳市 潍坊市寒亭区 江苏:盐城市大丰区 东台市 如东县 浙江:岱山县 温州市洞头区 宁波市奉化区 临海市 宁海县 瑞安市 三门县 象山县 福建:连江县 罗源县 平潭县 莆田市(荔城区 秀屿区) 漳浦县 广东:海丰县 惠来县 雷州市 廉江市 陆丰市 饶平县 遂溪县 吴川市 徐闻县 阳东县 阳西县 广西:防城港市(防城区 港口区) 钦州市钦南区 海南:澄迈县 琼海市 文昌市 陵水县 乐东县 万宁市
六等	辽宁:锦州市(凌海市) 盘锦市(大洼区 盘山县) 山东:昌邑市 广饶县 利津县 无棣县 江苏:连云港市赣榆区 浙江:苍南县 平阳县 福建:东山县 福安市 福鼎市 宁德市蕉城区 霞浦县 云霄县 诏安县 广西:东兴市 合浦县 海南:昌江县 东方市 临高县 三沙市 我国管辖的其他区域的海岛

注:本表出自财综〔2010〕44号文件附件1,部分地名与现行行政区划有出入,以现行政府文件为准。

表8-10 无居民海岛用岛类型界定

类型编码	类型名称	界定
1	旅游娱乐用岛	用于游览、观光、娱乐、康体等旅游娱乐活动及相关设施建设的用岛
2	交通运输用岛	用于港口码头、路桥、隧道、机场等交通运输设施及其附属设施建设的用岛
3	工业仓储用岛	用于工业生产、工业仓储等的用岛,包括船舶工业、电力工业、盐业等
4	渔业用岛	用于渔业生产活动及其附属设施建设的用岛
5	农林牧业用岛	用于农、林、牧业生产活动的用岛
6	可再生能源用岛	用于风能、太阳能、海洋能、温差能等可再生能源设施建设的经营性用岛
7	城乡建设用岛	用于城乡基础设施及配套设施等建设的用岛
8	公共服务用岛	用于科研、教育、监测、观测、助航导航等非经营性和公益性设施建设的用岛
9	国防用岛	用于驻军、军事设施建设、军事生产等国防目的的用岛

表 8-11　无居民海岛使用权出让最低标准　　　　　单位：万元/公顷·年

等别	用岛方式\用岛类型	原生利用式	轻度利用式	中度利用式	重度利用式	极度利用式	填海连岛与造成岛体消失的用岛
一等	旅游娱乐用岛	0.95	1.91	5.73	12.41	19.09	2 455.00 万元/公顷，按用岛面积一次性计征
	交通运输用岛	1.18	2.36	7.07	15.32	23.56	
	工业仓储用岛	1.37	2.75	8.25	17.87	27.49	
	渔业用岛	0.38	0.75	2.26	4.90	7.54	
	农林牧业用岛	0.30	0.60	1.81	3.92	6.03	
	可再生能源用岛	1.04	2.08	6.25	13.54	20.83	
	城乡建设用岛	1.47	2.95	8.84	19.15	29.46	
	公共服务用岛	—	—	—	—	—	
	国防用岛	—	—	—	—	—	
二等	旅游娱乐用岛	0.77	1.54	4.62	10.00	15.38	1 976.00 万元/公顷，按用岛面积一次性计征
	交通运输用岛	0.95	1.90	5.69	12.33	18.97	
	工业仓储用岛	1.11	2.21	6.64	14.38	22.13	
	渔业用岛	0.30	0.61	1.83	3.95	6.08	
	农林牧业用岛	0.24	0.49	1.46	3.16	4.87	
	可再生能源用岛	0.84	1.68	5.04	10.91	16.78	
	城乡建设用岛	1.19	2.37	7.11	15.41	23.71	
	公共服务用岛	—	—	—	—	—	
	国防用岛	—	—	—	—	—	
三等	旅游娱乐用岛	0.68	1.37	4.10	8.88	13.66	1 729.00 万元/公顷，按用岛面积一次性计征
	交通运输用岛	0.83	1.66	4.98	10.79	16.60	
	工业仓储用岛	0.97	1.94	5.81	12.59	19.36	
	渔业用岛	0.28	0.55	1.65	3.58	5.50	
	农林牧业用岛	0.22	0.44	1.32	2.86	4.40	
	可再生能源用岛	0.75	1.49	4.47	9.69	14.90	
	城乡建设用岛	1.04	2.07	6.22	13.48	20.75	
	公共服务用岛	—	—	—	—	—	
	国防用岛	—	—	—	—	—	
四等	旅游娱乐用岛	0.49	0.98	2.94	6.36	9.79	1 248.00 万元/公顷，按用岛面积一次性计征
	交通运输用岛	0.60	1.20	3.59	7.79	11.98	
	工业仓储用岛	0.70	1.40	4.19	9.08	13.98	

（续表）

等别	用岛类型＼用岛方式	原生利用式	轻度利用式	中度利用式	重度利用式	极度利用式	填海连岛与造成岛体消失的用岛
四等	渔业用岛	0.20	0.39	1.17	2.54	3.91	1 248.00万元/公顷,按用岛面积一次性计征
	农林牧业用岛	0.16	0.31	0.94	2.03	3.13	
	可再生能源用岛	0.53	1.07	3.20	6.94	10.68	
	城乡建设用岛	0.75	1.50	4.49	9.73	14.97	
	公共服务用岛	—	—	—	—	—	
	国防用岛	—	—	—	—	—	
五等	旅游娱乐用岛	0.42	0.84	2.51	5.45	8.38	1 056.00万元/公顷,按用岛面积一次性计征
	交通运输用岛	0.51	1.01	3.04	6.59	10.14	
	工业仓储用岛	0.59	1.18	3.55	7.69	11.83	
	渔业用岛	0.17	0.34	1.02	2.21	3.39	
	农林牧业用岛	0.14	0.27	0.81	1.76	2.71	
	可再生能源用岛	0.46	0.91	2.74	5.94	9.14	
	城乡建设用岛	0.63	1.27	3.80	8.24	12.68	
	公共服务用岛	—	—	—	—	—	
	国防用岛	—	—	—	—	—	
六等	旅游娱乐用岛	0.37	0.75	2.24	4.86	7.48	927.00万元/公顷,按用岛面积一次性计征
	交通运输用岛	0.45	0.89	2.67	5.79	8.90	
	工业仓储用岛	0.52	1.04	3.12	6.75	10.39	
	渔业用岛	0.15	0.31	0.93	2.01	3.09	
	农林牧业用岛	0.12	0.25	0.74	1.61	2.47	
	可再生能源用岛	0.41	0.82	2.45	5.30	8.16	
	城乡建设用岛	0.56	1.11	3.34	7.23	11.13	
	公共服务用岛	—	—	—	—	—	
	国防用岛	—	—	—	—	—	

（四）征收期限

无居民海岛使用金按照批准的使用年限实行一次性计征。应缴纳的无居民海岛使用金额度超过1亿元的,无居民海岛使用者可以提出申请,经批准费种主管部门商同级财政部门同意后,可以在3年时间内分次缴纳。分次缴纳无居民海岛使用金的,首次缴纳额度不得低于总额度的50%。

缴费人按次填写《非税收入通用申报表》，自行向税务部门申报缴纳。税务部门根据自然资源部门传递的费源信息及时通知缴费人办理申报缴费业务。

(五) 减免优惠

下列用岛免缴无居民海岛使用金：

(1) 国防用岛。

(2) 公务用岛，指各级国家行政机关或者其他承担公共事务管理任务的单位依法履行公共事务管理职责的用岛。

(3) 教学用岛，指非经营性的教学和科研项目用岛。

(4) 防灾减灾用岛。

(5) 非经营性公用基础设施建设用岛，包括非经营性码头、桥梁、道路建设用岛，非经营性供水、供电设施建设用岛，不包括为上述非经营性基础设施提供配套服务的经营性用岛。

(6) 基础测绘和气象观测用岛。

(7) 国务院财政部门、海洋主管部门认定的其他公益事业用岛。

(六) 征收管理

1. 征收主体

财综〔2021〕19号文件明确，自2021年7月1日起，试点地区（河北、内蒙古、上海、浙江、安徽、青岛、云南省）国有土地使用权出让收入、矿产资源专项收入、海域使用金、无居民海岛使用金四项政府非税收入划转税务部门征收。非试点地区划转时点为2022年1月1日。税务机关开具财政部统一监（印）制的《中央非税收入统一票据》，并加盖征收专用章。

2. 法律责任

拒不缴纳无居民海岛使用金的，由依法颁发无居民海岛使用权证书的主管部门无偿收回无居民海岛使用权。

总体来看，海域使用金的征缴流程、票据使用、退费办理等，同土地出让收入一致。

二十、森林植被恢复费

(一) 概况

森林植被恢复费是指为了保护森林资源，促进我国林业可持续发展因勘查、开采、工程建设等造成森林植被破坏后，需要人工治理、恢复的费用。森林植被恢复费属于政府性基金收入，于2003年1月1日开始征收，纳入财政预算管理，实行专款专用。

（二）缴费主体

经县级以上林业主管部门审核同意或批准的，凡勘查、开采矿藏和修建道路、水利、电力、通讯等各项建设工程需要占用林地的用地单位为缴纳义务人。

（三）征收标准

森林植被恢复费征收标准应当按照恢复不少于被占用征收林地面积的森林植被所需要的调查规划设计、造林培育、保护管理等费用进行核定。具体征收标准如下：

（1）郁闭度 0.2 以上的乔木林地（含采伐迹地、火烧迹地）、竹林地、苗圃地，每平方米不低于 10 元；灌木林地、疏林地、未成林造林地，每平方米不低于 6 元；宜林地，每平方米不低于 3 元。各省、自治区、直辖市财政、林业主管部门在上述下限标准基础上，结合本地实际情况，制定本省、自治区、直辖市具体征收标准。

（2）国家和省级公益林林地，按照第（1）项规定征收标准 2 倍征收。

（3）城市规划区的林地，按照第（1）项、第（2）项规定征收标准 2 倍征收。

（4）城市规划区外的林地，按占用征收林地建设项目性质实行不同征收标准。属于公共基础设施、公共事业和国防建设项目的，按照第（1）项、第（2）项规定征收标准征收；属于经营性建设项目的，按照第第（1）项、第（2）项规定征收标准 2 倍征收。

（四）征收期限

缴费人应当依据林草部门核定的费额，按照规定填写《非税收入通用申报表》，向属地税务部门申报和缴纳森林植被恢复费、草原植被恢复费。

（五）减免优惠

对农村居民按规定标准建设住宅，农村集体经济组织修建乡村道路、学校、幼儿园、敬老院、福利院、卫生院等社会公益项目以及保障性安居工程，免征森林植被恢复费。法律、法规规定减免森林植被恢复费的，从其规定。

（六）征收管理

1. 征收主体

财税〔2022〕50 号文件明确，自 2023 年 1 月 1 日起，将森林植被恢复费、草原植被恢复费划转至税务部门征收。征收范围、对象、标准、分成、减免等政策继续按照原规定执行。税务机关开具财政部统一监（印）制的《中央非税收入统一票据》，并加盖征收专用章。

2. 退费办理

因缴费人误缴、税务部门误收需要退库的，由财政部门授权税务部门审核退库，具体由缴费人直接向税务部门申请办理退付手续。因政策性原因、汇算清缴等其他情形需要退库的,由缴费人向各级业务主管部门申请办理,由同级财政部门办理退库。

二十一、草原植被恢复费

(一) 概况

为保护和恢复草原植被,改善生态环境,国家开征草原植被恢复费。草原植被恢复费属于政府性基金收入,纳入财政预算管理,专项用于草原行政主管部门组织的草原植被恢复、保护和管理。

(二) 缴费主体

因工程建设、勘查、旅游等活动需要临时占用草原且未履行恢复义务的单位和个人以及进行矿藏勘查开采和工程建设征用或使用草原的单位和个人,都是缴纳义务人。但在草原上修建直接为草原保护和畜牧业生产服务的工程设施,以及农牧民按规定标准建设住宅使用草原的,不缴纳草原植被恢复费。

(三) 征收标准

草原植被恢复费的收费标准由所在地省、自治区、直辖市价格主管部门会同财政部门核定,并报国家发展改革委、财政部备案。

(四) 征收期限

缴费人应当依据林草部门核定的费额,按照规定填写《非税收入通用申报表》,向属地税务部门申报和缴纳森林植被恢复费、草原植被恢复费。

(五) 征收管理

1. 征收主体

财税〔2022〕50 号文件明确,自 2023 年 1 月 1 日起,将森林植被恢复费、草原植被恢复费划转至税务部门征收。征收范围、对象、标准、分成、减免等政策继续按照原规定执行。税务机关开具财政部统一监(印)制的《中央非税收入统一票据》,并加盖征收专用章。

2. 退费办理

因缴费人误缴、税务部门误收需要退库的,由财政部门授权税务部门审核退库,具体由缴费人直接向税务部门申请办理退付手续。因政策性原因、汇算清缴等其他情形需要退库的,由缴费人向各级业务主管部门申请办理,由同级财政部门办理退库。

二十二、非税收入通用申报表样式与填写

非税收入通用申报表样式与填写说明参阅表 8-12。

表 8-12 非税收入通用申报表

金额单位：人民币元（列至角分）

缴费人名称：

征收项目	征收品目	征收子目	费款所属期起	费款所属期止	应缴费基数	应缴费基数减除额	计费依据	征收标准	扣除数	征收比例	本期应纳费额	减免费额	减免性质	本期已缴费额	本期应补(退)费额
(1)	(2)	(3)	(4)	(5)	(6)	(7)	$(8)=(6)-(7)$	(9)	(10)	(11)	$(12)=[(8)\times(9)-(10)]\times(11)$	(13)	(14)	(15)	$(16)=(12)-(13)-(15)$
			按次缴纳填写缴费义务发生日期		填写总数量、总额、销售数量、应缴数、原值、利润总额等非税收入计费的基数	填写允许减除的数量、金额、面积、人数	填写应缴费基数减去应缴费基数减除额的余额	填写征收的费单位额等	适用于累进费率扣算扣除数，或者其他扣除数	本征收机关征收的比例数，必须填写，缺省值为100%		填写允许减免的费额	如果减免费额>0，那么此项必填；减免性质选择相应代码	填写已经缴纳的本期费额	填写本期应纳费额减去减免费额及本期已缴费额后的余额
合计	—	—	—	—		—	—	—	—	—			—		
主管单位名称	负责确定计费依据的主管单位名称				主管单位识别号(统一社会信用代码)							备注			

谨声明：本申报表是根据非税收入法律法规及相关规定填报的，内容是真实的、可靠的、完整的。

缴费人签章：

代理机构签章：
代理机构统一社会信用代码：
经办人签字：
经办人身份证件号码：

受理人：
受理税务机关（章）：
受理日期：　　年　　月　　日

《非税收入通用申报表》填报说明：

1. 缴费人名称、缴费人识别号（统一社会信用代码）：必须填写。
2. 征收项目：必须填写。填写非税收入项目名称。
3. 征收品目：必须填写。填写非税收入征收品目名称。
4. 征收子目：非必须填写。非税收入品目下设定细目的，按相关规定填写。
5. 费款所属期起（止）：必须填写。按期缴纳的，填写所属期起始日期和截止日期，按次缴纳的，填写缴费义务发生日期。
6. 应缴费基数：必须填写。填写收入总额、销售数量、应缴费人数、面积、原值、利润总额等非税收入计费的基数。
7. 应缴费基数减除额：非必须填写。填写允许减除的数量、金额、面积、人数等。
8. 计费依据：必须填写。填写应缴费基数减去缴费基数减除额的余额。
9. 征收标准：必须填写。填写征收费率或单位费额等。
10. 扣除数：非必须填写。适用于累进征收的速算扣除数，或者其他扣除数。
11. 征收比例：非必须填写。本征收机关征收的比例百分数，缺省值为100%。
12. 本期应纳费额：必须填写。填写计费依据乘以征收标准，再减除扣除数后的余额，乘以征收比例后计算出的本期应纳费额。
13. 减免费额：非必须填写。填写允许减免的费额。
14. 减免性质：如果减免费额>0，那么此项必填。减免性质选择相应代码。
15. 本期已缴费额：非必须填写。填写已经缴纳的本期费额。
16. 本期应补（退）费额：必须填写。填写本期应纳费额减去本期已缴费额及本期已减免费额后的余额。
17. 主管单位名称：非必须填写。填写负责确定计费依据的主管单位名称。
18. 主管单位识别号（统一社会信用代码）：非必须填写。
19. 备注：非必须填写。
20. 代理机构签章、代理机构统一社会信用代码：代理机构代为办理申报的，应加盖代理机构印章，并填写代理机构统一社会信用代码。
21. 经办人签字、经办人身份证件号码：必须填写。由办理申报的经办人签字，并填写经办人身份证件号码。

第三节　适用于专门申报表的非税收入

一、石油特别收益金专项收入

（一）概况

石油特别收益金是指国家对石油开采企业销售国产原油因价格超过一定水平所获得的超额收入按比例征收的收益金。开征石油特别收益金，是为了妥善处理各方面利益关系，推进石油价格形成机制改革，加强国家调控，促进国民经济持续健康协调发展，国务院决定对石油开采企业销售国产原油因油价上涨获得的超额收入征收石油特别收益金。石油特别收益金属中央财政非税收入，纳入中央财政预算管理。在《2022年政府收支分类科目》中列一般公共预算收入第103类07款10项"石油特别收益金专项收入"，作为中央收入科目。

（1）依据《国务院关于开采石油特别收益金的决定》（国发〔2006〕13号）、《财政部关于印发〈石油特别收益金征收管理办法〉的通知》（财企〔2006〕72号），主要对缴费主体、征收标准、申报缴纳进行了明确。

（2）依据《财政部关于征收石油特别收益金有关问题的补充通知》（财企〔2006〕183号）主要对征收范围、缴纳主体、部分计算缴纳方法进行了调整。

（3）依据《国家税务总局关于国家重大水利工程建设基金等政府非税收入项目征管职责划转有关事项的公告》（国家税务总局公告2018年第63号），对划转后税务部门征收的石油特别收益金提出了具体要求。其中，征收范围、对象、标准及收入分成等仍按现行规定执行，申报表和填报方法作了修正。

（二）缴费主体

凡在中华人民共和国陆地领域和所辖海域独立开采并销售原油的企业，以及在上述领域以合资、合作等方式开采并销售原油的其他企业（以下简称合资合作企业），均应当按照《石油特别收益金征收管理办法》的规定缴纳石油特别收益金。

（三）征收标准与计算

依据《财政部关于印发〈石油特别收益金征收管理办法〉的通知》（财企〔2006〕72号）的规定，石油特别收益金实行5级超额累进从价定率计征，按月计算、按季缴纳。

石油特别收益金征收比率按石油开采企业销售原油的月加权平均价格确定。为便于参照国际市场油价水平，原油价格按美元/桶计价，起征点为40美元/桶。依据《关于提高石油特别收益金起征点的通知》（财税〔2014〕115号）的精神，经国务院批准，财政部决定从2015年1月1日起，将石油特别收益金起征点提高至65美元/桶。起征点提高后，石油特别收益金征收仍实行5级超额累进从价定率计征。具体征收比率及速算扣除数如表8-13所示。

表8-13 石油特别收益金征收比率及速算扣除数

原油价格	征收比率	速算扣除数(美元/桶)
65～70(含)(美元/桶)	20%	0
70～75(含)(美元/桶)	25%	0.25
75～80(含)(美元/桶)	30%	0.75
80～85(含)(美元/桶)	35%	1.5
85(美元/桶)以上	40%	2.5

石油特别收益金={[当月加权平均销售价格(美元/桶)－起征点(美元/桶)]×征收标准－速算扣除数(美元/桶)}×销售数量(桶数)×美元兑换人民币汇率。

计算石油特别收益金时,原油价格计量单位不同,应按照原油吨桶比换算。原油吨桶比按石油开采企业实际执行或挂靠油种的吨桶比计算;美元兑换人民币汇率以中国人民银行当月每日公布的中间价按月平均计算。石油特别收益金以人民币缴纳。

【例8-2】 某企业2023年5月开采原油10 000桶,销售价格为80.03美元/桶,中国人民银行当月每日发布美元兑换人民币汇率中间价的月平均为6.375 8,问该企业2023年5月应缴纳石油特别收益金人民币多少元?

【解答】

该企业2023年5月应缴纳石油特别收益金人民币＝[(80.03－65)×0.35－1.5]×10 000×6.375 8＝2 397 619.59(元)

(四) 免征政策

(1) 依据《财政部关于征收石油特别收益金有关问题的补充通知》(财企〔2006〕183号),中外合作油田按规定缴纳的石油增值税、矿区使用费、国家留成油不征收石油特别收益金。

(2) 依据《财政部关于原油天然气资源税改革后石油特别收益金征收有关问题的通知》(财企〔2014〕24号),2011年11月1日原油、天然气资源税改革后,新签订合同的中外合作油田按规定缴纳的资源税,不征收石油特别收益金。

(五) 申报缴纳

依据《财政部关于调整石油特别收益金征收方式的通知》(财企〔2012〕42号)的规定,从申报2012年征收石油特别收益金开始,将征收方式由原"按月计算,按季缴纳",调整为"按月计算、按季申报、按月缴纳"。

石油开采企业集团公司下属多家石油开采企业的,石油特别收益金以石油开采企业集团公司为单位汇总缴纳。

缴纳石油特别收益金的石油开采企业,应当如实填写石油特别收益金申报表,各集团公司汇总后,在每季度结束后的 10 个工作日内,向财政机关申报缴纳。

(六) 法律责任

石油开采企业在规定的期限内未足额缴纳石油特别收益金的,税务部门从滞纳之日起按日加收 0.5‰的滞纳金。财政机关不得擅自减征或免征石油开采企业应缴纳的石油特别收益金。石油特别收益金列入企业成本费用,准予在企业所得税税前扣除。石油开采企业未按照《石油特别收益金征收管理办法》规定缴纳石油特别收益金的,由财政机关按照《财政违法行为处罚处分条例》的规定予以处罚。

(七) 申报表填写

申报表样式及填写说明如表 8-14 所示。

二、油价调控风险准备金

(一) 概况

油价调控风险准备金是为进一步完善成品油价格机制,并进一步推进价格市场化,当国际市场原油价格低于 40 美元/桶调控下限时,成品油价格未调金额全部纳入油价调整风险准备金,设立专项账户存储,经国家批准后使用,主要用于节能减排、提升油品质量及保障石油供应安全等方面以及应对国际油价大幅波动,实施保障措施的资金来源。油价调控风险准备金全额上缴中央国库,纳入一般公共预算管理,在《2022 年政府收支分类科目》中列一般公共预算收入第 103 类 02 款 24"油价调控风险准备金收入",作为中央收入科目。

油价调控风险准备金的收缴、预算、使用和监督管理,依据《油价调控风险准备金征收管理办法》(财税〔2016〕137 号)实施。依据《国家税务总局关于国家重大水利工程建设基金等政府非税收入项目征管职责转划有关事项的公告》(国家税务总局公告 2018 年第 63 号),对油价调控风险准备金的申报表填报方法做了修改。

(二) 缴费主体

油价调控风险准备金的缴纳义务人为中华人民共和国境内生产、委托加工和进口汽油、柴油的成品油生产经营企业。

(三) 计费依据和费额计算

(1) 当国际市场原油价格低于国家规定的成品油价格调控下限时,缴纳义务人应按照汽油、柴油的销售数量和规定的征收标准缴纳油价调整风险准备金。

(2) 汽油、柴油销售数量是指缴纳义务人于相邻两个调价窗口期之间实际销售数量。

表 8-14 石油特别收益金申报表

费款所属期：自　年　月　日 至　年　月　日

缴费人名称：　　　　　　　　　　　　缴费人识别号
（统一社会信用代码）　　　　　　　　　　　金额单位：人民币元（列至角分）

被扣缴或下属企业名称	被扣缴或下属企业识别码	月份	当月加权平均销售价格（美元/桶）	征收标准	速算扣除数（美元/桶）	销售数量（桶数）	月平均美元汇率	本期应纳费额	本期已缴费额	本期应补（退）费额
(1)	(2)	(3)	(4)	(5)	(6)	(7)	(8)	(9)	(10)	(11)=(9)−(10)
合计	—	—	—	—	—	—	—			

谨声明：本申报表是根据非税收入法律法规及相关规定填报的，内容是真实的、可靠的、完整的。

代理机构签章：
代理机构统一社会信用代码：
经办人签字：
经办人身份证件号码：

缴费人签章：

受理人：
受理税务机关（章）：
受理日期：　年　月　日

(续表)

《石油特别收益金申报表》填报说明：

1. 费款所属期：必须填写。填写本次申报所属期的起止日期。
2. 缴费人名称、缴费人识别号（统一社会信用代码）：必须填写。应当缴纳石油特别收益金的合资合作企业的，填写合资合作企业；石油开采企业集团公司下属多家石油开采企业的，独立开采的，填写开采企业。
3. 被扣缴或下属企业名称：必须填写。由合资合作的中方企业代扣代缴的，填写合资合作企业的中方企业；石油开采企业集团公司为单位汇总缴纳的，填写石油开采企业集团公司下属的石油开采企业。
4. 被扣缴或下属企业识别码：非必须填写。
5. 月份：必须填写。填写属于本次申报费款所属的月份，不同月份分行填写。
6. 当月加权平均销售价格（美元/桶）：必须填写。填写该月销售原油所实现的加权平均销售价格。
7. 征收标准：必须填写。依据石油特别收益金征收管理相关规定，填写该月适用的石油特别收益金征收比率。
8. 速算扣除数（美元/桶）：必须填写。依据石油特别收益金征收管理相关规定，填写该月适用的速算扣除数。
9. 销售数量（桶数）：必须填写。填写该月实际发生的销售桶数。计算销售桶数时，原油吨桶比按石油开采企业实际执行或挂靠油种的吨桶比计算。
10. 月平均美元兑汇率：必须填写。填写美元兑换人民币汇率，以中国人民银行当月每日公布的中间价按月平均计算。
11. 本期应纳费额：必须填写。计算公式为：｛[当月加权平均销售价格（美元/桶）－起征点（美元/桶）]×征收标准－速算扣除数（美元/桶）｝×销售数量（桶数）×美元兑换人民币汇率。起征点和征收标准根据相关部门通知确定。
12. 本期已缴费额：非必须填写。填写已经缴纳的本期费额。
13. 本期应补（退）费额：必须填写。填写本期应纳费额减去减免费额及本期已缴费额后的余额。
14. 代理机构签章、代理机构统一社会信用代码：代理机构代办理申报的，应加盖代理机构印章，并填写代理机构统一社会信用代码。
15. 经办人签字、经办人身份证件号码：必须填写。由办理申报的经办人签字，并填写经办人身份证件号码。

（3）油价调整风险准备金征收标准按照成品油价格未调金额确定。成品油价格未调金额由国家发展改革委、财政部根据国际原油价格变动情况，按照现行成品油价格形成机制计算核定，于每季度前10个工作日内，将上季度每次调价窗口期的征收标准，书面告知征收机关。

（四）征收管理

1. 征收机关

依据《财政部 国家发展改革委关于印发〈油价调控风险准备金征收管理办法〉的通知》（财税〔2016〕137号）规定，中国石油天然气集团公司、中国石油化工集团公司、中国海洋石油总公司等中央企业应当缴纳的风险准备金，由财政部驻北京市专员办负责征收；地方企业应当缴纳的风险准备金，由所在省（自治区、直辖市）征收机关负责征收。

依据《财政部关于将国家重大水利工程建设基金等政府非税收入项目划转税务部门征收的通知》（财税〔2018〕147号），自2019年1月1日起，风险准备金划转至税务部门征收。

2. 缴纳地点

风险准备金的缴纳地点为缴纳义务人注册登记地。

风险准备金由缴纳义务人申报缴纳。其中，缴纳义务人有两个及以上从事成品油生产经营企业的，可由征收机关指定集团公司或其他公司实行汇总缴纳。

3. 缴纳方式

缴纳义务人可以选择按季度或者按年度缴纳风险准备金。具体缴纳方式由缴纳义务人报征收机关核准。缴纳方式一经确定，不得随意变更。

4. 申报方式

缴纳义务人应当向所在地征收机关如实申报汽油、柴油销售数量和应缴纳的风险准备金。

按季度缴纳的，缴纳义务人应当于每季度前15个工作日内，如实填写《油价调控风险准备金申报表》，提交给征收机关审核。

按年度缴纳的，缴纳义务人应当于每年1月20日前，如实填写《油价调控风险准备金申报表》，提交给征收机关审核。

对于按季缴纳的，征收机关根据缴纳义务人实际销售的汽油、柴油数量，在次年3月底完成对缴纳义务人全年风险准备金的汇算清缴工作。

风险准备金计入"其他应付款"核算，不得计入企业当期收入。

任何单位和个人不得违反《油价调控风险准备金征收管理办法》的规定，擅自减免或缓征风险准备金，不得自行调整风险准备金征收对象、范围和标准。

5. 申报表填写

油价调控风险准备金申报表的样式和填写如表8-15所示。

表 8-15 油价调控风险准备金申报表

费款所属期：自 年 月 日 至 年 月 日　　　　　　　　　　　　　　金额单位：人民币元（列至角分）

缴费人名称								缴费人识别号（统一社会信用代码）			
所属成品油生产经营企业名称	所属成品油生产经营企业识别号	征收品目	征收子目	调价窗口期 起	调价窗口期 止	销售吨数	征收标准	本期应纳费额 (9)=(8)×(7)	本期已缴费额	本期应补（退）费额 (11)=(9)−(10)
(1)	(2)	(3)	(4)	(5)	(6)	(7)	(8)	(9)	(10)	
合计	—	—	—	—	—		—			

谨声明：
本申报表是根据非税收入法律法规及相关规定填报的，内容是真实的、可靠的、完整的。

缴费人签章：

代理机构签章：	受理人：
代理机构统一社会信用代码：	受理税务机关（章）：
经办人签字：	
经办人身份证号码：	受理日期：　年　月　日

填报说明：

1. 费款所属期：必须填写。填写本次申报所属的季度起止日期。
2. 缴费人名称、缴费人识别号（统一社会信用代码）：必须填写。填写应当缴纳风险准备金的缴义务人名称及缴费人识别号（统一社会信用代码）。缴费义务人有两个及两个以上从事成品油生产经营企业的，应写被汇总缴纳的所属成品油公司或汇总缴纳的公司。
3. 所属成品油生产经营企业名称：必须填写。填写被汇总缴纳的所属成品油生产经营企业名称。
4. 所属成品油生产经营企业识别号：非必须填写。
5. 征收品目：必须填写。
6. 调价窗口期：必须填写。填写于本次申报费款所属季度或年度的调价窗口期起、止日期。
7. 销售吨数：必须填写。填写缴费义务人在相邻两个调价窗口期之间汽油或柴油的实际销售吨数。
8. 征收标准：必须填写。根据相关规定，填写所属窗口期的征收标准。
9. 本期应纳费额：必须填写。填写销售吨数乘以征收标准的乘积。
10. 本期已缴费额：非必须填写。填写已经缴纳的本期费额。
11. 本期应补（退）费额：必须填写。填写本期应纳费额减去减免费额及本期已缴费额后的余额。
12. 代理机构签章，代理机构统一社会信用代码：必须填写。代理机构代为办理申报的，应加盖代理机构印章，并填写代理机构统一社会信用代码。
13. 经办人签字，经办人身份证件号码：必须填写。由办理申报的代理机构的经办人签字，并填写代理机构经办人身份证件号码。

第四节 工 会 经 费

一、工会经费概述

按照《中华人民共和国工会法》的规定,工会是职工自愿结合的工人阶级的群众组织。工会经费(筹备金)是指工会依法取得并开展正常活动所需的费用,是工会组织参与社会管理,发挥推动社会经济高质量发展作用的保障。工会经费属于会费,不属于政府非税收入。

(一) 工会经费的来源

(1) 工会会员缴纳的会费。

(2) 建立工会组织的企业、事业单位、机关按每月全部职工工资总额的 2% 向工会拨缴的经费。

(3) 工会所属的企业、事业单位上缴的收入。

(4) 人民政府的补助。

(5) 其他收入。

未建立工会组织的企业、事业单位、机关的其他组织应当按规定向上级拨缴工会筹备金。工会经费主要用于为职工服务和工会活动。

(二) 工会经费分成、使用的一般规定

(1) 基层工会所收会费全部自行留用。

(2) 行政拨交工会经费分成规定:基层工会分成不少于 60%;省、县(市)两级工会不超过 35%。各留多少由省(直辖市、自治区)总工会决定;上交全国总工会 5%。

(3) 中央或省、市、自治区直属大型工矿联合企业的总厂、公司、矿区,有二级工会组织的,其经费分成一般不少于 70%,或者对其总厂、公司、矿区一级工会组织的经费按预算拨款或经费领报办法解决。

(4) 跨越数省、按系统核算、多层次的大型企业的工会,如内河航运、流域规划、石油管道等的工会组织,要求按系统管理经费的,经该企业工会组织所在地的省、市、自治区总工会报全国总工会批准后,可按企业系统管理经费,基层工会一般按 80% 分成。其余经费,由基层工会上交所在地的县、市总工会。

可以看出,由于工会经费具备税前扣除和拨缴返还的特征,且主要用于为职工服务和开展工会活动,不属于财政资金的范畴。

二、工会经费的计征

(一) 征缴范围

(1) 建立工会组织的企业、事业单位、机关按规定征收工会经费。

(2) 上级工会派员帮助和指导尚未组建工会组织的企业、事业单位、机关和其他组织,按规定征收工会经费(筹备金)。

(二) 缴费主体

建立工会或尚未组建工会的企业、事业单位、机关和其他组织(以下简称缴费单位)。

(1) 企业是指从事生产、流通、服务等经济活动,以盈利为目的,实行自主经营、独立核算,并具备一定法律资格的组织形式,是社会经济生活中的基本经济单位,主要包括国有企业、集体企业、私营企业、联营企业、股份制企业、外商投资企业、外国企业、个人独资企业、合伙企业。

(2) 事业单位是指为了社会公益目的,由国家机关举办或者其他组织利用国有资产举办的,从事教育、科技、文化、卫生等活动的社会服务组织。

(3) 机关是指进行国家行政管理、组织经济建设和文化建设、维护社会公共秩序的单位,主要包括国家权力机关、行政机关、司法机关、检察机关以及实行预算管理的其他机关、政党组织等。

(4) 其他组织是指除了上述企业、事业单位、机关之外的,尚未建立工会的组织。

(三) 费额计算

缴费单位按全部职工工资总额的 2% 向本单位工会拨缴工会经费(筹备金)。

$$应缴工会经费 = 全部职工工资总额 \times 2\%$$

全部职工工资总额的含义具体如下。

1. 全部职工

依据《中华人民共和国国家统计局关于工资总额组成的规定》(中华人民共和国国家统计局第1号令),全部职工是指在企业、事业单位工作,取得工资或其他形式劳动报酬的全部人员(含外籍人员和港澳台人员),包括临时性、季节性用工以及离开本单位但保留劳动关系并领取生活费的职工和内部退养职工等。

2. 工资总额的范围

工资总额是指单位在一定时期内直接支付给本单位全部职工的劳动报酬总额,包括计时工资、计件工资、奖金、津贴和补贴、加班加点工资、特殊情况下支付的工资。

(1) 计时工资是指按计时工资标准(包括地区生活费补贴)和工作时间支付给个人的劳动报酬。

(2) 计件工资是指对已做工作按计件单价支付的劳动报酬。

(3) 奖金是指支付给职工的超额劳动报酬和增收节支的劳动报酬。

(4) 津贴和补贴是指为了补偿职工特殊或额外的劳动消耗和因其他特殊原因支付给职工的津贴，以及为了保证职工工资水平不受物价影响支付给职工的物价补贴。

(5) 加班加点工资是指按规定支付的加班工资和加点工资。

(6) 特殊情况下支付的工资是指根据国家法律、法规和政策规定，因病、工伤、产假、计划生育假、婚丧假、定期休假、停工学习、执行国家或社会义务等原因按计时工资标准或计时工资标准的一定比例支付的工资以及附加工资、保留工资。

3. 工资总额中不包括的项目

(1) 有关劳动保险和职工福利方面的费用，具体有：职工死亡丧葬费、医疗卫生费或公费医疗费用、职工生活困难补助费、集体福利事业补贴、工会文教费、集体福利费、探亲路费、冬季取暖补贴、上下班交通补贴以及洗理费等。

(2) 劳动保护的各种支出，具体有：工作服、手套等劳保用品，解毒剂、清凉饮料，以及按照1963年7月19日劳动部等七单位规定的对接触有毒物质、矽尘作业、放射性作业和潜水、沉箱作业、高温作业等五类工种所享受的由劳动保护费开支的保健食品待遇。

(3) 离休、退休、退职人员待遇的各项支出。

(4) 实行租赁经营单位承租人的风险性补偿收入。

(5) 对购买本企业股票和债券的职工所支付的股息（包括股金分红）和利息。

(6) 稿费、讲课费及专门工作报酬。

(7) 劳动合同制职工解除劳动合同时由企业支付的医疗补助费、生活补助费，即解雇金。

(四) 减免政策

工会经费（筹备金）不得减免。

三、工会经费的征收管理

(一) 征收主体

依据《中华人民共和国工会法》，工会经费由基层工会负责征收。为进一步加强工会经费管理，一些地区由政府协调或工会直接委托，将工会经费交由税务机关代收。截至目前，除上海、西藏等省（区）税务机关没有参与工会经费征收工作外，其他省税务机关受当地政府和工会委托，征收了全部或部分工会经费。

(二) 缴交期限与缴费地点

1. 缴交期限

工会经费的缴交期限一般按季或按年缴纳。按季缴纳的，按照上季度职工工资总额缴纳；按年缴纳的，按照上年职工工资总额缴纳。

采用简并征期申报纳税方式的单位，拨缴工会经费的期限按当地税务部门核准的纳税期限办理。

2. 缴费地点

工会经费收缴实行属地管理。

（三）申报表

工会经费申报表及填写如表 8-16 所示。

（四）征收凭证

税务机关代收工会经费统一使用税收票证，地方总工会不再开具《工会经费收入专用收据》。缴费单位所缴工会经费按规定在企业所得税税前扣除。

依据《国家税务总局关于工会经费企业所得税税前扣除凭据问题的公告》（国家税务总局公告 2010 年第 24 号）规定，自 2010 年 7 月 1 日起，企业拨缴的职工工会经费，不超过工资薪金总额 2％的部分，凭工会组织开具的《工会经费收入专用收据》在企业所得税税前扣除。依据《国家税务总局关于税务机关代收工会经费企业所得税税前扣除凭据问题的公告》（国家税务总局公告 2011 年第 30 号）规定，自 2010 年 1 月 1 日起，在委托税务机关代收工会经费的地区，企业拨缴的工会经费，也可凭合法、有效的工会经费代收凭据依法在税前扣除。对代收工会经费的征缴凭证统一按税收票证管理规定执行，除税务机关开具的税收票证外，银行出具的《电子缴税付款凭证》也可以作为征缴凭证。

（五）优惠政策

自 2020 年 1 月 1 日至 2022 年 12 月 31 日，符合《财政部 税务总局关于明确增值税小规模纳税人免征增值税政策的公告》（财政部 税务总局公告 2021 年第 11 号）条件的小微企业，享受全额返还工会经费支持政策。

自 2023 年 1 月 1 日至 2024 年 12 月 31 日，全年上缴工会经费低于 1 万元（不含）的小额缴费工会组织，实施工会经费全额返还支持政策。需要注意的是，工会经费全额返还政策由当地工会具体负责。

此外，部分地区也出台了一些工会经费优惠政策。例如，厦门自 2020 年 1 月 1 日至 2020 年 12 月 31 日，工会经费税务部门代征缴费单位上缴部分按全部职工工资总额 2％的 20％，即工资总额的 0.4％征收。江苏自 2019 年 7 月 1 日起至 2021 年 12 月 31 日止（指所属期），对月销售额未超过 10 万元（按季纳税的，季度销售额未超过 30 万元），按规定免征增值税的小规模纳税人，暂缓收缴工会经费。

表 8-16 通用申报表（税及附征税费）

纳税人识别号：　　　　　　　　　　　　　　　　　　纳税人名称：

征收项目	征收品目	税（费）款所属期起	税（费）款所属期止	应税项数量（总收入总额、应缴费人数、原值、面积、缴费基数等）	减除项（允许减除数量、金额、已安排残疾人数等）	计税（费）依据	税（费）率或单位税额	应税所得率	速算扣除数	本期应纳税（费）额	减免税（费）额	减免性质	本期已缴税（费）额	本期应补（退）税（费）额	税源名称	税源编号
合计						—	—	—	—			—				

其他个人出租不动产租金是否分摊　□是 □否

其他个人出租不动产租赁期起

其他个人出租不动产租赁期止

其他个人出租不动产分摊后月租金收入

办税人：　　　　　　　　　　申报日期：　　　　　　　　受理人：　　　　　　　　受理日期：　　　　　　　　受理税务机关：

(六) 部门职责

1. 联席会议制度

地方总工会、税务机关应当建立联席会议制度,共同研究解决工会经费收缴管理过程中存在的问题。

2. 工会部门的主要职责

(1) 负责工会经费日常上缴、下拨和退付管理。

(2) 负责工会经费法律、法规和政策宣传、解释。

(3) 负责与税务机关对账,建立和登记工会经费管理台账。

(4) 负责督促缴费单位按时足额拨缴工会经费,并协助税务机关开展工会经费的催报、催缴。

(5) 负责工会经费的退费审批。

(6) 负责向人民法院申请对欠费单位的支付令、提起诉讼和申请强制执行。

3. 税务部门的主要职责

(1) 负责工会经费代收及缴费信息传递。

(2) 负责对欠缴工会经费单位开展催报催缴。

(3) 协同工会部门开展工会经费法律、法规和政策宣传、解释。

(七) 法律责任

缴费单位无正当理由拖延或者拒不拨缴工会经费的,地方总工会可依据《中华人民共和国工会法》向所在地人民法院申请支付令;拒不执行支付令的,地方总工会可依法申请人民法院强制执行。

(八) 账户处理

单位缴纳的工会经费,企业(公司)从"管理费用"中列支,事业单位直接冲减收入。企业拨缴的职工工会经费,不超过工资薪金总额2%的部分,凭工会组织开具的《工会经费收入专用收据》或税收凭证在企业所得税税前扣除。

另外,需要注意的是,劳务派遣工应首先选择参加劳务派遣单位工会,劳务派遣单位没有建立工会组织的,劳务派遣工直接参加用工单位工会。劳务派遣工的工会经费应由用工单位按劳务派遣工工资总额的2%提取并拨付劳务派遣单位工会,属于应上缴上级工会的经费,由劳务派遣单位工会按规定比例上缴。用工单位工会接受委托管理劳务派遣工会员的,工会经费留用部分由用工单位工会使用或由劳务派遣单位工会和用工单位工会协商确定。

> **资料链接**

工会经费收缴协作管理系统介绍

工会经费收缴协作管理系统是按照"十二五"信息化建设规划确定的"实用、便捷、高效"的目标,以现代税收征管制度和税收管理现代化为引领,以便捷高效地收缴、返拨工会经费为中心,以支撑现代征管体系运行和征管信息共享应用公共服务为重点,简化、优化、规范工会经费收缴系统,加强顶层设计和智能易用性建设,大力提高信息化服务水平。

工会经费收缴协作管理系统是建立在工会、税务之间的一体化信息数据操作平台,平台内工会端、税务端各有独自的系统模块,实现双方数据在平台内实时交互。工会经费从最初的应缴核定,再到数据传递、数据修正、批扣发送、入库反馈、经费分割,最终到返拨基层,全部在平台内完成,确保征缴数据的准确性,提高入库、返拨的工作效率,以达到基层工会经费足额收缴、即时返拨。针对某些省内工会经费收缴方式有核定征收和自行申报两种方式的情况,系统还同时预留了单位自行申报端口。

工会经费收缴协作管理系统工会端共有五大模块,分别为系统管理、单位信息管理、数据管理、查询统计和核定收缴数据。

(1) 系统管理。系统管理主要包括权限资源维护和权限管理维护。

(2) 单位信息管理。单位信息是整个工会经费收缴管理的首要环节,通过信息采集及信息登记,能够及时掌握本辖区内的纳税人(缴费人)分布情况,对纳税人(缴费人)的开业、变更、停业复业、非正常状态、注销等进行管理,为工会经费收缴管理工作提供基础数据和信息。

(3) 数据管理。数据管理是工会核定的工会经费收缴计划在"金税三期"系统收缴、调整、入库、分割、返回的操作,主要有到账数据维护、支付数据维护、支付数据查询打印、支付暂挂、收缴计划数据计划调整、认定等。

(4) 查询统计。可按户、按区域、按登记时间查询缴费单位的基本信息;可按户、按区域、按登记时间查询缴费单位修改信息及修改信息痕迹。

(5) 核定收缴数据。对工会收缴模块中应征有效单位根据季度申报的社保工资总额自动生成符合导入"金税三期"系统的数据格式。对初步生成的数据具有修改功能,对连续3个月未申报、缴纳税金和社会保险费且被税务局认定为非正常户的单位停止生成应征数据;对部分不按照社保基数生成数据的单位手工调整生成数据,修改完成后的数据发送地税。

第二部分

非税收入政策法规

一、非税收入管理与票据管理

政府非税收入管理办法

(财税〔2016〕33号)

第一章 总 则

第一条 为了加强政府非税收入(以下简称非税收入)管理,规范政府收支行为,健全公共财政职能,保护公民、法人和其他组织的合法权益,根据国家有关规定,制定本办法。

第二条 非税收入设立、征收、票据、资金和监督管理等活动,适用本办法。

第三条 本办法所称非税收入,是指除税收以外,由各级国家机关、事业单位、代行政府职能的社会团体及其他组织依法利用国家权力、政府信誉、国有资源(资产)所有者权益等取得的各项收入。具体包括:

(一)行政事业性收费收入;

(二)政府性基金收入;

(三)罚没收入;

(四)国有资源(资产)有偿使用收入;

(五)国有资本收益;

(六)彩票公益金收入;

(七)特许经营收入;

(八)中央银行收入;

(九)以政府名义接受的捐赠收入;

(十)主管部门集中收入;

(十一)政府收入的利息收入;

(十二)其他非税收入。

本办法所称非税收入不包括社会保险费、住房公积金(指计入缴存人个人账户部分)。

第四条 非税收入是政府财政收入的重要组成部分,应当纳入财政预算管理。

第五条 非税收入实行分类分级管理。

根据非税收入不同类别和特点,制定与分类相适应的管理制度。鼓励各地区探索和建立符合本地实际的非税收入管理制度。

第六条 非税收入管理应当遵循依法、规范、透明、高效的原则。

第七条 各级财政部门是非税收入的主管部门。

财政部负责制定全国非税收入管理制度和政策,按管理权限审批设立非税收入,征缴、管理和监督中央非税收入,指导地方非税收入管理工作。

县级以上地方财政部门负责制定本行政区域非税收入管理制度和政策,按管理权限审批设立非税收入,征缴、管理和监督本行政区域非税收入。

第八条 各级财政部门应当完善非税收入管理工作机制,建立健全非税收入管理系统和统计报告制度。

第二章 设立和征收管理

第九条 设立和征收非税收入,应当依据法律、法规的规定或者按下列管理权限予以批准:

(一)行政事业性收费按照国务院和省、自治区、直辖市(以下简称省级)人民政府及其财政、价格主管部门的规定设立和征收。

<u>(二)政府性基金按照国务院和财政部的规定设立和征收。</u>

(三)国有资源有偿使用收入、特许经营收入按照国务院和省级人民政府及其财政部门的规定设立和征收。

(四)国有资产有偿使用收入、国有资本收益由拥有国有资产(资本)产权的人民政府及其财政部门按照国有资产(资本)收益管理规定征收。

(五)彩票公益金按照国务院和财政部的规定筹集。

(六)中央银行收入按照相关法律、法规征收。

(七)罚没收入按照法律、法规和规章的规定征收。

(八)主管部门集中收入、以政府名义接受的捐赠收入、政府收入的利息收入及其他非税收入按照同级人民政府及其财政部门的管理规定征收或者收取。

任何部门和单位不得违反规定设立非税收入项目或者设定非税收入的征收对象、范围、标准和期限。

注:根据《财政部关于修改部分文件条款的通知》(财税〔2023〕9号)的规定,自2023年3月7日起,本办法第九条第(二)项条款废止。

第十条 取消、停征、减征、免征或者缓征非税收入,以及调整非税收入的征收对象、范围、标准和期限,应当按照设立和征收非税收入的管理权限予以批准,不许越权批准。

取消法律、法规规定的非税收入项目,应当按照法定程序办理。

第十一条 非税收入可以由财政部门直接征收,也可以由财政部门委托的部门和单位(以下简称执收单位)征收。

未经财政部门批准,不得改变非税收入执收单位。

法律、法规对非税收入执收单位已有规定的,从其规定。

第十二条 执收单位应当履行下列职责:

(一)公示非税收入征收依据和具体征收事项,包括项目、对象、范围、标准、期限和方式等;

(二)严格按照规定的非税收入项目、征收范围和征收标准进行征收,及时足额上缴非税收入,并对欠缴、少缴收入实施催缴;

(三)记录、汇总、核对并按规定向同级财政部门报送非税收入征缴情况;

(四)编报非税收入年度收入预算;

(五)执行非税收入管理的其他有关规定。

第十三条 执收单位不得违规多征、提前征收或者减征、免征、缓征非税收入。

第十四条 各级财政部门应当加强非税收入执收管理和监督,不得向执收单位下达非税收入指标。

第十五条 公民、法人或者其他组织(以下简称缴纳义务人)应当按规定履行非税收入缴纳义务。

对违规设立非税收入项目、扩大征收范围、提高征收标准的,缴纳义务人有权拒绝缴纳并向有关部门举报。

第十六条 缴纳义务人因特殊情况需要缓缴、减缴、免缴非税收入的,应当向执收单位提出书面申请,并由执收单位报有关部门按照规定审批。

第十七条 非税收入应当全部上缴国库,任何部门、单位和个人不得截留、占用、挪用、坐支或者拖欠。

第十八条 非税收入收缴实行国库集中收缴制度。

第十九条 各级财政部门应当加快推进非税收入收缴电子化管理,逐步降低征收成本,提高收缴水平和效率。

第三章 票据管理

第二十条 非税收入票据是征收非税收入的法定凭证和会计核算的原始凭证,是财政、审计等部门进行监督检查的重要依据。

第二十一条 非税收入票据种类包括非税收入通用票据、非税收入专用票据和非税收入一般缴款书。具体适用下列范围:

(一)非税收入通用票据,是指执收单位征收非税收入时开具的通用凭证。

(二)非税收入专用票据,是指特定执收单位征收特定的非税收入时开具的专用凭证,主要包括行政事业性收费票据、政府性基金票据、国有资源(资产)收入票据、罚没票据等。

（三）非税收入一般缴款书，是指实施非税收入收缴管理制度改革的执收单位收缴非税收入时开具的通用凭证。

第二十二条 各级财政部门应当通过加强非税收入票据管理，规范执收单位的征收行为，从源头上杜绝乱收费，并确保依法合规的非税收入及时足额上缴国库。

第二十三条 非税收入票据实行凭证领取、分次限量、核旧领新制度。

执收单位使用非税收入票据，一般按照财务隶属关系向同级财政部门申领。

第二十四条 除财政部另有规定以外，执收单位征收非税收入，应当向缴纳义务人开具财政部或者省级财政部门统一监（印）制的非税收入票据。

对附加在价格上征收或者需要依法纳税的有关非税收入，执收单位应当按规定向缴纳义务人开具税务发票。

不开具前款规定票据的，缴纳义务人有权拒付款项。

第二十五条 非税收入票据使用单位不得转让、出借、代开、买卖、擅自销毁、涂改非税收入票据；不得串用非税收入票据，不得将非税收入票据与其他票据互相替代。

第二十六条 非税收入票据使用完毕，使用单位应当按顺序清理票据存根、装订成册、妥善保管。

非税收入票据存根的保存期限一般为5年。保存期满需要销毁的，报经原核发票据的财政部门查验后销毁。

第四章 资 金 管 理

第二十七条 非税收入应当依照法律、法规规定或者按照管理权限确定的收入归属和缴库要求，缴入相应级次国库。

第二十八条 非税收入实行分成的，应当按照事权与支出责任相适应的原则确定分成比例，并按下列管理权限予以批准：

（一）涉及中央与地方分成的非税收入，其分成比例由国务院或者财政部规定；

（二）涉及省级与市、县级分成的非税收入，其分成比例由省级人民政府或者其财政部门规定；

（三）涉及部门、单位之间分成的非税收入，其分成比例按照隶属关系由财政部或者省级财政部门规定。

未经国务院和省级人民政府及其财政部门批准，不得对非税收入实行分成或者调整分成比例。

第二十九条 非税收入应当通过国库单一账户体系收缴、存储、退付、清算和核算。

第三十条 上下级政府分成的非税收入，由财政部门按照分级划解、及时清算的原则办理。

第三十一条 已上缴中央和地方财政的非税收入依照有关规定需要退付的,分别按照财政部和省级财政部门的规定执行。

第三十二条 根据非税收入不同性质,分别纳入一般公共预算、政府性基金预算和国有资本经营预算管理。

第三十三条 各级财政部门应当按照规定加强政府性基金、国有资本收益与一般公共预算资金统筹使用,建立健全预算绩效评价制度,提高资金使用效率。

第五章 监督管理

第三十四条 各级财政部门应当建立健全非税收入监督管理制度,加强非税收入政策执行情况的监督检查,依法处理非税收入违法违规行为。

第三十五条 执收单位应当建立健全内部控制制度,接受财政部门和审计机关的监督检查,如实提供非税收入情况和相关资料。

第三十六条 各级财政部门和执收单位应当通过政府网站和公共媒体等渠道,向社会公开非税收入项目名称、设立依据、征收方式和标准等,并加大预决算公开力度,提高非税收入透明度,接受公众监督。

第三十七条 任何单位和个人有权监督和举报非税收入管理中的违法违规行为。

各级财政部门应当按职责受理、调查、处理举报或者投诉,并为举报人保密。

第三十八条 对违反本办法规定设立、征收、缴纳、管理非税收入的行为,依照《中华人民共和国预算法》《财政违法行为处罚处分条例》和《违反行政事业性收费和罚没收入收支两条线管理规定行政处分暂行规定》等国家有关规定追究法律责任;涉嫌犯罪的,依法移送司法机关处理。

第六章 附 则

第三十九条 教育收费管理参照本办法规定执行,收入纳入财政专户管理。

第四十条 省级财政部门可以根据本办法的规定,结合本地区实际情况,制定非税收入管理的具体实施办法。

第四十一条 本办法自颁布之日起施行。

财政票据管理办法

(2012年10月22日财政部令第70号公布 根据2020年12月3日《财政部关于修改〈财政票据管理办法〉的决定》修改)

第一章 总 则

第一条 为了规范财政票据行为,加强政府非税收入征收管理和单位财务监督,维护国家财经秩序,保护公民、法人和其他组织的合法权益,根据国家有关规定,制定本办法。

第二条 财政票据的监(印)制、领用、发放、使用、保管、核销、销毁及监督检查等活动,适用本办法。

第三条 本办法所称财政票据,是指由财政部门监(印)制、发放、管理,国家机关、事业单位、具有公共管理或者公共服务职能的社会团体及其他组织(以下统称"行政事业单位")依法收取政府非税收入或者从事非营利性活动收取财物时,向公民、法人和其他组织开具的凭证。

财政票据是财务收支和会计核算的原始凭证,包括电子和纸质两种形式。财政电子票据和纸质票据具有同等法律效力,是财会监督、审计监督等的重要依据。

第四条 财政部门是财政票据的主管部门。

财政部负责全国财政票据管理工作,承担中央单位财政票据的监(印)制、发放、核销、销毁和监督检查等工作,指导地方财政票据管理工作。

省、自治区、直辖市人民政府财政部门,新疆生产建设兵团财政局(以下简称省级财政部门)负责本行政区域财政票据的监(印)制、发放、核销、销毁和监督检查等工作,指导下级财政部门财政票据管理工作。

省级以下财政部门负责本行政区域财政票据的申领、发放、核销、销毁和监督检查等工作。

第五条 财政部门应当积极推进财政电子票据管理改革,以数字信息代替纸质文件、以电子签名代替手工签章,依托计算机和信息网络技术开具、存储、传输和接收财政电子票据,实现电子开票、自动核销、全程跟踪、源头控制。

第六条 财政部门通过有关票据公共服务平台提供财政电子票据真伪查验服务。

第二章 财政票据的种类、适用范围和内容

第七条 财政票据的种类和适用范围如下:

(一)非税收入类票据

1. 非税收入通用票据,是指行政事业单位依法收取政府非税收入时开具的通用凭证。

2. 非税收入一般缴款书,是指实施政府非税收入收缴管理制度改革的行政事业单位收缴政府非税收入时开具的通用凭证。

(二)结算类票据

资金往来结算票据,是指行政事业单位在发生暂收、代收和单位内部资金往来结算时开具的凭证。

（三）其他财政票据

1. 公益事业捐赠票据，是指国家机关、公益性事业单位、公益性社会团体和其他公益性组织依法接受公益性捐赠时开具的凭证。

2. 医疗收费票据，是指非营利医疗卫生机构从事医疗服务取得医疗收入时开具的凭证。

3. 社会团体会费票据，是指依法成立的社会团体向会员收取会费时开具的凭证。

4. 其他应当由财政部门管理的票据。

第八条 财政票据应当包括票据名称、票据编码、票据监制章、项目、标准、数量、金额、交款人、开票日期、开票单位、开票人、复核人等内容。

第九条 纸质票据一般包括存根联、收据联、记账联。存根联由开票方留存，收据联由支付方收执，记账联由开票方留做记账凭证。

非税收入一般缴款书一般设置五联，包括回单联、借方凭证、贷方凭证、收据联、存根联。回单联退执收单位，借方凭证和贷方凭证分别由缴款人、收款人开户银行留存，收据联由缴款人收执，存根联由执收单位留存。

第三章 财政票据的监（印）制

第十条 财政票据由省级以上财政部门按照管理权限分别监（印）制。

第十一条 财政票据实行全国统一的式样、编码规则和电子票据数据标准，由财政部负责制定。

电子票据数据标准包括数据要素、数据结构、数据格式和防伪方法等内容。各级财政部门应当按照统一的财政电子票据数据标准，生成、传输、存储和查验财政电子票据。

第十二条 省级以上财政部门应当按照国家政府采购有关规定确定承印财政票据的企业，并与其签订印制合同。

财政票据印制企业应当按照印制合同和财政部规定的式样印制票据。

禁止私自印制、伪造、变造财政票据。

第十三条 财政票据应当套印全国统一式样的财政票据监制章。财政票据监制章的形状、规格和印色由财政部统一规定。

禁止伪造、变造财政票据监制章，禁止在非财政票据上套印财政票据监制章。

第十四条 财政票据应当使用中文监（印）制。民族自治地方的财政票据，可以加印一种当地通用的民族文字。有实际需要的，可以同时使用中外两种文字监（印）制。

第十五条 财政票据印制企业应当建立票据印制管理制度和保管措施，对财政票据式样模板、财政票据监制章印模等的使用和管理实行专人负责，不得将承印的财政票据委托其他企业印制，不得向委托印制票据的财政部门以外的其他单位或者个人提供财政票据。

第十六条 印制合同终止后,财政票据印制企业应当将印制票据所需用品、资料交还委托印制票据的财政部门,不得自行保留或者提供给其他单位或者个人。

第十七条 禁止在境外印制财政票据。

第四章 财政票据的领用与发放

第十八条 省级以下财政部门应当根据本地区用票需求,按照财政管理体制向上一级财政部门报送用票计划,申领财政票据。上级财政部门经审核后发放财政票据。

第十九条 财政票据实行凭证领用、分次限量、核旧领新制度。

领用财政票据,一般按照财务隶属关系向同级财政部门申请。

第二十条 财政部门及其工作人员应当为申领单位提供便利,一次性告知领用财政票据的相关程序、材料、要求及依据等内容。

第二十一条 首次领用财政票据,应当按照规定程序办理《财政票据领用证》。

办理《财政票据领用证》,应当提交申请函,填写《财政票据领用证申请表》,并且按要求提供与票据种类相关的可核验信息,并对提供信息的真实性承担法律责任。

第二十二条 受理申请的财政部门应当对申请单位提交的材料进行审核,对符合条件的单位,核发《财政票据领用证》,并发放财政票据。

《财政票据领用证》应当包括单位基本信息、领用票据名称和项目名称、领用票据记录、检查核销票据记录、检查核销结果记录等项目。

第二十三条 再次领用财政票据,应当出示《财政票据领用证》,提供前次票据使用情况,包括票据的种类、册(份)数、起止号码、使用份数、作废份数、收取金额及票据存根等内容。受理申请的财政部门审核后,发放财政票据。

第二十四条 领用未列入《财政票据领用证》内的财政票据,应当向原核发领用证的财政部门提出申请,并依照本办法规定提交相应材料。受理申请的财政部门审核后,应当在《财政票据领用证》上补充新增财政票据的相关信息,并发放财政票据。

第二十五条 财政票据一次领用的数量一般不超过本单位六个月的使用量。

第五章 财政票据的使用与保管

第二十六条 财政票据使用单位应当指定专人负责管理财政票据,建立票据使用登记制度,设置票据管理台账,按照规定向财政部门报送票据使用情况。

第二十七条 财政票据使用单位开具电子票据,应当确保电子票据及其元数据自形成起完整无缺、来源可靠,未被非法更改,传输过程中发生的形式变化不得影响财政电子票据内容的真实、完整。

第二十八条 财政票据应当按照规定填写,做到字迹清楚、内容完整真实、印章齐全、各联次内容和金额一致。填写错误的,应当另行填写。

因填写错误等原因而作废的纸质票据,应当加盖作废戳记或者注明"作废"字样,并完整保存各联次,不得擅自销毁。

第二十九条 填写财政票据应当统一使用中文。财政票据以两种文字监(印)制的,可以同时使用另一种文字填写。

第三十条 财政票据使用单位不得转让、出借、代开、买卖、擅自销毁、涂改财政票据;不得串用财政票据,不得将财政票据与其他票据互相替代。

第三十一条 省级财政部门监(印)制的财政票据应当在本行政区域内发放使用,但派驻外地的单位在派驻地使用的情形除外。

第三十二条 财政票据应当按照规定使用。不按规定使用的,付款单位和个人有权拒付款项,财务部门不得报销。

第三十三条 财政票据使用单位和付款单位应当准确、完整、有效接收和读取财政电子票据,并按照会计信息化和会计档案等有关管理要求归档入账。

第三十四条 纸质票据使用完毕,使用单位应当按照要求填写相关资料,按顺序清理纸质票据存根、装订成册、妥善保管。

纸质票据存根的保存期限一般为5年。保存期满需要销毁的,报经原核发票据的财政部门查验后销毁。保存期未满、但有特殊情况需要提前销毁的,应当报原核发票据的财政部门批准。

第三十五条 尚未使用但应予作废销毁的财政票据,使用单位应当登记造册,报原核发票据的财政部门核准、销毁。

第三十六条 财政票据使用单位发生合并、分立、撤销、职权变更,或者收费项目被依法取消或者名称变更的,应当自变动之日起15日内,向原核发票据的财政部门办理《财政票据领用证》的变更或者注销手续;对已使用财政票据的存根和尚未使用的财政票据应当分别登记造册,报财政部门核准、销毁。

第三十七条 财政票据或者《财政票据领用证》灭失的,财政票据使用单位应当查明原因,及时以书面形式报告原核发票据的财政部门,并自发现之日起3日内登报声明作废。

第三十八条 财政部门、财政票据印制企业、财政票据使用单位应当设置财政票据专用仓库或者专柜,指定专人负责保管,确保财政票据安全。

第六章 监督检查及罚则

第三十九条 财政部门应当建立健全财政票据监督检查制度,对财政票据监(印)制、使用、管理等情况进行检查。

第四十条 财政部门实施监督检查,应当按照规定程序和要求进行,不得滥用职权、徇私舞弊,不得向被检查单位收取费用。

第四十一条 财政票据使用单位和财政票据印制企业应当自觉接受财政部门的监督检查,如实反映情况,提供有关资料,不得隐瞒、弄虚作假或者拒绝、阻挠。

第四十二条 单位和个人违反本办法规定,有下列行为之一的,由县级以上财政部门责令改正并给予警告;对非经营活动中的违法行为,处以1 000元以下罚款;对经营活动中的违法行为,有违法所得的,处以违法所得金额3倍以下不超过30 000元的罚款,没有违法所得的,处以10 000元以下罚款;构成犯罪的,依法追究刑事责任:

(一)违反规定印制财政票据;

(二)转让、出借、串用、代开财政票据;

(三)伪造、变造、买卖、擅自销毁财政票据;

(四)提供虚假信息骗取和冒领财政票据;

(五)伪造、使用伪造的财政票据监制章;

(六)未按规定使用财政票据监制章;

(七)在境外印制财政票据;

(八)其他违反财政票据管理规定的行为。

单位和个人违反本办法规定,对涉及财政收入的财政票据有本条第一款所列行为之一的,依照《财政违法行为处罚处分条例》第十六条的规定予以处理、处罚。

第四十三条 财政部门、行政事业单位工作人员违反本办法规定,在工作中徇私舞弊、玩忽职守、滥用职权的,依法给予处分;构成犯罪的,依法追究刑事责任。

第四十四条 单位和个人对处理、处罚决定不服的,可以依法申请行政复议或者提起行政诉讼。

国家工作人员对处分不服的,可以依照有关规定申请复审复核或者提出申诉。

第七章 附 则

第四十五条 中国人民解放军和中国人民武装警察部队适用《军队票据管理规定》。

第四十六条 省级财政部门可以依据本办法,结合本地区实际情况制定具体实施办法,报财政部备案。

第四十七条 本办法自2013年1月1日起施行。1998年9月21日财政部发布的《行政事业性收费和政府性基金票据管理规定》(财综字〔1998〕104号)同时废止。

二、教育费附加

国务院关于征收教育费附加的暂行规定

(国发〔1986〕50号)

注:根据《国务院关于废止和修改部分行政法规的决定》(中华人民共和国国务院令第588号)的规定,本法规自2011年1月8日起,第二条、第六条中的"产品税"修改为"消费税"。

第一条 为贯彻落实《中共中央关于教育体制改革的决定》,加快发展地方教育事业,扩大地方教育经费的资金来源,特制定本规定。

第二条 凡缴纳产品税、增值税、营业税的单位和个人,除按照《国务院关于筹措农村学校办学经费的通知》(国发〔1984〕174号文)的规定,缴纳农村教育事业费附加的单位外,都应当依照本规定缴纳教育费附加。

第三条 教育费附加,以各单位和个人实际缴纳的产品税、增值税、营业税的税额为计征依据,教育费附加率为1%,分别与产品税、增值税、营业税同时缴纳。

对从事生产卷烟和经营烟叶产品的单位,减半征收教育费附加。

第四条 按照现行有关规定,除铁道、人民银行、专业银行和保险总公司等汇总缴纳营业税的单位集中向指定的银行缴款外,其余的单位和个人,向其所在地银行缴款。

第五条 教育费附加由税务机关负责征收,各级银行要为同级教育部门设立教育费附加专户。

第六条 教育费附加的征收管理,按照产品税、增值税、营业税的有关规定办理。

第七条 企业缴纳的教育费附加,一律在销售收入(或营业收入)中支付。

第八条 地方征收的教育费附加,按专项资金管理,由教育部门统筹安排,提出分配方案,商同级财政部门同意后,用于改善中小学教学设施和办学条件,不得用于职工福利和发放奖金。

铁道、人民银行、专业银行和保险总公司等汇总缴纳营业税的单位集中缴纳的教育费附加,由国家教育委员会按年度提出分配方案,商财政部同意后,用于基础教育的薄弱环节。

地方征收的教育费附加,主要留归当地安排使用。省、自治区、直辖市可根据各地征收教育费附加的实际情况,适当提取一部分数额,用于地区之间的调剂、平衡。

第九条 地方各级教育部门每年定期向当地人民政府、上级主管部门和财政部门报告教育费附加的收支情况。

第十条 凡办有职工子弟学校的单位,应当先按本规定缴纳教育费附加;教育部门可根据它们办学的情况酌情返还给办学单位,作为对所办学校经费的补贴。办学单位不得借口缴纳教育费附加而撤并学校,或者缩小办学规模。

第十一条 征收教育费附加以后,地方各级教育部门和学校,不准以任何名目向学生家长和单位集资,或者变相集资,不准以任何借口不让学生入学。

对违反前款规定者,其上级教育部门要予以制止,直接责任人员要给予行政处分。单位和个人有权拒缴。

第十二条 本规定由财政部负责解释。各省、自治区、直辖市人民政府可结合当地实际情况制定实施办法。

第十三条 本规定从1986年7月1日起施行。

财政部关于征收教育费附加几个具体问题的通知

(财税字〔1986〕120号)

各省、自治区、直辖市财政厅(局)、税务局、三峡省筹备组,重庆、武汉、沈阳、大连、哈尔滨、西安、广州市财政局、税务局,加发南京市财政局、税务局:

为了加快教育事业的发展,提高全民族的科学文化水平,国务院于1986年4月28日以国发〔1986〕50号文件发布了《征收教育费附加的暂行规定》,从1986年7月1日起施行。现就几个具体问题通知如下,请抓紧部署执行。

一、根据国务院国发〔1984〕174号文件的规定,对农业、乡镇企业,由乡人民政府征收教育事业费附加。因此,对缴纳了农村教育事业费附加的单位,不征收教育费附加。

二、凡缴纳产品税、增值税、营业税的单位和个人,都应当依照规定征收教育费附加。但海关对进口产品征收的产品税、增值税不征收教育费附加。

三、根据《征收教育费附加的暂行规定》第3条规定,"教育费附加,以各单位和个人实际缴纳的产品税、增值税、营业税的税额为计征依据。"因此,对由于减免产品税、增值税、营业税而发生退税的,同时退还已征的教育费附加。但对出口产品退还产品税、增值税的,不退还已征的教育费附加。

四、征收教育费附加的环节和地点,原则上与征收产品税、增值税、营业税的规定一致。但国营和集体批发企业以及其他批发单位,在批发环节代扣代缴零售环节或临时经营的营业税时,不扣交教育费附加,而由纳税单位或个人回到其所在地申报缴纳。如果必须实行代扣代缴，只对本省、自治区、直辖市辖区内的纳税人代扣教育费附加，对外省、自治区、直辖市辖区内的纳税人回原地申报缴纳。

五、个体商贩及个人在集市上出售商品，对其征收临时经营营业税或产品税，是否同时按其实缴的税额征收教育费附加，请各省、自治区、直辖市人民政府根据实际情况规定。

六、铁道系统应缴纳的教育费附加，由铁道部在汇总缴纳营业税的同时缴纳教育费附加。人民银行、各专业银行和保险公司应缴纳的教育费附加，均由取得业务收入的核算单位在当地缴纳。但各银行总行和保险总公司应缴纳的教育费附加，由各银行总行和保险总公司向税务总局缴纳。

七、教育费附加收入的会计、统计等事项，另行规定。

八、请各省、自治区、直辖市人民政府按照国务院发布的《征收教育费附加的暂行规定》和本通知规定，结合当地实际情况制定实施方法，并抄知我部。

财政部 国家税务总局
一九八六年五月二十四日

财政部 国家税务总局请改正营业所缴纳教育费附加地点的函

（财税地字〔1986〕5号）

中国农业银行：

你行〔86〕农银字第208号文转发财政部《关于征收教育费附加几个具体问题的通知》的通知抄件收悉。你行《通知》第一点规定："营业所按本身的营业收入5％计算营业税额，再按营业税额的1％缴纳教育费附加；县支行只缴纳本身营业收入计算的教育费附加。"根据国务院国发〔1986〕50号文件《征收教育费附加的暂行规定》，教育费附加，"分别与产品税、增值税、营业税同时缴纳"。农业银行缴纳营业税地点，按照税务总局〔85〕财税一字第013号通知的规定："县及设区的市，由县支行或区办事处纳税"。

由于营业所不就地缴纳营业税，没有计算缴纳教育费附加的依据，因此，营业所计算缴纳教育费附加的地点，应同缴纳营业税的纳税地点一致起来，即由县支行或区办事处在缴纳营业税的同时缴纳教育费附加。

为了有利于国务院发布的《征收教育费附加的暂行规定》顺利贯彻执行，请按照上述意见通知所属改正过来。

财政部 国家税务总局
1986年6月14日

财政部 国家税务总局关于征收教育费附加两个政策问题的批复

(财税地字〔1986〕6号)

广东省税务局：

你局〔86〕粤税三函字等031号文收悉。对你局提出的征收教育费附加的两个政策问题答复如下：

一、国务院发布的《征收教育费附加的暂行规定》中关于"对从事生产卷烟和经营烟叶产品的单位，减半征收教育费附加"，是指直接生产卷烟（包括雪茄烟、烟丝）和收购烟叶缴纳的产品税，减半征收教育费附加，不包括这些单位生产或经营其他产品以及零售环节所缴纳的产品税、增值税、营业税。

二、对生产卷烟和经营烟叶的单位减半征收教育费附加，是考虑到这些单位的实际负担而采取的一种照顾政策，并不是从适用税率的高低出发的。对生产其他高税率产品的企业，不应减征教育费附加。

财政部 国家税务总局
1986年6月23日

财政部关于"112专项"进口汽车免征教育费附加的复函

(财商字〔1986〕243号)

国家物资局：

你局〔86〕物机财字263号《请准予专项进口汽车免征教育费附加的报告》收悉。经请示国务院领导同志同意，对"112专项"进口的汽车免征教育费附加。

国家税务总局关于印发《国务院关于修改〈征收教育费附加的暂行规定〉的决定》的通知

(国税函发〔1990〕1162号)

各省、自治区、直辖市税务局，各计划单列市税务局，海洋石油税务管理局各分局：

国务院关于修改《征收教育费附加的暂行规定》的决定，经李鹏总理签署，已以中华人民共和国国务院令第60号发布。为了据以作好教育费附加的征收管理，依一些地区要求,现予印发,请认真贯彻执行。

附:国务院关于修改《征收教育费附加的暂行规定》的决定

国家税务局
1990 年 9 月 14 日

国务院关于修改《征收教育费附加的暂行规定》的决定

国务院决定对《征收教育费附加的暂行规定》作如下修改:

一、第三条修改为:

教育费附加,以各单位和个人实际缴纳的产品税、增值税、营业税的税额为计征依据,教育费附加率为2%,分别与产品税、增值税、营业税同时缴纳。

对从事生产卷烟和经营烟叶产品的单位,减半征收教育费附加。

除国务院另有规定者外,任何地区、部门不得擅自提高或者降低教育费附加率。

二、第四条修改为:

依照现行有关规定,除铁道系统、中国人民银行总行、各专业银行总行、保险总公司的教育费附加随同营业税上缴中央财政外,其余单位和个人的教育费附加,均就地上缴地方财政。

三、第五条修改为:

教育费附加由税务机关负责征收。

教育费附加纳入预算管理,作为教育专项资金,根据"先收后支、列收列支、收支平衡"的原则使用和管理。地方各级人民政府应当依照国家有关规定,使预算内教育事业费逐步增长,不得因教育费附加纳入预算专项资金管理而抵顶教育事业费拨款。

四、第八条第二款修改为:

铁道系统、中国人民银行总行、各专业银行总行、保险总公司随同营业税上缴的教育费附加,由国家教育委员会按年度提出分配方案,商财政部同意后,用于基础教育的薄弱环节。

本决定自 1990 年 8 月 1 日起施行。

附:《征收教育费附加的暂行规定》第三条、第四条、第五条、第八条修改前的条文

《征收教育费附加的暂行规定》第三条、第四条、第五条、第八条修改前的条文

第三条 教育费附加,以各单位和个人实际缴纳的产品税、增值税、营业税的税额为计征依据,教育费附加率为百分之一,分别与产品税、增值税、营业税同时缴纳。对从事生产卷烟和经营烟叶产品的单位,减半征收教育费附加。

第四条 依照现行有关规定,除铁道、人民银行、专业银行和保险总公司等汇总缴纳

营业税的单位集中向指定的银行缴款外,其余的单位和个人,向其所在地银行缴款。

第五条 教育费附加由税务机关负责征收,各级银行要为同级教育部门设立教育费附加专户。

第八条 地方征收的教育费附加,按专项资金管理,由教育部门统筹安排,提出分配方案,商同级财政部门同意后,用于改善中小学教学设施和办学条件,不得用于职工福利和发放奖金。

铁道、人民银行、专业银行和保险总公司等汇总缴纳营业税的单位集中缴纳的教育费附加,由国家教育委员会按年度提出分配方案,商财政部同意后,用于基础教育的薄弱环节。

地方征收的教育费附加,主要留归当地安排使用。省、自治区、直辖市可根据各地征收教育费附加的实际情况,适当提取一部分数额,用于地区之间的调剂、平衡。

国务院关于修改《征收教育费附加的暂行规定》的决定

(中华人民共和国国务院令第 448 号)

现公布《国务院关于修改〈征收教育费附加的暂行规定〉的决定》,自 2005 年 10 月 1 日起施行。

总理　温家宝

二○○五年八月二十日

国务院决定对《征收教育费附加的暂行规定》作如下修改:

删去第三条第二款。

将第三条修改为:"教育费附加,以各单位和个人实际缴纳的增值税、营业税、消费税的税额为计征依据,教育费附加率为 3%,分别与增值税、营业税、消费税同时缴纳。

除国务院另有规定者外,任何地区、部门不得擅自提高或者降低教育费附加率。"

本决定自 2005 年 10 月 1 日起施行。

国务院关于教育费附加征收问题的紧急通知

(国发明电〔1994〕2 号)

各省、自治区、直辖市人民政府,国务院各部委、各直属机构:

根据国发〔1993〕85 号《国务院关于实行分税制财政管理体制的决定》,为了保证教育

费附加及时、足额征收,现将有关事项通知如下:

一、教育费附加以各单位和个人实际缴纳的增值税、营业税、消费税的税额为计征依据,附加率为3%,分别与增值税、营业税、消费税同时缴纳。对从事生产卷烟和烟叶生产的单位,减半征收。

二、按照改革后的税收征收管理规定,教育费附加分别由国家税务局和地方税务局负责征收。国家税务局系统征收的按铁道、各银行总行、保险总公司营业税附征的教育费附加,作为中央预算固定收入;国家税务局系统征收的按增值税、消费税附征的教育费附加和地方税务局征收的按营业税附征的教育费附加,作为地方预算固定收入。

三、国家税务局系统和地方税务局征收的教育费附加,原则上应单独填开"缴款单",以"教育费附加收入"科目,按上述收入归属的规定,分别缴入中央金库和地方金库。

四、其他事项暂按现行规定执行,具体使用管理办法另行制定下发。

五、本通知从一九九四年一月一日起执行。

国务院
一九九四年二月七日

国务院关于调整金融保险业税收政策有关问题的通知

(国发〔1997〕5号)

各省、自治区、直辖市人民政府,国务院各部委、各直属机构:

为了发挥税收的调控作用,进一步理顺国家与金融、保险企业之间的分配关系,促进金融、保险企业间平等竞争,保证国家财政收入,国务院决定,从1997年1月1日起,调整金融保险业的税收政策。现将有关问题通知如下:

一、规范金融、保险企业的所得税税率,对目前执行55%所得税税率的金融、保险企业,其所得税税率统一降为33%。金融、保险企业所得税的预算级次不变。

二、修订《中华人民共和国营业税暂行条例》中有关金融保险业营业税税率的规定,将金融保险业营业税税率由现行的5%提高到8%。提高营业税税率后,除各银行总行、保险总公司缴纳的营业税仍全部归中央财政收入外,其余金融、保险企业缴纳的营业税,按原5%税率征收的部分,归地方财政收入,按提高3%税率征收的部分,归中央财政收入。

注:根据《国务院关于废止〈中华人民共和国营业税暂行条例〉和修改〈中华人民共和国增值税暂行条例〉的决定》(中华人民共和国国务院令第691号)的规定,自2017年11月19日起,本条例全文废止。

三、对经济特区内(包括上海浦东新区和苏州工业园区,下同)设立的外商投资和外国金融企业,凡来源于特区内的营业收入,继续执行自注册登记之日起,5年内免征营业税的优惠政策,免税期满后,按8%的税率征收;对来源于经济特区外的营业收入部分,不再执行特区内的免税优惠政策,按特区外设立的外商投资和外国金融企业的有关税收政策执行。

注:根据《财政部 国家税务总局关于调整外商投资和外国金融企业营业税政策的通知》(财税〔2001〕74号)的规定,本法规第三条自2001年5月1日起废止。

四、对1996年12月31日之前在特区外设立的外商投资和外国金融、保险企业,在1998年12月31日前,营业税减按5%征收,仍作为地方财政收入;自1999年1月1日起,按8%征收。对1997年1月1日后特区外新设立的外商投资和外国金融、保险企业,一律执行8%的营业税税率。

五、提高金融保险业营业税税率后,对国家政策性银行减按5%的税率征收。政策性银行缴纳的营业税仍作为国家资本金投资返还给政策性银行。政策性银行资本金达到国务院规定金额之日起,返还政策停止执行。

六、提高金融保险业营业税后,对农村信用社营业税,在1997年12月31日前减按5%征收,仍作为地方财政收入;自1998年1月1日起恢复按8%的税率征收。

七、提高金融保险业营业税税率后,对随同营业税附征的城市维护建设税及教育费附加,仍按原税率5%计征,提高3%税率的部分予以免征。附征的收入仍归地方财政收入。

八、提高金融保险业营业税税率后,现由地方税务局所属征收机关负责征收的金融、保险企业营业税,改由国家税务局和地方税务局所属征收机构共同征收。其中按原5%税率计征的部分,由地方税务局所属征收机构负责征收,按提高3%税率计征的部分,由国家税务局所属征收机构负责征收。各银行总行、保险总公司缴纳的营业税,继续由国家税务总局直属征收机构负责征收。随同营业税征收的城市维护建设税和教育费附加,由地方税务局所属征收机构负责征收。

调整金融保险业的税收政策,是国务院作出的一项重要决策,各地人民政府要高度重视,加强领导;各级国家税务局机关和地方税务局机关要密切合作,切实加强征管,堵塞"跑、冒、滴、漏";各金融,保险企业要进一步强化纳税意识,按国家规定及时足额申报纳税,确保国家金融保险企业税收政策的贯彻执行。

国务院
1997年2月19日

国家税务总局关于中央直属储备粮库建设有关税费问题的批复

(国税函〔1998〕842号)

河北省地方税务局:

你局《河北省地方税务局关于中央直属储备粮库建设有关免征税费事宜的请示》(冀地税函〔1998〕234号)收悉。经研究,现批复如下:

《国务院办公厅关于搞好中央直属储备粮库建设的通知》(国办发明电〔1998〕9号)第三条规定:"免征本地区、国务院有关部门规定征收的各种与粮库建设相关的税费"。营业税、城市维护建设税、教育费附加是由全国人大常委会或国务院决定征收的,不是由国务院有关部门规定征收的,因此该通知第三条所称的免征税费的具体范围不包括营业税、城市维护建设税和教育费附加,也不包括其他由全国人大、全国人大常委会或国务院决定征收的各种税费。

国家税务总局
1998年12月30日

财政部 国家税务总局关于黄金税收政策问题的通知

(财税〔2002〕142号)

各省、自治区、直辖市、计划单列市财政厅(局)、国家税务局、地方税务局、新疆生产建设兵团财务局:

为了贯彻国务院关于黄金体制改革决定的要求,规范黄金交易,加强黄金交易的税收管理,现将黄金交易的有关税收政策明确如下:

一、黄金生产和经营单位销售黄金(不包括以下品种:成色为AU9999、AU9995、AU999、AU995;规格为50克、100克、1公斤、3公斤、12.5公斤的黄金,以下简称标准黄金)和黄金矿砂(含伴生金),免征增值税;进口黄金(含标准黄金)和黄金矿砂免征进口环节增值税。

二、黄金交易所会员单位通过黄金交易所销售标准黄金(持有黄金交易所开具的《黄金交易结算凭证》),未发生实物交割的,免征增值税;发生实物交割的,由税务机关按照实际成交价格代开增值税专用发票,并实行增值税即征即退的政策,同时免征城市维护建设税、教育费附加。增值税专用发票中的单价、金额和税额计算公式分别为:

单价＝实际成交单价÷(1＋增值税税率)

金额＝数量×单价

税额＝金额×税率

实际成交单价是指不含黄金交易所收取的手续费的单位价格。

纳税人不通过黄金交易所销售的标准黄金不享受增值税即征即退和免征城市维护建设税、教育费附加政策。

三、黄金出口不退税；出口黄金饰品，对黄金原料部分不予退税，只对加工增值部分退税。

注：根据《国家税务总局关于出口含金成份产品有关税收政策的通知》(国税发〔2005〕125号)的规定，自2005年5月1日起，本通知第三条有关黄金首饰退税的规定废止。

四、对黄金交易所收取的手续费等收入照章征收营业税。

五、黄金交易所黄金交易的增值税征收管理办法及增值税专用发票管理办法由国家税务总局另行制定。

国家税务总局
二〇〇二年九月十二日

财政部 国家税务总局关于被撤销金融机构有关税收政策问题的通知

(财税〔2003〕141号)

各省、自治区、直辖市、计划单列市财政厅(局)、国家税务局、地方税务局：

为了促进被撤销金融机构的清算工作，加强对金融活动的监督管理，维护金融秩序，根据《金融机构撤销条例》第二十一条的规定，现对被撤销金融机构清理和处置财产过程中有关税收优惠政策问题通知如下：

一、享受税收优惠政策的主体是指经中国人民银行依法决定撤销的金融机构及其分设于各地的分支机构，包括被依法撤销的商业银行、信托投资公司、财务公司、金融租赁公司、城市信用社和农村信用社。除另有规定者外，被撤销的金融机构所属、附属企业，不享受本通知规定的被撤销金融机构的税收优惠政策。

二、被撤销金融机构清理和处置财产可享受以下税收优惠政策：

1. 对被撤销金融机构接收债权、清偿债务过程中签订的产权转移书据，免征印花税。

2. 对被撤销金融机构清算期间自有的或从债务方接收的房地产、车辆，免征房产税、城镇土地使用税和车船使用税。

3. 对被撤销的金融机构在清算过程中催收债权时，接收债务方土地使用权、房屋所有权所发生的权属转移免征契税。

4. 对被撤销金融机构财产用来清偿债务时,免征被撤销金融机构转让货物、不动产、无形资产、有价证券、票据等应缴纳的增值税、营业税、城市维护建设税、教育费附加和土地增值税。

注：根据《财政部 税务总局关于印花税法实施后有关优惠政策衔接问题的公告》(财政部 税务总局公告2022年第23号)的规定,自2022年7月1日《中华人民共和国印花税法》实施后,本条款涉及的印花税优惠规定继续执行。

三、除第二条规定者外,被撤销的金融机构在清算开始后、清算资产被处置前持续经营的经济业务所发生的应纳税款应按规定予以缴纳。

四、被撤销金融机构的应缴未缴国家的税金及其他款项应按照法律法规规定的清偿顺序予以缴纳。

五、被撤销金融机构的清算所得应该依法缴纳企业所得税。

六、本通知自《金融机构撤销条例》生效之日起开始执行。凡被撤销金融机构在《金融机构撤销条例》生效之日起进行的财产清理和处置的涉税政策均按本通知执行。本通知发布前,属免征事项的应纳税款不再追缴,已征税款不予退还。

财政部 国家税务总局
二〇〇三年七月三日

财政部 国家税务总局关于中国东方资产管理公司处置港澳国际(集团)有限公司有关资产税收政策问题的通知

(财税〔2003〕212号)

注：根据《财政部 税务总局关于印花税法实施后有关优惠政策衔接问题的公告》(财政部 税务总局公告2022年第23号)的规定,自2022年7月1日《中华人民共和国印花税法》实施后,本通知涉及的印花税优惠规定继续执行。

各省、自治区、直辖市、计划单列市财政厅(局)、国家税务局、地方税务局,新疆生产建设兵团财务局：

为了加快港澳国际(集团)有限公司的资产处置、清算及机构关闭工作,经国务院批准,现就港澳国际(集团)有限公司资产清理、处置过程中有关税收政策问题通知如下：

一、享受税收优惠政策的主体

1. 负责接收和处置港澳国际(集团)有限公司资产的中国东方资产管理公司及其经批准分设于各地的分支机构(以下简称"东方资产管理公司")。

2. 港澳国际(集团)有限公司所属的东北国际投资有限公司、海国投集团有限公司、海南港澳国际信托投资公司[以下简称"港澳国际(集团)内地公司"]。

3. 在我国境内(不包括港澳,下同)拥有资产并负有纳税义务的港澳国际(集团)有限公司集团本部及其香港8家子公司[名单见附件,以下简称"港澳国际(集团)香港公司"]。

二、东方资产管理公司接收、处置港澳国际(集团)有限公司资产可享受以下税收优惠政策

<u>1. 对东方资产管理公司在接收和处置港澳国际(集团)有限公司资产过程中签订的产权转移书据,免征东方资产管理公司应缴纳的印花税。</u>

2. 对东方资产管理公司接收港澳国际(集团)有限公司的房地产以抵偿债务的,免征东方资产管理公司承受房屋所有权、土地使用权应缴纳的契税。

3. 对东方资产管理公司接收港澳国际(集团)有限公司的房地产、车辆,免征应缴纳的房产税、城镇土地使用税和车船使用税。

4. 对东方资产管理公司接收港澳国际(集团)有限公司的资产包括货物、不动产、有价证券等,免征东方资产管理公司销售转让该货物、不动产、有价证券等资产以及利用该货物、不动产从事融资租赁业务应缴纳的增值税、营业税、城市维护建设税、教育费附加和土地增值税。

5. 对东方资产管理公司所属的投资咨询类公司,为本公司接收、处置港澳国际(集团)有限公司资产而提供资产、项目评估和审计服务取得的收入免征应缴纳的营业税、城市维护建设税和教育费附加。

三、港澳国际(集团)内地公司的资产在清理和处置期间可享受以下税收优惠政策

<u>1. 对港澳国际(集团)内地公司在催收债权、清偿债务过程中签订的产权转移书据,免征港澳国际(集团)内地公司应缴纳的印花税。</u>

2. 对港澳国际(集团)内地公司在清算期间自有的和从债务方接收的房地产、车辆,免征应缴纳的房产税、城市房地产税、城镇土地使用税、车船使用税和车船使用牌照税。

3. 对港澳国际(集团)内地公司在清算期间催收债权时,免征接收房屋所有权、土地使用权应缴纳的契税。

4. 对港澳国际(集团)内地公司的资产,包括货物、不动产、有价证券、股权、债权等,在清理和被处置时,免征港澳国际(集团)内地公司销售转让该货物,不动产、有价证券、股权、债权等资产应缴纳的增值税、营业税、城市维护建设税、教育费附加和土地增值税。

四、港澳国际(集团)香港公司中国境内的资产在清理和处置期间可享受以下税收优惠政策

<u>1. 对港澳国际(集团)香港公司在中国境内催收债权、清偿债务过程中签订的产权转移书据,免征港澳国际(集团)香港公司应承担的印花税。</u>

2. 对港澳国际(集团)香港公司在中国境内拥有的和从债务方接收的房地产、车辆,

在清算期间免征应承担的城市房地产税和车船使用牌照税。

3. 对港澳国际(集团)香港公司清算期间在中国境内催收债权时,免征接收房屋所有权、土地使用权应缴纳的契税。

4. 对港澳国际(集团)香港公司在中国境内的资产,包括资产、不动产、有价证券股权、债权等,在清理和被处置时,免征港澳国际(集团)香港公司销售转让该货物、不动产、有价证券、股权、债权等资产应缴纳的增值税、营业税、预提所得税和土地增值税。

五、港澳国际(集团)内地公司、港澳国际(集团)香港公司在清算期间发生本通知未规定免税的应税行为以及东方资产管理公司除接收、处置不良资产业务外从事其他经营业务,应一律依法纳税。

六、本通知自港澳国际(集团)内地公司、港澳国际(集团)香港公司开始清算之日起执行,本通知发布前,属免征事项的应纳税款不再追缴,已征税款不予退还。

附件:港澳国际(集团)有限公司在香港的8家子公司名单

财政部

国家税务总局

二〇〇三年十一月十日

附件

港澳国际(集团)有限公司在香港的8家子公司名单

1. 新港澳有限公司
2. 煌天投资有限公司
3. 海佳发展有限公司
4. 港澳国际置业有限公司
5. 金富运发展有限公司
6. 港澳国际财务有限公司
7. 恒琪发展有限公司
8. 集富置业有限公司

财政部 国家税务总局关于生产企业出口货物实行免抵退税办法后有关城市维护建设税教育费附加政策的通知

(财税〔2005〕25号)

各省、自治区、直辖市、计划单列市财政厅(局)、地方税务局,新疆生产建设兵团财务局:

经国务院批准,现就生产企业出口货物全面实行免抵退税办法后,城市维护建设税、教育费附加的政策明确如下：

一、经国家税务局正式审核批准的当期免抵的增值税税额应纳入城市维护建设税和教育费附加的计征范围，分别按规定的税（费）率征收城市维护建设税和教育费附加。

二、2005年1月1日前，已按免抵的增值税税额征收的城市维护建设税和教育费附加不再退还，未征的不再补征。

三、本通知自2005年1月1日起执行。

请遵照执行。

财政部 国家税务总局
二〇〇五年二月二十五日

国家税务总局关于国家税务局为小规模纳税人代开发票及税款征收有关问题的通知

（国税发〔2005〕18号）

各省、自治区、直辖市和计划单列市国家税务局、地方税务局：

为加强税收征管，优化纳税服务，针对一些地方反映的问题，现对国家税务局为增值税小规模纳税人（以下简称纳税人）代开发票征收增值税时，如何与地税局协作加强有关地方税费征收问题通知如下：

一、经国、地税局协商，可由国税局为地税局代征有关税费。纳税人销售货物或应税劳务，按现行规定需由主管国税局为其代开普通发票或增值税专用发票（以下简称发票）的，主管国税局应当在代开发票并征收增值税（除销售免税货物外）的同时，代地税局征收城市维护建设税和教育费附加。

二、经协商，不实行代征方式的，则国、地税要加强信息沟通。国税局应定期将小规模纳税人缴纳增值税情况，包括国税为其代开发票情况通报给地税局，地税局用于加强对有关地方税费的征收管理。

三、实行国税代征方式的，为保证此项工作顺利进行，国税系统应在其征管软件上加列征收城市维护建设税和教育费附加的功能，总局综合征管软件总局负责修改，各地开发的征管软件由各地自行修改。在软件修改前，暂用人工方式进行操作。

四、主管国税局为纳税人代开的发票作废或销货退回按现行规定开具红字发票时，由主管国税局退还或在下期抵缴已征收的增值税，由主管地税局退还已征收的城市维护建设税和教育费附加或者委托主管国税局在下期抵缴已征收的城市维护建设税和教育费附加，具体退税办法按《国家税务总局 中国人民银行 财政部关于现金退税问题的紧急通知》(国税发〔2004〕47号)执行。

五、主管国税局应当将代征的地方预算收入按照国家规定的预算科目和预算级次及时缴入国库。

六、国税局代地税局征收城市维护建设税和教育费附加,使用国税系统征收票据,并由主管国税局负责有关收入对账、核算和汇总上拨工作。

各级国税局应在"应征类"和"入库类"科目下增设"城市维护建设税"和"教育费附加"明细科目。

七、主管国税局应按月将代征地方税款入库信息,及时传送主管地税局。具体信息交换方式由各省级国税局和地税局协商确定。

八、各省级国税局和地税局应按照《中华人民共和国税收征收管理法》的有关规定签定代征协议,并分别通知所属税务机关执行。

国家税务总局
二○○五年二月二十八日

财政部 国家税务总局关于国家石油储备基地建设有关税收政策的通知

(财税〔2005〕23号)

大连、青岛、浙江、宁波省(市)财政厅(局)、地方税务局:

经国务院批准,现对国家石油储备基地第一期项目建设过程中的有关税收政策通知如下:

一、对国家石油储备基地第一期项目建设过程中涉及的营业税、城市维护建设税、教育费附加、城镇土地使用税、印花税、耕地占用税和契税予以免征。

注:根据《财政部 税务总局关于印花税法实施后有关优惠政策衔接问题的公告》(财政部 税务总局公告2022年第23号)的规定,本法规第一条中关于印花税的政策自2022年7月1日起失效。

根据《财政部 税务总局关于契税法实施后有关优惠政策衔接问题的公告》(财政部 税务总局公告2021年第29号)的规定,本法规第一条中关于契税的政策自2021年9月1日起失效。

二、上述免税范围仅限于应由国家石油储备基地缴纳的税收。

三、国家石油储备基地第一期项目包括大连、黄岛、镇海、舟山4个储备基地。

请遵照执行。

财政部 国家税务总局
2005年3月15日

国家税务总局关于中国建银投资有限责任公司纳税申报地点问题的通知

(国税发〔2005〕52号)

各省、自治区、直辖市和计划单列市国家税务局、地方税务局,扬州税务进修学院,局内各单位:

经研究,现将中国建银投资有限责任公司(以下简称"建银投资公司")纳税申报地点问题明确如下:

一、建银投资公司直接向北京市有关税务机关申报缴纳企业所得税,不另向其他各地税务机关申报。

注:根据《国家税务总局关于公布全文失效废止部分条款失效废止的税收规范性文件目录的公告》(国家税务总局公告2011年第2号)的规定,自2011年1月4日起,本通知第一条废止。

二、建银投资公司直接向北京市有关主管税务机关集中申报缴纳营业税及附征的城市维护建设税、教育费附加,不另向其他各地税务机关申报。

三、建银投资公司在全国各地财产所涉及的房产税、城镇土地使用税、车船使用税、契税,由该公司的受托代理人向财产所在地主管税务机关申报缴纳。

注:根据《国家税务总局关于契税纳税服务与征收管理若干事项的公告》(国家税务总局公告2021年第25号)的规定,自2021年9月1日起,本通知第三条中有关契税的规定废止。

特此通知。

国家税务总局
二○○五年四月四日

国家税务总局关于进一步加强房地产税收管理的通知

(国税发〔2005〕82号)

各省、自治区、直辖市和计划单列市财政厅(局)、国家税务局、地方税务局,扬州税务进修学院,局内各单位:

随着我国房地产业的快速发展,房地产税收收入大幅增长,已成为我国财政收入的重要来源,房地产税收的宏观调控作用日益重要。但是房地产税收涉及的税种多,征管的难度大,税源控管存在较多漏洞。为了提高房地产税收管理的科学化、精细化水平,进一步发挥税收的调控职能,促进房地产业的健康发展,有必要在现行管理体制下落实各项管理要求的同时,通过整合现有征管资源,实现信息共享,加强部门协调配合,搞好各征管环节连接,进一步加强房地产税收管理,即实施一体化管理。现将有关事项及要求通知如下:

一、房地产税收一体化管理的总体目标和要求。以契税管理先缴纳税款,后办理产权证书(简称"先税后证")为把手,以信息共享、数据比对为依托,以优化服务、方便纳税人为宗旨,通过部门配合、环节控制,实现房地产业诸税种间的有机衔接,不断提高征管质量和效率。目前,在土地使用权的出让和房地产开发、转让、保有诸环节分别征收营业税及城市维护建设税和教育费附加(以下简称营业税及附加)、企业所得税、外商投资企业和外国企业所得税、个人所得税(以下统称所得税)、土地增值税、城镇土地使用税、房产税、城市房地产税、印花税、耕地占用税、契税等税种。虽然各税种的纳税人、计税依据等税制要素不尽相同,但是税收征管所依据的基础信息大致相同。各级税务机关和征收契税的财政机关(以下统称征收机关),要加强申报管理,积极争取房地产管理等部门的配合与支持,充分掌握各税种征管所依据的基础信息;要加强征收机关之间的沟通协调,准确、快捷地传递信息,逐步实现各管理部门之间、各税种之间的信息共享,提高税源监控水平;同时要简化办税程序,优化纳税服务,方便纳税人。

二、以契税征管为把手,全面掌控税源信息。契税征收机关要会同房地产管理部门,严格执行"先税后证"的有关规定,把住房地产税收税源控管的关键环节,全面掌握、及时传递有关信息。

(一)规范契税申报管理。纳税人申报缴纳契税时,要填报总局统一制定的契税纳税申报表(另文下发),并附送购房发票、房地产转让合同和有效身份证件复印件等。征收机关要对纳税申报表及有关附件资料的完整性、准确性进行审核。审核无误后,办理征缴手续,开具统一的契税完税证明。

(二)契税征收机关要及时整理、归集房地产交易的有关信息。包括:转让方、中介方和承受方的名称、识别号码,房地产的转让价格、转让时间、面积、位置等信息。

(三)要建立信息传递机制,实现信息互通共享。征收契税的税务部门或岗位要将土地使用权承受方及其承受土地使用权的交易信息,及时传递给管理房地产开发环节有关税收的税务部门或岗位;要将房地产转让方及其房地产交易信息,及时传递给管理房地产转让环节有关税收的税务部门或岗位;要将房地产承受方及其承受房地产的有关交易信息,及时传递给管理房地产保有环节有关税收的税务部门或岗位。征收契税的财政部门要将获取的房地产交易信息集中传递给税务机关,税务机关再分解传递给有关税种的主管部门或岗位。同时,各税种主管税务机关或部门也要将实施有关税收管理过程中获取的房地产权属转移信息,及时传递给契税征收机关。

（四）各地可根据信息化水平、信息量大小、信息存储方式等情况确定适当的信息传递方式。有条件的地区应通过网络或软盘等电子介质传递信息；暂不具备条件的，也可用纸质的形式传递信息。

三、充分利用契税征管信息，加强房地产各环节的税收管理。主管税务机关要严格执行总局关于加强有关税种税收管理的各项规定，充分利用契税征管中获取的有关信息，明确责任人，跟踪掌握有关房地产税收的税源情况，提高管理质量和效率。

（一）要利用土地使用权交易信息，及时掌握承受土地使用权的单位或个人名称、土地坐落位置、价格、用途、面积等信息，了解或控制城镇土地使用税、耕地占用税税源，加强城镇土地使用税的征收管理；对占用耕地进行开发建设的，及时征收耕地占用税。

（二）要跟踪了解土地利用规划、计划投资、施工单位、出包合同或协议以及建设施工进度等情况，掌握从事建设施工、装饰装修的单位或个人应缴纳的营业税及附加、所得税、印花税等税种的税源情况，加强房地产开发建设过程中有关税收的征收管理。

（三）要跟踪了解并掌握房地产开发商发生的房地产开发成本、费用、商品房预售和实际销售、收款方式、收款时间等情况，并利用契税征管中获取的房地产开发商销售商品房的信息，对房地产开发企业缴税情况，进行纳税评估，发现问题，及时采取有效措施解决，加强房地产开发企业有关税收的税收管理。

（四）要利用契税征管中获取的房地产交易信息，掌握单位、个人在房地产二级市场转让房地产的有关税源信息，将转让方名称、识别号码、转让房地产的坐落地点、面积、价格与有关纳税申报资料进行比对分析。发现漏缴税款的，及时进行追缴，切实加强在房地产二级交易市场转让房地产的有关税收的管理。

（五）要采取多种方式跟踪了解承受方承受的房产的装饰装修情况，对承受的新建商品房还要跟踪了解物业管理情况，及时掌握有关税源，采取有效措施加强对实施装饰装修施工和物业管理的单位或个人应纳税收的征收管理。

（六）要利用房地产转让信息，掌握城镇土地使用税、房产税、城市房地产税税源变化情况，将承受方名称、识别号码、房地产的转让价格、类别等信息，与纳税人的纳税申报资料进行比对，对未申报或未如实申报的单位和个人，应及时进行催报催缴。要将契税征收中获取的房地产信息资料，作为长期的税源资料及时归入税源管理档案。

（七）要综合利用有关信息资料，加强对房地产出租应缴纳的营业税及附加、所得税、城镇土地使用税、房产税等税种的管理。对个人出租房屋的，应充分利用社会力量加强管理，如委托街道、居民委员会、流动人员管理机构等组织代征有关税收，并按规定付给手续费。实行委托代征的，税务机关对代征单位要加强业务指导，定期检查了解代征情况，及时研究代征工作中遇到的问题。

四、简化办税程序，方便纳税人。各地征收机关应根据实际情况，采取有效措施，简化办税程序,优化纳税服务,方便纳税人缴纳有关税收。对转让或承受房地产应缴纳的税收,如营业税及附加、个人所得税、土地增值税、印花税等,凡可在一个窗口一并征收的,可在交易双方办理产权过户或缴纳契税时一并征收。为了方便纳税人,及时掌握二手房交易价格情况,可在契税征收场所或房地产权属登记场所代开财产转让销售发票。

有条件的地方,要争取在办理房地产权属登记的场所开设房地产税收征收窗口,争取将金融机构引入征收场所,以节省纳税人的纳税时间和纳税成本。

五、逐步建立房地产税源信息数据库,通过信息比对堵塞税收漏洞。各地要利用税务机关现有的设备和资源,以当前契税征管中积累的信息为基础,对从房地产管理部门以及纳税申报过程中取得的信息进行整合归集,根据各地实际以省(市、区)或地区(市)或县(区、市)为单位逐步建立房地产税源信息数据库,充实、完善房地产企业户籍资料和其他纳税人户籍资料,做到数据集中,信息共享,方便查询,比对分析,促进管理。

各地要创造条件逐步实现利用计算机将税源数据库的信息,与纳税申报、税款入库情况进行多角度、多层次的比对,开展有关房地产税收的纳税评估,分析筛选存在的疑点,并及时组织调查核实。发现漏征漏管的,要采取相应措施进行处理。

六、加强领导,狠抓落实。实施房地产税收一体化管理,是整合管理资源、创新管理方式的重要举措,也是一项复杂的系统工程。各级征收机关要统一思想,提高认识,加强领导,广泛宣传,狠抓落实。要紧紧抓住契税征管这一关键环节,充实契税征管力量,加强人员培训,改善征管条件。要注重部门间的协调配合,广泛收集、有效利用涉税信息。各地要按照总局的工作要求,结合本地情况,总体设计,分步实施,由点到面,扎实推进,全面提升房地产税收管理水平。

七、本通知从 2005 年 7 月 1 日起实行。各地要将贯彻落实意见及时抄报总局。总局将选择部分省市跟踪了解本通知的贯彻落实情况。

国家税务总局
二〇〇五年五月十八日

财政部 国家税务总局关于增值税营业税消费税实行先征后返等办法有关城建税和教育费附加政策的通知

(财税〔2005〕72号)

各省、自治区、直辖市、计划单列市财政厅(局)、地方税务局,财政部驻各省、自治区、直辖市、计划单列市财政监察专员办事处:

经研究,现对增值税、营业税、消费税(以下简称"三税")实行先征后返、先征后退、即征即退办法有关的城市维护建设税和教育费附加政策问题明确如下：

对"三税"实行先征后返、先征后退、即征即退办法的，除另有规定外，对随"三税"附征的城市维护建设税和教育费附加，一律不予退（返）还。

财政部　国家税务总局
二〇〇五年五月二十五日

财政部 国家税务总局关于免征国家重大水利工程建设基金的城市维护建设税和教育费附加的通知

（财税〔2010〕44号）

各省、自治区、直辖市、计划单列市财政厅（局）、地方税务局，新疆生产建设兵团财务局：

经国务院批准，为支持国家重大水利工程建设，对国家重大水利工程建设基金免征城市维护建设税和教育费附加。

本通知自发文之日起执行。

财政部　国家税务总局
二〇一〇年五月二十五日

国务院关于统一内外资企业和个人城市维护建设税和教育费附加制度的通知

（国发〔2010〕35号）

各省、自治区、直辖市人民政府，国务院各部委、各直属机构：

为了进一步统一税制、公平税负，创造平等竞争的外部环境，根据第八届全国人民代表大会常务委员会第五次会议通过的《全国人民代表大会常务委员会关于外商投资企业和外国企业适用增值税、消费税、营业税等税收暂行条例的决定》，国务院决定统一内外资企业和个人城市维护建设税和教育费附加制度，现将有关问题通知如下：

自2010年12月1日起，外商投资企业、外国企业及外籍个人适用国务院1985年发布的《中华人民共和国城市维护建设税暂行条例》和1986年发布的《征收教育费附加的暂行规定》。1985年及1986年以来国务院及国务院财税主管部门发布的有关城市维护建设税和教育费附加的法规、规章、政策同时适用于外商投资企业、外国企业及外籍个人。

注：根据《中华人民共和国城市维护建设税法》的规定，自2021年9月1日起，本条

例全文废止。

凡与本通知相抵触的各项规定同时废止。

国务院

二〇一〇年十月十八日

财政部 国家税务总局关于对外资企业征收城市维护建设税和教育费附加有关问题的通知

(财税〔2010〕103号)

各省、自治区、直辖市、计划单列市财政厅(局)、国家税务局、地方税务局,新疆生产建设兵团财务局：

根据《国务院关于统一内外资企业和个人城市维护建设税和教育费附加制度的通知》(国发〔2010〕35号)决定,自2010年12月1日起,对外商投资企业、外国企业及外籍个人(以下简称外资企业)征收城市维护建设税和教育费附加。现将有关问题通知如下：

对外资企业2010年12月1日(含)之后发生纳税义务的增值税、消费税、营业税(以下简称"三税")征收城市维护建设税和教育费附加；对外资企业2010年12月1日之前发生纳税义务的"三税",不征收城市维护建设税和教育费附加。

各级财政、税务机关要增强服务意识,加强政策宣传,做好征管工作。对政策执行中遇到的问题,要认真研究,妥善解决,重大问题及时上报财政部、国家税务总局。

财政部 国家税务总局

二〇一〇年十一月四日

国家税务总局关于做好统一内外资企业和个人城市维护建设税和教育费附加制度有关工作的通知

(国税函〔2010〕587号)

各省、自治区、直辖市和计划单列市地方税务局：

根据《国务院关于统一内外资企业和个人城市维护建设税和教育费附加制度的通知》(国发〔2010〕35号),自2010年12月1日起,将外商投资企业、外国企业及外籍个人(以下简称外资企业)纳入城市维护建设税和教育费附加的征收范围。为做好对外资企业征收城市维护建设税和教育费附加工作,现将有关事项通知如下：

一、充分认识改革意义，做好贯彻落实工作

对外资企业征收城市维护建设税和教育费附加，符合党的十六届三中全会通过的《中共中央关于完善社会主义市场经济体制若干问题的决定》《中华人民共和国国民经济和社会发展第十一个五年规划纲要》关于"统一各类企业税收制度"的要求，符合税制改革总体方向，有利于公平内外资企业税费负担，促进企业间公平竞争。各地要充分认识将外资企业纳入城市维护建设税和教育费附加征收范围的重要意义，认真做好对外资企业征收城市维护建设税和教育费附加的各项准备和实施工作，确保此项政策贯彻落实。

二、加强宣传解释，搞好纳税服务

对外资企业征收城市维护建设税和教育费附加是一项重要而全新的工作。各级税务机关要增强纳税服务意识，加强政策宣传和解释，使纳税人充分了解城市维护建设税和教育费附加的现行政策和征管规定，提高纳税人依法纳税遵从度，保证征收工作顺利进行。

三、摸清税源，规范管理

各级地方税务机关要主动和国家税务局、工商管理局和主管外商投资的商务厅（局）等部门加强联系，充分利用各部门掌握的外资企业有关信息，及时做好对外资企业征收城市维护建设税和教育费附加各纳税事项的确认工作，包括纳税人、纳税申报、纳税地点、适用税率等事项的确认，做好税源管理和纳税鉴定工作。各地还要根据本地区征管实际情况，规范管理办法或操作规程，及时调整和完善税收征管系统，确保对外资企业征收城市维护建设税和教育费附加工作顺利施行。

对征管中遇到的问题，各地要认真研究，妥善解决，重大问题应及时上报国家税务总局（财产行为税司）。

国家税务总局
二〇一〇年十一月二十九日

财政部 国家税务总局关于对小微企业免征有关政府性基金的通知

（财税〔2014〕122号）

各省、自治区、直辖市、计划单列市人民政府，中宣部、教育部、水利部、中国残联：

为进一步加大对小微企业的扶持力度，经国务院批准，现将免征小微企业有关政府性基金问题通知如下：

一、自2015年1月1日起至2017年12月31日，对按月纳税的月销售额或营业额不超过3万元（含3万元），以及按季纳税的季度销售额或营业额不超过9万元（含9万元）的缴纳义务人，免征教育费附加、地方教育附加、水利建设基金、文化事业建设费。

二、自工商登记注册之日起3年内,对安排残疾人就业未达到规定比例、在职职工总数20人以下(含20人)的小微企业,免征残疾人就业保障金。

三、免征上述政府性基金后,有关部门依法履行职能和事业发展所需经费,由同级财政预算予以统筹安排。

财政部 国家税务总局
2014年12月23日

财政部 海关总署 国家税务总局关于支持鲁甸地震灾后恢复重建有关税收政策问题的通知

(财税〔2015〕27号)

各省、自治区、直辖市、计划单列市财政厅(局)、国家税务局、地方税务局,新疆生产建设兵团财务局,广东分署、各直属海关:

为支持和帮助鲁甸地震受灾地区积极开展生产自救,重建家园,鼓励和引导社会各方面力量参与灾后恢复重建工作,使灾区基本生产生活条件和经济社会发展全面恢复并超过灾前水平,根据《国务院关于支持鲁甸地震灾后恢复重建政策措施的意见》(国发〔2014〕57号)的有关规定,现就支持鲁甸地震灾后恢复重建有关税收政策问题通知如下:

一、关于减轻企业税收负担的税收政策

1. 对受灾严重地区损失严重的企业,免征2014年至2016年度的企业所得税。

2. 自2014年8月3日起,对受灾地区企业通过公益性社会团体、县级以上人民政府及其部门取得的抗震救灾和灾后恢复重建款项和物资,以及税收法律、法规规定和国务院批准的减免税金及附加收入,免征企业所得税。

3. 自2014年1月1日至2018年12月31日,对受灾地区农村信用社免征企业所得税。

4. 自2014年8月3日起,对受灾地区企业、单位或支援受灾地区重建的企业、单位,在3年内进口国内不能满足供应并直接用于灾后恢复重建的大宗物资、设备等,给予进口税收优惠。

各省、自治区、直辖市、计划单列市人民政府或国务院有关部门负责将所在地企业或归口管理的单位提交的直接用于灾后恢复重建的进口国内不能满足供应的物资减免税申请汇总后报财政部,由财政部会同海关总署、国家税务总局等部门审核提出处理意见,报请国务院批准后执行。

二、关于减轻个人税收负担的税收政策

自2014年8月3日起,对受灾地区个人接受捐赠的款项、取得的各级政府发放的救灾款项,以及参与抗震救灾的一线人员,按照地方各级人民政府及其部门规定标准取得的与抗震救灾有关的补贴收入,免征个人所得税。

三、关于支持基础设施、房屋建筑物等恢复重建的税收政策

1. 对政府为受灾居民组织建设的安居房建设用地,免征城镇土地使用税,转让时免征土地增值税。

2. 对因地震住房倒塌的农民重建住房占用耕地的,在规定标准内的部分免征耕地占用税。

3. 由政府组织建设的安居房,对所签订的建筑工程勘察设计合同、建筑安装工程承包合同、产权转移书据、房屋租赁合同,免征印花税。

4. 对受灾居民购买安居房,免征契税;对在地震中损毁的应缴而未缴契税的居民住房,不再征收契税。

5. 经省级人民政府批准,对经有关部门鉴定的因灾损毁的房产、土地,免征2014年至2016年度的房产税、城镇土地使用税。对经批准免税的纳税人已缴税款可以从以后年度的应缴税款中抵扣。

本通知所称安居房,按照国务院有关部门确定的标准执行。所称毁损的居民住房,是指经县级以上(含县级)人民政府房屋主管部门出具证明,在地震中倒塌或遭受严重破坏而不能居住的居民住房。

四、关于鼓励社会各界支持抗震救灾和灾后恢复重建的税收政策

1. 自2014年8月3日起,对单位和个体经营者将自产、委托加工或购买的货物,通过公益性社会团体、县级以上人民政府及其部门捐赠给受灾地区的,免征增值税、城市维护建设税及教育费附加。

2. 自2014年8月3日起,对企业、个人通过公益性社会团体、县级以上人民政府及其部门向受灾地区的捐赠,允许在当年企业所得税前和当年个人所得税前全额扣除。

3. 对财产所有人将财产(物品)直接捐赠或通过公益性社会团体、县级以上人民政府及其部门捐赠给受灾地区或受灾居民所书立的产权转移书据,免征印花税。

4. 对专项用于抗震救灾和灾后恢复重建、能够提供由县级以上(含县级)人民政府或其授权单位出具的抗震救灾证明的新购特种车辆,免征车辆购置税。符合免税条件但已经征税的特种车辆,退还已征税款。

新购特种车辆是指2014年8月3日至2016年12月31日期间购买的警车、消防车、救护车、工程救险车,且车辆的所有者是受灾地区单位和个人。

五、关于促进就业的税收政策

1. 受灾严重地区的商贸企业、服务型企业、劳动就业服务企业中的加工型企业和街道社区具有加工性质的小型企业实体在新增加的就业岗位中,招用当地因地震灾害失去

工作的人员，与其签订1年以上期限劳动合同并依法缴纳社会保险费的，经县级人力资源社会保障部门认定，按实际招用人数和实际工作时间予以定额依次扣减增值税、营业税、城市维护建设税、教育费附加、地方教育附加和企业所得税。

定额标准为每人每年4 000元，最高可上浮30%，由云南省人民政府根据当地实际情况具体确定。

按上述标准计算的税收抵扣额应在企业当年实际应缴纳的增值税、营业税、城市维护建设税、教育费附加、地方教育附加和企业所得税税额中扣减，当年扣减不足的，不得结转下年使用。

2. 受灾严重地区因地震灾害失去工作后从事个体经营的人员，以及因地震灾害损失严重的个体工商户，按每户每年8 000元为限额依次扣减其当年实际应缴纳的增值税、营业税、城市维护建设税、教育费附加、地方教育附加和个人所得税。限额标准最高可上浮20%，由云南省人民政府根据当地实际情况具体确定。

纳税人年度应缴纳税款小于上述扣减限额的，以其实际缴纳的税款为限；大于上述扣减限额的，应以上述扣减限额为限。

六、关于税收政策的适用范围

根据《云南鲁甸6.5级地震灾害损失评估报告》（民函〔2014〕269号）的规定，本通知所称"受灾严重地区"是指极重灾区和重灾区，"受灾地区"是指极重灾区、重灾区和一般灾区。具体受灾地区范围见附件。

七、关于税收政策的执行期限

以上税收政策，凡未注明具体期限的，一律执行至2016年12月31日。

各地财政、税务部门和各直属海关要加强领导、周密部署，把大力支持灾后恢复重建工作作为当前的一项重要任务，贯彻落实好相关税收优惠政策。同时，要密切关注税收政策的执行情况，对发现的问题及时逐级向财政部、海关总署、国家税务总局反映。

财政部 海关总署 国家税务总局
2015年1月26日

附件

鲁甸地震受灾地区范围

灾区类别	地市	县（市、区）
极重灾区	昭通市	鲁甸县
重灾区	昭通市	巧家县
	曲靖市	会泽县
一般灾区	昭通市	昭阳区、永善县

财政部 国家税务总局关于扩大有关政府性基金免征范围的通知

(财税〔2016〕12号)

教育部、水利部,各省、自治区、直辖市、计划单列市财政厅(局)、国家税务局、地方税务局、新疆生产建设兵团财务局:

经国务院批准,现将扩大政府性基金免征范围的有关政策通知如下:

一、将免征教育费附加、地方教育附加、水利建设基金的范围,由现行按月纳税的月销售额或营业额不超过3万元(按季度纳税的季度销售额或营业额不超过9万元)的缴纳义务人,扩大到按月纳税的月销售额或营业额不超过10万元(按季度纳税的季度销售额或营业额不超过30万元)的缴纳义务人。

二、免征上述政府性基金后,各级财政部门要做好经费保障工作,妥善安排相关部门和单位预算,保障工作正常开展,积极支持相关事业发展。

三、本通知自2016年2月1日起执行。

财政部 国家税务总局
2016年1月29日

国家税务总局关于个人保险代理人税收征管有关问题的公告

(国家税务总局公告2016年第45号)

注:根据《国家税务总局关于修改部分税收规范性文件的公告》(国家税务总局公告2018年第31号)的规定,自2018年6月15日起,本公告中"主管国税机关"修改为"主管税务机关"。

现将个人保险代理人为保险企业提供保险代理服务税收征管有关问题公告如下:

一、个人保险代理人为保险企业提供保险代理服务应当缴纳的增值税和城市维护建设税、教育费附加、地方教育附加,税务机关可以根据《国家税务总局关于发布〈委托代征管理办法〉的公告》(国家税务总局公告2013年第24号)的有关规定,委托保险企业代征。

个人保险代理人为保险企业提供保险代理服务应当缴纳的个人所得税,由保险企业按照现行规定依法代扣代缴。

二、个人保险代理人以其取得的佣金、奖励和劳务费等相关收入(以下简称"佣金收入",不含增值税)减去地方税费附加及展业成本,按照规定计算个人所得税。

展业成本,为佣金收入减去地方税费附加余额的40%。

三、接受税务机关委托代征税款的保险企业,向个人保险代理人支付佣金费用后,可代个人保险代理人统一向主管国税机关申请汇总代开增值税普通发票或增值税专用发票。

四、保险企业代个人保险代理人申请汇总代开增值税发票时,应向主管国税机关出具个人保险代理人的姓名、身份证号码、联系方式、付款时间、付款金额、代征税款的详细清单。

保险企业应将个人保险代理人的详细信息,作为代开增值税发票的清单,随发票入账。

五、主管国税机关为个人保险代理人汇总代开增值税发票时,应在备注栏内注明"个人保险代理人汇总代开"字样。

六、本公告所称个人保险代理人,是指根据保险企业的委托,在保险企业授权范围内代为办理保险业务的自然人,不包括个体工商户。

七、证券经纪人、信用卡和旅游等行业的个人代理人比照上述规定执行。信用卡、旅游等行业的个人代理人计算个人所得税时,不执行本公告第二条有关展业成本的规定。

个人保险代理人和证券经纪人其他个人所得税问题,按照《国家税务总局关于保险营销员取得佣金收入征免个人所得税问题的通知》(国税函〔2006〕454号)、《国家税务总局关于证券经纪人佣金收入征收个人所得税问题的公告》(国家税务总局公告2012年第45号)执行。

本公告自发布之日起施行。

特此公告。

国家税务总局
2016年7月7日

财政部 国家税务总局关于纳税人异地预缴增值税有关城市维护建设税和教育费附加政策问题的通知

(财税〔2016〕74号)

各省、自治区、直辖市、计划单列市财政厅(局)、国家税务局、地方税务局,新疆生产建设兵团财务局:

根据全面推开"营改增"试点后增值税政策调整情况,现就纳税人异地预缴增值税涉及的城市维护建设税和教育费附加政策执行问题通知如下:

一、纳税人跨地区提供建筑服务、销售和出租不动产的,应在建筑服务发生地、不动产所在地预缴增值税时,以预缴增值税税额为计税依据,并按预缴增值税所在地的城市维护建设税适用税率和教育费附加征收率就地计算缴纳城市维护建设税和教育费附加。

二、预缴增值税的纳税人在其机构所在地申报缴纳增值税时,以其实际缴纳的增值税税额为计税依据,并按机构所在地的城市维护建设税适用税率和教育费附加征收率就地计算缴纳城市维护建设税和教育费附加。

三、本通知自 2016 年 5 月 1 日起执行。

财政部 国家税务总局
2016 年 7 月 12 日

财政部 国家税务总局关于集成电路企业增值税期末留抵退税有关城市维护建设税 教育费附加和地方教育附加政策的通知

(财税〔2017〕17 号)

各省、自治区、直辖市、计划单列市财政厅(局)、国家税务局、地方税务局,新疆生产建设兵团财务局:

按照《国务院关于印发进一步鼓励软件产业和集成电路产业发展若干政策的通知》(国发〔2011〕4 号)有关要求,现就集成电路企业增值税期末留抵退税事项涉及的城市维护建设税、教育费附加和地方教育附加政策明确如下:

享受增值税期末留抵退税政策的集成电路企业,其退还的增值税期末留抵税额,应在城市维护建设税、教育费附加和地方教育附加的计税(征)依据中予以扣除。

本通知自发布之日起施行。

财政部 国家税务总局
2017 年 2 月 24 日

财政部 税务总局关于增值税期末留抵退税有关城市维护建设税 教育费附加和地方教育附加政策的通知

(财税〔2018〕80 号)

各省、自治区、直辖市、计划单列市财政厅(局),国家税务总局各省、自治区、直辖市、计划单列市税务局,新疆生产建设兵团财政局:

为保证增值税期末留抵退税政策有效落实,现就留抵退税涉及的城市维护建设税、教育费附加和地方教育附加问题通知如下：

对实行增值税期末留抵退税的纳税人，允许其从城市维护建设税、教育费附加和地方教育附加的计税（征）依据中扣除退还的增值税税额。

本通知自发布之日起施行。

财政部 税务总局
2018年7月27日

财政部 税务总局关于实施小微企业普惠性税收减免政策的通知

（财税〔2019〕13号）

各省、自治区、直辖市、计划单列市财政厅（局），新疆生产建设兵团财政局，国家税务总局各省、自治区、直辖市和计划单列市税务局：

为贯彻落实党中央、国务院决策部署，进一步支持小微企业发展，现就实施小微企业普惠性税收减免政策有关事项通知如下：

一、对月销售额10万元以下（含本数）的增值税小规模纳税人，免征增值税。

注：根据《财政部 税务总局关于明确增值税小规模纳税人免征增值税政策的公告》（财政部 税务总局公告2021年第11号）的规定，自2021年4月1日起，本法规第一条条款废止。

二、对小型微利企业年应纳税所得额不超过100万元的部分，减按25%计入应纳税所得额，按20%的税率缴纳企业所得税；对年应纳税所得额超过100万元但不超过300万元的部分，减按50%计入应纳税所得额，按20%的税率缴纳企业所得税。

上述小型微利企业是指从事国家非限制和禁止行业，且同时符合年度应纳税所得额不超过300万元、从业人数不超过300人、资产总额不超过5000万元等三个条件的企业。

从业人数，包括与企业建立劳动关系的职工人数和企业接受的劳务派遣用工人数。所称从业人数和资产总额指标，应按企业全年的季度平均值确定。具体计算公式如下：

$$季度平均值＝（季初值＋季末值）÷2$$
$$全年季度平均值＝全年各季度平均值之和÷4$$

年度中间开业或者终止经营活动的，以其实际经营期作为一个纳税年度确定上述相关指标。

三、由省、自治区、直辖市人民政府根据本地区实际情况，以及宏观调控需要确定，对增值税小规模纳税人可以在50%的税额幅度内减征资源税、城市维护建设税、房产税、城镇土地使用税、印花税(不含证券交易印花税)、耕地占用税和教育费附加、地方教育附加。

四、增值税小规模纳税人已依法享受资源税、城市维护建设税、房产税、城镇土地使用税、印花税、耕地占用税、教育费附加、地方教育附加其他优惠政策的,可叠加享受本通知第三条规定的优惠政策。

五、《财政部 税务总局关于创业投资企业和天使投资个人有关税收政策的通知》(财税〔2018〕55号)第二条第(一)项关于初创科技型企业条件中的"从业人数不超过200人"调整为"从业人数不超过300人","资产总额和年销售收入均不超过3 000万元"调整为"资产总额和年销售收入均不超过5 000万元"。

2019年1月1日至2021年12月31日期间发生的投资,投资满2年且符合本通知规定和财税〔2018〕55号文件规定的其他条件的,可以适用财税〔2018〕55号文件规定的税收政策。

2019年1月1日前2年内发生的投资,自2019年1月1日起投资满2年且符合本通知规定和财税〔2018〕55号文件规定的其他条件的,可以适用财税〔2018〕55号文件规定的税收政策。

六、本通知执行期限为2019年1月1日至2021年12月31日。《财政部 税务总局关于延续小微企业增值税政策的通知》(财税〔2017〕76号)、《财政部 税务总局关于进一步扩大小型微利企业所得税优惠政策范围的通知》(财税〔2018〕77号)同时废止。

七、各级财税部门要切实提高政治站位,深入贯彻落实党中央、国务院减税降费的决策部署,充分认识小微企业普惠性税收减免的重要意义,切实承担起抓落实的主体责任,将其作为一项重大任务,加强组织领导,精心筹划部署,不折不扣落实到位。要加大力度、创新方式,强化宣传辅导,优化纳税服务,增进办税便利,确保纳税人和缴费人实打实享受到减税降费的政策红利。要密切跟踪政策执行情况,加强调查研究,对政策执行中各方反映的突出问题和意见建议,要及时向财政部和税务总局反馈。

财政部 税务总局
2019年1月17日

财政部 税务总局 退役军人部关于进一步扶持自主就业退役士兵创业就业有关税收政策的通知

(财税〔2019〕21号)

各省、自治区、直辖市、计划单列市财政厅(局)、退役军人事务厅(局),国家税务总局各省、自治区、直辖市、计划单列市税务局,新疆生产建设兵团财政局:

为进一步扶持自主就业退役士兵创业就业,现将有关税收政策通知如下:

一、自主就业退役士兵从事个体经营的,自办理个体工商户登记当月起,在 3 年(36 个月,下同)内按每户每年 12 000 元为限额依次扣减其当年实际应缴纳的增值税、城市维护建设税、教育费附加、地方教育附加和个人所得税。限额标准最高可上浮 20%,各省、自治区、直辖市人民政府可根据本地区实际情况在此幅度内确定具体限额标准。

纳税人年度应缴纳税款小于上述扣减限额的,减免税额以其实际缴纳的税款为限;大于上述扣减限额的,以上述扣减限额为限。纳税人的实际经营期不足 1 年的,应当按月换算其减免税限额。换算公式为:减免税限额=年度减免税限额÷12×实际经营月数。城市维护建设税、教育费附加、地方教育附加的计税依据是享受本项税收优惠政策前的增值税应纳税额。

二、企业招用自主就业退役士兵,与其签订 1 年以上期限劳动合同并依法缴纳社会保险费的,自签订劳动合同并缴纳社会保险当月起,在 3 年内按实际招用人数予以定额依次扣减增值税、城市维护建设税、教育费附加、地方教育附加和企业所得税优惠。定额标准为每人每年 6 000 元,最高可上浮 50%,各省、自治区、直辖市人民政府可根据本地区实际情况在此幅度内确定具体定额标准。

企业按招用人数和签订的劳动合同时间核算企业减免税总额,在核算减免税总额内每月依次扣减增值税、城市维护建设税、教育费附加和地方教育附加。企业实际应缴纳的增值税、城市维护建设税、教育费附加和地方教育附加小于核算减免税总额的,以实际应缴纳的增值税、城市维护建设税、教育费附加和地方教育附加为限;实际应缴纳的增值税、城市维护建设税、教育费附加和地方教育附加大于核算减免税总额的,以核算减免税总额为限。

纳税年度终了,如果企业实际减免的增值税、城市维护建设税、教育费附加和地方教育附加小于核算减免税总额,企业在企业所得税汇算清缴时以差额部分扣减企业所得税。当年扣减不完的,不再结转以后年度扣减。

自主就业退役士兵在企业工作不满 1 年的,应当按月换算减免税限额。计算公式为:

$$企业核算减免税总额 = \sum 每名自主就业退役士兵本年度在本单位工作月份 \div 12 \times 具体定额标准$$

城市维护建设税、教育费附加、地方教育附加的计税依据是享受本项税收优惠政策前的增值税应纳税额。

三、本通知所称自主就业退役士兵是指依照《退役士兵安置条例》(国务院 中央军委令第 608 号)的规定退出现役并按自主就业方式安置的退役士兵。

本通知所称企业是指属于增值税纳税人或企业所得税纳税人的企业等单位。

四、自主就业退役士兵从事个体经营的,在享受税收优惠政策进行纳税申报时,注明其退役军人身份,并将《中国人民解放军义务兵退出现役证》《中国人民解放军士官退出现役证》或《中国人民武装警察部队义务兵退出现役证》《中国人民武装警察部队士官退出现役证》留存备查。

企业招用自主就业退役士兵享受税收优惠政策的,将以下资料留存备查:1.招用自主就业退役士兵的《中国人民解放军义务兵退出现役证》《中国人民解放军士官退出现役证》或《中国人民武装警察部队义务兵退出现役证》《中国人民武装警察部队士官退出现役证》;2.企业与招用自主就业退役士兵签订的劳动合同(副本),为职工缴纳的社会保险费记录;3.自主就业退役士兵本年度在企业工作时间表(见附件)。

五、企业招用自主就业退役士兵既可以适用本通知规定的税收优惠政策,又可以适用其他扶持就业专项税收优惠政策的,企业可以选择适用最优惠的政策,但不得重复享受。

六、本通知规定的税收政策执行期限为2019年1月1日至2021年12月31日。纳税人在2021年12月31日享受本通知规定税收优惠政策未满3年的,可继续享受至3年期满为止。《财政部 税务总局 民政部关于继续实施扶持自主就业退役士兵创业就业有关税收政策的通知》(财税〔2017〕46号)自2019年1月1日起停止执行。

注:根据《财政部 国家税务总局关于延长部分税收优惠政策执行期限的公告》(财政部 税务总局公告2022年第4号)的规定,本通知中规定的税收优惠政策,执行期限延长至2023年12月31日。

退役士兵以前年度已享受退役士兵创业就业税收优惠政策满3年的,不得再享受本通知规定的税收优惠政策;以前年度享受退役士兵创业就业税收优惠政策未满3年且符合本通知规定条件的,可按本通知规定享受优惠至3年期满。

各地财政、税务、退役军人事务部门要加强领导、周密部署,把扶持自主就业退役士兵创业就业工作作为一项重要任务,主动做好政策宣传和解释工作,加强部门间的协调配合,确保政策落实到位。同时,要密切关注税收政策的执行情况,对发现的问题及时逐级向财政部、税务总局、退役军人部反映。

附件:自主就业退役士兵本年度在企业工作时间表(样表)

财政部 税务总局 退役军人部
2019年2月2日

附件

自主就业退役士兵本年度在企业工作时间表(样表)

企业名称(盖章):　　　　　　　　　　　　　　　　　　　　　　　年度:

序号	自主就业退役士兵姓名	身份证号码	证件编号	在本企业工作时间(单位:月)	备注

财政部 税务总局 人力资源社会保障部 国务院扶贫办关于进一步支持和促进重点群体创业就业有关税收政策的通知

(财税〔2019〕22号)

各省、自治区、直辖市、计划单列市财政厅(局)、人力资源社会保障厅(局)、扶贫办,国家税务总局各省、自治区、直辖市、计划单列市税务局,新疆生产建设兵团财政局、人力资源社会保障局、扶贫办:

为进一步支持和促进重点群体创业就业,现将有关税收政策通知如下:

一、建档立卡贫困人口、持《就业创业证》(注明"自主创业税收政策"或"毕业年度内自主创业税收政策")或《就业失业登记证》(注明"自主创业税收政策")的人员,从事个体经营的,自办理个体工商户登记当月起,在3年(36个月,下同)内按每户每年12 000元为限额依次扣减其当年实际应缴纳的增值税、城市维护建设税、教育费附加、地方教育附加和个人所得税。限额标准最高可上浮20%,各省、自治区、直辖市人民政府可根据本地区实际情况在此幅度内确定具体限额标准。

纳税人年度应缴纳税款小于上述扣减限额的,减免税额以其实际缴纳的税款为限;大于上述扣减限额的,以上述扣减限额为限。

上述人员具体包括:1.纳入全国扶贫开发信息系统的建档立卡贫困人口;2.在人力资源社会保障部门公共就业服务机构登记失业半年以上的人员;3.零就业家庭、享受城市居民最低生活保障家庭劳动年龄内的登记失业人员;4.毕业年度内高校毕业生。高校毕业生是指实施高等学历教育的普通高等学校、成人高等学校应届毕业的学生;毕业年度是指毕业所在自然年,即1月1日至12月31日。

二、企业招用建档立卡贫困人口,以及在人力资源社会保障部门公共就业服务机构登记失业半年以上且持《就业创业证》或《就业失业登记证》(注明"企业吸纳税收政策")的人员,与其签订1年以上期限劳动合同并依法缴纳社会保险费的,自签订劳动合同并缴纳社会保险当月起,在3年内按实际招用人数予以定额依次扣减增值税、城市维护建设税、教育费附加、地方教育附加和企业所得税优惠。定额标准为每人每年6 000元,最高可上浮30%,各省、自治区、直辖市人民政府可根据本地区实际情况在此幅度内确定具体定额标准。城市维护建设税、教育费附加、地方教育附加的计税依据是享受本项税收优惠政策前的增值税应纳税额。

按上述标准计算的税收扣减额应在企业当年实际应缴纳的增值税、城市维护建设税、教育费附加、地方教育附加和企业所得税税额中扣减,当年扣减不完的,不得结转下年使用。

本通知所称企业是指属于增值税纳税人或企业所得税纳税人的企业等单位。

三、国务院扶贫办在每年1月15日前将建档立卡贫困人口名单及相关信息提供给人力资源社会保障部、税务总局,税务总局将相关信息转发给各省、自治区、直辖市税务部门。人力资源社会保障部门依托全国扶贫开发信息系统核实建档立卡贫困人口身份信息。

四、企业招用就业人员既可以适用本通知规定的税收优惠政策,又可以适用其他扶持就业专项税收优惠政策的,企业可以选择适用最优惠的政策,但不得重复享受。

五、本通知规定的税收政策执行期限为<u>2019年1月1日至2021年12月31日</u>。纳税人在2021年12月31日享受本通知规定税收优惠政策未满3年的,可继续享受至3年期满为止。《财政部 税务总局 人力资源社会保障部关于继续实施支持和促进重点群体创业就业有关税收政策的通知》(财税〔2017〕49号)自2019年1月1日起停止执行。

注:根据《财政部 国家税务总局 国家乡村振兴局 人力资源和社会保障部关于延长部分扶贫税收优惠政策执行期限的公告》(财政部 税务总局 人力资源社会保障部 国家乡村振兴局公告2021年第18号)的规定,本通知中规定的税收优惠政策,执行期限延长至2025年12月31日。

本通知所述人员,以前年度已享受重点群体创业就业税收优惠政策满3年的,不得再享受本通知规定的税收优惠政策;以前年度享受重点群体创业就业税收优惠政策未满3年且符合本通知规定条件的,可按本通知规定享受优惠至3年期满。

各地财政、税务、人力资源社会保障部门、扶贫办要加强领导、周密部署,把大力支持和促进重点群体创业就业工作作为一项重要任务,主动做好政策宣传和解释工作,加强部门间的协调配合,确保政策落实到位。同时,要密切关注税收政策的执行情况,对发现的问题及时逐级向财政部、税务总局、人力资源社会保障部、国务院扶贫办反映。

财政部 税务总局 人力资源社会保障部 国务院扶贫办
2019年2月2日

财政部关于调整部分政府性基金有关政策的通知

(财税〔2019〕46号)

中共中央宣传部,发展改革委、教育部、水利部、民航局、税务总局,国家电网有限公司、中国南方电网有限责任公司,各省、自治区、直辖市财政厅(局),新疆生产建设兵团财政局,财政部各地监管局:

按照国务院决策部署,现将调整部分政府性基金政策的有关事项通知如下:

一、自2019年7月1日至2024年12月31日,对归属中央收入的文化事业建设费,按照缴纳义务人应缴费额的50%减征;对归属地方收入的文化事业建设费,各省(区、市)财政、党委宣传部门可以结合当地经济发展水平、宣传思想文化事业发展等因素,在应缴费额50%的幅度内减征。各省(区、市)财政、党委宣传部门应当将本地区制定的减征政策文件抄送财政部、中共中央宣传部。

各级财政部门要统筹安排资金,根据宣传思想文化事业需要积极予以支持,确保相关工作顺利开展。中央财政加大对财力薄弱地方的转移支付力度,支持地方做好相关工作。各级财政用于宣传思想文化事业方面的经费继续按照现有资金管理方式使用。

二、自2019年7月1日起,将国家重大水利工程建设基金征收标准降低50%。降低后各省(区、市)征收标准见附件1。

国家重大水利工程建设基金征收至2025年12月31日。自2020年1月1日起,缴入中央国库的国家重大水利工程建设基金,根据国务院批复的相关规划,统筹用于南水北调工程和三峡后续工作等。具体资金分配根据基金年度实际征收情况,以及国务院批复的南水北调工程和三峡后续工作相关规划的资金落实情况等统筹安排。

三、自2019年1月1日起,纳入产教融合型企业建设培育范围的试点企业,兴办职业教育的投资符合本通知规定的,可按投资额的30%比例,抵免该企业当年应缴教育费附加和地方教育附加。试点企业属于集团企业的,其下属成员单位(包括全资子公司、控股子公司)对职业教育有实际投入的,可按本通知规定抵免教育费附加和地方教育附加。

允许抵免的投资是指试点企业当年实际发生的,独立举办或参与举办职业教育的办学投资和办学经费支出,以及按照有关规定与职业院校稳定开展校企合作,对产教融合实训基地等国家规划布局的产教融合重大项目建设投资和基本运行费用的支出。

试点企业当年应缴教育费附加和地方教育附加不足抵免的,未抵免部分可在以后年度继续抵免。试点企业有撤回投资和转让股权等行为的,应当补缴已经抵免的教育费附加和地方教育附加。

四、自2019年7月1日起,将《财政部关于印发〈民航发展基金征收使用管理暂行办法〉的通知》(财综〔2012〕17号)第八条规定的航空公司应缴纳民航发展基金的征收标准降低50%。降低后的征收标准见附件2。

附件：1. 国家重大水利工程建设基金征收标准
   2. 航空公司民航发展基金征收标准

财政部
2019年4月22日

附件1

国家重大水利工程建设基金征收标准

单位：厘/千瓦时

省(区、市)	征收标准	省(区、市)	征收标准	省(区、市)	征收标准
北京	1.968 75	安徽	3.633 75	四川	1.968 75
天津	1.968 75	福建	1.968 75	贵州	1.125
上海	3.915	江西	1.552 5	云南	1.125
河北	1.968 75	山东	1.968 75	广西	1.125
山西	1.968 75	河南	3.189 375	陕西	1.125
内蒙古	1.125	湖北	0	甘肃	1.125
辽宁	1.125	湖南	1.054 687 5	青海	1.125
吉林	1.125	广东	1.968 75	宁夏	1.125
黑龙江	1.125	广西	1.125	新疆	1.125
江苏	4.193 437 5	海南	1.125		
浙江	4.038 75	重庆	1.968 75		

附件2

航空公司民航发展基金征收标准

单位：元/公里

最大起飞全重	第一类航线	第二类航线	第三类航线
≤50吨	0.575	0.45	0.375
50~100(含)	1.15	0.925	0.725
100~200(含)	1.725	1.375	1.1
>200吨	2.3	1.825	1.45

财政部 税务总局关于支持新型冠状病毒感染的肺炎疫情防控有关捐赠税收政策的公告

(财政部 税务总局公告2020年第9号)

注：根据《财政部 税务总局关于延续实施应对疫情部分税费优惠政策的公告》(财政

部 税务总局公告2021年第7号)的规定,本文件规定的税费优惠政策,执行期限延长至2021年3月31日。

为支持新型冠状病毒感染的肺炎疫情防控工作,现就有关捐赠税收政策公告如下:

一、企业和个人通过公益性社会组织或者县级以上人民政府及其部门等国家机关,捐赠用于应对新型冠状病毒感染的肺炎疫情的现金和物品,允许在计算应纳税所得额时全额扣除。

二、企业和个人直接向承担疫情防治任务的医院捐赠用于应对新型冠状病毒感染的肺炎疫情的物品,允许在计算应纳税所得额时全额扣除。

捐赠人凭承担疫情防治任务的医院开具的捐赠接收函办理税前扣除事宜。

三、单位和个体工商户将自产、委托加工或购买的货物,通过公益性社会组织和县级以上人民政府及其部门等国家机关,或者直接向承担疫情防治任务的医院,无偿捐赠用于应对新型冠状病毒感染的肺炎疫情的,免征增值税、消费税、城市维护建设税、教育费附加、地方教育附加。

四、国家机关、公益性社会组织和承担疫情防治任务的医院接受的捐赠,应专项用于应对新型冠状病毒感染的肺炎疫情工作,不得挪作他用。

五、本公告自2020年1月1日起施行,截止日期视疫情情况另行公告。

税务总局 财政部
二〇二〇年二月六日

国家税务总局关于支持新型冠状病毒感染的肺炎疫情防控有关税收征收管理事项的公告

(国家税务总局公告2020年第4号)

注:根据《国家税务总局关于公布全文和部分条款失效废止的税务规范性文件目录的公告》(国家税务总局公告2023年第8号)的规定,自2023年5月26日起,本法规第一条至第九条、第十一条、第十二条废止。

为支持新型冠状病毒感染的肺炎疫情防控工作,贯彻落实相关税收政策,现就税收征收管理有关事项公告如下:

一、疫情防控重点保障物资生产企业按照《财政部税务总局关于支持新型冠状病毒感染的肺炎疫情防控有关税收政策的公告》(2020年第8号,以下简称"8号公告")第二条规定,适用增值税增量留抵退税政策的,应当在增值税纳税申报期内,完成本期增值税纳税申报后,向主管税务机关申请退还增量留抵税额。

二、纳税人按照 8 号公告和《财政部税务总局关于支持新型冠状病毒感染的肺炎疫情防控有关捐赠税收政策的公告》(2020 年第 9 号,以下简称"9 号公告")有关规定享受免征增值税、消费税优惠的,可自主进行免税申报,无需办理有关免税备案手续,但应将相关证明材料留存备查。

适用免税政策的纳税人在办理增值税纳税申报时,应当填写增值税纳税申报表及《增值税减免税申报明细表》相应栏次;在办理消费税纳税申报时,应当填写消费税纳税申报表及《本期减(免)税额明细表》相应栏次。

三、纳税人按照 8 号公告和 9 号公告有关规定适用免征增值税政策的,不得开具增值税专用发票;已开具增值税专用发票的,应当开具对应红字发票或者作废原发票,再按规定适用免征增值税政策并开具普通发票。

纳税人在疫情防控期间已经开具增值税专用发票,按照本公告规定应当开具对应红字发票而未及时开具的,可以先适用免征增值税政策,对应红字发票应当于相关免征增值税政策执行到期后 1 个月内完成开具。

四、在本公告发布前,纳税人已将适用免税政策的销售额、销售数量,按照征税销售额、销售数量进行增值税、消费税纳税申报的,可以选择更正当期申报或者在下期申报时调整。已征应予免征的增值税、消费税税款,可以予以退还或者分别抵减纳税人以后应缴纳的增值税、消费税税款。

五、疫情防控期间,纳税人通过电子税务局或者标准版国际贸易"单一窗口"出口退税平台等(以下简称"网上")提交电子数据后,即可申请办理出口退(免)税备案、备案变更和相关证明。税务机关受理上述退(免)税事项申请后,经核对电子数据无误的,即可办理备案、备案变更或者开具相关证明,并通过网上反馈方式及时将办理结果告知纳税人。纳税人需开具纸质证明的,税务机关可采取邮寄方式送达。确需到办税服务厅现场结清退(免)税款或者补缴税款的备案和证明事项,可通过预约办税等方式,分时分批前往税务机关办理。

六、疫情防控期间,纳税人的所有出口货物劳务、跨境应税行为,均可通过网上提交电子数据的方式申报出口退(免)税。税务机关受理申报后,经审核不存在涉嫌骗取出口退税等疑点的,即可办理出口退(免)税,并通过网上反馈方式及时将办理结果告知纳税人。

七、因疫情影响,纳税人未能在规定期限内申请开具相关证明或者申报出口退(免)税的,待收齐退(免)税凭证及相关电子信息后,即可向主管税务机关申请开具相关证明,或者申报办理退(免)税。

因疫情影响,纳税人无法在规定期限内收汇或办理不能收汇手续的,待收汇或办理不能收汇手续后,即可向主管税务机关申报办理退(免)税。

八、疫情防控结束后,纳税人应按照现行规定,向主管税务机关补报出口退(免)税应报送的纸质申报表、表单及相关资料。税务机关对补报的各项资料进行复核。

九、疫情防控重点保障物资生产企业按照8号公告第一条规定,适用一次性企业所得税税前扣除政策的,在优惠政策管理等方面参照《国家税务总局关于设备器具扣除有关企业所得税政策执行问题的公告》(2018年第46号)的规定执行。企业在纳税申报时将相关情况填入企业所得税纳税申报表"固定资产一次性扣除"行次。

十、受疫情影响较大的困难行业企业按照8号公告第四条规定,适用延长亏损结转年限政策的,应当在2020年度企业所得税汇算清缴时,通过电子税务局提交《适用延长亏损结转年限政策声明》(见附件)。

十一、纳税人适用8号公告有关规定享受免征增值税优惠的收入,相应免征城市维护建设税、教育费附加、地方教育附加。

十二、9号公告第一条所称"公益性社会组织",是指依法取得公益性捐赠税前扣除资格的社会组织。

企业享受9号公告规定的全额税前扣除政策的,采取"自行判别、申报享受、相关资料留存备查"的方式,并将捐赠全额扣除情况填入企业所得税纳税申报表相应行次。个人享受9号公告规定的全额税前扣除政策的,按照《财政部 税务总局关于公益慈善事业捐赠个人所得税政策的公告》(财政部 税务总局公告2019年第99号)有关规定执行;其中,适用9号公告第二条规定的,在办理个人所得税税前扣除、填写《个人所得税公益慈善事业捐赠扣除明细表》时,应当在备注栏注明"直接捐赠"。

企业和个人取得承担疫情防治任务的医院开具的捐赠接收函,作为税前扣除依据自行留存备查。

十三、本公告自发布之日施行。

特此公告。

附件:适用延长亏损结转年限政策声明(略)

国家税务总局
2020年2月10日

财政部 税务总局关于延续实施应对疫情部分税费优惠政策的公告

(财政部 税务总局公告2021年第7号)

为进一步支持疫情防控,帮助企业纾困发展,现将有关税费政策公告如下:

一、《财政部 税务总局关于支持个体工商户复工复业增值税政策的公告》(财政部 税务总局公告 2020 年第 13 号)规定的税收优惠政策,执行期限延长至 2021 年 12 月 31 日。其中,自 2021 年 4 月 1 日至 2021 年 12 月 31 日,湖北省增值税小规模纳税人适用 3% 征收率的应税销售收入,减按 1% 征收率征收增值税;适用 3% 预征率的预缴增值税项目,减按 1% 预征率预缴增值税。

二、《财政部 税务总局关于支持新型冠状病毒感染的肺炎疫情防控有关个人所得税政策的公告》(财政部 税务总局公告 2020 年第 10 号)、《财政部 税务总局关于电影等行业税费支持政策的公告》(财政部 税务总局公告 2020 年第 25 号)规定的税费优惠政策凡已经到期的,执行期限延长至 2021 年 12 月 31 日。

三、《财政部 税务总局关于支持新型冠状病毒感染的肺炎疫情防控有关税收政策的公告》(财政部 税务总局公告 2020 年第 8 号)、《财政部 税务总局关于支持新型冠状病毒感染的肺炎疫情防控有关捐赠税收政策的公告》(财政部 税务总局公告 2020 年第 9 号)规定的税收优惠政策凡已经到期的,执行期限延长至 2021 年 3 月 31 日。

四、2021 年 1 月 1 日至本公告发布之日前,已征的按照本公告规定应予减免的税费,可抵减纳税人或缴费人以后应缴纳的税费或予以退还。

特此公告

财政部

税务总局

二〇二一年三月十七日

财政部 税务总局关于明确增值税小规模纳税人免征增值税政策的公告

(财政部 税务总局公告 2021 年第 11 号)

为进一步支持小微企业发展,现将增值税小规模纳税人免征增值税政策公告如下:

自 2021 年 4 月 1 日至 2022 年 12 月 31 日,对月销售额 15 万元以下(含本数)的增值税小规模纳税人,免征增值税。

《财政部 税务总局关于实施小微企业普惠性税收减免政策的通知》(财税〔2019〕13 号)第一条同时废止。

特此公告。

财政部

税务总局

二〇二一年三月三十一日

国家税务总局关于增值税、消费税与附加税费申报表整合有关事项的公告

（国家税务总局公告2021年第20号）

为贯彻落实中办、国办印发的《关于进一步深化税收征管改革的意见》，深入推进税务领域"放管服"改革，优化营商环境，切实减轻纳税人、缴费人申报负担，根据《国家税务总局关于开展2021年"我为纳税人缴费人办实事暨便民办税春风行动"的意见》（税总发〔2021〕14号），现将申报表整合有关事项公告如下：

自2021年8月1日起，增值税、消费税分别与城市维护建设税、教育费附加、地方教育附加申报表整合，启用《增值税及附加税费申报表（一般纳税人适用）》《增值税及附加税费申报表（小规模纳税人适用）》《增值税及附加税费预缴表》及其附列资料和《消费税及附加税费申报表》（附件1—附件7），《废止文件及条款清单》（附件8）所列文件、条款同时废止。

特此公告。

附件：（略）

国家税务总局
二〇二一年七月九日

国家税务总局关于城市维护建设税征收管理有关事项的公告

（国家税务总局公告2021年第26号）

为贯彻落实中办、国办印发的《关于进一步深化税收征管改革的意见》，进一步规范城市维护建设税（以下简称城建税）征收管理，根据《中华人民共和国城市维护建设税法》《财政部 税务总局关于城市维护建设税计税依据确定办法等事项的公告》（2021年第28号）等相关规定，现就有关事项公告如下：

一、城建税以纳税人依法实际缴纳的增值税、消费税（以下称两税）税额为计税依据。

依法实际缴纳的增值税税额，是指纳税人依照增值税相关法律法规和税收政策规定计算应当缴纳的增值税税额，加上增值税免抵税额，扣除直接减免的增值税税额和期末留抵退税退还的增值税税额（以下简称留抵退税额）后的金额。

依法实际缴纳的消费税税额，是指纳税人依照消费税相关法律法规和税收政策规定计算应当缴纳的消费税税额，扣除直接减免的消费税税额后的金额。

应当缴纳的两税税额,不含因进口货物或境外单位和个人向境内销售劳务、服务、无形资产缴纳的两税税额。

纳税人自收到留抵退税额之日起,应当在下一个纳税申报期从城建税计税依据中扣除。

留抵退税额仅允许在按照增值税一般计税方法确定的城建税计税依据中扣除。当期未扣除完的余额,在以后纳税申报期按规定继续扣除。

二、对于增值税小规模纳税人更正、查补此前按照一般计税方法确定的城建税计税依据,允许扣除尚未扣除完的留抵退税额。

三、对增值税免抵税额征收的城建税,纳税人应在税务机关核准免抵税额的下一个纳税申报期内向主管税务机关申报缴纳。

四、城建税纳税人按所在地在市区、县城、镇和不在上述区域适用不同税率。市区、县城、镇按照行政区划确定。

行政区划变更的,自变更完成当月起适用新行政区划对应的城建税税率,纳税人在变更完成当月的下一个纳税申报期按新税率申报缴纳。

五、城建税的纳税义务发生时间与两税的纳税义务发生时间一致,分别与两税同时缴纳。同时缴纳是指在缴纳两税时,应当在两税同一缴纳地点、同一缴纳期限内,一并缴纳对应的城建税。

采用委托代征、代扣代缴、代收代缴、预缴、补缴等方式缴纳两税的,应当同时缴纳城建税。

前款所述代扣代缴,不含因境外单位和个人向境内销售劳务、服务、无形资产代扣代缴增值税情形。

六、因纳税人多缴发生的两税退税,同时退还已缴纳的城建税。

两税实行先征后返、先征后退、即征即退的,除另有规定外,不予退还随两税附征的城建税。

七、城建税的征收管理等事项,比照两税的有关规定办理。

八、本公告自2021年9月1日起施行。《废止文件及条款清单》(附件)所列文件、条款同时废止。

特此公告。

附件:废止文件及条款清单(略)

国家税务总局
二〇二一年八月三十一日

国家税务总局 财政部关于制造业中小微企业延缓缴纳2021年第四季度部分税费有关事项的公告

(国家税务总局公告2021年第30号)

为贯彻落实党中央、国务院决策部署,支持制造业中小微企业发展,促进工业经济平稳运行,现就制造业中小微企业(含个人独资企业、合伙企业、个体工商户,下同)延缓缴纳2021年第四季度部分税费有关事项公告如下:

一、本公告所称制造业中小微企业是指国民经济行业分类中行业门类为制造业,且年销售额2 000万元以上(含2 000万元)4亿元以下(不含4亿元)的企业(以下称制造业中型企业)和年销售额2 000万元以下(不含2 000万元)的企业(以下称制造业小微企业)。

销售额是指应征增值税销售额,包括纳税申报销售额、稽查查补销售额、纳税评估调整销售额。适用增值税差额征税政策的,以差额后的销售额确定。

二、本公告所称制造业中小微企业年销售额按以下方式确定:

截至2021年9月30日成立满一年的企业,按照所属期为2020年10月至2021年9月的销售额确定;

截至2021年9月30日成立不满一年的企业,按照所属期截至2021年9月30日的销售额/实际经营月份×12个月的销售额确定;

2021年10月1日及以后成立的企业,按照首个申报期销售额/实际经营月份×12个月的销售额确定。

三、延缓缴纳的税费包括所属期为2021年10月、11月、12月(按月缴纳)或者2021年第四季度(按季缴纳)的企业所得税、个人所得税(代扣代缴除外)、国内增值税、国内消费税及附征的城市维护建设税、教育费附加、地方教育附加,不包括向税务机关申请代开发票时缴纳的税费。

四、符合本公告规定条件的制造业中小微企业,在依法办理纳税申报后,制造业中型企业可以延缓缴纳本公告第三条规定的各项税费金额的50%,制造业小微企业可以延缓缴纳本公告第三条规定的全部税费。延缓的期限为3个月。延缓期限届满,纳税人应依法缴纳缓缴的税费。

五、纳税人不符合本公告规定条件,骗取享受缓税政策的,税务机关将依照《中华人民共和国税收征收管理法》及其实施细则等有关规定处理。

六、本公告规定条件的制造业中小微企业,符合《中华人民共和国税收征收管理法》及其实施细则规定可以申请延期缴纳税款的,仍然可以依法申请办理延期缴纳税款。

七、本公告自2021年11月1日起施行。

特此公告。

国家税务总局 财政部

二〇二一年十月二十九日

国家税务总局 财政部关于延续实施制造业中小微企业延缓缴纳部分税费有关事项的公告

(国家税务总局公告2022年第2号)

为贯彻落实党中央、国务院决策部署,促进工业经济平稳增长,支持制造业中小微企业发展,现将延续实施制造业中小微企业(含个人独资企业、合伙企业、个体工商户,下同)延缓缴纳部分税费政策有关事项公告如下:

一、继续延缓缴纳2021年第四季度部分税费

《国家税务总局 财政部关于制造业中小微企业延缓缴纳2021年第四季度部分税费有关事项的公告》(2021年第30号)规定的制造业中小微企业延缓缴纳2021年第四季度部分税费政策,缓缴期限继续延长6个月。

上述企业2021年第四季度延缓缴纳的税费在2022年1月1日后本公告施行前已缴纳入库的,可自愿选择申请办理退税(费)并享受延续缓缴政策。

二、延缓缴纳2022年第一季度、第二季度部分税费

(一)符合本公告规定条件的制造业中小微企业,在依法办理纳税申报后,制造业中型企业可以延缓缴纳本公告规定的各项税费金额的50%,制造业小微企业可以延缓缴纳本公告规定的全部税费,延缓的期限为6个月。延缓期限届满,纳税人应依法缴纳相应月份或者季度的税费。

(二)本公告所称制造业中型企业是指国民经济行业分类中行业门类为制造业,且年销售额2000万元以上(含2000万元)4亿元以下(不含4亿元)的企业。制造业小微企业是指国民经济行业分类中行业门类为制造业,且年销售额2000万元以下(不含2000万元)的企业。

销售额是指应征增值税销售额,包括纳税申报销售额、稽查查补销售额、纳税评估调整销售额。适用增值税差额征税政策的,以差额后的销售额确定。

(三)前款所称制造业中小微企业年销售额按以下方式确定:

截至2021年12月31日成立满一年的企业,按照所属期为2021年1月至2021年12月的销售额确定。

截至2021年12月31日成立不满一年的企业,按照所属期截至2021年12月31日

的销售额/实际经营月份×12个月的销售额确定。

2022年1月1日及以后成立的企业,按照实际申报期销售额/实际经营月份×12个月的销售额确定。

(四)延缓缴纳的税费包括所属期为2022年1月、2月、3月、4月、5月、6月(按月缴纳)或者2022年第一季度、第二季度(按季缴纳)的企业所得税、个人所得税、国内增值税、国内消费税及附征的城市维护建设税、教育费附加、地方教育附加,不包括代扣代缴、代收代缴以及向税务机关申请代开发票时缴纳的税费。

对于在本公告施行前已缴纳入库的所属期为2022年1月的上述税费,企业可自愿选择申请办理退税(费)并享受缓缴政策。

三、享受2021年第四季度缓缴企业所得税政策的制造业中小微企业,在办理2021年度企业所得税汇算清缴年度申报时,产生的应补税款与2021年第四季度已缓缴的税款一并延后缴纳入库,产生的应退税款由纳税人按照有关规定办理。

四、纳税人不符合本公告规定条件,骗取享受缓缴税费政策的,税务机关将依照《中华人民共和国税收征收管理法》及其实施细则等有关规定严肃处理。

五、符合本公告规定条件的制造业中小微企业,符合《中华人民共和国税收征收管理法》及其实施细则规定可以申请延期缴纳税款的,仍然可以依法申请办理延期缴纳税款。

六、本公告自发布之日起施行。

特此公告。

国家税务总局 财政部
二〇二二年二月二十八日

财政部 税务总局关于进一步支持小微企业和个体工商户发展有关税费政策的公告

(财政部 税务总局公告2023年第12号)

为进一步支持小微企业和个体工商户发展,现将有关税费政策公告如下:

一、自2023年1月1日至2027年12月31日,对个体工商户年应纳税所得额不超过200万元的部分,减半征收个人所得税。个体工商户在享受现行其他个人所得税优惠政策的基础上,可叠加享受本条优惠政策。

二、自2023年1月1日至2027年12月31日,对增值税小规模纳税人、小型微利企业和个体工商户减半征收资源税(不含水资源税)、城市维护建设税、房产税、城镇土地使用税、印花税(不含证券交易印花税)、耕地占用税和教育费附加、地方教育附加。

三、对小型微利企业减按25%计算应纳税所得额,按20%的税率缴纳企业所得税政策,延续执行至 2027 年 12 月 31 日。

四、增值税小规模纳税人、小型微利企业和个体工商户已依法享受资源税、城市维护建设税、房产税、城镇土地使用税、印花税、耕地占用税、教育费附加、地方教育附加等其他优惠政策的,可叠加享受本公告第二条规定的优惠政策。

五、本公告所称小型微利企业,是指从事国家非限制和禁止行业,且同时符合年度应纳税所得额不超过 300 万元、从业人数不超过 300 人、资产总额不超过 5 000 万元等三个条件的企业。

从业人数,包括与企业建立劳动关系的职工人数和企业接受的劳务派遣用工人数。所称从业人数和资产总额指标,应按企业全年的季度平均值确定。具体计算公式如下:

$$季度平均值=(季初值+季末值)\div 2$$

$$全年季度平均值=全年各季度平均值之和\div 4$$

年度中间开业或者终止经营活动的,以其实际经营期作为一个纳税年度确定上述相关指标。

小型微利企业的判定以企业所得税年度汇算清缴结果为准。登记为增值税一般纳税人的新设立的企业,从事国家非限制和禁止行业,且同时符合申报期上月末从业人数不超过 300 人、资产总额不超过 5 000 万元等两个条件的,可在首次办理汇算清缴前按照小型微利企业申报享受第二条规定的优惠政策。

六、本公告发布之日前,已征的相关税款,可抵减纳税人以后月份应缴纳税款或予以退还。发布之日前已办理注销的,不再追溯享受。

《财政部 税务总局关于进一步实施小微企业"六税两费"减免政策的公告》(财政部 税务总局公告 2022 年第 10 号)及《财政部 税务总局关于小微企业和个体工商户所得税优惠政策的公告》(财政部 税务总局公告 2023 年第 6 号)中个体工商户所得税优惠政策自 2023 年 1 月 1 日起相应停止执行。

特此公告。

财政部 税务总局
2023 年 8 月 2 日

财政部 税务总局 退役军人事务部关于进一步扶持自主就业退役士兵创业就业有关税收政策的公告

(财政部 税务总局 退役军人事务部公告 2023 年第 14 号)

为进一步扶持自主就业退役士兵创业就业,现将有关税收政策公告如下:

二、教育费附加

一、自2023年1月1日至2027年12月31日,自主就业退役士兵从事个体经营的,自办理个体工商户登记当月起,在3年(36个月,下同)内按每户每年20 000元为限额依次扣减其当年实际应缴纳的增值税、城市维护建设税、教育费附加、地方教育附加和个人所得税。限额标准最高可上浮20%,各省、自治区、直辖市人民政府可根据本地区实际情况在此幅度内确定具体限额标准。

纳税人年度应缴纳税款小于上述扣减限额的,减免税额以其实际缴纳的税款为限;大于上述扣减限额的,以上述扣减限额为限。纳税人的实际经营期不足1年的,应当按月换算其减免税限额。换算公式为:减免税限额=年度减免税限额÷12×实际经营月数。城市维护建设税、教育费附加、地方教育附加的计税依据是享受本项税收优惠政策前的增值税应纳税额。

二、自2023年1月1日至2027年12月31日,企业招用自主就业退役士兵,与其签订1年以上期限劳动合同并依法缴纳社会保险费的,自签订劳动合同并缴纳社会保险当月起,在3年内按实际招用人数予以定额依次扣减增值税、城市维护建设税、教育费附加、地方教育附加和企业所得税优惠。定额标准为每人每年6 000元,最高可上浮50%,各省、自治区、直辖市人民政府可根据本地区实际情况在此幅度内确定具体定额标准。

企业按招用人数和签订的劳动合同时间核算企业减免税总额,在核算减免税总额内每月依次扣减增值税、城市维护建设税、教育费附加和地方教育附加。企业实际应缴纳的增值税、城市维护建设税、教育费附加和地方教育附加小于核算减免税总额的,以实际应缴纳的增值税、城市维护建设税、教育费附加和地方教育附加为限;实际应缴纳的增值税、城市维护建设税、教育费附加和地方教育附加大于核算减免税总额的,以核算减免税总额为限。

纳税年度终了,如果企业实际减免的增值税、城市维护建设税、教育费附加和地方教育附加小于核算减免税总额,企业在企业所得税汇算清缴时以差额部分扣减企业所得税。当年扣减不完的,不再结转以后年度扣减。

自主就业退役士兵在企业工作不满1年的,应当按月换算减免税限额。计算公式为:企业核算减免税总额=$\sum$每名自主就业退役士兵本年度在本单位工作月份÷12×具体定额标准。

城市维护建设税、教育费附加、地方教育附加的计税依据是享受本项税收优惠政策前的增值税应纳税额。

三、本公告所称自主就业退役士兵是指依照《退役士兵安置条例》(国务院 中央军委令第608号)的规定退出现役并按自主就业方式安置的退役士兵。

本公告所称企业是指属于增值税纳税人或企业所得税纳税人的企业等单位。

四、自主就业退役士兵从事个体经营的,在享受税收优惠政策进行纳税申报时,注明其退役军人身份,并将《中国人民解放军退出现役证书》、《中国人民解放军义务兵退出现役证》、《中国人民解放军士官退出现役证》或《中国人民武装警察部队退出现役证书》、《中国人民武装警察部队义务兵退出现役证》、《中国人民武装警察部队士官退出现役证》留存备查。

企业招用自主就业退役士兵享受税收优惠政策的,将以下资料留存备查:1.招用自主就业退役士兵的《中国人民解放军退出现役证书》、《中国人民解放军义务兵退出现役证》、《中国人民解放军士官退出现役证》或《中国人民武装警察部队退出现役证书》、《中国人民武装警察部队义务兵退出现役证》、《中国人民武装警察部队士官退出现役证》;2.企业与招用自主就业退役士兵签订的劳动合同(副本),为职工缴纳的社会保险费记录;3.自主就业退役士兵本年度在企业工作时间表(见附件)。

五、企业招用自主就业退役士兵既可以适用本公告规定的税收优惠政策,又可以适用其他扶持就业专项税收优惠政策的,企业可以选择适用最优惠的政策,但不得重复享受。

六、纳税人在2027年12月31日享受本公告规定的税收优惠政策未满3年的,可继续享受至3年期满为止。退役士兵以前年度已享受退役士兵创业就业税收优惠政策满3年的,不得再享受本公告规定的税收优惠政策;以前年度享受退役士兵创业就业税收优惠政策未满3年且符合本公告规定条件的,可按本公告规定享受优惠至3年期满。

七、按本公告规定应予减征的税费,在本公告发布前已征收的,可抵减纳税人以后纳税期应缴纳税费或予以退还。发布之日前已办理注销的,不再追溯享受。

特此公告。

附件:自主就业退役士兵本年度在企业工作时间表(样表)(略)

财政部 税务总局 退役军人事务部
2023年8月2日

财政部 税务总局 人力资源社会保障部 农业农村部关于进一步支持重点群体创业就业有关税收政策的公告

(财政部 税务总局 人力资源社会保障部 农业农村部公告2023年第15号)

为进一步支持重点群体创业就业,现将有关税收政策公告如下:

一、自2023年1月1日至2027年12月31日,脱贫人口(含防止返贫监测对象,下同)、持《就业创业证》(注明"自主创业税收政策"或"毕业年度内自主创业税收政策")或《就业失业登记证》(注明"自主创业税收政策")的人员,从事个体经营的,自办理个体工商户登记当月起,在3年(36个月,下同)内按每户每年20 000元为限额依次扣减其当年实际应缴纳的增值税、城市维护建设税、教育费附加、地方教育附加和个人所得税。限额标准最高可上浮

20%,各省、自治区、直辖市人民政府可根据本地区实际情况在此幅度内确定具体限额标准。

纳税人年度应缴纳税款小于上述扣减限额的,减免税额以其实际缴纳的税款为限;大于上述扣减限额的,以上述扣减限额为限。

上述人员具体包括:1.纳入全国防止返贫监测和衔接推进乡村振兴信息系统的脱贫人口;2.在人力资源社会保障部门公共就业服务机构登记失业半年以上的人员;3.零就业家庭、享受城市居民最低生活保障家庭劳动年龄内的登记失业人员;4.毕业年度内高校毕业生。高校毕业生是指实施高等学历教育的普通高等学校、成人高等学校应届毕业的学生;毕业年度是指毕业所在自然年,即1月1日至12月31日。

二、自2023年1月1日至2027年12月31日,企业招用脱贫人口,以及在人力资源社会保障部门公共就业服务机构登记失业半年以上且持《就业创业证》或《就业失业登记证》(注明"企业吸纳税收政策")的人员,与其签订1年以上期限劳动合同并依法缴纳社会保险费的,自签订劳动合同并缴纳社会保险当月起,在3年内按实际招用人数予以定额依次扣减增值税、城市维护建设税、教育费附加、地方教育附加和企业所得税优惠。定额标准为每人每年6 000元,最高可上浮30%,各省、自治区、直辖市人民政府可根据本地区实际情况在此幅度内确定具体定额标准。城市维护建设税、教育费附加、地方教育附加的计税依据是享受本项税收优惠政策前的增值税应纳税额。

按上述标准计算的税收扣减额应在企业当年实际应缴纳的增值税、城市维护建设税、教育费附加、地方教育附加和企业所得税税额中扣减,当年扣减不完的,不得结转下年使用。

本公告所称企业是指属于增值税纳税人或企业所得税纳税人的企业等单位。

三、农业农村部(国家乡村振兴局)、人力资源社会保障部、税务总局要实现脱贫人口身份信息数据共享,推动数据下沉。

四、企业招用就业人员既可以适用本公告规定的税收优惠政策,又可以适用其他扶持就业专项税收优惠政策的,企业可以选择适用最优惠的政策,但不得重复享受。

五、纳税人在2027年12月31日享受本公告规定的税收优惠政策未满3年的,可继续享受至3年期满为止。本公告所述人员,以前年度已享受重点群体创业就业税收优惠政策满3年的,不得再享受本公告规定的税收优惠政策;以前年度享受重点群体创业就业税收优惠政策未满3年且符合本公告规定条件的,可按本公告规定享受优惠至3年期满。

六、按本公告规定应予减征的税费,在本公告发布前已征收的,可抵减纳税人以后纳税期应缴纳税费或予以退还。发布之日前已办理注销的,不再追溯享受。

特此公告。

财政部 税务总局
人力资源社会保障部 农业农村部
2023年8月2日

三、地方教育附加

中华人民共和国教育法

（1995年3月18日第八届全国人民代表大会第三次会议通过 根据2009年8月27日第十一届全国人民代表大会常务委员会第十次会议《关于修改部分法律的决定》第一次修正 根据2015年12月27日第十二届全国人民代表大会常务委员会第十八次会议《关于修改〈中华人民共和国教育法〉的决定》第二次修正 根据2021年4月29日第十三届全国人民代表大会常务委员会第二十八次会议《关于修改〈中华人民共和国教育法〉的决定》第三次修正）

目 录

第一章 总则
第二章 教育基本制度
第三章 学校及其他教育机构
第四章 教师和其他教育工作者
第五章 受教育者
第六章 教育与社会
第七章 教育投入与条件保障
第八章 教育对外交流与合作
第九章 法律责任
第十章 附则

第一章 总 则

第一条 为了发展教育事业，提高全民族的素质，促进社会主义物质文明和精神文明建设，根据宪法，制定本法。

第二条 在中华人民共和国境内的各级各类教育，适用本法。

第三条 国家坚持中国共产党的领导，坚持以马克思列宁主义、毛泽东思想、邓小平理论、"三个代表"重要思想、科学发展观、习近平新时代中国特色社会主义思想为指导，遵循宪法确定的基本原则，发展社会主义的教育事业。

第四条 教育是社会主义现代化建设的基础，对提高人民综合素质、促进人的全面发展、增强中华民族创新创造活力、实现中华民族伟大复兴具有决定性意义，国家保障教育事业优先发展。

全社会应当关心和支持教育事业的发展。

全社会应当尊重教师。

第五条 教育必须为社会主义现代化建设服务、为人民服务,必须与生产劳动和社会实践相结合,培养德智体美劳全面发展的社会主义建设者和接班人。

第六条 教育应当坚持立德树人,对受教育者加强社会主义核心价值观教育,增强受教育者的社会责任感、创新精神和实践能力。

国家在受教育者中进行爱国主义、集体主义、中国特色社会主义的教育,进行理想、道德、纪律、法治、国防和民族团结的教育。

第七条 教育应当继承和弘扬中华优秀传统文化、革命文化、社会主义先进文化,吸收人类文明发展的一切优秀成果。

第八条 教育活动必须符合国家和社会公共利益。

国家实行教育与宗教相分离。任何组织和个人不得利用宗教进行妨碍国家教育制度的活动。

第九条 中华人民共和国公民有受教育的权利和义务。

公民不分民族、种族、性别、职业、财产状况、宗教信仰等,依法享有平等的受教育机会。

第十条 国家根据各少数民族的特点和需要,帮助各少数民族地区发展教育事业。

国家扶持边远贫困地区发展教育事业。

国家扶持和发展残疾人教育事业。

第十一条 国家适应社会主义市场经济发展和社会进步的需要,推进教育改革,推动各级各类教育协调发展、衔接融通,完善现代国民教育体系,健全终身教育体系,提高教育现代化水平。

国家采取措施促进教育公平,推动教育均衡发展。

国家支持、鼓励和组织教育科学研究,推广教育科学研究成果,促进教育质量提高。

第十二条 国家通用语言文字为学校及其他教育机构的基本教育教学语言文字,学校及其他教育机构应当使用国家通用语言文字进行教育教学。

民族自治地方以少数民族学生为主的学校及其他教育机构,从实际出发,使用国家通用语言文字和本民族或者当地民族通用的语言文字实施双语教育。

国家采取措施,为少数民族学生为主的学校及其他教育机构实施双语教育提供条件和支持。

第十三条 国家对发展教育事业做出突出贡献的组织和个人,给予奖励。

第十四条 国务院和地方各级人民政府根据分级管理、分工负责的原则,领导和管理教育工作。

中等及中等以下教育在国务院领导下,由地方人民政府管理。

高等教育由国务院和省、自治区、直辖市人民政府管理。

第十五条 国务院教育行政部门主管全国教育工作,统筹规划、协调管理全国的教育事业。

县级以上地方各级人民政府教育行政部门主管本行政区域内的教育工作。

县级以上各级人民政府其他有关部门在各自的职责范围内,负责有关的教育工作。

第十六条 国务院和县级以上地方各级人民政府应当向本级人民代表大会或者其常务委员会报告教育工作和教育经费预算、决算情况,接受监督。

第二章 教育基本制度

第十七条 国家实行学前教育、初等教育、中等教育、高等教育的学校教育制度。

国家建立科学的学制系统。学制系统内的学校和其他教育机构的设置、教育形式、修业年限、招生对象、培养目标等,由国务院或者由国务院授权教育行政部门规定。

第十八条 国家制定学前教育标准,加快普及学前教育,构建覆盖城乡,特别是农村的学前教育公共服务体系。

各级人民政府应当采取措施,为适龄儿童接受学前教育提供条件和支持。

第十九条 国家实行九年制义务教育制度。

各级人民政府采取各种措施保障适龄儿童、少年就学。

适龄儿童、少年的父母或者其他监护人以及有关社会组织和个人有义务使适龄儿童、少年接受并完成规定年限的义务教育。

第二十条 国家实行职业教育制度和继续教育制度。

各级人民政府、有关行政部门和行业组织以及企业事业组织应当采取措施,发展并保障公民接受职业学校教育或者各种形式的职业培训。

国家鼓励发展多种形式的继续教育,使公民接受适当形式的政治、经济、文化、科学、技术、业务等方面的教育,促进不同类型学习成果的互认和衔接,推动全民终身学习。

第二十一条 国家实行国家教育考试制度。

国家教育考试由国务院教育行政部门确定种类,并由国家批准的实施教育考试的机构承办。

第二十二条 国家实行学业证书制度。

经国家批准设立或者认可的学校及其他教育机构按照国家有关规定,颁发学历证书或者其他学业证书。

第二十三条 国家实行学位制度。

学位授予单位依法对达到一定学术水平或者专业技术水平的人员授予相应的学位，颁发学位证书。

第二十四条 各级人民政府、基层群众性自治组织和企业事业组织应当采取各种措施，开展扫除文盲的教育工作。

按照国家规定具有接受扫除文盲教育能力的公民，应当接受扫除文盲的教育。

第二十五条 国家实行教育督导制度和学校及其他教育机构教育评估制度。

第三章 学校及其他教育机构

第二十六条 国家制定教育发展规划，并举办学校及其他教育机构。

国家鼓励企业事业组织、社会团体、其他社会组织及公民个人依法举办学校及其他教育机构。

国家举办学校及其他教育机构，应当坚持勤俭节约的原则。

以财政性经费、捐赠资产举办或者参与举办的学校及其他教育机构不得设立为营利性组织。

第二十七条 设立学校及其他教育机构，必须具备下列基本条件：

（一）有组织机构和章程；

（二）有合格的教师；

（三）有符合规定标准的教学场所及设施、设备等；

（四）有必备的办学资金和稳定的经费来源。

第二十八条 学校及其他教育机构的设立、变更和终止，应当按照国家有关规定办理审核、批准、注册或者备案手续。

第二十九条 学校及其他教育机构行使下列权利：

（一）按照章程自主管理；

（二）组织实施教育教学活动；

（三）招收学生或者其他受教育者；

（四）对受教育者进行学籍管理，实施奖励或者处分；

（五）对受教育者颁发相应的学业证书；

（六）聘任教师及其他职工，实施奖励或者处分；

（七）管理、使用本单位的设施和经费；

（八）拒绝任何组织和个人对教育教学活动的非法干涉；

（九）法律、法规规定的其他权利。

国家保护学校及其他教育机构的合法权益不受侵犯。

第三十条 学校及其他教育机构应当履行下列义务：

（一）遵守法律、法规；

（二）贯彻国家的教育方针，执行国家教育教学标准，保证教育教学质量；

（三）维护受教育者、教师及其他职工的合法权益；

（四）以适当方式为受教育者及其监护人了解受教育者的学业成绩及其他有关情况提供便利；

（五）遵照国家有关规定收取费用并公开收费项目；

（六）依法接受监督。

第三十一条　学校及其他教育机构的举办者按照国家有关规定，确定其所举办的学校或者其他教育机构的管理体制。

学校及其他教育机构的校长或者主要行政负责人必须由具有中华人民共和国国籍、在中国境内定居、并具备国家规定任职条件的公民担任，其任免按照国家有关规定办理。学校的教学及其他行政管理，由校长负责。

学校及其他教育机构应当按照国家有关规定，通过以教师为主体的教职工代表大会等组织形式，保障教职工参与民主管理和监督。

第三十二条　学校及其他教育机构具备法人条件的，自批准设立或者登记注册之日起取得法人资格。

学校及其他教育机构在民事活动中依法享有民事权利，承担民事责任。

学校及其他教育机构中的国有资产属于国家所有。

学校及其他教育机构兴办的校办产业独立承担民事责任。

第四章　教师和其他教育工作者

第三十三条　教师享有法律规定的权利，履行法律规定的义务，忠诚于人民的教育事业。

第三十四条　国家保护教师的合法权益，改善教师的工作条件和生活条件，提高教师的社会地位。

教师的工资报酬、福利待遇，依照法律、法规的规定办理。

第三十五条　国家实行教师资格、职务、聘任制度，通过考核、奖励、培养和培训，提高教师素质，加强教师队伍建设。

第三十六条　学校及其他教育机构中的管理人员，实行教育职员制度。

学校及其他教育机构中的教学辅助人员和其他专业技术人员，实行专业技术职务聘任制度。

第五章　受 教 育 者

第三十七条　受教育者在入学、升学、就业等方面依法享有平等权利。

学校和有关行政部门应当按照国家有关规定,保障女子在入学、升学、就业、授予学位、派出留学等方面享有同男子平等的权利。

第三十八条　国家、社会对符合入学条件、家庭经济困难的儿童、少年、青年,提供各种形式的资助。

第三十九条　国家、社会、学校及其他教育机构应当根据残疾人身心特性和需要实施教育,并为其提供帮助和便利。

第四十条　国家、社会、家庭、学校及其他教育机构应当为有违法犯罪行为的未成年人接受教育创造条件。

第四十一条　从业人员有依法接受职业培训和继续教育的权利和义务。

国家机关、企业事业组织和其他社会组织,应当为本单位职工的学习和培训提供条件和便利。

第四十二条　国家鼓励学校及其他教育机构、社会组织采取措施,为公民接受终身教育创造条件。

第四十三条　受教育者享有下列权利:

(一)参加教育教学计划安排的各种活动,使用教育教学设施、设备、图书资料;

(二)按照国家有关规定获得奖学金、贷学金、助学金;

(三)在学业成绩和品行上获得公正评价,完成规定的学业后获得相应的学业证书、学位证书;

(四)对学校给予的处分不服向有关部门提出申诉,对学校、教师侵犯其人身权、财产权等合法权益,提出申诉或者依法提起诉讼;

(五)法律、法规规定的其他权利。

第四十四条　受教育者应当履行下列义务:

(一)遵守法律、法规;

(二)遵守学生行为规范,尊敬师长,养成良好的思想品德和行为习惯;

(三)努力学习,完成规定的学习任务;

(四)遵守所在学校或者其他教育机构的管理制度。

第四十五条　教育、体育、卫生行政部门和学校及其他教育机构应当完善体育、卫生保健设施,保护学生的身心健康。

第六章　教育与社会

第四十六条　国家机关、军队、企业事业组织、社会团体及其他社会组织和个人,应当依法为儿童、少年、青年学生的身心健康成长创造良好的社会环境。

第四十七条　国家鼓励企业事业组织、社会团体及其他社会组织同高等学校、中等职业学校在教学、科研、技术开发和推广等方面进行多种形式的合作。

企业事业组织、社会团体及其他社会组织和个人,可以通过适当形式,支持学校的建设,参与学校管理。

第四十八条 国家机关、军队、企业事业组织及其他社会组织应当为学校组织的学生实习、社会实践活动提供帮助和便利。

第四十九条 学校及其他教育机构在不影响正常教育教学活动的前提下,应当积极参加当地的社会公益活动。

第五十条 未成年人的父母或者其他监护人应当为其未成年子女或者其他被监护人受教育提供必要条件。

未成年人的父母或者其他监护人应当配合学校及其他教育机构,对其未成年子女或者其他被监护人进行教育。

学校、教师可以对学生家长提供家庭教育指导。

第五十一条 图书馆、博物馆、科技馆、文化馆、美术馆、体育馆(场)等社会公共文化体育设施,以及历史文化古迹和革命纪念馆(地),应当对教师、学生实行优待,为受教育者接受教育提供便利。

广播、电视台(站)应当开设教育节目,促进受教育者思想品德、文化和科学技术素质的提高。

第五十二条 国家、社会建立和发展对未成年人进行校外教育的设施。

学校及其他教育机构应当同基层群众性自治组织、企业事业组织、社会团体相互配合,加强对未成年人的校外教育工作。

第五十三条 国家鼓励社会团体、社会文化机构及其他社会组织和个人开展有益于受教育者身心健康的社会文化教育活动。

第七章 教育投入与条件保障

第五十四条 国家建立以财政拨款为主、其他多种渠道筹措教育经费为辅的体制,逐步增加对教育的投入,保证国家举办的学校教育经费的稳定来源。

企业事业组织、社会团体及其他社会组织和个人依法举办的学校及其他教育机构,办学经费由举办者负责筹措,各级人民政府可以给予适当支持。

第五十五条 国家财政性教育经费支出占国民生产总值的比例应当随着国民经济的发展和财政收入的增长逐步提高。具体比例和实施步骤由国务院规定。

全国各级财政支出总额中教育经费所占比例应当随着国民经济的发展逐步提高。

第五十六条 各级人民政府的教育经费支出,按照事权和财权相统一的原则,在财政预算中单独列项。

各级人民政府教育财政拨款的增长应当高于财政经常性收入的增长,并使按在校学生人数平均的教育费用逐步增长,保证教师工资和学生人均公用经费逐步增长。

第五十七条　国务院及县级以上地方各级人民政府应当设立教育专项资金,重点扶持边远贫困地区、少数民族地区实施义务教育。

第五十八条　税务机关依法足额征收教育费附加,由教育行政部门统筹管理,主要用于实施义务教育。

省、自治区、直辖市人民政府根据国务院的有关规定,可以决定开征用于教育的地方附加费,专款专用。

第五十九条　国家采取优惠措施,鼓励和扶持学校在不影响正常教育教学的前提下开展勤工俭学和社会服务,兴办校办产业。

第六十条　国家鼓励境内、境外社会组织和个人捐资助学。

第六十一条　国家财政性教育经费、社会组织和个人对教育的捐赠,必须用于教育,不得挪用、克扣。

第六十二条　国家鼓励运用金融、信贷手段,支持教育事业的发展。

第六十三条　各级人民政府及其教育行政部门应当加强对学校及其他教育机构教育经费的监督管理,提高教育投资效益。

第六十四条　地方各级人民政府及其有关行政部门必须把学校的基本建设纳入城乡建设规划,统筹安排学校的基本建设用地及所需物资,按照国家有关规定实行优先、优惠政策。

第六十五条　各级人民政府对教科书及教学用图书资料的出版发行,对教学仪器、设备的生产和供应,对用于学校教育教学和科学研究的图书资料、教学仪器、设备的进口,按照国家有关规定实行优先、优惠政策。

第六十六条　国家推进教育信息化,加快教育信息基础设施建设,利用信息技术促进优质教育资源普及共享,提高教育教学水平和教育管理水平。

县级以上人民政府及其有关部门应当发展教育信息技术和其他现代化教学方式,有关行政部门应当优先安排,给予扶持。

国家鼓励学校及其他教育机构推广运用现代化教学方式。

第八章　教育对外交流与合作

第六十七条　国家鼓励开展教育对外交流与合作,支持学校及其他教育机构引进优质教育资源,依法开展中外合作办学,发展国际教育服务,培养国际化人才。

教育对外交流与合作坚持独立自主、平等互利、相互尊重的原则,不得违反中国法律,不得损害国家主权、安全和社会公共利益。

第六十八条 中国境内公民出国留学、研究、进行学术交流或者任教,依照国家有关规定办理。

第六十九条 中国境外个人符合国家规定的条件并办理有关手续后,可以进入中国境内学校及其他教育机构学习、研究、进行学术交流或者任教,其合法权益受国家保护。

第七十条 中国对境外教育机构颁发的学位证书、学历证书及其他学业证书的承认,依照中华人民共和国缔结或者加入的国际条约办理,或者按照国家有关规定办理。

第九章 法 律 责 任

第七十一条 违反国家有关规定,不按照预算核拨教育经费的,由同级人民政府限期核拨;情节严重的,对直接负责的主管人员和其他直接责任人员,依法给予处分。

违反国家财政制度、财务制度,挪用、克扣教育经费的,由上级机关责令限期归还被挪用、克扣的经费,并对直接负责的主管人员和其他直接责任人员,依法给予处分;构成犯罪的,依法追究刑事责任。

第七十二条 结伙斗殴、寻衅滋事,扰乱学校及其他教育机构教育教学秩序或者破坏校舍、场地及其他财产的,由公安机关给予治安管理处罚;构成犯罪的,依法追究刑事责任。

侵占学校及其他教育机构的校舍、场地及其他财产的,依法承担民事责任。

第七十三条 明知校舍或者教育教学设施有危险,而不采取措施,造成人员伤亡或者重大财产损失的,对直接负责的主管人员和其他直接责任人员,依法追究刑事责任。

第七十四条 违反国家有关规定,向学校或者其他教育机构收取费用的,由政府责令退还所收费用;对直接负责的主管人员和其他直接责任人员,依法给予处分。

第七十五条 违反国家有关规定,举办学校或者其他教育机构的,由教育行政部门或者其他有关行政部门予以撤销;有违法所得的,没收违法所得;对直接负责的主管人员和其他直接责任人员,依法给予处分。

第七十六条 学校或者其他教育机构违反国家有关规定招收学生的,由教育行政部门或者其他有关行政部门责令退回招收的学生,退还所收费用;对学校、其他教育机构给予警告,可以处违法所得五倍以下罚款;情节严重的,责令停止相关招生资格一年以上三年以下,直至撤销招生资格、吊销办学许可证;对直接负责的主管人员和其他直接责任人员,依法给予处分;构成犯罪的,依法追究刑事责任。

第七十七条 在招收学生工作中滥用职权、玩忽职守、徇私舞弊的,由教育行政部门或者其他有关行政部门责令退回招收的不符合入学条件的人员;对直接负责的主管人员和其他直接责任人员,依法给予处分;构成犯罪的,依法追究刑事责任。

盗用、冒用他人身份,顶替他人取得的入学资格的,由教育行政部门或者其他有关行政部门责令撤销入学资格,并责令停止参加相关国家教育考试二年以上五年以下;已经取得学位证书、学历证书或者其他学业证书的,由颁发机构撤销相关证书;已经成为公职人员的,依法给予开除处分;构成违反治安管理行为的,由公安机关依法给予治安管理处罚;构成犯罪的,依法追究刑事责任。

与他人串通,允许他人冒用本人身份,顶替本人取得的入学资格的,由教育行政部门或者其他有关行政部门责令停止参加相关国家教育考试一年以上三年以下;有违法所得的,没收违法所得;已经成为公职人员的,依法给予处分;构成违反治安管理行为的,由公安机关依法给予治安管理处罚;构成犯罪的,依法追究刑事责任。

组织、指使盗用或者冒用他人身份,顶替他人取得的入学资格的,有违法所得的,没收违法所得;属于公职人员的,依法给予处分;构成违反治安管理行为的,由公安机关依法给予治安管理处罚;构成犯罪的,依法追究刑事责任。

入学资格被顶替权利受到侵害的,可以请求恢复其入学资格。

第七十八条 学校及其他教育机构违反国家有关规定向受教育者收取费用的,由教育行政部门或者其他有关行政部门责令退还所收费用;对直接负责的主管人员和其他直接责任人员,依法给予处分。

第七十九条 考生在国家教育考试中有下列行为之一的,由组织考试的教育考试机构工作人员在考试现场采取必要措施予以制止并终止其继续参加考试;组织考试的教育考试机构可以取消其相关考试资格或者考试成绩;情节严重的,由教育行政部门责令停止参加相关国家教育考试一年以上三年以下;构成违反治安管理行为的,由公安机关依法给予治安管理处罚;构成犯罪的,依法追究刑事责任:

(一)非法获取考试试题或者答案的;

(二)携带或者使用考试作弊器材、资料的;

(三)抄袭他人答案的;

(四)让他人代替自己参加考试的;

(五)其他以不正当手段获得考试成绩的作弊行为。

第八十条 任何组织或者个人在国家教育考试中有下列行为之一,有违法所得的,由公安机关没收违法所得,并处违法所得一倍以上五倍以下罚款;情节严重的,处五日以上十五日以下拘留;构成犯罪的,依法追究刑事责任;属于国家机关工作人员的,还应当依法给予处分:

(一)组织作弊的;

(二)通过提供考试作弊器材等方式为作弊提供帮助或者便利的;

(三)代替他人参加考试的;

(四)在考试结束前泄露、传播考试试题或者答案的;

(五)其他扰乱考试秩序的行为。

第八十一条 举办国家教育考试,教育行政部门、教育考试机构疏于管理,造成考场秩序混乱、作弊情况严重的,对直接负责的主管人员和其他直接责任人员,依法给予处分;构成犯罪的,依法追究刑事责任。

第八十二条 学校或者其他教育机构违反本法规定,颁发学位证书、学历证书或者其他学业证书的,由教育行政部门或者其他有关行政部门宣布证书无效,责令收回或者予以没收;有违法所得的,没收违法所得;情节严重的,责令停止相关招生资格一年以上三年以下,直至撤销招生资格、颁发证书资格;对直接负责的主管人员和其他直接责任人员,依法给予处分。

前款规定以外的任何组织或者个人制造、销售、颁发假冒学位证书、学历证书或者其他学业证书,构成违反治安管理行为的,由公安机关依法给予治安管理处罚;构成犯罪的,依法追究刑事责任。

以作弊、剽窃、抄袭等欺诈行为或者其他不正当手段获得学位证书、学历证书或者其他学业证书的,由颁发机构撤销相关证书。购买、使用假冒学位证书、学历证书或者其他学业证书,构成违反治安管理行为的,由公安机关依法给予治安管理处罚。

第八十三条 违反本法规定,侵犯教师、受教育者、学校或者其他教育机构的合法权益,造成损失、损害的,应当依法承担民事责任。

第十章 附 则

第八十四条 军事学校教育由中央军事委员会根据本法的原则规定。

宗教学校教育由国务院另行规定。

第八十五条 境外的组织和个人在中国境内办学和合作办学的办法,由国务院规定。

第八十六条 本法自1995年9月1日起施行。

财政部关于统一地方教育附加政策有关问题的通知

(财综〔2010〕98号)

各省、自治区、直辖市财政厅(局),新疆生产建设兵团财务局:

为贯彻落实《国家中长期教育改革和发展规划纲要(2010—2020年)》,进一步规范和拓宽财政性教育经费筹资渠道,支持地方教育事业发展,根据国务院有关工作部署和具体要求,现就统一地方教育附加政策有关事宜通知如下:

一、统一开征地方教育附加。尚未开征地方教育附加的省份,省级财政部门应按照

《教育法》的规定,根据本地区实际情况尽快研究制定开征地方教育附加的方案,报省级人民政府同意后,由省级人民政府于2010年12月31日前报财政部审批。

二、统一地方教育附加征收标准。地方教育附加征收标准统一为单位和个人(包括外商投资企业、外国企业及外籍个人)实际缴纳的增值税、营业税和消费税税额的2%。已经财政部审批且征收标准低于2%的省份,应将地方教育附加的征收标准调整为2%,调整征收标准的方案由省级人民政府于2010年12月31日前报财政部审批。

三、各省、自治区、直辖市财政部门要严格按照《教育法》规定和财政部批复意见,采取有效措施,切实加强地方教育附加征收使用管理,确保基金应收尽收,专项用于发展教育事业,不得从地方教育附加中提取或列支征收或代征手续费。

四、凡未经财政部或国务院批准,擅自多征、减征、缓征、停征,或者侵占、截留、挪用地方教育附加的,要依照《财政违法行为处罚处分条例》(国务院令第427号)和《违反行政事业性收费和罚没收入收支两条线管理规定行政处分暂行规定》(国务院令第281号)追究责任人的行政责任;构成犯罪的,依法追究刑事责任。

财政部
二〇一〇年十一月七日

国务院关于进一步加大财政教育投入的意见

(国发〔2011〕22号)

各省、自治区、直辖市人民政府,国务院各部委、各直属机构:

《国家中长期教育改革和发展规划纲要(2010—2020年)》(以下简称《教育规划纲要》)明确提出,到2012年实现国家财政性教育经费支出占国内生产总值比例达到4%的目标(以下简称4%目标)。为确保按期实现这一目标,促进教育优先发展,现提出如下意见:

一、充分认识加大财政教育投入的重要性和紧迫性

教育投入是支撑国家长远发展的基础性、战略性投资,是发展教育事业的重要物质基础,是公共财政保障的重点。党中央、国务院始终坚持优先发展教育,高度重视增加财政教育投入,先后出台了一系列加大财政教育投入的政策措施。在各地区、各有关部门的共同努力下,我国财政教育投入持续大幅增长。2001—2010年,公共财政教育投入从约2 700亿元增加到约14 200亿元,年均增长20.2%,高于同期财政收入年均增长幅度;教育支出占财政支出的比重从14.3%提高到15.8%,已成为公共财政的第一大支出。财

政教育投入的大幅增加，为教育改革发展提供了有力支持。当前，我国城乡免费义务教育全面实现，职业教育快速发展，高等教育进入大众化阶段，办学条件显著改善，教育公平迈出重大步伐。

新形势下继续增加财政教育投入，实现4%目标，是深入贯彻党的十七大和十七届五中全会精神，推动科学发展、建设人力资源强国的迫切需要；是全面落实《教育规划纲要》，推动教育优先发展的重要保障；是履行公共财政职能，加快财税体制改革，完善基本公共服务体系的一项紧迫任务。地方各级人民政府、各有关部门必须切实贯彻党的教育方针，深入领会加大财政教育投入的重要意义，进一步提高思想认识，增强责任感和紧迫感，采取有力措施，切实保证经济社会发展规划优先安排教育发展，财政资金优先保障教育投入，公共资源优先满足教育和人力资源开发需要。

按期实现4%目标，资金投入量大，任务十分艰巨。各地区、各有关部门要认真贯彻落实国务院关于拓宽财政性教育经费来源渠道的各项政策措施，进一步调整优化财政支出结构，切实提高公共财政支出中教育支出所占比重。中央财政要充分发挥表率作用，进一步加大对地方特别是中西部地区教育事业发展转移支付力度，同时增加本级教育支出。地方各级人民政府要切实按照《教育规划纲要》要求，根据本地区教育事业发展需要，统筹规划，落实责任，大幅度增加教育投入。

二、落实法定增长要求，切实提高财政教育支出占公共财政支出比重

（一）严格落实教育经费法定增长要求。各级人民政府要严格按照《中华人民共和国教育法》等法律法规的规定，在年初安排公共财政支出预算时，积极采取措施，调整支出结构，努力增加教育经费预算，保证财政教育支出增长幅度明显高于财政经常性收入增长幅度。对预算执行中超收部分，也要按照上述原则优先安排教育拨款，确保全年预算执行结果达到法定增长的要求。

（二）提高财政教育支出占公共财政支出的比重。各级人民政府要进一步优化财政支出结构，压缩一般性支出，新增财力要着力向教育倾斜，优先保障教育支出。各地区要切实做到2011年、2012年财政教育支出占公共财政支出的比重都有明显提高。

（三）提高预算内基建投资用于教育的比重。要把支持教育事业发展作为公共投资的重点。在编制基建投资计划、实施基建投资项目时，充分考虑教育的实际需求，确保用于教育的预算内基建投资明显增加，不断健全促进教育事业发展的长效保障机制。

三、拓宽经费来源渠道，多方筹集财政性教育经费

（一）统一内外资企业和个人教育费附加制度。国务院决定，从2010年12月1日起统一内外资企业和个人城市维护建设税和教育费附加制度，教育费附加统一按增值税、消费税、营业税实际缴纳税额的3%征收。

（二）全面开征地方教育附加。各省（区、市）人民政府应根据《中华人民共和国教育

三、地方教育附加

法》的相关规定和《财政部关于统一地方教育附加政策有关问题的通知》(财综〔2010〕98号)的要求,全面开征地方教育附加。地方教育附加统一按增值税、消费税、营业税实际缴纳税额的2%征收。

(三)从土地出让收益中按比例计提教育资金。进一步调整土地出让收益的使用方向。从2011年1月1日起,各地区要从当年以招标、拍卖、挂牌或者协议方式出让国家土地使用权取得的土地出让收入中,按照扣除征地和拆迁补偿、土地开发等支出后余额10%的比例,计提教育资金。具体办法由财政部会同有关部门制定。

各地区要加强收入征管,依法足额征收,不得随意减免。落实上述政策增加的收入,要按规定全部用于支持地方教育事业发展,同时,不得因此而减少其他应由公共财政预算安排的教育经费。

四、合理安排使用财政教育经费,切实提高资金使用效益

在加大财政教育投入的同时,各地区、各有关部门要按照《教育规划纲要》的要求,进一步突出重点、优化结构、加强管理,推动教育改革创新,促进教育公平,全面提高教育质量。

(一)合理安排使用财政教育经费。一是积极支持实施重大项目。坚持顶层设计、总体规划、政策先行、机制创新的基本原则,着力解决教育发展关键领域和薄弱环节的问题。国务院有关部门负责组织实施符合《教育规划纲要》总体目标、关系教育改革发展全局的项目,做好统筹规划和宏观指导工作。地方各级人民政府要按照《教育规划纲要》要求,结合本地实际,因地制宜地实施好相关重大项目。二是着力保障和改善民生。教育经费安排要坚持以人为本,重点解决人民群众关切的教育问题,切实减轻人民群众教育负担,使人民群众能够共享加大财政教育投入和教育改革发展的成果,保障公民依法享有受教育的权利。大力支持基本普及学前教育、义务教育均衡发展、加快普及高中阶段教育、加强职业教育能力建设、提升高等教育质量、健全家庭经济困难学生资助政策体系等重点任务。三是优化教育投入结构,合理配置教育资源。要统筹城乡、区域之间教育协调发展,重点向农村地区、边远地区、贫困地区和民族地区倾斜,加快缩小教育差距,促进基本公共服务均等化。要调整优化各教育阶段的经费投入结构,合理安排日常运转经费与专项经费。

(二)全面推进教育经费的科学化精细化管理。一是要坚持依法理财、科学理财。严格执行国家财政管理的法律法规和财经纪律,建立健全教育经费管理的规章制度。二是要强化预算管理。提高预算编制的科学性、准确性,提高预算执行效率,推进预算公开。三是要明确管理责任。地方各级人民政府要按照教育事权划分,督促有关部门采取有效措施,加强经费使用管理。各级教育行政部门和学校在教育经费使用管理中负有主体责任,要采取有效措施,切实提高经费管理水平。四是要加强财务监督和绩效评价。进一

步完善财务监督制度,强化重大项目经费的全过程审计,建立健全教育经费绩效评价制度。五是要加强管理基础工作和基层建设。充分发挥基层相关管理部门的职能作用,着力做好教育基础数据的收集、分析和信息化管理工作,完善教育经费支出标准,健全学校财务会计和资产制度,规范学校经济行为,防范学校财务风险。

五、加强组织领导,确保落实到位

(一)加强组织领导。各省(区、市)人民政府负责统筹落实本地区加大财政教育投入的相关工作。要健全工作机制,明确目标任务,做好动员部署,落实各级责任,加强监督检查。国务院各有关部门要按照职责分工,加强协调配合,共同抓好贯彻落实工作。

(二)加大各省(区、市)对下转移支付力度。要按照财力与事权相匹配的要求,进一步完善省以下财政体制,强化省级财政教育支出的统筹责任,防止支出责任过度下移。省级人民政府要根据财力分布状况和支出责任划分,加大对本行政区域内经济欠发达地区的转移支付力度。

(三)加强监测分析。各地区要加强对落实教育投入法定增长、提高财政教育支出比重、拓宽财政性教育经费来源渠道各项政策的监测分析和监督检查,及时发现和解决政策执行中的相关问题。财政部要会同有关部门制定科学合理的分析评价指标,对各省(区、市)财政教育投入状况作出评价分析,适时将分析结果报告国务院,并作为中央财政安排转移支付的重要依据。

国务院
二〇一一年六月二十九日

财政部 国家税务总局关于对小微企业免征有关政府性基金的通知

(财税〔2014〕122号)

各省、自治区、直辖市、计划单列市人民政府,中宣部、教育部、水利部、中国残联:

为进一步加大对小微企业的扶持力度,经国务院批准,现将免征小微企业有关政府性基金问题通知如下:

一、自2015年1月1日起至2017年12月31日,对按月纳税的月销售额或营业额不超过3万元(含3万元),以及按季纳税的季度销售额或营业额不超过9万元(含9万元)的缴纳义务人,免征教育费附加、地方教育附加、水利建设基金、文化事业建设费。

二、自工商登记注册之日起3年内,对安排残疾人就业未达到规定比例、在职职工总数20人以下(含20人)的小微企业,免征残疾人就业保障金。

三、免征上述政府性基金后,有关部门依法履行职能和事业发展所需经费,由同级财政预算予以统筹安排。

财政部　国家税务总局

2014 年 12 月 23 日

国家税务总局关于合理简并纳税人申报缴税次数的公告

（国家税务总局公告 2016 年第 6 号）

为落实《深化国税、地税征管体制改革方案》关于创新纳税服务机制的要求,推进办税便利化改革,根据《中华人民共和国税收征收管理法》《中华人民共和国增值税暂行条例》及其实施细则、《中华人民共和国消费税暂行条例》及其实施细则等有关税收法律法规的规定,现就合理简并纳税人申报缴税次数有关事项公告如下：

一、增值税小规模纳税人缴纳增值税、消费税、文化事业建设费,以及随增值税、消费税附征的城市维护建设税、教育费附加等税费,原则上实行按季申报。

纳税人要求不实行按季申报的,由主管税务机关根据其应纳税额大小核定纳税期限。

二、随增值税、消费税附征的城市维护建设税、教育费附加免于零申报。

三、符合条件的小型微利企业,实行按季度申报预缴企业所得税。

四、对于采取简易申报方式的定期定额户,在规定期限内通过财税库银电子缴税系统批量扣税或委托银行扣缴核定税款的,当期可不办理申报手续,实行以缴代报。

本公告自 2016 年 4 月 1 日起施行。

特此公告。

国家税务总局

2016 年 2 月 1 日

国家税务总局关于个人保险代理人税收征管有关问题的公告

（国家税务总局公告 2016 年第 45 号）

注：根据《国家税务总局关于修改部分税收规范性文件的公告》（国家税务总局公告 2018 年第 31 号）的规定,自 2018 年 6 月 15 日起,本公告中"主管国税机关"修改为"主管税务机关"。

现将个人保险代理人为保险企业提供保险代理服务税收征管有关问题公告如下：

一、个人保险代理人为保险企业提供保险代理服务应当缴纳的增值税和城市维护建设税、教育费附加、地方教育附加，税务机关可以根据《国家税务总局关于发布〈委托代征管理办法〉的公告》（国家税务总局公告2013年第24号）的有关规定，委托保险企业代征。

个人保险代理人为保险企业提供保险代理服务应当缴纳的个人所得税，由保险企业按照现行规定依法代扣代缴。

二、个人保险代理人以其取得的佣金、奖励和劳务费等相关收入（以下简称"佣金收入"，不含增值税）减去地方税费附加及展业成本，按照规定计算个人所得税。

展业成本，为佣金收入减去地方税费附加余额的40%。

注：根据《财政部 税务总局关于个人所得税法修改后有关优惠政策衔接问题的通知》（财税〔2018〕164号）第三条的规定，自2019年1月1日起，本法规第二条有关概念及计算方式调整。

三、接受税务机关委托代征税款的保险企业，向个人保险代理人支付佣金费用后，可代个人保险代理人统一向主管国税机关申请汇总代开增值税普通发票或增值税专用发票。

四、保险企业代个人保险代理人申请汇总代开增值税发票时，应向主管国税机关出具个人保险代理人的姓名、身份证号码、联系方式、付款时间、付款金额、代征税款的详细清单。

保险企业应将个人保险代理人的详细信息，作为代开增值税发票的清单，随发票入账。

五、主管国税机关为个人保险代理人汇总代开增值税发票时，应在备注栏内注明"个人保险代理人汇总代开"字样。

六、本公告所称个人保险代理人，是指根据保险企业的委托，在保险企业授权范围内代为办理保险业务的自然人，不包括个体工商户。

七、证券经纪人、信用卡和旅游等行业的个人代理人比照上述规定执行。信用卡、旅游等行业的个人代理人计算个人所得税时，不执行本公告第二条有关展业成本的规定。

个人保险代理人和证券经纪人其他个人所得税问题，按照《国家税务总局关于保险营销员取得佣金收入征免个人所得税问题的通知》（国税函〔2006〕454号）、《国家税务总局关于证券经纪人佣金收入征收个人所得税问题的公告》（国家税务总局公告2012年第45号）执行。

注：根据《财政部 税务总局关于个人所得税法修改后有关优惠政策衔接问题的通知》（财税〔2018〕164号）的规定，自2019年1月1日起，国税函〔2006〕454号文件、国家税务总局公告2012年第45号文件均全文废止。

本公告自发布之日起施行。

特此公告。

国家税务总局

2016年7月7日

财政部 税务总局关于集成电路企业增值税期末留抵退税有关城市维护建设税 教育费附加和地方教育附加政策的通知

(财税〔2017〕17号)

各省、自治区、直辖市、计划单列市财政厅(局)、国家税务局、地方税务局,新疆生产建设兵团财务局:

按照《国务院关于印发进一步鼓励软件产业和集成电路产业发展若干政策的通知》(国发〔2011〕4号)有关要求,现就集成电路企业增值税期末留抵退税事项涉及的城市维护建设税、教育费附加和地方教育附加政策明确如下:

享受增值税期末留抵退税政策的集成电路企业,其退还的增值税期末留抵税额,应在城市维护建设税、教育费附加和地方教育附加的计税(征)依据中予以扣除。

本通知自发布之日起施行。

财政部 税务总局
2017年2月24日

财政部 国家税务总局关于增值税期末留抵退税有关城市维护建设税教育费附加和地方教育附加政策的通知

(财税〔2018〕80号)

各省、自治区、直辖市、计划单列市财政厅(局),国家税务总局各省、自治区、直辖市、计划单列市税务局,新疆生产建设兵团财政局:

为保证增值税期末留抵退税政策有效落实,现就留抵退税涉及的城市维护建设税、教育费附加和地方教育附加问题通知如下:

对实行增值税期末留抵退税的纳税人,允许其从城市维护建设税、教育费附加和地方教育附加的计税(征)依据中扣除退还的增值税税额。

本通知自发布之日起施行。

财政部 国家税务总局
2018年7月27日

四、残疾人就业保障金

中华人民共和国残疾人保障法

(1990年12月28日第七届全国人民代表大会常务委员会第十七次会议通过 2008年4月24日第十一届全国人民代表大会常务委员会第二次会议修订 根据2018年10月26日第十三届全国人民代表大会常务委员会第六次会议《关于修改〈中华人民共和国野生动物保护法〉等十五部法律的决定》修正)

第一章 总 则

第一条 为了维护残疾人的合法权益,发展残疾人事业,保障残疾人平等地充分参与社会生活,共享社会物质文化成果,根据宪法,制定本法。

第二条 残疾人是指在心理、生理、人体结构上,某种组织、功能丧失或者不正常,全部或者部分丧失以正常方式从事某种活动能力的人。

残疾人包括视力残疾、听力残疾、言语残疾、肢体残疾、智力残疾、精神残疾、多重残疾和其他残疾的人。

残疾标准由国务院规定。

第三条 残疾人在政治、经济、文化、社会和家庭生活等方面享有同其他公民平等的权利。

残疾人的公民权利和人格尊严受法律保护。

禁止基于残疾的歧视。禁止侮辱、侵害残疾人。禁止通过大众传播媒介或者其他方式贬低损害残疾人人格。

第四条 国家采取辅助方法和扶持措施,对残疾人给予特别扶助,减轻或者消除残疾影响和外界障碍,保障残疾人权利的实现。

第五条 县级以上人民政府应当将残疾人事业纳入国民经济和社会发展规划,加强领导,综合协调,并将残疾人事业经费列入财政预算,建立稳定的经费保障机制。

国务院制定中国残疾人事业发展纲要,县级以上地方人民政府根据中国残疾人事业发展纲要,制定本行政区域的残疾人事业发展规划和年度计划,使残疾人事业与经济、社会协调发展。

县级以上人民政府负责残疾人工作的机构,负责组织、协调、指导、督促有关部门做好残疾人事业的工作。

各级人民政府和有关部门,应当密切联系残疾人,听取残疾人的意见,按照各自的职责,做好残疾人工作。

第六条 国家采取措施,保障残疾人依照法律规定,通过各种途径和形式,管理国家事务,管理经济和文化事业,管理社会事务。

制定法律、法规、规章和公共政策,对涉及残疾人权益和残疾人事业的重大问题,应当听取残疾人和残疾人组织的意见。

残疾人和残疾人组织有权向各级国家机关提出残疾人权益保障、残疾人事业发展等方面的意见和建议。

第七条 全社会应当发扬人道主义精神,理解、尊重、关心、帮助残疾人,支持残疾人事业。

国家鼓励社会组织和个人为残疾人提供捐助和服务。

国家机关、社会团体、企业事业单位和城乡基层群众性自治组织,应当做好所属范围内的残疾人工作。

从事残疾人工作的国家工作人员和其他人员,应当依法履行职责,努力为残疾人服务。

第八条 中国残疾人联合会及其地方组织,代表残疾人的共同利益,维护残疾人的合法权益,团结教育残疾人,为残疾人服务。

中国残疾人联合会及其地方组织依照法律、法规、章程或者接受政府委托,开展残疾人工作,动员社会力量,发展残疾人事业。

第九条 残疾人的扶养人必须对残疾人履行扶养义务。

残疾人的监护人必须履行监护职责,尊重被监护人的意愿,维护被监护人的合法权益。

残疾人的亲属、监护人应当鼓励和帮助残疾人增强自立能力。

禁止对残疾人实施家庭暴力,禁止虐待、遗弃残疾人。

第十条 国家鼓励残疾人自尊、自信、自强、自立,为社会主义建设贡献力量。

残疾人应当遵守法律、法规,履行应尽的义务,遵守公共秩序,尊重社会公德。

第十一条 国家有计划地开展残疾预防工作,加强对残疾预防工作的领导,宣传、普及母婴保健和预防残疾的知识,建立健全出生缺陷预防和早期发现、早期治疗机制,针对遗传、疾病、药物、事故、灾害、环境污染和其他致残因素,组织和动员社会力量,采取措施,预防残疾的发生,减轻残疾程度。

国家建立健全残疾人统计调查制度,开展残疾人状况的统计调查和分析。

第十二条 国家和社会对残疾军人、因公致残人员以及其他为维护国家和人民利益致残的人员实行特别保障,给予抚恤和优待。

第十三条 对在社会主义建设中做出显著成绩的残疾人,对维护残疾人合法权益、发展残疾人事业、为残疾人服务做出显著成绩的单位和个人,各级人民政府和有关部门给予表彰和奖励。

第十四条 每年5月的第三个星期日为全国助残日。

第二章 康 复

第十五条 国家保障残疾人享有康复服务的权利。

各级人民政府和有关部门应当采取措施,为残疾人康复创造条件,建立和完善残疾人康复服务体系,并分阶段实施重点康复项目,帮助残疾人恢复或者补偿功能,增强其参与社会生活的能力。

第十六条 康复工作应当从实际出发,将现代康复技术与我国传统康复技术相结合;以社区康复为基础,康复机构为骨干,残疾人家庭为依托;以实用、易行、受益广的康复内容为重点,优先开展残疾儿童抢救性治疗和康复;发展符合康复要求的科学技术,鼓励自主创新,加强康复新技术的研究、开发和应用,为残疾人提供有效的康复服务。

第十七条 各级人民政府鼓励和扶持社会力量兴办残疾人康复机构。

地方各级人民政府和有关部门,应当组织和指导城乡社区服务组织、医疗预防保健机构、残疾人组织、残疾人家庭和其他社会力量,开展社区康复工作。

残疾人教育机构、福利性单位和其他为残疾人服务的机构,应当创造条件,开展康复训练活动。

残疾人在专业人员的指导和有关工作人员、志愿工作者及亲属的帮助下,应当努力进行功能、自理能力和劳动技能的训练。

第十八条 地方各级人民政府和有关部门应当根据需要有计划地在医疗机构设立康复医学科室,举办残疾人康复机构,开展康复医疗与训练、人员培训、技术指导、科学研究等工作。

第十九条 医学院校和其他有关院校应当有计划地开设康复课程,设置相关专业,培养各类康复专业人才。

政府和社会采取多种形式对从事康复工作的人员进行技术培训;向残疾人、残疾人亲属、有关工作人员和志愿工作者普及康复知识,传授康复方法。

第二十条 政府有关部门应当组织和扶持残疾人康复器械、辅助器具的研制、生产、供应、维修服务。

第三章 教 育

第二十一条 国家保障残疾人享有平等接受教育的权利。

各级人民政府应当将残疾人教育作为国家教育事业的组成部分,统一规划,加强领导,为残疾人接受教育创造条件。

政府、社会、学校应当采取有效措施,解决残疾儿童、少年就学存在的实际困难,帮助其完成义务教育。

各级人民政府对接受义务教育的残疾学生、贫困残疾人家庭的学生提供免费教科书,并给予寄宿生活费等费用补助;对接受义务教育以外其他教育的残疾学生、贫困残疾人家庭的学生按照国家有关规定给予资助。

第二十二条 残疾人教育,实行普及与提高相结合、以普及为重点的方针,保障义务教育,着重发展职业教育,积极开展学前教育,逐步发展高级中等以上教育。

第二十三条 残疾人教育应当根据残疾人的身心特性和需要,按照下列要求实施:

(一)在进行思想教育、文化教育的同时,加强身心补偿和职业教育;

(二)依据残疾类别和接受能力,采取普通教育方式或者特殊教育方式;

(三)特殊教育的课程设置、教材、教学方法、入学和在校年龄,可以有适度弹性。

第二十四条 县级以上人民政府应当根据残疾人的数量、分布状况和残疾类别等因素,合理设置残疾人教育机构,并鼓励社会力量办学、捐资助学。

第二十五条 普通教育机构对具有接受普通教育能力的残疾人实施教育,并为其学习提供便利和帮助。

普通小学、初级中等学校,必须招收能适应其学习生活的残疾儿童、少年入学;普通高级中等学校、中等职业学校和高等学校,必须招收符合国家规定的录取要求的残疾考生入学,不得因其残疾而拒绝招收;拒绝招收的,当事人或者其亲属、监护人可以要求有关部门处理,有关部门应当责令该学校招收。

普通幼儿教育机构应当接收能适应其生活的残疾幼儿。

第二十六条 残疾幼儿教育机构、普通幼儿教育机构附设的残疾儿童班、特殊教育机构的学前班、残疾儿童福利机构、残疾儿童家庭,对残疾儿童实施学前教育。

初级中等以下特殊教育机构和普通教育机构附设的特殊教育班,对不具有接受普通教育能力的残疾儿童、少年实施义务教育。

高级中等以上特殊教育机构、普通教育机构附设的特殊教育班和残疾人职业教育机构,对符合条件的残疾人实施高级中等以上文化教育、职业教育。

提供特殊教育的机构应当具备适合残疾人学习、康复、生活特点的场所和设施。

第二十七条 政府有关部门、残疾人所在单位和有关社会组织应当对残疾人开展扫除文盲、职业培训、创业培训和其他成人教育,鼓励残疾人自学成才。

第二十八条 国家有计划地举办各级各类特殊教育师范院校、专业,在普通师范院校附设特殊教育班,培养、培训特殊教育师资。普通师范院校开设特殊教育课程或者讲授有关内容,使普通教师掌握必要的特殊教育知识。

特殊教育教师和手语翻译,享受特殊教育津贴。

第二十九条 政府有关部门应当组织和扶持盲文、手语的研究和应用,特殊教育教材的编写和出版,特殊教育教学用具及其他辅助用品的研制、生产和供应。

第四章 劳动就业

第三十条 国家保障残疾人劳动的权利。

各级人民政府应当对残疾人劳动就业统筹规划,为残疾人创造劳动就业条件。

第三十一条 残疾人劳动就业,实行集中与分散相结合的方针,采取优惠政策和扶持保护措施,通过多渠道、多层次、多种形式,使残疾人劳动就业逐步普及、稳定、合理。

第三十二条 政府和社会举办残疾人福利企业、盲人按摩机构和其他福利性单位,集中安排残疾人就业。

第三十三条 国家实行按比例安排残疾人就业制度。

国家机关、社会团体、企业事业单位、民办非企业单位应当按照规定的比例安排残疾人就业,并为其选择适当的工种和岗位。达不到规定比例的,按照国家有关规定履行保障残疾人就业义务。国家鼓励用人单位超过规定比例安排残疾人就业。

残疾人就业的具体办法由国务院规定。

第三十四条 国家鼓励和扶持残疾人自主择业、自主创业。

第三十五条 地方各级人民政府和农村基层组织,应当组织和扶持农村残疾人从事种植业、养殖业、手工业和其他形式的生产劳动。

第三十六条 国家对安排残疾人就业达到、超过规定比例或者集中安排残疾人就业的用人单位和从事个体经营的残疾人,依法给予税收优惠,并在生产、经营、技术、资金、物资、场地等方面给予扶持。国家对从事个体经营的残疾人,免除行政事业性收费。

县级以上地方人民政府及其有关部门应当确定适合残疾人生产、经营的产品、项目,优先安排残疾人福利性单位生产或者经营,并根据残疾人福利性单位的生产特点确定某些产品由其专产。

政府采购,在同等条件下应当优先购买残疾人福利性单位的产品或者服务。

地方各级人民政府应当开发适合残疾人就业的公益性岗位。

对申请从事个体经营的残疾人,有关部门应当优先核发营业执照。

对从事各类生产劳动的农村残疾人,有关部门应当在生产服务、技术指导、农用物资供应、农副产品购销和信贷等方面,给予帮助。

第三十七条 政府有关部门设立的公共就业服务机构,应当为残疾人免费提供就业服务。

残疾人联合会举办的残疾人就业服务机构,应当组织开展免费的职业指导、职业介绍和职业培训,为残疾人就业和用人单位招用残疾人提供服务和帮助。

第三十八条 国家保护残疾人福利性单位的财产所有权和经营自主权,其合法权益不受侵犯。

在职工的招用、转正、晋级、职称评定、劳动报酬、生活福利、休息休假、社会保险等方面,不得歧视残疾人。

残疾职工所在单位应当根据残疾职工的特点,提供适当的劳动条件和劳动保护,并根据实际需要对劳动场所、劳动设备和生活设施进行改造。

国家采取措施,保障盲人保健和医疗按摩人员从业的合法权益。

第三十九条 残疾职工所在单位应当对残疾职工进行岗位技术培训,提高其劳动技能和技术水平。

第四十条 任何单位和个人不得以暴力、威胁或者非法限制人身自由的手段强迫残疾人劳动。

第五章 文化生活

第四十一条 国家保障残疾人享有平等参与文化生活的权利。

各级人民政府和有关部门鼓励、帮助残疾人参加各种文化、体育、娱乐活动,积极创造条件,丰富残疾人精神文化生活。

第四十二条 残疾人文化、体育、娱乐活动应当面向基层,融于社会公共文化生活,适应各类残疾人的不同特点和需要,使残疾人广泛参与。

第四十三条 政府和社会采取下列措施,丰富残疾人的精神文化生活:

(一)通过广播、电影、电视、报刊、图书、网络等形式,及时宣传报道残疾人的工作、生活等情况,为残疾人服务;

(二)组织和扶持盲文读物、盲人有声读物及其他残疾人读物的编写和出版,根据盲人的实际需要,在公共图书馆设立盲文读物、盲人有声读物图书室;

(三)开办电视手语节目,开办残疾人专题广播栏目,推进电视栏目、影视作品加配字幕、解说;

(四)组织和扶持残疾人开展群众性文化、体育、娱乐活动,举办特殊艺术演出和残疾人体育运动会,参加国际性比赛和交流;

(五)文化、体育、娱乐和其他公共活动场所,为残疾人提供方便和照顾。有计划地兴办残疾人活动场所。

第四十四条 政府和社会鼓励、帮助残疾人从事文学、艺术、教育、科学、技术和其他有益于人民的创造性劳动。

第四十五条 政府和社会促进残疾人与其他公民之间的相互理解和交流,宣传残疾人事业和扶助残疾人的事迹,弘扬残疾人自强不息的精神,倡导团结、友爱、互助的社会风尚。

第六章　社　会　保　障

第四十六条　国家保障残疾人享有各项社会保障的权利。

政府和社会采取措施,完善对残疾人的社会保障,保障和改善残疾人的生活。

第四十七条　残疾人及其所在单位应当按照国家有关规定参加社会保险。

残疾人所在城乡基层群众性自治组织、残疾人家庭,应当鼓励、帮助残疾人参加社会保险。

对生活确有困难的残疾人,按照国家有关规定给予社会保险补贴。

第四十八条　各级人民政府对生活确有困难的残疾人,通过多种渠道给予生活、教育、住房和其他社会救助。

县级以上地方人民政府对享受最低生活保障待遇后生活仍有特别困难的残疾人家庭,应当采取其他措施保障其基本生活。

各级人民政府对贫困残疾人的基本医疗、康复服务、必要的辅助器具的配置和更换,应当按照规定给予救助。

对生活不能自理的残疾人,地方各级人民政府应当根据情况给予护理补贴。

第四十九条　地方各级人民政府对无劳动能力、无扶养人或者扶养人不具有扶养能力、无生活来源的残疾人,按照规定予以供养。

国家鼓励和扶持社会力量举办残疾人供养、托养机构。

残疾人供养、托养机构及其工作人员不得侮辱、虐待、遗弃残疾人。

第五十条　县级以上人民政府对残疾人搭乘公共交通工具,应当根据实际情况给予便利和优惠。残疾人可以免费携带随身必备的辅助器具。

盲人持有效证件免费乘坐市内公共汽车、电车、地铁、渡船等公共交通工具。盲人读物邮件免费寄递。

国家鼓励和支持提供电信、广播电视服务的单位对盲人、听力残疾人、言语残疾人给予优惠。

各级人民政府应当逐步增加对残疾人的其他照顾和扶助。

第五十一条　政府有关部门和残疾人组织应当建立和完善社会各界为残疾人捐助和服务的渠道,鼓励和支持发展残疾人慈善事业,开展志愿者助残等公益活动。

第七章　无　障　碍　环　境

第五十二条　国家和社会应当采取措施,逐步完善无障碍设施,推进信息交流无障碍,为残疾人平等参与社会生活创造无障碍环境。

各级人民政府应当对无障碍环境建设进行统筹规划,综合协调,加强监督管理。

第五十三条 无障碍设施的建设和改造,应当符合残疾人的实际需要。

新建、改建和扩建建筑物、道路、交通设施等,应当符合国家有关无障碍设施工程建设标准。

各级人民政府和有关部门应当按照国家无障碍设施工程建设规定,逐步推进已建成设施的改造,优先推进与残疾人日常工作、生活密切相关的公共服务设施的改造。

对无障碍设施应当及时维修和保护。

第五十四条 国家采取措施,为残疾人信息交流无障碍创造条件。

各级人民政府和有关部门应当采取措施,为残疾人获取公共信息提供便利。

国家和社会研制、开发适合残疾人使用的信息交流技术和产品。

国家举办的各类升学考试、职业资格考试和任职考试,有盲人参加的,应当为盲人提供盲文试卷、电子试卷或者由专门的工作人员予以协助。

第五十五条 公共服务机构和公共场所应当创造条件,为残疾人提供语音和文字提示、手语、盲文等信息交流服务,并提供优先服务和辅助性服务。

公共交通工具应当逐步达到无障碍设施的要求。有条件的公共停车场应当为残疾人设置专用停车位。

第五十六条 组织选举的部门应当为残疾人参加选举提供便利;有条件的,应当为盲人提供盲文选票。

第五十七条 国家鼓励和扶持无障碍辅助设备、无障碍交通工具的研制和开发。

第五十八条 盲人携带导盲犬出入公共场所,应当遵守国家有关规定。

第八章 法律责任

第五十九条 残疾人的合法权益受到侵害的,可以向残疾人组织投诉,残疾人组织应当维护残疾人的合法权益,有权要求有关部门或者单位查处。有关部门或者单位应当依法查处,并予以答复。

残疾人组织对残疾人通过诉讼维护其合法权益需要帮助的,应当给予支持。

残疾人组织对侵害特定残疾人群体利益的行为,有权要求有关部门依法查处。

第六十条 残疾人的合法权益受到侵害的,有权要求有关部门依法处理,或者依法向仲裁机构申请仲裁,或者依法向人民法院提起诉讼。

对有经济困难或者其他原因确需法律援助或者司法救助的残疾人,当地法律援助机构或者人民法院应当给予帮助,依法为其提供法律援助或者司法救助。

第六十一条 违反本法规定,对侵害残疾人权益行为的申诉、控告、检举,推诿、拖延、压制不予查处,或者对提出申诉、控告、检举的人进行打击报复的,由其所在单位、主管部门或者上级机关责令改正,并依法对直接负责的主管人员和其他直接责任人员给予处分。

国家工作人员未依法履行职责,对侵害残疾人权益的行为未及时制止或者未给予受害残疾人必要帮助,造成严重后果的,由其所在单位或者上级机关依法对直接负责的主管人员和其他直接责任人员给予处分。

第六十二条 违反本法规定,通过大众传播媒介或者其他方式贬低损害残疾人人格的,由文化、广播电视、电影、新闻出版或者其他有关主管部门依据各自的职权责令改正,并依法给予行政处罚。

第六十三条 违反本法规定,有关教育机构拒不接收残疾学生入学,或者在国家规定的录取要求以外附加条件限制残疾学生就学的,由有关主管部门责令改正,并依法对直接负责的主管人员和其他直接责任人员给予处分。

第六十四条 违反本法规定,在职工的招用等方面歧视残疾人的,由有关主管部门责令改正;残疾人劳动者可以依法向人民法院提起诉讼。

第六十五条 违反本法规定,供养、托养机构及其工作人员侮辱、虐待、遗弃残疾人的,对直接负责的主管人员和其他直接责任人员依法给予处分;构成违反治安管理行为的,依法给予行政处罚。

第六十六条 违反本法规定,新建、改建和扩建建筑物、道路、交通设施,不符合国家有关无障碍设施工程建设标准,或者对无障碍设施未进行及时维修和保护造成后果的,由有关主管部门依法处理。

第六十七条 违反本法规定,侵害残疾人的合法权益,其他法律、法规规定行政处罚的,从其规定;造成财产损失或者其他损害的,依法承担民事责任;构成犯罪的,依法追究刑事责任。

第九章 附　　则

第六十八条 本法自2008年7月1日起施行。

残疾人就业条例

(中华人民共和国国务院令第488号)

《残疾人就业条例》已经2007年2月14日国务院第169次常务会议通过,现予公布,自2007年5月1日起施行。

总理 温家宝

二〇〇七年二月二十五日

第一章 总　　则

第一条　为了促进残疾人就业,保障残疾人的劳动权利,根据《中华人民共和国残疾人保障法》和其他有关法律,制定本条例。

第二条　国家对残疾人就业实行集中就业与分散就业相结合的方针,促进残疾人就业。

县级以上人民政府应当将残疾人就业纳入国民经济和社会发展规划,并制定优惠政策和具体扶持保护措施,为残疾人就业创造条件。

第三条　机关、团体、企业、事业单位和民办非企业单位(以下统称用人单位)应当依照有关法律、本条例和其他有关行政法规的规定,履行扶持残疾人就业的责任和义务。

第四条　国家鼓励社会组织和个人通过多种渠道、多种形式,帮助、支持残疾人就业,鼓励残疾人通过应聘等多种形式就业。禁止在就业中歧视残疾人。

残疾人应当提高自身素质,增强就业能力。

第五条　各级人民政府应当加强对残疾人就业工作的统筹规划,综合协调。县级以上人民政府负责残疾人工作的机构,负责组织、协调、指导、督促有关部门做好残疾人就业工作。

县级以上人民政府劳动保障、民政等有关部门在各自的职责范围内,做好残疾人就业工作。

第六条　中国残疾人联合会及其地方组织依照法律、法规或者接受政府委托,负责残疾人就业工作的具体组织实施与监督。

工会、共产主义青年团、妇女联合会,应当在各自的工作范围内,做好残疾人就业工作。

第七条　各级人民政府对在残疾人就业工作中做出显著成绩的单位和个人,给予表彰和奖励。

第二章　用人单位的责任

第八条　用人单位应当按照一定比例安排残疾人就业,并为其提供适当的工种、岗位。

用人单位安排残疾人就业的比例不得低于本单位在职职工总数的1.5%。具体比例由省、自治区、直辖市人民政府根据本地区的实际情况规定。

用人单位跨地区招用残疾人的,应当计入所安排的残疾人职工人数之内。

第九条　用人单位安排残疾人就业达不到其所在地省、自治区、直辖市人民政府规定比例的,应当缴纳残疾人就业保障金。

第十条　政府和社会依法兴办的残疾人福利企业、盲人按摩机构和其他福利性单位

(以下统称集中使用残疾人的用人单位),应当集中安排残疾人就业。

集中使用残疾人的用人单位的资格认定,按照国家有关规定执行。

第十一条 集中使用残疾人的用人单位中从事全日制工作的残疾人职工,应当占本单位在职职工总数的25%以上。

第十二条 用人单位招用残疾人职工,应当依法与其签订劳动合同或者服务协议。

第十三条 用人单位应当为残疾人职工提供适合其身体状况的劳动条件和劳动保护,不得在晋职、晋级、评定职称、报酬、社会保险、生活福利等方面歧视残疾人职工。

第十四条 用人单位应当根据本单位残疾人职工的实际情况,对残疾人职工进行上岗、在岗、转岗等培训。

第三章 保障措施

第十五条 县级以上人民政府应当采取措施,拓宽残疾人就业渠道,开发适合残疾人就业的公益性岗位,保障残疾人就业。

县级以上地方人民政府发展社区服务事业,应当优先考虑残疾人就业。

第十六条 依法征收的残疾人就业保障金应当纳入财政预算,专项用于残疾人职业培训以及为残疾人提供就业服务和就业援助,任何组织或者个人不得贪污、挪用、截留或者私分。残疾人就业保障金征收、使用、管理的具体办法,由国务院财政部门会同国务院有关部门规定。

财政部门和审计机关应当依法加强对残疾人就业保障金使用情况的监督检查。

第十七条 国家对集中使用残疾人的用人单位依法给予税收优惠,并在生产、经营、技术、资金、物资、场地使用等方面给予扶持。

第十八条 县级以上地方人民政府及其有关部门应当确定适合残疾人生产、经营的产品、项目,优先安排集中使用残疾人的用人单位生产或者经营,并根据集中使用残疾人的用人单位的生产特点确定某些产品由其专产。

政府采购,在同等条件下,应当优先购买集中使用残疾人的用人单位的产品或者服务。

第十九条 国家鼓励扶持残疾人自主择业、自主创业。对残疾人从事个体经营的,应当依法给予税收优惠,有关部门应当在经营场地等方面给予照顾,并按照规定免收管理类、登记类和证照类的行政事业性收费。

国家对自主择业、自主创业的残疾人在一定期限内给予小额信贷等扶持。

第二十条 地方各级人民政府应当多方面筹集资金,组织和扶持农村残疾人从事种植业、养殖业、手工业和其他形式的生产劳动。

有关部门对从事农业生产劳动的农村残疾人,应当在生产服务、技术指导、农用物资供应、农副产品收购和信贷等方面给予帮助。

第四章 就业服务

第二十一条　各级人民政府和有关部门应当为就业困难的残疾人提供有针对性的就业援助服务,鼓励和扶持职业培训机构为残疾人提供职业培训,并组织残疾人定期开展职业技能竞赛。

第二十二条　中国残疾人联合会及其地方组织所属的残疾人就业服务机构应当免费为残疾人就业提供下列服务:

(一)发布残疾人就业信息;

(二)组织开展残疾人职业培训;

(三)为残疾人提供职业心理咨询、职业适应评估、职业康复训练、求职定向指导、职业介绍等服务;

(四)为残疾人自主择业提供必要的帮助;

(五)为用人单位安排残疾人就业提供必要的支持。

国家鼓励其他就业服务机构为残疾人就业提供免费服务。

第二十三条　受劳动保障部门的委托,残疾人就业服务机构可以进行残疾人失业登记、残疾人就业与失业统计;经所在地劳动保障部门批准,残疾人就业服务机构还可以进行残疾人职业技能鉴定。

第二十四条　残疾人职工与用人单位发生争议的,当地法律援助机构应当依法为其提供法律援助,各级残疾人联合会应当给予支持和帮助。

第五章 法律责任

第二十五条　违反本条例规定,有关行政主管部门及其工作人员滥用职权、玩忽职守、徇私舞弊,构成犯罪的,依法追究刑事责任;尚不构成犯罪的,依法给予处分。

第二十六条　违反本条例规定,贪污、挪用、截留、私分残疾人就业保障金,构成犯罪的,依法追究刑事责任;尚不构成犯罪的,对有关责任单位、直接负责的主管人员和其他直接责任人员依法给予处分或者处罚。

第二十七条　违反本条例规定,用人单位未按照规定缴纳残疾人就业保障金的,由财政部门给予警告,责令限期缴纳;逾期仍不缴纳的,除补缴欠缴数额外,还应当自欠缴之日起,按日加收5‰的滞纳金。

第二十八条　违反本条例规定,用人单位弄虚作假,虚报安排残疾人就业人数,骗取集中使用残疾人的用人单位享受的税收优惠待遇的,由税务机关依法处理。

第六章 附 则

第二十九条　本条例所称残疾人就业,是指符合法定就业年龄有就业要求的残疾人从事有报酬的劳动。

第三十条 本条例自 2007 年 5 月 1 日起施行。

财政部 国家税务总局关于对小微企业免征有关政府性基金的通知

(财税〔2014〕122 号)

各省、自治区、直辖市、计划单列市人民政府,中宣部、教育部、水利部、中国残联:

为进一步加大对小微企业的扶持力度,经国务院批准,现将免征小微企业有关政府性基金问题通知如下:

一、自 2015 年 1 月 1 日起至 2017 年 12 月 31 日,对按月纳税的月销售额或营业额不超过 3 万元(含 3 万元),以及按季纳税的季度销售额或营业额不超过 9 万元(含 9 万元)的缴纳义务人,免征教育费附加、地方教育附加、水利建设基金、文化事业建设费。

二、自工商登记注册之日起 3 年内,对安排残疾人就业未达到规定比例、在职职工总数 20 人以下(含 20 人)的小微企业,免征残疾人就业保障金。

三、免征上述政府性基金后,有关部门依法履行职能和事业发展所需经费,由同级财政预算予以统筹安排。

财政部 国家税务总局
2014 年 12 月 23 日

财政部 国家税务总局 中国残疾人联合会关于印发《残疾人就业保障金征收使用管理办法》的通知

(财税〔2015〕72 号)

各省、自治区、直辖市财政厅(局)、地方税务局、国家税务局、残疾人联合会:

为了规范残疾人就业保障金征收使用管理,促进残疾人就业,保障残疾人权益,根据《残疾人保障法》《残疾人就业条例》的规定,我们制定了《残疾人就业保障金征收使用管理办法》,现印发给你们,请遵照执行。

附件:残疾人就业保障金征收使用管理办法

财政部 国家税务总局 中国残疾人联合会
2015 年 9 月 9 日

残疾人就业保障金征收使用管理办法

第一章 总 则

第一条 为了规范残疾人就业保障金(以下简称保障金)征收使用管理,促进残疾人就业,根据《残疾人保障法》《残疾人就业条例》的规定,制定本办法。

第二条 保障金是为保障残疾人权益,由未按规定安排残疾人就业的机关、团体、企业、事业单位和民办非企业单位(以下简称用人单位)缴纳的资金。

第三条 保障金的征收、使用和管理,适用本办法。

第四条 本办法所称残疾人,是指持有《中华人民共和国残疾人证》上注明属于视力残疾、听力残疾、言语残疾、肢体残疾、智力残疾、精神残疾和多重残疾的人员,或者持有《中华人民共和国残疾军人证》(1级至8级)的人员。

第五条 保障金的征收、使用和管理应当接受财政部门的监督检查和审计机关的审计监督。

第二章 征 收 缴 库

第六条 用人单位安排残疾人就业的比例不得低于本单位在职职工总数的1.5%。具体比例由各省、自治区、直辖市人民政府根据本地区的实际情况规定。

用人单位安排残疾人就业达不到其所在地省、自治区、直辖市人民政府规定比例的,应当缴纳保障金。

第七条 用人单位将残疾人录用为在编人员或依法与就业年龄段内的残疾人签订1年以上(含1年)劳动合同(服务协议),且实际支付的工资不低于当地最低工资标准,并足额缴纳社会保险费的,方可计入用人单位所安排的残疾人就业人数。

用人单位安排1名持有《中华人民共和国残疾人证》(1级至2级)或《中华人民共和国残疾军人证》(1级至3级)的人员就业的,按照安排2名残疾人就业计算。

用人单位跨地区招用残疾人的,应当计入所安排的残疾人就业人数。

第八条 保障金按上年用人单位安排残疾人就业未达到规定比例的差额人数和本单位在职职工年平均工资之积计算缴纳。计算公式如下:

$$保障金年缴纳额 = (上年用人单位在职职工人数 \times 所在地省、自治区、直辖市人民政府规定的安排残疾人就业比例 - 上年用人单位实际安排的残疾人就业人数) \times 上年用人单位在职职工年平均工资$$

用人单位在职职工,是指用人单位在编人员或依法与用人单位签订1年以上(含1年)劳动合同(服务协议)的人员。季节性用工应当折算为年平均用工人数。以劳务派遣用工的,计入派遣单位在职职工人数。

用人单位安排残疾人就业未达到规定比例的差额人数,以公式计算结果为准,可以不是整数。

上年用人单位在职职工年平均工资,按用人单位上年在职职工工资总额除以用人单位在职职工人数计算。

第九条　保障金由用人单位所在地的地方税务局负责征收。没有分设地方税务局的地方,由国家税务局负责征收。

有关省、自治区、直辖市对保障金征收机关另有规定的,按其规定执行。

第十条　保障金一般按月缴纳。

用人单位应按规定时限向保障金征收机关申报缴纳保障金。在申报时,应提供本单位在职职工人数、实际安排残疾人就业人数、在职职工年平均工资等信息,并保证信息的真实性和完整性。

第十一条　保障金征收机关应当定期对用人单位进行检查。发现用人单位申报不实、少缴纳保障金的,征收机关应当催报并追缴保障金。

第十二条　残疾人就业服务机构应当配合保障金征收机关做好保障金征收工作。

用人单位应按规定时限如实向残疾人就业服务机构申报上年本单位安排的残疾人就业人数。未在规定时限申报的,视为未安排残疾人就业。

残疾人就业服务机构进行审核后,确定用人单位实际安排的残疾人就业人数,并及时提供给保障金征收机关。

第十三条　保障金征收机关征收保障金时,应当向用人单位开具省级财政部门统一印制的票据或税收票证。

第十四条　保障金全额缴入地方国库。

地方各级人民政府之间保障金的分配比例,由各省、自治区、直辖市财政部门商残疾人联合会确定。

具体缴库办法按照省级财政部门的规定执行。

第十五条　保障金由税务机关负责征收的,应积极采取财税库银税收收入电子缴库横向联网方式征缴保障金。

第十六条　自工商登记注册之日起3年内,对安排残疾人就业未达到规定比例、在职职工总数20人以下(含20人)的小微企业,免征保障金。

第十七条　用人单位遇不可抗力自然灾害或其他突发事件遭受重大直接经济损失,可以申请减免或者缓缴保障金。具体办法由各省、自治区、直辖市财政部门规定。

用人单位申请减免保障金的最高限额不得超过1年的保障金应缴额,申请缓缴保障金的最长期限不得超过6个月。

批准减免或者缓缴保障金的用人单位名单,应当每年公告一次。公告内容应当包括批准机关、批准文号、批准减免或缓缴保障金的主要理由等。

第十八条 保障金征收机关应当严格按规定的范围、标准和时限要求征收保障金,确保保障金及时、足额征缴到位。

第十九条 任何单位和个人均不得违反本办法规定,擅自减免或缓征保障金,不得自行改变保障金的征收对象、范围和标准。

第二十条 各地应当建立用人单位按比例安排残疾人就业及缴纳保障金公示制度。

残疾人联合会应当每年向社会公布本地区用人单位应安排残疾人就业人数、实际安排残疾人就业人数和未按规定安排残疾人就业人数。

保障金征收机关应当定期向社会公布本地区用人单位缴纳保障金情况。

第三章 使用管理

第二十一条 保障金纳入地方一般公共预算统筹安排,主要用于支持残疾人就业和保障残疾人生活。支持方向包括:

(一)残疾人职业培训、职业教育和职业康复支出。

(二)残疾人就业服务机构提供残疾人就业服务和组织职业技能竞赛(含展能活动)支出。补贴用人单位安排残疾人就业所需设施设备购置、改造和支持性服务费用。补贴辅助性就业机构建设和运行费用。

(三)残疾人从事个体经营、自主创业、灵活就业的经营场所租赁、启动资金、设施设备购置补贴和小额贷款贴息。各种形式就业残疾人的社会保险缴费补贴和用人单位岗位补贴。扶持农村残疾人从事种植、养殖、手工业及其他形式生产劳动。

(四)奖励超比例安排残疾人就业的用人单位,以及为安排残疾人就业做出显著成绩的单位或个人。

(五)对从事公益性岗位就业、辅助性就业、灵活就业,收入达不到当地最低工资标准、生活确有困难的残疾人的救济补助。

(六)经地方人民政府及其财政部门批准用于促进残疾人就业和保障困难残疾人、重度残疾人生活等其他支出。

第二十二条 地方各级残疾人联合会所属残疾人就业服务机构的正常经费开支,由地方同级财政预算统筹安排。

第二十三条 各地要积极推行政府购买服务,按照政府采购法律制度规定选择符合要求的公办、民办等各类就业服务机构,承接残疾人职业培训、职业教育、职业康复、就业服务和就业援助等工作。

第二十四条 地方各级残疾人联合会、财政部门应当每年向社会公布保障金用于支持残疾人就业和保障残疾人生活支出情况,接受社会监督。

第四章 法 律 责 任

第二十五条 单位和个人违反本办法规定,有下列情形之一的,依照《财政违法行为处罚处分条例》和《违反行政事业性收费和罚没收入收支两条线管理规定行政处分暂行规定》等国家有关规定追究法律责任;涉嫌犯罪的,依法移送司法机关处理:

(一)擅自减免保障金或者改变保障金征收范围、对象和标准的;

(二)隐瞒、坐支应当上缴的保障金的;

(三)滞留、截留、挪用应当上缴的保障金的;

(四)不按照规定的预算级次、预算科目将保障金缴入国库的;

(五)违反规定使用保障金的;

(六)其他违反国家财政收入管理规定的行为。

第二十六条 用人单位未按规定缴纳保障金的,按照《残疾人就业条例》的规定,由保障金征收机关提交财政部门,由财政部门予以警告,责令限期缴纳;逾期仍不缴纳的,除补缴欠缴数额外,还应当自欠缴之日起,按日加收5‰的滞纳金。滞纳金按照保障金入库预算级次缴入国库。

第二十七条 保障金征收、使用管理有关部门的工作人员违反本办法规定,在保障金征收和使用管理工作中滥用职权、玩忽职守、徇私舞弊的,依法给予处分;涉嫌犯罪的,依法移送司法机关。

第五章 附 则

第二十八条 各省、自治区、直辖市财政部门会同税务部门、残疾人联合会根据本办法制定具体实施办法,并报财政部、国家税务总局、中国残疾人联合会备案。

第二十九条 本办法由财政部会同国家税务总局、中国残疾人联合会负责解释。

第三十条 本办法自2015年10月1日起施行。《财政部关于发布〈残疾人就业保障金管理暂行规定〉的通知》(财综字〔1995〕5号)及其他与本办法不符的规定同时废止。

财政部关于取消、调整部分政府性基金有关政策的通知

(财税〔2017〕18号)

发展改革委、住房城乡建设部、商务部、水利部、税务总局、中国残联,各省、自治区、直辖市财政厅(局):

为切实减轻企业负担,促进实体经济发展,经国务院批准,现就取消、调整部分政府性基金有关政策通知如下:

一、取消城市公用事业附加和新型墙体材料专项基金。以前年度欠缴或预缴的上述政府性基金,相关执收单位应当足额征收或及时清算,并按照财政部门规定的渠道全额上缴国库或多退少补。

二、调整残疾人就业保障金征收政策

(一)扩大残疾人就业保障金免征范围。将残疾人就业保障金免征范围,由自工商注册登记之日起3年内,在职职工总数20人(含)以下小微企业,调整为在职职工总数30人(含)以下的企业。调整免征范围后,工商注册登记未满3年、在职职工总数30人(含)以下的企业,可在剩余时期内按规定免征残疾人就业保障金。

注:根据《财政部 国家税务总局关于对小微企业免征有关政府性基金的通知》(财税〔2014〕122号)的规定,自工商登记注册之日起3年内,对安排残疾人就业未达到规定比例、在职职工总数20人以下(含20人)的小微企业,免征残疾人就业保障金。根据这一规定,假定某企业于2015年初成立,在职人数少于20人,可以免3年残疾人基金,如果该企业2017年人数达到30人以下,根据财税〔2017〕18号文件的规定,可以继续享受免征。

(二)设置残疾人就业保障金征收标准上限。用人单位在职职工年平均工资未超过当地社会平均工资(用人单位所在地统计部门公布的上年度城镇单位就业人员平均工资)3倍(含)的,按用人单位在职职工年平均工资计征残疾人就业保障金;超过当地社会平均工资3倍以上的,按当地社会平均工资3倍计征残疾人就业保障金。用人单位在职职工年平均工资的计算口径,按照国家统计局关于工资总额组成的有关规定执行。

三、"十三五"期间,省、自治区、直辖市人民政府可以结合当地经济发展水平、相关公共事业和设施保障状况、社会承受能力等因素,自主决定免征、停征或减征地方水利建设基金、地方水库移民扶持基金。各省、自治区、直辖市财政部门应当将本地区出台的减免政策报财政部备案。

注:《吉林省财政厅关于水利建设基金征收范围和营改增后计征依据等问题的通知》(吉财水函〔2016〕353号)规定,根据《财政部 国家税务总局关于扩大有关政府性基金免征范围的通知》(财税〔2016〕12号)的要求,自2016年2月1日起,对于上一年度销售额或营业额不超过120万元的水利建设基金缴纳义务人,免征水利建设基金。

四、各级财政部门要切实做好经费保障工作,妥善安排相关部门和单位预算,保障其依法履行职责,积极支持相关事业发展。

五、各级地区、有关部门和单位要通过广播、电视、报纸、网络等媒体,加强政策宣传解读,及时发布信息,做好舆论引导。

六、各地区、有关部门和单位要严格执行政府性基金管理有关规定,对公布取消、调整或减免的政府性基金,不得以任何理由拖延或者拒绝执行。有关部门要加强政策落实情况的监督检查,对违反规定的,应当按照《预算法》《财政违法行为处罚处分条例》等法律、行政法规规定予以处理。

七、本通知自 2017 年 4 月 1 日起执行。《财政部关于征收城市公用事业附加的几项规定》(〔64〕财预王字第 380 号)、《财政部 国家发展改革委关于印发〈新型墙体材料专项基金征收使用管理办法〉的通知》(财综〔2007〕77 号)同时废止。

财政部
2017 年 3 月 15 日

国家税务总局关于贯彻落实降低残疾人就业保障金征收标准政策的通知

(税总函〔2018〕175 号)

各省、自治区、直辖市和计划单列市国家税务局、地方税务局,国家税务总局驻各地特派员办事处:

为进一步减轻社会负担,支持实体经济发展,根据党中央、国务院决策部署,财政部印发了《关于降低部分政府性基金征收标准的通知》(财税〔2018〕39 号,以下简称《通知》),明确自 2018 年 4 月 1 日起,将残疾人就业保障金(以下简称"残保金")征收标准上限由当地社会平均工资的 3 倍降低至 2 倍。现就税务系统贯彻落实相关事项通知如下:

一、深刻领会中央精神,准确把握政策要义

继续降低残保金征收标准,是深入贯彻党的十九大、中央经济工作会议、《政府工作报告》关于降费减负决策部署的重要举措,也是党中央、国务院对社会关切的积极回应。各地税务机关要进一步学习《中华人民共和国残疾人保障法》《残疾人就业条例》等法律法规,充分认识征收残保金对促进残疾人就业的重要意义,深刻领会中央决策精神,准确把握《通知》要求,务求使降费减负政策落实到位,减轻用人单位负担,支持实体经济发展,保障残疾人合法就业权益。

二、认真学习宣传政策,促进政策顺利实施

负责征收残保金的税务机关要组织政策学习培训,促进征缴双方正确理解执行政策。要积极配合财政、残联部门通过互联网站、移动客户端、新闻媒体、12366 纳税服务热线、办税服务厅等多种渠道广泛深入宣传政策,并结合征管解释辅导政策,力求使用人单位广为周知,从而保证政策顺利实施。

三、及时调整征管系统,确保征管有序高效

要严格按照《通知》要求做好政策衔接,及时调整征管系统参数配置,确保系统运行顺畅。对《通知》实施之日起已完成当月申报的用人单位,应及时告知其政策调整信息,并确认是否需要重新申报。对多缴费的用人单位,应按规定办理退抵手续,切实保障用人单位权益。要密切跟踪政策执行情况,关注舆情动态,对出现的问题要迅速果断处置,并及时报告上级税务机关和当地党委、政府。

为了解掌握上述降费减负政策实施情况,请承担残保金征收的省(区、市)税务局于年度终了15日内,通过FTP向国家税务总局(所得税司)报送《税务机关征收残疾人就业保障金地区减负情况表》和降费减负政策实施情况分析报告。报送地址:center/所得税司/社保费征管处/2018年落实减负政策汇总。

附件:税务机关征收残疾人就业保障金地区减负情况表(略)

国家税务总局
2018年5月11日

财政部关于降低部分政府性基金征收标准的通知

(财税〔2018〕39号)

国家发展改革委、水利部、国家税务总局、中国残联、国家电网公司、中国南方电网有限责任公司,各省、自治区、直辖市财政厅(局),新疆生产建设兵团财政局,财政部驻各省、自治区、直辖市财政监察专员办事处:

为进一步减轻社会负担,支持实体经济发展,现就降低部分政府性基金征收标准有关政策通知如下:

一、自2018年4月1日起,将残疾人就业保障金征收标准上限,由当地社会平均工资的3倍降低至2倍。其中,用人单位在职职工平均工资未超过当地社会平均工资2倍(含)的,按用人单位在职职工年平均工资计征残疾人就业保障金;超过当地社会平均工资2倍的,按当地社会平均工资2倍计征残疾人就业保障金。

二、自2018年7月1日起,将国家重大水利工程建设基金征收标准,在按照《财政部关于降低国家重大水利工程建设基金和大中型水库移民后期扶持基金征收标准的通知》(财税〔2017〕51号)降低25%的基础上,再统一降低25%。调整后的征收标准=按照《财政部 国家发展改革委 水利部关于印发〈国家重大水利工程建设基金征收使用管理暂行办法〉的通知》(财综〔2009〕90号)规定的征收标准×(1−25%)×(1−25%)。

征收标准降低后南水北调、三峡后续规划等中央支出缺口,在适度压减支出、统筹现有资金渠道予以支持的基础上,由中央财政通过其他方式予以适当弥补。地方支出缺口,由地方财政统筹解决。

三、各地区、各有关部门和单位应当按照本通知规定,及时制定出台相关配套措施,确保上述政策落实到位。

财政部

2018年4月13日

财政部关于发布全国政府性基金项目目录的通知

(财综〔2004〕6号)

各省、自治区、直辖市财政厅(局)、新疆生产建设兵团财务局,国务院各部委、各直属机构,各中央管理企业:

为了加强政府性基金监督管理,根据法律、行政法规、中共中央和国务院文件,以及财政部有关规定,我们编制了《全国政府性基金项目目录》(见附件,以下简称《基金目录》)。现将有关事项通知如下:

一、《基金目录》中所列的政府性基金项目为本通知发布之前法律、行政法规、中共中央和国务院文件规定,以及财政部会同有关部门批准的正在执行的向社会征收的全国政府性基金项目(包括资金、附加、专项收费,下同),不包括通过财政预算拨款建立的基金,公民、法人和其他组织自愿捐赠、赞助设立的基金,基金会募集建立的基金,通过社会统筹建立的社会保障基金,以及行政事业单位按照国家财务会计制度规定建立的专项基金。政府性基金具体征收范围、征收标准、资金管理方式等,应分别按照《基金目录》中注明的有关文件规定执行,征收期限按《财政部关于公布保留的政府性基金项目的通知》(财综〔2002〕33号)等有关文件规定执行。

注:根据《财政部关于公布废止和失效的财政规章和规范性文件目录(第十三批)的决定》(中华人民共和国财政部令第103号)的规定,自2020年1月23起,本通知已全文废止。

二、根据《财政部关于公布保留的政府性基金项目的通知》(财综〔2002〕33号)的规定,按航空企业运输收入一定比例征收的民航基础设施建设基金执行至2003年12月31日。按照《财政部 国家计委关于延长国家碘盐基金征收期限等有关问题的通知》(财综〔2001〕74号)的规定,国家碘盐基金自2004年1月21日起停止征收。目前这两项政府性基金均已到期,有关部门和单位应严格按照规定停止征收。

注:根据《财政部关于公布废止和失效的财政规章和规范性文件目录(第九批)的决定》(中华人民共和国财政部令第34号)的规定,自2006年3月30日起,本通知已全文废止。

三、根据《财政部关于重新申报政府性基金项目的通知》(财综函〔2002〕8号)的规定,价格调节基金为重新申报的政府性基金项目。鉴于价格调节基金涉及面广、情况比较复杂,我部将会同有关部门进行专题调查,另行研究解决办法。

四、截止本通知发布之日,全国政府性基金项目以《基金目录》为准,凡未列入《基金目录》的政府性基金项目,有关地区、部门和单位都应当停止执行,公民、法人和其他社会组织有权拒绝支付。本通知发布后新设立的政府性基金项目,统一按照国务院或财政部文件规定执行。

五、此前有关规定与本通知不一致的,一律以本通知规定为准。

附件:全国政府性基金项目目录

中华人民共和国财政部

二〇〇四年一月三十日

全国政府性基金项目目录

序号	项目名称	征收依据	资金管理方式	征收期限
1	农网还贷资金	国务院批准,财政部财企〔2001〕820号	缴入中央和地方国库	执行至2005年底
2	三峡工程建设基金	国务院国办发〔1993〕34号,财政部财企〔2002〕651号	缴入中央国库	待三峡工程完工时取消
3	墙体材料专项基金	国务院国发〔1992〕66号,财政部财综字〔2002〕55号	缴入地方国库	执行至2005年底
4	港口建设费	国务院国发〔1985〕124号,交通部、原国家计委、财政部、原国家物价局交财发〔1993〕456号	缴入中央国库	执行至2005年底
5	民航机场管理建设费	国务院国阅〔1991〕144号,国务院国办发〔1995〕57号,财政部财综字〔1999〕147号、财规〔2000〕28号	缴入中央和地方国库	执行至2005年底
6	铁路建设基金	国务院国发〔1992〕37号,财政部财工字〔1996〕371号	缴入中央国库	执行至2005年底
7	铁路建设附加费(福建)	国务院国发〔1998〕17号,财政部、原国家计委财综〔2001〕26号	缴入地方省级国库	执行至2005年底
8	国家茧丝绸发展风险基金	国阅〔1996〕151号,国茧协〔1997〕11号	缴入中央国库	执行至2005年底
9	散装水泥专项资金	国务院国函〔1997〕8号,财政部财综〔2002〕23号	缴入地方国库	执行至2005年底
10	中央对外贸易发展基金	国务院国函〔1996〕17号	缴入中央国库	执行至2005年底
11	育林基金	《森林法》,原农林部、财政部财事字〔1972〕250号,原国家经贸委、原林业部、财政部、原国家物价局、原国家工商行政管理局经重〔1988〕122号,原林业部、财政部林财字〔1991〕74号,财政部(91)财农字第333号、(93)财农字第144号	缴入中央和地方国库	在法律未作调整的情况下继续保留

(续表)

序号	项目名称	征收依据	资金管理方式	征收期限
11-1	集体育林和更改基金	《森林法》,原农林部、财政部财事字〔1972〕250号,原国家经贸委、原林业部、财政部、原国家物价局、原国家工商行政管理局经重〔1988〕122号,原林业部、财政部林财字〔1991〕74号,财政部(91)财农字第333号、(93)财农字第144号,四川省林财〔1986〕20号	缴入地方国库	在法律未作调整的情况下继续保留
11-2	国有育林和更改基金	《森林法》,原农林部、财政部财事字〔1972〕250号,原国家经贸委、原林业部、财政部、原国家物价局、原国家工商行政管理局经重〔1988〕122号,原林业部、财政部林财字〔1991〕74号,财政部(91)财农字第333号、(93)财农字第144号,四川省林财〔1986〕20号	缴入地方国库	在法律未作调整的情况下继续保留
11-3	维简费	财政部(93)财农字第144号	缴入地方国库	在法律未作调整的情况下继续保留
11-4	林业维简费	财政部(93)财农字第144号,贵州省政府黔府办〔1989〕39号	缴入地方国库	在法律未作调整的情况下继续保留
12	林业基金(山西)	《森林法》,财政部财综函〔2003〕1号	缴入地方国库	在法律未作调整的情况下继续保留
13	森林植被恢复费	《森林法》,财政部财综〔2002〕73号	缴入中央和地方国库	在法律未作调整的情况下继续保留
14	水利建设基金	国务院国发〔1997〕7号,财政部财综字〔1998〕117~145号	缴入中央和地方国库	执行至2005年底
15	库区维护建设基金			
15-1	库区维护基金	原电力工业部、财政部〔81〕电财字第56号,财政部(86)财工字第151号,计价格〔1999〕2224号	缴入地方国库	执行至2005年底
15-2	库区建设基金	国务院办公厅国办发〔2002〕3号,财政部财企〔2003〕57号,发改价格〔2003〕827号	缴入中央和地方国库	执行至2007年底
15-3	库区后期扶持基金	国务院批准,原国家计委、财政部、原国家经贸委计建设〔1996〕526号,财政部财综函〔2002〕22号	缴入地方国库	执行至2005年底
15-4	库区移民后期扶持基金(湖南、四川)	国务院批准,财政部财综〔2002〕13号、财综函〔2003〕10号	缴入地方国库	执行至2005年底

(续表)

序号	项目名称	征收依据	资金管理方式	征收期限
15-5	库区移民扶助金（辽宁、安徽、河南、湖北）	国务院国办发〔1986〕56号，财政部财综〔2002〕74号，财综函〔2003〕2号、9号，财综〔2003〕19号	缴入地方国库	执行至2005年底
15-6	三峡库区移民后期扶持基金	国务院令第299号，财政部财企〔2003〕258号	缴入中央国库	每台机组征收10年
16	新菜地开发建设基金	《土地法》《国家建设征用土地条例》，原农牧渔业部、原国家计委、原商业部〔1985〕农（土）字第11号	缴入地方国库	在法律未作调整的情况下继续保留
17	城镇公用事业附加	财政部(64)财预字第380号	缴入地方国库	执行至2005年底
18	文化事业建设费	国务院国发〔1996〕37号，财政部、国家税务总局财税字〔1997〕95号	缴入中央和地方国库	执行至2005年底
19	国家电影事业发展专项资金	广播电影电视部、财政部广发影字〔1991〕187号、广发影字〔1996〕803号	缴入中央和地方国库	执行至2005年底
20	城市教育附加费	《教育法》，国务院令第60号，国发〔1986〕50号，国发明电〔1994〕2号、23号，(92)财预字第111号	缴入中央和地方国库	在法律未作调整的情况下继续保留
21	地方教育附加（辽宁、安徽、福建、四川、江苏、广西、宁夏、贵州、青海、河北）	《教育法》，财政部财综函〔2003〕2号、9号、10号、12号、13号、14号、15号、16号、18号，财综〔2001〕58号	缴入地方国库	在法律未作调整的情况下继续保留
22	地方教育基金（北京、江苏）	《教育法》，财政部财综函〔2002〕31号、财综函〔2003〕12号	缴入地方国库	在法律未作调整的情况下继续保留
23	旅游发展基金	国务院批准，国家旅游局、民用航空总局、财政部、原国家物价局旅办发〔1991〕124号	缴入中央国库	执行至2005年底
24	残疾人就业保障金	《残疾人保障法》，财政部财综字〔1995〕5号、财综〔2001〕16号	缴入地方国库	在法律未作调整的情况下继续保留
25	帮困基金（陕西）	中共中央中办发〔1996〕29号，财政部财综〔2002〕27号	缴入地方国库	执行至2005年底
26	能源基地建设基金（山西）	国务院批准，原国家计委、财政部计基础〔2001〕349号	缴入地方国库	执行至2005年底
27	水资源补偿费（山西）	国务院批准，原国家计委、财政部计基础〔2001〕349号，财政部财综〔2001〕62号	缴入地方国库	执行至2005年底

（续表）

序号	项目名称	征收依据	资金管理方式	征收期限
28	电源基地建设基金（山西）	国务院批准，原国家计委价管〔1997〕440号，财政部财综〔2002〕33号	缴入地方国库	执行至2005年底
29	燃油附加费（海南）	《公路法》，海南省人大36号令	缴入地方国库	待燃油税开征时取消
30	公路客货运附加费	国务院批准，原国家计委、财政部、交通部计价管〔1998〕1104号	缴入地方国库	待燃油税开征时取消
30-1	客运站场建设费	国务院批准，原国家计委、财政部、交通部计价管〔1998〕1104号，山西省晋交技字〔1992〕197号	缴入地方国库	待燃油税开征时取消
30-2	公路客运设施建设专用基金	国务院批准，原国家计委、财政部、交通部计价管〔1998〕1104号，辽宁省政府辽政发〔1986〕43号	缴入地方国库	待燃油税开征时取消
30-3	公路货运发展建设基金	国务院批准，原国家计委、财政部、交通部计价管〔1998〕1104号，辽宁省交通厅、计委、财政厅辽交财〔1992〕38号	缴入地方国库	待燃油税开征时取消
30-4	客货运输设施建设基金	国务院批准，原国家计委、财政部、交通部计价管〔1998〕1104号，吉林省政府吉政发〔1987〕49号	缴入地方国库	待燃油税开征时取消
30-5	客票附加费	国务院批准，原国家计委、财政部、交通部计价管〔1998〕1104号，江苏省苏财综〔1998〕128号	缴入地方国库	待燃油税开征时取消
30-6	货物附加费	国务院批准，原国家计委、财政部、交通部计价管〔1998〕1104号，江苏省苏财综〔1993〕200号	缴入地方国库	待燃油税开征时取消
30-7	公路客运附加费	国务院批准，原国家计委、财政部、交通部计价管〔1998〕1104号，四川省川交财〔1995〕184号	缴入地方国库	待燃油税开征时取消
30-8	公路货运附加费	国务院批准，原国家计委、财政部、交通部计价管〔1998〕1104号，四川省政府川办函〔1992〕71号	缴入地方国库	待燃油税开征时取消
30-9	客运车辆公路基础设施建设费	国务院批准，原国家计委、财政部、交通部计价管〔1998〕1104号，甘肃省甘财综发〔1995〕30号	缴入地方国库	待燃油税开征时取消
30-10	货运车辆公路基础设施建设费	国务院批准，原国家计委、财政部、交通部计价管〔1998〕1104号，甘肃省甘财综发〔1994〕25号	缴入地方国库	待燃油税开征时取消
31	水运客货运附加费	国务院批准，交通部、原国家计委、财政部、原国家物价局交财发〔1993〕456号	缴入中央国库	待燃油税开征时取消

财政部关于调整残疾人就业保障金征收政策的公告

(财政部公告2019年第98号)

为进一步完善残疾人就业保障金制度,现就调整残疾人就业保障金征收政策公告如下:

一、残疾人就业保障金征收标准上限,按照当地社会平均工资2倍执行。当地社会平均工资按照所在地城镇非私营单位就业人员平均工资和城镇私营单位就业人员平均工资加权计算。

二、用人单位依法以劳务派遣方式接受残疾人在本单位就业的,由派遣单位和接受单位通过签订协议的方式协商一致后,将残疾人数计入其中一方的实际安排残疾人就业人数和在职职工人数,不得重复计算。

三、自2020年1月1日起至2022年12月31日,对残疾人就业保障金实行分档减缴政策。其中:用人单位安排残疾人就业比例达到1%(含)以上,但未达到所在地省、自治区、直辖市人民政府规定比例的,按规定应缴费额的50%缴纳残疾人就业保障金;用人单位安排残疾人就业比例在1%以下的,按规定应缴费额的90%缴纳残疾人就业保障金。

四、自2020年1月1日起至2022年12月31日,在职职工人数在30人(含)以下的企业,暂免征收残疾人就业保障金。

五、本公告自2020年1月1日起执行。

财政部

二〇一九年十二月三十一日

财政部关于延续实施残疾人就业保障金优惠政策的公告

(财政部公告2023年第8号)

为促进小微企业发展,进一步减轻用人单位负担,现就延续实施《财政部关于调整残疾人就业保障金征收政策的公告》(财政部公告2019年第98号)相关优惠政策公告如下:

一、延续实施残疾人就业保障金分档减缴政策。其中:用人单位安排残疾人就业比例达到1%(含)以上,但未达到所在地省、自治区、直辖市人民政府规定比例的,按规定应缴费额的50%缴纳残疾人就业保障金;用人单位安排残疾人就业比例在1%以下的,按规定应缴费额的90%缴纳残疾人就业保障金。

二、在职职工人数在 30 人（含）以下的企业，继续免征残疾人就业保障金。

三、本公告执行期限自 2023 年 1 月 1 日起至 2027 年 12 月 31 日。对符合本公告规定减免条件但缴费人已缴费的，可按规定办理退费。

特此公告。

财政部
二〇二三年三月二十六日

五、文化事业建设费

国务院关于进一步完善文化经济政策的若干规定

（国发〔1996〕37 号）

为切实加强社会主义精神文明建设、促进文化事业健康发展，国务院决定进一步完善文化经济政策，在加大各级财政对文化事业投入力度的同时，拓宽文化事业资金投入渠道，逐步形成适应社会主义市场经济要求的筹资机制和多渠道投入体制。

一、开征文化事业建设费

为引导和调控文化事业的发展，从 1997 年 1 月 1 日起，在全国范围内开征文化事业建设费（地方已开征的不重复征收）。

（一）各种营业性的歌厅、舞厅、卡拉 OK 歌舞厅、音乐茶座和高尔夫球、台球、保龄球等娱乐场所，按营业收入的 3％缴纳文化事业建设费。

广播电台、电视台和报纸、刊物等广告媒介单位以及户外广告经营单位，按经营收入的 3％缴纳文化事业建设费。

（二）文化事业建设费由地方税务机关在征收娱乐业、广告业的营业税时一并征收。中央和国家机关所属单位缴纳的文化事业建设费，由地方税务机关征收后全额上缴中央金库。地方缴纳的文化事业建设费，全额缴入省级金库。

（三）文化事业建设费纳入财政预算管理，分别由中央和省级建立专项资金，用于文化事业建设。文化事业建设费的具体管理和使用办法，由财政部门会同有关主管部门制定。

二、鼓励对文化事业的捐赠

为鼓励社会力量资助文化事业，纳税人通过文化行政管理部门或批准成立的非营利性的公益性组织对下列文化事业的捐赠,在年度应纳税所得额 3‰ 以内的部分,经主管税务机关审核后,在计算应纳税所得额时予以扣除:

(一)对国家重点交响乐团、芭蕾舞团、歌剧团和京剧团及其他民族艺术表演团体的捐赠。

(二)对公益性的图书馆、博物馆、科技馆、美术馆、革命历史纪念馆的捐赠。

(三)对重点文物保护单位的捐赠。

三、继续实行财税优惠政策

随着经济发展和财政收入的增长,逐步增加对文化事业的资金投入,继续实行财税优惠政策。

(一)"九五"期间,财政部、国家税务总局《关于继续对宣传文化单位实行财税优惠政策的法规》(财税字〔1994〕89号)中法规的7类出版物、县及县以下新华书店和农村供销社销售出版物的增值税,继续实行先征后退的办法;经国务院批准成立的电影制片厂销售的电影拷贝收入,继续免征增值税;中央和省级财政继续按宣传文化企业上年上缴所得税的实际入库数列支出预算,建立宣传文化发展专项资金;中央和省级财政要继续在预算中安排部分专项经费,纳入宣传文化发展专项资金。

注:根据《财政部关于公布废止和失效的财政规章和规范性文件目录(第八批)的决定》(中华人民共和国财政部令2003年第16号)和《国务院关于废止部分行政法规的决定》(中华人民共和国国务院令第516号)的规定,本法规已全文废止。

财税优惠政策如因税制调整而停止执行,各级财政部门要通过预算方式相应解决宣传文化单位由此产生的经费问题。

(二)适当增加"万里边境文化长廊"补助经费。在民族事业费和边境建设费中安排一定数量扶持边远地区、民族地区发展文化事业。有关地方政府也应逐步增加对边远地区、民族地区文化事业的投入。

四、建立健全专项资金制度

为促进宣传文化事业发展、增强调控能力、保证重点需要、规范资金管理,中央和省级要建立健全有关专项资金制度。

专项资金的来源为财政预算资金和按国家有关法规批准的收费等预算外资金。财政部门要做好专项资金的预算安排,有关部门要严格按照法规征收预算外资金。目前,要重点完善"宣传文化发展专项资金""优秀剧(节)目创作演出专项资金""国家电影事业发展专项资金"和"出版发展专项资金"制度。

专项资金是财政资金,要按照有关财政法规的要求健全制度、加强管理,保证专项专用,并接受财政和审计部门监督检查。

1996年9月5日

财政部关于开征文化事业建设费有关预算管理问题的通知

(财预字〔1996〕469号)

各省、自治区、直辖市、计划单列市财政厅(局)、地方税务局、分金库：

根据《国务院关于进一步完善文化经济政策的若干规定》(国发〔1996〕37号)，现就关于开征文化事业建设费有关预算管理问题通知如下：

一、关于预算科目

在1997年基金预算收入科目中设置第443款"文化事业建设费收入"，"款"下设置"中央所属企事业单位文化事业建设费收入""地方所属企事业单位文化事业建设费收入""中央和地方所属企事业单位文化事业建设费收入"三个项级科目。

在1997年基金预算支出科目中设置第443款"文化事业建设费支出"。

二、关于预算级次和缴库办法

中央所属企事业单位缴纳的文化事业建设费，中央所属企事业单位组成的联营企业、股份制企业缴纳的文化事业建设费，中央所属企事业单位与集体企业、私营企业组成的联营企业、股份制企业缴纳的文化事业建设费，中央所属企事业单位与外商组成的中外合资经营企业、中外合作经营企业缴纳的文化事业建设费，全部作为中央基金预算收入，用"一般缴款书"，以"中央所属企事业单位文化事业建设费收入""项"级科目，就地缴入中央国库。

地方所属企事业单位、集体企业、私营企业、外商独资企业缴纳的文化事业建设费，地方所属企事业单位、集体企业、私营企业组成的联营企业、股份制企业缴纳文化事业建设费，地方所属企事业单位、集体企业、私营企业与外商组成的中外合资经营企业、中外合作经营企业缴纳的文化事业建设费，全部作为地方预算收入，用"一般缴款书"，以"地方所属企事业单位文化事业建设费收入"科目，就地缴入省级国库。

中央所属企事业单位与地方所属企事业单位组成的联营企业、股份制企业缴纳的文化事业建设费，中央所属企事业单位与地方所属企事业单位联合与集体企业、私营企业、外商组成的联营企业、股份制企业、中外合资经营企业、中外合作经营企业缴纳的文化事业建设费，按中央、地方各自投资占中央和地方投资之和的比例，分别作为中央基金预算收入和地方基金预算收入，分别填开"一般缴款书"，以"中央和地方所属企事业单位文化事业建设费收入"科目，就地缴入中央国库和省级国库。

三、文化事业建设费的具体管理办法，由财政部会同有关部门另行制定。

四、本通知自1997年1月1日起执行。

财政部 中宣部关于颁发《文化事业建设费使用管理办法》的通知

(财文字〔1997〕243号)

注：根据《财政部关于修改〈文化事业建设费使用管理办法〉的决定》(中华人民共和国财政部令第91号)的规定，自2018年1月1日起，本办法在第十一条后增加一条作为第十二条，原第十二条至第十四条相应顺延，增加内容为："各级财政部门和相关主管部门及其工作人员在文化事业建设费审批工作中，存在违反本办法规定的行为，以及其他滥用职权、玩忽职守、徇私舞弊等违法违纪行为的，依照《中华人民共和国预算法》《中华人民共和国公务员法》《中华人民共和国行政监察法》《财政违法行为处罚处分条例》等国家有关规定追究相应责任；涉嫌犯罪的，依法移送司法机关处理"。

各省、自治区、直辖市、计划单列市财政厅(局)，党委宣传部：

根据党的十四届六中全会通过的《中共中央关于加强社会主义精神文明建设若干重要问题的决议》精神和《国务院关于进一步完善文化经济政策的若干规定》(国发〔1996〕37号)，我们制定了《文化事业建设费使用管理办法》，现发给你们，请遵照执行。

附件：文化事业建设费使用管理办法

财政部

中宣部

1997年4月11日

附件

文化事业建设费使用管理办法

第一条 根据十四届六中全会通过的《中共中央关于加强社会主义精神文明建设若干重要问题的决议》精神和《国务院关于进一步完善文化经济政策的若干规定》(国发〔1996〕37号)，制定本办法。

第二条 为了引导和调控文化事业的发展，国务院决定从1997年1月1日起在全国范围内开征文化事业建设费，即按歌厅、舞厅、卡拉OK歌舞厅、音乐茶座和高尔夫球、台球、保龄球等各种营业性娱乐场所营业收入的3%和广播电台、电视台和报纸、刊物等广告媒介单位以及户外广告经营单位营业收入的3%缴纳文化事业建设费。

第三条 文化事业建设费由地方税务机关征收。中央单位缴纳的文化事业建设费，由地方税务机关征收后全额上缴中央金库。地方单位缴纳的文化事业建设费，全额缴入省级金库。具体按照财政部《关于开征文化事业建设费有关预算管理问题的通知》(财预字〔1996〕469号)执行。

第四条 中央级文化事业建设费由财政部会同中央精神文明建设指导委员会办公室(以下简称中央文明委办公室)管理。省级文化事业建设费由省级财政部门会同省级精神文明建设指导委员会办公室(以下简称省文明委办公室)管理。

第五条 文化事业建设费的支出范围。文化事业建设费主要用于国家对社会主义精神文明建设,重点是思想道德和文化建设进行宏观调控等方面的开支。

中央级文化事业建设费的具体支出范围包括:

(一)重大活动经费。即用于举办有关社会主义思想道德建设和群众性精神文明创建活动的开支:

1. 由中央文明委负责组织的群众性精神文明创建活动评比表彰支出;

2. 由中央文明委负责组织的各类思想道德教育活动等所需支出;

3. 由中央文明委负责组织的大型综合文艺演出、庆典等活动的补助;

4. 由中央文明委责成或批准有关部门承办的思想道德和文化建设等活动的补助。

(二)培训经费。即用于中央文明委负责组织或责成有关部门组织的宣传文化事业人才培训和教学设备等方面的补助。

(三)优秀作品奖励经费。即由中央文明委组织的用于支持文学艺术、新闻出版、广播影视、哲学社会科学方面的优秀作品的创作和奖励。

(四)中央级国家公益性文化事业单位维修购置补助经费。

(五)中央级国家公益性文化事业单位的特殊需要。

省级文化事业建设费的支出范围参照上述规定办理。

第六条 文化事业建设费不得用于下列各项开支:

(一)部门和单位人员支出、正常办公支出、行政后勤支出、职工福利支出。

(二)部门和单位的基本建设支出。特殊情况,报经中央文明委办公室、省文明委办公室审核批准后个案处理。

(三)宣传文化企业的支出。

(四)其他不属于文化事业建设费开支范围的支出。

第七条 预算的编报、核定和执行。文化事业建设费支出预算,根据"先收后支、收支平衡,专款专用,重点扶持"的原则编制和核定。

(一)中央级文化事业建设费支出年度预算的编报和核定。由中央文明委办公室提出当年支出预算建议数和具体项目。财政部根据上年度文化事业建设费收入征缴入库数和当年预计征缴入库数核定年度支出预算。

(二)中央级文化事业建设费支出预算的执行。财政部根据核定的支出预算和收入缴库情况按季将经费拨给中央文明委办公室。中央文明委责成或批准有关部门和单位承办的项目和活动,其经费由中央文明委办公室在财政部核定的年度预算指标之内拨付有关主管部门,同时抄送财政部。

(三)省级文化事业建设费年度支出预算的编报、核定和执行办法参照前两款制定。

第八条 预算的调整。文化事业建设费收入年终入库数超过当年财政部门核定的文化事业建设费支出预算数时,超过的部分在核定的文化事业建设费支出预算数量,超过的部分在核定下年度文化事业建设费支出预算时予以安排;财政部门核定的文化事业建设费支出预算数,超过当年文化事业建设费收入年终入库数与上年结余数之和时,相应调减当年文化事业建设费支出预算。

第九条 决算的编报和核批:

(一)中央文明委办公室于年度终了按照财政部有关规定编制年度文化事业建设费支出决算,并附文字说明,于下年度3月上旬报送财政部核批。

(二)由中央文明委责成或批准各有关主管部门和单位承办的项目和活动所开支的文化事业建设费,分别由承办的主管部门编制文化事业建设费支出决算并附文字说明,于下年度2月上旬报中央文明委办公室审核汇总。

(三)省文明委办公室按照同级财政部门的规定,将本省文化事业建设费支出年终决算报同级财政部门核批。

(四)省文明委责成或批准各有关主管部门和单位承办事项开支的文化事业建设费,其决算编报按省级财政部门的规定执行。

(五)省级财政部门要按照财政部有关规定将本地区文化事业建设费支出年终决算随地方文教事业费决算一并报送财政部审核、汇总。

第十条 年终结余的处理。

中央文明委办公室及有关部门、省文明委办公室及有关部门的文化事业建设费年终结余,随决算报同级财政部门审定。

(一)中央文明委办公室、省文明委办公室未完成事项的文化事业建设费结余,结转下年度继续使用;已完成事项的文化事业建设费结余,由同级财政部门在核定下年度文化事业建设费支出预算时安排使用。

(二)有关部门未完成事项的文化事业建设费结余,结转下年度继续使用;已完成事项的文化事业建设费结余,分别缴回中央文明委办公室、省文明委办公室。

第十一条 监督和检查:

(一)文化事业建设费的使用必须遵守国家财政、财务规章制度和财经纪律。必须接受财政、审计部门的指导、检查和监督。

(二)财政部门应定期对文化事业建设费的使用情况进行检查。违反本办法的,要按照《国务院关于违反财政法规处罚的暂行规定》予以处理。

第十二条 各省、自治区、直辖市、计划单列市的财政厅(局),可根据本办法,结合本地区实际情况制定省级文化事业建设费使用管理办法,并报财政部备案。

第十三条 本办法由财政部负责解释。

第十四条 本办法自1997年1月1日起施行。

财政部 国家税务总局关于对外商投资企业、外国企业和外籍个人征收文化事业建设费问题的通知

(财税字〔1998〕14号)

财政部、国家税务总局制定的《文化事业建设费征收管理暂行办法》(财税字〔1997〕95号,以下简称办法)已于1997年6月17日经国务院批准,1997年7月7日发布施行。依照办法规定,在中华人民共和国境内缴纳娱乐业、广告业营业税的单位和个人,为文化事业建设费的缴纳义务人。据此,具有上述纳税义务的外商投资企业、外国企业和外籍个人,应当依照办法缴纳文化事业建设费。

注:根据《财政部 国家税务总局关于营业税改征增值税试点有关文化事业建设费政策及征收管理问题的补充通知》(财税〔2016〕60号)的规定,自2016年5月1日起,本通知全文废止。

财政部 国家税务总局
1998年1月22日

国务院关于支持文化事业发展若干经济政策的通知

(国发〔2000〕41号)

各省、自治区、直辖市人民政府,国务院各部委、各直属机构:

改革开放以来,特别是党的十四大以来,党中央、国务院先后出台了一系列文化经济政策,对改革宣传文化管理体制和完善宣传文化机构内部经营机制,促进精神文化产品生产和宣传文化设施建设,改善宣传文化机构的物质条件,发挥了积极作用,推动了宣传文化事业健康发展。

为认真贯彻《中共中央关于制定国民经济和社会发展第十个五年计划的建议》中关于"继续实行支持文化事业发展的有关政策,增加对重要新闻媒体和公益文化事业的投入"的精神,深化宣传文化管理体制改革,推动宣传文化事业发展,在"九五"结束后,要继

续执行《国务院关于进一步完善文化经济政策的若干规定》(国发〔1996〕37号)及相关文件并加大财税支持力度,对现行的各项文化经济政策加以调整和完善。现将有关问题通知如下:

一、继续征收文化事业建设费。

(一)各种营业性的歌厅、舞厅、卡拉OK歌舞厅、音乐茶座和高尔夫球、台球、保龄球等娱乐场所,按营业收入的3%缴纳文化事业建设费。

广播电台、电视台和报纸、刊物等广告媒介单位以及户外广告经营单位,按经营收入的3%缴纳文化事业建设费。

(二)文化事业建设费由地方税务机关在征收娱乐业、广告业的营业税时一并征收。中央和国家机关所属单位缴纳的文化事业建设费,由地方税务机关征收后全额上缴中央金库。地方缴纳的文化事业建设费,全额缴入省级金库。

(三)文化事业建设费纳入财政预算管理,分别由中央和省级建立专项资金,用于文化事业建设。文化事业建设费的管理和使用,继续按照财政部、中宣部《关于颁发〈文化事业建设费使用管理办法〉的通知》(财文字〔1997〕243号)执行。

二、对下列出版物的增值税继续实行先征后退的办法。违规出版物和多次出现违规出版物的出版社不得享受此项政策。

(一)中国共产党和各民主党派的机关报和机关刊物。

(二)各级人民政府的机关报和机关刊物。

(三)各级人大、政协、工会、共青团、妇联组织的机关报和机关刊物。

(四)新华通讯社的机关报和机关刊物。

(五)军事部门的机关报和机关刊物。

(六)大中小学的学生课本和专为少年儿童出版发行的报纸和刊物。

(七)科技图书和科技期刊。

三、全国县(含县级市)及县以下新华书店和农村供销社销售出版物的增值税,继续实行先征后退的办法。

四、继续实施下列发展电影事业的五项经济政策。

(一)对经国务院批准成立的电影制片厂销售的电影拷贝收入,免征增值税;对电影发行单位向放映单位收取的发行收入,免征营业税。

(二)从电影放映收入中提取5%建立"国家电影事业发展专项资金",用于电影行业的宏观调控。

(三)从电视广告纯收入中提取3%建立"电影精品专项资金",用于支持电影精品摄制。

(四)从进口影片收入中提取部分资金用于电影制片、译制。

(五)特别重点影片的创作生产,可个案报批财政补贴。

五、继续增加对宣传文化事业的财政投入。

（一）中央和省级财政继续按宣传文化企业上年上缴所得税的实际入库数列支出预算，建立宣传文化发展专项资金；中央和省级财政要继续在预算中安排部分专项经费，纳入宣传文化发展专项资金。

（二）适当增加"万里边境文化长廊"补助经费。在民族事业费和边境建设费中安排一定数量扶持边远地区、民族地区发展文化事业。有关地方人民政府也应逐步增加对边远地区、民族地区文化事业的投入。

六、建立健全专项资金制度。为促进宣传文化事业发展、增强调控能力、保证重点需要、规范资金管理，中央和省级要建立健全有关专项资金制度。

专项资金的来源为财政预算资金和按国家有关规定批准的收费等预算外资金。财政部门要做好专项资金的预算安排，有关部门要严格按照规定征收预算外资金。要进一步完善"宣传文化发展专项资金""优秀剧（节）目创作演出专项资金""国家电影事业发展专项资金""电影精品专项资金"和"出版发展专项资金"等专项资金制度。

专项资金是财政资金，要按照有关财政法规的要求健全制度、加强管理，保证专项专用并接受财政和审计部门监督检查。

七、继续鼓励对宣传文化事业的捐赠。社会力量通过国家批准成立的非营利性的公益组织或国家机关对下列宣传文化事业的捐赠，纳入公益性捐赠范围，经税务机关审核后，纳税人缴纳企业所得税时，在年度应纳税所得额10%以内的部分，可在计算应纳税所得额时予以扣除；纳税人缴纳个人所得税时，捐赠额未超过纳税人申报的应纳税所得额30%的部分，可从其应纳税所得额中扣除。

（一）对国家重点交响乐团、芭蕾舞团、歌剧团、京剧团和其他民族艺术表演团体的捐赠。

（二）对公益性的图书馆、博物馆、科技馆、美术馆、革命历史纪念馆的捐赠。

（三）对重点文物保护单位的捐赠。

（四）对文化行政管理部门所属的非生产经营性的文化馆或群众艺术馆接受的社会公益性活动、项目和文化设施等方面的捐赠。

八、抓好落实，加强管理。各级财税部门要认真落实各项文化经济政策。宣传文化主管部门要充分发挥文化经济政策的宏观调控作用。宣传文化机构要深化内部改革，转换经营机制，健全财务制度，加强资金管理，接受的捐赠资金要专门用于发展宣传文化事业，不得挤占、挪用甚至私分，也不得以捐赠为由搞乱摊派、乱集资等活动。对出现的各种违法违纪行为，要追究责任，严肃处理。

国务院
二〇〇〇年十二月十八日

国家税务总局关于营业税改征增值税试点有关文化事业建设费登记与申报事项的公告

(国家税务总局公告2013年第64号)

根据《财政部 国家税务总局关于营业税改征增值税试点有关文化事业建设费征收管理问题的通知》(财综〔2013〕88号),现将文化事业建设费登记与申报有关事项公告如下:

注:根据《财政部 国家税务总局关于营业税改征增值税试点有关文化事业建设费政策及征收管理问题的通知的规定》(财税〔2016〕25号)和《财政部关于公布废止和失效的财政规章和规范性文件目录(第十三批)的决定》(中华人民共和国财政部令第103号)的规定,本通知已全文废止。

一、登记事项

凡应缴纳和扣缴文化事业建设费的单位和个人(以下简称缴纳人、扣缴人),须按以下规定填写《文化事业建设费登记表》(附件1),向主管税务机关申报办理文化事业建设费登记事项。

(一)缴纳人、扣缴人在办理税务登记或扣缴税款登记的同时,办理文化事业建设费登记。

(二)本公告发布之日前已经办理税务登记或扣缴税款登记,但未办理文化事业建设费登记的缴纳人、扣缴人,应在本公告发布后,首次申报缴纳文化事业建设费前,补办登记事项。

(三)不经常发生文化事业建设费应缴纳行为或按规定不需要办理税务登记、扣缴税款登记的缴纳人、扣缴人,可以在首次文化事业建设费应缴纳行为发生后,办理登记事项。

二、申报事项

(一)缴纳人、扣缴人应在申报期内分别向主管税务机关报送《文化事业建设费申报表》(附件2)、《文化事业建设费代扣代缴报告表》(附件3,以下简称申报表)。申报数据实行电子信息采集的缴纳人、扣缴人,其纸质申报表按照各省税务机关的要求报送。

(二)缴纳人计算缴纳文化事业建设费时,允许从提供相关应税服务所取得的全部含税价款和价外费用中减除有关价款的,应根据取得的合法有效凭证逐一填列《应税服务扣除项目清单》(附件4),作为申报表附列资料,向主管税务机关同时报送。

缴纳人应将合法有效凭证的复印件加盖财务印章后编号并装订成册,作为备查资料并妥善保管,以备税务机关检查审核。

(三)文化事业建设费的申报期限与缴纳人、扣缴人的增值税申报期限相同。

三、本公告自 2014 年 1 月 1 日起施行。《国家税务总局关于营业税改征增值税试点文化事业建设费缴费信息登记有关事项的公告》(国家税务总局公告 2012 年第 50 号)、《国家税务总局关于营业税改征增值税试点文化事业建设费申报有关事项的公告》(国家税务总局公告 2012 年第 51 号)、《国家税务总局关于营业税改征增值税试点中文化事业建设费征收有关事项的公告》(国家税务总局公告 2013 年第 35 号)同时废止。

特此公告。

附件：1.《文化事业建设费登记表》及填表说明(略)
   2.《文化事业建设费申报表》及填表说明(略)
   3.《文化事业建设费代扣代缴报告表》及填表说明(略)
   4.《应税服务减除项目清单》及填表说明(略)

国家税务总局
2013 年 11 月 11 日

财政部 国家税务总局关于对小微企业免征有关政府性基金的通知

(财税〔2014〕122 号)

各省、自治区、直辖市、计划单列市人民政府，中宣部、教育部、水利部、中国残联：

为进一步加大对小微企业的扶持力度，经国务院批准，现将免征小微企业有关政府性基金问题通知如下：

一、自 2015 年 1 月 1 日起至 2017 年 12 月 31 日，对按月纳税的月销售额或营业额不超过 3 万元(含 3 万元)，以及按季纳税的季度销售额或营业额不超过 9 万元(含 9 万元)的缴纳义务人，免征教育费附加、地方教育附加、水利建设基金、文化事业建设费。

二、自工商登记注册之日起 3 年内，对安排残疾人就业未达到规定比例、在职职工总数 20 人以下(含 20 人)的小微企业，免征残疾人就业保障金。

三、免征上述政府性基金后，有关部门依法履行职能和事业发展所需经费，由同级财政预算予以统筹安排。

财政部 国家税务总局
2014 年 12 月 23 日

财政部 国家税务总局关于营业税改征增值税试点有关文化事业建设费政策及征收管理问题的通知

(财税〔2016〕25号)

各省、自治区、直辖市、计划单列市财政厅(局)、国家税务局、地方税务局:

为促进文化事业发展,现就营业税改征增值税(以下简称营改增)试点中文化事业建设费政策及征收管理有关问题通知如下:

一、在中华人民共和国境内提供广告服务的广告媒介单位和户外广告经营单位,应按照本通知规定缴纳文化事业建设费。

二、中华人民共和国境外的广告媒介单位和户外广告经营单位在境内提供广告服务,在境内未设有经营机构的,以广告服务接受方为文化事业建设费的扣缴义务人。

三、缴纳文化事业建设费的单位(以下简称缴纳义务人)应按照提供广告服务取得的计费销售额和3%的费率计算应缴费额,计算公式如下:

$$应缴费额 = 计费销售额 \times 3\%$$

计费销售额,为缴纳义务人提供广告服务取得的全部含税价款和价外费用,减除支付给其他广告公司或广告发布者的含税广告发布费后的余额。

缴纳义务人减除价款的,应当取得增值税专用发票或国家税务总局规定的其他合法有效凭证,否则,不得减除。

四、按规定扣缴文化事业建设费的,扣缴义务人应按下列公式计算应扣缴费额:

$$应扣缴费额 = 支付的广告服务含税价款 \times 费率$$

五、文化事业建设费的缴纳义务发生时间和缴纳地点,与缴纳义务人的增值税纳税义务发生时间和纳税地点相同。

文化事业建设费的扣缴义务发生时间,为缴纳义务人的增值税纳税义务发生时间。

文化事业建设费的扣缴义务人应当向其机构所在地或者居住地主管税务机关申报缴纳其扣缴的文化事业建设费。

六、文化事业建设费的缴纳期限与缴纳义务人的增值税纳税期限相同。

文化事业建设费扣缴义务人解缴税款的期限,应按照前款规定执行。

七、增值税小规模纳税人中月销售额不超过2万元(按季纳税6万元)的企业和非企业性单位提供的应税服务,免征文化事业建设费。

自2015年1月1日起至2017年12月31日,对按月纳税的月销售额不超过3万元(含3万元),以及按季纳税的季度销售额不超过9万元(含9万元)的缴纳义务人,免征文化事业建设费。

八、营改增后的文化事业建设费,由国家税务局征收。

九、营改增试点中文化事业建设费的预算科目、预算级次和缴库办法等,参照《财政部关于开征文化事业建设费有关预算管理问题的通知》(财预字〔1996〕469号)的规定执行,具体如下:

中央所属企事业单位缴纳的文化事业建设费,中央所属企事业单位组成的联营企业、股份制企业缴纳的文化事业建设费,中央所属企事业单位与集体企业、私营企业组成的联营企业、股份制企业缴纳的文化事业建设费,中央所属企事业单位与港、澳、台商组成的合资经营企业(港或澳、台资)、合作经营企业(港或澳、台资)缴纳的文化事业建设费,中央所属企事业单位与外商组成的中外合资经营企业、中外合作经营企业缴纳的文化事业建设费,全部作为中央预算收入,由税务机关开具税收缴款书,以"1030217文化事业建设费收入"项级科目就地缴入中央国库。

地方所属企事业单位、集体企业、私营企业、港澳台商独资经营企业、外商独资企业缴纳的文化事业建设费,地方所属企事业单位、集体企业、私营企业组成的联营企业、股份制企业缴纳的文化事业建设费,地方所属企事业单位、集体企业、私营企业与港、澳、台商组成的合资经营企业(港或澳、台资)、合作经营企业(港或澳、台资)缴纳的文化事业建设费,地方所属企事业单位、集体企业、私营企业与外商组成的中外合资经营企业、中外合作经营企业缴纳的文化事业建设费,全部作为地方预算收入,由税务机关开具税收缴款书,以"1030217文化事业建设费收入"项级科目,按各地方规定的缴库级次就地缴入地方国库。

中央所属企事业单位与地方所属企事业单位组成的联营企业、股份制企业缴纳的文化事业建设费,中央所属企事业单位与地方所属企事业单位联合与集体企业、私营企业、港澳台商、外商组成的联营企业、股份制企业、合资经营企业(港或澳、台资)、合作经营企业(港或澳、台资)、中外合资经营企业、中外合作经营企业缴纳的文化事业建设费,按中央、地方各自投资占中央和地方投资之和的比例,分别作为中央预算收入和地方预算收入,由税务机关开具税收缴款书就地缴入中央国库和地方规定的地方国库。

十、文化事业建设费纳入财政预算管理,用于文化事业建设。具体管理和使用办法,另行制定。

十一、本通知所称广告服务,是指《财政部 国家税务总局关于全面推开营业税改征增值税试点的通知》(财税〔2016〕36号)的《销售服务、无形资产、不动产注释》中"广告服务"范围内的服务。

十二、本通知所称广告媒介单位和户外广告经营单位,是指发布、播映、宣传、展示户外广告和其他广告的单位,以及从事广告代理服务的单位。

十三、本通知自2016年5月1日起执行。《关于营业税改征增值税试点有关文化事业建设费征收管理问题的通知》(财综〔2013〕88号)同时废止。

财政部 国家税务总局
2016年3月28日

财政部 国家税务总局关于营业税改征增值税试点有关文化事业建设费政策及征收管理问题的补充通知

(财税〔2016〕60号)

各省、自治区、直辖市、计划单列市财政厅(局)、国家税务局、地方税务局：

为促进文化事业发展，现就全面推开营业税改征增值税试点(以下简称营改增)后娱乐服务征收文化事业建设费有关事项补充通知如下：

一、在中华人民共和国境内提供娱乐服务的单位和个人(以下称缴纳义务人)，应按照本通知以及《财政部 国家税务总局关于营业税改征增值税试点有关文化事业建设费政策及征收管理问题的通知》(财税〔2016〕25号)的规定缴纳文化事业建设费。

二、缴纳义务人应按照提供娱乐服务取得的计费销售额和3%的费率计算娱乐服务应缴费额，计算公式如下：

$$娱乐服务应缴费额＝娱乐服务计费销售额\times 3\%$$

娱乐服务计费销售额，为缴纳义务人提供娱乐服务取得的全部含税价款和价外费用。

三、未达到增值税起征点的缴纳义务人，免征文化事业建设费。

四、本通知所称娱乐服务，是指《财政部 国家税务总局关于全面推开营业税改征增值税试点的通知》(财税〔2016〕36号)的《销售服务、无形资产、不动产注释》中"娱乐服务"范围内的服务。

五、本通知自2016年5月1日起执行。《财政部 国家税务总局关于印发〈文化事业建设费征收管理暂行办法〉的通知》(财税字〔1997〕95号)同时废止。

财政部 国家税务总局
2016年5月13日

财政部 税务总局关于电影等行业税费支持政策的公告

(财政部 税务总局公告2020年第25号)

为支持电影等行业发展，现将有关税费政策公告如下：

一、自2020年1月1日至2020年12月31日,对纳税人提供电影放映服务取得的收入免征增值税。

本公告所称电影放映服务,是指持有《电影放映经营许可证》的单位利用专业的电影院放映设备,为观众提供的电影视听服务。

二、对电影行业企业2020年度发生的亏损,最长结转年限由5年延长至8年。

电影行业企业限于电影制作、发行和放映等企业,不包括通过互联网、电信网、广播电视网等信息网络传播电影的企业。

三、自2020年1月1日至2020年12月31日,免征文化事业建设费。

四、本公告发布之日前,已征的按照本公告规定应予免征的税费,可抵减纳税人和缴费人以后月份应缴纳的税费或予以退还。

财政部 税务总局
二〇二〇年五月十三日

财政部 税务总局关于延续实施应对疫情部分税费优惠政策的公告

(财政部 税务总局公告2021年第7号)

为进一步支持疫情防控,帮助企业纾困发展,现将有关税费政策公告如下:

一、《财政部 税务总局关于支持个体工商户复工复业增值税政策的公告》(财政部 税务总局公告2020年第13号)规定的税收优惠政策,执行期限延长至2021年12月31日。其中,自2021年4月1日至2021年12月31日,湖北省增值税小规模纳税人适用3%征收率的应税销售收入,减按1%征收率征收增值税;适用3%预征率的预缴增值税项目,减按1%预征率预缴增值税。

二、《财政部 税务总局关于支持新型冠状病毒感染的肺炎疫情防控有关个人所得税政策的公告》(财政部 税务总局公告2020年第10号)、《财政部 税务总局关于电影等行业税费支持政策的公告》(财政部 税务总局公告2020年第25号)规定的税费优惠政策凡已经到期的,执行期限延长至2021年12月31日。

三、《财政部 税务总局关于支持新型冠状病毒感染的肺炎疫情防控有关税收政策的公告》(财政部 税务总局公告2020年第8号)、《财政部 税务总局关于支持新型冠状病毒感染的肺炎疫情防控有关捐赠税收政策的公告》(财政部 税务总局公告2020年第9号)规定的税收优惠政策凡已经到期的,执行期限延长至2021年3月31日。

四、2021年1月1日至本公告发布之日前,已征的按照本公告规定应予减免的税费,可抵减纳税人或缴费人以后应缴纳的税费或予以退还。

特此公告。

财政部 税务总局
二〇二一年三月十七日

六、废弃电器电子产品处理基金

废弃电器电子产品回收处理管理条例

（中华人民共和国国务院令第551号）

注：根据《国务院关于修改部分行政法规的决定》（中华人民共和国国务院令第709号）的规定，自2019年3月2日起，本条例中第三条第二款、第四条、第六条、第七条第二款、第十七条、第二十条、第二十一条第一款、第二十四条、第二十五条、第二十九条、第三十条、第三十一条、第三十二条中的"环境保护"修改为"生态环境"；第四条中的"工商、质量监督"修改为"市场监督管理"；第二十条中的"质量监督"、第二十七条中的"产品质量监督"修改为"市场监督管理"；第二十八条修改为："违反本条例规定，未取得废弃电器电子产品处理资格擅自从事废弃电器电子产品处理活动的，由县级以上人民政府生态环境主管部门责令停业、关闭，没收违法所得，并处5万元以上50万元以下的罚款。"

《废弃电器电子产品回收处理管理条例》已经2008年8月20日国务院第23次常务会议通过，现予公布，自2011年1月1日起施行。

总 理 温家宝
二〇〇九年二月二十五日

废弃电器电子产品回收处理管理条例

第一章 总 则

第一条 为了规范废弃电器电子产品的回收处理活动，促进资源综合利用和循环经济发展，保护环境，保障人体健康，根据《中华人民共和国清洁生产促进法》和《中华人民共和国固体废物污染环境防治法》的有关规定，制定本条例。

第二条 本条例所称废弃电器电子产品的处理活动，是指将废弃电器电子产品进行拆解，从中提取物质作为原材料或者燃料，用改变废弃电器电子产品物理、化学特性的方法减少已产生的废弃电器电子产品数量,减少或者消除其危害成分,以及将其最终置于符合环境保护要求的填埋场的活动,不包括产品维修、翻新以及经维修、翻新后作为旧货再使用的活动。

第三条 列入《废弃电器电子产品处理目录》(以下简称《目录》)的废弃电器电子产品的回收处理及相关活动,适用本条例。

国务院资源综合利用主管部门会同国务院环境保护、工业信息产业等主管部门制订和调整《目录》,报国务院批准后实施。

第四条 国务院环境保护主管部门会同国务院资源综合利用、工业信息产业主管部门负责组织拟订废弃电器电子产品回收处理的政策措施并协调实施,负责废弃电器电子产品处理的监督管理工作。国务院商务主管部门负责废弃电器电子产品回收的管理工作。国务院财政、工商、质量监督、税务、海关等主管部门在各自职责范围内负责相关管理工作。

第五条 国家对废弃电器电子产品实行多渠道回收和集中处理制度。

第六条 国家对废弃电器电子产品处理实行资格许可制度。设区的市级人民政府环境保护主管部门审批废弃电器电子产品处理企业(以下简称处理企业)资格。

第七条 国家建立废弃电器电子产品处理基金,用于废弃电器电子产品回收处理费用的补贴。电器电子产品生产者、进口电器电子产品的收货人或者其代理人应当按照规定履行废弃电器电子产品处理基金的缴纳义务。

废弃电器电子产品处理基金应当纳入预算管理,其征收、使用、管理的具体办法由国务院财政部门会同国务院环境保护、资源综合利用、工业信息产业主管部门制订,报国务院批准后施行。

制订废弃电器电子产品处理基金的征收标准和补贴标准,应当充分听取电器电子产品生产企业、处理企业、有关行业协会及专家的意见。

第八条 国家鼓励和支持废弃电器电子产品处理的科学研究、技术开发、相关技术标准的研究以及新技术、新工艺、新设备的示范、推广和应用。

第九条 属于国家禁止进口的废弃电器电子产品,不得进口。

第二章 相关方责任

第十条 电器电子产品生产者、进口电器电子产品的收货人或者其代理人生产、进口的电器电子产品应当符合国家有关电器电子产品污染控制的规定,采用有利于资源综合利用和无害化处理的设计方案,使用无毒无害或者低毒低害以及便于回收利用的材料。

电器电子产品上或者产品说明书中应当按照规定提供有关有毒有害物质含量、回收处理提示性说明等信息。

第十一条 国家鼓励电器电子产品生产者自行或者委托销售者、维修机构、售后服务机构、废弃电器电子产品回收经营者回收废弃电器电子产品。电器电子产品销售者、维修机构、售后服务机构应当在其营业场所显著位置标注废弃电器电子产品回收处理提示性信息。

回收的废弃电器电子产品应当由有废弃电器电子产品处理资格的处理企业处理。

第十二条 废弃电器电子产品回收经营者应当采取多种方式为电器电子产品使用者提供方便、快捷的回收服务。

废弃电器电子产品回收经营者对回收的废弃电器电子产品进行处理,应当依照本条例规定取得废弃电器电子产品处理资格;未取得处理资格的,应当将回收的废弃电器电子产品交有废弃电器电子产品处理资格的处理企业处理。

回收的电器电子产品经过修复后销售的,必须符合保障人体健康和人身、财产安全等国家技术规范的强制性要求,并在显著位置标识为旧货。具体管理办法由国务院商务主管部门制定。

第十三条 机关、团体、企事业单位将废弃电器电子产品交有废弃电器电子产品处理资格的处理企业处理的,依照国家有关规定办理资产核销手续。

处理涉及国家秘密的废弃电器电子产品,依照国家保密规定办理。

第十四条 国家鼓励处理企业与相关电器电子产品生产者、销售者以及废弃电器电子产品回收经营者等建立长期合作关系,回收处理废弃电器电子产品。

第十五条 处理废弃电器电子产品,应当符合国家有关资源综合利用、环境保护、劳动安全和保障人体健康的要求。

禁止采用国家明令淘汰的技术和工艺处理废弃电器电子产品。

第十六条 处理企业应当建立废弃电器电子产品处理的日常环境监测制度。

第十七条 处理企业应当建立废弃电器电子产品的数据信息管理系统,向所在地的设区的市级人民政府环境保护主管部门报送废弃电器电子产品处理的基本数据和有关情况。废弃电器电子产品处理的基本数据的保存期限不得少于3年。

第十八条 处理企业处理废弃电器电子产品,依照国家有关规定享受税收优惠。

第十九条 回收、储存、运输、处理废弃电器电子产品的单位和个人,应当遵守国家有关环境保护和环境卫生管理的规定。

第三章 监督管理

第二十条 国务院资源综合利用、质量监督、环境保护、工业信息产业等主管部门,依照规定的职责制定废弃电器电子产品处理的相关政策和技术规范。

第二十一条 省级人民政府环境保护主管部门会同同级资源综合利用、商务、工业信息产业主管部门编制本地区废弃电器电子产品处理发展规划,报国务院环境保护主管部门备案。

地方人民政府应当将废弃电器电子产品回收处理基础设施建设纳入城乡规划。

第二十二条 取得废弃电器电子产品处理资格,依照《中华人民共和国公司登记管理条例》等规定办理登记并在其经营范围中注明废弃电器电子产品处理的企业,方可从事废弃电器电子产品处理活动。

除本条例第三十四条规定外,禁止未取得废弃电器电子产品处理资格的单位和个人处理废弃电器电子产品。

第二十三条 申请废弃电器电子产品处理资格,应当具备下列条件:

(一)具备完善的废弃电器电子产品处理设施;

(二)具有对不能完全处理的废弃电器电子产品的妥善利用或者处置方案;

(三)具有与所处理的废弃电器电子产品相适应的分拣、包装以及其他设备;

(四)具有相关安全、质量和环境保护的专业技术人员。

第二十四条 申请废弃电器电子产品处理资格,应当向所在地的设区的市级人民政府环境保护主管部门提交书面申请,并提供相关证明材料。受理申请的环境保护主管部门应当自收到完整的申请材料之日起 60 日内完成审查,作出准予许可或者不予许可的决定。

第二十五条 县级以上地方人民政府环境保护主管部门应当通过书面核查和实地检查等方式,加强对废弃电器电子产品处理活动的监督检查。

第二十六条 任何单位和个人都有权对违反本条例规定的行为向有关部门检举。有关部门应当为检举人保密,并依法及时处理。

第四章 法 律 责 任

第二十七条 违反本条例规定,电器电子产品生产者、进口电器电子产品的收货人或者其代理人生产、进口的电器电子产品上或者产品说明书中未按照规定提供有关有毒有害物质含量、回收处理提示性说明等信息的,由县级以上地方人民政府产品质量监督部门责令限期改正,处 5 万元以下的罚款。

第二十八条 违反本条例规定,未取得废弃电器电子产品处理资格擅自从事废弃电器电子产品处理活动的,由工商行政管理机关依照《无照经营查处取缔办法》的规定予以处罚。

环境保护主管部门查出的,由县级以上人民政府环境保护主管部门责令停业、关闭,没收违法所得,并处 5 万元以上 50 万元以下的罚款。

第二十九条 违反本条例规定,采用国家明令淘汰的技术和工艺处理废弃电器电子产品的,由县级以上人民政府环境保护主管部门责令限期改正;情节严重的,由设区的市级人民政府环境保护主管部门依法暂停直至撤销其废弃电器电子产品处理资格。

第三十条 处理废弃电器电子产品造成环境污染的,由县级以上人民政府环境保护主管部门按照固体废物污染环境防治的有关规定予以处罚。

第三十一条 违反本条例规定,处理企业未建立废弃电器电子产品的数据信息管理系统,未按规定报送基本数据和有关情况或者报送基本数据、有关情况不真实,或者未按规定期限保存基本数据的,由所在地的设区的市级人民政府环境保护主管部门责令限期改正,可以处5万元以下的罚款。

第三十二条 违反本条例规定,处理企业未建立日常环境监测制度或者未开展日常环境监测的,由县级以上人民政府环境保护主管部门责令限期改正,可以处5万元以下的罚款。

第三十三条 违反本条例规定,有关行政主管部门的工作人员滥用职权、玩忽职守、徇私舞弊,构成犯罪的,依法追究刑事责任;尚不构成犯罪的,依法给予处分。

第五章 附　则

第三十四条 经省级人民政府批准,可以设立废弃电器电子产品集中处理场。废弃电器电子产品集中处理场应当具有完善的污染物集中处理设施,确保符合国家或者地方制定的污染物排放标准和固体废物污染环境防治技术标准,并应当遵守本条例的有关规定。

废弃电器电子产品集中处理场应当符合国家和当地工业区设置规划,与当地土地利用规划和城乡规划相协调,并应当加快实现产业升级。

第三十五条 本条例自2011年1月1日起施行。

补充说明:国务院法制办、环境保护部负责人就《废弃电器电子产品回收处理管理条例》答记者问

2009年2月25日,温家宝总理签署国务院令公布《废弃电器电子产品回收处理管理条例》(以下简称条例),条例将于2011年1月1日起施行。就条例的有关问题,国务院法制办、环境保护部有关负责人回答了记者的提问。

问:为什么要制定该条例?

答:目前,我国已成为电器电子产品生产和消费大国,许多产品已到了淘汰报废的高峰期。根据2006年《中国统计年鉴》的数据计算,2006年我国主要电器电子产品的社会保有量,电视机约为4.9亿台,电冰箱约为2.2亿台,洗衣机约为2.6亿台,空调器约为1.5亿台,计算机约为8 000万台,合计12亿台。2006年这5种产品的实际废弃量,电视机约为460万台,电冰箱约为210万台,洗衣机约为250万台,空调器约为140万台,计算机约为 200 万台,合计 1 260 万台。此外,每年还有大量的手机、复印机、传真机、打印机等电子产品报废淘汰。

目前我国废旧电器电子产品的流向主要有三个:一是通过走街串巷的小商贩上门回收或者通过生产厂家、销售商"以旧换新"等方式回收后,流入旧货市场,销售给低端消费者。二是通过捐赠等方式,向西部地区、希望小学等特定地域、群体转移。三是拆解、处理,提取贵金属等原材料。目前的环境污染问题主要集中在第三个流向中,即由于一些地方存在为数众多的拆解处理废弃电器电子产品的个体手工作坊,它们为追求短期效益,采用露天焚烧、强酸浸泡等原始落后方式提取贵金属,随意排放废气、废液、废渣,对大气、土壤和水体造成了严重污染,危害了人类健康。尽管各级人民政府对电子废弃物引发的环境和健康问题给予了高度关注,但仍存在着应对措施不力的问题,有必要对电子废弃物处理加强法制化管理,以利于可持续发展。

废弃电器电子产品中有许多有用的资源,如铜、铝、铁及各种稀贵金属、玻璃和塑料等,具有很高的再利用价值。通过再生途径获得资源的成本大大低于直接从矿石、原材料等冶炼加工获取资源的成本,而且节约能源。加强废弃电器电子产品的回收利用,对于发展循环经济,克服资源短缺对中国经济发展的制约,具有重要意义。我国作为电器电子产品生产和消费大国,规范废弃电器电子产品回收处理活动,有利于防止和减少环境污染,有利于促进资源综合利用,发展循环经济,创建节约型社会,保障人体健康。

问:条例的调整范围是什么?

答:条例规范的是列入《废弃电器电子产品回收处理目录》(以下简称《目录》)的废弃电器电子产品的回收处理及相关活动。发展改革委正在会同国务院有关部门研究首批列入《目录》的电器电子产品的品种,将在条例的实施准备期内报国务院批准。今后可以视实际需要,通过增补或调整《目录》,逐步扩大条例的适用范围。

条例所称废弃电器电子产品的处理活动,是指将废弃电器电子产品进行拆解,从中提取物质作为原材料或者燃料,用改变废弃电器电子产品物理、化学特性的方法减少已产生的废弃电器电子产品数量,减少或者消除其危害成分,以及将其最终置于符合环境保护要求的填埋场的活动,不包括产品维修、翻新以及经维修、翻新后作为旧货再使用的活动。考虑到旧电器电子产品的管理主要涉及产品安全、知识产权保护、打击违法销赃等问题,管理的主要目的是保护旧电器电子产品消费者的合法权益,这与规范废弃电器电子产品的回收处理活动,促进资源综合利用、保护和改善环境、保障人体健康的目标以及管理的内容,有很大差别,因此,条例未规定旧货管理的内容,条例所称废弃电器电子产品的处理活动不包括产品维修、翻新以及经维修、翻新后作为旧货再使用的活动。

问:为什么对废弃电器电子产品实行多渠道回收和集中处理制度?

答:废弃电器电子产品的回收,涉及千家万户,目前已经自发形成了相对固定的回收渠道,包括销售(以旧换新)、维修、搬家公司、城市垃圾回收系统等多条渠道。商务部等有关部门正在采取措施对废旧物资回收予以引导和规范。条例维持了现行多渠道回收的体系。

不规范的拆解、提取原材料活动,是造成废弃电器电子产品严重污染环境、损害人体健康的主要原因,应当予以规范。根据《行政许可法》第十二条关于直接涉及公共安全、生态环境保护以及直接关系人身健康、生命财产安全等特定活动需要按照法定条件予以批准的事项,可以设定行政许可的规定,条例设定了废弃电器电子产品处理资格许可制度,规定由取得电器电子产品处理资格的企业对废弃电器电子产品进行拆解、提取原材料和按照环保要求进行最终处置,即集中处理制度。处理企业资格由设区的市级人民政府环境保护主管部门审批。审批的具体条件有:具备完善的废弃电器电子产品处理设施;具有对不能完全处理的废弃电器电子产品的妥善利用或者处置方案;具有与所处理的废弃电器电子产品相适应的分拣、包装以及其他设备;具有相关安全、质量和环境保护的专业技术人员等。

考虑到目前一些地方存在的群体化家庭手工作坊式的拆解处理活动,予以取缔或者在短期内转化为完全符合处理企业资格的企业有一定困难,需要有一个从分散拆解处理向地域化集中、再向企业化集中处理的过程,条例规定,经省级人民政府批准,可以设立废弃电器电子产品集中处理场。废弃电器电子产品集中处理场应当具有完善的污染物集中处理设施,确保符合国家或者地方制定的污染物排放标准和固体废物污染环境防治技术标准,并应当遵守本条例有关处理废弃电器电子产品须符合国家关于资源综合利用、环境保护、劳动安全、人体健康、技术和工艺要求等规定。废弃电器电子产品集中处理场应当符合国家和当地工业区设置规划,与当地土地利用规划和城乡规划相协调,并应当加快实现产业升级。

问:什么是废弃电器电子产品处理专项基金,为什么要规定这项制度?

答:条例规定,国家建立废弃电器电子产品处理基金,用于废弃电器电子产品回收处理费用的补贴。电器电子产品生产者、进口电器电子产品的收货人或者其代理人应当按照规定履行缴纳义务。

建立废弃电器电子产品处理专项基金制度,是依据有关法律规定,立足我国国情,并借鉴国外"生产者责任制"的做法而提出的。一是,《固体废物污染环境防治法》规定,国家对固体废物污染环境防治实行污染者依法负责的原则,产品的生产者、销售者、使用者对其产生的固体废物依法承担污染防治责任。二是,为推动生产者承担一定的废弃电器电子产品的回收处理责任,支持处理企业实现产业化经营,需要国家出台一定的激励措施。三是,从一些国家的实践情况看,生产者也是通过缴纳回收处理费用,由专门机构统一组织回收处理。

为提高废弃电器电子产品处理专项基金收取和使用的公平性和透明度,条例规定,制订废弃电器电子产品处理基金的征收标准和补贴标准,应当充分听取电器电子产品生产企业、处理企业、有关行业协会及专家的意见。

问:生产者、销售者、回收经营者、处理企业各应当承担什么责任?

答:1.电器电子产品生产者的责任。生产者的责任主要是"绿色"生产。"绿色"生产是《清洁生产促进法》规定的生产企业的责任。从国外经验看,生产者尽量做到"绿色"设计、"绿色"生产,从源头上控制污染材料的使用,是解决电子污染的根本途径。条例规定,生产者、进口电器电子产品的收货人或者其代理人生产、进口的电器电子产品应当符合国家有关电器电子产品污染控制的规定,采用有利于资源综合利用和无害化处理的设计方案,使用无毒无害或者低毒低害以及便于回收利用的材料。电器电子产品上或者产品说明书中应当按照规定提供有关有毒有害物质含量、回收处理提示性说明等信息。

2.电器电子产品销售者、维修机构、售后服务机构的责任。条例规定,电器电子产品销售者、维修机构、售后服务机构应当在其营业场所显著位置标注废弃电器电子产品回收处理提示性信息。回收的废弃电器电子产品应当由有资格的处理企业处理。

3.废弃电器电子产品回收经营者的责任。条例规定,废弃电器电子产品回收经营者应当采取多种方式为电器电子产品使用者提供方便、快捷的回收服务。废弃电器电子产品回收经营者对回收的废弃电器电子产品进行处理,应当依照本条例规定取得处理资格;未取得处理资格的,应当将回收的废弃电器电子产品交有资格的处理企业处理。回收的电器电子产品经过修复后销售的,必须符合保障人体健康和人身、财产安全等国家技术规范的强制性要求,并在显著位置标识为旧货,具体管理办法由国务院商务主管部门制定。

4.处理企业的责任。一是,从事废弃电器电子产品处理活动,应当取得废弃电器电子产品处理资格。二是,处理废弃电器电子产品,应当符合国家有关资源综合利用、环境保护、劳动安全和保障人体健康的要求,禁止采用国家明令淘汰的技术和工艺处理废弃电器电子产品。三是,处理企业应当建立废弃电器电子产品处理的日常环境监测制度。四是,处理企业应当建立废弃电器电子产品的数据信息管理系统,按照规定向所在地的环境保护主管部门报送基本数据和有关情况,基本数据的保存期限不得少于3年。

此外,回收、储存、运输、处理废弃电器电子产品的单位和个人,还应当遵守国家有关环境保护和环境卫生管理的规定。

问:政府对废弃电器电子产品处理的监督管理主要表现在哪些方面?

答:政府对废弃电器电子产品回收处理的监督管理,主要有以下四个方面:第一,国家鼓励和支持废弃电器电子产品处理的科学研究、技术开发、技术标准的研究以及新技术、工艺、设备的示范、推广和应用。第二,国务院资源综合利用、质量监督、环境保护、工业信息产业等主管部门依照规定的职责制定废弃电器电子产品处理的相关政策和技术规范。第三,省级人民政府环境保护主管部门会同同级资源综合利用、商务、工业信息产业主管部门编制本地区废弃电器电子产品处理发展规划,报国务院环境保护主管部门备案。第四,地方人民政府应当将废弃电器电子产品回收处理基础设施建设纳入城乡规划。

问:条例为什么于2011年1月1日起施行?

答:根据国外经验和国内实际情况,条例需要一定的实施准备期。实施准备期内主要有以下工作:一是向全社会普及节约和综合利用资源、保护环境的知识;二是制订《废弃电器电子产品处理目录》、废弃电器电子产品处理基金的征收使用管理办法,以及针对不同产品的基金收费标准及处理补贴标准;三是政府监督管理部门及生产者、销售者、回收经营者、处理企业的实施准备工作。条例公布到实施留出两年的准备和过渡时间,条例自2011年1月1日起施行。

财政部 环境保护部 国家发展改革委 工业和信息化部 海关总署 国家税务总局关于印发《废弃电器电子产品处理基金征收使用管理办法》的通知

(财综〔2012〕34号)

各省、自治区、直辖市人民政府,国务院各部委、各直属机构:

《废弃电器电子产品处理基金征收使用管理办法》已经国务院批准,现印发给你们,请遵照执行。

附件:废弃电器电子产品处理基金征收使用管理办法

财政部 环境保护部 国家发展改革委

工业和信息化部 海关总署 国家税务总局

二〇一二年五月二十一日

附件

废弃电器电子产品处理基金征收使用管理办法

第一章 总 则

第一条 为了规范废弃电器电子产品处理基金征收使用管理,根据《废弃电器电子产品回收处理管理条例》(国务院令第551号,以下简称《条例》)的规定,制定本办法。

第二条 废弃电器电子产品处理基金(以下简称基金)是国家为促进废弃电器电子产品回收处理而设立的政府性基金。

第三条 基金全额上缴中央国库,纳入中央政府性基金预算管理,实行专款专用,年终结余结转下年度继续使用。

第二章 征收管理

第四条 电器电子产品生产者、进口电器电子产品的收货人或者其代理人应当按照本办法的规定履行基金缴纳义务。

电器电子产品生产者包括自主品牌生产企业和代工生产企业。

第五条 基金分别按照电器电子产品生产者销售、进口电器电子产品的收货人或者其代理人进口的电器电子产品数量定额征收。

第六条 纳入基金征收范围的电器电子产品按照《废弃电器电子产品处理目录》(以下简称《目录》)执行,具体征收范围和标准见附件。

第七条 财政部会同环境保护部、国家发展改革委、工业和信息化部根据废弃电器电子产品回收处理补贴资金的实际需要,在听取有关企业和行业协会意见的基础上,适时调整基金征收标准。

第八条 电器电子产品生产者应缴纳的基金,由国家税务局负责征收。进口电器电子产品的收货人或者其代理人应缴纳的基金,由海关负责征收。

第九条 电器电子产品生产者按季申报缴纳基金。

国家税务局对电器电子产品生产者征收基金,适用税收征收管理的规定。

第十条 进口电器电子产品的收货人或者其代理人在货物申报进口时缴纳基金。

海关对基金的征收缴库管理,按照关税征收缴库管理的规定执行。

第十一条 对采用有利于资源综合利用和无害化处理的设计方案以及使用环保和便于回收利用材料生产的电器电子产品,可以减征基金,具体办法由财政部会同环境保护部、国家发展改革委、工业和信息化部、税务总局、海关总署另行制定。

第十二条 电器电子产品生产者生产用于出口的电器电子产品免征基金,由电器电子产品生产者依据《中华人民共和国海关出口货物报关单》列明的出口产品名称和数量,向国家税务局申请从应缴纳基金的产品销售数量中扣除。

第十三条 电器电子产品生产者进口电器电子产品已缴纳基金的,国内销售时免征基金,由电器电子产品生产者依据《中华人民共和国海关进口货物报关单》和《进口废弃电器电子产品处理基金缴款书》列明的进口产品名称和数量,向国家税务局申请从应缴纳基金的产品销售数量中扣除。

第十四条 基金收入在政府收支分类科目中列 103 类 01 款 75 项"废弃电器电子产品处理基金收入"(新增)下的有关目级科目。

第十五条 未经国务院批准或者授权,任何地方、部门和单位不得擅自减免基金,不得改变基金征收对象、范围和标准。

第十六条 电器电子产品生产者、进口电器电子产品的收货人或者其代理人缴纳的基金计入生产经营成本,准予在计算应纳税所得额时扣除。

第三章 使用管理

第十七条 基金使用范围包括:

(一)废弃电器电子产品回收处理费用补贴;

(二)废弃电器电子产品回收处理和电器电子产品生产销售信息管理系统建设,以及相关信息采集发布支出;

(三)基金征收管理经费支出;

(四)经财政部批准与废弃电器电子产品回收处理相关的其他支出。

第十八条 依照《条例》和《废弃电器电子产品处理资格许可管理办法》(环境保护部令第 13 号)的规定取得废弃电器电子产品处理资格的企业(以下简称处理企业),对列入《目录》的废弃电器电子产品进行处理,可以申请基金补贴。

给予基金补贴的处理企业名单,由财政部、环境保护部会同国家发展改革委、工业和信息化部向社会公布。

第十九条 国家鼓励电器电子产品生产者自行回收处理列入《目录》的废弃电器电子产品。各省(区、市)环境保护主管部门在编制本地区废弃电器电子产品处理发展规划时,应当优先支持电器电子产品生产者设立处理企业。

第二十条 对处理企业按照实际完成拆解处理的废弃电器电子产品数量给予定额补贴。

基金补贴标准为:电视机 85 元/台、电冰箱 80 元/台、洗衣机 35 元/台、房间空调器 35 元/台、微型计算机 85 元/台。

上述实际完成拆解处理的废弃电器电子产品是指整机,不包括零部件或散件。

财政部会同环境保护部、国家发展改革委、工业和信息化部根据废弃电器电子产品回收处理成本变化情况,在听取有关企业和行业协会意见的基础上,适时调整基金补贴标准。

第二十一条 处理企业拆解处理废弃电器电子产品应当符合国家有关资源综合利用、环境保护的要求和相关技术规范,并按照环境保护部制定的审核办法核定废弃电器电子产品拆解处理数量后,方可获得基金补贴。

第二十二条 处理企业按季对完成拆解处理的废弃电器电子产品种类、数量进行统计,填写《废弃电器电子产品拆解处理情况表》,并在每个季度结束次月的 5 日前报送各省(区、市)环境保护主管部门。

第二十三条 处理企业报送《废弃电器电子产品拆解处理情况表》时,应当同时提供以下资料:

(一)废弃电器电子产品入库和出库记录报表;

(二)废弃电器电子产品拆解处理作业记录报表;

(三)废弃电器电子产品拆解产物出库和入库记录报表;

(四)废弃电器电子产品拆解产物销售凭证或处理证明。

相关报表和凭证按照环境保护部统一规定的格式报送。

第二十四条 各省(区、市)环境保护主管部门接到处理企业报送的《废弃电器电子产品拆解处理情况表》及相关资料后组织开展审核工作,并在每个季度结束次月的月底前将审核意见连同处理企业填写的《废弃电器电子产品拆解处理情况表》,以书面形式上报环境保护部。

环境保护部负责对各省(区、市)环境保护主管部门上报情况进行核实,确认每个处理企业完成拆解处理的废弃电器电子产品种类、数量,并汇总提交财政部。

财政部按照环境保护部提交的废弃电器电子产品拆解处理种类、数量和基金补贴标准,核定对每个处理企业补贴金额并支付资金。资金支付按照国库集中支付制度有关规定执行。

第二十五条 环境保护部、税务总局、海关总署等有关部门应当按照中央政府性基金预算编制的要求,编制年度基金支出预算,报财政部审核。

财政部应当按照预算管理规定审核基金支出预算并批复下达相关部门。

第二十六条 基金支出在政府收支分类科目中列 211 类 61 款"废弃电器电子产品处理基金支出"(新增)。

第四章 监督管理

第二十七条 电器电子产品生产者、进口电器电子产品的收货人或者其代理人应当分别向国家税务局、海关报送电器电子产品销售和进口的基本数据及情况,并按照规定申报缴纳基金,自觉接受国家税务局、海关的监督检查。

第二十八条 处理企业应当按照规定建立废弃电器电子产品的数据信息管理系统,跟踪记录废弃电器电子产品接收、贮存和处理,拆解产物出入库和销售,最终废弃物出入库和处理等信息,全面反映废弃电器电子产品在处理企业内部运转流程,并如实向环境保护等主管部门报送废弃电器电子产品回收和拆解处理的基本数据及情况。

第二十九条 处理企业申请基金补贴相关资料及记录废弃电器电子产品回收和拆解处理情况的原始凭证应当妥善保存备查,保存期限不得少于 5 年。

第三十条 环境保护部和各省(区、市)环境保护主管部门应当建立健全基金补贴审核制度，通过数据系统比对、书面核查、实地检查等方式，加强废弃电器电子产品拆解处理的环保核查和数量审核，防止弄虚作假、虚报冒领补贴资金等行为的发生。

第三十一条　财政部会同环境保护部、国家发展改革委、工业和信息化部建立实时监控废弃电器电子产品回收处理和生产销售的信息管理系统（以下简称监控系统）。

处理企业和电器电子产品生产者应当配合有关部门建立监控系统。处理企业建立的废弃电器电子产品数据信息管理系统应当与监控系统对接。电器电子产品生产者应当按照建立监控系统的要求，登记企业信息并报送电器电子产品生产销售情况。

第三十二条　财政部、审计署、环境保护部、国家发展改革委、工业和信息化部、税务总局、海关总署应当按照职责加强对基金缴纳、使用情况的监督检查，依法对基金违法违规行为进行处理、处罚。

第三十三条　有关行业协会应当协助环境保护主管部门和财政部门做好废弃电器电子产品拆解处理种类、数量的审核工作。

第三十四条　环境保护部和各省（区、市）环境保护主管部门应当分别公开全国和本地区处理企业拆解处理废弃电器电子产品及接受基金补贴情况，接受公众监督。

任何单位和个人有权监督和举报基金缴纳和使用中的违法违规问题。有关部门应当按照职责分工对单位和个人举报投诉的问题进行调查和处理。

第五章　法　律　责　任

第三十五条　单位和个人有下列情形之一的，依照《财政违法行为处罚处分条例》（国务院令第427号）和《违反行政事业性收费和罚没收入收支两条线管理规定行政处分暂行规定》（国务院令第281号）等法律法规进行处理、处罚、处分；构成犯罪的，依法追究刑事责任：

（一）未经国务院批准或者授权，擅自减免基金或者改变基金征收范围、对象和标准的；

（二）以虚报、冒领等手段骗取基金补贴的；

（三）滞留、截留、挪用基金的；

（四）其他违反政府性基金管理规定的行为。

处理企业有第一款第（二）项行为的，取消给予基金补贴的资格，并向社会公示。

第三十六条　电器电子产品生产者违反基金征收管理规定的，由国家税务局比照税收违法行为予以行政处罚。进口电器电子产品的收货人或者其代理人违反基金征收管理规定的，由海关比照关税违法行为予以行政处罚。

第三十七条　基金征收、使用管理有关部门的工作人员违反本办法规定，在基金征收和使用管理工作中滥用职权、玩忽职守、徇私舞弊，构成犯罪的，依法追究刑事责任；尚不构成犯罪的，依法给予处分。

第六章 附 则

第三十八条 本办法由财政部、环境保护部、国家发展改革委、工业和信息化部、税务总局、海关总署负责解释。

第三十九条 本办法自 2012 年 7 月 1 日起执行。

附：1. 对电器电子产品生产者征收基金的产品范围和征收标准
    2. 对进口电器电子产品征收基金适用的商品名称、海关税则号列和征收标准（2012 年版）

附1

对电器电子产品生产者征收基金的产品范围和征收标准

序号	产品种类	产品范围	征收标准（元/台）
1	电视机	阴极射线管(黑白、彩色)电视机	13
		液晶电视机	13
		等离子电视机	13
		背投电视机	13
		其他用于接收信号并还原出图像及伴音的终端设备	13
2	电冰箱	冷藏冷冻箱(柜)	12
		冷藏箱(柜)	12
		冷冻箱(柜)	12
		其他具有制冷系统、消耗能量以获取冷量的隔热箱体	12
3	洗衣机	波轮式洗衣机	7
		滚筒式洗衣机	7
		搅拌式洗衣机	7
		脱水机	7
		其他依靠机械作用洗涤衣物(含兼有干衣功能)的器具	7
4	房间空调器	整体式空调(窗机、穿墙机等)	7
		分体式空调(分体壁挂、分体柜机等)	7
		一拖多空调器	7
		其他制冷量在 14 000 W 及以下的房间空气调节器具	7
5	微型计算机	台式微型计算机的显示器	10
		主机、显示器一体形式的台式微型计算机	10
		便携式微型计算机(含平板电脑、掌上电脑)	10
		其他信息事务处理实体	10

注：对电器电子产品生产者销售台式微型计算机整机不征收基金，但台式微型计算机显示器生产者将其生产的显示器组装成计算机整机销售的除外。对台式微型计算机显示器生产者组装的计算机整机按照 10 元/台的标准征收基金。

附2 对进口电器电子产品征收基金适用的商品名称、海关税则号列和征收标准(2012年版)

序号	产品种类	商品名称	税则号列	征收标准（元/台）
1	电视机	其他彩色的模拟电视接收机,带阴极射线显像管的	85287211	13
		其他彩色的数字电视接收机,阴极射线显像管的	85287212	13
		其他彩色的电视接收机,阴极射线显像管的	85287219	13
		彩色的液晶显示器的模拟电视接收机	85287221	13
		彩色的液晶显示器的数字电视接收机	85287222	13
		其他彩色的液晶显示器的电视接收机	85287229	13
		彩色的等离子显示器的模拟电视接收机	85287231	13
		彩色的等离子显示器的数字电视接收机	85287232	13
		其他彩色的等离子显示器的电视接收机	85287239	13
		其他彩色的模拟电视接收机	85287291	13
		其他彩色的数字电视接收机	85287292	13
		其他彩色的电视接收机	85287299	13
		黑白或其他单色的电视接收机	85287300	13
2	电冰箱	容积>500升冷藏—冷冻组合机(各自装有单独外门的)	84181010	12
		200升<容积≤500升冷藏—冷冻组合机(各自装有单独外门的)	84181020	12
		容积≤200升冷藏—冷冻组合机(各自装有单独外门的)	84181030	12
		容积>150升压缩式家用型冷藏箱	84182110	12
		压缩式家用型冷藏箱(50升<容积≤150升)	84182120	12
		容积≤50升压缩式家用型冷藏箱	84182130	12
		半导体制冷式家用型冷藏箱	84182910	12
		电气吸收式家用型冷藏箱	84182920	12
		其他家用型冷藏箱	84182990	12
		制冷温度>－40℃小的其他柜式冷冻箱(小的指容积≤500升)	84183029	12
		制冷温度>－40℃小的立式冷冻箱(小的指容积≤500升)	84184029	12
3	洗衣机	干衣量≤10kg全自动波轮式洗衣机	84501110	7
		干衣量≤10kg全自动滚筒式洗衣机	84501120	7
		其他干衣量≤10kg全自动洗衣机	84501190	7
		装有离心甩干机的非全自动洗衣机(干衣量≤10kg)	84501200	7
		干衣量≤10kg的其他洗衣机	84501900	7

(续表)

序号	产品种类	商品名称	税则号列	征收标准（元/台）
4	房间空调器	独立窗式或壁式空气调节器(装有电扇及调温、调湿装置,包括不能单独调湿的空调器)	84151010	7
		制冷量≤4000大卡/时分体式空调,窗式或壁式(装有电扇及调温、调湿装置,包括不能单独调湿的空调器)	84151021	7
		4000大卡/时＜制冷量≤12046大卡/时(14000W)分体式空调,窗式或壁式(装有电扇及调温、调湿装置,包括不能单独调湿的空调器)	ex84151022	7
		制冷量≤4000大卡/时热泵式空调器(装有制冷装置及一个冷热循环换向阀的)	84158110	7
		4000大卡/时＜制冷量≤12046大卡/时(14000W)热泵式空调器(装有制冷装置及一个冷热循环换向阀的)	ex84158120	7
		制冷量≤4000大卡/时的其他空调器(仅装有制冷装置,而无冷热循环装置的)	84158210	7
		4000大卡/时＜制冷量≤12046大卡/时(14000W)的其他空调(仅装有制冷装置,而无冷热循环装置的)	ex84158220	7
5	微型计算机	便携式自动数据处理设备(重量≤10kg,至少由一个中央处理器、键盘和显示器组成)	84713000	10
		微型机	84714140	10
		以系统形式报验的微型机	84714940	10
		含显示器的微型机的处理部件	ex84715040	10
		专用或主要用于84.71商品的阴极射线管监视器	85284100	10
		专用或主要用于84.71商品的液晶监视器	85285110	10
		其他专用或主要用于84.71商品的监视器	85285190	10
		其他彩色的监视器	85285910	10
		其他单色的监视器	85285990	10

国家税务总局关于征收废弃电器电子产品处理基金有关税收会计统计核算问题的通知

(国税函〔2012〕387号)

各省、自治区、直辖市和计划单列市国家税务局：

根据《废弃电器电子产品回收处理管理条例》(国务院令第551号)、《财政部　环境保护局　国家发展改革委　工业和信息化部　海关总署　国家税务总局关于印发〈废弃电器电子产品处理基金征收使用管理办法〉的通知》(财综〔2012〕34 号)规定,自 2012 年 7 月 1 日起,征收废弃电器电子产品处理基金(以下简称基金),电器电子产品生产者应缴纳的基金,由国家税务局负责征收。现将国家税务局征收基金有关税收会计统计核算、票证管理等工作事项通知如下:

一、税收会计科目设置

各级国税机关税收会计核算单位应在"应征其他收入、待征其他收入、多缴税金、减免税金、在途税金、入库其他收入、待解税金、提退税金、待处理损失税金、损失税金核销"等会计科目下增设"废弃电器电子产品处理基金收入"明细科目,按照《税收会计制度》规定,全面核算反映废弃电器电子产品处理基金的应征、待征、多缴、减免、入库和退还等情况。

"废弃电器电子产品处理基金收入"科目核算的原始凭证按《税收会计制度》有关规定确定。

二、票证使用和管理

国税机关征收基金应采用与税收相同的方式办理税款征缴和退库,凭证和章戳使用等应执行《国家税务总局关于印发〈税收票证管理办法〉的通知》(国税发〔1998〕32 号)及横向联网电子缴税有关税收票证使用的相关规定,具体入库和退库预算科目按《政府收支分类科目》规定办理,基金、滞纳金和罚款均通过"废弃电器电子产品处理基金收入"科目缴纳。

注:根据《税收票证管理办法》(中华人民共和国国家税务总局令第 28 号)的规定,自 2014 年 1 月 1 日起,本办法全文废止。

三、税收会计统计报表、税收月快报

为及时反映基金开征后其收入明细情况,对税收会计统计报表、税收月快报做以下变动:

(一)在《入库税金明细月报表》的"三、非税收入合计"项目下增设"7.废弃电器电子产品处理基金收入"项目,原"7.其他非税收入"项目修改为"8.其他非税收入"项目。

(二)《应征税金明细月报表》《待征税金变动情况月报表》《提退税金明细月报表》《减免税金明细月报表》《多缴、待解、在途、待处理损失税金及损失税金核销明细月报表》《代征代扣税款明细月报表》的"二、其他收入合计"项目中均核算反映废弃电器电子产品处理基金收入;"税收月快报"第 274 项"三、其他收入合计"中核算反映废弃电器电子产品处理基金收入。

(三)在《查补税金及税款滞纳金、罚款收入明细月报表》的"二、其他收入合计"项目下增设"3.废弃电器电子产品处理基金收入"项目,原"3.其他罚没收入"项目修改为"4.其他罚没收入"项目。

2012 年会统月报任务更新后将于 8 月底前下发,下载路径为总局可控 FTP 系统下的 E:/local(供各省下载使用)/收入规划核算司/统计处/TRS 报表任务。

本通知自2012年10月1日起执行,各地在执行中发现新情况、新问题,请及时上报国家税务总局(收入规划核算司)。

2012年8月17日

国家税务总局关于发布《废弃电器电子产品处理基金征收管理规定》的公告

(国家税务总局公告2012年第41号)

根据国务院批准的《关于印发〈废弃电器电子产品处理基金征收使用管理办法〉的通知》(财综〔2012〕34号)的规定,现将国家税务总局制定的《废弃电器电子产品处理基金征收管理规定》予以发布,自2012年7月1日起施行。

各地对执行中遇到的情况和问题,请及时报告税务总局(征管科技司)。

特此公告。

国家税务总局
二〇一二年八月二十日

废弃电器电子产品处理基金征收管理规定

第一条 为做好废弃电器电子产品处理基金(以下简称基金)的征收管理工作,根据国务院批准的《关于印发〈废弃电器电子产品处理基金征收使用管理办法〉的通知》(财综〔2012〕34号,以下简称《办法》),制定本规定。

第二条 中华人民共和国境内电器电子产品的生产者,为基金缴纳义务人,应当按照本规定缴纳基金。

第三条 基金的征收范围、征收标准依照《国内销售电器电子产品基金征收范围和标准》(附件1)执行。

基金的征收范围、征收标准调整的,依照调整后的范围和标准执行。

第四条 基金由国家税务局负责征收。

基金缴纳义务人向其主管税务机关申报缴纳基金。

对基金缴纳义务人征收基金,适用税收征收管理的规定。

第五条 基金缴纳义务人销售应征基金产品时缴纳基金。本规定所称销售,是指通过从购买方取得货物、货币或其他经济利益转让应征基金产品所有权。

基金缴纳义务人受托加工生产应征基金产品的,不论原料和主要材料由何方提供,不论在财务上是否做销售处理,均由受托方缴纳基金。

第六条 基金缴纳义务人将应征基金产品用于生产非应征基金产品、在建工程、管理部门、非生产机构、提供劳务、馈赠、赞助、集资、广告、样品、职工福利、奖励等方面,于移送使用时缴纳基金。

第七条 基金缴纳义务人销售或受托加工生产相关电器电子产品,按照从量定额的办法计算应缴纳基金。应缴纳基金的计算公式为:

$$应缴纳基金=销售数量(受托加工数量)×征收标准$$

第八条 基金缴纳义务的发生时间按照如下要求确定:

(一)基金缴纳义务人销售电器电子产品的,按不同的销售结算方式分别为:

1. 采取赊销和分期收款结算方式的,为书面合同约定的收款日期的当天,书面合同没有约定收款日期或者无书面合同的,为发出电器电子产品的当天;

2. 采取预收货款结算方式的,为发出电器电子产品的当天;

3. 采取托收承付和委托银行收款方式的,为发出电器电子产品并办妥托收手续的当天;

4. 采取其他结算方式的,为收讫销售款或者取得索取销售款凭据的当天。

(二)受托加工应征基金产品,基金缴纳义务人只收取加工费的,为委托方提货的当天。

(三)基金缴纳义务人将应征基金产品用于本规定第六条规定情形的,为移送使用的当天。

(四)基金缴纳义务人以委托代销方式销售应征基金产品的,为收到代销单位的代销清单或者收到全部或者部分货款的当天。未收到代销清单及货款的,为发出应征基金产品满180天的当天。

第九条 基金缴纳义务人出口电器电子产品,免征基金。

第十条 基金缴纳义务人购进或者收回委托加工电器电子产品已缴纳基金的,从应征基金产品销售数量中扣除;不足扣除部分,可留待下期继续扣除。

第十一条 基金缴纳义务人应当准确核算购进和委托加工收回的已缴纳基金的电器电子产品数量,不能准确核算的,按实际销售数量征收基金。

第十二条 基金缴纳义务人已缴纳基金的电器电子产品发生销货退回的,准予在当期申报中扣除,不足扣除部分,可留待下期继续扣除。

第十三条 对采用有利于资源综合利用和无害化处理的设计方案以及使用环保和便于回收利用材料生产的电器电子产品,可以减征基金的,按照国务院相关部门的具体规定执行。

第十四条 基金缴纳义务人按季申报缴纳基金。

基金缴纳义务人应当自季度终了之日起15日内申报缴纳基金,向主管税务机关报送

《废弃电器电子产品处理基金申报表》(附件2)。

第十五条 国家税务局征收基金应使用税收票证。

第十六条 基金缴纳义务人应妥善保管基金缴款凭证、增值税专用发票及清单、海关进(出)口货物报关单、代理出口货物证明、委托代理出口协议、委托加工协议、退货证明及其他相关资料。

基金缴纳义务人应当自觉接受税务机关的监督检查,提供有关资料,如实反映情况,不得拒绝、隐瞒。

第十七条 基金缴纳义务人违反基金征收管理规定的,税务机关比照税收违法行为予以行政处罚。

第十八条 本规定自2012年7月1日起施行。

附件:1. 国内销售电器电子产品基金征收范围和标准
      2. 废弃电器电子产品处理基金申报表(略)

注:根据《国家税务总局关于修订〈废弃电器电子产品处理基金申报表〉的公告》(国家税务总局公告2015年第62号)的规定,本附件自2016年3月1日起废止。

附件1

国内销售电器电子产品基金征收范围和标准

序号	产品种类	产品范围	征收标准(元/台)
1	电视机	阴极射线管(黑白、彩色)电视机	13
		液晶电视机	13
		等离子电视机	13
		背投电视机	13
		其他用于接收信号并还原出图像及伴音的终端设备	13
2	电冰箱	冷藏冷冻箱(柜)	12
		冷藏箱(柜)	12
		冷冻箱(柜)	12
		其他具有制冷系统、消耗能量以获取冷量的隔热箱体	12
3	洗衣机	波轮式洗衣机	7
		滚筒式洗衣机	7
		搅拌式洗衣机	7
		脱水机	7
		其他依靠机械作用洗涤衣物(含兼有干衣功能)的器具	7

(续表)

序号	产品种类	产品范围	征收标准（元/台）
4	房间空调器	整体式空调(窗机、穿墙机等)	7
		分体式空调(分体壁挂、分体柜机等)	7
		一拖多空调器	7
		其他制冷量在14000W及以下的房间空气调节器具	7
5	微型计算机	台式微型计算机的显示器	10
		主机、显示器一体形式的台式微型计算机	10
		便携式微型计算机(含平板电脑、掌上电脑)	10
		其他信息事务处理实体	10

注：对电器电子产品生产者销售台式微型计算机整机不征收基金，但台式微型计算机显示器生产者将其生产的显示器组装成计算机整机销售的除外。对台式微型计算机显示器生产者组装的计算机整机按照10元/台的标准征收基金。

财政部　国家税务总局关于进一步明确废弃电器电子产品处理基金征收产品范围的通知

(财综〔2012〕80号)

各省、自治区、直辖市财政厅(局)、国家税务局：

根据《财政部　环境保护部　国家发展改革委　工业和信息化部　海关总署　国家税务总局关于印发〈废弃电器电子产品处理基金征收使用管理办法〉的通知》(财综〔2012〕34号)的规定，现就国家税务局对电器电子产品生产者征收废弃电器电子产品处理基金(以下简称基金)的产品范围通知如下：

一、纳入基金征收范围的电视机，是指含有电视调谐器(高频头)的用于接收信号并还原出图像及伴音的终端设备，包括阴极射线管(黑白、彩色)电视机、液晶电视机、等离子电视机、背投电视机以及其他用于接收信号并还原出图像及伴音的终端设备。

二、纳入基金征收范围的电冰箱，是指具有制冷系统、消耗能量以获取冷量的隔热箱体，包括各自装有单独外门的冷藏冷冻箱(柜)、容积≤500升的冷藏箱(柜)、制冷温度＞－40℃且容积≤500升的冷冻箱(柜)，以及其他具有制冷系统、消耗能量以获取冷量的隔热箱体。

对上述产品中分体形式的设备，按其制冷系统设备的数量计征基金。对自动售货机、容积＜50升的车载冰箱以及不具有制冷系统的柜体，不征收基金。

三、纳入基金征收范围的洗衣机,是指干衣量≤10kg的依靠机械作用洗涤衣物(含兼有干衣功能)的器具,包括波轮式洗衣机、滚筒式洗衣机、搅拌式洗衣机、脱水机以及其他依靠机械作用洗涤衣物(含兼有干衣功能)的器具。

四、纳入基金征收范围的房间空调器,是指制冷量≤14000W(12046大卡/时)的房间空气调节器具,包括整体式空调(窗机、穿墙机、移动式等)、分体形式空调(分体壁挂、分体柜机、一拖多、单元式空调器等)以及其他房间空气调节器。

对分体形式空调器,按室外机的数量计征基金。对不具有制冷系统的空气调节器,不征收基金。

五、纳入基金征收范围的微型计算机,是指接口类型仅包括VGA(模拟信号接口)、DVI(数字视频接口)或HDMI(高清晰多媒体接口)的台式微型计算机的显示器、主机和显示器一体形式的台式微型计算机、便携式微型计算机(含笔记本电脑、平板电脑、掌上电脑)以及其他信息事务处理实体。

六、本通知自2012年7月1日起执行。

财政部　国家税务总局
2012年10月15日

财政部关于进(来)料受托加工复出口免征废弃电器电子产品处理基金有关问题的公告

(财政部公告2014年第29号)

为了完善废弃电器电子产品处理基金(以下简称基金)征收政策,现就进(来)料受托加工复出口免征基金有关问题公告如下:

一、基金缴纳义务人(以下称受托方)受外贸公司(以下称委托方)委托加工电器电子产品,其海关贸易方式为"进料加工"或"来料加工"且由委托方收回后复出口的,免征基金。

二、海关贸易方式为"进料加工"的,受托方受托加工业务免征基金,应当同时符合以下条件:

(一)委托方拥有加工贸易业务批准证(已取消商务主管部门加工贸易业务批准证的省份除外)。

(二)受托方提供与委托方签订的加工贸易合同备案委托书、协议书等证明业务真实发生的资料。

(三)委托方进料加工手(帐)册注明的加工单位是该受托方。

（四）受托方向委托方开具增值税专用发票收取加工费（含辅料费等相关费用）。

（五）原材料进口报关单上注明收货单位为该受托方。

（六）委托方出口电器电子产品，出口报关单备案号栏中载明的加工手(帐)册号与本款第三项中加工手(帐)册号一致，且注明发货单位为该受托方。

海关贸易方式为"来料加工"的，受托方受托加工业务免征基金，应当取得委托方税务机关出具的《来料加工免税证明》。

三、受托方按照《废弃电器电子产品处理基金征收管理规定》（国家税务总局公告2012年第41号）第八条的规定确定基金缴纳义务发生时间，申报免征基金，将免征数量填入"废弃电器电子产品处理基金申报表"第四栏"出口免征销售数量"。

四、受托加工产品未能复出口的，由海关在办理内销征税时一并补征基金。

五、委托方应及时将有关单证交受托方。委托方、受托方均应妥善保管进出口业务相关资料，以备税务机关、海关核查。

六、本公告自2014年6月1日起施行。

中华人民共和国财政部
2014年5月12日

国家发展和改革委员会 环境保护部 工业和信息化部 财政部 海关总署 国家税务总局关于公布《废弃电器电子产品处理目录(2014年版)》的公告

（国家发展和改革委员会 环境保护部 工业和信息化部 财政部 海关总署 国家税务总局公告2015年第5号）

根据《废弃电器电子产品回收处理管理条例》（国务院令第551号）规定，经国务院批准，现公布《废弃电器电子产品处理目录（2014年版）》，自2016年3月1日起实施。《废弃电器电子产品处理目录（第一批）》同时废止。

附件：《废弃电器电子产品处理目录（2014年版）》

国家发展改革委
环境保护部
工业和信息化部
财　政　部
海　关　总　署
国家税务总局
2015年2月9日

附件

《废弃电器电子产品处理目录(2014年版)》

序号	产品名称	产品范围及定义
1	电冰箱	冷藏冷冻箱(柜)、冷冻箱(柜)、冷藏箱(柜)及其他具有制冷系统,消耗能量以获取冷量的隔热箱体(容积≤800升)。
2	空气调节器	整体式空调器(窗式、穿墙式等)、分体式空调器(挂壁式、落地式等)、一拖多空调器等制冷量在14000W及以下(一拖多空调时,按室外机制冷量计算)的房间空气调节器具。
3	吸油烟机	深型吸排油烟机、欧式塔型吸排油烟机、侧吸式吸排油烟机和其他安装在炉灶上部,用于收集、处理被污染空气的电动器具。
4	洗衣机	波轮式洗衣机、滚筒式洗衣机、搅拌式洗衣机、脱水机及其他依靠机械作用洗涤衣物(含兼有干衣功能)的器具(干衣量≤10公斤)。
5	电热水器	储水式电热水器、快热式电热水器和其他将电能转换为热能,并将热能传递给水,使水产生一定温度的器具(容量≤500升)。
6	燃气热水器	以燃气作为燃料,通过燃烧加热方式将热量传递到流经热交换器的冷水中以达到制备热水目的的一种燃气用具(热负荷≤70kW)。
7	打印机	激光打印机、喷墨打印机、针式打印机、热敏打印机和其他与计算机联机工作或利用云打印平台,将数字信息转换成文字和图像并以硬拷贝形式输出的设备,包括以打印功能为主,兼有其他功能设备(印刷幅面＜A2,印刷速度≤80张/分钟)。
8	复印机	静电复印机、喷墨复印机和其他用各种不同成像过程产生原稿复印品的设备,包括以复印功能为主,兼有其他功能的设备(印刷幅面＜A2,印刷速度≤80张/分钟)。
9	传真机	利用扫描和光电变换技术,把文字、图表、相片等静止图像变换成电信号发送出去,接收时以记录形式获取复制稿的通信终端设备,包括以传真功能为主,兼有其他功能的设备。
10	电视机	阴极射线管(黑白、彩色)电视机、等离子电视机、液晶电视机、OLED电视机、背投电视机、移动电视接收终端及其他含有电视调谐器(高频头)的用于接收信号并还原出图像及伴音的终端设备。
11	监视器	阴极射线管(黑白、彩色)监视器、液晶监视器等由显示器件为核心组成的图像输出设备(不含高频头)。
12	微型计算机	台式微型计算机(含一体机)和便携式微型计算机(含平板电脑、掌上电脑)等信息事务处理实体。
13	移动通信手持机	GSM手持机、CDMA手持机、SCDMA手持机、3G手持机、4G手持机、小灵通等手持式的,通过蜂窝网络的电磁波发送或接收两地讲话或其他声音、图像、数据的设备。
14	电话单机	PSTN普通电话机、网络电话机(IP电话机)、特种电话机和其他通信中实现声能与电能相互转换的用户设备。

国家税务总局关于修订《废弃电器电子产品处理基金申报表》的公告

(国家税务总局公告2015年第62号)

经国务院批准,发展改革委、环境保护部、工业和信息化部、财政部、海关总署和税务总局于2015年2月9日联合发布了《废弃电器电子产品处理目录(2014年版)》(发展改革委 环境保护部 工业和信息化部 财政部 海关总署 税务总局公告2015年第5号,以下简称《公告》)。为保证《公告》顺利实施,现将《国家税务总局关于发布〈废弃电器电子产品处理基金征收管理规定〉的公告》(国家税务总局公告2012年第41号)中附件2《废弃电器电子产品处理基金申报表》(以下简称原申报表)修订为《废弃电器电子产品处理基金申报表(2015年版)》(以下简称新申报表)。新申报表自2016年3月1日起启用,原申报表同时废止。

特此公告。

附件:废弃电器电子产品处理基金申报表(2015年版)

国家税务总局

2015年9月14日

附件

废弃电器电子产品处理基金申报表(2015年版)

纳税人识别号(统一社会信用代码):　　　　　　　　　　　　　　　　金额单位:元
纳税人名称(公章):　　　　　　　　　　　　　　　　　　　　　　　数量单位:台
基金所属期:　　年　月　日至　　年　月　日　　　　　　　　　填表日期:　　年　月　日

	应征基金产品名称	征收标准	本期销售数量	其中		本期应征金额
				应征销售数量	出口免征销售数量	
	1	2	3=4+5	4	5	6=4*2
一、应征金额计算						
	合计					

(续表)

	本期可扣除数量	其中				本期可扣除金额
		进口数量	国内购进数量	委托加工收回数量	已征基金产品可抵退货数量	
二、扣除金额计算	7=8+9+10+11	8	9	10	11	12=7*2
	合计					
三、应缴金额计算	本期合计应征金额	13(第6项合计数)		如缴纳义务人填报,由缴纳义务人填写以下两栏:		
	本期合计可扣除金额	14(第12项合计数)		经办人(签章):		
	本期减征金额	15		法定代表人(签章):		
	已预缴金额	16		如委托代理人填报,由代理人填写以下两栏:		
	上期结转金额	17				
	本期应缴金额	18(若13－14－15－16－17>0,为13－14－15－16－17;否则为0)		代理人名称(公章):　　　授权人(签章):		
	本期结转下期金额	19(若14+15+16+17－13>0,为14+15+16+17－13;否则为0)		代理经办人(签章):　　　联系电话:		

缴纳义务人或代理人声明:
本基金申报表是根据国家关于废弃电器电子产品处理基金的相关规定填报的,我确定它是真实的、可靠的、完整的。

受理税务机关:　　　受理人:　　　受理日期:　　年　月　日

填表说明:

1. 本表适用于废弃电器电子产品处理基金(以下简称"基金")缴纳义务人填报。
2. "纳税人识别号"填写税务机关为基金缴纳义务人确定的识别号或统一社会信用代码。
3. "纳税人名称"填写基金缴纳义务人单位名称全称,不得填写简称。
4. "填表日期"填写基金缴纳义务人填写本表的具体日期。

5. "所属期"填写基金缴纳义务人申报的应缴纳基金所属时间,填写具体的起止年、月、日。

6. 第1项"应征基金产品名称"按照《国内销售电器电子产品基金征收范围和标准》填写相应的基金产品种类。

7. 第2项"征收标准"按照《国内销售电器电子产品基金征收范围和标准》对应填写。

8. 第5项"出口免征销售数量"填写出口的产品数量。

9. 第8项"进口数量"填写已由海关征收基金的进口产品数量。

10. 第9项"国内购进数量"填写从国内购进的已征基金产品数量。

11. 第10项"委托加工收回数量"填写从受托方收回委托加工已征基金的产品数量。

12. 第11项"已征基金产品可抵退货数量"填写已征基金产品发生销货退回的数量。

13. 第15项"本期减征金额"在国务院相关部门的具体规定未明确之前暂不填写。

14. 第16项"已预缴金额"填写已预缴的基金金额。

15. 第17项"上期结转金额"填写本表上期第19项"本期结转下期金额"。

国家发展和改革委员会办公厅 环境保护部办公厅 工业和信息化部办公厅 财政部办公厅 海关总署办公厅 国家税务总局办公厅 关于印发《废弃电器电子产品处理目录(2014年版)释义的通知》

(发改办环资〔2016〕1050号)

为贯彻实施《废弃电器电子产品处理目录(2014年版)》(以下简称《目录》),帮助各相关部门、电器电子产品生产企业、废弃电器电子产品处理企业及社会各有关方面理解目录范围,发展改革委、环境保护部、工业和信息化部、财政部、海关总署、税务总局组织有关专家制定了《〈废弃电器电子产品处理目录(2014年版)〉释义》(以下简称《目录释义》)。

《目录释义》根据《废弃电器电子产品回收处理管理条例》立法宗旨,并参考有关产品的国家标准、进出口税则商品及品目注释制定。《目录释义》是对《目录》的解释,产品征收的实际范围由财政部、海关总署及税务总局另行公布。

附件1:《废弃电器电子产品处理目录(2014年版)》释义

附件2:《废弃电器电子产品处理目录(2014年版)释义》制定说明

国家发展和改革委员会办公厅 环境保护部办公厅
工业和信息化部办公厅 财政部办公厅
海关总署办公厅 税务总局办公厅
2016年4月25日

附件1

《废弃电器电子产品处理目录(2014年版)》释义

一、电冰箱

(一) 产品范围及定义

目录产品范围包括冷藏冷冻箱(柜)、冷冻箱(柜)、冷藏箱(柜)及其他具有制冷系统,消耗能量以获取冷量的隔热箱体(容积≤800升)。

电冰箱指封闭式电机驱动压缩式冰箱,是有适当容积和装置的绝热箱体,采用消耗电能的手段来制冷,并具有一个或多个间室。

(二) 目录产品释义

电冰箱的种类很多,一般按其内冷却、用途、气候环境、外形、放置方式制冷方式分类。《目录》按照产品用途进行分类。

冷藏冷冻箱(柜):至少有一个间室为冷藏室,适用于储藏不须冷冻的物品,并至少有一个间室为冷冻室,适用于需要在-18℃或-18℃以下保存的冷冻物品和储存冷冻物品。

冷冻箱(柜):一个有适当容积和装置的绝热箱体,具有一个或多个间室,在规定的试验条件下,将等于或低于-18℃的物品放入箱内,这些间室温度上升,不高于-18℃。该类型冰箱至少有一间为冷冻室,并能按规定储藏物品,可有冷冻物品储藏室。

冷藏箱(柜):一个有适当容积和装置的绝热箱体,具有一个或多个间室,其中至少有一个冷藏室。该类型冰箱至少有一个间室是冷藏室,用以储藏不需冻结的物品,其温度应保持在0℃以上。

该类型冰箱可以具有冷却室、制冰室、冷冻特品储藏室、冰温室,但是它没有冷冻室。

(三) 本目录不包括的产品

本目录产品范围不包含非压缩式电冰箱及容积不超过50升的电冰箱。

附件2

《废弃电器电子产品处理目录(2014年版)释义》制定说明

一、制定发布的背景

2009年,我国发布《废弃电器电子产品回收处理管理条例》(国务院令第551号,以下简称《条例》)。《条例》建立了《废弃电器电子产品处理目录》制度、基金制度、行业规划制度、处理企业资格许可制度、信息管理制度等。经国务院批准,2015年2月,国家发展改革委、环境保护部、工业和信息化部、财政部、海关总署、税务总局等发布2015年第5号公告,公布了《废弃电器电子产品处理目录(2014年版)》(以下简称2014年版目录),调整扩大了目录范围,由过去的5类产品扩大到14类产品。

在 2014 年版目录公布之后,我们陆续接到了部分相关部门、行业协会、生产企业、处理企业等提出的咨询问题,对目录产品范围进行了解,为方便各相关部门、企业更好地理解目录所包括产品的范围和定义,保证《废弃电器电子产品回收处理条例》的顺利实施,我们组织制定了《废弃电器电子产品处理目录(2014 年版)释 20 义》(以下简称《目录释义》)。《目录释义》仅是对 2014 年版目录所列产品的解释说明。

二、《目录释义》制定的过程和依据

我们在 2014 年的基金评估课题中设立《目录(2014 年版)释义编制研究》,委托有关行业协会开展相关研究。课题组采用收据收集、文献整理、实地调研、实验测试分析和专家论证相结合的方式,调研了国内外相关电器电子产品分类和定义,先后赴 30 余家生产企业、10 家处理企业进行了调研,听取了中国家电协会、中国文办设备制造行业协会、中国通信工业协会等协会和有关企业的意见建议,共收集、分析、比较国内外 14 种商品相关标准 100 余篇,参考使用 30 余篇。同时,收集分析了世界海关组织(WCO)《进出口税则商品及品目注释》及《中华人民共和国海关进出口税则本国子目注释》第十六类共计 38 个章节的内容。2015 年 12 月,我们将《目录释义》在网上公开征求意见,共收到 30 多个单位和个人反馈的 80 多条意见,还专门听取了有关行业协会、国内外骨干企业的意见,对《目录释义》再次进行了修改完善。

三、《目录释义》的框架结构

《目录释义》按照 14 个产品类型的顺序,分别从产品范围及定义、目录产品释义、不包括的产品等几个方面对每类产品进行解释和界定。

一是阐述了 2014 年版目录产品定义和分类,主要参考了现有的标准规范、世界海关组织和中国海关归类技术委员会发布的归类决定、归类裁定等,从产品的定义和实际结构、功能、用途进行解读;

二是对 2014 年版目录所包含的产品范围进行解释;

三是对容易产生歧义的部分类别产品进行了概念厘清,对不属于产品范围的产品种类进行了梳理界定。

四、《目录释义》中不包含部分产品的原因

《目录释义》编制过程中注意到部分产品不适用现有目录产品划分依据及标准,我们从《条例》的立法精神出发,并考虑到环境性、资源性、社会性、经济性,以及技术现状、征收成本、管理成本等因素,提出了不纳入目录产品范围的产品种类。

(一)关于部分电冰箱产品

从条例制定的初衷看,将冰箱纳入范围主要是环境危害性,而非压缩式电冰箱由于制冷原理不同,环境危害性不同,且产品生产数量较少,征管成本较大。同时,考虑到现行的实际管理中也未将容积不超过 50 升的电冰箱纳入管理范围,因此,《目录释义》中提出,本目录产品范围不包含非压缩式电冰箱及容积不超过 50 升的电冰箱。

(二) 关于部分打印机产品

从条例制定的初衷看,将打印机纳入范围主要是环境危害性,而幅面小于 110 毫米的针式打印机、热敏打印机、热转印打印机和热升华打印机由于工作原理不同,不使用硒鼓墨盒,环境危害性较小,且产品结构单一,多为嵌入式安装难以单独回收,主要用于特种用途。同时,目录对打印机的界定范围是印刷幅面＜A2,印刷速度≤80 张/分钟,据此标准,对应的针式打印机范围是打印头针数小于 48 的针式打印机。因此,《目录释义》中提出,本目录产品范围不包括打印头针数大于等于 48 的针式打印机及打印幅面小于 110 毫米的针式打印机、热敏打印机、热转印打印机和热升华打印机。

(三) 关于部分液体加热功能设备

从条例制定的目的看,将电热水器纳入目录管理范围主要原因是含有保温材料等,具有一定的环境污染性,而一般性的液体加热功能设施从定义上就不属于电热水器,从结构上看比较简单,基本不含有保温材料,仅包括金属壳体和加热组件,因此,《目录释义》中提出,本目录产品范围不包含咖啡壶、电水壶、煮蛋器、热水售卖机等具备液体加热功能的液体加热器和商业售卖机。

(四) 关于可穿戴产品

根据 2014 年版目录对移动通讯设备的界定,包含了部分具有通信功能的可穿戴设备。但考虑到这一产业仍处于快速发展期,产品种类日新月异,征收成本和难度较大,有待于进一步研究规范,因此,《目录释义》中提出,本目录产品不包括具有定位、简单通话等功能的可穿戴产品。

(五) 其他一些产品

一是部分企业提出 10 升以下储水式电热水器不纳入管理范围。经征求协会及各方意见,虽然 10 升以下储水式电热水器体积小、价值低,但是原理、结构与 10 升以上电热水器基本相同,在此不作调整。二是部分电话机企业提出电话机不纳入目录管理范围,由于国家已明确将电话机纳入目录管理,在此不作调整。我们将建议有关部门在基金征收环节结合不同产品的价值、环境危害性和产业发展水平设置差别化征收标准。

五、关于《目录释义》与处理基金实际征收补贴范围

《目录释义》主要是从产品范围上进行的解释和说明,但在具体征收环节上还要综合考虑实施的可行性、征收监管成本、补贴审核监管成本等,因此,《目录释义》提出产品的基金实际征收范围(含进出口环节)由财政部、海关总署及税务总局按有关标准和规定另行确定,实际补贴范围由财政部商环境保护部等部门按照有关标准和规定另行确定。

六、目录实施的预期效果

为了落实《固体废物污染环境防治法》《循环经济促进法》和《清洁生产促进法》,国家

制定实施了《废弃电器电子产品回收处理管理条例》,率先在电器电子领域实行生产者责任延伸制度。目录自 2012 年 7 月实施以来,回收处理的五大类废弃电器电子产品从最初的每年 4000 万台上升到 2015 年的 7500 万台。预期新版目录实施后,将进一步推动我国废弃电器电子产品的规范回收利用和行业的健康发展,促进循环经济发展和环境保护,提高全民环境保护、资源节约意识。

七、工会经费

中华人民共和国工会法

(1992 年 4 月 3 日第七届全国人民代表大会第五次会议通过根据 2001 年 10 月 27 日第九届全国人民代表大会常务委员会第二十四次会议《关于修改〈中华人民共和国工会法〉的决定》第一次修正根据 2009 年 8 月 27 日第十一届全国人民代表大会常务委员会第十次会议《关于修改部分法律的决定》第二次修正根据 2021 年 12 月 24 日第十三届全国人民代表大会常务委员会第三十二次会议《关于修改〈中华人民共和国工会法〉的决定》第三次修正)

目　　录

第一章　总则
第二章　工会组织
第三章　工会的权利和义务
第四章　基层工会组织
第五章　工会的经费和财产
第六章　法律责任
第七章　附则

第一章　总　　则

第一条　为保障工会在国家政治、经济和社会生活中的地位,确定工会的权利与义务,发挥工会在社会主义现代化建设事业中的作用,根据宪法,制定本法。

第二条　工会是中国共产党领导的职工自愿结合的工人阶级群众组织,是中国共产党联系职工群众的桥梁和纽带。

中华全国总工会及其各工会组织代表职工的利益,依法维护职工的合法权益。

第三条 在中国境内的企业、事业单位、机关、社会组织（以下统称用人单位）中以工资收入为主要生活来源的劳动者，不分民族、种族、性别、职业、宗教信仰、教育程度，都有依法参加和组织工会的权利。任何组织和个人不得阻挠和限制。

工会适应企业组织形式、职工队伍结构、劳动关系、就业形态等方面的发展变化，依法维护劳动者参加和组织工会的权利。

第四条 工会必须遵守和维护宪法，以宪法为根本的活动准则，以经济建设为中心，坚持社会主义道路，坚持人民民主专政，坚持中国共产党的领导，坚持马克思列宁主义、毛泽东思想、邓小平理论、"三个代表"重要思想、科学发展观、习近平新时代中国特色社会主义思想，坚持改革开放，保持和增强政治性、先进性、群众性，依照工会章程独立自主地开展工作。

工会会员全国代表大会制定或者修改《中国工会章程》，章程不得与宪法和法律相抵触。

国家保护工会的合法权益不受侵犯。

第五条 工会组织和教育职工依照宪法和法律的规定行使民主权利，发挥国家主人翁的作用，通过各种途径和形式，参与管理国家事务、管理经济和文化事业、管理社会事务；协助人民政府开展工作，维护工人阶级领导的、以工农联盟为基础的人民民主专政的社会主义国家政权。

第六条 维护职工合法权益、竭诚服务职工群众是工会的基本职责。工会在维护全国人民总体利益的同时，代表和维护职工的合法权益。

工会通过平等协商和集体合同制度等，推动健全劳动关系协调机制，维护职工劳动权益，构建和谐劳动关系。

工会依照法律规定通过职工代表大会或者其他形式，组织职工参与本单位的民主选举、民主协商、民主决策、民主管理和民主监督。

工会建立联系广泛、服务职工的工会工作体系，密切联系职工，听取和反映职工的意见和要求，关心职工的生活，帮助职工解决困难，全心全意为职工服务。

第七条 工会动员和组织职工积极参加经济建设，努力完成生产任务和工作任务。教育职工不断提高思想道德、技术业务和科学文化素质，建设有理想、有道德、有文化、有纪律的职工队伍。

第八条 工会推动产业工人队伍建设改革，提高产业工人队伍整体素质，发挥产业工人骨干作用，维护产业工人合法权益，保障产业工人主人翁地位，造就一支有理想守信念、懂技术会创新、敢担当讲奉献的宏大产业工人队伍。

第九条 中华全国总工会根据独立、平等、互相尊重、互不干涉内部事务的原则，加强同各国工会组织的友好合作关系。

第二章 工 会 组 织

第十条 工会各级组织按照民主集中制原则建立。

各级工会委员会由会员大会或者会员代表大会民主选举产生。企业主要负责人的近亲属不得作为本企业基层工会委员会成员的人选。

各级工会委员会向同级会员大会或者会员代表大会负责并报告工作,接受其监督。

工会会员大会或者会员代表大会有权撤换或者罢免其所选举的代表或者工会委员会组成人员。

上级工会组织领导下级工会组织。

第十一条 用人单位有会员二十五人以上的,应当建立基层工会委员会;不足二十五人的,可以单独建立基层工会委员会,也可以由两个以上单位的会员联合建立基层工会委员会,也可以选举组织员一人,组织会员开展活动。女职工人数较多的,可以建立工会女职工委员会,在同级工会领导下开展工作;女职工人数较少的,可以在工会委员会中设女职工委员。

企业职工较多的乡镇、城市街道,可以建立基层工会的联合会。

县级以上地方建立地方各级总工会。

同一行业或者性质相近的几个行业,可以根据需要建立全国的或者地方的产业工会。

全国建立统一的中华全国总工会。

第十二条 基层工会、地方各级总工会、全国或者地方产业工会组织的建立,必须报上一级工会批准。

上级工会可以派员帮助和指导企业职工组建工会,任何单位和个人不得阻挠。

第十三条 任何组织和个人不得随意撤销、合并工会组织。

基层工会所在的用人单位终止或者被撤销,该工会组织相应撤销,并报告上一级工会。

依前款规定被撤销的工会,其会员的会籍可以继续保留,具体管理办法由中华全国总工会制定。

第十四条 职工二百人以上的企业、事业单位、社会组织的工会,可以设专职工会主席。工会专职工作人员的人数由工会与企业、事业单位、社会组织协商确定。

第十五条 中华全国总工会、地方总工会、产业工会具有社会团体法人资格。

基层工会组织具备民法典规定的法人条件的,依法取得社会团体法人资格。

第十六条 基层工会委员会每届任期三年或者五年。各级地方总工会委员会和产业工会委员会每届任期五年。

第十七条 基层工会委员会定期召开会员大会或者会员代表大会,讨论决定工会工作的重大问题。经基层工会委员会或者三分之一以上的工会会员提议，可以临时召开会员大会或者会员代表大会。

第十八条 工会主席、副主席任期未满时，不得随意调动其工作。因工作需要调动时，应当征得本级工会委员会和上一级工会的同意。

罢免工会主席、副主席必须召开会员大会或者会员代表大会讨论，非经会员大会全体会员或者会员代表大会全体代表过半数通过，不得罢免。

第十九条 基层工会专职主席、副主席或者委员自任职之日起，其劳动合同期限自动延长，延长期限相当于其任职期间；非专职主席、副主席或者委员自任职之日起，其尚未履行的劳动合同期限短于任期的，劳动合同期限自动延长至任期期满。但是，任职期间个人严重过失或者达到法定退休年龄的除外。

第三章 工会的权利和义务

第二十条 企业、事业单位、社会组织违反职工代表大会制度和其他民主管理制度，工会有权要求纠正，保障职工依法行使民主管理的权利。

法律、法规规定应当提交职工大会或者职工代表大会审议、通过、决定的事项，企业、事业单位、社会组织应当依法办理。

第二十一条 工会帮助、指导职工与企业、实行企业化管理的事业单位、社会组织签订劳动合同。

工会代表职工与企业、实行企业化管理的事业单位、社会组织进行平等协商，依法签订集体合同。集体合同草案应当提交职工代表大会或者全体职工讨论通过。

工会签订集体合同，上级工会应当给予支持和帮助。

企业、事业单位、社会组织违反集体合同，侵犯职工劳动权益的，工会可以依法要求企业、事业单位、社会组织予以改正并承担责任；因履行集体合同发生争议，经协商解决不成的，工会可以向劳动争议仲裁机构提请仲裁，仲裁机构不予受理或者对仲裁裁决不服的，可以向人民法院提起诉讼。

第二十二条 企业、事业单位、社会组织处分职工，工会认为不适当的，有权提出意见。

用人单位单方面解除职工劳动合同时，应当事先将理由通知工会，工会认为用人单位违反法律、法规和有关合同，要求重新研究处理时，用人单位应当研究工会的意见，并将处理结果书面通知工会。

职工认为用人单位侵犯其劳动权益而申请劳动争议仲裁或者向人民法院提起诉讼的，工会应当给予支持和帮助。

第二十三条 企业、事业单位、社会组织违反劳动法律法规规定，有下列侵犯职工劳动权益情形,工会应当代表职工与企业、事业单位、社会组织交涉,要求企业、事业单位、社会组织采取措施予以改正;企业、事业单位、社会组织应当予以研究处理,并向工会作出答复;企业、事业单位、社会组织拒不改正的,工会可以提请当地人民政府依法作出处理:

(一)克扣、拖欠职工工资的;

(二)不提供劳动安全卫生条件的;

(三)随意延长劳动时间的;

(四)侵犯女职工和未成年工特殊权益的;

(五)其他严重侵犯职工劳动权益的。

第二十四条 工会依照国家规定对新建、扩建企业和技术改造工程中的劳动条件和安全卫生设施与主体工程同时设计、同时施工、同时投产使用进行监督。对工会提出的意见,企业或者主管部门应当认真处理,并将处理结果书面通知工会。

第二十五条 工会发现企业违章指挥、强令工人冒险作业,或者生产过程中发现明显重大事故隐患和职业危害,有权提出解决的建议,企业应当及时研究答复;发现危及职工生命安全的情况时,工会有权向企业建议组织职工撤离危险现场,企业必须及时作出处理决定。

第二十六条 工会有权对企业、事业单位、社会组织侵犯职工合法权益的问题进行调查,有关单位应当予以协助。

第二十七条 职工因工伤亡事故和其他严重危害职工健康问题的调查处理,必须有工会参加。工会应当向有关部门提出处理意见,并有权要求追究直接负责的主管人员和有关责任人员的责任。对工会提出的意见,应当及时研究,给予答复。

第二十八条 企业、事业单位、社会组织发生停工、怠工事件,工会应当代表职工同企业、事业单位、社会组织或者有关方面协商,反映职工的意见和要求并提出解决意见。对于职工的合理要求,企业、事业单位、社会组织应当予以解决。工会协助企业、事业单位、社会组织做好工作,尽快恢复生产、工作秩序。

第二十九条 工会参加企业的劳动争议调解工作。

地方劳动争议仲裁组织应当有同级工会代表参加。

第三十条 县级以上各级总工会依法为所属工会和职工提供法律援助等法律服务。

第三十一条 工会协助用人单位办好职工集体福利事业,做好工资、劳动安全卫生和社会保险工作。

第三十二条 工会会同用人单位加强对职工的思想政治引领,教育职工以国家主人翁态度对待劳动,爱护国家和单位的财产;组织职工开展群众性的合理化建议、技术革新、劳动和技能竞赛活动,进行业余文化技术学习和职工培训,参加职业教育和文化体育活动,推进职业安全健康教育和劳动保护工作。

第三十三条 根据政府委托,工会与有关部门共同做好劳动模范和先进生产(工作)者的评选、表彰、培养和管理工作。

第三十四条 国家机关在组织起草或者修改直接涉及职工切身利益的法律、法规、规章时,应当听取工会意见。

县级以上各级人民政府制定国民经济和社会发展计划,对涉及职工利益的重大问题,应当听取同级工会的意见。

县级以上各级人民政府及其有关部门研究制定劳动就业、工资、劳动安全卫生、社会保险等涉及职工切身利益的政策、措施时,应当吸收同级工会参加研究,听取工会意见。

第三十五条 县级以上地方各级人民政府可以召开会议或者采取适当方式,向同级工会通报政府的重要的工作部署和与工会工作有关的行政措施,研究解决工会反映的职工群众的意见和要求。

各级人民政府劳动行政部门应当会同同级工会和企业方面代表,建立劳动关系三方协商机制,共同研究解决劳动关系方面的重大问题。

第四章 基层工会组织

第三十六条 国有企业职工代表大会是企业实行民主管理的基本形式,是职工行使民主管理权力的机构,依照法律规定行使职权。

国有企业的工会委员会是职工代表大会的工作机构,负责职工代表大会的日常工作,检查、督促职工代表大会决议的执行。

第三十七条 集体企业的工会委员会,应当支持和组织职工参加民主管理和民主监督,维护职工选举和罢免管理人员、决定经营管理的重大问题的权力。

第三十八条 本法第三十六条、第三十七条规定以外的其他企业、事业单位的工会委员会,依照法律规定组织职工采取与企业、事业单位相适应的形式,参与企业、事业单位民主管理。

第三十九条 企业、事业单位、社会组织研究经营管理和发展的重大问题应当听取工会的意见;召开会议讨论有关工资、福利、劳动安全卫生、工作时间、休息休假、女职工保护和社会保险等涉及职工切身利益的问题,必须有工会代表参加。

企业、事业单位、社会组织应当支持工会依法开展工作,工会应当支持企业、事业单位、社会组织依法行使经营管理权。

第四十条 公司的董事会、监事会中职工代表的产生,依照公司法有关规定执行。

第四十一条 基层工会委员会召开会议或者组织职工活动,应当在生产或者工作时间以外进行,需要占用生产或者工作时间的,应当事先征得企业、事业单位、社会组织的同意。

基层工会的非专职委员占用生产或者工作时间参加会议或者从事工会工作,每月不超过三个工作日,其工资照发,其他待遇不受影响。

第四十二条　用人单位工会委员会的专职工作人员的工资、奖励、补贴,由所在单位支付。社会保险和其他福利待遇等,享受本单位职工同等待遇。

第五章　工会的经费和财产

第四十三条　工会经费的来源:

(一) 工会会员缴纳的会费;

(二) 建立工会组织的用人单位按每月全部职工工资总额的百分之二向工会拨缴的经费;

(三) 工会所属的企业、事业单位上缴的收入;

(四) 人民政府的补助;

(五) 其他收入。

前款第二项规定的企业、事业单位、社会组织拨缴的经费在税前列支。

工会经费主要用于为职工服务和工会活动。经费使用的具体办法由中华全国总工会制定。

第四十四条　企业、事业单位、社会组织无正当理由拖延或者拒不拨缴工会经费,基层工会或者上级工会可以向当地人民法院申请支付令;拒不执行支付令的,工会可以依法申请人民法院强制执行。

第四十五条　工会应当根据经费独立原则,建立预算、决算和经费审查监督制度。

各级工会建立经费审查委员会。

各级工会经费收支情况应当由同级工会经费审查委员会审查,并且定期向会员大会或者会员代表大会报告,接受监督。工会会员大会或者会员代表大会有权对经费使用情况提出意见。

工会经费的使用应当依法接受国家的监督。

第四十六条　各级人民政府和用人单位应当为工会办公和开展活动,提供必要的设施和活动场所等物质条件。

第四十七条　工会的财产、经费和国家拨给工会使用的不动产,任何组织和个人不得侵占、挪用和任意调拨。

第四十八条　工会所属的为职工服务的企业、事业单位,其隶属关系不得随意改变。

第四十九条　县级以上各级工会的离休、退休人员的待遇,与国家机关工作人员同等对待。

第六章 法 律 责 任

第五十条 工会对违反本法规定侵犯其合法权益的,有权提请人民政府或者有关部门予以处理,或者向人民法院提起诉讼。

第五十一条 违反本法第三条、第十二条规定,阻挠职工依法参加和组织工会或者阻挠上级工会帮助、指导职工筹建工会的,由劳动行政部门责令其改正;拒不改正的,由劳动行政部门提请县级以上人民政府处理;以暴力、威胁等手段阻挠造成严重后果,构成犯罪的,依法追究刑事责任。

第五十二条 违反本法规定,对依法履行职责的工会工作人员无正当理由调动工作岗位,进行打击报复的,由劳动行政部门责令改正、恢复原工作;造成损失的,给予赔偿。

对依法履行职责的工会工作人员进行侮辱、诽谤或者进行人身伤害,构成犯罪的,依法追究刑事责任;尚未构成犯罪的,由公安机关依照治安管理处罚法的规定处罚。

第五十三条 违反本法规定,有下列情形之一的,由劳动行政部门责令恢复其工作,并补发被解除劳动合同期间应得的报酬,或者责令给予本人年收入二倍的赔偿:

(一)职工因参加工会活动而被解除劳动合同的;

(二)工会工作人员因履行本法规定的职责而被解除劳动合同的。

第五十四条 违反本法规定,有下列情形之一的,由县级以上人民政府责令改正,依法处理:

(一)妨碍工会组织职工通过职工代表大会和其他形式依法行使民主权利的;

(二)非法撤销、合并工会组织的;

(三)妨碍工会参加职工因工伤亡事故以及其他侵犯职工合法权益问题的调查处理的;

(四)无正当理由拒绝进行平等协商的。

第五十五条 违反本法第四十七条规定,侵占工会经费和财产拒不返还的,工会可以向人民法院提起诉讼,要求返还,并赔偿损失。

第五十六条 工会工作人员违反本法规定,损害职工或者工会权益的,由同级工会或者上级工会责令改正,或者予以处分;情节严重的,依照《中国工会章程》予以罢免;造成损失的,应当承担赔偿责任;构成犯罪的,依法追究刑事责任。

第七章 附 则

第五十七条 中华全国总工会会同有关国家机关制定机关工会实施本法的具体办法。

第五十八条 本法自公布之日起施行。1950年6月29日中央人民政府颁布的《中华人民共和国工会法》同时废止。

国家税务总局关于税务机关代收工会经费企业所得税税前扣除凭据问题的公告

(国家税务总局公告2011年第30号)

为进一步加强对工会经费企业所得税税前扣除的管理,现就税务机关代收工会经费税前扣除凭据问题公告如下:

自2010年1月1日起,在委托税务机关代收工会经费的地区,企业拨缴的工会经费,也可凭合法、有效的工会经费代收凭据依法在税前扣除。

特此公告。

国家税务总局
二〇一一年五月十一日

中华总工会办公厅关于实施小微企业工会经费支持政策的通知

(厅字〔2019〕32号)

各省、自治区、直辖市总工会,中华全国铁路总工会、中国民航工会全国委员会、中国金融工会全国委员会,中央和国家机关工会联合会:

为贯彻落实党中央、国务院支持实体经济发展的决策部署,支持小微企业工会工作,促进小微企业健康发展,规范小微企业工会经费使用管理,现就实施小微企业工会经费全额返还政策有关事项通知如下:

一、严格小微企业划型标准

小型企业和微型企业界定标准执行工业和信息化部、中华全国总工会办公厅、国家统计局、国家发展改革委、财政部2011年6月18日印发的《中小企业划型标准规定》(工信部联企业〔2011〕300号)确定的小微企业划型标准。

二、明确支持政策实施时限

根据中国工会十七大对工会经费收缴改革的总体部署和工作安排,对小微企业工会经费实行全额返还的支持政策实施时限,自2020年1月1日起,至2021年12月31日止。全国总工会将视基层工会组织建设和工会经费收缴改革的进展情况确定支持政策的后续时限。

三、规范全额返还操作流程

建立工会组织的小微企业要按照《工会法》的有关规定,按照全部职工工资总额的

2%及时足额拨缴工会经费。上级工会要建立小微企业工会经费收缴台账,健全管理制度,落实小微企业工会经费全额返还政策,定期全额返还其缴交的工会经费。

暂未建立工会组织已缴交建会筹备金的小微企业,上级工会要建立建会筹备金收缴台账,详细记录缴交建会筹备金小微企业的相关信息,加大建会工作力度,积极组织小微企业职工开展各类活动,确保未建会小微企业建会筹备金规范使用。小微企业工会组建后,要全额返还其建会筹备金余额部分。

四、加强对小微企业工会财务工作的指导服务

上级工会要加强对小微企业工会财务工作的指导,加大对《工会法》和《基层工会经费收支管理办法》的宣传力度,定期开展针对小微企业的工会财务知识培训,通过编制财务制度汇编、操作手册、案例课程等多种方式,运用工会网站、微信公众号、小程序等手段,加强资源共享和合作,有效促进小微企业工会建起来、转起来、活起来。

上级工会要创新服务手段和服务方式,解决小微企业工会财务工作中的突出问题,为小微企业工会独立开设工会经费银行账户、独立进行财务核算提供指导服务;对暂不具备独立核算条件的小微企业工会,上级工会可实行"上代下"财务集中核算模式,所需工作经费由上级工会解决;建立健全小微企业工会报账制度,定期向小微企业通报工会经费收支情况;要加强对小微企业工会预(决)算工作的指导,不断扩大小微企业工会预(决)算工作覆盖面。

五、其他要求

省级工会要按照本通知要求,结合实际制定实施细则。本通知发布前已经出台的政策文件与本通知规定不符的,应依据本通知精神予以规范。同时,加强对小微企业工会经费支持政策落实情况的监督检查,确保支持政策落地见效。

中华总工会办公厅
二〇一九年十二月三十一日

中华总工会办公厅关于实施小额缴费工会组织工会经费全额返还支持政策的通知

(厅字〔2022〕47号)

各省、自治区、直辖市总工会,中华全国铁路总工会、中国民航工会、中国金融工会,中央和国家机关工会联合会:

为加强基层工会工作,夯实基层工会服务职工的物质基础,经中华全国总工会党组

第146次会议研究,决定自2023年1月1日起,继续实施小额缴费工会组织工会经费全额返还支持政策。现就有关事项通知如下:

一、支持政策对象

全年上缴工会经费低于1万元(不含)的小额缴费工会组织。

二、政策实施时限

支持政策暂定2年,自2023年1月1日起,至2024年12月31日止。

三、规范经费返还操作流程

建立工会组织的用人单位要依据《工会法》有关规定,按照全部职工工资总额的2%及时足额拨缴工会经费。上级工会要建立小额缴费工会组织工会经费收缴台账,按照调整后的经费上缴周期及时汇算其年度上缴经费,并于每年11月底前足额返还其上缴的工会经费。

四、有关要求

各省级工会要提高政治站位,充分认识实施工会经费支持政策的重要意义,准确把握支持政策调整的相关要求,严格落实全国总工会工作部署,加大政策宣传力度,加强与税务部门、代理银行的沟通协作,细化操作流程,强化监督、指导与服务,确保工会经费支持政策落地见效。

执行中出现的新情况新问题,请及时反馈全国总工会财务部。

中华全国总工会办公厅
二〇二二年十二月三十日

八、先行划转部分非税收入

国家税务总局关于国家重大水利工程建设基金等政府非税收入项目征管职责划转有关事项的公告

(国家税务总局公告2018年第63号)

根据党中央、国务院关于政府非税收入(以下简称"非税收入")征管职责划转的有关要求,国家重大水利工程建设基金等非税收入项目划转至税务部门征收。为确保非税收入征管职责划转及各项征管工作平稳有序运行,现将有关事项公告如下:

一、自2019年1月1日起，原由财政部驻地方财政监察专员办事处（以下简称"专员办"）负责征收的国家重大水利工程建设基金、农网还贷资金、可再生能源发展基金、中央水库移民扶持基金（含大中型水库移民后期扶持基金、三峡水库库区基金、跨省大中型水库库区基金）、三峡电站水资源费、核电站乏燃料处理处置基金、免税商品特许经营费、油价调控风险准备金、核事故应急准备专项收入，以及国家留成油收入、石油特别收益金，划转至税务部门征收。征收范围、对象、标准及收入分成等仍按现行规定执行。

二、税务部门按照属地原则征收划转的非税收入，具体征收机关由国家税务总局各省、自治区、直辖市和计划单列市税务局按照"便民、高效"原则确定。三峡电站水资源费的中央分成和湖北省分成部分，由缴费人向湖北省税务部门申报缴纳；重庆市分成部分，由缴费人向重庆市税务部门申报缴纳。

三、国家重大水利工程建设基金、农网还贷资金、可再生能源发展基金、中央水库移民扶持基金（含大中型水库移民后期扶持基金、三峡水库库区基金、跨省际大中型水库库区基金）、三峡电站水资源费、核电站乏燃料处理处置基金、免税商品特许经营费、核事故应急准备专项收入和国家留成油收入等非税收入的申报，统一使用《非税收入通用申报表》（附件1），石油特别收益金使用《石油特别收益金申报表》（附件2），油价调控风险准备金使用《油价调控风险准备金申报表》（附件3）。

四、缴费人采用自行申报方式办理非税收入申报缴纳等有关事项。相关电网企业按照现行规定进行代征，并向税务部门申报缴纳。符合非税收入减免政策的，缴费人自行申报享受，相关资料由缴费人留存备查，并对资料的真实性和合法性承担责任。

五、各项非税收入缴纳期限按现行规定执行，期限最后一日是法定休假日的，以休假日期满的次日为最后一日，期限内有连续3日以上法定休假日的，按休假日天数顺延。

六、对于国家重大水利工程建设基金、可再生能源发展基金、跨省大中型水库库区基金、大中型水库移民后期扶持基金、三峡电站水资源费2018年度的汇算清缴，缴费人向专员办申报办理。以后年度的汇算清缴，缴费人向税务部门申报办理。

七、涉及误收误缴、汇算清缴需要退库的，缴费人向主管税务机关申请办理。涉及收入减免等政策性原因需要退库的，按照财政部有关退库管理规定办理。

八、国家税务总局各省、自治区、直辖市和计划单列市税务局可根据本公告制定具体实施办法。

本公告自2019年1月1日起施行。

特此公告。

附件：1. 非税收入通用申报表（略）

2. 石油特别收益金申报表(略)
3. 油价调控风险准备金申报表(略)

国家税务总局

2018 年 12 月 25 日

财政部 国家发展改革委 水利部关于印发《国家重大水利工程建设基金征收使用管理暂行办法》的通知

(财综〔2009〕90号)

各省、自治区、直辖市人民政府,监察部、审计署、中国人民银行、国务院南水北调办、国务院三峡办,国家电网公司、中国南方电网有限责任公司:

《国家重大水利工程建设基金征收使用管理暂行办法》已经国务院同意,现印发给你们,请遵照执行。

财政部 国家发展改革委 水利部

二〇〇九年十二月三十一日

附件

国家重大水利工程建设基金征收使用管理暂行办法

第一条 为筹集国家重大水利工程建设资金,确保国家重大水利工程建设的顺利实施,促进经济社会可持续发展,根据国家有关规定,制定本办法。

第二条 国家重大水利工程建设基金(以下简称重大水利基金)是国家为支持南水北调工程建设、解决三峡工程后续问题以及加强中西部地区重大水利工程建设而设立的政府性基金。

第三条 重大水利基金利用三峡工程建设基金停征后的电价空间设立。

第四条 重大水利基金按下列原则筹集和分配:

(一)三峡工程建设基金向重大水利基金平稳过渡,保持三峡工程建设基金现行征收政策基本不变;

(二)南水北调和三峡工程直接受益省份筹集的重大水利基金,专项用于南水北调工程建设和三峡工程后续工作;

(三)南水北调和三峡工程非直接受益省份筹集的重大水利基金,留给所在省份用于本地重大水利工程建设。

第五条 重大水利基金在除西藏自治区以外的全国范围内筹集,按照各省、自治区、直辖市扣除国家扶贫开发工作重点县农业排灌用电后的全部销售电量和规定征收标准计征。各省、自治区、直辖市全部销售电量包括省级电网企业销售给电力用户的电量、省级电网企业扣除合理线损后的趸售电量（即实际销售给转供单位的电量）、省级电网企业销售给子公司的电量和对境外销售电量、企业自备电厂自发自用电量、地方独立电网销售电量（不含省级电网企业销售给地方独立电网企业的电量，下同）。跨省（自治区、直辖市）电力交易，计入受电省份销售电量。

各省、自治区、直辖市重大水利基金的具体征收标准见附件。

第六条 重大水利基金从 2010 年 1 月 1 日起开始征收，至 2019 年 12 月 31 日止。

第七条 除企业自备电厂自发自用电量和地方独立电网销售电量外，重大水利基金由省级电网企业在向电力用户收取电费时一并代征。

第八条 北京、天津、河北、河南、山东、江苏、上海、浙江、安徽、江西、湖北、湖南、广东、重庆等 14 个南水北调和三峡工程直接受益省份（以下简称 14 个省份）电网企业代征的重大水利基金，由财政部驻当地财政监察专员办事处（以下简称专员办）负责征收，并全额上缴中央国库。

山西、内蒙古、辽宁、吉林、黑龙江、福建、广西、海南、四川、贵州、云南、陕西、甘肃、青海、宁夏、新疆等 16 个南水北调和三峡工程非直接受益省份（以下简称 16 个省份）电网企业代征的重大水利基金，由当地省级财政部门负责征收，并全额上缴省级国库。

第九条 对企业自备电厂自发自用电量和地方独立电网销售电量应缴纳的重大水利基金，按照本办法第八条划分省份分别由驻当地专员办和省级财政部门直接征收，并分别缴入中央和省级国库。

第十条 14 个省份的重大水利基金由专员办按月征收，实行直接缴库。省级电网企业、拥有自备电厂企业和地方独立电网企业应于每月 10 日前向驻当地专员办申报上月实际销售电量（自发自用电量）和应缴纳的重大水利基金。专员办应于每月 12 日前完成对申报的审核，确定重大水利基金征收数额，并向申报企业开具《非税收入一般缴款书》。省级电网企业、拥有自备电厂企业和地方独立电网企业应于每月 15 日前，按照专员办开具《非税收入一般缴款书》所规定的缴款额，足额上缴资金。

专员办应根据省级电网企业、拥有自备电厂企业和地方独立电网企业全年实际销售电量（自发自用电量），在次年 3 月底前完成对相关企业全年应缴重大水利基金的汇算清缴工作。专员办开展汇算清缴工作时，应对电力用户欠缴电费、电网企业核销坏账损失的电量情况进行审核，经确认后不计入相关企业全年实际销售电量。

16 个省份重大水利基金的具体征管办法由当地省级财政部门制定。

第十一条 拥有自备电厂企业、地方独立电网企业应准确计量自发自用电量和销售电量，不能准确计量的，由专员办和省级财政部门按照其最大发电（售电）能力核定自发自用电量和销售电量，并确定重大水利基金征收数额。

第十二条 重大水利基金收入列政府收支分类科目第 103 类 01 款 58 项"国家重大水利工程建设基金收入"。其中：专员办对 14 个省份征收的重大水利基金分别计入"国家重大水利工程建设基金收入"项下 01 目"南水北调工程建设资金"和 02 目"三峡工程后续工作资金"；16 个省份省级财政部门征收的重大水利基金计入"国家重大水利工程建设基金收入"项下 03 目"省级重大水利工程建设资金"。

第十三条 14 个省份省级电网企业代征重大水利基金，由中央财政按代征额的 2‰ 付给代征手续费，代征手续费从重大水利基金支出预算中安排，分别支付给国家电网公司和中国南方电网有限责任公司，具体支付方式按照财政部有关规定执行。代征电网企业不得从代征收入中直接提留代征手续费。

16 个省份省级电网企业代征重大水利基金，由省级财政从本级重大水利基金支出预算中付给代征手续费，具体办法由省级财政部门规定。

第十四条 省级电网企业应将代征的重大水利基金与其正常业务收入分账核算。省级电网企业、拥有自备电厂企业和地方独立电网企业应及时足额上缴重大水利基金，不得拖延缴纳，如逾期不缴纳的，专员办和省级财政部门应责令其限期缴纳，并从滞纳之日起按日加收滞纳部分 2‰ 的滞纳金。滞纳金纳入本金一并核算。

第十五条 未经国务院批准，任何地方、部门和单位均不得擅自减免重大水利基金，不得调整基金征收范围和征收标准。

第十六条 对重大水利基金征收增值税而减少的收入，由财政预算安排相应资金予以弥补，并记入"国家重大水利工程建设基金收入"科目核算。

第十七条 重大水利基金按下列规定进行分配和使用。

（一）14 个省份缴入中央国库的重大水利基金，纳入中央财政预算管理，由中央财政安排用于南水北调工程建设、三峡工程后续工作和支付三峡工程公益性资产运行维护费用、支付重大水利基金代征手续费。其中：南水北调工程建设与三峡工程后续工作之间的分配比例另行规定。

（二）16 个省份缴入省级国库的重大水利基金，纳入省级财政预算管理，专项用于本地重大水利工程建设。

第十八条 用于南水北调工程建设的重大水利基金，由南水北调工程项目法人根据工程建设进度提出年度投资建议，报国务院南水北调办审查，并由国务院南水北调办报国家发展改革委审核后，纳入国家固定资产投资计划。同时，国务院南水北调办要编制重大水利基金年度支出预算，报财政部审核。财政部根据批准的年度投资计划、基金收支预算和基金实际征收入库情况安排资金。

重大水利基金用于南水北调工程建设，暂作为中央资本金管理。

第十九条 用于三峡工程后续工作的重大水利基金，按照经国务院批准的《三峡工程后续工作规划》要求安排使用,具体使用管理办法另行制定。

第二十条 缴入中央国库的重大水利基金在满足南水北调工程建设和三峡工程后续工作需要后的结余资金,由财政部会同国家发展改革委、水利部提出分配和使用意见,报国务院确定。

第二十一条 缴入省级国库的重大水利基金,由省级发展改革部门纳入固定资产投资计划统筹安排,并由省级财政部门编制年度基金收支预算。省级财政部门根据批准的年度投资计划、基金收支预算和基金实际征收入库情况安排资金。

16个省份要将重大水利基金年度收支情况报财政部、国家发展改革委、水利部备案。

第二十二条 重大水利基金应严格按规定安排使用,实行专款专用,年终结余结转下年度继续使用。

重大水利基金的资金支付按照财政国库管理制度有关规定执行。

第二十三条 重大水利基金支出在政府收支分类科目中列第213类04款70项"国家重大水利工程建设基金支出(南水北调工程建设)"、71项"国家重大水利工程建设基金支出(三峡工程后续工作)"、72项"国家重大水利工程建设基金支出(地方重大水利工程建设)"。

第二十四条 各级财政、发展改革、水利、审计、监察部门应按照职责分工,加强对重大水利基金征收、拨付、使用和管理情况的监督检查,确保基金按规定征缴和使用。

第二十五条 对违反本规定,多征、减征、缓征、停征,或者侵占、截留、挪用重大水利基金的单位及责任人,依照《财政违法行为处罚处分条例》(国务院令第427号)和《违反行政事业性收费和罚没收入收支两条线管理规定行政处分暂行规定》(国务院令第281号)进行处罚或行政处分,构成犯罪的,依法追究刑事责任。

第二十六条 16个省份可根据本办法制定本地区重大水利基金具体实施办法,并报财政部、国家发展改革委、水利部备案。

第二十七条 本办法由财政部商有关部门负责解释。

第二十八条 本办法自2010年1月1日起执行,三峡工程建设基金同时停止征收,原涉及三峡工程建设基金征收使用管理的文件一律废止。

财政部关于征收国家重大水利工程建设基金有关问题的通知

(财综〔2010〕97号)

财政部驻北京、天津、河北、河南、山东、江苏、上海、浙江、安徽、江西、湖北、湖南、重庆、广东省(直辖市)财政监察专员办事处,国家电网公司、中国南方电网有限责任公司:

最近,财政部驻一些省市财政监察专员办事处反映,对企业自备电厂征收国家重大水利工程建设基金(以下简称基金)等一些具体政策仍不尽明确,给基金征收工作带来一定困难,要求进一步明确相关政策。经研究,现将有关问题通知如下:

一、为确保基金应征尽征,提高征管效率,对企业自备电厂应缴纳的基金,不再由财政部驻当地财政监察专员办事处直接征收,改由省级电网企业代征,并由财政部驻当地财政监察专员办事处按月征缴。具体征缴方式、时间和程序,仍按照《财政部 国家发展改革委 水利部关于印发〈国家重大水利工程建设基金征收使用管理暂行办法〉的通知》(财综〔2009〕90号)规定执行。

二、财综〔2009〕90号文件已明确,资源综合利用(利用余热余压发电、煤矸石发电等)、热电联产的企业自备电厂纳入基金征收范围,各地应按此规定对资源综合利用、热电联产的企业自备电厂征收基金,不得免征。

三、对重庆市电力公司所属控股子公司(目前为24家)和地方独立电网企业全部销售电量,均应计征基金,自2010年1月1日起至今尚未计征基金的,应足额补征。

四、各地应严格按照财综〔2009〕90号文件的规定执行,未经国务院批准,任何地方、部门和单位均不得擅自调整基金征收范围和征收标准,也不得擅自减免基金。凡违反规定的,要予以严肃查处。

财政部
二〇一〇年十一月三日

财政部关于对分布式光伏发电自发自用电量免征政府性基金有关问题的通知

(财综〔2013〕103号)

各省、自治区、直辖市财政厅(局),财政部驻各省、自治区、直辖市、计划单列市财政监察专员办事处:

为了促进光伏产业健康发展,根据《国务院关于促进光伏产业健康发展的若干意见》(国发〔2013〕24号)的有关规定,对分布式光伏发电自发自用电量免收可再生能源电价附加、国家重大水利工程建设基金、大中型水库移民后期扶持基金、农网还贷资金等4项针对电量征收的政府性基金。

上述规定自本通知发文之日起施行。

财政部
二〇一三年十一月十九日

财政部关于印发农网还贷资金征收使用管理办法的通知

(财企〔2001〕820号)

财政部驻山西、吉林、湖南、湖北、广东、广西、四川、重庆、云南、陕西省(自治区、直辖市)财政监察专员办事处,山西、吉林、湖南、湖北、广东、广西、四川、重庆、云南、陕西省(自治区、直辖市)财政厅(局),国家电力公司:

"九五"期间每度电2分钱的电力建设基金政策已执行期满。经国务院领导批准,从2001年起每度电2分钱并入电价,其收入专项用于解决农村电网改造还贷问题,具体分两种情况处理:即对农网改造贷款一省多贷的山西、吉林、湖南、湖北、广东、广西、四川、重庆、云南、陕西等省、自治区、直辖市建立农网还贷资金,对农网改造贷款一省一贷的省、自治区、直辖市由企业自收自用。根据分工,财政部制定了《农网还贷资金征收使用管理办法》,现印发给你们,请遵照执行。执行中有何问题,请及时告知。

财政部
二○○一年十二月十七日

附件

《农网还贷资金征收使用管理办法》

第一条 农网还贷资金是对农网改造贷款"一省多贷"的省、自治区、直辖市(指该省市区的农网改造工程贷款由多个电力企业承贷,下同)电力用户征收的政府性基金,专项用于农村电网改造贷款还本付息。根据《国务院关于加强预算外资金管理的决定》(国发〔1996〕29号)的规定,农网还贷资金纳入国家财政预算管理。

第二条 农网还贷资金按社会用电量每度电2分钱标准,并入电价收取。

第三条 农网还贷资金减免范围包括:

(一)农业排灌、抗灾救灾及氮肥、磷肥、钾肥和原化工部颁发生产许可证的复合肥生产用电免征农网还贷资金;

(二)自备电厂自用电量免征农网还贷资金;

(三)国有重点煤炭企业生产用电、核工业铀扩散厂和堆化工厂生产用电农网还贷资金暂按每千瓦时用电量3厘钱标准征收。

第四条 农网还贷资金由电网经营企业在向用户收取电费时一并收取,并在电费收款凭证中注明农网还贷资金的征收电量、征收标准和征收金额。除规定的减免用量外,电力用户必须及时足额交纳农网还贷资金。

第五条 征收农网还贷资金必须按照《中华人民共和国增值税暂行条例》及其他有

关规定缴纳增值税和流转环节的其他税费,按规定纳入预算管理后免征企业所得税。

第六条 征收农网还贷资金的电网经营企业,可按年征收额的千分之二提取手续费,并记入企业的应付工资科目。

第七条 电网经营企业将收取的农网还贷资金在销售收入中单独核算,集中到省级电力企业,由省级电力企业按月向财政部驻当地财政监察专员办事处申报农网还贷资金征收情况,由财政部驻当地财政监察专员办事处按比例开具一般缴款书分别缴入中央和地方省级国库。具体缴库比例原则上按国家批准的农网改造贷款计划确定,详见附表。农网改造竣工后,实际投资没有完成计划的省、自治区、直辖市,由财政部相应调整缴入中央和地方省级国库的比例。缴入国库的农网还贷资金暂时分别列入《2001年政府预算收支科目》的基金预算收入科目第800101项"中央电力建设基金收入"及第800102项"地方电力建设基金收入"。

第八条 农网还贷资金使用单位必须按规定编制农网还贷资金使用预算,分别报财政部和省级财政部门。其中,中央单位报财政部审批,地方单位报省级财政部门审批。

第九条 对经批准的农网还贷资金使用预算,由财政部和省级财政部门根据农网还贷资金缴库进度办理拨款手续。

中央单位向财政部提出拨款申请,由财政部拨款,原则上每月拨付一次。

缴入地方省级国库的农网还贷资金由有关省、自治区、直辖市财政厅(局)比照缴入中央国库的农网还贷资金拨付原则制定具体办法,报财政部备案。

拨付的农网还贷资金暂时分别列入《2001年政府预算收支科目》的基金预算支出科目第800101项"中央电力建设基金支出"、第800102项"地方电力建设基金支出"。

第十条 农网还贷资金征收使用应接受财政、审计等部门的监督。有关企业必须严格按照国家规定征收农网还贷资金,不得擅自调整征收范围和标准。使用单位应严格按批准的预算和财政部门核拨的资金及规定用途安排使用农网还贷资金。

第十一条 本办法执行时间暂定5年,即从2001年1月1日至2005年12月31日止。征收期满后,根据农网改造还贷情况由财政部另行规定。

第十二条 有关省、自治区、直辖市财政厅(局)应根据本办法规定制定具体实施办法,并报财政部备案。

财政部关于印发《大中型水库移民后期扶持基金征收使用管理暂行办法》的通知

(财综〔2006〕29号)

财政部驻各省、自治区、直辖市财政监察专员办事处,各省、自治区、直辖市财政厅(局),

国家电网公司，中国南方电网有限责任公司，内蒙古自治区电力有限责任公司：

为做好大中型水库移民后期扶持基金征收使用管理工作，加大对大中型水库移民后期扶持力度，根据《国务院关于完善大中型水库移民后期扶持政策的意见》（国发〔2006〕17号）的相关规定，财政部会同有关部门制定了《大中型水库移民后期扶持基金征收使用管理暂行办法》，并已于2006年7月8日经国务院批准。

现予发布，请遵照执行。

财政部

二〇〇六年七月十四日

附件：

大中型水库移民后期扶持基金征收使用管理暂行办法

第一条 为做好大中型水库移民后期扶持基金征收使用管理工作，加大对大中型水库移民后期扶持力度，根据《国务院关于完善大中型水库移民后期扶持政策的意见》（国发〔2006〕17号）的相关规定，制定本办法。

第二条 大中型水库移民后期扶持基金（以下简称后期扶持基金），是国家为扶持大中型水库农村移民解决生产生活问题而设立的政府性基金。各省、自治区、直辖市纳入后期扶持的移民人数，2006年6月30日以前搬迁的，按现状人口一次核定，不再调整；2006年7月1日以后搬迁的，按原迁人口核定；转为非农业户口的农村移民不再纳入后期扶持范围。对2006年6月30日前搬迁的符合扶持范围的移民，自2006年7月1日起再连续扶持二十年；对2006年7月1日后搬迁的移民，从其完成搬迁之日起连续扶持二十年。

第三条 后期扶持基金属于政府性基金，按照"收支两条线"原则纳入中央财政预算管理。

第四条 后期扶持基金按以下原则进行筹集：

（一）全国统筹，分省（区、市）计征；

（二）企业、社会、中央与地方合理负担；

（三）工业反哺农业，城市支持农村；

（四）东部地区支持中西部地区。

第五条 后期扶持基金的筹集渠道：

（一）对省级电网企业在本省（区、市）区域内扣除农业生产用电后的全部销售电量加价征收。

（二）财政预算安排的大中型水库移民后期扶持专项资金，包括用对销售电量加价部分征收的增值税安排的资金和用于解决中央直属水库移民遗留问题的定额补助资金。

（三）经营性大中型水库应承担的移民后期扶持资金。具体办法由国家发展改革委会同财政部、水利部另行制定。

第六条 后期扶持基金从 2006 年 6 月 30 日起开始征收，以 6 月 30 日抄见电量计征。

第七条 后期扶持基金由各省级电网企业在向电力用户收取电费时一并代征，按月上缴中央国库。中央财政按电网企业代征额的 2‰ 付给其代征手续费。代征手续费在该项基金的预算支出中安排，由中央财政分别支付给国家电网公司、中国南方电网有限责任公司和内蒙古自治区电力有限责任公司，具体支付方式按照财政部有关规定执行。代征电网企业不得在代征收入中直接提留代征手续费。

各省、自治区、直辖市后期扶持基金的具体征收标准见附件。

第八条 财政部驻各地财政监察专员办事处（以下简称专员办）负责对当地电网企业代征的后期扶持基金进行征缴，并实行直接缴库方式。省级电网企业应于每月 10 日前向驻当地专员办申报上月实际销售电量和应缴纳的后期扶持基金，专员办应于每月 12 日前完成对申报的审核，并向申报企业开具征缴后期扶持基金《非税收入一般缴款书》。省级电网企业应在每月 15 日前，按照专员办开具的《非税收入一般缴款书》所规定的缴款额，足额上缴资金。驻各地专员办应根据省级电网企业全年实际销售电量，在次年 3 月底前完成对当地省级电网企业全年应缴后期扶持基金的清算和征缴。

第九条 电网企业应按照本办法规定及时足额上缴代征的后期扶持基金，不得延期缴纳。如发生延期缴纳，专员办应责令其尽快足额缴纳基金，并从逾期之日起按每日 2‰ 的标准加收滞纳金。

第十条 电网企业代中央财政征收的后期扶持基金不计征企业所得税。

第十一条 未经国务院批准，任何单位和部门均不得减免后期扶持基金。

第十二条 财政部会同国务院移民管理机构，按照发展改革委、财政部、水利部等部门核定的各省、自治区、直辖市后期扶持移民人数和规定的扶持标准，核定应分配给各省、自治区、直辖市的移民后期扶持基金。

第十三条 分配给各省、自治区、直辖市的后期扶持基金由地方政府包干使用。地方政府必须按照经国务院批准的水库移民后期扶持政策实施方案及经批准的水库移民后期扶持规划使用基金，能够直接发放给移民个人的应尽量发放到移民个人，用于移民生产生活补助，也可以实行项目扶持，还可以采取两者结合的扶持方式，保证将基金专项用于改善移民生产和生活。

第十四条 对省级电网企业在本省（区、市）区域内扣除农业生产用电后的全部销售电量加价征收的后期扶持基金，纳入中央财政基金预算管理，收入列政府预算收支科目的基金预算收入科目第 84 类第 8411 款大中型水库移民后期扶持基金收入，作为中央固定收入科目,反映大中型水库移民后期扶持基金收入;支出列政府预算收支科目的基金预算支出科目第 84 类第 8411 款大中型水库移民后期扶持基金支出,作为中央与地方共用支出科目,反映中央和地方用大中型水库移民后期扶持基金收入安排的支出,以及向电网企业支付的代征手续费。

第十五条 中央财政根据后期扶持基金征收入库情况,按季度向各省、自治区、直辖市财政部门拨付资金。

第十六条 各省、自治区、直辖市财政部门要会同同级移民管理机构,依照分配给本地区的后期扶持基金和移民后期扶持规划编制年度后期扶持基金收支预算,年终编制决算,并将预决算报财政部和国务院移民管理机构备案。

第十七条 后期扶持基金应严格按照预算安排使用,年终结余结转下年度继续使用。

第十八条 各级移民管理机构应切实加强对移民后期扶持资金使用的财务管理,设立专门财务管理机构,配备专门财务会计人员。地方移民管理机构应建立移民个人或家庭档案,以及对移民发放资金的账册和账户,确保后期扶持基金按规定用途使用,严禁挤占、截留和挪用。

第十九条 使用移民后期扶持基金的省、自治区、直辖市人民政府,应在每年一季度截止前,将上年度基金使用情况书面报送财政部和国务院移民管理机构。

第二十条 各级财政、审计和移民管理机构应按职责分工,加强对后期扶持基金征收、拨付、使用的监督和管理,根据需要对移民后期扶持基金使用情况进行检查、审计,以确保基金及时足额征缴和合理使用。

第二十一条 对于违反本规定,擅自改变后期扶持基金征收范围、标准、对象和期限,以及截留、挤占、挪用后期扶持基金的单位及责任人,按照《财政违法行为处罚处分条例》(国务院令第 427 号)的有关规定进行处罚。触犯刑法的,移送司法机关处理。

第二十二条 各省、自治区、直辖市可根据《国务院关于完善大中型水库移民后期扶持政策的意见》(国发〔2006〕17 号)和本办法,制定本地区后期扶持基金使用管理细则,并报财政部、国务院移民管理机构备案。

第二十三条 现行的库区建设基金并入完善后的水库移民后期扶持基金;现行的库区后期扶持基金并入库区维护基金,并相应调整和完善库区维护基金的征收、使用和管理,具体办法由财政部会同发展改革委、水利部另行制定。原三峡库区移民后期扶持基金的处理,由财政部另行研究。

第二十四条 本办法自 2006 年 7 月 1 日起执行,《库区建设基金征收使用管理办法》(财企〔2003〕57 号)和依据《国家计划委员会财政部电力工业部水利部关于设立水电站和水库库区后期扶持基金的通知》(计建设〔1996〕526 号)及《财政部关于处理 18 项到期政府性基金政策有关事项的通知》(财综〔2006〕1 号)所设立的各项库区后期扶持基金,以及各省(区、市)自行批准向发电和电网企业征收的各种涉及水库移民的基金、资金一律停止征收。

附：

各省(区、市)从销售电价加价中征收的后期扶持基金标准(单位：厘/千瓦时)

省(区、市)	基金征收标准	省(区、市)	基金征收标准	省(区、市)	基金征收标准
北京	8.3	浙江	8.3	海南	8.3
天津	8.3	安徽	8.3	重庆	8.3
上海	8.3	福建	8.3	四川	8.3
河北	3.5	江西	8.3	贵州	6.3
山西	3.2	山东	8.3	云南	5.0
内蒙古	3.1	河南	8.3	陕西	8.3
辽宁	8.3	湖北	8.3	甘肃	3.5
吉林	5.5	湖南	8.3	青海	1.9
黑龙江	3.9	广东	8.3	宁夏	2.1
江苏	8.3	广西	8.3	新疆	2.8

财政部关于降低国家重大水利工程建设基金和大中型水库移民后期扶持基金征收标准的通知

(财税〔2017〕51号)

各省、自治区、直辖市人民政府，国家发展改革委、水利部、国务院南水北调办、国务院三峡办，财政部驻各省、自治区、直辖市财政监察专员办事处，国家电网公司、中国南方电网有限责任公司、内蒙古自治区电力有限责任公司：

为进一步减轻企业负担，促进实体经济发展，经国务院同意，现就降低国家重大水利工程建设基金和大中型水库移民后期扶持基金征收标准的有关事项通知如下：

一、将国家重大水利工程建设基金和大中型水库移民后期扶持基金的征收标准统一降低25%。降低征收标准后，两项政府性基金的征收管理、收入划分、使用范围等仍按现行规定执行。

二、各级财政部门要切实做好经费保障工作，妥善安排相关部门和单位预算，保障其依法履行职责，积极支持相关事业发展。

三、各地区、有关部门和单位应当按照本通知规定,及时制定出台相关配套措施,确保上述政策落实到位。

四、本通知自2017年7月1日起施行。

财政部
二〇一七年六月十四日

财政部关于将国家重大水利工程建设基金等政府非税收入项目划转税务部门征收的通知

(财税〔2018〕147号)

国家税务总局:

为贯彻落实党中央、国务院关于非税收入征管职责划转的有关要求,平稳有序推进财政部驻地方财政监察专员办事处(以下简称专员办)征收的部分非税收入项目划转工作,现就有关事项通知如下:

一、自2019年1月1日起,将专员办负责征收的国家重大水利工程建设基金、农网还贷资金、可再生能源发展基金、中央水库移民扶持基金(含大中型水库移民后期扶持基金、三峡水库库区基金、跨省际大中型水库库区基金)、三峡电站水资源费、核电站乏燃料处理处置基金、免税商品特许经营费、油价调控风险准备金、核事故应急准备专项收入,以及国家留成油收入、石油特别收益金划转税务部门负责征收。以前年度应缴未缴的非税收入,由税务部门负责征缴入库。

二、国家重大水利工程建设基金、可再生能源发展基金、跨省际大中型水库库区基金、大中型水库移民后期扶持基金、三峡电站水资源费2018年度汇算清缴工作仍由专员办负责,以后年度汇算清缴工作由税务部门负责。

三、缴纳义务人或代征单位应当按照规定的期限和程序,向税务部门申报和缴纳相关非税收入。申报和缴纳期限最后一日是法定休假日的,以休假日期满的次日为最后一日,期限内有连续3日以上法定休假日的,按休假日天数顺延。

四、划转税务部门征收的非税收入项目,其征收范围、对象和标准,以及收入分成和使用政策仍按照现行规定执行。

五、税务部门应当按照非税收入国库集中收缴等有关规定,将非税收入缴入国库,并做好申报征收、会统核算、缴费检查、欠费追缴等工作。对应申报未申报、申报不实、不按规定缴纳等违规行为,要依法查处,并纳入社会信用体系。有关部门和单位应当配合税务部门做好非税收入征收工作。税务部门征收非税收入应当使用财政部统一监(印)制的非税收入票据,按照税务部门全国统一信息化方式规范管理。

六、税务总局应当与财政部系统互联互通,及时共享非税收入计征、缴库、财政票据等明细信息,并积极创造条件,尽快实现非税收入征缴明细信息实时共享。

七、税务部门征收非税收入,因税务部门误收、缴费人误缴以及汇算清缴需要退库的,由财政部授权税务部门办理退库事宜;因收入减免等政策性原因需要退库的,按照财政部有关退库管理规定办理。

八、本通知自公布之日起实施。

财政部

二〇一八年十二月七日

财政部关于国家重大水利工程建设基金、水利基金划转税务部门征收的通知

(财税〔2020〕9号)

税务总局：

为贯彻落实党中央、国务院关于政府非税收入征管职责划转的有关要求,平稳有序推进国家重大水利工程建设基金、水利建设基金的划转工作,按照"便民、高效"原则,现就有关事项通知如下：

一、自2020年1月1日起,将地方政府及有关部门征收的国家重大水利工程建设基金,以及向企事业单位和个体经营者征收的水利建设基金,划转至税务部门征收。所属期为2019年度的上述基金收入,收缴及汇算清缴工作继续由原执收(监缴)单位负责。

二、上述基金划转至税务部门征收后,以前年度应缴未缴的基金收入,由税务部门负责征缴入库。

三、上述基金的征收范围、对象、标准、分成、使用和时限等政策继续按照现行规定执行。税务部门应按照国库集中收缴制度等有关规定,依法依规开展收入征管工作,确保基金收入及时足额缴库。

四、因误收、缴费人误缴以及汇算清缴需要退库的,由财政部门授权税务部门办理退库事宜;因收入减免等政策性原因需要退库的,按照财政部门有关退库管理规定办理。

五、税务总局要督促各地税务部门,会同财政等有关部门做好业务交接衔接和信息系统互联互通工作,确保在2020年底前基本实现信息实时共享。

财政部

二〇二〇年一月十五日

财政部关于印发《大中型水库移民后期扶持基金项目资金管理办法》的通知

(财农〔2017〕128号)

各省、自治区、直辖市财政厅(局),新疆生产建设兵团财务局:

为进一步加强大中型水库移民后期扶持基金项目资金管理,提高资金使用的规范性、安全性和有效性,根据《国务院关于完善大中型水库移民后期扶持政策的意见》(国发〔2006〕17号)、《中央对地方专项转移支付管理办法》(财预〔2015〕230号)等有关规定,财政部会同有关部门对《大中型水库移民后期扶持结余资金管理暂行办法》(财企〔2012〕315号)进行了修订,制定了《大中型水库移民后期扶持基金项目资金管理办法》。现印发给你们,请遵照执行。

财政部

2017年10月13日

大中型水库移民后期扶持基金项目资金管理办法

第一条 为加强大中型水库移民后期扶持基金项目资金(以下简称项目资金)管理,提高资金使用的规范性、安全性和有效性,根据《国务院关于完善大中型水库移民后期扶持政策的意见》(国发〔2006〕17号)、《中央对地方专项转移支付管理办法》(财预〔2015〕230号)等有关规定,制定本办法。

第二条 本办法所称项目资金,是指中央财政根据国发〔2006〕17号文件规定筹集的大中型水库移民后期扶持基金中,每年按照国家核定的农村移民人数和规定的扶持标准,分配各省、自治区、直辖市和新疆生产建设兵团(以下简称省)后的资金。项目资金的分配、使用、管理和监督适用本办法。

项目资金使用管理遵循科学规范、公开透明、统筹兼顾、突出重点、绩效管理、强化监督的原则。

第三条 项目资金由财政部会同发展改革委、水利部管理。财政部负责编制项目资金预算,会同发展改革委、水利部确定项目资金分配方案并下达预算,组织开展预算绩效管理工作,指导地方财政部门加强项目资金管理等工作。发展改革委、水利部及地方有关部门根据职责分工做好相关工作。

第四条 项目资金支出范围包括:

(一)支持库区和移民安置区基础设施建设及经济社会发展。

1. 基本口粮田及配套水利设施建设。

2. 交通、供电、通信和社会事业等基础设施建设。

3. 生态建设和环境保护。

4. 移民劳动力就业技能培训和职业教育。

5. 移民能够直接受益的生产开发项目。

6. 与移民生产生活密切相关的其他项目。

（二）中央实施大中型水库移民后期扶持政策专项经费支出。

（三）国务院批准的其他支出。

项目资金不得用于财政补助单位人员经费和运转经费、交通工具和办公设备购置、楼堂馆所建设、偿还债务等支出。

第五条 按照从严从紧原则，各省可在项目资金中列支大中型水库移民后期扶持政策实施情况监测评估费用，具体由省级财政部门会同省级移民管理机构确定。

第六条 项目资金主要采取因素法分配，分配因素及权重如下：

（一）各省经核定的大中型水库农村移民人数（权重50%）。以水利部、发展改革委、财政部核定的大中型水库农村移民后期扶持人口为依据。

（二）对全国统筹大中型水库移民后期扶持基金的贡献情况（权重15%）。以财政部收到各省上缴的大中型水库移民后期扶持基金为依据。

（三）水库移民突出问题情况（权重20%）。以发展改革委、财政部、水利部根据库区和移民安置区经济社会发展情况，研究确定的水库移民突出问题为依据。在移民脱贫攻坚任务完成前，以国家标准建档立卡贫困移民数量为依据。

（四）项目资金绩效（权重15%）。以财政部、发展改革委、水利部组织开展的相关绩效评价结果为依据。

中央实施大中型水库移民后期扶持政策专项经费，每年根据实际工作量核定，由财政部会同发展改革委审核后，按部门预算管理程序纳入水利部部门预算。

国务院批准的其他支出，采取定额分配。

第七条 本办法第四条第（一）项支出列政府收支分类科目"2082202 基础设施建设和经济发展"，第（二）、（三）项支出列"2082299 其他大中型水库移民后期扶持基金支出"。

第八条 财政部应当在每年10月31日前，将下一年度项目资金预算指标按规定比例提前下达省级财政部门，抄送发展改革委、水利部和财政部驻各地财政监察专员办事处（以下简称专员办）。财政部应当在规定时间内将项目资金正式预算下达省级财政部门，次年可以根据大中型水库移民后期扶持基金征收情况进行清算。

第九条 各级财政部门和移民管理机构应当加强项目资金绩效管理，建立健全全过程预算绩效管理机制，提高财政资金使用效益。绩效管理办法另行制定。

第十条 各级财政部门和移民管理机构应当加强项目资金管理，加快预算执行进度，确保资金使用安全规范。结转结余资金，按照财政部关于结转结余资金管理的相关规定处理。

第十一条 项目资金的支付按照国库集中支付制度有关规定执行。属于政府采购管理范围的,按照政府采购有关法律法规规定执行。

第十二条 项目资金的使用管理应当全面落实财政预算信息公开有关要求。

第十三条 各级财政部门和移民管理机构应当加强项目资金的监督检查,发现问题及时纠正。专员办按照工作职责和财政部要求,开展项目资金预算监管工作。

第十四条 地方各级财政部门、移民管理机构及资金使用单位,应当接受上级财政、发展改革、水利、审计、监察、移民等部门的监督检查,及时提供相关资料,任何单位不得以任何理由阻挠或逃避。

第十五条 项目资金使用中存在弄虚作假或截留、挤占、挪用等财政违法行为的,对相关单位及个人,按照《中华人民共和国预算法》《财政违法行为处罚处分条例》进行处罚,情节严重的追究法律责任。

各级财政部门、移民管理机构等有关单位及其工作人员在项目资金分配、使用过程中,存在违反规定分配或使用资金,以及其他滥用职权、玩忽职守、徇私舞弊等违法违纪行为的,按照《中华人民共和国预算法》《中华人民共和国公务员法》《中华人民共和国监察法》《财政违法行为处罚处分条例》《大中型水利水电工程建设征地补偿和移民安置条例》和《违反大中型水库移民后期扶持基金征收使用管理规定责任追究办法》等法律法规规定追究相应责任;涉嫌犯罪的,移送司法机关处理。

第十六条 各省财政部门应当会同省级发展改革部门、移民管理机构依据本办法,结合实际制定相应的实施细则,抄送财政部、发展改革委、水利部及专员办。

第十七条 本办法由财政部会同发展改革委、水利部解释。

第十八条 本办法自印发之日起施行。《财政部关于印发〈大中型水库移民后期扶持结余资金使用管理暂行办法〉的通知》(财企〔2012〕315号)和《财政部关于印发〈大中型水库移民后期扶持政策实施工作专项补助经费使用管理暂行办法〉的通知》(财企〔2011〕303号)同时废止。

财政部关于印发《大中型水库库区基金征收使用管理暂行办法》的通知

(财综〔2007〕26号)

省、自治区、直辖市财政厅(局),新疆生产建设兵团财务局:

根据《国务院关于完善大中型水库移民后期扶持政策的意见》(国发〔2006〕17号)的相关规定,经国务院批准,财政部制定了《大中型水库库区基金征收使用管理暂行办法》,

现印发给你们,请遵照执行。关于跨省、自治区、直辖市的大中型水库名单,具体负责征收大中型水库库区基金的财政部驻地方财政监察专员办事处名单,以及各水库适用的大中型水库库区基金征收标准等事项,将另行通知。

附件:大中型水库库区基金征收使用管理暂行办法

中华人民共和国财政部
二〇〇七年四月十七日

附件

大中型水库库区基金征收使用管理暂行办法

第一条 为促进库区和移民安置区经济及社会发展,根据《国务院关于完善大中型水库移民后期扶持政策的意见》(国发〔2006〕17号)的相关规定,制定本办法。

第二条 国家将原库区维护基金、原库区后期扶持基金及经营性大中型水库承担的移民后期扶持资金进行整合,设立大中型水库库区基金(以下简称库区基金),主要用于以下方面:

(一)支持实施库区及移民安置区,基础设施建设和经济发展规划;

(二)支持库区防护工程和移民生产、生活设施维护;

(三)解决水库移民的其他遗留问题。

第三条 库区基金从有发电收入的大中型水库发电收入中筹集,根据水库实际上网销售电量,按不高于8厘/千瓦时的标准征收。

第四条 库区基金属于政府性基金,实行分省统筹,纳入财政预算,实行"收支两条线"管理。其中,省级辖区内大中型水库的库区基金,由省级财政部门负责征收;跨省、自治区、直辖市的大中型水库库区基金,由财政部驻发电企业所在地区财政监察专员办事处负责征收。

第五条 地方政府在安排库区基金时,应将其中的75%用于支持实施库区及移民安置区基础设施建设和经济发展规划,以及解决水库移民的其他遗留问题,其余部分用于库区防护工程及移民生产、生活设施维护。

第六条 库区基金列入企业成本,按规定不征收企业所得税。

第七条 应缴纳库区基金的大中型水库应在每月终了后7日内,按规定上缴库区基金。

第八条 跨省、自治区、直辖市大中型水库库区基金,由相关省、自治区、直辖市按照国家审定的相关大中型水库移民人数比例分享。

第九条 跨省、自治区、直辖市的大中型水库库区基金,按照发电企业所在地区的库区基金征收标准征收,金额缴入中央国库,由中央财政按相关省份应分享的比例,根据资金入库情况按季拨付给相关省级财政。

第十条 相关省、自治区、直辖市财政部门应会同同级投资主管部门、价格主管部门、水行政主管部门、移民主管机构,根据本办法的规定,结合本地实际情况,制定本地区库区基金征收使用管理实施细则上报财政部,由财政部会同发展改革委、水利部、国务院移民主管机构批准后执行。

第十一条 库区基金收入列《2007年政府收支分类科目》第103010401项"大中型水库库区基金收入"科目,该科目为中央与地方共用科目,反映按本办法征收的库区基金收入,同时取消原103010401项"库区维护基金收入"、103010403项"库区后期扶持基金收入"、103010404项"库区移民后期扶持基金收入"、103010405项"库区移民扶助基金收入"和103010407项"棉花滩水电站库区后期扶持基金收入"等科目;库区基金支出,中央财政列《2007年政府收支分类科目》第2300401项"政府性基金补助支出"科目,反映中央用本级库区基金收入安排的对省级财政库区基金的补助支出,省级财政列《2007年政府收支分类科目》第2130336项"库区基金支出"科目,反映地方用库区基金收入安排的支出,同时取消2130321项"库区维护基金支出"、2130323项"库区后期扶持基金支出"、2130324项"库区移民后期扶持基金支出"、2130325项"库区移民扶助金支出"和2130327项"棉花滩水电站库区后期扶持基金支出"科目。

第十二条 各级财政、审计、监察和移民管理机构等部门应按照职责分工,加强对库区基金征收、拨付、使用的监督检查,以确保库区基金及时足额征收和按规定使用。

第十三条 各省、自治区、直辖市要严格按照国发〔2006〕17号文件的要求,停止收取涉及水库移民的各种其他基金、资金。对违反本规定,擅自改变库区基金征收范围、标准、对象和期限,以及截留、挤占、挪用库区基金的单位及个人,按照《财政违法行为处罚处分条例》(国务院令第427号)的有关规定进行处罚。构成犯罪的,移送司法机关处理。

第十四条 三峡工程的库区基金政策,由财政部按照《长江三峡工程建设移民条例》(国务院令第299号)的有关规定另行制定。

第十五条 本办法中的大中型水库是指装机容量在2.5万千瓦及以上有发电收入的水库和水电站。

第十六条 本办法由财政部负责解释。

第十七条 本办法自2007年5月1日起施行。本办法施行前印发的关于库区基金的规定,与本办法不一致的,以本办法为准。

财政部 发展改革委 能源局关于印发
《可再生能源发展基金征收使用管理暂行办法》的通知

(财综〔2011〕115号)

各省、自治区、直辖市财政厅(局)、发展改革委、能源局、物价局,财政部驻各省、自治区、直辖市财政监察专员办事处,国家电网公司、中国南方电网有限责任公司、内蒙古自治区电力有限责任公司:

  为了促进可再生能源的开发利用,根据《中华人民共和国可再生能源法》有关规定,财政部会同国家发展改革委、国家能源局共同制定了《可再生能源发展基金征收使用管理暂行办法》,现印发给你们,请遵照执行。

财　政　部

发展改革委

能　源　局

二〇一一年十一月二十九日

可再生能源发展基金征收使用管理暂行办法

第一章 总 则

  第一条 为了促进可再生能源的开发利用,根据《中华人民共和国可再生能源法》的有关规定,制定本办法。

  第二条 可再生能源发展基金的资金筹集、使用管理和监督检查等适用本办法。

第二章 资金筹集

  第三条 可再生能源发展基金包括国家财政公共预算安排的专项资金(以下简称可再生能源发展专项资金)和依法向电力用户征收的可再生能源电价附加收入等。

  第四条 可再生能源发展专项资金由中央财政从年度公共预算中予以安排(不含国务院投资主管部门安排的中央预算内基本建设专项资金)。

  第五条 可再生能源电价附加在除西藏自治区以外的全国范围内,对各省、自治区、直辖市扣除农业生产用电(含农业排灌用电)后的销售电量征收。

  第六条 各省、自治区、直辖市纳入可再生能源电价附加征收范围的销售电量包括:

  (一)省级电网企业(含各级子公司)销售给电力用户的电量;

  (二)省级电网企业扣除合理线损后的趸售电量(即实际销售给转供单位的电量,不含趸售给各级子公司的电量);

（三）省级电网企业对境外销售电量；

（四）企业自备电厂自发自用电量；

（五）地方独立电网（含地方供电企业，下同）销售电量（不含省级电网企业销售给地方独立电网的电量）；

（六）大用户与发电企业直接交易的电量。

省（自治区、直辖市）际间交易电量，计入受电省份的销售电量征收可再生能源电价附加。

第七条 可再生能源电价附加征收标准为 8 厘/千瓦时。根据可再生能源开发利用中长期总量目标和开发利用规划，以及可再生能源电价附加收支情况，征收标准可以适时调整。

第八条 可再生能源电价附加由财政部驻各省、自治区、直辖市财政监察专员办事处（以下简称专员办）按月向电网企业征收，实行直接缴库，收入全额上缴中央国库。

电力用户应缴纳的可再生能源电价附加，按照下列方式由电网企业代征：

（一）大用户与发电企业直接交易电量的可再生能源电价附加，由代为输送电量的电网企业代征；

（二）地方独立电网销售电量的可再生能源电价附加，由地方电网企业在向电力用户收取电费时一并代征；

（三）企业自备电厂自发自用电量应缴纳的可再生能源电价附加，由所在地电网企业代征；

（四）其他社会销售电量的可再生能源电价附加，由省级电网企业在向电力用户收取电费时一并代征。

第九条 可再生能源电价附加收入填列政府收支分类科目第 103 类 01 款 68 项"可再生能源电价附加收入"。

第十条 省级电网企业和地方独立电网企业，应于每月 10 日前向驻当地专员办申报上月实际销售电量（含自备电厂自发自用电量，下同）和应缴纳的可再生能源电价附加。专员办应于每月 12 日前完成对企业申报的审核，确定可再生能源电价附加征收额，并向申报企业开具《非税收入一般缴款书》。省级电网企业和地方独立电网企业，应于每月 15 日前，按照专员办开具《非税收入一般缴款书》所规定的缴款额，足额上缴可再生能源电价附加。

第十一条 专员办根据省级电网企业和地方独立电网企业全年实际销售电量，在次年 3 月底前完成对相关企业全年应缴可再生能源电价附加的汇算清缴工作。

专员办开展汇算清缴工作时，应对电力用户欠缴电费、电网企业核销坏账损失的电量情况进行审核，经确认后不计入相关企业全年实际销售电量。

第十二条 中央财政按照可再生能源附加实际代征额的 2‰付给相关电网企业代征手续费，代征手续费从可再生能源发展基金支出预算中安排，具体支付方式按照财政部的有关规定执行。代征电网企业不得从代征收入中直接提留代征手续费。

第十三条 对可再生能源电价附加征收增值税而减少的收入,由财政预算安排相应资金予以弥补,并记入"可再生能源电价附加收入"科目核算。

第三章 资金使用

第十四条 可再生能源发展基金用于支持可再生能源发电和开发利用活动:

(一)可再生能源发展专项资金主要用于支持以下可再生能源开发利用活动:

1. 可再生能源开发利用的科学技术研究、标准制定和示范工程;

2. 农村、牧区生活用能的可再生能源利用项目;

3. 偏远地区和海岛可再生能源独立电力系统建设;

4. 可再生能源的资源勘查、评价和相关信息系统建设;

5. 促进可再生能源开发利用设备的本地化生产;

6.《中华人民共和国可再生能源法》规定的其他相关事项。

(二)可再生能源电价附加收入用于以下补助:

1. 电网企业按照国务院价格主管部门确定的上网电价,或者根据《中华人民共和国可再生能源法》有关规定通过招标等竞争性方式确定的上网电价,收购可再生能源电量所发生的费用高于按照常规能源发电平均上网电价计算所发生费用之间的差额;

2. 执行当地分类销售电价,且由国家投资或者补贴建设的公共可再生能源独立电力系统,其合理的运行和管理费用超出销售电价的部分;

3. 电网企业为收购可再生能源电量而支付的合理的接网费用以及其他合理的相关费用,不能通过销售电价回收的部分。

第十五条 相关企业申请可再生能源发展专项资金补助的具体办法,按照《财政部关于印发〈可再生能源发展专项资金管理暂行办法〉的通知》(财建〔2006〕237号)等有关文件的规定执行。

可再生能源发展专项资金用于固定资产投资的,还应按照中央政府投资管理的有关规定执行。

第十六条 电网企业应按照《中华人民共和国可再生能源法》相关规定,全额收购其电网覆盖范围内符合并网技术标准的可再生能源并网发电项目的上网电量。

第十七条 可再生能源电价附加补助资金的申报、审核、拨付等具体办法,由财政部会同国家发展改革委、国家能源局另行制定。

第十八条 可再生能源发展专项资金支出填列政府收支分类科目中第211类12款01项"可再生能源";可再生能源电价附加支出填列政府收支分类科目中第211类15款01项"可再生能源电价附加收入安排的支出"(新增)。

第四章 监督检查

第十九条 财政、价格、能源、审计部门按照职责分工,对可再生能源电价附加的征收、拨付、使用和管理情况进行监督检查。

第二十条 省级电网企业和地方独立电网企业,应及时足额上缴可再生能源电价附加,不得拖延缴纳。

第二十一条 未经批准,多征、减征、缓征、停征或截留、挤占、挪用可再生能源电价附加收入的单位及责任人,由财政、价格、能源、审计等相关部门依照《中华人民共和国价格法》《财政违法行为处罚处分条例》《价格违法行为行政处罚规定》等法律法规追究法律责任。

第五章 附 则

第二十二条 本办法由财政部会同国家发展改革委、国家能源局解释。

第二十三条 本办法自 2012 年 1 月 1 日起施行。

关于调整可再生能源电价附加征收标准的通知

(财综〔2013〕89 号)

财政部驻各省、自治区、直辖市、计划单列市财政监察专员办事处:

为了促进可再生能源的开发利用,自 2013 年 9 月 25 日起,将向除居民生活和农业生产以外的其他用电量征收的可再生能源电价附加征收标准提高至 1.5 分钱/千瓦时。财政部驻各地财政监察专员办事处要严格按照本通知的规定,切实加强对可再生能源电价附加的征收管理和监督检查,确保资金应收尽收,及时入库。

财政部

2013 年 9 月 10 日

财政部 国家发展改革委关于提高可再生能源发展基金征收标准等有关问题的通知

(财税〔2016〕4 号)

各省、自治区、直辖市财政厅(局)、发展改革委、物价局,财政部驻各省、自治区、直辖市财政监察专员办事处,国家电网公司、中国南方电网有限责任公司、内蒙古自治区电力有限责任公司:

为支持可再生能源发展,切实加强可再生能源发展基金(以下简称基金)征收管理,

经国务院同意,现就有关问题通知如下:

一、自 2016 年 1 月 1 日起,将各省(自治区、直辖市,不含新疆维吾尔自治区、西藏自治区)居民生活和农业生产以外全部销售电量的基金征收标准,由每千瓦时 1.5 分提高到每千瓦时 1.9 分。

二、各省(自治区、直辖市)价格主管部门要同幅度调整省级电网和地方独立电网销售电价,确保将提高基金征收标准政策落实到位。此前因电价调整不到位,有关地区居民生活用电和地方独立电网销售电量的基金征收标准低于国家统一标准的,要在履行法定程序后将电价及时调整到位,严格执行国家统一规定的基金征收标准。

三、切实加强企业自备电厂等基金征收管理。企业自备电厂(含利用余热余压发电、煤矸石发电等资源综合利用和热电联产企业自备电厂)自发自用电量,以及大用户与发电企业直接交易电量,均应纳入基金征收范围,各地不得擅自减免或缓征。对企业自备电厂以前年度欠缴基金,要足额补征。国家电网公司、中国南方电网有限责任公司、内蒙古自治区电力有限责任公司和地方独立电网企业要切实履行基金代征责任,对经营范围内企业自备电厂应缴纳的基金,要及时足额征收。与电网不联接没有电费结算关系的企业自备电厂,由财政部驻所在地财政监察专员办事处直接征收基金。财政部驻各地财政监察专员办事处要切实履行基金征管职责,加强监督检查,确保基金征收到位,并及时上缴中央国库。

四、各级财政、价格、审计部门要加强对基金征收管理和落实电价调整政策的监督检查,对违规多征、减征、免征或缓征基金以及不按规定调整电价的,依照《预算法》《价格法》《财政违法行为处罚处分条例》等国家有关法律法规追究法律责任。

财政部 国家发展改革委
2016 年 1 月 5 日

财政部 国家发展改革委 水利部 中国人民银行关于三峡电站水资源费征收使用管理有关问题的通知

(财综〔2011〕19 号)

湖北省、重庆市人民政府,财政部驻湖北省财政监察专员办事处,中国人民银行武汉分行、重庆营业管理部,中国长江三峡集团公司:

根据《取水许可和水资源费征收管理条例》(国务院令第 460 号)和《财政部 国家发展改革委 水利部关于印发〈水资源费征收使用管理办法〉的通知》(财综〔2008〕79 号,以下简称《通知》）的规定,经国务院同意,现将三峡电站水资源费征收使用管理有关问题通知如下：

一、自 2009 年 9 月 1 日起,中国长江电力股份有限公司按照三峡电站实际发电量和《国家发展改革委 财政部 水利部关于中央直属和跨省水利工程水资源费征收标准及有关问题的通知》（发改价格〔2009〕1779 号）规定的征收标准缴纳水资源费。2009 年 9 月 1 日以来中国长江电力股份有限公司尚未缴纳的水资源费予以补征。

二、三峡电站水资源费收入的 10% 上缴中央国库,其余 90% 按比例（湖北省 16.67%、重庆市 83.33%）在湖北省和重庆市之间进行分配,并分别上缴两省市国库。

三、在《政府收支分类科目》103 类 02 款 02 项"水资源费收入"下增设 01 目"三峡电站水资源费收入",用于核算上缴中央和地方国库的三峡电站水资源费收入。

四、三峡电站水资源费由财政部驻湖北省财政监察专员办事处（以下简称湖北专员办）负责按月征收,暂实行以下收缴方式。中国长江电力股份有限公司于每月 10 日前向湖北专员办申报上月实际发电量和应缴纳的水资源费。湖北专员办于每月 12 日前完成对申报的审核,确定水资源费征收数额,对中央分成的 10% 部分,由湖北专员办向中国长江电力股份有限公司开具《非税收入一般缴款书》；对湖北省分成的 15.003% 部分和重庆市分成的 74.997% 部分,由湖北专员办分别向中国长江电力股份有限公司开具两份《一般缴款书》。中国长江电力股份有限公司于每月 15 日前按《非税收入一般缴款书》和两份《一般缴款书》规定的缴款额足额上缴资金,其中：中央分成收入,由中国长江电力股份有限公司缴入财政部为湖北专员办开设的中央财政汇缴专户；湖北省分成收入,由中国长江电力股份有限公司通过其开户银行就地缴入国家金库湖北省宜昌市中心支库；重庆市分成收入,由中国长江电力股份有限公司从其开户银行通过中国现代化支付系统汇划至国家金库重庆市分库,汇款凭证中"收款人账号"为"278""附言"中应载明"地方级,103020201 三峡电站水资源费收入",同时将加盖开户银行业务印章的《一般缴款书》第三、第四联寄往国库金库重庆市分库,第五联送湖北专员办,并将汇款凭证复印件寄往重庆市财政局。国家金库重庆市分库收到汇款和缴款凭证后,及时准确办理入库手续。收款国库与湖北专员办及同级财政部门之间要加强资金入库的对账工作,确保缴库资金准确和安全。

湖北专员办根据中国长江电力股份有限公司全年实际发电量,在次年 3 月底前完成对该公司全年应缴水资源费的清算和征缴。

五、缴入中央国库的三峡电站水资源费收入,由中央财政安排使用；缴入湖北省和重庆市国库的三峡电站水资源费收入,分别由两省市统筹安排,重点用于三峡库区及三峡大坝下游水资源节约、保护和管理,也可以用于相关地区水资源的合理开发,具体使用范围按照《通知》的规定执行。

六、湖北省、重庆市人民政府要加强三峡电站水资源费使用管理，确保专款专用，并制定具体使用管理办法。财政部、国家发展改革委、水利部、中国人民银行和审计署按照职责加强对三峡电站水资源费征收缴库及使用情况的监督检查。

财政部 国家发展改革委 水利部 中国人民银行
二〇一一年四月十六日

国家发展改革委 财政部 水利部关于调整中央直属和跨省水力发电用水水资源费征收标准的通知

（发改价格〔2014〕1959号）

各省、自治区、直辖市发展改革委、物价局、财政厅（局）、水利（水务）厅（局）：

为进一步完善和规范水力发电用水水资源费政策，现就中央直属和跨省（自治区、直辖市）水力发电用水水资源费征收标准通知如下：

一、中央直属和跨省水电站水力发电用水水资源费，现行征收标准低于每千瓦时0.5分钱的，自2015年1月1日起调整为每千瓦时0.5分钱；现行征收标准高于每千瓦时0.5分钱的，维持现行征收标准不变，最高不超过每千瓦时0.8分钱。

二、跨省界河水电站水力发电用水水资源费，自2015年1月1日起统一征收标准，征收标准不一致的，按较高一方标准征收。

三、抽水蓄能发电用水暂免征收水资源费。

四、各地要严格落实《水资源费征收使用管理办法》（财综〔2008〕79号）的规定，确保将水资源费专项用于水资源的节约、保护和管理，也可以用于水资源的合理开发，任何单位和个人不得平调、截留或挪作他用。

国家发展改革委
财　政　部
水　利　部
2014年8月26日

财政部 国家发展改革委 工业和信息化关于印发《核电站乏燃料处理处置基金征收使用管理暂行办法》的通知

(财综〔2010〕58号)

中国核工业集团公司、中国广东核电集团、中国电力投资公司,财政部驻各省、自治区、直辖市、计划单列市财政监察专员办事处:

为促进核电事业发展,规范核电站乏燃料处理处置基金的征收、使用和管理,根据国务院批示精神,我们制定了《核电站乏燃料处理处置基金征收使用管理暂行办法》,现印发给你们,请遵照执行。

附件:核电站乏燃料处理处置基金征收使用管理暂行办法

财政部 国家发展改革委工业和信息化部
2010年7月12日

核电站乏燃料处理处置基金征收使用管理暂行办法

第一章 总 则

第一条 为促进核电事业发展,规范核电站乏燃料处理处置基金(以下简称乏燃料处理处置基金)的征收、使用和管理,根据国务院批示精神,特制定本办法。

第二条 乏燃料处理处置基金的征收、解缴、使用和监督检查等适用本办法。

第三条 乏燃料处理处置基金属于政府性基金,收入全额上缴中央国库,按照"收支两条线"原则纳入中央财政预算管理。

第二章 征 收

第四条 凡拥有已投入商业运行五年以上压水堆核电机组的核电厂(以下简称核电厂),应当按照本办法规定缴纳乏燃料处理处置基金。

第五条 乏燃料处理处置基金按照核电厂已投入商业运行五年以上压水堆核电机组的实际上网销售电量征收,征收标准为0.026元/千瓦时。今后,财政部会同国家发展改革委、工业和信息化部、国家能源局、国防科工局等部门根据核电发展规模及乏燃料处理处置资金需求的变化,适时调整征收标准。

第六条 乏燃料处理处置基金计入核电厂发电成本。

第七条 乏燃料处理处置基金由财政部驻核电厂所在省、自治区、直辖市、计划单列市财政监察专员办事处(以下简称专员办)负责征收,并实行直接缴库。

第八条 核电厂应于每年1月10日前向所在地专员办申报上年实际上网销售电量

和应缴纳的乏燃料处理处置基金。专员办应于每年1月20日前完成对申报的审核,并向申报企业开具《非税收入一般缴款书》。核电厂应在5日内按照专员办开具的《非税收入一般缴款书》所确定的缴款额足额上缴资金。缴库时填列《政府收支分类科目》103类"非税收入",01款"政府性基金收入",66项"核电站乏燃料处理处置基金收入"(新增)。

第九条 核电厂应按照本办法规定及时足额上缴乏燃料处理处置基金,不得拖欠。凡无正当理由拖欠缴纳乏燃料处理处置基金的,专员办应责令其尽快补缴,并从逾期之日起按日加收滞纳金额1‰的滞纳金。滞纳金纳入乏燃料处理处置基金收入管理。

第三章 使 用

第十条 核电厂缴纳的乏燃料处理处置基金,由政府相关部门和机构专项用于乏燃料处理处置。具体使用范围包括:

(一) 乏燃料运输;

(二) 乏燃料离堆贮存;

(三) 乏燃料后处理(含乏燃料后处理中试厂进行的商用核电站乏燃料后处理);

(四) 乏燃料后处理所产生的高放废物的处理处置;

(五) 乏燃料后处理厂的建设、运行、改造和退役;

(六) 乏燃料处理处置的其他支出。

第十一条 乏燃料处理处置基金年度预算,应优先安排乏燃料运输、乏燃料离堆贮存、乏燃料后处理、高放废物处理处置等支出,再安排乏燃料后处理厂建设、运行、改造和退役等相关支出。

第十二条 乏燃料处理处置基金年度使用计划由国家发展改革委、工业和信息化部、国家能源局、国防科工局商财政部确定。乏燃料处理处置基金具体项目的安排使用由国防科工局负责,其中大型商用核电站乏燃料后处理厂建设项目资金的安排使用由国家发展改革委会同国家能源局负责。

第十三条 财政部根据乏燃料处理处置基金年度使用计划及具体项目的进展情况,按照政府性基金预算编制规程,编制乏燃料处理处置基金年度收支预算。

第十四条 财政部根据乏燃料处理处置基金收支预算和乏燃料处理处置基金实际征收入库情况安排资金。资金支付按照财政国库管理制度有关规定执行,支出填列《政府收支分类科目》第206类"科学技术"10款"核电站乏燃料处理处置基金支出"(新增)01项"乏燃料运输"、02项"乏燃料离堆贮存"、03项"乏燃料后处理"、04项"高放废物的处理处置"、05项"乏燃料后处理厂的建设、运行、改造和退役"、99项"其他乏燃料处理处置基金支出"。

第十五条 乏燃料处理处置基金年终结余结转下年度继续使用。

第四章 监督检查

第十六条 未经国务院或财政部批准,任何地方、部门和单位不得擅自改变乏燃料处理处置基金的征收对象、范围和标准,不得减征、免征、缓征、停征乏燃料处理处置基金,也不得改变乏燃料处理处置基金的使用范围和原则。

第十七条 乏燃料处理处置基金的征收、解缴、使用等应当接受财政、审计、投资管理部门的监督,任何单位或者个人不得拒绝、妨碍和阻挠。

第十八条 对于违反本办法,不缴、少缴、缓缴乏燃料处理处置基金或者侵占、截留、挪用乏燃料处理处置基金的责任单位及责任人,按照《财政违法行为处罚处分条例》(国务院令第 427 号)以及国家有关法律法规规定处理;涉嫌犯罪的,移交司法机关依法处理。

第五章 附 则

第十九条 本办法自 2010 年 10 月 1 日起施行。

第二十条 本办法施行前,相关核电厂预提且尚未使用的乏燃料处理处置资金,应按本办法第八条规定的上缴方式,于 2010 年 10 月 15 日前向当地专员办申报和上缴本企业预提且尚未使用的乏燃料处理处置资金。

第二十一条 确有困难无法一次性缴纳预提且尚未使用的乏燃料处理处置资金的核电厂,应于 2010 年 10 月 15 日前向当地专员办提出延期或分期缴纳的书面申请并随附相关材料,由专员办核实情况并报财政部审批后执行,延期或分期缴纳的期限最长不得超过 3 年。

第二十二条 为保障核电厂的安全运行及乏燃料处理处置,国防科工局应负责督促相关单位及时转运乏燃料。

第二十三条 本办法由财政部负责解释。

财政部 国防科工委关于印发《核电厂核事故应急准备专项收入管理规定》的通知

(财防〔2007〕181 号)

通知略。

核电厂核事故应急准备专项收入管理规定

第一条 为了加强核电厂核事故应急准备专项收入(以下简称核应急专项收入)的管理,进一步规范收缴和使用,根据国务院发布的《核电厂核事故应急管理条例》,制定本规定。

第二条 国家、地方和核电企业的核事故应急机构,以及国务院有关部门和军队在核电厂核事故应急准备工作中,应当贯彻"常备不懈、积极兼容"的指导方针,充分利用现有的组织机构、人员、设施和设备等,努力提高核应急专项收入的使用效益。

第三条 核应急准备资金分为:

(一)核电企业开展场内核事故应急准备工作所需资金;

(二)国家和地方核应急机构开展场外核事故应急准备工作所需资金;

(三)国务院有关部门和军队在核电厂核事故应急支援准备工作中所需的资金。

第四条 场内核应急准备资金由核电企业承担,并作为核电企业的成本开支项目。基建期在工程基建费中列支;运行期在企业的管理费中列支。

第五条 场外核应急准备资金由核电企业和地方省级人民政府共同承担。其中,核电企业承担的部分,按规定的比例,以财政专项收入的形式分别上缴中央和地方财政,并由中央和地方财政纳入预算内管理;地方承担的部分,由地方省级人民政府自行筹措使用。

核电企业承担上缴的场外核应急专项收入作为成本开支项目,基建期在工程基建费中列支,运行期在企业的管理费中列支。

第六条 国务院有关部门和军队所需的核应急准备资金,根据各自在核电厂核事故应急准备工作中的职责和任务,充分利用现有条件安排,不足部分按照各自的计划和资金渠道申请解决。

第七条 核电企业承担上缴的场外核应急专项收入,在基建期和运行期分别按以下标准缴纳:

(一)基建期按设计额定容量每千瓦 5 元人民币的标准缴纳。

(二)运行期按年度上网销售电量每千瓦时 0.2 厘人民币的标准缴纳。

核电企业按规定标准缴纳场外核应急专项收入后,任何单位、部门及地方各级人民政府不得以核应急准备或者与此相关名义向企业收取资金。

第八条 核电企业承担上缴的场外核应急专项收入,基建期应在核电工程浇灌第一罐混凝土的当年起三年内按规定承担数额的 30%、40% 和 30% 分年度缴清;运行期应在商业运行后的次年开始,根据上一年的实际上网销售电量按规定标准缴纳。

第九条 同一省、自治区、直辖市内,核电企业缴纳的场外核应急专项收入按以下比例分别上缴中央和地方财政:

(一)首期建设的核电厂按 15% 和 85% 的比例上缴中央和地方财政;

(二)后续再建的核电厂按 50% 和 50% 的比例上缴中央和地方财政。

第十条 核电企业应于每年 3 月底前,将当年应缴纳中央和地方管理的场外核应急专项收入分别及时足额缴库。各地财政监察专员办事处负责填写中央场外核应急专项收入"一般缴款书":"财政机关"栏填"财政部门","预算级次"填"中央收入","预算科目名称"栏填写"场外核应急准备收入",预算科目编码为 103 类 02 款 12 项,"收款国库"栏填实际收纳款项的国库名称。

第十一条 财政部驻各地财政监察专员办事处负责中央场外核应急专项收入的征收工作,省级财政部门负责地方场外核应急专项收入的监缴工作。

核电企业应于每年 3 月 10 日前,向财政部驻当地财政监察专员办事处申报缴纳中央场外核应急专项收入。财政监察专员办事处应在 3 月 20 日前完成申报审核工作。核电企业按财政监察专员办事处审定的中央场外核应急专项收入缴款金额及时就地缴入国库。

财政部驻当地财政监察专员办事处于每年 4 月底前,将所在地核电企业缴纳中央场外核应急专项收入情况汇总填制《××××年度中央管理的场外核事故应急专项收入收缴情况表》(见附件),以及有关情况说明报财政部备案。

第十二条 场外核应急专项收入主要用于国家和地方的场外核应急准备工作:

(一)核事故应急设施的基本建设、运行维护和更新改造;

(二)核应急机构组织开展的公众宣传教育、人员培训、应急值班、应急演习、科技攻关、国际交流、法规和标准制定,以及核事故应急预案和方案编制等工作;

(三)《条例》规定的各项表彰和奖励;

(四)其他经有关部门批准的核应急准备工作。

第十三条 基建期内用于场内核应急准备的资金,应纳入核电厂工程基建概算,由国家核应急机构会同有关部门组织审查并提出审查意见后,按照国家规定的工程基建程序审批;运行期间用于场内核应急准备的资金,应纳入核电企业的年度生产计划,并按其计划和财务渠道上报审批。

第十四条 地方场外核应急设施建设及投资概算,由地方省级人民政府指定部门报地方省级计划部门审批,并报国家核应急机构备案;地方场外核应急准备年度经费预算,由省核应急机构报地方省级财政部门审批,并报国家核应急机构备案。地方省级财政部门按批准的概、预算拨付资金。

第十五条 国家场外核应急设施建设及投资概算,由国家核应急机构报国防科工委审批,场外核应急准备年度经费预算,由国防科工委按部门预算管理程序报财政部审批,国防科工委按照批准的年度预算执行。

第十六条 国务院有关部门和军队所需核应急准备资金,应按照各自计划和资金渠道及部门预算管理的相关规定程序报批,并抄送国家核应急机构备案。

第十七条 核应急专项收入的使用单位要按照国家财务和会计制度的要求,建立和健全资金使用的内部财务管理和会计核算制度。国家和省核应急机构应根据有关专项资金管理的规定,年终编报资金的年度决算。省核应急机构的年度决算应在次年一季度内抄送国家核应急机构备案。国务院有关部门和军队根据各自核应急准备资金的使用情况单列年度决算,并报国家核应急机构备案。

第十八条　财政、审计、监察及国防科工委等部门负责对核电厂核应急专项收入的收缴和使用进行监督检查,任何单位不得以任何理由阻挠或逃避。对于违反本规定截留、挪用专项资金的单位和个人,按《财政违法行为处罚处分条例》进行处罚,并追究相关责任人责任。

第十九条　本规定由财政部、国防科工委负责解释。

第二十条　本规定自发布之日起施行。本规定施行前印发的关于核事故应急准备金的规定,与本规定不一致的,以本规定为准。

财政部关于印发《免税商品特许经营费缴纳办法》的通知

(财企〔2004〕241号)

外交部,民航总局,交通部,铁道部,中国免税品(集团)总公司,中国出国人员服务总公司,中国中旅(集团)公司,深圳市国有免税商品(集团)有限公司,珠海免税企业(集团)有限公司,上海浦东国际机场及免税店,中国远洋运输(集团)总公司等免税品经营单位,财政部驻各省、自治区、直辖市、计划单列市财政监察专员办事处:

现将《免税商品特许经营费缴纳办法》印发给你们,请遵照执行。执行中有什么问题,请及时反馈我部。

附件:免税商品特许经营费缴纳办法

财政部
二〇〇四年十一月二十五日

附件

免税商品特许经营费缴纳办法

第一条　为进一步加强免税商品经营管理,体现免税业特许经营政策,理顺企业与国家的利益分配关系,特制定本办法。

第二条　免税商品是指免征关税、进口环节税的进口商品和实行退(免)税(增值税、消费税)进入免税店销售的国产商品。

第三条　免税商品经营业务包括:中国免税品(集团)总公司的免税商品经营业务,以及设立在机场、港口、车站、陆路边境口岸和海关监管特定区域的免税商店以及在出境飞机、火车、轮船上向出境的国际旅客、驻华外交官和国际海员等提供免税商品购物服务的特种销售业务。

第四条　凡经营免税商品的企业,均按经营免税商品业务年销售收入(额)的1%,向国家上缴特许经营费。

第五条　征收免税商品特许经营费的企业包括:中国免税品(集团)总公司、深圳市国有免税商品(集团)有限公司、珠海免税企业(集团)有限公司、中国中旅(集团)公司、中国出国人员服务总公司、上海浦东国际机场免税店以及其他经营免税商品或代理销售免税商品的企业。

第六条　中国免税品(集团)总公司按其合并会计报表口径,由总公司集中缴纳;中国免税品(集团)总公司供货的其他免税商品经营企业在企业所在地就地解缴。

第七条　在国际交通工具上销售(或代理销售)免税商品的民航、交通、铁道等行业的企业,以及非全部经营免税商品的企业,应将免税商品销售额单独核算,并在企业纳税所在地缴纳特许经营费。

第八条　经营国产品的免税企业,应将享受出口退税政策的国产品及从境外以免税方式进口经营的国产品均视同免税商品,按规定缴纳特许经营费。企业经营完税国产品,不缴纳特许经营费。

财政部 国家发展改革委 水利部 中国人民银行关于印发《水土保持补偿费征收使用管理办法》的通知

(财综〔2014〕8号)

各省、自治区、直辖市财政厅(局)、发展改革委、物价局、水利(水务)厅局,中国人民银行上海总部、各分行、营业管理部、省会(首府)城市中心支行、大连、青岛、宁波、厦门、深圳中心支行:

为了规范水土保持补偿费征收使用管理,促进水土流失预防和治理,改善生态环境,根据《中华人民共和国水土保持法》的规定,我们制定了《水土保持补偿费征收使用管理办法》,现印发给你们,请遵照执行。

财政部 国家发展改革委
水利部 中国人民银行
2014年1月29日

水土保持补偿费征收使用管理办法

第一章　总　　则

第一条　为了规范水土保持补偿费征收使用管理,促进水土流失防治工作,改善生态环境,根据《中华人民共和国水土保持法》的规定,制定本办法。

第二条 水土保持补偿费是水行政主管部门对损坏水土保持设施和地貌植被、不能恢复原有水土保持功能的生产建设单位和个人征收并专项用于水土流失预防治理的资金。

第三条 水土保持补偿费全额上缴国库,纳入政府性基金预算管理,实行专款专用,年终结余结转下年使用。

第四条 水土保持补偿费征收、缴库、使用和管理应当接受财政、价格、人民银行、审计部门和上级水行政主管部门的监督检查。

第二章 征 收

第五条 在山区、丘陵区、风沙区以及水土保持规划确定的容易发生水土流失的其他区域开办生产建设项目或者从事其他生产建设活动,损坏水土保持设施、地貌植被,不能恢复原有水土保持功能的单位和个人(以下简称缴纳义务人),应当缴纳水土保持补偿费。

前款所称其他生产建设活动包括:

(一)取土、挖砂、采石(不含河道采砂);

(二)烧制砖、瓦、瓷、石灰;

(三)排放废弃土、石、渣。

第六条 县级以上地方水行政主管部门按照下列规定征收水土保持补偿费。

开办生产建设项目的单位和个人应当缴纳的水土保持补偿费,由县级以上地方水行政主管部门按照水土保持方案审批权限负责征收。其中,由水利部审批水土保持方案的,水土保持补偿费由生产建设项目所在地省(区、市)水行政主管部门征收;生产建设项目跨省(区、市)的,由生产建设项目涉及区域各相关省(区、市)水行政主管部门分别征收。

从事其他生产建设活动的单位和个人应当缴纳的水土保持补偿费,由生产建设活动所在地县级水行政主管部门负责征收。

第七条 水土保持补偿费按照下列方式计征:

(一)开办一般性生产建设项目的,按照征占用土地面积计征。

(二)开采矿产资源的,在建设期间按照征占用土地面积计征;在开采期间,对石油、天然气以外的矿产资源按照开采量计征,对石油、天然气按照油气生产井占地面积每年计征。

(三)取土、挖砂、采石以及烧制砖、瓦、瓷、石灰的,按照取土、挖砂、采石量计征。

(四)排放废弃土、石、渣的,按照排放量计征。对缴纳义务人已按照前三种方式计征水土保持补偿费的,其排放废弃土、石、渣,不再按照排放量重复计征。

第八条 水土保持补偿费的征收标准,由国家发展改革委、财政部会同水利部另行制定。

第九条 开办一般性生产建设项目的,缴纳义务人应当在项目开工前一次性缴纳水土保持补偿费。

开采矿产资源处于建设期的,缴纳义务人应当在建设活动开始前一次性缴纳水土保持补偿费;处于开采期的,缴纳义务人应当按季度缴纳水土保持补偿费。

从事其他生产建设活动的,缴纳水土保持补偿费的时限由县级水行政主管部门确定。

第十条 缴纳义务人应当向负责征收水土保持补偿费的水行政主管部门如实报送征占用土地面积(矿产资源开采量、取土挖砂采石量、弃土弃渣量)等资料。

负责征收水土保持补偿费的水行政主管部门审核确定水土保持补偿费征收额,并向缴纳义务人送达水土保持补偿费缴纳通知单。缴纳通知单应当载明征占用土地面积(矿产资源开采量、取土挖砂采石量、弃土弃渣量)、征收标准、缴纳金额、缴纳时间和地点等事项。

缴纳义务人应当按照缴纳通知单的规定缴纳水土保持补偿费。

第十一条 下列情形免征水土保持补偿费:

(一)建设学校、幼儿园、医院、养老服务设施、孤儿院、福利院等公益性工程项目的;

(二)农民依法利用农村集体土地新建、翻建自用住房的;

(三)按照相关规划开展小型农田水利建设、田间土地整治建设和农村集中供水工程建设的;

(四)建设保障性安居工程、市政生态环境保护基础设施项目的;

(五)建设军事设施的;

(六)按照水土保持规划开展水土流失治理活动的;

(七)法律、行政法规和国务院规定免征水土保持补偿费的其他情形。

第十二条 除本办法规定外,任何单位和个人均不得擅自减免水土保持补偿费,不得改变水土保持补偿费征收对象、范围和标准。

第十三条 县级以上地方水行政主管部门征收水土保持补偿费,应当到指定的价格主管部门申领《收费许可证》,并使用省级财政部门统一印制的票据。

第十四条 县级以上地方水行政主管部门应当对水土保持补偿费的征收依据、征收标准、征收主体、征收程序、法律责任等进行公示。

第三章 缴 库

第十五条 县级以上地方水行政主管部门征收的水土保持补偿费,按照1:9的比例分别上缴中央和地方国库。

地方各级政府之间水土保持补偿费的分配比例,由各省(区、市)财政部门商水行政主管部门确定。

第十六条 水土保持补偿费实行就地缴库方式。

负责征收水土保持补偿费的水行政主管部门填写"一般缴款书",随水土保持补偿费缴纳通知单一并送达缴纳义务人,由缴纳义务人持"一般缴款书"在规定时限内到商业银行办理缴款。在填写"一般缴款书"时,预算科目栏填写"1030176 水土保持补偿费收入",预算级次栏填写"中央和地方共享收入",收款国库栏填写实际收纳款项的国库名称。

第十七条 水土保持补偿费收入在政府收支分类科目中列103类01款76项"水土保持补偿费收入",作为中央和地方共用收入科目。

第十八条 地方各级水行政主管部门要确保将中央分成的水土保持补偿费收入及时足额上缴中央国库,不得截留、占压、拖延上缴。

财政部驻各省(区、市)财政监察专员办事处负责监缴中央分成的水土保持补偿费。

第四章 使用管理

第十九条 水土保持补偿费专项用于水土流失预防和治理,主要用于被损坏水土保持设施和地貌植被恢复治理工程建设。

第二十条 县级以上水行政主管部门应当根据水土保持规划,编制年度水土保持补偿费支出预算,报同级财政部门审核。财政部门应当按照政府性基金预算管理规定审核水土保持补偿费支出预算并批复下达。其中,水土保持补偿费用于固定资产投资项目的,由发展改革部门商同级水行政主管部门纳入固定资产投资计划。

第二十一条 水土保持补偿费的资金支付按照财政国库管理制度有关规定执行。

第二十二条 水土保持补偿费支出在政府收支分类科目中列213类70款"水土保持补偿费安排的支出"01项"综合治理和生态修复"、02项"预防保护和监督管理"、03项"其他水土保持补偿费安排的支出"。

第二十三条 各级财政、水行政主管部门应当严格按规定使用水土保持补偿费,确保专款专用,严禁截留、转移、挪用资金和随意调整预算。

第五章 法律责任

第二十四条 单位和个人违反本办法规定,有下列情形之一的,依照《财政违法行为处罚处分条例》和《违反行政事业性收费和罚没收入收支两条线管理规定行政处分暂行规定》等国家有关规定追究法律责任;涉嫌犯罪的,依法移送司法机关处理:

(一)擅自减免水土保持补偿费或者改变水土保持补偿费征收范围、对象和标准的;

(二)隐瞒、坐支应当上缴的水土保持补偿费的;

(三)滞留、截留、挪用应当上缴的水土保持补偿费的;

(四)不按照规定的预算级次、预算科目将水土保持补偿费缴入国库的;

(五)违反规定扩大水土保持补偿费开支范围、提高开支标准的;

(六) 其他违反国家财政收入管理规定的行为。

第二十五条 缴纳义务人拒不缴纳、拖延缴纳或者拖欠水土保持补偿费的,依照《中华人民共和国水土保持法》第五十七条规定进行处罚。缴纳义务人对处罚决定不服的,可以依法申请行政复议或者提起行政诉讼。

第二十六条 缴纳义务人缴纳水土保持补偿费,不免除其水土流失防治责任。

第二十七条 水土保持补偿费征收、使用管理有关部门的工作人员违反本办法规定,在水土保持补偿费征收和使用管理工作中徇私舞弊、玩忽职守、滥用职权的,依法给予处分;涉嫌犯罪的,依法移送司法机关。

第六章 附 则

第二十八条 各省(区、市)根据本办法制定具体实施办法,并报财政部、国家发展改革委、水利部、中国人民银行备案。

第二十九条 按本办法规定开征水土保持补偿费后,原各地区征收的水土流失防治费、水土保持设施补偿费、水土流失补偿费等涉及水土流失防治和补偿的收费予以取消。

第三十条 本办法由财政部商国家发展改革委、水利部、中国人民银行负责解释。

第三十一条 本办法自2014年5月1日起施行。

国家发展改革委 财政部关于降低电信网码号资源占用费等部分行政事业性收费标准的通报

(发改价格〔2017〕1186号)

工业和信息化部、公安部、水利部、农业部、国家知识产权局,各省、自治区、直辖市发展改革委、物价局、财政厅(局):

为进一步加大降费力度,切实减轻社会负担,促进实体经济发展,经研究,决定降低部分行政事业性收费标准。现将有关事项通知如下:

一、自2017年7月1日起,降低电信网码号资源占用费、公民出入境证件费等部分行政事业性收费标准(见附件)。

二、2017年7月1日前应交未交的上述行政事业性收费,补交时应按原标准征收。

三、各省、自治区、直辖市价格、财政部门要会同有关部门对本地区出台的行政事业性收费政策进行全面清理,及时降低偏高的收费标准,并通过广播、电视、报纸、网络等媒体进行宣传解读,主动接受社会监督,进一步减轻企业负担。

四、各地区、有关部门要严格执行本通知规定,对降低的行政事业性收费标准,不得以任何理由拖延或者拒绝执行。

五、各级价格、财政部门要加强对政策落实情况的监督检查,对违反政策规定的收费行为,依据有关法律、法规予以处罚。

附件:降低的行政事业性收费标准(略)

国家发展改革委
财政部
2017年6月22日

财政部关于水土保持补偿费等四项非税收入划转税务部门征收的通知

(财税〔2020〕58号)

税务总局、水利部、生态环境部、国家人民防空办公室:

为贯彻落实党中央、国务院关于政府非税收入征管职责划转的有关要求,平稳有序推进水土保持补偿费等四项非税收入划转工作,现就有关事项通知如下:

一、自2021年1月1日起,将水土保持补偿费、地方水库移民扶持基金、排污权出让收入、防空地下室易地建设费划转至税务部门征收。征期在2021年度、所属期为2020年度的上述收入,收缴及汇算清缴工作继续由原执收(监缴)单位负责。

二、上述非税收入划转至税务部门征收后,以前年度应缴未缴的收入,由税务部门负责征缴入库。

三、上述非税收入的征收范围、对象、标准、分成、使用等政策继续按照现行规定执行。税务部门应积极履行征收职责,推动降低征缴成本。划转后,各级财政部门不安排代扣代缴、代收代缴和委托代征经费。

四、税务部门应按照国库集中收缴制度等有关规定,依法依规开展收入征管工作,确保非税收入及时足额入库。

五、各级税务部门要会同财政、生态环境、水利、人防等有关部门,按照"便民、高效"的原则,逐项确定职责划转后的经费划转方案和征缴流程,推动办事缴费"一门、一站、一次"办理,不断提高征管效率,优化缴费服务,切实增强缴费人获得感。

六、资金入库后需要退库的,按照财政部门有关退库管理规定办理。其中,因缴费人误缴、税务部门误收以及汇算清缴需要退库的,由财政部门授权税务部门审核退库,具体由缴费人直接向税务部门申请办理。

七、各地税务部门要会同财政、生态环境、水利、人防等有关部门做好业务交接衔接和信息系统互联互通工作,及时实现征管信息实时共享,并将计征、缴款等明细信息通过互联互通系统传递给财政等相关部门。同时,向财政部门报送征收情况,并附文字说明材料。

财政部
二〇二〇年十二月四日

国家税务总局关于水土保持补偿费等政府非税收入项目征管职责划转有关事项的公告

(国家税务总局公告2020年第21号)

根据党中央、国务院关于政府非税收入(以下简称"非税收入")征管职责划转的有关要求,水土保持补偿费等非税收入项目划转至税务部门征收。为确保非税收入征管职责划转及各项征管工作平稳有序运行,现将有关事项公告如下:

一、自2021年1月1日起,水土保持补偿费、地方水库移民扶持基金、排污权出让收入、防空地下室易地建设费划转至税务部门征收。征收范围、征收对象、征收标准等政策仍按现行规定执行。

二、税务部门按照属地原则征收上述非税收入项目,具体征收机关由国家税务总局各省、自治区、直辖市和计划单列市税务局按照"便民、高效"原则确定。

三、水土保持补偿费自2021年1月1日起,由缴费人向税务部门自行申报缴纳。按次缴纳的,应于项目开工前或建设活动开始前,缴纳水土保持补偿费。按期缴纳的,在期满之日起15日内申报缴纳水土保持补偿费。

四、地方水库移民扶持基金自2021年2月1日起,由缴费人按月向税务部门自行申报缴纳,申报缴纳期限按现行规定执行。

五、已征收排污权出让收入的地区自2021年1月1日起,由缴费人向税务部门自行申报缴纳。其他地区有关排污权出让收入的征管事项,待国务院相关部门确定深化排污权有偿使用和交易改革方案后,由税务总局另行明确。

六、防空地下室易地建设费自2021年1月1日起,由缴费人根据人防部门核定的收费金额向税务部门申报缴纳。

七、缴费人原则上使用《非税收入通用申报表》申报缴纳水土保持补偿费、地方水库移民扶持基金、排污权出让收入、防空地下室易地建设费。各地可与其他项目合并申报资料、简并申报流程。

八、各地税务部门要加强与生态环境、水利、人防等部门的合作,持续优化缴费流程、精简申报资料,推行"非接触式"缴费服务,拓展"实体、网上、掌上、自助"等多样化缴费渠道,切实方便缴费人缴费。

九、各地税务部门应会同财政、生态环境、水利、人防等部门做好业务衔接和信息互联互通,及时共享非税收入计征、缴款等信息。

十、国家税务总局各省、自治区、直辖市和计划单列市税务局可根据本公告制定具体实施办法。

本公告自2021年1月1日起施行。

特此公告。

国家税务总局
2020年12月11日

财政部关于加强大中型水库库区基金征收管理有关问题的问题

（财综〔2009〕51号）

各省、自治区、直辖市财政厅（局），财政部驻各省、自治区、直辖市财政监察专员办事处：

为落实《国务院关于完善大中型水库移民后期扶持政策的意见》（国发〔2006〕17号）和《财政部关于印发〈大中型水库库区基金征收使用管理暂行办法〉的通知》（财综〔2007〕26号）的规定，经商水利部，现就加强大中型水库库区基金（以下简称库区基金）征收管理有关问题通知如下：

一、凡财政部已批复库区基金征收使用管理实施细则的省份，要严格按照批复的征收范围、对象、标准和期限征收库区基金，确保应收尽收，不得擅自减免、缓征或停征。

二、凡行政区域内有装机容量在2.5万千瓦及以上有发电收入的水库和水电站，且尚未制定库区基金征收使用管理实施细则的省份，要抓紧制定本地区库区基金征收使用管理实施细则，并于2009年9月30日前按规定程序上报财政部，由财政部会同国家发展改革委、水利部批准后实施。

三、确因特殊情况需减免、缓征或停征库区基金的省份，应由省级财政部门报省级人民政府同意后，由省级人民政府向国务院提出申请。

四、各相关省、自治区、直辖市要高度重视库区基金征收使用管理工作，切实采取有效措施，加大征管力度，确保基金足额征收。财政部驻相关地方财政监察专员办事处和相关省级财政部门要各司其职，加强对库区基金的征收管理和监督检查，对未经国务院批准擅自减免、缓征或停征库区基金的，要按照《财政违法行为处罚处分条例》（国务院令第427号）的有关规定进行处罚，追究有关责任人的行政责任。

财政部
二〇〇九年八月十二日

财政部关于取消、停征和整合部分政府性基金项目等有关问题的通知

(财税〔2016〕11号)

发展改革委、国土资源部、农业部、教育部、商务部、水利部、三峡办、国家林业局,各省、自治区、直辖市、计划单列市财政厅(局):

经国务院批准,现就取消、停征和整合有关政府性基金政策通知如下:

一、将新菜地开发建设基金征收标准降为零。该基金征收标准降为零后,各地要完善财政保障机制,加大土地出让收入对蔬菜生产的支持。

二、将育林基金征收标准降为零。该基金征收标准降为零后,通过增加中央财政均衡性转移支付、中央财政林业补助资金、地方财政加大预算保障力度等,确保地方森林资源培育、保护和管理工作正常开展。

三、停征价格调节基金。该基金停止通过向社会征收方式筹集,所需资金由各地根据实际情况,通过地方同级预算统筹安排,保障调控价格、稳定市场工作正常开展。

四、将散装水泥专项资金并入新型墙体材料专项基金。停止向水泥生产企业征收散装水泥专项资金。将预拌混凝土、预拌砂浆、水泥预制件列入新型墙体材料目录,纳入新型墙体材料专项基金支持范围,继续推动散装水泥生产使用。

五、将大中型水库移民后期扶持基金、跨省(区、市)大中型水库库区基金、三峡水库库区基金合并为中央水库移民扶持基金。将省级大中型水库库区基金、小型水库移民扶助基金合并为地方水库移民扶持基金。具体征收政策、收入划分、使用范围等仍按现行规定执行,今后根据水库移民扶持工作需要适时完善分配使用政策。

六、各地区、各有关部门要严格执行本通知规定,对公布取消或停征的政府性基金项目,不得以任何理由拖延或者拒绝执行,不得以其他名目变相继续收取。各省、自治区、直辖市、计划单列市财政部门要对本地区的政府性基金项目进行全面清理。凡违反政府性基金审批管理规定,越权出台的基金项目要一律取消。对按照法律法规和国家有关政策规定设立的政府性基金项目,要严格按照相关政策规定执行,不得擅自扩大征收范围、提高征收标准或另行加收任何费用。

七、各级财政部门要做好经费保障工作,妥善安排相关部门和单位预算,保障工作正常开展,积极支持相关事业发展。

八、本通知自2016年2月1日起执行。

财政部
二〇一六年一月二十九日

财政部 发展改革委关于延长部分行政事业性收费、政府性基金优惠政策执行期限的公告

（财政部 发展改革委公告2022年第5号）

为进一步支持疫情防控、减轻企业负担，现将有关行政事业性收费、政府性基金政策公告如下：

一、《财政部 国家发展改革委关于继续免征相关防疫药品和医疗器械注册费的公告》（财政部 国家发展改革委公告2021年第9号）规定的优惠政策，执行期限延长至2023年12月31日。

二、《财政部关于取消、调整部分政府性基金有关政策的通知》（财税〔2017〕18号）第三条规定的地方水库移民扶持基金政策，执行期限延长至2023年12月31日。

特此公告。

财政部 发展改革委

二〇二二年一月二十八日

财政部 国家发展改革委 环境保护部关于印发《排污权出让收入管理暂行办法》的通知

（财税〔2015〕61号）

各省、自治区、直辖市、计划单列市财政厅（局）、发展改革委、物价局、环境保护厅（局）：

为了规范排污权出让收入管理，建立健全环境资源有偿使用制度，发挥市场机制作用促进污染物减排，根据《中华人民共和国环境保护法》和《国务院办公厅关于进一步推进排污权有偿使用和交易试点工作的指导意见》（国办发〔2014〕38号）等规定，我们制定了《排污权出让收入管理暂行办法》，现印发给你们，请遵照执行。

财政部

国家发展改革委

环境保护部

二〇一五年七月二十三日

附件:
排污权出让收入管理暂行办法

第一章 总 则

第一条 为了规范排污权出让收入管理,建立健全环境资源有偿使用制度,发挥市场机制作用促进污染物减排,根据《中华人民共和国环境保护法》和《国务院办公厅关于进一步推进排污权有偿使用和交易试点工作的指导意见》(国办发〔2014〕38号)等规定,制定本办法。

第二条 经财政部、环境保护部、国家发展改革委确认及有关省、自治区、直辖市自行确定开展排污权有偿使用和交易试点地区(以下简称试点地区)的排污权出让收入征收、使用和管理,适用本办法。

第三条 本办法所称污染物,是指国家作为约束性指标进行总量控制的污染物,以及试点地区选择对本地区环境质量有突出影响的其他污染物。

试点地区要严格按照国家确定的污染物减排要求,将污染物总量控制指标分解到企事业单位,不得突破总量控制上限。

第四条 本办法所称排污权,是指排污单位按照国家或者地方规定的污染物排放标准,以及污染物排放总量控制要求,经核定允许其在一定期限内排放污染物的种类和数量。

排污权由试点地区县级以上地方环境保护主管部门(以下简称地方环境保护部门)按照污染源管理权限核定,并以排污许可证形式予以确认。

第五条 本办法所称排污权出让收入,是指政府以有偿出让方式配置排污权取得的收入,包括采取定额出让方式出让排污权收取的排污权使用费和通过公开拍卖等方式出让排污权取得的收入。

第六条 本办法所称现有排污单位,是指试点地区核定初始排污权以及排污权有效期满后重新核定排污权时,已建成投产并通过环保验收的排污单位。

第七条 排污权出让收入属于政府非税收入,全额上缴地方国库,纳入地方财政预算管理。

第八条 排污权出让收入的征收、使用和管理应当接受财政、价格、审计部门和上级环境保护部门的监督检查。

第二章 征 收 缴 库

第九条 试点地区地方人民政府采取定额出让或通过市场公开出让(包括拍卖、挂牌、协议等)方式出让排污权。

对现有排污单位取得排污权,税屋网采取定额出让方式。

对新建项目排污权和改建、扩建项目新增排污权,以及现有排污单位为达到污染物排放总量控制要求新增排污权,通过市场公开出让方式。

第十条 采取定额出让方式出让排污权的,排污单位应当按照排污许可证确认的污染物排放种类、数量和规定征收标准缴纳排污权使用费。

第十一条 排污权使用费的征收标准由试点地区省级价格、财政、环境保护部门根据当地环境资源稀缺程度、经济发展水平、污染治理成本等因素确定。

第十二条 排污权有效期原则上为五年。有效期满后,排污单位需要延续排污权的,应当按照地方环境保护部门重新核定的排污权,继续缴纳排污权使用费。

第十三条 缴纳排污权使用费金额较大、一次性缴纳确有困难的排污单位,可在排污权有效期内分次缴纳,首次缴款不得低于应缴总额的40%。

分次缴纳排污权使用费的具体办法由试点地区确定。

第十四条 排污权使用费由地方环境保护部门按照污染源管理权限负责征收。

负责征收排污权使用费的地方环境保护部门,应当根据排污许可证确认的排污单位排放污染物种类、数量和规定征收标准,以及分次缴纳办法,确定排污单位应缴纳的排污权使用费数额,并予以公告。

排污权使用费数额确定后,由负责征收排污权使用费的地方环境保护部门向排污单位送达排污权使用费缴纳通知单。

排污单位应当自接到排污权使用费缴纳通知单之日起7日内,缴纳排污权使用费。

第十五条 对现有排污单位取得排污权,考虑其承受能力,经试点地区省级人民政府批准,在试点初期可暂免缴纳排污权使用费。

现有排污单位将无偿取得的排污权进行转让、抵押的,应当按规定征收标准补缴转让、抵押排污权的使用费。

第十六条 通过市场公开出让方式出让排污权的,出让底价由试点地区省级价格、财政、环境保护部门参照排污权使用费的征收标准确定。

市场公开出让排污权的具体方式、流程和管理,由试点地区依据相关法律、行政法规予以规定。

第十七条 试点地区应当建立排污权储备制度,将储备排污权适时投放市场,调控排污权市场,重点支持战略性新兴产业、重大科技示范等项目建设。储备排污权主要来源包括:

(一)预留初始排污权;

(二)通过市场交易回购排污单位的富余排污权;

(三)政府投入资金进行污染治理形成的富余排污权;

(四)排污单位破产、关停、被取缔、迁出本行政区域或不再排放实行总量控制的污染物等原因,收回其无偿取得的排污权。

第十八条 排污单位通过市场公开出让方式购买政府出让的排污权的,应当一次性缴清款项,或者按照排污权交易合同的约定缴款。

第十九条 排污单位支付购买排污权的款项,由地方环境保护部门征收或委托排污权交易机构代征。

第二十条 地方环境保护部门或委托的排污权交易机构征收排污权出让收入时,应当向排污单位开具省级财政部门统一印制的票据。

第二十一条 排污权出让收入具体缴库办法按照省级财政部门非税收入收缴管理有关规定执行。

第二十二条 排污权出让收入在政府收支分类科目中列 103 类 07 款 10 项"排污权出让收入",作为地方收入科目。

第二十三条 地方环境保护部门及委托的排污权交易机构要严格按规定范围、标准、时限或排污权交易合同约定征收和代征排污权出让收入,确保将排污权出让收入及时征缴到位。

第二十四条 任何单位和个人均不得违反本办法规定,自行改变排污权出让收入的征收范围和标准,也不得违反排污权交易规则低价出让排污权。

严禁违规对排污单位减免、缓征排污权出让收入,或者以先征后返、补贴等形式变相减免排污权出让收入。

第二十五条 地方环境保护部门应当定期向社会公开污染物总量控制、排污权核定、排污权出让方式、价格和收入、排污权回购和储备等信息。

第三章 使 用 管 理

第二十六条 排污权出让收入纳入一般公共预算,统筹用于污染防治。

第二十七条 政府回购排污单位的排污权、排污权交易平台建设和运行维护等排污权有偿使用和交易相关工作经费,由地方同级财政预算予以安排。

第二十八条 相关资金支付按照财政国库管理制度有关规定执行。

第四章 法 律 责 任

第二十九条 单位和个人违反本办法规定,有下列情形之一的,依照《财政违法行为处罚处分条例》和《违反行政事业性收费和罚没收入收支两条线管理规定行政处分暂行规定》等国家有关规定追究法律责任;涉嫌犯罪的,税屋网依法移送司法机关处理:

(一)擅自减免排污权出让收入或者改变排污权出让收入征收范围、对象和标准的;

(二)隐瞒、坐支应当上缴的排污权出让收入的;

(三)滞留、截留、挪用应当上缴的排污权出让收入的;

（四）不按照规定的预算级次、预算科目将排污权出让收入缴入国库的；

（五）违反规定使用排污权出让收入的；

（六）其他违反国家财政收入管理规定的行为。

第三十条 排污单位不按规定缴纳排污权出让收入并提供有效缴款凭证的，地方环境保护部门不予核发或换发排污许可证。

第三十一条 有偿取得排污权的单位，不免除其法定污染治理责任和依法缴纳排污费等其他税费的义务。

第三十二条 排污权出让收入征收、使用管理有关部门的工作人员违反本办法规定，在排污权出让收入征收和使用管理工作中徇私舞弊、玩忽职守、滥用职权的，依法给予处分；涉嫌犯罪的，依法移送司法机关。

第五章 附 则

第三十三条 试点省、自治区、直辖市根据本办法制定具体实施办法，并报财政部、国家发展改革委、环境保护部备案。

第三十四条 本办法由财政部会同国家发展改革委、环境保护部负责解释。

第三十五条 本办法自 2015 年 10 月 1 日起施行。

国家计委财政部 国家国防动员委员会建设部印发关于规范防空地下室易地建设收费的规定的通知

（计价格〔2000〕474 号）

各省、自治区、直辖市物价局（委员会）、财政厅（局）、人防办公室、、建设厅（委员会），各军区人防办公室：

为加强结合地面建筑修建战时可用于防空的地下室工作，有利于促进防空地下室建设与经济建设协调发展，根据《国务院批转国家计委关于加强房地产价格调控加快住房建设意见的通知》（国发〔1998〕34 号）规定，我们制定了《关于规范防空地下室易地建设收费的规定》，现印发给你们，请认真贯彻实施。

附件：关于规范防空地下室易地建设收费的规定

二〇〇年四月二十七日

附件：

关于规范防空地下室易地建设收费的规定

为加强结合地面建筑修建战时可用于防空的地下室（以下简称防空地下室）工作，有

利于促进防空地下室建设与经济建设协调发展,现就规范防空地下室易地建设收费的有关问题作如下规定:

一、结合地面民用建筑修建防空地下室是依法建设人防工程的重要组成部分,是战时保障城市居民就地就近掩蔽,减少人员伤亡的重要途径。在人防重点城市的市区(直辖市含近郊区)新建民用建筑,要按照原国家人民防空委员会、国家计委、城乡建设环境保护部《关于改变结合民用建筑修建防空地下定规定的通知》(人防委字〔1984〕9号)的规定修建防空地下室。防空地下室建设所需资金,纳入建设项目投资计划。建设费用据实列入建设项目开发成本。

二、对按规定需要配套建设防空地下室的,防空地下室建设要随民用建筑项目计划一同下达,坚持同步配套建设,不得收费。对按规定需要同步配套建设,但确因下列条件限制不能同步配套建设的,建设单位可以申请易地建设:

(一)采用桩基且桩基承台顶面埋置深度小于三米(或者不足规定的地下室空间净高)的;

(二)按规定指标应建防空地下室的面积只占地面建筑首层的局部,结构和基础处理困难,且经济很不合理的;

(三)建在流砂、暗河、基岩埋深很浅等地段的项目,因地质条件不适于修建的;

(四)因建设地段房屋或地下管道设施密集,防空地下室不能施工或者难以采取措施保证施工安全的。

三、建设单位依前条规定提出易地建设申请,经有批准权限的人防主管部门批准后,应按应建防空地下室的建筑面积和规定的易地建设费标准交纳建设费用,由人防主管部门统一就地就近安排易地建设人防工程。

四、防空地下室易地建设费的收费标准,由省、自治区。直辖市价格主管部门会同同级财政、人防主管部门按照当地防空地下室的造价制定,报国家计委、财政部、国家人防办备案。对以下新建民用建筑项目应适当减免防空地下室易地建设费:

(一)享受政府优惠政策建设的廉租房、经济适用房等居民住房,减半收取;

(二)新建幼儿园、学校教学楼、养老院及为残疾人修建的生活服务设施等民用建筑,减半收取;

(三)临时民用建筑和不增加面积的危房翻新改造商品住宅项目,以予免收;

(四)因遭受水灾、火灾或其他不可抗拒的灾害造成损坏后按原面积修复的民用建筑,予以免收。

五、防空地下室易地建设费由各级人防主管部门严格按照国家规定组织收取。收取的收入属于预算外资金,应全额缴入预算外资金财政专户,实行"收支两条线"管理。防空地下室易地建设费应纳入人防经费预算,统筹安排并专项用于安排易地建设人防工程,各级人民政府和有关部门不得统筹调剂,不得用于平衡本级预算,不得挪作他用。

六、各级政府价格、财政主管部门要加强对防空地下室易地建设费的监督检查,对擅自扩大收费范围、提高费用标准、改变收费资金用途等违反国家有关收费管理规定的,要依法查处。

七、各省、自治区、直辖市政府价格主管部门可会同财政、人防主管部门结合当地实际情况制定具体实施办法,并报国家计委、财政部、国家人防办备案。

八、本规定自颁布之日起执行。

财政部 国家发展改革委关于减免养老和医疗机构 行政事业性收费有关问题的通知

(财税[2014]77号)

国土资源部、住房城乡建设部、国家人民防空办公室,各省、自治区、直辖市财政厅(局)、发展改革委、物价局:

为促进养老和健康服务业发展,根据《国务院关于加快发展养老服务业的若干意见》(国发[2013]35号)和《国务院关于促进健康服务业发展的若干意见》(国发[2013]40号)的规定,现就减免涉及养老和医疗机构的行政事业性收费事项通知如下:

一、对非营利性养老和医疗机构建设全额免征行政事业性收费,对营利性养老和医疗机构建设减半收取行政事业性收费。

二、上述免征或减半收取的行政事业性收费项目包括:

(一)国土资源部门收取的土地复垦费、土地闲置费、耕地开垦费、土地登记费。

(二)住房城乡建设部门收取的房屋登记费、白蚁防治费。

(三)人防部门收取的防空地下室易地建设费。

(四)各省、自治区、直辖市人民政府及其财政、价格主管部门按照管理权限批准设立(简称省级设立)的涉及养老和医疗机构建设的行政事业性收费。

三、各省、自治区、直辖市财政、价格主管部门要公布减免省级设立的涉及养老和医疗机构建设的行政事业性收费项目,对养老机构提供养老服务也应适当减免行政事业性收费,同时对本地区出台涉及养老和医疗机构的行政事业性收费进行全面清理,坚决取消违规设立的各类收费。

四、各地区和有关部门要严格执行本通知规定,对公布减免的行政事业性收费,不得以任何理由拖延或者拒绝执行。各级财政、价格主管部门要加强对落实本通知情况的监督检查,对不按规定减免相关收费的,要追究相关责任人的行政责任。

五、本通知自 2015 年 1 月 1 日起执行。

财政部
国家发改委
2014 年 11 月 1 日

国务院批转住房城乡建设部等部门关于进一步加强城市生活垃圾处理工作意见的通知

(国发〔2011〕9 号)

各省、自治区、直辖市人民政府,国务院各部委、各直属机构:

国务院同意住房城乡建设部、环境保护部、发展改革委、教育部、科技部、工业和信息化部、监察部、财政部、人力资源社会保障部、国土资源部、农业部、商务部、卫生部、税务总局、广电总局、中央宣传部《关于进一步加强城市生活垃圾处理工作的意见》,现转发给你们,请认真贯彻执行。

国务院
2011 年 4 月 19 日

关于进一步加强城市生活垃圾处理工作的意见

为切实加大城市生活垃圾处理工作力度,提高城市生活垃圾处理减量化、资源化和无害化水平,改善城市人居环境,现提出以下意见:

一、深刻认识城市生活垃圾处理工作的重要意义

城市生活垃圾处理是城市管理和环境保护的重要内容,是社会文明程度的重要标志,关系人民群众的切身利益。近年来,我国城市生活垃圾收运网络日趋完善,垃圾处理能力不断提高,城市环境总体上有了较大改善。但也要看到,由于城镇化快速发展,城市生活垃圾激增,垃圾处理能力相对不足,一些城市面临"垃圾围城"的困境,严重影响城市环境和社会稳定。各地区、各有关部门要充分认识加强城市生活垃圾处理的重要性和紧迫性,进一步统一思想,提高认识,全面落实各项政策措施,推进城市生活垃圾处理工作,创造良好的人居环境,促进城市可持续发展。

二、指导思想、基本原则和发展目标

(一)指导思想。以科学发展观为指导,按照全面建设小康社会和构建社会主义和谐社会的总体要求,把城市生活垃圾处理作为维护群众利益的重要工作和城市管理的重要

内容,作为政府公共服务的一项重要职责,切实加强全过程控制和管理,突出重点工作环节,综合运用法律、行政、经济和技术等手段,不断提高城市生活垃圾处理水平。

(二)基本原则。

全民动员,科学引导。在切实提高生活垃圾无害化处理能力的基础上,加强产品生产和流通过程管理,减少过度包装,倡导节约和低碳的消费模式,从源头控制生活垃圾产生。

综合利用,变废为宝。坚持发展循环经济,推动生活垃圾分类工作,提高生活垃圾中废纸、废塑料、废金属等材料回收利用率,提高生活垃圾中有机成分和热能的利用水平,全面提升生活垃圾资源化利用工作。

统筹规划,合理布局。城市生活垃圾处理要与经济社会发展水平相协调,注重城乡统筹、区域规划、设施共享,集中处理与分散处理相结合,提高设施利用效率,扩大服务覆盖面。要科学制定标准,注重技术创新,因地制宜地选择先进适用的生活垃圾处理技术。

政府主导,社会参与。明确城市人民政府责任,在加大公共财政对城市生活垃圾处理投入的同时,采取有效的支持政策,引入市场机制,充分调动社会资金参与城市生活垃圾处理设施建设和运营的积极性。

(三)发展目标。到2015年,全国城市生活垃圾无害化处理率达到80%以上,直辖市、省会城市和计划单列市生活垃圾全部实现无害化处理。每个省(区)建成一个以上生活垃圾分类示范城市。50%的设区城市初步实现餐厨垃圾分类收运处理。城市生活垃圾资源化利用比例达到30%,直辖市、省会城市和计划单列市达到50%。建立完善的城市生活垃圾处理监管体制机制。到2030年,全国城市生活垃圾基本实现无害化处理,全面实行生活垃圾分类收集、处置。城市生活垃圾处理设施和服务向小城镇和乡村延伸,城乡生活垃圾处理接近发达国家平均水平。

三、切实控制城市生活垃圾产生

(四)促进源头减量。通过使用清洁能源和原料、开展资源综合利用等措施,在产品生产、流通和使用等全生命周期促进生活垃圾减量。限制包装材料过度使用,减少包装性废物产生,探索建立包装物强制回收制度,促进包装物回收再利用。组织净菜和洁净农副产品进城,推广使用菜篮子、布袋子。有计划地改进燃料结构,推广使用城市燃气、太阳能等清洁能源,减少灰渣产生。在宾馆、餐饮等服务性行业,推广使用可循环利用物品,限制使用一次性用品。

(五)推进垃圾分类。城市人民政府要根据当地的生活垃圾特性、处理方式和管理水平,科学制定生活垃圾分类办法,明确工作目标、实施步骤和政策措施,动员社区及家庭积极参与,逐步推行垃圾分类。当前重点要稳步推进废弃含汞荧光灯、废温度计等有害垃圾单独收运和处理工作,鼓励居民分开盛放和投放厨余垃圾,建立高水分有机生活垃圾收运系统,实现厨余垃圾单独收集循环利用。进一步加强餐饮业和单位餐厨垃圾分类收集管理,建立餐厨垃圾排放登记制度。

(六)加强资源利用。全面推广废旧商品回收利用、焚烧发电、生物处理等生活垃圾资源化利用方式。加强可降解有机垃圾资源化利用工作,组织开展城市餐厨垃圾资源化利用试点,统筹餐厨垃圾、园林垃圾、粪便等无害化处理和资源化利用,确保工业油脂、生物柴油、肥料等资源化利用产品的质量和使用安全。加快生物质能源回收利用工作,提高生活垃圾焚烧发电和填埋气体发电的能源利用效率。

四、全面提高城市生活垃圾处理能力和水平

(七)强化规划引导。要抓紧编制全国和各省(区、市)"十二五"生活垃圾处理设施建设规划,推进城市生活垃圾处理设施一体化建设和网络化发展,基本实现县县建有生活垃圾处理设施。各城市要编制生活垃圾处理设施规划,统筹安排城市生活垃圾收集、处置设施的布局、用地和规模,并纳入土地利用总体规划、城市总体规划和近期建设规划。编制城市生活垃圾处理设施规划,应当广泛征求公众意见,健全设施周边居民诉求表达机制。生活垃圾处理设施用地纳入城市黄线保护范围,禁止擅自占用或者改变用途,同时要严格控制设施周边的开发建设活动。

(八)完善收运网络。建立与垃圾分类、资源化利用以及无害化处理相衔接的生活垃圾收运网络,加大生活垃圾收集力度,扩大收集覆盖面。推广密闭、环保、高效的生活垃圾收集、中转和运输系统,逐步淘汰敞开式收运方式。要对现有生活垃圾收运设施实施升级改造,推广压缩式收运设备,解决垃圾收集、中转和运输过程中的脏、臭、噪声和遗洒等问题。研究运用物联网技术,探索线路优化、成本合理、高效环保的收运新模式。

(九)选择适用技术。建立生活垃圾处理技术评估制度,新的生活垃圾处理技术经评估后方可推广使用。城市人民政府要按照生活垃圾处理技术指南,因地制宜地选择先进适用、符合节约集约用地要求的无害化生活垃圾处理技术。土地资源紧缺、人口密度高的城市要优先采用焚烧处理技术,生活垃圾管理水平较高的城市可采用生物处理技术,土地资源和污染控制条件较好的城市可采用填埋处理技术。鼓励有条件的城市集成多种处理技术,统筹解决生活垃圾处理问题。

(十)加快设施建设。城市人民政府要把生活垃圾处理设施作为基础设施建设的重点,切实加大组织协调力度,确保有关设施建设顺利进行。要简化程序,加快生活垃圾处理设施立项、建设用地、环境影响评价、可行性研究、初步设计等环节的审批速度。已经开工建设的项目要抓紧施工,保证进度,争取早日发挥效用。要进一步加强监管,切实落实项目法人制、招投标制、质量监督制、合同管理制、工程监理制、工程竣工验收制等管理制度,确保工程质量安全。

(十一)提高运行水平。生活垃圾处理设施运营单位要严格执行各项工程技术规范和操作规程,切实提高设施运行水平。填埋设施运营单位要制定作业计划和方案,实行分区域逐层填埋作业,缩小作业面,控制设施周边的垃圾异味,防止废液渗漏和填埋气体无序排放。焚烧设施运营单位要足额使用石灰、活性炭等辅助材料,去除烟气中的酸性物质、重金属离子、二英等污染物,保证达标排放。新建生活垃圾焚烧设施,应安装排放自动监测系统和超标报警装置。运营单位要制定应急预案,有效应对设施故障、事故、进场垃圾量剧增等突发事件。切实加大人力财力物力的投入,解决设施设备长期超负荷运行问题,确保安全、高质量运行。建立污染物排放日常监测制度,按月向所在地住房城乡建设(市容环卫)和环境保护主管部门报告监测结果。

(十二)加快存量治理。各省(区、市)要开展非正规生活垃圾堆放点和不达标生活垃圾处理设施排查和环境风险评估,并制定治理计划。要优先开展水源地等重点区域生活垃圾堆放场所的生态修复工作,加快对城乡结合部等卫生死角长期积存生活垃圾的清理,限期改造不达标生活垃圾处理设施。

五、强化监督管理

(十三)完善法规标准。研究修订《城市市容和环境卫生管理条例》,加强生活垃圾全过程管理。建立健全生活垃圾处理标准规范体系,制定和完善生活垃圾分类、回收利用、工程验收、污染防治和评价等标准。进一步完善生活垃圾分类标识,使群众易于识别、便于投放。改进城市生活垃圾处理统计指标体系,做好与废旧商品回收利用指标体系的衔接。

(十四)严格准入制度。加强市场准入管理,严格设定城市生活垃圾处理企业资金、技术、人员、业绩等准入条件,建立和完善市场退出机制,进一步规范城市生活垃圾处理特许经营权招标投标管理。具体办法由住房城乡建设部会同有关部门制定。

(十五)建立评价制度。加强对全国已建成运行的生活垃圾处理设施运营状况和处理效果的监管,开展年度考核评价,公开评价结果,接受社会监督。对未通过考核评价的生活垃圾处理设施,要责成运营单位限期整改。要加快信用体系建设,建立城市生活垃圾处理运营单位失信惩戒机制和黑名单制度,坚决将不能合格运营以及不能履行特许经营合同的企业清出市场。

(十六)加大监管力度。切实加强各级住房城乡建设(市容环卫)和环境保护部门生活垃圾处理监管队伍建设。研究建立城市生活垃圾处理工作督察巡视制度,加强对地方政府生活垃圾处理工作以及设施建设和运营的监管。建立城市生活垃圾处理节能减排量化指标,落实节能减排目标责任。探索引入第三方专业机构实施监管,提高监管的科学水平。完善全国生活垃圾处理设施建设和运营监控系统,定期开展生活垃圾处理设施排放物监测,常规污染物排放情况每季度至少监测一次,二英排放情况每年至少监测一次,必要时加密监测,主要监测数据和结果向社会公示。

六、加大政策支持力度

（十七）拓宽投入渠道。城市生活垃圾处理投入以地方为主，中央以适当方式给予支持。地方政府要加大投入力度，加快生活垃圾分类体系、处理设施和监管能力建设。鼓励社会资金参与生活垃圾处理设施建设和运营。开展生活垃圾管理示范城市和生活垃圾处理设施示范项目活动，支持北京等城市先行先试。改善工作环境，完善环卫用工制度和保险救助制度，落实环卫职工的工资和福利待遇，保障职工合法权益。

（十八）建立激励机制。严格执行并不断完善城市生活垃圾处理税收优惠政策。研究制定生活垃圾分类收集和减量激励政策，建立利益导向机制，引导群众分类盛放和投放生活垃圾，鼓励对生活垃圾实行就地、就近充分回收和合理利用。研究建立有机垃圾资源化处理推进机制和废品回收补贴机制。

（十九）健全收费制度。按照"谁产生、谁付费"的原则，推行城市生活垃圾处理收费制度。产生生活垃圾的单位和个人应当按规定缴纳垃圾处理费，具体收费标准由城市人民政府根据城市生活垃圾处理成本和居民收入水平等因素合理确定。探索改进城市生活垃圾处理收费方式，降低收费成本。城市生活垃圾处理费应当用于城市生活垃圾处理，不得挪作他用。

（二十）保障设施建设。在城市新区建设和旧城区改造中要优先配套建设生活垃圾处理设施，确保建设用地供应，并纳入土地利用年度计划和建设用地供应计划。符合《划拨用地目录》的项目，应当以划拨方式供应建设用地。城市生活垃圾处理设施建设前要严格执行建设项目环境影响评价制度。

（二十一）提高创新能力。加大对生活垃圾处理技术研发的支持力度，加快国家级和区域性生活垃圾处理技术研究中心建设，加强生活垃圾处理基础性技术研究，重点突破清洁焚烧、二英控制、飞灰无害化处置、填埋气收集利用、渗沥液处理、臭气控制、非正规生活垃圾堆放点治理等关键性技术，鼓励地方采用低碳技术处理生活垃圾。重点支持生活垃圾生物质燃气利用成套技术装备和大型生活垃圾焚烧设备研发，努力实现生活垃圾处理装备自主化。开展城市生活垃圾处理技术应用示范工程和资源化利用产业基地建设，带动市场需求，促进先进适用技术推广应用和装备自主化。

（二十二）实施人才计划。在高校设立城市生活垃圾处理相关专业，大力发展职业教育，建立从业人员职业资格制度，加强岗前和岗中职业培训，提高从业人员的文化水平和专业技能。

七、加强组织领导

（二十三）落实地方责任。城市生活垃圾处理工作实行省（区、市）人民政府负总责、城市人民政府抓落实的工作责任制。省（区、市）人民政府要对所属城市人民政府实行目标责任制管理，加强监督指导。城市人民政府要把城市生活垃圾处理纳入重要议事日程,加强领导,切实抓好各项工作。住房城乡建设部、发展改革委、环境保护部、监察部等部门要对省(区、市)人民政府的相关工作加强指导和监督检查。对推进生活垃圾处理工作不力,影响社会发展和稳定的,要追究责任。

(二十四)明确部门分工。住房城乡建设部负责城市生活垃圾处理行业管理,牵头建立城市生活垃圾处理部际联席会议制度,协调解决工作中的重大问题,健全监管考核指标体系,并纳入节能减排考核工作。环境保护部负责生活垃圾处理设施环境影响评价,制定污染控制标准,监管污染物排放和有害垃圾处理处置。发展改革委会同住房城乡建设部、环境保护部编制全国性规划,协调综合性政策。科技部会同有关部门负责生活垃圾处理技术创新工作。工业和信息化部负责生活垃圾处理装备自主化工作。财政部负责研究支持城市生活垃圾处理的财税政策。国土资源部负责制定生活垃圾处理设施用地标准,保障建设用地供应。农业部负责生活垃圾肥料资源化处理利用标准制定和肥料登记工作。商务部负责生活垃圾中可再生资源回收管理工作。

(二十五)加强宣传教育。要开展多种形式的主题宣传活动,倡导绿色健康的生活方式,促进垃圾源头减量和回收利用。要将生活垃圾处理知识纳入中小学教材和课外读物,引导全民树立"垃圾减量和垃圾管理从我做起、人人有责"的观念。新闻媒体要加强正面引导,大力宣传城市生活垃圾处理的各项政策措施及其成效,全面客观报道有关信息,形成有利于推进城市生活垃圾处理工作的舆论氛围。

各省(区、市)人民政府要在2011年8月底前将落实本意见情况报国务院,同时抄送住房城乡建设部。

城市生活垃圾管理办法

(2007年4月28日建设部令第157号发布 自2007年7月1日起施行 根据2015年5月4日住房和城乡建设部令第24号《住房和城乡建设部关于修改〈房地产开发企业资质管理规定〉等部门规章的决定》修正)

第一章 总 则

第一条 为了加强城市生活垃圾管理,改善城市市容和环境卫生,根据《中华人民共和国固体废物污染环境防治法》、《城市市容和环境卫生管理条例》等法律、行政法规,制定本办法。

第二条 本办法适用于中华人民共和国境内城市生活垃圾的清扫、收集、运输、处置及相关管理活动。

第三条 城市生活垃圾的治理,实行减量化、资源化、无害化和谁产生、谁依法负责的原则。

国家采取有利于城市生活垃圾综合利用的经济、技术政策和措施,提高城市生活垃圾治理的科学技术水平,鼓励对城市生活垃圾实行充分回收和合理利用。

第四条 产生城市生活垃圾的单位和个人,应当按照城市人民政府确定的生活垃圾处理费收费标准和有关规定缴纳城市生活垃圾处理费。

城市生活垃圾处理费应当专项用于城市生活垃圾收集、运输和处置,严禁挪作他用。

第五条 国务院建设主管部门负责全国城市生活垃圾管理工作。

省、自治区人民政府建设主管部门负责本行政区域内城市生活垃圾管理工作。

直辖市、市、县人民政府建设(环境卫生)主管部门负责本行政区域内城市生活垃圾的管理工作。

第六条 任何单位和个人都应当遵守城市生活垃圾管理的有关规定,并有权对违反本办法的单位和个人进行检举和控告。

第二章 治理规划与设施建设

第七条 直辖市、市、县人民政府建设(环境卫生)主管部门应当会同城市规划等有关部门,依据城市总体规划和本地区国民经济和社会发展计划等,制定城市生活垃圾治理规划,统筹安排城市生活垃圾收集、处置设施的布局、用地和规模。

制定城市生活垃圾治理规划,应当广泛征求公众意见。

第八条 城市生活垃圾收集、处置设施用地应当纳入城市黄线保护范围,任何单位和个人不得擅自占用或者改变其用途。

第九条 城市生活垃圾收集、处置设施建设,应当符合城市生活垃圾治理规划和国家有关技术标准。

第十条 从事新区开发、旧区改建和住宅小区开发建设的单位,以及机场、码头、车站、公园、商店等公共设施、场所的经营管理单位,应当按照城市生活垃圾治理规划和环境卫生设施的设置标准,配套建设城市生活垃圾收集设施。

第十一条 城市生活垃圾收集、处置设施工程建设的勘察、设计、施工和监理,应当严格执行国家有关法律、法规和技术标准。

第十二条 城市生活垃圾收集、处置设施工程竣工后,建设单位应当依法组织竣工验收,并在竣工验收后三个月内,依法向当地人民政府建设主管部门和环境卫生主管部门报送建设工程项目档案。未经验收或者验收不合格的,不得交付使用。

第十三条 任何单位和个人不得擅自关闭、闲置或者拆除城市生活垃圾处置设施、场所;确有必要关闭、闲置或者拆除的,必须经所在地县级以上地方人民政府建设(环境卫生)主管部门和环境保护主管部门核准,并采取措施,防止污染环境。

第十四条 申请关闭、闲置或者拆除城市生活垃圾处置设施、场所的,应当提交以下材料:

(一)书面申请;

(二)权属关系证明材料;

(三)丧失使用功能或其使用功能被其他设施替代的证明;

(四)防止环境污染的方案;

(五)拟关闭、闲置或者拆除设施的现状图及拆除方案;

(六)拟新建设施设计图;

(七)因实施城市规划需要闲置、关闭或者拆除的,还应当提供规划、建设主管部门的批准文件。

第三章　清扫、收集、运输

第十五条 城市生活垃圾应当逐步实行分类投放、收集和运输。具体办法,由直辖市、市、县人民政府建设(环境卫生)主管部门根据国家标准和本地区实际制定。

第十六条 单位和个人应当按照规定的地点、时间等要求,将生活垃圾投放到指定的垃圾容器或者收集场所。废旧家具等大件垃圾应当按规定时间投放在指定的收集场所。

城市生活垃圾实行分类收集的地区,单位和个人应当按照规定的分类要求,将生活垃圾装入相应的垃圾袋内,投入指定的垃圾容器或者收集场所。

宾馆、饭店、餐馆以及机关、院校等单位应当按照规定单独收集、存放本单位产生的餐厨垃圾,并交符合本办法要求的城市生活垃圾收集、运输企业运至规定的城市生活垃圾处理场所。

禁止随意倾倒、抛洒或者堆放城市生活垃圾。

第十七条 从事城市生活垃圾经营性清扫、收集、运输的企业,应当取得城市生活垃圾经营性清扫、收集、运输服务许可证。

未取得城市生活垃圾经营性清扫、收集、运输服务许可证的企业,不得从事城市生活垃圾经营性清扫、收集、运输活动。

第十八条 直辖市、市、县建设(环境卫生)主管部门应当通过招投标等公平竞争方式作出城市生活垃圾经营性清扫、收集、运输许可的决定,向中标人颁发城市生活垃圾经营性清扫、收集、运输服务许可证。

直辖市、市、县建设(环境卫生)主管部门应当与中标人签订城市生活垃圾清扫、收集、运输经营协议。

城市生活垃圾清扫、收集、运输经营协议应当明确约定经营期限、服务标准等内容,作为城市生活垃圾清扫、收集、运输服务许可证的附件。

第十九条 从事城市生活垃圾经营性清扫、收集、运输服务的企业,应当具备以下条件:

(一)机械清扫能力达到总清扫能力的20%以上,机械清扫车辆包括洒水车和清扫保洁车辆。机械清扫车辆应当具有自动洒水、防尘、防遗撒、安全警示功能,安装车辆行驶及清扫过程记录仪;

(二)垃圾收集应当采用全密闭运输工具,并应当具有分类收集功能;

(三)垃圾运输应当采用全密闭自动卸载车辆或船只,具有防臭味扩散、防遗撒、防渗沥液滴漏功能,安装行驶及装卸记录仪;

(四)具有健全的技术、质量、安全和监测管理制度并得到有效执行;

(五)具有合法的道路运输经营许可证、车辆行驶证;

(六)具有固定的办公及机械、设备、车辆、船只停放场所。

第二十条 从事城市生活垃圾经营性清扫、收集、运输的企业应当履行以下义务:

(一)按照环境卫生作业标准和作业规范,在规定的时间内及时清扫、收运城市生活垃圾;

(二)将收集的城市生活垃圾运到直辖市、市、县人民政府建设(环境卫生)主管部门认可的处置场所;

(三)清扫、收运城市生活垃圾后,对生活垃圾收集设施及时保洁、复位,清理作业场地,保持生活垃圾收集设施和周边环境的干净整洁;

(四)用于收集、运输城市生活垃圾的车辆、船舶应当做到密闭、完好和整洁。

第二十一条 从事城市生活垃圾经营性清扫、收集、运输的企业,禁止实施下列行为:

(一)任意倾倒、抛洒或者堆放城市生活垃圾;

(二)擅自停业、歇业;

(三)在运输过程中沿途丢弃、遗撒生活垃圾。

第二十二条 工业固体废弃物、危险废物应当按照国家有关规定单独收集、运输,严禁混入城市生活垃圾。

第四章 处 置

第二十三条 城市生活垃圾应当在城市生活垃圾转运站、处理厂(场)处置。

任何单位和个人不得任意处置城市生活垃圾。

第二十四条 城市生活垃圾处置所采用的技术、设备、材料,应当符合国家有关城市生活垃圾处理技术标准的要求,防止对环境造成污染。

第二十五条 从事城市生活垃圾经营性处置的企业,应当向所在地直辖市、市、县人民政府建设(环境卫生)主管部门取得城市生活垃圾经营性处置服务许可证。

未取得城市生活垃圾经营性处置服务许可证,不得从事城市生活垃圾经营性处置活动。

第二十六条 直辖市、市、县建设(环境卫生)主管部门应当通过招投标等公平竞争方式作出城市生活垃圾经营性处置许可的决定,向中标人颁发城市生活垃圾经营性处置服务许可证。

直辖市、市、县建设(环境卫生)主管部门应当与中标人签订城市生活垃圾处置经营协议,明确约定经营期限、服务标准等内容,并作为城市生活垃圾经营性处置服务许可证的附件。

第二十七条 从事城市生活垃圾经营性处置服务的企业,应当具备以下条件:

(一)卫生填埋场、堆肥厂和焚烧厂的选址符合城乡规划,并取得规划许可文件;

(二)采用的技术、工艺符合国家有关标准;

(三)有至少5名具有初级以上专业技术职称的人员,其中包括环境工程、机械、环境监测等专业的技术人员。技术负责人具有5年以上垃圾处理工作经历,并具有中级以上专业技术职称;

(四)具有完善的工艺运行、设备管理、环境监测与保护、财务管理、生产安全、计量统计等方面的管理制度并得到有效执行;

(五)生活垃圾处理设施配备沼气检测仪器,配备环境监测设施如渗沥液监测井、尾气取样孔,安装在线监测系统等监测设备并与建设(环境卫生)主管部门联网;

(六)具有完善的生活垃圾渗沥液、沼气的利用和处理技术方案,卫生填埋场对不同垃圾进行分区填埋方案、生活垃圾处理的渗沥液、沼气、焚烧烟气、残渣等处理残余物达标处理排放方案;

(七)有控制污染和突发事件的预案。

第二十八条 从事城市生活垃圾经营性处置的企业应当履行以下义务:

(一)严格按照国家有关规定和技术标准,处置城市生活垃圾;

(二)按照规定处理处置过程中产生的污水、废气、废渣、粉尘等,防止二次污染;

(三)按照所在地建设(环境卫生)主管部门规定的时间和要求接收生活垃圾;

(四)按照要求配备城市生活垃圾处置设备、设施,保证设施、设备运行良好;

(五)保证城市生活垃圾处置站、场(厂)环境整洁;

(六)按照要求配备合格的管理人员及操作人员;

(七)对每日收运、进出场站、处置的生活垃圾进行计量,按照要求将统计数据和报表报送所在地建设(环境卫生)主管部门;

(八)按照要求定期进行水、气、土壤等环境影响监测,对生活垃圾处理设施的性能和环保指标进行检测、评价,向所在地建设(环境卫生)主管部门报告检测、评价结果。

第五章 监督管理

第二十九条 国务院建设主管部门和省、自治区人民政府建设主管部门应当建立健全监督管理制度,对本办法的执行情况进行监督检查。

直辖市、市、县人民政府建设(环境卫生)主管部门应当对本行政区域内城市生活垃圾经营性清扫、收集、运输、处置企业执行本办法的情况进行监督检查;根据需要,可以向城市生活垃圾经营性处置企业派驻监督员。

第三十条 直辖市、市、县人民政府建设(环境卫生)主管部门实施监督检查时,有权采取下列措施:

(一)查阅复制有关文件和资料;

(二)要求被检查的单位和个人就有关问题做出说明;

(三)进入现场开展检查;

(四)责令有关单位和个人改正违法行为。

有关单位和个人应当支持配合监督检查并提供工作方便,不得妨碍与阻挠监督检查人员依法执行职务。

第三十一条 直辖市、市、县人民政府建设(环境卫生)主管部门应当委托具有计量认证资格的机构,定期对城市生活垃圾处理场站的垃圾处置数量、质量和环境影响进行监测。

第三十二条 城市生活垃圾经营性清扫、收集、运输、处置服务许可有效期届满需要继续从事城市生活垃圾经营性清扫、收集、运输、处置活动的,应当在有效期届满30日前向原发证机关申请办理延续手续。准予延续的,直辖市、市、县建设(环境卫生)主管部门应当与城市生活垃圾经营性清扫、收集、运输、处置企业重新订立经营协议。

第三十三条 有下列情形之一的,可以依法撤销许可证书:

(一)建设(环境卫生)主管部门工作人员滥用职权、玩忽职守作出准予城市生活垃圾清扫、收集、运输或者处置许可决定的;

(二)超越法定职权作出准予城市生活垃圾清扫、收集、运输或者处置许可决定的;

(三)违反法定程序作出准予城市生活垃圾清扫、收集、运输或者处置许可决定的;

(四)对不符合许可条件的申请人作出准予许可的;

(五)依法可以撤销许可的其他情形。

申请人以欺骗、贿赂等不正当手段取得许可的,应当予以撤销。

第三十四条 有下列情形之一的,从事城市生活垃圾经营性清扫、收集、运输或者处置的企业应当向原许可机关提出注销许可证的申请,交回许可证书;原许可机关应当办

理注销手续,公告其许可证书作废:

(一)许可事项有效期届满,未依法申请延期的;

(二)企业依法终止的;

(三)许可证依法被撤回、撤销或者吊销的;

(四)法律、法规规定的其他应当注销的情形。

第三十五条 从事城市生活垃圾经营性清扫、收集、运输、处置的企业需停业、歇业的,应当提前半年向所在地直辖市、市、县人民政府建设(环境卫生)主管部门报告,经同意后方可停业或者歇业。

直辖市、市、县人民政府建设(环境卫生)主管部门应当在城市生活垃圾经营性清扫、收集、运输、处置企业停业或者歇业前,落实保障及时清扫、收集、运输、处置城市生活垃圾的措施。

第三十六条 直辖市、市、县人民政府建设(环境卫生)主管部门应当会同有关部门制定城市生活垃圾清扫、收集、运输和处置应急预案,建立城市生活垃圾应急处理系统,确保紧急或者特殊情况下城市生活垃圾的正常清扫、收集、运输和处置。

从事城市生活垃圾经营性清扫、收集、运输和处置的企业,应当制定突发事件生活垃圾污染防范的应急方案,并报所在地直辖市、市、县人民政府建设(环境卫生)主管部门备案。

第三十七条 从事城市生活垃圾经营性清扫、收集、运输或者处置的企业应当按照国家劳动保护的要求和规定,改善职工的工作条件,采取有效措施,逐步提高职工的工资和福利待遇,做好职工的卫生保健和技术培训工作。

第六章 法 律 责 任

第三十八条 单位和个人未按规定缴纳城市生活垃圾处理费的,由直辖市、市、县人民政府建设(环境卫生)主管部门责令限期改正,逾期不改正的,对单位可处以应交城市生活垃圾处理费三倍以下且不超过3万元的罚款,对个人可处以应交城市生活垃圾处理费三倍以下且不超过1 000元的罚款。

第三十九条 违反本办法第十条规定,未按照城市生活垃圾治理规划和环境卫生设施标准配套建设城市生活垃圾收集设施的,由直辖市、市、县人民政府建设(环境卫生)主管部门责令限期改正,并可处以1万元以下的罚款。

第四十条 违反本办法第十二条规定,城市生活垃圾处置设施未经验收或者验收不合格投入使用的,由直辖市、市、县人民政府建设主管部门责令改正,处工程合同价款2%以上4%以下的罚款;造成损失的,应当承担赔偿责任。

第四十一条 违反本办法第十三条规定,未经批准擅自关闭、闲置或者拆除城市生活垃圾处置设施、场所的，由直辖市、市、县人民政府建设（环境卫生）主管部门责令停止违法行为，限期改正，处以1万元以上10万元以下的罚款。

第四十二条 违反本办法第十六条规定，随意倾倒、抛洒、堆放城市生活垃圾的，由直辖市、市、县人民政府建设（环境卫生）主管部门责令停止违法行为，限期改正，对单位处以5 000元以上5万元以下的罚款。个人有以上行为的，处以200元以下的罚款。

第四十三条 违反本办法第十七条、第二十五条规定，未经批准从事城市生活垃圾经营性清扫、收集、运输或者处置活动的，由直辖市、市、县人民政府建设（环境卫生）主管部门责令停止违法行为，并处以3万元的罚款。

第四十四条 违反本办法规定，从事城市生活垃圾经营性清扫、收集、运输的企业在运输过程中沿途丢弃、遗撒生活垃圾的，由直辖市、市、县人民政府建设（环境卫生）卫生主管部门责令停止违法行为，限期改正，处以5 000元以上5万元以下的罚款。

第四十五条 从事生活垃圾经营性清扫、收集、运输的企业不履行本办法第二十条规定义务的，由直辖市、市、县人民政府建设（环境卫生）主管部门责令限期改正，并可处以5 000元以上3万元以下的罚款；城市生活垃圾经营性处置企业不履行本办法第二十八条规定义务的，由直辖市、市、县人民政府建设（环境卫生）主管部门责令限期改正，并可处以3万元以上10万元以下的罚款。造成损失的，依法承担赔偿责任。

第四十六条 违反本办法规定，从事城市生活垃圾经营性清扫、收集、运输的企业，未经批准擅自停业、歇业的，由直辖市、市、县人民政府建设（环境卫生）主管部门责令限期改正，并可处以1万元以上3万元以下罚款；从事城市生活垃圾经营性处置的企业，未经批准擅自停业、歇业的，由直辖市、市、县人民政府建设（环境卫生）主管部门责令限期改正，并可处以5万元以上10万元以下罚款。造成损失的，依法承担赔偿责任。

第四十七条 违反本办法规定的职权和程序，核发城市生活垃圾清扫、收集、运输、处理许可证的，由上级主管机关责令改正，并对其主管人员及其他直接责任人员给予行政处分；构成犯罪的，应当追究刑事责任。

国家机关工作人员在城市生活垃圾监督管理工作中，玩忽职守、滥用职权、徇私舞弊的，依法给予行政处分；构成犯罪的，依法追究刑事责任。

第七章 附　　则

第四十八条 城市建筑垃圾的管理适用《城市建筑垃圾管理规定》（建设部令第139号）。

第四十九条 本办法的规定适用于从事城市生活垃圾非经营性清扫、收集、运输、处置的单位；但是，有关行政许可的规定以及第四十五条、第四十六条的规定除外。

第五十条 城市生活垃圾清扫、收集、运输服务许可证和城市生活垃圾处置服务许可证由国务院建设主管部门统一规定格式,省、自治区人民政府建设主管部门和直辖市人民政府建设(环境卫生)主管部门组织印制。

第五十一条 本办法自 2007 年 7 月 1 日起施行。1993 年 8 月 10 日建设部颁布的《城市生活垃圾管理办法》(建设部令第 27 号)同时废止。

国家发展计划委员会 财政部 建设部 国家环境保护局
关于实行城市生活垃圾处理收费制度促进垃圾处理产业化的通知

(计价格〔2002〕872 号)

各省、自治区、直辖市人民政府:

随着我国城市化进程的加快,城市生活垃圾数量也在迅速增加。由于城市垃圾处理投资渠道单一,缺少必要的设施建设、运行和维护资金,处理设施严重不足,处理水平普遍不高,相当一部分城市的土壤、水体、大气受到生活垃圾的污染,使生态环境和人民群众生活受到影响。解决城市生活垃圾问题已成为全社会关注的热点问题。

为加快生活垃圾处理步伐,提高垃圾处理质量,改善城市生态环境,促进可持续发展,根据《中华人民共和国国民经济和社会发展第十个五年计划》、《中华人民共和国固体废物污染环境防治法》的有关规定和党中央、国务院有关建立城市生活垃圾处理收费制度,实行垃圾处理产业化的决定,经国务院同意,现就实行城市生活垃圾处理收费制度,促进垃圾处理产业化的有关事项通知如下:

一、全面推行生活垃圾处理收费制度,促进垃圾处理的良性循环

城市生活垃圾是指城市人口在日常生活中产生或为城市日常生活提供服务的产生的固体废物,以及法律、行政法规规定,视为城市生活垃圾的固体废物(包括建筑垃圾和渣土,不包括工业固体废物和危险废物)。所有产生生活垃圾的国家机关、企事业单位(包括交通运输工具)、个体经营者、社会团体、城市居民和城市暂住人口等,均应按规定缴纳生活垃圾处理费。

实行生活垃圾处理收费制度,是适应社会主义市场经济体制的客观要求,促进垃圾处理体制改革,实行政事、政企分开,逐步实现垃圾处理产业化的重要措施。各地要充分发挥市场配置资源的基础作用,拓宽投融资渠道,改善投融资环境,鼓励国内外资金,包括私营企业资金投入垃圾处理设施的建设和运行,最终建立符合市场经济要求的垃圾处理运行机制,解决当前垃圾处理能力不足所造成的环境污染问题。

二、合理制定垃圾处理费标准,提高垃圾无害化处理能力

按照垃圾处理产业化的要求,环卫企业收取的生活垃圾处理费为经营服务性收费,

其收费标准应按照补偿垃圾收集、运输和处理成本,合理盈利的原则核定,并区别不同情况,逐步到位。垃圾收集、运输和处理成本主要包括运输工具费、材料费、动力费、维修费、设施设备折旧费、人工工资及福利费和税金等。

垃圾处理费收费标准,由城市人民政府价格主管部门会同建设(环境卫生)行政主管部门制定,报城市人民政府批准执行,并报省级价格、建设行政主管部门备案。目前垃圾处理费仍按行政事业性收费管理的,应创造条件,结合环卫体制改革,尽快向经营服务性收费转变。

制定、调整生活垃圾处理费标准要实行价格听证会制度。

三、制定科学的计收办法,加强收费管理

生活垃圾处理费应本着简便、有效、易操作的原则,按不同的收费对象采取不同的计费方法,并按月计收。对城市居民,可以以户或居民人数为单位收取;对纳入城市暂住人口管理的居民以及国家机关、事业单位,可以以人为单位收取;对生产经营单位,商业网点可以按营业面积收取;船舶、列车及飞机等交通工具可以按核定的载重吨位或座位收取;其它生产经营单位产生的生活垃圾,原则上以人为单位计收,生产垃圾处理费与工业废物垃圾处理费不得相互重复计收。具备条件的城市可以按照生活垃圾量计收垃圾处理费。对下岗职工自谋职业者和城市下岗职工、失业人员及低保对象,应实行收费减免政策。垃圾处理费的具体计收办法和收费减免办法由城市人民政府根据实际情况制定。

加强生活垃圾处理收费的管理,提高垃圾处理费的收缴率。应针对不同收费对象,采取措施,鼓励其按规定、按时足额缴纳垃圾处理费。对代收单位,允许从收取的垃圾处理费中提取一定比例的手续费。手续费标准,在制定垃圾处理费标准时予以明确。任何单位和个人都不得擅自减免垃圾处理费。对不按规定缴纳垃圾处理费的,各地要采取措施加强管理。

生活垃圾处理费全部用于支付垃圾收集、运输和处理费用,任何部门和单位不得截留、挪用。对于生活垃圾处理设施不足,已经投资在建的垃圾处理设施,经城市人民政府批准,收取的生活垃圾处理费可用于补充生活垃圾处理设施的建设费用,但在建项目3年内必须建成,并实施垃圾处理。

四、改革垃圾处理运行机制,促进垃圾处理产业化

各地要按照城市总体规划和建设计划,制定生产垃圾处理设施专项规划和建设计划,处理设施布局和规模要合理。城市稠密地区,可按市场化运作方式建设区域性处理设施。垃圾处理设施的建设,要符合国家或有关部门颁发的产业政策、技术政策、建设标准和环境标准。要逐步关闭过渡性的简易处理设施,不断提高垃圾处理水平。

生产垃圾处理要坚持"无害化、减量化、资源化"的原则,积极推进垃圾分类收集,鼓励废物回收和综合利用。

生活垃圾处理应从源头抓起，逐步由垃圾收集企业负责社区、小区、居民住宅等源头的生产垃圾收集工作，避免多头管理，多头收费。

改革垃圾处理体制，实行企业化管理。垃圾处理单位应实行政企、政事分开，要引入竞争机制，通过公开招投标的方式，择优选择有资质的企业承担城市生活垃圾处理工作。积极探索特许经营、承包经营、租赁经营等多种运营方式，降低建设和运营成本，不断提高服务质量。城市建设（环境卫生）行政主管部门要建立市场准入制度，通过公开招投标择优选择有能力的企业（单位）承担生活垃圾收集、运输和处理工作。通过签订合同，明确责任和义务。垃圾处理企业（单位）应转变经营管理体制，实现独立核算、自负盈亏的企业化管理、确实保证垃圾处理质量。

城市建设（环境卫生）行政主管部门应加强对生活垃圾处理的监督管理，对达不到处理标准和服务质量的，应责令其改正；对现有存在污染隐患的垃圾处理厂应责令提出改造方案，限期整改。各级环保部门应加强对垃圾处理设施周围环境质量的监测检查，对处理不达标造成二次污染的应按有关规定进行处罚。

五、规范收费行为，减轻企事业单位和居民的不合理负担

收取生活垃圾处理费后，应取消与生活垃圾处理相关的其他收费项目，切实减轻企事业单位和居民的不合理负担。已实施物业管理收费的，在物业管理收费标准中应扣除已计入垃圾处理收费的相关费用。

各城市人民政府应建立健全收费管理制度，保证垃圾处理收费制度的顺利实施。各级价格、财政主管部门要加强对垃圾处理收费的监督检查，对违反规定乱收费的，应按有关规定进行查处。

以上请各地认真贯彻执行。

国家发展计划委员会
财政部
建设部
国家环境保护总局
二〇〇二年六月七日

闲置土地处置办法

（中华人民共和国国土资源部令第 53 号）

第一章　总　则

第一条　为有效处置和充分利用闲置土地，规范土地市场行为，促进节约集约用地，

根据《中华人民共和国土地管理法》、《中华人民共和国城市房地产管理法》及有关法律、行政法规,制定本办法。

第二条 本办法所称闲置土地,是指国有建设用地使用权人超过国有建设用地使用权有偿使用合同或者划拨决定书约定、规定的动工开发日期满1年未动工开发的国有建设用地。

已动工开发但开发建设用地面积占应动工开发建设用地总面积不足1/3或者已投资额占总投资额不足25%,中止开发建设满1年的国有建设用地,也可以认定为闲置土地。

第三条 闲置土地处置应当符合土地利用总体规划和城乡规划,遵循依法依规、促进利用、保障权益、信息公开的原则。

第四条 市、县国土资源主管部门负责本行政区域内闲置土地的调查认定和处置工作的组织实施。

上级国土资源主管部门对下级国土资源主管部门调查认定和处置闲置土地工作进行监督管理。

第二章 调查和认定

第五条 市、县国土资源主管部门发现有涉嫌构成本办法第二条规定的闲置土地的,应当在30日内开展调查核实,向国有建设用地使用权人发出《闲置土地调查通知书》。

国有建设用地使用权人应当在接到《闲置土地调查通知书》之日起30日内,按照要求提供土地开发利用情况、闲置原因以及相关说明等材料。

第六条 《闲置土地调查通知书》应当包括下列内容:

(一)国有建设用地使用权人的姓名或者名称、地址;

(二)涉嫌闲置土地的基本情况;

(三)涉嫌闲置土地的事实和依据;

(四)调查的主要内容及提交材料的期限;

(五)国有建设用地使用权人的权利和义务;

(六)其他需要调查的事项。

第七条 市、县国土资源主管部门履行闲置土地调查职责,可以采取下列措施:

(一)询问当事人及其他证人;

(二)现场勘测、拍照、摄像;

(三)查阅、复制与被调查人有关的土地资料;

(四)要求被调查人就有关土地权利及使用问题作出说明。

第八条 有下列情形之一,属于政府、政府有关部门的行为造成动工开发延迟的,国有建设用地使用权人应当向市、县国土资源主管部门提供土地闲置原因说明材料,经审

核属实的,依照本办法第十二条和第十三条规定处置:

(一)因未按照国有建设用地使用权有偿使用合同或者划拨决定书约定、规定的期限、条件将土地交付给国有建设用地使用权人,致使项目不具备动工开发条件的;

(二)因土地利用总体规划、城乡规划依法修改,造成国有建设用地使用权人不能按照国有建设用地使用权有偿使用合同或者划拨决定书约定、规定的用途、规划和建设条件开发的;

(三)因国家出台相关政策,需要对约定、规定的规划和建设条件进行修改的;

(四)因处置土地上相关群众信访事项等无法动工开发的;

(五)因军事管制、文物保护等无法动工开发的;

(六)政府、政府有关部门的其他行为。

因自然灾害等不可抗力导致土地闲置的,依照前款规定办理。

第九条 经调查核实,符合本办法第二条规定条件,构成闲置土地的,市、县国土资源主管部门应当向国有建设用地使用权人下达《闲置土地认定书》。

第十条 《闲置土地认定书》应当载明下列事项:

(一)国有建设用地使用权人的姓名或者名称、地址;

(二)闲置土地的基本情况;

(三)认定土地闲置的事实、依据;

(四)闲置原因及认定结论;

(五)其他需要说明的事项。

第十一条 《闲置土地认定书》下达后,市、县国土资源主管部门应当通过门户网站等形式向社会公开闲置土地的位置、国有建设用地使用权人名称、闲置时间等信息;属于政府或者政府有关部门的行为导致土地闲置的,应当同时公开闲置原因,并书面告知有关政府或者政府部门。

上级国土资源主管部门应当及时汇总下级国土资源主管部门上报的闲置土地信息,并在门户网站上公开。

闲置土地在没有处置完毕前,相关信息应当长期公开。闲置土地处置完毕后,应当及时撤销相关信息。

第三章 处置和利用

第十二条 因本办法第八条规定情形造成土地闲置的,市、县国土资源主管部门应当与国有建设用地使用权人协商,选择下列方式处置:

(一)延长动工开发期限。签订补充协议,重新约定动工开发、竣工期限和违约责任。从补充协议约定的动工开发日期起,延长动工开发期限最长不得超过1年。

（二）调整土地用途、规划条件。按照新用途或者新规划条件重新办理相关用地手续，并按照新用途或者新规划条件核算、收缴或者退还土地价款。改变用途后的土地利用必须符合土地利用总体规划和城乡规划。

（三）由政府安排临时使用。待原项目具备开发建设条件，国有建设用地使用权人重新开发建设。从安排临时使用之日起，临时使用期限最长不得超过两年。

（四）协议有偿收回国有建设用地使用权。

（五）置换土地。对已缴清土地价款、落实项目资金，且因规划依法修改造成闲置的，可以为国有建设用地使用权人置换其他价值相当、用途相同的国有建设用地进行开发建设。涉及出让土地的，应当重新签订土地出让合同，并在合同中注明为置换土地。

（六）市、县国土资源主管部门还可以根据实际情况规定其他处置方式。

除前款第四项规定外，动工开发时间按照新约定、规定的时间重新起算。

符合本办法第二条第二款规定情形的闲置土地，依照本条规定的方式处置。

第十三条　市、县国土资源主管部门与国有建设用地使用权人协商一致后，应当拟订闲置土地处置方案，报本级人民政府批准后实施。

闲置土地设有抵押权的，市、县国土资源主管部门在拟订闲置土地处置方案时，应当书面通知相关抵押权人。

第十四条　除本办法第八条规定情形外，闲置土地按照下列方式处理：

（一）未动工开发满1年的，由市、县国土资源主管部门报经本级人民政府批准后，向国有建设用地使用权人下达《征缴土地闲置费决定书》，按照土地出让或者划拨价款的20%征缴土地闲置费。土地闲置费不得列入生产成本。

（二）未动工开发满两年的，由市、县国土资源主管部门按照《中华人民共和国土地管理法》第三十七条和《中华人民共和国城市房地产管理法》第二十六条的规定，报经有批准权的人民政府批准后，向国有建设用地使用权人下达《收回国有建设用地使用权决定书》，无偿收回国有建设用地使用权。闲置土地设有抵押权的，同时抄送相关土地抵押权人。

第十五条　市、县国土资源主管部门在依照本办法第十四条规定作出征缴土地闲置费、收回国有建设用地使用权决定前，应当书面告知国有建设用地使用权人有申请听证的权利。国有建设用地使用权人要求举行听证的，市、县国土资源主管部门应当依照《国土资源听证规定》依法组织听证。

第十六条　《征缴土地闲置费决定书》和《收回国有建设用地使用权决定书》应当包括下列内容：

（一）国有建设用地使用权人的姓名或者名称、地址；

（二）违反法律、法规或者规章的事实和证据；

（三）决定的种类和依据；

（四）决定的履行方式和期限；

（五）申请行政复议或者提起行政诉讼的途径和期限；

（六）作出决定的行政机关名称和作出决定的日期；

（七）其他需要说明的事项。

第十七条 国有建设用地使用权人应当自《征缴土地闲置费决定书》送达之日起30日内，按照规定缴纳土地闲置费；自《收回国有建设用地使用权决定书》送达之日起30日内，到市、县国土资源主管部门办理国有建设用地使用权注销登记，交回土地权利证书。

国有建设用地使用权人对《征缴土地闲置费决定书》和《收回国有建设用地使用权决定书》不服的，可以依法申请行政复议或者提起行政诉讼。

第十八条 国有建设用地使用权人逾期不申请行政复议、不提起行政诉讼，也不履行相关义务的，市、县国土资源主管部门可以采取下列措施：

（一）逾期不办理国有建设用地使用权注销登记，不交回土地权利证书的，直接公告注销国有建设用地使用权登记和土地权利证书；

（二）申请人民法院强制执行。

第十九条 对依法收回的闲置土地，市、县国土资源主管部门可以采取下列方式利用：

（一）依据国家土地供应政策，确定新的国有建设用地使用权人开发利用；

（二）纳入政府土地储备；

（三）对耕作条件未被破坏且近期无法安排建设项目的，由市、县国土资源主管部门委托有关农村集体经济组织、单位或者个人组织恢复耕种。

第二十条 闲置土地依法处置后土地权属和土地用途发生变化的，应当依据实地现状在当年土地变更调查中进行变更，并依照有关规定办理土地变更登记。

第四章 预防和监管

第二十一条 市、县国土资源主管部门供应土地应当符合下列要求，防止因政府、政府有关部门的行为造成土地闲置：

（一）土地权利清晰；

（二）安置补偿落实到位；

（三）没有法律经济纠纷；

（四）地块位置、使用性质、容积率等规划条件明确；

（五）具备动工开发所必需的其他基本条件。

第二十二条 国有建设用地使用权有偿使用合同或者划拨决定书应当就项目动工开发、竣工时间和违约责任等作出明确约定、规定。约定、规定动工开发时间应当综合考虑办理动工开发所需相关手续的时限规定和实际情况,为动工开发预留合理时间。

因特殊情况,未约定、规定动工开发日期,或者约定、规定不明确的,以实际交付土地之日起1年为动工开发日期。实际交付土地日期以交地确认书确定的时间为准。

第二十三条 国有建设用地使用权人应当在项目开发建设期间,及时向市、县国土资源主管部门报告项目动工开发、开发进度、竣工等情况。

国有建设用地使用权人应当在施工现场设立建设项目公示牌,公布建设用地使用权人、建设单位、项目动工开发、竣工时间和土地开发利用标准等。

第二十四条 国有建设用地使用权人违反法律法规规定和合同约定、划拨决定书规定恶意囤地、炒地的,依照本办法规定处理完毕前,市、县国土资源主管部门不得受理该国有建设用地使用权人新的用地申请,不得办理被认定为闲置土地的转让、出租、抵押和变更登记。

第二十五条 市、县国土资源主管部门应当将本行政区域内的闲置土地信息按宗录入土地市场动态监测与监管系统备案。闲置土地按照规定处置完毕后,市、县国土资源主管部门应当及时更新该宗土地相关信息。

闲置土地未按照规定备案的,不得采取本办法第十二条规定的方式处置。

第二十六条 市、县国土资源主管部门应当将国有建设用地使用权人闲置土地的信息抄送金融监管等部门。

第二十七条 省级以上国土资源主管部门可以根据情况,对闲置土地情况严重的地区,在土地利用总体规划、土地利用年度计划、建设用地审批、土地供应等方面采取限制新增加建设用地、促进闲置土地开发利用的措施。

第五章 法 律 责 任

第二十八条 市、县国土资源主管部门未按照国有建设用地使用权有偿使用合同或者划拨决定书约定、规定的期限、条件将土地交付给国有建设用地使用权人,致使项目不具备动工开发条件的,应当依法承担违约责任。

第二十九条 县级以上国土资源主管部门及其工作人员违反本办法规定,有下列情形之一的,依法给予处分;构成犯罪的,依法追究刑事责任:

(一)违反本办法第二十一条的规定供应土地的;

(二)违反本办法第二十四条的规定受理用地申请和办理土地登记的;

(三)违反本办法第二十五条的规定处置闲置土地的;

(四)不依法履行闲置土地监督检查职责,在闲置土地调查、认定和处置工作中徇私舞弊、滥用职权、玩忽职守的。

第六章 附 则

第三十条 本办法中下列用语的含义：

动工开发：依法取得施工许可证后，需挖深基坑的项目，基坑开挖完毕；使用桩基的项目，打入所有基础桩；其他项目，地基施工完成1/3。

已投资额、总投资额：均不含国有建设用地使用权出让价款、划拨价款和向国家缴纳的相关税费。

第三十一条 集体所有建设用地闲置的调查、认定和处置，参照本办法有关规定执行。

第三十二条 本办法自2012年7月1日起施行。

财政部 税务总局 发展改革委 民政部 商务部 卫生健康委关于养老、托育、家政等社区家庭服务业税费优惠政策的公告

（财政部 税务总局 发展改革委 民政部 商务部 卫生健康委公告2019年第76号）

为支持养老、托育、家政等社区家庭服务业发展，现就有关税费政策公告如下：

一、为社区提供养老、托育、家政等服务的机构，按照以下规定享受税费优惠政策：

（一）提供社区养老、托育、家政服务取得的收入，免征增值税。

（二）提供社区养老、托育、家政服务取得的收入，在计算应纳税所得额时，减按90%计入收入总额。

（三）承受房屋、土地用于提供社区养老、托育、家政服务的，免征契税。

（四）用于提供社区养老、托育、家政服务的房产、土地，免征不动产登记费、耕地开垦费、土地复垦费、土地闲置费；用于提供社区养老、托育、家政服务的建设项目，免征城市基础设施配套费；确因地质条件等原因无法修建防空地下室的，免征防空地下室易地建设费。

二、为社区提供养老、托育、家政等服务的机构自有或其通过承租、无偿使用等方式取得并用于提供社区养老、托育、家政服务的房产、土地，免征房产税、城镇土地使用税。

三、本公告所称社区是指聚居在一定地域范围内的人们所组成的社会生活共同体，包括城市社区和农村社区。

为社区提供养老服务的机构，是指在社区依托固定场所设施，采取全托、日托、上门等方式，为社区居民提供养老服务的企业、事业单位和社会组织。社区养老服务是指为

老年人提供的生活照料、康复护理、助餐助行、紧急救援、精神慰藉等服务。

为社区提供托育服务的机构，是指在社区依托固定场所设施，采取全日托、半日托、计时托、临时托等方式，为社区居民提供托育服务的企业、事业单位和社会组织。社区托育服务是指为3周岁（含）以下婴幼儿提供的照料、看护、膳食、保育等服务。

为社区提供家政服务的机构，是指以家庭为服务对象，为社区居民提供家政服务的企业、事业单位和社会组织。社区家政服务是指进入家庭成员住所或医疗机构为孕产妇、婴幼儿、老人、病人、残疾人提供的照护服务，以及进入家庭成员住所提供的保洁、烹饪等服务。

四、符合下列条件的家政服务企业提供家政服务取得的收入，比照《营业税改征增值税试点过渡政策的规定》（财税〔2016〕36号附件）第一条第（三十一）项规定，免征增值税。

（一）与家政服务员、接受家政服务的客户就提供家政服务行为签订三方协议；

（二）向家政服务员发放劳动报酬，并对家政服务员进行培训管理；

（三）通过建立业务管理系统对家政服务员进行登记管理。

五、财政、税费征收机关可根据工作需要与民政、卫生健康、商务等部门建立信息共享和工作配合机制，民政、卫生健康、商务等部门应积极协同配合，保障优惠政策落实到位。

六、本公告自2019年6月1日起执行至2025年12月31日。

财政部 税务总局 发展改革委 民政部 商务部 卫生健康委
2019年6月28日

财政部关于土地闲置费、城镇垃圾处理费划转税务部门征收的通知

（财税〔2021〕8号）

税务总局、自然资源部、住房城乡建设部：

为贯彻落实党中央、国务院关于政府非税收入征管职责划转的有关要求，平稳有序推进土地闲置费、城镇垃圾处理费划转工作，现就有关事项通知如下：

一、自2021年7月1日起，将自然资源部门负责征收的土地闲置费、住房城乡建设等部门负责征收的按行政事业性收费管理的城镇垃圾处理费划转至税务部门征收。征期在2021年7月1日以后（含）、所属期为2021年7月1日以前的上述收入，收缴及汇算清缴工作继续由原执收（监缴）单位负责。

二、缴纳义务人或代征单位应当按规定的期限和程序，向税务部门申报和缴纳土地闲置费、城镇垃圾处理费。其中，土地闲置费根据自然资源部门出具的《征缴土地闲置费

决定书》申报缴纳，税务部门为缴纳义务人开具缴费凭证，受理后要实时与自然资源部门推送的信息进行比对，并负责通过涉税渠道及时追缴。

三、税务部门应按照国库集中收缴制度等有关规定，依法依规开展收入征管工作，确保非税收入及时足额入库。土地闲置费、城镇垃圾处理费划转税务部门征收以前欠缴的收入，由税务部门负责征缴入库。

四、各级税务部门要会同财政、自然资源、住房城乡建设等有关部门，按照"便民、高效"的原则，逐项确定职责划转后的征缴流程，不断提高征管效率，降低征管成本。涉及经费划转的，方案按程序报批。

五、税务部门征收土地闲置费、城镇垃圾处理费应当使用财政部统一监（印）制的非税收入票据，按照税务部门全国统一信息化方式规范管理。

六、资金入库后需要退库的，按照财政部门有关退库管理规定办理。其中，因缴费人误缴、税务部门误收以及汇算清缴需要退库的，由财政部门授权税务部门审核退库，具体由缴费人直接向税务部门申请办理。

七、除本通知规定外，土地闲置费、城镇垃圾处理费的征收范围、对象、标准、分成、使用等政策继续按照现行规定执行。

八、各级税务部门要会同财政、自然资源、住房城乡建设等有关部门做好业务交接衔接和信息系统互联互通工作，按期实现征管信息实时共享，并将计征、缴款等明细信息通过互联互通系统传递给财政、自然资源、住房城乡建设等相关部门。同时，向财政部门报送征收情况，并附文字说明材料。

财政部

二〇二一年三月二十六日

国家税务总局 财政部 自然资源部 住房与城乡建设部 中国人民银行关于土地闲置费 城镇垃圾处理费划转有关征管事项的公告

（国家税务总局 财政部 自然资源部 住房和城乡建设部 中国人民银行公告2021年第12号）

为贯彻落实党中央、国务院关于政府非税收入征管职责划转有关部署要求，以及中办、国办印发的《关于进一步深化税收征管改革的意见》，根据《财政部关于土地闲置费城镇垃圾处理费划转税务部门征收的通知》（财税〔2021〕8号），自2021年7月1日起，自然资源部门负责征收的土地闲置费、住房和城乡建设等部门负责征收的按行政事业性收费管理的城镇垃圾处理费（以下简称城镇垃圾处理费）划转至税务部门征收。现就划转有关征管事项公告如下：

一、土地闲置费由自然资源部门向缴纳义务人（土地使用权人）出具《征缴土地闲置费决定书》等文书，并向税务部门推送《征缴土地闲置费决定书》等费源信息。缴纳义务人依据《征缴土地闲置费决定书》向税务部门申报缴纳，税务部门开具缴费凭证。土地闲置费申报期限按现行规定执行，未按时缴纳的，由税务部门出具催缴通知，并通过涉税渠道及时追缴。

二、城镇垃圾处理费由缴纳义务人或代征单位自行向税务部门申报缴纳，申报期限和程序按现行规定执行。未按时缴纳的，由税务部门出具催缴通知，并通过涉税渠道及时追缴。

三、税务、财政、自然资源、住房和城乡建设、人民银行等部门应加强协同配合，通过信息共享和规范表证单书，实时推送费源信息、征收信息，及时开展征管信息比对，确保非税收入及时足额入库。

四、划转税务部门征收以前欠缴的土地闲置费、城镇垃圾处理费，由税务部门负责征缴入库。原执收（监缴）单位和税务部门要加强部门协同，做好征管资料交接、欠费金额确认等工作，确保征收工作有效衔接、欠缴费款及时入库。缴纳义务人或代征单位拒不缴纳的，按现行有关规定执行。

五、资金入库后需要办理退库的，应当按照财政部门有关退库管理规定办理。其中，因缴费人误缴、税务部门误收以及汇算清缴需要退库的，由财政部门授权税务部门审核退库，具体由缴费人直接向税务部门申请办理。人民银行国库管理部门按规定办理退付手续。

六、税务部门按照属地原则征收上述项目，具体征收机关由国家税务总局各省、自治区、直辖市和计划单列市税务局按照"便民、高效"原则确定。

七、缴纳义务人或代征单位原则上使用《非税收入通用申报表》申报缴纳土地闲置费、城镇垃圾处理费。各地可与其他项目合并申报资料、简并申报流程。

八、税务、财政、自然资源、住房和城乡建设、人民银行等部门要积极推进办事缴费"一门、一站、一次"办理，不断提高征管效率，降低征管成本。持续优化缴费流程、精简申报资料，推行"非接触式"缴费服务，拓展"实体、网上、掌上、自助"等多样化缴费渠道，切实方便缴费人缴费。

九、省级税务、财政、自然资源、住房和城乡建设、人民银行等部门，可依据本公告制定具体实施办法。

十、各级税务、财政、自然资源、住房和城乡建设、人民银行等部门要把思想统一到党中央、国务院决策部署上来，切实提高政治站位，强化部门协作配合，形成非税收入征管职责划转协同共治合力。各地在征管职责划转工作中遇到的重大问题，应当及时向同级政府和上级主管部门报告，确保征管职责划转工作平稳有序落实。

本公告自 2021 年 7 月 1 日起施行。

特此公告。

国家税务总局 财政部 自然资源部

住房和城乡建设部 中国人民银行

2021 年 5 月 12 日

中华人民共和国土地管理法

（中华人民共和国主席令第三十二号）

(1986 年 6 月 25 日第六届全国人民代表大会常务委员会第十六次会议通过 根据 1988 年 12 月 29 日第七届全国人民代表大会常务委员会第五次会议《关于修改〈中华人民共和国土地管理法〉的决定》第一次修正 1998 年 8 月 29 日第九届全国人民代表大会常务委员会第四次会议修订 根据 2004 年 8 月 28 日第十届全国人民代表大会常务委员会第十一次会议《关于修改〈中华人民共和国土地管理法〉的决定》第二次修正 根据 2019 年 8 月 26 日第十三届全国人民代表大会常务委员会第十二次会议《关于修改〈中华人民共和国土地管理法〉、〈中华人民共和国城市房地产管理法〉的决定》第三次修正)

目 录

第一章 总则

第二章 土地的所有权和使用权

第三章 土地利用总体规划

第四章 耕地保护

第五章 建设用地

第六章 监督检查

第七章 法律责任

第八章 附则

第一章 总 则

第一条 为了加强土地管理，维护土地的社会主义公有制，保护、开发土地资源，合理利用土地，切实保护耕地，促进社会经济的可持续发展，根据宪法，制定本法。

第二条 中华人民共和国实行土地的社会主义公有制，即全民所有制和劳动群众集体所有制。

全民所有，即国家所有土地的所有权由国务院代表国家行使。

任何单位和个人不得侵占、买卖或者以其他形式非法转让土地。土地使用权可以依法转让。

国家为了公共利益的需要，可以依法对土地实行征收或者征用并给予补偿。

国家依法实行国有土地有偿使用制度。但是，国家在法律规定的范围内划拨国有土地使用权的除外。

第三条 十分珍惜、合理利用土地和切实保护耕地是我国的基本国策。各级人民政府应当采取措施，全面规划，严格管理，保护、开发土地资源，制止非法占用土地的行为。

第四条 国家实行土地用途管制制度。

国家编制土地利用总体规划，规定土地用途，将土地分为农用地、建设用地和未利用地。严格限制农用地转为建设用地，控制建设用地总量，对耕地实行特殊保护。

前款所称农用地是指直接用于农业生产的土地，包括耕地、林地、草地、农田水利用地、养殖水面等；建设用地是指建造建筑物、构筑物的土地，包括城乡住宅和公共设施用地、工矿用地、交通水利设施用地、旅游用地、军事设施用地等；未利用地是指农用地和建设用地以外的土地。

使用土地的单位和个人必须严格按照土地利用总体规划确定的用途使用土地。

第五条 国务院自然资源主管部门统一负责全国土地的管理和监督工作。

县级以上地方人民政府自然资源主管部门的设置及其职责，由省、自治区、直辖市人民政府根据国务院有关规定确定。

第六条 国务院授权的机构对省、自治区、直辖市人民政府以及国务院确定的城市人民政府土地利用和土地管理情况进行督察。

第七条 任何单位和个人都有遵守土地管理法律、法规的义务，并有权对违反土地管理法律、法规的行为提出检举和控告。

第八条 在保护和开发土地资源、合理利用土地以及进行有关的科学研究等方面成绩显著的单位和个人，由人民政府给予奖励。

第二章 土地的所有权和使用权

第九条 城市市区的土地属于国家所有。

农村和城市郊区的土地，除由法律规定属于国家所有的以外，属于农民集体所有；宅基地和自留地、自留山，属于农民集体所有。

第十条 国有土地和农民集体所有的土地，可以依法确定给单位或者个人使用。使用土地的单位和个人，有保护、管理和合理利用土地的义务。

第十一条 农民集体所有的土地依法属于村农民集体所有的，由村集体经济组织或者村民委员会经营、管理；已经分别属于村内两个以上农村集体经济组织的农民集体所有的,由村内各该农村集体经济组织或者村民小组经营、管理;已经属于乡(镇)农民集体所有的,由乡(镇)农村集体经济组织经营、管理。

第十二条　土地的所有权和使用权的登记,依照有关不动产登记的法律、行政法规执行。

依法登记的土地的所有权和使用权受法律保护,任何单位和个人不得侵犯。

第十三条　农民集体所有和国家所有依法由农民集体使用的耕地、林地、草地,以及其他依法用于农业的土地,采取农村集体经济组织内部的家庭承包方式承包,不宜采取家庭承包方式的荒山、荒沟、荒丘、荒滩等,可以采取招标、拍卖、公开协商等方式承包,从事种植业、林业、畜牧业、渔业生产。家庭承包的耕地的承包期为三十年,草地的承包期为三十年至五十年,林地的承包期为三十年至七十年;耕地承包期届满后再延长三十年,草地、林地承包期届满后依法相应延长。

国家所有依法用于农业的土地可以由单位或者个人承包经营,从事种植业、林业、畜牧业、渔业生产。

发包方和承包方应当依法订立承包合同,约定双方的权利和义务。承包经营土地的单位和个人,有保护和按照承包合同约定的用途合理利用土地的义务。

第十四条　土地所有权和使用权争议,由当事人协商解决;协商不成的,由人民政府处理。

单位之间的争议,由县级以上人民政府处理;个人之间、个人与单位之间的争议,由乡级人民政府或者县级以上人民政府处理。

当事人对有关人民政府的处理决定不服的,可以自接到处理决定通知之日起三十日内,向人民法院起诉。

在土地所有权和使用权争议解决前,任何一方不得改变土地利用现状。

第三章　土地利用总体规划

第十五条　各级人民政府应当依据国民经济和社会发展规划、国土整治和资源环境保护的要求、土地供给能力以及各项建设对土地的需求,组织编制土地利用总体规划。

土地利用总体规划的规划期限由国务院规定。

第十六条　下级土地利用总体规划应当依据上一级土地利用总体规划编制。

地方各级人民政府编制的土地利用总体规划中的建设用地总量不得超过上一级土地利用总体规划确定的控制指标,耕地保有量不得低于上一级土地利用总体规划确定的控制指标。

省、自治区、直辖市人民政府编制的土地利用总体规划,应当确保本行政区域内耕地总量不减少。

第十七条 土地利用总体规划按照下列原则编制：

（一）落实国土空间开发保护要求，严格土地用途管制；

（二）严格保护永久基本农田，严格控制非农业建设占用农用地；

（三）提高土地节约集约利用水平；

（四）统筹安排城乡生产、生活、生态用地，满足乡村产业和基础设施用地合理需求，促进城乡融合发展；

（五）保护和改善生态环境，保障土地的可持续利用；

（六）占用耕地与开发复垦耕地数量平衡、质量相当。

第十八条 国家建立国土空间规划体系。编制国土空间规划应当坚持生态优先，绿色、可持续发展，科学有序统筹安排生态、农业、城镇等功能空间，优化国土空间结构和布局，提升国土空间开发、保护的质量和效率。

经依法批准的国土空间规划是各类开发、保护、建设活动的基本依据。已经编制国土空间规划的，不再编制土地利用总体规划和城乡规划。

第十九条 县级土地利用总体规划应当划分土地利用区，明确土地用途。

乡（镇）土地利用总体规划应当划分土地利用区，根据土地使用条件，确定每一块土地的用途，并予以公告。

第二十条 土地利用总体规划实行分级审批。

省、自治区、直辖市的土地利用总体规划，报国务院批准。

省、自治区人民政府所在地的市、人口在一百万以上的城市以及国务院指定的城市的土地利用总体规划，经省、自治区人民政府审查同意后，报国务院批准。

本条第二款、第三款规定以外的土地利用总体规划，逐级上报省、自治区、直辖市人民政府批准；其中，乡（镇）土地利用总体规划可以由省级人民政府授权的设区的市、自治州人民政府批准。

土地利用总体规划一经批准，必须严格执行。

第二十一条 城市建设用地规模应当符合国家规定的标准，充分利用现有建设用地，不占或者尽量少占农用地。

城市总体规划、村庄和集镇规划，应当与土地利用总体规划相衔接，城市总体规划、村庄和集镇规划中建设用地规模不得超过土地利用总体规划确定的城市和村庄、集镇建设用地规模。

在城市规划区内、村庄和集镇规划区内，城市和村庄、集镇建设用地应当符合城市规划、村庄和集镇规划。

第二十二条 江河、湖泊综合治理和开发利用规划，应当与土地利用总体规划相衔接。在江河、湖泊、水库的管理和保护范围以及蓄洪滞洪区内，土地利用应当符合江河、湖泊综合治理和开发利用规划,符合河道、湖泊行洪、蓄洪和输水的要求。

第二十三条 各级人民政府应当加强土地利用计划管理,实行建设用地总量控制。

土地利用年度计划,根据国民经济和社会发展计划、国家产业政策、土地利用总体规划以及建设用地和土地利用的实际状况编制。土地利用年度计划应当对本法第六十三条规定的集体经营性建设用地作出合理安排。土地利用年度计划的编制审批程序与土地利用总体规划的编制审批程序相同,一经审批下达,必须严格执行。

第二十四条 省、自治区、直辖市人民政府应当将土地利用年度计划的执行情况列为国民经济和社会发展计划执行情况的内容,向同级人民代表大会报告。

第二十五条 经批准的土地利用总体规划的修改,须经原批准机关批准;未经批准,不得改变土地利用总体规划确定的土地用途。

经国务院批准的大型能源、交通、水利等基础设施建设用地,需要改变土地利用总体规划的,根据国务院的批准文件修改土地利用总体规划。

经省、自治区、直辖市人民政府批准的能源、交通、水利等基础设施建设用地,需要改变土地利用总体规划的,属于省级人民政府土地利用总体规划批准权限内的,根据省级人民政府的批准文件修改土地利用总体规划。

第二十六条 国家建立土地调查制度。

县级以上人民政府自然资源主管部门会同同级有关部门进行土地调查。土地所有者或者使用者应当配合调查,并提供有关资料。

第二十七条 县级以上人民政府自然资源主管部门会同同级有关部门根据土地调查成果、规划土地用途和国家制定的统一标准,评定土地等级。

第二十八条 国家建立土地统计制度。

县级以上人民政府统计机构和自然资源主管部门依法进行土地统计调查,定期发布土地统计资料。土地所有者或者使用者应当提供有关资料,不得拒报、迟报,不得提供不真实、不完整的资料。

统计机构和自然资源主管部门共同发布的土地面积统计资料是各级人民政府编制土地利用总体规划的依据。

第二十九条 国家建立全国土地管理信息系统,对土地利用状况进行动态监测。

第四章 耕 地 保 护

第三十条 国家保护耕地,严格控制耕地转为非耕地。

国家实行占用耕地补偿制度。非农业建设经批准占用耕地的,按照"占多少,垦多少"的原则,由占用耕地的单位负责开垦与所占用耕地的数量和质量相当的耕地;没有条件开垦或者开垦的耕地不符合要求的,应当按照省、自治区、直辖市的规定缴纳耕地开垦费,专款用于开垦新的耕地。

省、自治区、直辖市人民政府应当制定开垦耕地计划,监督占用耕地的单位按照计划开垦耕地或者按照计划组织开垦耕地,并进行验收。

第三十一条 县级以上地方人民政府可以要求占用耕地的单位将所占用耕地耕作层的土壤用于新开垦耕地、劣质地或者其他耕地的土壤改良。

第三十二条 省、自治区、直辖市人民政府应当严格执行土地利用总体规划和土地利用年度计划,采取措施,确保本行政区域内耕地总量不减少、质量不降低。耕地总量减少的,由国务院责令在规定期限内组织开垦与所减少耕地的数量与质量相当的耕地;耕地质量降低的,由国务院责令在规定期限内组织整治。新开垦和整治的耕地由国务院自然资源主管部门会同农业农村主管部门验收。

个别省、直辖市确因土地后备资源匮乏,新增建设用地后,新开垦耕地的数量不足以补偿所占用耕地的数量的,必须报经国务院批准减免本行政区域内开垦耕地的数量,易地开垦数量和质量相当的耕地。

第三十三条 国家实行永久基本农田保护制度。下列耕地应当根据土地利用总体规划划为永久基本农田,实行严格保护:

(一)经国务院农业农村主管部门或者县级以上地方人民政府批准确定的粮、棉、油、糖等重要农产品生产基地内的耕地;

(二)有良好的水利与水土保持设施的耕地,正在实施改造计划以及可以改造的中、低产田和已建成的高标准农田;

(三)蔬菜生产基地;

(四)农业科研、教学试验田;

(五)国务院规定应当划为永久基本农田的其他耕地。

各省、自治区、直辖市划定的永久基本农田一般应当占本行政区域内耕地的百分之八十以上,具体比例由国务院根据各省、自治区、直辖市耕地实际情况规定。

第三十四条 永久基本农田划定以乡(镇)为单位进行,由县级人民政府自然资源主管部门会同同级农业农村主管部门组织实施。永久基本农田应当落实到地块,纳入国家永久基本农田数据库严格管理。

乡(镇)人民政府应当将永久基本农田的位置、范围向社会公告,并设立保护标志。

第三十五条 永久基本农田经依法划定后,任何单位和个人不得擅自占用或者改变其用途。国家能源、交通、水利、军事设施等重点建设项目选址确实难以避让永久基本农田,涉及农用地转用或者土地征收的,必须经国务院批准。

禁止通过擅自调整县级土地利用总体规划、乡(镇)土地利用总体规划等方式规避永久基本农田农用地转用或者土地征收的审批。

第三十六条 各级人民政府应当采取措施,引导因地制宜轮作休耕,改良土壤,提高地力,维护排灌工程设施,防止土地荒漠化、盐渍化、水土流失和土壤污染。

第三十七条 非农业建设必须节约使用土地,可以利用荒地的,不得占用耕地;可以利用劣地的,不得占用好地。

禁止占用耕地建窑、建坟或者擅自在耕地上建房、挖砂、采石、采矿、取土等。

禁止占用永久基本农田发展林果业和挖塘养鱼。

第三十八条 禁止任何单位和个人闲置、荒芜耕地。已经办理审批手续的非农业建设占用耕地,一年内不用而又可以耕种并收获的,应当由原耕种该幅耕地的集体或者个人恢复耕种,也可以由用地单位组织耕种;一年以上未动工建设的,应当按照省、自治区、直辖市的规定缴纳闲置费;连续二年未使用的,经原批准机关批准,由县级以上人民政府无偿收回用地单位的土地使用权;该幅土地原为农民集体所有的,应当交由原农村集体经济组织恢复耕种。

在城市规划区范围内,以出让方式取得土地使用权进行房地产开发的闲置土地,依照《中华人民共和国城市房地产管理法》的有关规定办理。

第三十九条 国家鼓励单位和个人按照土地利用总体规划,在保护和改善生态环境、防止水土流失和土地荒漠化的前提下,开发未利用的土地;适宜开发为农用地的,应当优先开发成农用地。

国家依法保护开发者的合法权益。

第四十条 开垦未利用的土地,必须经过科学论证和评估,在土地利用总体规划划定的可开垦的区域内,经依法批准后进行。禁止毁坏森林、草原开垦耕地,禁止围湖造田和侵占江河滩地。

根据土地利用总体规划,对破坏生态环境开垦、围垦的土地,有计划有步骤地退耕还林、还牧、还湖。

第四十一条 开发未确定使用权的国有荒山、荒地、荒滩从事种植业、林业、畜牧业、渔业生产的,经县级以上人民政府依法批准,可以确定给开发单位或者个人长期使用。

第四十二条 国家鼓励土地整理。县、乡(镇)人民政府应当组织农村集体经济组织,按照土地利用总体规划,对田、水、路、林、村综合整治,提高耕地质量,增加有效耕地面积,改善农业生产条件和生态环境。

地方各级人民政府应当采取措施,改造中、低产田,整治闲散地和废弃地。

第四十三条 因挖损、塌陷、压占等造成土地破坏,用地单位和个人应当按照国家有关规定负责复垦;没有条件复垦或者复垦不符合要求的,应当缴纳土地复垦费,专项用于土地复垦。复垦的土地应当优先用于农业。

第五章　建　设　用　地

第四十四条　建设占用土地,涉及农用地转为建设用地的,应当办理农用地转用审批手续。

永久基本农田转为建设用地的,由国务院批准。

在土地利用总体规划确定的城市和村庄、集镇建设用地规模范围内,为实施该规划而将永久基本农田以外的农用地转为建设用地的,按土地利用年度计划分批次按照国务院规定由原批准土地利用总体规划的机关或者其授权的机关批准。在已批准的农用地转用范围内,具体建设项目用地可以由市、县人民政府批准。

在土地利用总体规划确定的城市和村庄、集镇建设用地规模范围外,将永久基本农田以外的农用地转为建设用地的,由国务院或者国务院授权的省、自治区、直辖市人民政府批准。

第四十五条　为了公共利益的需要,有下列情形之一,确需征收农民集体所有的土地的,可以依法实施征收:

(一)军事和外交需要用地的;

(二)由政府组织实施的能源、交通、水利、通信、邮政等基础设施建设需要用地的;

(三)由政府组织实施的科技、教育、文化、卫生、体育、生态环境和资源保护、防灾减灾、文物保护、社区综合服务、社会福利、市政公用、优抚安置、英烈保护等公共事业需要用地的;

(四)由政府组织实施的扶贫搬迁、保障性安居工程建设需要用地的;

(五)在土地利用总体规划确定的城镇建设用地范围内,经省级以上人民政府批准由县级以上地方人民政府组织实施的成片开发建设需要用地的;

(六)法律规定为公共利益需要可以征收农民集体所有的土地的其他情形。

前款规定的建设活动,应当符合国民经济和社会发展规划、土地利用总体规划、城乡规划和专项规划;第(四)项、第(五)项规定的建设活动,还应当纳入国民经济和社会发展年度计划;第(五)项规定的成片开发并应当符合国务院自然资源主管部门规定的标准。

第四十六条　征收下列土地的,由国务院批准:

(一)永久基本农田;

(二)永久基本农田以外的耕地超过三十五公顷的;

(三)其他土地超过七十公顷的。

征收前款规定以外的土地的,由省、自治区、直辖市人民政府批准。

征收农用地的,应当依照本法第四十四条的规定先行办理农用地转用审批。其中,经国务院批准农用地转用的,同时办理征地审批手续,不再另行办理征地审批;经省、自治区、直辖市人民政府在征地批准权限内批准农用地转用的,同时办理征地审批手续,不再另行办理征地审批,超过征地批准权限的,应当依照本条第一款的规定另行办理征地审批。

第四十七条 国家征收土地的,依照法定程序批准后,由县级以上地方人民政府予以公告并组织实施。

县级以上地方人民政府拟申请征收土地的,应当开展拟征收土地现状调查和社会稳定风险评估,并将征收范围、土地现状、征收目的、补偿标准、安置方式和社会保障等在拟征收土地所在的乡(镇)和村、村民小组范围内公告至少三十日,听取被征地的农村集体经济组织及其成员、村民委员会和其他利害关系人的意见。

多数被征地的农村集体经济组织成员认为征地补偿安置方案不符合法律、法规规定的,县级以上地方人民政府应当组织召开听证会,并根据法律、法规的规定和听证会情况修改方案。

拟征收土地的所有权人、使用权人应当在公告规定期限内,持不动产权属证明材料办理补偿登记。县级以上地方人民政府应当组织有关部门测算并落实有关费用,保证足额到位,与拟征收土地的所有权人、使用权人就补偿、安置等签订协议;个别确实难以达成协议的,应当在申请征收土地时如实说明。

相关前期工作完成后,县级以上地方人民政府方可申请征收土地。

第四十八条 征收土地应当给予公平、合理的补偿,保障被征地农民原有生活水平不降低、长远生计有保障。

征收土地应当依法及时足额支付土地补偿费、安置补助费以及农村村民住宅、其他地上附着物和青苗等的补偿费用,并安排被征地农民的社会保障费用。

征收农用地的土地补偿费、安置补助费标准由省、自治区、直辖市通过制定公布区片综合地价确定。制定区片综合地价应当综合考虑土地原用途、土地资源条件、土地产值、土地区位、土地供求关系、人口以及经济社会发展水平等因素,并至少每三年调整或者重新公布一次。

征收农用地以外的其他土地、地上附着物和青苗等的补偿标准,由省、自治区、直辖市制定。对其中的农村村民住宅,应当按照先补偿后搬迁、居住条件有改善的原则,尊重农村村民意愿,采取重新安排宅基地建房、提供安置房或者货币补偿等方式给予公平、合理的补偿,并对因征收造成的搬迁、临时安置等费用予以补偿,保障农村村民居住的权利和合法的住房财产权益。

县级以上地方人民政府应当将被征地农民纳入相应的养老等社会保障体系。被征地农民的社会保障费用主要用于符合条件的被征地农民的养老保险等社会保险缴费补贴。被征地农民社会保障费用的筹集、管理和使用办法,由省、自治区、直辖市制定。

第四十九条 被征地的农村集体经济组织应当将征收土地的补偿费用的收支状况向本集体经济组织的成员公布,接受监督。

禁止侵占、挪用被征收土地单位的征地补偿费用和其他有关费用。

第五十条 地方各级人民政府应当支持被征地的农村集体经济组织和农民从事开发经营,兴办企业。

第五十一条 大中型水利、水电工程建设征收土地的补偿费标准和移民安置办法,由国务院另行规定。

第五十二条 建设项目可行性研究论证时,自然资源主管部门可以根据土地利用总体规划、土地利用年度计划和建设用地标准,对建设用地有关事项进行审查,并提出意见。

第五十三条 经批准的建设项目需要使用国有建设用地的,建设单位应当持法律、行政法规规定的有关文件,向有批准权的县级以上人民政府自然资源主管部门提出建设用地申请,经自然资源主管部门审查,报本级人民政府批准。

第五十四条 建设单位使用国有土地,应当以出让等有偿使用方式取得;但是,下列建设用地,经县级以上人民政府依法批准,可以以划拨方式取得:

(一)国家机关用地和军事用地;

(二)城市基础设施用地和公益事业用地;

(三)国家重点扶持的能源、交通、水利等基础设施用地;

(四)法律、行政法规规定的其他用地。

第五十五条 以出让等有偿使用方式取得国有土地使用权的建设单位,按照国务院规定的标准和办法,缴纳土地使用权出让金等土地有偿使用费和其他费用后,方可使用土地。

自本法施行之日起,新增建设用地的土地有偿使用费,百分之三十上缴中央财政,百分之七十留给有关地方人民政府。具体使用管理办法由国务院财政部门会同有关部门制定,并报国务院批准。

第五十六条 建设单位使用国有土地的,应当按照土地使用权出让等有偿使用合同的约定或者土地使用权划拨批准文件的规定使用土地;确需改变该幅土地建设用途的,应当经有关人民政府自然资源主管部门同意,报原批准用地的人民政府批准。其中,在城市规划区内改变土地用途的,在报批前,应当先经有关城市规划行政主管部门同意。

第五十七条 建设项目施工和地质勘查需要临时使用国有土地或者农民集体所有的土地的,由县级以上人民政府自然资源主管部门批准。其中,在城市规划区内的临时用地,在报批前,应当先经有关城市规划行政主管部门同意。土地使用者应当根据土地权属,与有关自然资源主管部门或者农村集体经济组织、村民委员会签订临时使用土地合同,并按照合同的约定支付临时使用土地补偿费。

临时使用土地的使用者应当按照临时使用土地合同约定的用途使用土地,并不得修建永久性建筑物。

临时使用土地期限一般不超过二年。

第五十八条 有下列情形之一的,由有关人民政府自然资源主管部门报经原批准用地的人民政府或者有批准权的人民政府批准,可以收回国有土地使用权:

(一)为实施城市规划进行旧城区改建以及其他公共利益需要,确需使用土地的;

(二)土地出让等有偿使用合同约定的使用期限届满,土地使用者未申请续期或者申请续期未获批准的;

(三)因单位撤销、迁移等原因,停止使用原划拨的国有土地的;

(四)公路、铁路、机场、矿场等经核准报废的。

依照前款第(一)项的规定收回国有土地使用权的,对土地使用权人应当给予适当补偿。

第五十九条 乡镇企业、乡(镇)村公共设施、公益事业、农村村民住宅等乡(镇)村建设,应当按照村庄和集镇规划,合理布局,综合开发,配套建设;建设用地,应当符合乡(镇)土地利用总体规划和土地利用年度计划,并依照本法第四十四条、第六十条、第六十一条、第六十二条的规定办理审批手续。

第六十条 农村集体经济组织使用乡(镇)土地利用总体规划确定的建设用地兴办企业或者与其他单位、个人以土地使用权入股、联营等形式共同举办企业的,应当持有关批准文件,向县级以上地方人民政府自然资源主管部门提出申请,按照省、自治区、直辖市规定的批准权限,由县级以上地方人民政府批准;其中,涉及占用农用地的,依照本法第四十四条的规定办理审批手续。

按照前款规定兴办企业的建设用地,必须严格控制。省、自治区、直辖市可以按照乡镇企业的不同行业和经营规模,分别规定用地标准。

第六十一条 乡(镇)村公共设施、公益事业建设,需要使用土地的,经乡(镇)人民政府审核,向县级以上地方人民政府自然资源主管部门提出申请,按照省、自治区、直辖市规定的批准权限,由县级以上地方人民政府批准;其中,涉及占用农用地的,依照本法第四十四条的规定办理审批手续。

第六十二条 农村村民一户只能拥有一处宅基地,其宅基地的面积不得超过省、自治区、直辖市规定的标准。

人均土地少、不能保障一户拥有一处宅基地的地区,县级人民政府在充分尊重农村村民意愿的基础上,可以采取措施,按照省、自治区、直辖市规定的标准保障农村村民实现户有所居。

农村村民建住宅,应当符合乡(镇)土地利用总体规划、村庄规划,不得占用永久基本农田,并尽量使用原有的宅基地和村内空闲地。编制乡(镇)土地利用总体规划、村庄规划应当统筹并合理安排宅基地用地,改善农村村民居住环境和条件。

农村村民住宅用地,由乡(镇)人民政府审核批准;其中,涉及占用农用地的,依照本法第四十四条的规定办理审批手续。

农村村民出卖、出租、赠与住宅后,再申请宅基地的,不予批准。

国家允许进城落户的农村村民依法自愿有偿退出宅基地,鼓励农村集体经济组织及其成员盘活利用闲置宅基地和闲置住宅。

国务院农业农村主管部门负责全国农村宅基地改革和管理有关工作。

第六十三条 土地利用总体规划、城乡规划确定为工业、商业等经营性用途,并经依法登记的集体经营性建设用地,土地所有权人可以通过出让、出租等方式交由单位或者个人使用,并应当签订书面合同,载明土地界址、面积、动工期限、使用期限、土地用途、规划条件和双方其他权利义务。

前款规定的集体经营性建设用地出让、出租等,应当经本集体经济组织成员的村民会议三分之二以上成员或者三分之二以上村民代表的同意。

通过出让等方式取得的集体经营性建设用地使用权可以转让、互换、出资、赠与或者抵押,但法律、行政法规另有规定或者土地所有权人、土地使用权人签订的书面合同另有约定的除外。

集体经营性建设用地的出租,集体建设用地使用权的出让及其最高年限、转让、互换、出资、赠与、抵押等,参照同类用途的国有建设用地执行。具体办法由国务院制定。

第六十四条 集体建设用地的使用者应当严格按照土地利用总体规划、城乡规划确定的用途使用土地。

第六十五条 在土地利用总体规划制定前已建的不符合土地利用总体规划确定的用途的建筑物、构筑物,不得重建、扩建。

第六十六条 有下列情形之一的,农村集体经济组织报经原批准用地的人民政府批准,可以收回土地使用权:

(一)为乡(镇)村公共设施和公益事业建设,需要使用土地的;

(二)不按照批准的用途使用土地的;

(三)因撤销、迁移等原因而停止使用土地的。

依照前款第(一)项规定收回农民集体所有的土地的,对土地使用权人应当给予适当补偿。

收回集体经营性建设用地使用权,依照双方签订的书面合同办理,法律、行政法规另有规定的除外。

第六章 监督检查

第六十七条 县级以上人民政府自然资源主管部门对违反土地管理法律、法规的行为进行监督检查。

县级以上人民政府农业农村主管部门对违反农村宅基地管理法律、法规的行为进行监督检查的,适用本法关于自然资源主管部门监督检查的规定。

土地管理监督检查人员应当熟悉土地管理法律、法规,忠于职守、秉公执法。

第六十八条 县级以上人民政府自然资源主管部门履行监督检查职责时,有权采取下列措施:

(一)要求被检查的单位或者个人提供有关土地权利的文件和资料,进行查阅或者予以复制;

(二)要求被检查的单位或者个人就有关土地权利的问题作出说明;

(三)进入被检查单位或者个人非法占用的土地现场进行勘测;

(四)责令非法占用土地的单位或者个人停止违反土地管理法律、法规的行为。

第六十九条 土地管理监督检查人员履行职责,需要进入现场进行勘测、要求有关单位或者个人提供文件、资料和作出说明的,应当出示土地管理监督检查证件。

第七十条 有关单位和个人对县级以上人民政府自然资源主管部门就土地违法行为进行的监督检查应当支持与配合,并提供工作方便,不得拒绝与阻碍土地管理监督检查人员依法执行职务。

第七十一条 县级以上人民政府自然资源主管部门在监督检查工作中发现国家工作人员的违法行为,依法应当给予处分的,应当依法予以处理;自己无权处理的,应当依法移送监察机关或者有关机关处理。

第七十二条 县级以上人民政府自然资源主管部门在监督检查工作中发现土地违法行为构成犯罪的,应当将案件移送有关机关,依法追究刑事责任;尚不构成犯罪的,应当依法给予行政处罚。

第七十三条 依照本法规定应当给予行政处罚,而有关自然资源主管部门不给予行政处罚的,上级人民政府自然资源主管部门有权责令有关自然资源主管部门作出行政处罚决定或者直接给予行政处罚,并给予有关自然资源主管部门的负责人处分。

第七章 法律责任

第七十四条 买卖或者以其他形式非法转让土地的,由县级以上人民政府自然资源主管部门没收违法所得;对违反土地利用总体规划擅自将农用地改为建设用地的,限期拆除在非法转让的土地上新建的建筑物和其他设施,恢复土地原状,对符合土地利用总体规划的,没收在非法转让的土地上新建的建筑物和其他设施;可以并处罚款;对直接负责的主管人员和其他直接责任人员,依法给予处分;构成犯罪的,依法追究刑事责任。

第七十五条 违反本法规定,占用耕地建窑、建坟或者擅自在耕地上建房、挖砂、采石、采矿、取土等,破坏种植条件的,或者因开发土地造成土地荒漠化、盐渍化的,由县级以上人民政府自然资源主管部门、农业农村主管部门等按照职责责令限期改正或者治理,可以并处罚款;构成犯罪的,依法追究刑事责任。

第七十六条 违反本法规定,拒不履行土地复垦义务的,由县级以上人民政府自然资源主管部门责令限期改正;逾期不改正的,责令缴纳复垦费,专项用于土地复垦,可以处以罚款。

第七十七条 未经批准或者采取欺骗手段骗取批准,非法占用土地的,由县级以上人民政府自然资源主管部门责令退还非法占用的土地,对违反土地利用总体规划擅自将农用地改为建设用地的,限期拆除在非法占用的土地上新建的建筑物和其他设施,恢复土地原状,对符合土地利用总体规划的,没收在非法占用的土地上新建的建筑物和其他设施,可以并处罚款;对非法占用土地单位的直接负责的主管人员和其他直接责任人员,依法给予处分;构成犯罪的,依法追究刑事责任。

超过批准的数量占用土地,多占的土地以非法占用土地论处。

第七十八条 农村村民未经批准或者采取欺骗手段骗取批准,非法占用土地建住宅的,由县级以上人民政府农业农村主管部门责令退还非法占用的土地,限期拆除在非法占用的土地上新建的房屋。

超过省、自治区、直辖市规定的标准,多占的土地以非法占用土地论处。

第七十九条 无权批准征收、使用土地的单位或者个人非法批准占用土地的,超越批准权限非法批准占用土地的,不按照土地利用总体规划确定的用途批准用地的,或者违反法律规定的程序批准占用、征收土地的,其批准文件无效,对非法批准征收、使用土地的直接负责的主管人员和其他直接责任人员,依法给予处分;构成犯罪的,依法追究刑事责任。非法批准、使用的土地应当收回,有关当事人拒不归还的,以非法占用土地论处。

非法批准征收、使用土地,对当事人造成损失的,依法应当承担赔偿责任。

第八十条 侵占、挪用被征收土地单位的征地补偿费用和其他有关费用,构成犯罪的,依法追究刑事责任;尚不构成犯罪的,依法给予处分。

第八十一条 依法收回国有土地使用权当事人拒不交出土地的,临时使用土地期满拒不归还的,或者不按照批准的用途使用国有土地的,由县级以上人民政府自然资源主管部门责令交还土地,处以罚款。

第八十二条 擅自将农民集体所有的土地通过出让、转让使用权或者出租等方式用于非农业建设,或者违反本法规定,将集体经营性建设用地通过出让、出租等方式交由单位或者个人使用的,由县级以上人民政府自然资源主管部门责令限期改正,没收违法所得,并处罚款。

第八十三条 依照本法规定,责令限期拆除在非法占用的土地上新建的建筑物和其他设施的,建设单位或者个人必须立即停止施工,自行拆除;对继续施工的,作出处罚决定的机关有权制止。建设单位或者个人对责令限期拆除的行政处罚决定不服的,可以在接到责令限期拆除决定之日起十五日内,向人民法院起诉;期满不起诉又不自行拆除的,由作出处罚决定的机关依法申请人民法院强制执行,费用由违法者承担。

第八十四条 自然资源主管部门、农业农村主管部门的工作人员玩忽职守、滥用职权、徇私舞弊,构成犯罪的,依法追究刑事责任;尚不构成犯罪的,依法给予处分。

第八章 附 则

第八十五条 外商投资企业使用土地的,适用本法;法律另有规定的,从其规定。

第八十六条 在根据本法第十八条的规定编制国土空间规划前,经依法批准的土地利用总体规划和城乡规划继续执行。

第八十七条 本法自1999年1月1日起施行。

中华人民共和国土地管理法实施条例

(1998年12月27日中华人民共和国国务院令第256号发布 根据2011年1月8日《国务院关于废止和修改部分行政法规的决定》第一次修订 根据2014年7月29日《国务院关于修改部分行政法规的决定》第二次修订 2021年7月2日中华人民共和国国务院令第743号第三次修订)

第一章 总 则

第一条 根据《中华人民共和国土地管理法》(以下简称《土地管理法》),制定本条例。

第二章 国土空间规划

第二条 国家建立国土空间规划体系。

土地开发、保护、建设活动应当坚持规划先行。经依法批准的国土空间规划是各类开发、保护、建设活动的基本依据。

已经编制国土空间规划的,不再编制土地利用总体规划和城乡规划。在编制国土空间规划前,经依法批准的土地利用总体规划和城乡规划继续执行。

第三条 国土空间规划应当细化落实国家发展规划提出的国土空间开发保护要求,统筹布局农业、生态、城镇等功能空间,划定落实永久基本农田、生态保护红线和城镇开发边界。

国土空间规划应当包括国土空间开发保护格局和规划用地布局、结构、用途管制要求等内容，明确耕地保有量、建设用地规模、禁止开垦的范围等要求，统筹基础设施和公共设施用地布局，综合利用地上地下空间，合理确定并严格控制新增建设用地规模，提高土地节约集约利用水平，保障土地的可持续利用。

第四条 土地调查应当包括下列内容：

（一）土地权属以及变化情况；

（二）土地利用现状以及变化情况；

（三）土地条件。

全国土地调查成果，报国务院批准后向社会公布。地方土地调查成果，经本级人民政府审核，报上一级人民政府批准后向社会公布。全国土地调查成果公布后，县级以上地方人民政府方可自上而下逐级依次公布本行政区域的土地调查成果。

土地调查成果是编制国土空间规划以及自然资源管理、保护和利用的重要依据。

土地调查技术规程由国务院自然资源主管部门会同有关部门制定。

第五条 国务院自然资源主管部门会同有关部门制定土地等级评定标准。

县级以上人民政府自然资源主管部门应当会同有关部门根据土地等级评定标准，对土地等级进行评定。地方土地等级评定结果经本级人民政府审核，报上一级人民政府自然资源主管部门批准后向社会公布。

根据国民经济和社会发展状况，土地等级每五年重新评定一次。

第六条 县级以上人民政府自然资源主管部门应当加强信息化建设，建立统一的国土空间基础信息平台，实行土地管理全流程信息化管理，对土地利用状况进行动态监测，与发展改革、住房和城乡建设等有关部门建立土地管理信息共享机制，依法公开土地管理信息。

第七条 县级以上人民政府自然资源主管部门应当加强地籍管理，建立健全地籍数据库。

第三章 耕地保护

第八条 国家实行占用耕地补偿制度。在国土空间规划确定的城市和村庄、集镇建设用地范围内经依法批准占用耕地，以及在国土空间规划确定的城市和村庄、集镇建设用地范围外的能源、交通、水利、矿山、军事设施等建设项目经依法批准占用耕地的，分别由县级人民政府、农村集体经济组织和建设单位负责开垦与所占用耕地的数量和质量相当的耕地；没有条件开垦或者开垦的耕地不符合要求的，应当按照省、自治区、直辖市的规定缴纳耕地开垦费，专款用于开垦新的耕地。

省、自治区、直辖市人民政府应当组织自然资源主管部门、农业农村主管部门对开垦的耕地进行验收,确保开垦的耕地落实到地块。划入永久基本农田的还应当纳入国家永久基本农田数据库严格管理。占用耕地补充情况应当按照国家有关规定向社会公布。

个别省、直辖市需要易地开垦耕地的,依照《土地管理法》第三十二条的规定执行。

第九条 禁止任何单位和个人在国土空间规划确定的禁止开垦的范围内从事土地开发活动。

按照国土空间规划,开发未确定土地使用权的国有荒山、荒地、荒滩从事种植业、林业、畜牧业、渔业生产的,应当向土地所在地的县级以上地方人民政府自然资源主管部门提出申请,按照省、自治区、直辖市规定的权限,由县级以上地方人民政府批准。

第十条 县级人民政府应当按照国土空间规划关于统筹布局农业、生态、城镇等功能空间的要求,制定土地整理方案,促进耕地保护和土地节约集约利用。

县、乡(镇)人民政府应当组织农村集体经济组织,实施土地整理方案,对闲散地和废弃地有计划地整治、改造。土地整理新增耕地,可以用作建设所占用耕地的补充。

鼓励社会主体依法参与土地整理。

第十一条 县级以上地方人民政府应当采取措施,预防和治理耕地土壤流失、污染,有计划地改造中低产田,建设高标准农田,提高耕地质量,保护黑土地等优质耕地,并依法对建设所占用耕地耕作层的土壤利用作出合理安排。

非农业建设依法占用永久基本农田的,建设单位应当按照省、自治区、直辖市的规定,将所占用耕地耕作层的土壤用于新开垦耕地、劣质地或者其他耕地的土壤改良。

县级以上地方人民政府应当加强对农业结构调整的引导和管理,防止破坏耕地耕作层;设施农业用地不再使用的,应当及时组织恢复种植条件。

第十二条 国家对耕地实行特殊保护,严守耕地保护红线,严格控制耕地转为林地、草地、园地等其他农用地,并建立耕地保护补偿制度,具体办法和耕地保护补偿实施步骤由国务院自然资源主管部门会同有关部门规定。

非农业建设必须节约使用土地,可以利用荒地的,不得占用耕地;可以利用劣地的,不得占用好地。禁止占用耕地建窑、建坟或者擅自在耕地上建房、挖砂、采石、采矿、取土等。禁止占用永久基本农田发展林果业和挖塘养鱼。

耕地应当优先用于粮食和棉、油、糖、蔬菜等农产品生产。按照国家有关规定需要将耕地转为林地、草地、园地等其他农用地的,应当优先使用难以长期稳定利用的耕地。

第十三条 省、自治区、直辖市人民政府对本行政区域耕地保护负总责,其主要负责人是本行政区域耕地保护的第一责任人。

省、自治区、直辖市人民政府应当将国务院确定的耕地保有量和永久基本农田保护任务分解下达,落实到具体地块。

国务院对省、自治区、直辖市人民政府耕地保护责任目标落实情况进行考核。

第四章　建 设 用 地

第一节　一 般 规 定

第十四条　建设项目需要使用土地的,应当符合国土空间规划、土地利用年度计划和用途管制以及节约资源、保护生态环境的要求,并严格执行建设用地标准,优先使用存量建设用地,提高建设用地使用效率。

从事土地开发利用活动,应当采取有效措施,防止、减少土壤污染,并确保建设用地符合土壤环境质量要求。

第十五条　各级人民政府应当依据国民经济和社会发展规划及年度计划、国土空间规划、国家产业政策以及城乡建设、土地利用的实际状况等,加强土地利用计划管理,实行建设用地总量控制,推动城乡存量建设用地开发利用,引导城镇低效用地再开发,落实建设用地标准控制制度,开展节约集约用地评价,推广应用节地技术和节地模式。

第十六条　县级以上地方人民政府自然资源主管部门应当将本级人民政府确定的年度建设用地供应总量、结构、时序、地块、用途等在政府网站上向社会公布,供社会公众查阅。

第十七条　建设单位使用国有土地,应当以有偿使用方式取得;但是,法律、行政法规规定可以以划拨方式取得的除外。

国有土地有偿使用的方式包括:

(一)国有土地使用权出让;

(二)国有土地租赁;

(三)国有土地使用权作价出资或者入股。

第十八条　国有土地使用权出让、国有土地租赁等应当依照国家有关规定通过公开的交易平台进行交易,并纳入统一的公共资源交易平台体系。除依法可以采取协议方式外,应当采取招标、拍卖、挂牌等竞争性方式确定土地使用者。

第十九条　《土地管理法》第五十五条规定的新增建设用地的土地有偿使用费,是指国家在新增建设用地中应取得的平均土地纯收益。

第二十条　建设项目施工、地质勘查需要临时使用土地的,应当尽量不占或者少占耕地。

临时用地由县级以上人民政府自然资源主管部门批准,期限一般不超过二年;建设周期较长的能源、交通、水利等基础设施建设使用的临时用地,期限不超过四年;法律、行政法规另有规定的除外。

土地使用者应当自临时用地期满之日起一年内完成土地复垦,使其达到可供利用状态,其中占用耕地的应当恢复种植条件。

第二十一条　抢险救灾、疫情防控等急需使用土地的,可以先行使用土地。其中,属于临时用地的,用后应当恢复原状并交还原土地使用者使用,不再办理用地审批手续;属于永久性建设用地的,建设单位应当在不晚于应急处置工作结束六个月内申请补办建设用地审批手续。

第二十二条　具有重要生态功能的未利用地应当依法划入生态保护红线,实施严格保护。

建设项目占用国土空间规划确定的未利用地的,按照省、自治区、直辖市的规定办理。

第二节　农用地转用

第二十三条　在国土空间规划确定的城市和村庄、集镇建设用地范围内,为实施该规划而将农用地转为建设用地的,由市、县人民政府组织自然资源等部门拟订农用地转用方案,分批次报有批准权的人民政府批准。

农用地转用方案应当重点对建设项目安排、是否符合国土空间规划和土地利用年度计划以及补充耕地情况作出说明。

农用地转用方案经批准后,由市、县人民政府组织实施。

第二十四条　建设项目确需占用国土空间规划确定的城市和村庄、集镇建设用地范围外的农用地,涉及占用永久基本农田的,由国务院批准;不涉及占用永久基本农田的,由国务院或者国务院授权的省、自治区、直辖市人民政府批准。具体按照下列规定办理:

(一)建设项目批准、核准前或者备案前后,由自然资源主管部门对建设项目用地事项进行审查,提出建设项目用地预审意见。建设项目需要申请核发选址意见书的,应当合并办理建设项目用地预审与选址意见书,核发建设项目用地预审与选址意见书。

(二)建设单位持建设项目的批准、核准或者备案文件,向市、县人民政府提出建设用地申请。市、县人民政府组织自然资源等部门拟订农用地转用方案,报有批准权的人民政府批准;依法应当由国务院批准的,由省、自治区、直辖市人民政府审核后上报。农用地转用方案应当重点对是否符合国土空间规划和土地利用年度计划以及补充耕地情况作出说明,涉及占用永久基本农田的,还应当对占用永久基本农田的必要性、合理性和补划可行性作出说明。

(三)农用地转用方案经批准后,由市、县人民政府组织实施。

第二十五条　建设项目需要使用土地的,建设单位原则上应当一次申请,办理建设用地审批手续,确需分期建设的项目,可以根据可行性研究报告确定的方案,分期申请建设用地,分期办理建设用地审批手续。建设过程中用地范围确需调整的,应当依法办理建设用地审批手续。

农用地转用涉及征收土地的,还应当依法办理征收土地手续。

第三节 土 地 征 收

第二十六条 需要征收土地,县级以上地方人民政府认为符合《土地管理法》第四十五条规定的,应当发布征收土地预公告,并开展拟征收土地现状调查和社会稳定风险评估。

征收土地预公告应当包括征收范围、征收目的、开展土地现状调查的安排等内容。征收土地预公告应当采用有利于社会公众知晓的方式,在拟征收土地所在的乡(镇)和村、村民小组范围内发布,预公告时间不少于十个工作日。自征收土地预公告发布之日起,任何单位和个人不得在拟征收范围内抢栽抢建;违反规定抢栽抢建的,对抢栽抢建部分不予补偿。

土地现状调查应当查明土地的位置、权属、地类、面积,以及农村村民住宅、其他地上附着物和青苗等的权属、种类、数量等情况。

社会稳定风险评估应当对征收土地的社会稳定风险状况进行综合研判,确定风险点,提出风险防范措施和处置预案。社会稳定风险评估应当有被征地的农村集体经济组织及其成员、村民委员会和其他利害关系人参加,评估结果是申请征收土地的重要依据。

第二十七条 县级以上地方人民政府应当依据社会稳定风险评估结果,结合土地现状调查情况,组织自然资源、财政、农业农村、人力资源和社会保障等有关部门拟定征地补偿安置方案。

征地补偿安置方案应当包括征收范围、土地现状、征收目的、补偿方式和标准、安置对象、安置方式、社会保障等内容。

第二十八条 征地补偿安置方案拟定后,县级以上地方人民政府应当在拟征收土地所在的乡(镇)和村、村民小组范围内公告,公告时间不少于三十日。

征地补偿安置公告应当同时载明办理补偿登记的方式和期限、异议反馈渠道等内容。

多数被征地的农村集体经济组织成员认为拟定的征地补偿安置方案不符合法律、法规规定的,县级以上地方人民政府应当组织听证。

第二十九条 县级以上地方人民政府根据法律、法规规定和听证会等情况确定征地补偿安置方案后,应当组织有关部门与拟征收土地的所有权人、使用权人签订征地补偿安置协议。征地补偿安置协议示范文本由省、自治区、直辖市人民政府制定。

对个别确实难以达成征地补偿安置协议的,县级以上地方人民政府应当在申请征收土地时如实说明。

第三十条 县级以上地方人民政府完成本条例规定的征地前期工作后,方可提出征收土地申请,依照《土地管理法》第四十六条的规定报有批准权的人民政府批准。

有批准权的人民政府应当对征收土地的必要性、合理性、是否符合《土地管理法》第四十五条规定的为了公共利益确需征收土地的情形以及是否符合法定程序进行审查。

第三十一条 征收土地申请经依法批准后,县级以上地方人民政府应当自收到批准文件之日起十五个工作日内在拟征收土地所在的乡(镇)和村、村民小组范围内发布征收土地公告,公布征收范围、征收时间等具体工作安排,对个别未达成征地补偿安置协议的应当作出征地补偿安置决定,并依法组织实施。

第三十二条 省、自治区、直辖市应当制定公布区片综合地价,确定征收农用地的土地补偿费、安置补助费标准,并制定土地补偿费、安置补助费分配办法。

地上附着物和青苗等的补偿费用,归其所有权人所有。

社会保障费用主要用于符合条件的被征地农民的养老保险等社会保险缴费补贴,按照省、自治区、直辖市的规定单独列支。

申请征收土地的县级以上地方人民政府应当及时落实土地补偿费、安置补助费、农村村民住宅以及其他地上附着物和青苗等的补偿费用、社会保障费用等,并保证足额到位,专款专用。有关费用未足额到位的,不得批准征收土地。

第四节 宅基地管理

第三十三条 农村居民点布局和建设用地规模应当遵循节约集约、因地制宜的原则合理规划。县级以上地方人民政府应当按照国家规定安排建设用地指标,合理保障本行政区域农村村民宅基地需求。

乡(镇)、县、市国土空间规划和村庄规划应当统筹考虑农村村民生产、生活需求,突出节约集约用地导向,科学划定宅基地范围。

第三十四条 农村村民申请宅基地的,应当以户为单位向农村集体经济组织提出申请;没有设立农村集体经济组织的,应当向所在的村民小组或者村民委员会提出申请。宅基地申请依法经农村村民集体讨论通过并在本集体范围内公示后,报乡(镇)人民政府审核批准。

涉及占用农用地的,应当依法办理农用地转用审批手续。

第三十五条 国家允许进城落户的农村村民依法自愿有偿退出宅基地。乡(镇)人民政府和农村集体经济组织、村民委员会等应当将退出的宅基地优先用于保障该农村集体经济组织成员的宅基地需求。

第三十六条 依法取得的宅基地和宅基地上的农村村民住宅及其附属设施受法律保护。

禁止违背农村村民意愿强制流转宅基地,禁止违法收回农村村民依法取得的宅基地,禁止以退出宅基地作为农村村民进城落户的条件,禁止强迫农村村民搬迁退出宅基地。

第五节 集体经营性建设用地管理

第三十七条 国土空间规划应当统筹并合理安排集体经营性建设用地布局和用途,

依法控制集体经营性建设用地规模，促进集体经营性建设用地的节约集约利用。

鼓励乡村重点产业和项目使用集体经营性建设用地。

第三十八条 国土空间规划确定为工业、商业等经营性用途，且已依法办理土地所有权登记的集体经营性建设用地，土地所有权人可以通过出让、出租等方式交由单位或者个人在一定年限内有偿使用。

第三十九条 土地所有权人拟出让、出租集体经营性建设用地的，市、县人民政府自然资源主管部门应当依据国土空间规划提出拟出让、出租的集体经营性建设用地的规划条件，明确土地界址、面积、用途和开发建设强度等。

市、县人民政府自然资源主管部门应当会同有关部门提出产业准入和生态环境保护要求。

第四十条 土地所有权人应当依据规划条件、产业准入和生态环境保护要求等，编制集体经营性建设用地出让、出租等方案，并依照《土地管理法》第六十三条的规定，由本集体经济组织形成书面意见，在出让、出租前不少于十个工作日报市、县人民政府。市、县人民政府认为该方案不符合规划条件或者产业准入和生态环境保护要求等的，应当在收到方案后五个工作日内提出修改意见。土地所有权人应当按照市、县人民政府的意见进行修改。

集体经营性建设用地出让、出租等方案应当载明宗地的土地界址、面积、用途、规划条件、产业准入和生态环境保护要求、使用期限、交易方式、入市价格、集体收益分配安排等内容。

第四十一条 土地所有权人应当依据集体经营性建设用地出让、出租等方案，以招标、拍卖、挂牌或者协议等方式确定土地使用者，双方应当签订书面合同，载明土地界址、面积、用途、规划条件、使用期限、交易价款支付、交地时间和开工竣工期限、产业准入和生态环境保护要求，约定提前收回的条件、补偿方式、土地使用权届满续期和地上建筑物、构筑物等附着物处理方式，以及违约责任和解决争议的方法等，并报市、县人民政府自然资源主管部门备案。未依法将规划条件、产业准入和生态环境保护要求纳入合同的，合同无效；造成损失的，依法承担民事责任。合同示范文本由国务院自然资源主管部门制定。

第四十二条 集体经营性建设用地使用者应当按照约定及时支付集体经营性建设用地价款，并依法缴纳相关税费，对集体经营性建设用地使用权以及依法利用集体经营性建设用地建造的建筑物、构筑物及其附属设施的所有权，依法申请办理不动产登记。

第四十三条 通过出让等方式取得的集体经营性建设用地使用权依法转让、互换、出资、赠与或者抵押的，双方应当签订书面合同，并书面通知土地所有权人。

集体经营性建设用地的出租，集体建设用地使用权的出让及其最高年限、转让、互换、出资、赠与、抵押等,参照同类用途的国有建设用地执行,法律、行政法规另有规定的除外。

第五章 监督检查

第四十四条 国家自然资源督察机构根据授权对省、自治区、直辖市人民政府以及国务院确定的城市人民政府下列土地利用和土地管理情况进行督察:

(一)耕地保护情况;

(二)土地节约集约利用情况;

(三)国土空间规划编制和实施情况;

(四)国家有关土地管理重大决策落实情况;

(五)土地管理法律、行政法规执行情况;

(六)其他土地利用和土地管理情况。

第四十五条 国家自然资源督察机构进行督察时,有权向有关单位和个人了解督察事项有关情况,有关单位和个人应当支持、协助督察机构工作,如实反映情况,并提供有关材料。

第四十六条 被督察的地方人民政府违反土地管理法律、行政法规,或者落实国家有关土地管理重大决策不力的,国家自然资源督察机构可以向被督察的地方人民政府下达督察意见书,地方人民政府应当认真组织整改,并及时报告整改情况;国家自然资源督察机构可以约谈被督察的地方人民政府有关负责人,并可以依法向监察机关、任免机关等有关机关提出追究相关责任人责任的建议。

第四十七条 土地管理监督检查人员应当经过培训,经考核合格,取得行政执法证件后,方可从事土地管理监督检查工作。

第四十八条 自然资源主管部门、农业农村主管部门按照职责分工进行监督检查时,可以采取下列措施:

(一)询问违法案件涉及的单位或者个人;

(二)进入被检查单位或者个人涉嫌土地违法的现场进行拍照、摄像;

(三)责令当事人停止正在进行的土地违法行为;

(四)对涉嫌土地违法的单位或者个人,在调查期间暂停办理与该违法案件相关的土地审批、登记等手续;

(五)对可能被转移、销毁、隐匿或者篡改的文件、资料予以封存,责令涉嫌土地违法的单位或者个人在调查期间不得变卖、转移与案件有关的财物;

(六)《土地管理法》第六十八条规定的其他监督检查措施。

第四十九条 依照《土地管理法》第七十三条的规定给予处分的,应当按照管理权限由责令作出行政处罚决定或者直接给予行政处罚的上级人民政府自然资源主管部门或者其他任免机关、单位作出。

第五十条 县级以上人民政府自然资源主管部门应当会同有关部门建立信用监管、动态巡查等机制,加强对建设用地供应交易和供后开发利用的监管,对建设用地市场重大失信行为依法实施惩戒,并依法公开相关信息。

第六章 法 律 责 任

第五十一条 违反《土地管理法》第三十七条的规定,非法占用永久基本农田发展林果业或者挖塘养鱼的,由县级以上人民政府自然资源主管部门责令限期改正;逾期不改正的,按占用面积处耕地开垦费2倍以上5倍以下的罚款;破坏种植条件的,依照《土地管理法》第七十五条的规定处罚。

第五十二条 违反《土地管理法》第五十七条的规定,在临时使用的土地上修建永久性建筑物的,由县级以上人民政府自然资源主管部门责令限期拆除,按占用面积处土地复垦费5倍以上10倍以下的罚款;逾期不拆除的,由作出行政决定的机关依法申请人民法院强制执行。

第五十三条 违反《土地管理法》第六十五条的规定,对建筑物、构筑物进行重建、扩建的,由县级以上人民政府自然资源主管部门责令限期拆除;逾期不拆除的,由作出行政决定的机关依法申请人民法院强制执行。

第五十四条 依照《土地管理法》第七十四条的规定处以罚款的,罚款额为违法所得的10%以上50%以下。

第五十五条 依照《土地管理法》第七十五条的规定处以罚款的,罚款额为耕地开垦费的5倍以上10倍以下;破坏黑土地等优质耕地的,从重处罚。

第五十六条 依照《土地管理法》第七十六条的规定处以罚款的,罚款额为土地复垦费的2倍以上5倍以下。

违反本条例规定,临时用地期满之日起一年内未完成复垦或者未恢复种植条件的,由县级以上人民政府自然资源主管部门责令限期改正,依照《土地管理法》第七十六条的规定处罚,并由县级以上人民政府自然资源主管部门会同农业农村主管部门代为完成复垦或者恢复种植条件。

第五十七条 依照《土地管理法》第七十七条的规定处以罚款的,罚款额为非法占用土地每平方米100元以上1 000元以下。

违反本条例规定,在国土空间规划确定的禁止开垦的范围内从事土地开发活动的,由县级以上人民政府自然资源主管部门责令限期改正,并依照《土地管理法》第七十七条的规定处罚。

第五十八条　依照《土地管理法》第七十四条、第七十七条的规定,县级以上人民政府自然资源主管部门没收在非法转让或者非法占用的土地上新建的建筑物和其他设施的,应当于九十日内交由本级人民政府或者其指定的部门依法管理和处置。

第五十九条　依照《土地管理法》第八十一条的规定处以罚款的,罚款额为非法占用土地每平方米100元以上500元以下。

第六十条　依照《土地管理法》第八十二条的规定处以罚款的,罚款额为违法所得的10%以上30%以下。

第六十一条　阻碍自然资源主管部门、农业农村主管部门的工作人员依法执行职务,构成违反治安管理行为的,依法给予治安管理处罚。

第六十二条　违反土地管理法律、法规规定,阻挠国家建设征收土地的,由县级以上地方人民政府责令交出土地;拒不交出土地的,依法申请人民法院强制执行。

第六十三条　违反本条例规定,侵犯农村村民依法取得的宅基地权益的,责令限期改正,对有关责任单位通报批评、给予警告;造成损失的,依法承担赔偿责任;对直接负责的主管人员和其他直接责任人员,依法给予处分。

第六十四条　贪污、侵占、挪用、私分、截留、拖欠征地补偿安置费用和其他有关费用的,责令改正,追回有关款项,限期退还违法所得,对有关责任单位通报批评、给予警告;造成损失的,依法承担赔偿责任;对直接负责的主管人员和其他直接责任人员,依法给予处分。

第六十五条　各级人民政府及自然资源主管部门、农业农村主管部门工作人员玩忽职守、滥用职权、徇私舞弊的,依法给予处分。

第六十六条　违反本条例规定,构成犯罪的,依法追究刑事责任。

第七章　附　　则

第六十七条　本条例自2021年9月1日起施行。

中华人民共和国城市房地产管理法

(1994年7月5日第八届全国人民代表大会常务委员会第八次会议通过　根据2007年8月30日第十届全国人民代表大会常务委员会第二十九次会议《关于修改〈中华人民共和国城市房地产管理法〉的决定》第一次修正　根据2009年8月27日第十一届全国人民代表大会常务委员会第十次会议《关于修改部分法律的决定》第二次修正　根据2019年8月26日第十三届全国人民代表大会常务委员会第十二次会议《关于修改〈中华

人民共和国土地管理法〉、〈中华人民共和国城市房地产管理法〉的决定》第三次修正)

第一章 总 则

第一条 为了加强对城市房地产的管理,维护房地产市场秩序,保障房地产权利人的合法权益,促进房地产业的健康发展,制定本法。

第二条 在中华人民共和国城市规划区国有土地(以下简称国有土地)范围内取得房地产开发用地的土地使用权,从事房地产开发、房地产交易,实施房地产管理,应当遵守本法。

本法所称房屋,是指土地上的房屋等建筑物及构筑物。

本法所称房地产开发,是指在依据本法取得国有土地使用权的土地上进行基础设施、房屋建设的行为。

本法所称房地产交易,包括房地产转让、房地产抵押和房屋租赁。

第三条 国家依法实行国有土地有偿、有限期使用制度。但是,国家在本法规定范围内划拨国有土地使用权的除外。

第四条 国家根据社会、经济发展水平,扶持发展居民住宅建设,逐步改善居民的居住条件。

第五条 房地产权利人应当遵守法律和行政法规,依法纳税。房地产权利人的合法权益受法律保护,任何单位和个人不得侵犯。

第六条 国务院建设行政主管部门、土地管理部门依照国务院规定的职权划分,各司其职,密切配合。管理全国房地产工作。

县级以上地方人民政府房产管理、土地管理部门的机构设置及其职权由省、自治区、直辖市人民政府确定。

第二章 房地产开发用地

第一节 土地使用权出让

第七条 土地使用权出让,是指国家将国有土地使用权(以下简称土地使用权)在一定年限内出让给土地使用者,由土地使用者向国家支付土地使用权出让金的行为。

第八条 城市规划区内的集体所有的土地,经依法征用转为国有土地后,该幅国有土地的使用权方可有偿转让。

第九条 土地使用权出让,必须符合土地利用总体规划、城市规划和年度建设用地计划。

第十条 县级以上人民政府出让土地使用权用于房地产开发的,须根据省级以上人民政府下达的控制指标拟订年度出让土地使用权总面积方案,按照国务院规定,报国务院或者省级人民政府批准。

第十一条 土地使用权出让,由市、县人民政府有计划、有步骤地进行。出让的每幅地块、用途、年限和其他条件,由市、县人民政府土地管理部门会同城市规划、建设、房产管理部门共同拟定方案,按照国务院规定,报经有批准权的人民政府批准后,由市、县人民政府土地管理部门实施。直辖市的县人民政府及其有关部门行使前款规定的权限,由直辖市人民政府规定。

第十二条 土地使用权出让,可以采取拍卖、招标或者双方协议的方式。商业、旅游、娱乐和豪华住宅用地,有条件的,必须采取拍卖、招标方式;没有条件,不能采取拍卖、招标方式的,可以采取双方协议的方式。采取双方协议方式出让土地使用权的出让金不得低于按国家规定所确定的。

第十三条 土地使用权出让年限由国务院规定。

第十四条 土地使用权出让,应当签订书面出让合同。土地使用权出让合同由市、县人民政府土地管理部门与土地使用者签订。

第十五条 土地使用者必须按照出让合同约定,支付土地使用权出让金;未按照出让合同约定支付土地使用权出让金的,土地管理部门有权解除合同,并可以请求违约赔偿。

第十六条 土地使用者按照出让合同约定支付土地使用权出让金的,市、县人民政府土地管理部门必须按照出让合同约定,提供出让的土地;未按照出让合同约定提供出让的土地的,土地使用者有权解除合同,由土地管理部门返还土地使用权出让金,土地使用者并可以请求违约赔偿。

第十七条 土地使用者需要改变土地使用权出让合同约定的土地用途的,必须取得出让方和市、县人民政府城市规划行政主管部门的同意,签订土地使用权出让合同变更协议或者重新签订土地使用权出让合同,相应调整土地使用权出让金。

第十八条 土地使用权出让金应当全部上缴财政,列入预算,用于城市基础设施建设和土地开发,土地使用权出让金上缴和使用的具体办法由国务院规定。

第十九条 国家对土地使用者依法取得的土地使用权,在出让合同约定的使用年限届满前不收回在特殊情况下,根据社会公共利益的需要,可以依照法律程序提前收回,并根据土地使用者使用土地的实际年限和开发土地的实际情况给予相应的补偿。

第二十条 土地使用权因土地灭失而终止。

第二十一条 土地使用权出让合同约定的使用年限届满,土地使用者需要继续使用土地的,应当至迟于届满前一年申请续期,除根据社会公共利益需要收回该幅土地的,应当予以批准。经批准准予续期的,应当重新签订土地使用权出让合同,依照规定支付土地使用权出让金。土地使用权出让合同约定的使用年限届满,土地使用者未申请续期或者虽申请续期但依照前款规定未获批准的,土地使用权由国家无偿收回。

第二节 土地使用权划拨

第二十二条 土地使用权划拨,是指县级以上人民政府依法批准,在土地使用者缴纳补偿、安置等费用后将该幅土地交付其使用,或者将土地使用权无偿交付给上地使用者使用的行为。

依照本法规定以划拨方式取得上地使用权的,除法律、行政法规另有规定外,没有使用期限的限制。

第二十三条 下列建设用地的土地使用权,确属必需的,可以由县级以上人民政府依法批准划拨。

(一)国家机关用地和军事用地;

(二)城市基础设施用地和公益事业用地;

(三)国家重点扶持的能源、交通、水利等项目用地;

(四)法律、行政法规规定的其他用地。

第三章 房地产开发

第二十四条 房地产开发必须严格执行城市规划,按照经济效益、环境效益相统一的原则,实行全面规划、合理布局、综合开发、配套建设。

第二十五条 以出让方式取得土地使用权进行房地产开发的,必须按照土地使用权出让合同约定的土地用途、动工开发期限开发土地。超过出让合同约定的动工开发日期满一年未动工开发的,可以征收相当于土地使用权出让金20%以下的土地闲置费;满2年未动工开发的,可以无偿收回土地使用权;但是,因不可抗力或者政府,政府有关部门的行为或者动工开发必需的前期工作造成动工开发迟延的除外。

第二十六条 房地产开发项目的设计、施工,必须符合国家的有关标准和规范。

房地产开发项目竣工,经验收合格后,方可交付使用。

第二十七条 依法取得的土地使用权,可以依照本法和有关法律、行政法规的规定,作价入股、合资、合作开发经营房地产。

第二十八条 国家采取税收等方面的优惠措施鼓励和扶持房地产开发企业开发建设居民住宅。

第二十九条 房地产开发企业是以营利为目的,从事房地产开发和经营的企业。设立房地产开发企业,应当具备下列条件:

(一)有自己的名称和组织机构;

(二)有固定的经营场所;

(三)有符合国务院规定的注册资本;

(四)有足够的专业技术人员;

（五）法律、行政法规规定的其他条件。

设立房地产开发企业，应当向工商行政管理部门申请设立登记。工商行政管理部门对符合本法规定条件的，应当予以登记，发给营业执照；对不符合本法规定条件的，不予登记。

设立有限责任公司、股份有限公司，从事房地产开发经营的，还应当执行公司法的有关规定。房地产开发企业在领取营业执照后的一个月内，应当到登记机关所在地的县级以上人民政府规定的部门备案。

第三十条 房地产开发企业的注册资本与投资总额的比例应当符合国家有关规定。

房地产开发企业分期开发房地产的，分期投资额应当与项目规模相适应，并按照土地使用权出让合同的规定，按期投入资金，用于项目建设。

第四章 房地产交易

第一节 一般规定

第三十一条 房地产转让、抵押时，房屋的所有权和该房屋占用范围内的土地使用权同时的转让、抵押。

第三十二条 基准地价、标定地价和各类房屋的重置价格应当定期确定并公布。具体办法由国务院规定。

第三十三条 国家实行房地产价格评估制度。

房地产价格评估，应当遵循公正、公平、公开的原则，按照国家规定的技术标准和评估程序，以基准地价标定地价和各类房屋的重置价格为基础，参照当地的市场价格进行评。

第三十四条 国家实行房地产成交价格申报制度。

房地产权利人转让房地产，应当向县级以上地方人民政府规定的部门如实申报成交价，不得瞒报或者作不实的申报。

第三十五条 房地产转让、抵押，当事人应当依照本法第五章的规定办理权属登记。

第五章 房地产权属登记管理

第五十九条 国家实行土地使用权和房屋所有权登记发证制度。

第六十条 以出让或者划拨方式取得土地使用权，应当向县级以上地方人民政府土地管理部门申请登记，经县级以上地方人民政府土地管理部门核实，由同级人民政府颁发土地使用权证书。

在依法取得的房地产开发用地上建成房屋的，应当凭土地使用权证书向县级以上地方人民政府房产管理部门申请登记，由县级以上人民政府房产管理部门核实并颁发房屋所有权证书。

房地产转让或者变更时,应当向县级以上地方人民政府房产管理部门申请房产变更登记,并凭变更后的房屋所有权证书向同级人民政府土地管理部门申请土地使用权变更登记,经同级人民政府土地管理部门核实,由同级人民政府更换或者更改土地使用权证书。

法律另有规定的,依照有关法律的规定办理。

第六十一条 房地产抵押时,应当向县级以上地方人民政府规定的部门办理抵押登记。

因处分抵押房地产而取得土地使用权和房屋所有权的,应当依照本章规定办理过户登记。

第六十二条 经省、自治区、直辖市人民政府确定,县级以上地方人民政府由一个部门统一负责房产管理和土地管理工作的,可以制作颁发统一的房地产权证书,依照本法第六十条的规定,将房屋的所有权和该房屋占用范围内的土地使用权的确认和变更,分别载入房地产权证书。

第六章 法律责任

第六十三条 违反本法第十条、第十一条的规定,擅自批准出让或者擅自出让土地使用权用于房地产开发的,由上级机关或者所在单位给予有关责任人员行政处分。

第六十四条 违反本法第二十九条的规定,未取得营业执照擅自从事房地产开发业务的,由县级以上人民政府工商行政管理部门责令停止房地产开发业务活动,没收违法所得,可以并处罚款。

第六十五条 违反、本法第三十八条第一款的规定转让土地使用权的,由县级以上人民政府土地管理部门没收违法所得,可以并处罚款。

第六十六条 违反本法第三十九条第一款的规定转让房地产的,有县级以上人民政府土地管理部门责令缴纳土地使用权出让金,没收违法所得,可以并处罚款。

第六十七条 违反本法第四十四条第一款的规定预售商品房的,由县级以上人民政府房地产管理部门责令停止预售活动,没收违法所得,可以并处罚款。

第六十八条 违反本法第五十七条的规定,未取得营业执照擅自从事房地产中介服务业务的,由县级以上人民政府工商行政管理部门责令停止房地产中介服务业务活动,没收违法所得,可以并处罚款。

第六十九条 没有法律、法规的依据,向房地产开发企业收费的,上级机关应当责令退回所收取的钱款;情节严重的,由上级机关或者所在单位给予直接责任人员行政处分。

第七十条 房地产管理部门、土地管理部门工作人员玩忽职守、滥用职权,构成犯罪的,依法追究刑事责任;不构成犯罪的,给予行政处分。房地产管理部门、土地管理部门工作人员旅游职务上的便利,索取他人财物,或者非法收受他人财物为他人谋利益,构成犯罪的,依照贪污罪贿赂罪的补充规定追究刑事责任;不构成犯罪的,给予行政处分。

第七章 附 则

第七十一条 在城市规划区外的国有上地范围内取得房地产开发用地的土地使用权。从事房地产开发、交易活动以及实施房地产管理,参照本法执行。

第七十二条 本法自 1995 年 1 月 1 日起施行。

国务院办公厅关于规范国有土地使用权出让收支管理的通知

(国办发〔2006〕100 号)

各省、自治区、直辖市人民政府,国务院各部委、各直属机构:

我国是一个人多地少的发展中国家,加强土地管理,严格保护耕地,推进土地节约集约利用,始终是我国现代化建设中的一个全局性、战略性问题。将土地出让收支纳入地方预算,实行"收支两条线"管理,是落实科学发展观,构建社会主义和谐社会,加强土地调控的一项重要举措。根据《国民经济和社会发展第十一个五年规划纲要》、《国务院关于深化改革严格土地管理的决定》(国发〔2004〕28 号)以及《国务院关于加强土地调控有关问题的通知》(国发〔2006〕31 号)的规定,经国务院同意,现就有关事项通知如下:

一、明确国有土地使用权出让收入范围,加强国有土地使用权出让收入征收管理

国有土地使用权出让收入(以下简称土地出让收入)是政府以出让等方式配置国有土地使用权取得的全部土地价款,包括受让人支付的征地和拆迁补偿费用、土地前期开发费用和土地出让收益等。土地价款的具体范围包括:以招标、拍卖、挂牌和协议方式出让国有土地使用权所确定的总成交价款;转让划拨国有土地使用权或依法利用原划拨土地进行经营性建设应当补缴的土地价款;变现处置抵押划拨国有土地使用权应当补缴的土地价款;转让房改房、经济适用住房按照规定应当补缴的土地价款;改变出让国有土地使用权的土地用途、容积率等土地使用条件应当补缴的土地价款,以及其他和国有土地使用权出让或变更有关的收入等。按照土地出让合同规定依法向受让人收取的定金、保证金和预付款,在土地出让合同生效后可以抵作土地价款。

国土资源管理部门依法出租国有土地向承租者收取的土地租金收入;出租划拨土地上的房屋应当上缴的土地收益;土地使用者以划拨方式取得国有土地使用权,依法向市、县人民政府缴纳的土地补偿费、安置补助费、地上附着物和青苗补偿费、拆迁补偿费等费用(不含征地管理费),一并纳入土地出让收入管理。

土地出让收入由财政部门负责征收管理,可由国土资源管理部门负责具体征收。国土资源管理部门和财政部门应当督促土地使用者严格履行土地出让合同,确保将应缴的土地出让收入及时足额缴入地方国库。地方国库负责办理土地出让收入的收纳、划分、留解和拨付等各项业务,确保土地出让收支数据准确无误。对未按照合同约定足额缴纳土地出让收入,并提供有效缴款凭证的,国土资源管理部门不予核发国有土地使用证。要完善制度规定,对违规核发国有土地使用证的,收回土地使用证,并依照有关法律法规追究有关领导和人员的责任。已经实施政府非税收入收缴管理制度改革的地方,土地出让收入纳入政府非税收入收缴管理制度改革范围,统一收缴票据,规范收缴程序,提高收缴效率。任何地区、部门和单位都不得以"招商引资"、"旧城改造"、"国有企业改制"等各种名义减免土地出让收入,实行"零地价",甚至"负地价",或者以土地换项目、先征后返、补贴等形式变相减免土地出让收入。

二、将土地出让收支全额纳入预算,实行"收支两条线"管理

从 2007 年 1 月 1 日起,土地出让收支全额纳入地方基金预算管理。收入全部缴入地方国库,支出一律通过地方基金预算从土地出让收入中予以安排,实行彻底的"收支两条线"。在地方国库中设立专账,专门核算土地出让收入和支出情况。

建立健全年度土地出让收支预决算管理制度。每年第三季度,有关部门要严格按照财政部门规定编制下一年度土地出让收支预算;每年年度终了,有关部门要严格按照财政部门规定编制土地出让收支决算。同时,按照规定程序向同级人民政府报告,政府依法向同级人民代表大会报告。编制年度土地出让收支预算要坚持"以收定支、收支平衡"的原则。土地出让收入预算按照上年土地出让收入情况、年度土地供应计划、地价水平等因素编制;土地出让支出预算根据预计年度土地出让收入情况,按照年度土地征收计划、拆迁计划以及规定的用途、支出范围和支出标准等因素编制;其中,属于政府采购范围的,应当按照规定编制政府采购预算。

三、规范土地出让收入使用范围,重点向新农村建设倾斜

土地出让收入使用范围:(一)征地和拆迁补偿支出。包括土地补偿费、安置补助费、地上附着物和青苗补偿费、拆迁补偿费。(二)土地开发支出。包括前期土地开发性支出以及按照财政部门规定与前期土地开发相关的费用等。(三)支农支出。包括计提农业土地开发资金、补助被征地农民社会保障支出、保持被征地农民原有生活水平补贴支出以及农村基础设施建设支出。(四)城市建设支出。包括完善国有土地使用功能的配套设施建设支出以及城市基础设施建设支出。(五)其他支出。包括土地出让业务费、缴纳新增建设用地土地有偿使用费、计提国有土地收益基金、城镇廉租住房保障支出、支付破产或改制国有企业职工安置费支出等。

土地出让收入的使用要确保足额支付征地和拆迁补偿费、补助被征地农民社会保障

支出、保持被征地农民原有生活水平补贴支出,严格按照有关规定将被征地农民的社会保障费用纳入征地补偿安置费用,切实保障被征地农民和被拆迁居民的合法利益。土地出让收入的使用要重点向新农村建设倾斜,逐步提高用于农业土地开发和农村基础设施建设的比重。用于农村基础设施建设的资金,要重点安排农村饮水、沼气、道路、环境、卫生、教育以及文化等基础设施建设项目,逐步改善农民的生产、生活条件和居住环境,努力提高农民的生活质量和水平。土地前期开发要积极引入市场机制、严格控制支出,通过政府采购招投标方式选择评估、拆迁、工程施工、监理等单位,努力降低开发成本。城市建设支出和其他支出要严格按照批准的预算执行。编制政府采购预算的,应严格按照政府采购的有关规定执行。

为加强土地调控,由财政部门从缴入地方国库的土地出让收入中,划出一定比例资金,用于建立国有土地收益基金,实行分账核算,具体比例由省、自治区、直辖市及计划单列市人民政府确定,并报送财政部和国土资源部备案。国有土地收益基金主要用于土地收购储备。

四、切实保障被征地农民和被拆迁居民利益,建立被征地农民生活保障的长效机制

各地在征地过程中,要认真执行国发〔2004〕28号和国发〔2006〕31号文件中有关征地补偿费的规定,切实保障被征地农民利益。各省、自治区、直辖市要尽快制订并公布各市县征地的统一年产值标准或区片综合地价,依法提高征地补偿标准。出让城市国有土地使用权过程中,要严格依照《城市房屋拆迁管理条例》(国务院令第305号)、有关法律法规和省、自治区、直辖市及计划单列市有关规定支付相关补偿费用,有效保障被拆迁居民、搬迁企业及其职工的合法权益。

建立对被征地农民发放土地补偿费、安置补助费以及地上附着物和青苗补偿费的公示制度,改革对被征地农民征地补偿费的发放方式。有条件的地方,土地补偿费、安置补助费以及地上附着物和青苗补偿费等相关费用中应当支付给被征地农民的部分,可以根据征地补偿方案,由集体经济组织提供具体名单,通过发放记名银行卡或者存折方式直接发放给被征地农民,减少中间环节,防止被截留、挤占和挪用,切实保障被征地农民利益。

被征地农民参加有关社会保障所需的个人缴费,可以从其所得的土地补偿费、安置补助费中直接缴纳。地方人民政府可以从土地出让收入中安排一部分资金用于补助被征地农民社会保障支出,逐步建立被征地农民生活保障的长效机制。

五、加强国有土地储备管理,建立土地储备资金财务会计核算制度

国土资源部、财政部要抓紧研究制订土地储备管理办法,对土地储备的目标、原则、范围、方式和期限等作出统一规定,防止各地盲目储备土地。要合理控制土地储备规模,降低土地储备成本。土地储备实行项目预决算管理,国土资源管理部门应当于每年第三

季度根据年度土地储备计划,编制下一年度土地储备资金收支预算,报财政部门审核;每年年度终了,要按照规定向财政部门报送土地储备资金收支决算。财政部要会同国土资源部抓紧研究制订土地储备资金财务管理办法、会计核算办法,建立健全土地储备成本核算制度。财政部门要加强对土地储备资金使用的监督管理,规范运行机制,严禁挤占、挪用土地储备资金。

六、加强部门间协作与配合,建立土地出让收支信息共享制度

国土资源管理部门与财政部门要加强协作,建立国有土地出让、储备及收支信息共享制度。国土资源管理部门应当将年度土地供应计划、年度土地储备计划以及签订的国有土地出让合同中有关土地出让总价款、约定的缴款时间等相关资料及时抄送财政部门,财政部门应当及时将土地出让收支情况反馈给国土资源管理部门。

财政部门、国土资源管理部门要与地方国库建立土地出让收入定期对账制度,对应缴国库、已缴国库和欠缴国库的土地出让收入数额进行定期核对,确保有关数据准确无误。

财政部门要会同国土资源管理部门、人民银行机构建立健全年度土地出让收支统计报表以及分季收支统计明细报表体系,统一土地出让收支统计口径,确保土地出让收支统计数据及时、准确、真实,为加强土地出让收支管理提供必要的基础数据。土地出让收支统计报表体系由财政部会同国土资源部、人民银行研究制订。

七、强化土地出让收支监督管理,防止国有土地资产收益流失

财政部门、国土资源管理部门、人民银行机构以及审计机关要建立健全对土地出让收支情况的定期和不定期监督检查制度,强化对土地出让收支的监督管理,确保土地出让收入及时足额上缴国库,支出严格按照财政预算管理的规定执行。

土地出让合同、征地协议等应约定对土地使用者不按时足额缴纳土地出让收入的,按日加收违约金额1‰的违约金。违约金随同土地出让收入一并缴入地方国库。对违反本通知规定,擅自减免、截留、挤占、挪用应缴国库的土地出让收入,不执行国家统一规定的会计、政府采购等制度的,要严格按照土地管理法、会计法、审计法、政府采购法、《财政违法行为处罚处分条例》(国务院令第427号)和《金融违法行为处罚办法》(国务院令第260号)等有关法律法规进行处理,并依法追究有关责任人的责任;触犯刑法的,依法追究有关人员的刑事责任。

规范土地出让收支管理,不仅有利于促进节约集约用地,而且有利于促进经济社会可持续发展,对于保持社会稳定,推进社会主义和谐社会建设,以及加强党风廉政建设都具有十分重要的意义。各地区、各部门必须高度重视,坚决把思想统一到党中央、国务院决策部署上来,采取积极有效措施,确保规范土地出让收支管理政策的贯彻落实。

国务院办公厅
二〇〇六年十二月十七日

财政部 自然资源部 税务总局 人民银行关于将国有土地使用权出让收入、矿产资源专项收入、海域使用金、无居民海岛使用金四项政府非税收入划转税务部门征收有关问题的通知

(财综〔2021〕19号)

各省、自治区、直辖市、计划单列市财政厅(局)、自然资源厅(局),新疆生产建设兵团财政局、自然资源局,国家税务总局各省、自治区、直辖市、计划单列市税务局,中国人民银行上海总部,各分行、营业管理部,各省会(首府)城市中心支行,各副省级城市中心支行:

为贯彻落实党中央、国务院关于政府非税收入征管职责划转税务部门的有关部署和要求,决定将国有土地使用权出让收入、矿产资源专项收入、海域使用金、无居民海岛使用金四项政府非税收入统一划转税务部门征收。现就平稳有序推进划转工作有关事项通知如下:

一、将由自然资源部门负责征收的国有土地使用权出让收入、矿产资源专项收入、海域使用金、无居民海岛使用金四项政府非税收入(以下简称四项政府非税收入),全部划转给税务部门负责征收。自然资源部(本级)按照规定负责征收的矿产资源专项收入、海域使用金、无居民海岛使用金,同步划转税务部门征收。

二、先试点后推开。自2021年7月1日起,选择在河北、内蒙古、上海、浙江、安徽、青岛、云南省(自治区、直辖市、计划单列市)以省(区、市)为单位开展征管职责划转试点,探索完善征缴流程、职责分工等,为全面推开划转工作积累经验。暂未开展征管划转试点地区要积极做好四项政府非税收入征收划转准备工作,自2022年1月1日起全面实施征管划转工作。

三、四项政府非税收入划转给税务部门征收后,以前年度和今后形成的应缴未缴收入以及按规定分期缴纳的收入,由税务部门负责征缴入库,有关部门应当配合做好相关信息传递和材料交接工作。税务部门应当按照国库集中收缴制度等规定,依法依规开展收入征管工作,确保非税收入及时足额缴入国库。已缴入财政非税专户,但尚未划缴国库的有关资金,由财政部门按非税收入收缴管理制度规定缴入国库。

四、税务部门按照属地原则征收四项政府非税收入。具体征收机关由国家税务总局有关省(自治区、直辖市、计划单列市)税务局按照"便民、高效"原则确定。原由自然资源部(本级)负责征收的矿产资源专项收入、海域使用金、无居民海岛使用金等非税收入,征管职责划转后的具体工作由国家税务总局北京市税务局承担。

五、税务部门应当商财政、自然资源、人民银行等部门逐项确定职责划转后的征缴流程,实现办事缴费"一门、一站、一次"办理,不断提高征管效率,降低征管成本。具体征缴

流程可参照本通知附件流程图并结合当地实际研究确定。涉及经费划转的,方案按程序报批。

六、税务部门征收四项政府非税收入应当使用财政部统一监(印)制的非税收入票据,按照税务部门全国统一信息化方式规范管理。

七、资金入库后需要办理退库的,应当按照财政部门有关退库管理规定办理。其中,因缴费人误缴、税务部门误收需要退库的,由缴费人向税务部门申请办理,税务部门经严格审核并商有关财政、自然资源部门复核同意后,按规定办理退付手续;其他情形需要退库的,由缴费人向财政部门和自然资源部门申请办理。人民银行国库管理部门按规定办理退付手续。

八、除本通知规定外,四项政府非税收入的征收范围、对象、标准、减免、分成、使用、管理等政策,继续按照现行规定执行。

九、自然资源部门与使用权人签订出让、划拨等合同后,应当及时向税务部门和财政部门传递相关信息,确保征管信息实时共享。税务部门应会同财政、自然资源、人民银行等部门做好业务衔接和信息互联互通工作,并将计征、缴款等明细信息通过互联互通系统传递给财政、自然资源、人民银行等相关部门,确保征管信息实时共享,账目清晰无误。同时,向财政部门报送征收情况,并附文字说明材料。

各级财政、自然资源、税务、人民银行等部门要把思想认识统一到中央决策部署上来,切实提高政治站位,强化部门协作配合,形成非税收入征管职责划转协同共治合力。各地在征管职责划转试点工作中若遇到重大问题,应当及时向税务总局报告,税务总局应当会同财政部、自然资源部、人民银行等有关部门根据试点情况,研究完善具体征缴流程,指导各地做好划转工作;涉及地方跨部门协调难点问题,应当及时向同级政府报告,请地方政府及时协调解决和处理,确保划转工作顺利进行。

附件:国有土地使用权出让收入等四项政府非税收入征缴流程(略)

财政部　自然资源部
税务总局　人民银行
2021年5月21日

财政部 国土资源部关于印发《矿产资源节约与综合利用专项资金管理办法》的通知

(财建〔2013〕81号)

中央有关部门,有关中央企业,各省、自治区、直辖市、计划单列市财政厅(局)、国土资源主管部门：

为规范矿产资源节约与综合利用专项资金管理,提高资金使用效益,根据《中华人民共和国预算法》等有关法律、法规规定,我们制定了《矿产资源节约与综合利用专项资金管理办法》。现印发给你们,请遵照执行。

2013 年 3 月 26 日

矿产资源节约与综合利用专项资金管理办法

第一章 总 则

第一条 为加强和规范矿产资源节约与综合利用专项资金(以下简称专项资金)管理,提高资金使用效益,依据《中华人民共和国预算法》、《财政部 国土资源部关于将矿产资源专项收入统筹安排使用的通知》(财建〔2010〕925号)等规定制定本办法。

注：根据《财政部关于公布废止和失效的财政规章和规范性文件目录(第十三批)的决定》(财政部令第103号)的规定,本文件自2020年1月23日起失效。

第二条 专项资金由中央财政通过中央分成的矿产资源专项收入安排,主要用于矿产资源综合利用示范基地(以下简称示范基地)建设。

第三条 专项资金安排按照党的十八大提出的全面促进资源节约和加强矿产资源保护、合理开发等有关要求,以加强全过程节约管理,推动资源利用方式根本转变为目的,以"关系全局、意义深远、带动性强"为原则,选择资源分布相对集中、资源潜力大、综合利用前景好、矿产开发布局基本合理的地区,依托大型骨干矿业集团,开展示范基地建设工作。

第四条 专项资金专款专用,任何单位和个人不得截留、挤占和挪用。

第二章 支持重点及条件

第五条 专项资金重点支持提高矿产资源开采回采率、选矿回收率和综合利用率,低品位、共伴生、难选冶及尾矿资源高效利用,以及多矿种兼探兼采和综合开发利用。主要包括以下7个领域：(一)油气及共伴生资源综合利用。重点支持油盐、油钾的综合开发利用,支持稠油、低渗、超低渗油气资源综合利用；积极开展页岩气、致密砂岩气、煤层气、油砂、油页岩、天然气水合物等综合开发利用。

(二)煤炭及共伴生资源综合利用。重点支持煤炭煤层气、煤铝的综合开发利用；支持特厚煤层、缺煤地区极薄和中薄煤层、特殊稀缺煤种及煤系伴生高岭土资源的综合开发利用,"以矸换煤"绿色开采等。

(三)黑色金属综合利用。重点支持钒钛磁铁矿、赤铁矿、褐铁矿、菱铁矿等低品位、难利用铁矿及尾矿资源综合利用,锰、铬矿资源高效利用。

（四）有色金属综合利用。重点支持低品位、难选冶、共伴生铜、铅、锌、钨、钼、镍、锡、锑、铝土矿等资源及尾矿综合利用。

（五）稀有、稀土及贵金属综合利用。重点支持轻、重稀土资源综合利用，稀有金属综合利用，低品位金矿及共伴生、尾矿资源综合利用。

（六）化工及非金属综合利用。重点支持钾盐、中低品位磷矿、硼铁矿、萤石、石墨资源及其他特色非金属资源综合利用。

（七）铀矿及共伴生资源综合利用。重点支持煤铀、硼铀、钼铀等矿床共生组合，北方砂岩型、南方硬岩型铀矿及共伴生铼资源等综合开发利用。

第六条 示范基地建设责任主体为矿山企业，应当具备以下基本条件：

（一）法定证照齐全、有效。

（二）依法履行了采矿权人的法定义务，按时、足额缴纳国家有关税费。

（三）矿山企业在相关领域和专业具有较强的技术优势和创新能力，具备必备的人才条件、技术装备和组织管理能力；管理机构健全，有专门的矿山地质、采矿、选矿管理机构和技术人员。

（四）采选技术方法先进，具有规模效应，示范效应突出，可大幅度提高资源利用水平。

（五）矿产资源节约与综合利用水平达到设计或国土资源行政主管部门核定的标准。

（六）近三年矿产资源开发利用年度检查合格，无违法违规记录。

（七）近三年无重大生产安全事故和环境污染事故。

（八）列入矿产资源开发整合方案的，已完成资源整合，并实现规模化、集约化开发利用。

（九）有关资源节约与综合利用工作已纳入矿山企业发展规划，示范基地建设工作能及时有效开展。

（十）具有较强的资金筹措能力，可以落实配套资金。

第三章 支持方式及使用范围

第七条 专项资金由财政部和国土资源部共同管理。财政部负责确定专项资金年度预算，国土资源部负责确定示范基地名单。

第八条 国土资源部、财政部发布矿产资源综合利用示范基地建设工作安排和要求，省级国土资源部门、财政部门，以及有关中央企业在充分论证的基础上，提出示范基地建议名单。

第九条 国土资源部会同财政部组织专家对各省和有关中央企业提出的建议名单中的示范基地进行论证，确定示范基地名单。

第十条 示范基地所在地省级国土资源部门、财政部门或所属中央企业依据《全国矿产资源规划》、《矿产资源节约与综合利用"十二五"规划》,以及国土资源部和财政部有关制度规定和工作要求,负责组织示范基地建设单位编制矿产资源综合利用示范基地建设3—5年实施方案。实施方案应明确示范基地建设总体目标和建设任务、年度目标和建设任务,以及年度资金投入。目标任务应当可量化、可考核,资金投入应包括自筹资金和财政补助资金。

第十一条 国土资源部、财政部组织专家对示范基地建设实施方案进行审查论证,一次性核定示范基地建设总投资和年度投资,并确定总目标和年度建设目标。

对于实施方案通过审查论证的示范基地,国土资源部、财政部将在向社会公示后,与其所在地省级人民政府或所属中央企业签订示范建设合作协议。财政部、国土资源部将根据财力可能一次性确定总补助资金和各年度补助资金,并按项目进展情况下达补助资金。中央财政补助资金原则上不超过项目总投资的50%。

第十二条 专项资金重点用于以下方面:

(一) 综合利用相关技术工艺的科技攻关,工程化、工业化技术研究及生产实验研究;

(二) 提高开采回采率、选矿回收率、综合利用率水平,尾矿及固体废弃物综合利用相关的工程建设及设备采购;

(三) 成熟先进技术、方法、工艺的转化、推广与应用;

(四) 技术标准规范的制定、发布,总结推广相关的技术标准、规范以及生产管理模式的相关支出。

第十三条 专项资金不得用于下列事项:

(一) 职工工资、奖金、津补贴及其他福利性支出;投资性支出、捐款及赞助;各种罚款、违约金、滞纳金等支出;缴纳税费等。

(二) 支付矿山建设引起的居民搬迁补偿、征地补偿、青苗补偿等相关支出。

(三) 购置和修建与项目实施无关的设备、装备、房屋、基础设施等固定资产。

(四) 公务车辆、生产辅助材料、低值易耗品、配件及燃料采购等支出。

(五) 归还贷款本息。

(六) 与矿产资源节约与综合利用工作无关的费用。

第四章 预算及财务管理

第十四条 专项资金支付按照财政国库管理制度的有关规定执行。

第十五条 专项资金实行专账核算,各项支出标准参照国家相关标准执行。

第十六条 示范基地建设单位要严格执行国家有关财务会计制度,及时办理年度资金结算和竣工财务决算。示范基地所在地省级财政、国土资源部门或所属中央企业负责批复竣工财务决算,并做好项目决算审计和竣工验收工作。

第十七条 预算一经下达,原则上不做调整。对于示范基地项目地点、建设内容、建设期限、资金投入确需变更的,由省级国土资源、财政部门或所属中央企业审核后报国土资源部、财政部批准。

第五章 监督检查

第十八条 财政部、国土资源部每年将根据本办法第五条规定及经论证的实施方案对示范基地年度建设情况进行考核。

对考核合格的示范基地,财政部、国土资源部将按计划给予持续支持;对考核不合格的项目,财政部、国土资源部将暂停下一年度预算安排,要求其限期整改,经整改仍不符合要求的,取消示范资格并收回已拨付资金。

第十九条 示范基地所在地省级财政部门、国土资源部门或所属中央企业应当强化专项资金监管,建立专项资金使用约束机制,督促矿山企业完善内部财务管理制度,加强示范基地建设工作的监督检查,确保各项目标任务的实现。督促项目承担单位加快预算执行进度,提高专项资金使用效益,重大事项要及时向财政部和国土资源部报告。

第二十条 示范基地建设单位应严格按照批准下达的预算,合理安排使用资金,不得扩大支出范围,不得用于本办法规定支出范围以外的其他支出,自觉接受、主动配合财政、审计及监察等部门的监督检查。

第二十一条 对在示范建设过程中发生安全生产或环境污染事故,以及有其他违法违规行为的示范基地建设单位,财政部、国土资源部将暂停支持,并责令其整改,对于情节特别严重的将收回示范资金,取消其示范资格。

第二十二条 对违反规定,截留、挤占、挪用等违规使用项目资金的,依照《财政违法行为处罚处分条例》及有关法律法规予以处理。涉嫌犯罪的,移送司法机关处理。

第六章 附 则

第二十三条 本办法由财政部、国土资源部负责解释。

第二十四条 本办法自印发之日起实施,原《矿产资源节约与综合利用专项资金管理办法》(财建〔2010〕312号)同时废止。

矿产资源补偿费征收管理规定

(中华人民共和国国务院令第150号)

第一条 为了保障和促进矿产资源的勘查、保护、科学规划、合理开发、总体布置,维护国家对矿产资源的财产权益,根据《中华人民共和国矿产资源法》的有关规定,制定本规定。

第二条 在中华人民共和国领域和其他管辖海域开采矿产资源,应当依照本规定缴纳矿产资源补偿费;法律、行政法规另有规定的,从其规定。

第三条 矿产资源补偿费按照矿产品销售收入的一定比例计征。企业缴纳的矿产资源补偿费列入管理费用。采矿权人对矿产品自行加工的,按照国家规定价格计算销售收入;国家没有规定价格的,按照征收时矿产品的当地市场平均价格计算销售收入。采矿权人向境外销售矿产品的,按照国际市场销售价格计算销售收入。本规定所称矿产品,是指矿产资源经过开采或者采选后,脱离自然赋存状态的产品。

第四条 矿产资源补偿费由采矿权人缴纳。矿产资源补偿费以矿产品销售时使用的货币结算;采矿权人对矿产品自行加工的,以其销售最终产品时使用的货币结算。

第五条 矿产资源补偿费按照下列方式计算:

征收矿产资源补偿费金额＝矿产品销售收入×补偿费费率×开采回采率系数

开采回采率系数＝核定开采回采率/实际开采回采率

核定开采回采率,以按照国家有关规定经批准的矿山设计为准;按照国家有关规定,只要求有开采方案,不要求有矿山设计的矿山企业,其开采回采率由县级以上地方人民政府负责地质矿产管理工作的部门会同同级有关部门核定。

不能按照本条第一款、第二款规定的方式计算矿产资源补偿费的矿种,由国务院地质矿产主管部门会同国务院财政部门另行制定计算方式。

第六条 矿产资源补偿费依照本规定附录所规定的费率征收。

矿产资源补偿费费率的调整,由国务院财政部门、国务院地质矿产主管部门、国务院计划主管部门共同确定,报国务院批准施行。

第七条 矿产资源补偿费由地质矿产主管部门会同财政部门征收。

矿区在县级行政区域内的,矿产资源补偿费由矿区所在地的县级人民政府负责地质矿产管理工作的部门负责征收。

矿区范围跨县级以上行政区域的,矿产资源补偿费由所涉及行政区域的共同上一级人民政府负责地质矿产管理工作的部门负责征收。

矿区范围跨省级行政区域的和在中华人民共和国领海与其他管辖海域的,矿产资源补偿费由国务院地质矿产主管部门授权的省级人民政府地质矿产主管部门负责征收。

第八条 采矿权人应当于每年的7月31日前缴纳上半年的矿产资源补偿费;于下一年度1月31日前缴纳上一年度下半年的矿产资源补偿费。

采矿权人在中止或者终止采矿活动时,应当结缴矿产资源补偿费。

第九条 采矿权人在缴纳矿产资源补偿费时,应当同时提交已采出的矿产品的矿种、产量、销售数量、销售价格和实际开采回采率等资料。

第十条 征收的矿产资源补偿费,应当及时上缴,并按照下款规定的中央与省、自治区、直辖市的分成比例分别入库,年终不再结算。

征收的矿产资源补偿费,应当及时全额就地上缴中央金库,年终按照下款规定的中央与省、自治区、直辖市的分成比例,单独结算。

注:根据《国务院关于修改〈矿产资源补偿费征收管理规定〉的决定》(中华人民共和国国务院令第222号)的规定,自1997年7月3日起,本规定第十条第一款修改为"征收的矿产资源补偿费,应当及时全额上缴,并按照下款规定的中央与省、自治区、直辖市的分成比例分别入库,年终不再结算"。

中央与省、直辖市矿产资源补偿费的分成比例为5∶5;中央与自治区矿产资源补偿费的分成比例为4∶6。

第十一条 矿产资源补偿费纳入国家预算,实行专项管理,主要用于矿产资源勘查。

矿产资源补偿费的具体使用管理办法,由国务院财政部门、国务院地质矿产主管部门、国务院计划主管部门共同制定。

第十二条 采矿权人有下列情形之一的,经省级人民政府地质矿产主管部门会同同级财政部门批准,可以免缴矿产资源补偿费:

(一)从废石(矸石)中回收矿产品的;

(二)按照国家有关规定经批准开采已关闭矿山的非保安残留矿体的;

(三)国务院地质矿产主管部门会同国务院财政部门认定免缴的其他情形。

第十三条 采矿权人有下列情形之一的,经省级人民政府地质矿产主管部门会同同级财政部门批准,可以减缴矿产资源补偿费:

(一)从尾矿中回收矿产品的;

(二)开采未达到工业品位或者未计算储量的低品位矿产资源的;

(三)依法开采水体下、建筑物下、交通要道下的矿产资源的;

(四)由于执行国家定价而形成政策性亏损的;

(五)国务院地质矿产主管部门会同国务院财政部门认定减缴的其他情形。

采矿权人减缴的矿产资源补偿费超过应当缴纳的矿产资源补偿费50%的,须经省级人民政府批准。

批准减缴矿产资源补偿费的,应当报国务院地质矿产主管部门和国务院财政部门备案。

第十四条 采矿权人在规定期限内未足额缴纳矿产资源补偿费的,由征收机关责令限期缴纳,并从滞纳之日起按日加收滞纳补偿费2‰的滞纳金。采矿权人未按照前款规定缴纳矿产资源补偿费和滞纳金的,由征收机关处以应当缴纳的矿产资源补偿费3倍以下的罚款;情节严重的,由采矿许可证颁发机关吊销其采矿许可证。

第十五条　采矿权人采取伪报矿种、隐匿产量、销售数量，或者伪报销售价格、实际开采回采率等手段，不缴或者少缴矿产资源补偿费的，由征收机关追缴应当缴纳的矿产资源补偿费，并处以应当缴纳的矿产资源补偿费5倍以下的罚款；情节严重的，由采矿许可证颁发机关吊销其采矿许可证。

第十六条　采矿权人未按照本规定第九条的规定报送有关资料的，由征收机关责令限期报送；逾期不报送的，处以5 000元以下罚款；仍不报送的，采矿许可证颁发机关可以吊销其采矿许可证。

第十七条　依照本规定对采矿权人处以的罚款、加收的滞纳金应当上缴国库。

第十八条　当事人对行政处罚决定不服的，可以自接到处罚决定通知之日起15日内向作出处罚决定的机关的上一级机关申请复议；当事人也可以自接到处罚决定通知之日起15日内直接向人民法院起诉。

当事人逾期不申请复议也不向人民法院起诉、又不履行处罚决定的，作出处罚决定的机关可以申请人民法院强制执行。

第十九条　本规定发布前的地方性法规和地方人民政府发布的规章及行政性文件的内容，与本规定相抵触的，以本规定为准。

第二十条　省、自治区、直辖市人民政府可以根据本规定制定实施办法。

第二十一条　本规定由地质矿产部负责解释。

第二十二条　本规定自1994年4月1日起施行。

国土资源部　财政部关于印发《探矿权采矿权使用费和价款管理办法》的通知

（财综字〔1999〕74号）

各省、自治区、直辖市财政厅（局）、地质矿产主管部门：

为维护矿产资源的国家所有权，加强探矿权采矿权使用费和价款管理，依据《中华人民共和国矿产资源法》和《矿产资源勘查区块登记管理办法》、《矿产资源开采登记管理办法》、《探矿权采矿权转让管理办法》的有关规定，我们制定了《探矿权采矿权使用费和价款管理办法》。现印发给你们，请遵照执行。

附件：探矿权采矿权使用费和价款管理办法

财政部
国土资源部
1999年6月7日

附件

探矿权采矿权使用费和价款管理办法

第一条 为维护矿产资源的国家所有权,加强探矿权采矿权使用费和价款管理,依据《中华人民共和国矿产资源法》和《矿产资源勘查区块登记管理办法》、《矿产资源开采登记管理办法》、《探矿权采矿权转让管理办法》的有关规定,制定本办法。

第二条 在中华人民共和国领域及管辖海域勘查、开采矿产资源,均须按规定交纳探矿权采矿权使用费、价款。

第三条 探矿权采矿权使用费包括

(一)探矿权使用费。国家将矿产资源探矿权出让给探矿权人,按规定向探矿权人收取的使用费。

(二)采矿权使用费。国家将矿产资源采矿权出让给采矿权人,按规定向采矿权人收取的使用费。

第四条 探矿权采矿权价款包括

(一)探矿权价款。国家将其出资勘查形成的探矿权出让给探矿权人,按规定向探矿权人收取的价款。

(二)采矿权价款。国家将其出资勘查形成的采矿权出让给采矿权人,按规定向采矿权人收取的价款。

第五条 探矿权采矿权使用费收取标准

(一)探矿权使用费以勘查年度计算,按区块面积逐年缴纳,第一个勘查年度至第三个勘查年度,每平方公里每年缴纳 100 元,从第四个勘查年度起每平方公里每年增加 100 元,最高不超过每平方公里每年 500 元。

(二)采矿权使用费按矿区范围面积逐年缴纳,每平方公里每年 1 000 元。

第六条 探矿权采矿权价款收取标准

探矿权采矿权价款以国务院地质矿产主管部门确认的评估价格为依据,一次或分期缴纳;但探矿权价款缴纳期限最长不得超过 2 年,采矿权价款缴纳期限最长不得超过 6 年。

第七条 探矿权采矿权使用费和价款由探矿权采矿权登记管理机关负责收取。探矿权采矿权使用费和价款由探矿权采矿权人在办理勘查、采矿登记或年检时缴纳。

探矿权采矿权人在办理勘查、采矿登记或年检时,按照登记管理机关确定的标准,将探矿权采矿权使用费和价款直接缴入同级财政部门开设的"探矿权采矿权使用费和价款财政专户"。探矿权采矿权人凭银行约收款凭证到登记管理机关办理登记手续,领取"探矿权采矿权使用费和价款专用收据"和勘查、开采许可证。

"探矿权采矿权使用费和价款专用收据"由财政部门统一印制。

第八条 属于国务院地质矿产主管部门登记管理范围的探矿权采矿权,其使用费和价款,由国务院地质矿产主管部门登记机关收取,缴入财政部开设的"探矿权采矿权使用费和价款财政专户";属于省级地质矿产主管部门登记管理范围的探矿权采矿权,其使用费和价款,由省级地质矿产主管部门登记机关收取,缴入省级财政部门开设的"探矿权采矿权使用费和价款财政专户"。

第九条 探矿权采矿权使用费和价款收入应专项用于矿产资源勘查、保护和管理支出,由国务院地质矿产主管部门和省级地质矿产主管部门提出使用计划,报同级财政部门审批后,拨付使用。

第十条 探矿权、采矿权使用费中可以开支对探矿权、采矿权使用进行审批、登记的管理和业务费用。

探矿权、采矿权价款中可以开支以下成本费用:出让探矿权、采矿权的评估、确认费用,公告费、咨询费。中介机构佣金、场地租金以及其他必需的成本、费用等。

第十一条 国有企业实际占有的由国家出资勘查形成的探矿权、采矿权在转让时,其探矿权、采矿权价款经国务院地质矿产主管部门会同财政部批准,可全部或部分转增企业的国家资本金。

国有地勘单位实际占有的由国家出资勘查形成的探矿权、采矿权在转让时,其探矿权、采矿权价款按照有关规定处理。

第十二条 未按规定及时缴纳探矿权采矿权使用费和价款的,由探矿权采矿权登记管理机关责令其在30日内缴纳,并从滞纳之日起,每日加收2‰滞纳金;逾期仍不缴纳的,由探矿权、采矿权登记管理机关吊销其勘查许可证或采矿许可证。

第十三条 财政部门和地质矿产主管部门要切实加强探矿权采矿权使用费和价款收入的财务管理与监督,定期检查探矿权采矿权使用费和价款收入的情况。

第十四条 本办法由财政部、国土资源部解释。

第十五条 本办法自发布之日起实施。本办法发布之前已经收取的探矿权、采矿权使用费和价款按本办法的规定处理。

国土资源部 财政部关于印发《探矿权采矿权使用费减免办法》的通知

(国土资发〔2000〕174号)

注:根据《国土资源部关于修改部分规范性文件的决定》(国土资发〔2010〕190号)的规定,自2010年12月3日起,本法规中的"审批"修改为"核准",并将第五条第四款中的"批准文件"修改为"核准文件"。

各省、自治区、直辖市地质矿产厅(局),财政厅(局):

根据《矿产资源勘查区块登记管理办法》、《矿产资源开采登记管理办法》的有关规定,我们制定了《探矿权采矿权使用费减免办法》。现印发你们,请遵照执行。

国土资源部
财政部
二〇〇〇年六月六日

探矿权采矿权使用费减免办法

第一条 为鼓励矿产资源勘查开采,根据《矿产资源勘查区块登记管理办法》和《矿产资源开采登记管理办法》的有关规定制定本办法。

第二条 依照《中华人民共和国矿产资源法》及其配套法规取得探矿权、采矿权的矿业权人或探矿权、采矿权申请人,可以依照本办法的规定向探矿权、采矿权登记管理机关(以下简称登记机关)申请探矿权、采矿权使用费的减缴或免缴。

第三条 在我国西部地区、国务院确定的边远贫困地区和海域从事符合下列条件的矿产资源勘查开采活动,可以依照本规定申请探矿权、采矿权使用费的减免:

(一)国家紧缺矿产资源的勘查、开发;

(二)大中型矿山企业为寻找接替资源申请的勘查、开发;

(三)运用新技术、新方法提高综合利用水平的(包括低品位、难选冶的矿产资源开发及老矿区尾矿利用)矿产资源开发;

(四)国务院地质矿产主管部门和财政部门认定的其他情况。

国家紧缺矿产资源由国土资源部确定并发布。

第四条 探矿权、采矿权使用费的减免按以下幅度核准:

(一)探矿权使用费:第一个勘查年度可以免缴,第二至第三个勘查年度可以减缴50%;第四至第七个勘查年度可以减缴25%。

(二)采矿权使用费:矿山基建期和矿山投产第一年可以免缴,矿山投产第二至第三年可以减缴50%;第四至第七年可以减缴25%;矿山闭坑当年可以免缴。

第五条 探矿权、采矿权使用费的减免,实行两级核准制。

国务院地质矿产主管部门核准登记、颁发勘查许可证、采矿许可证的探矿权采矿权使用费的减免,由国务院地质矿产主管部门负责核准,并报国务院财政部门备案。

省级地质矿产主管部门核准登记、颁发勘查许可证、采矿许可证和省级以下地质矿产主管部门核准登记颁发采矿许可证的探矿权采矿权使用费的减免,由省级地质矿产主管部门负责核准。

省级地质矿产主管部门应将探矿权采矿权使用费的核准文件报送上级登记管理机关和财政部门备案。

第六条　申请减免探矿权、采矿权使用费的矿业投资人,应在收到矿业权领证通知后的 10 日内填写探矿权、采矿权使用费减免申请书,按照本法第五条的管辖规定,报送矿业权登记管理机关核准,同时抄送同级财政部门。矿业权登记管理机关应在收到申请后的 10 日内作出是否减免的决定,并通知申请人。申请人凭批准减免文件办理缴费、登记和领取勘查、采矿许可证手续。

第七条　本办法颁发以前已收缴的探矿权、采矿权使用费不办理减免返还。

第八条　本办法原则适用于外商投资勘查、开采矿产资源。但是,国家另有规定的,从其规定。

第九条　在中华人民共和国领域及管辖的其他海域勘查开采矿产资源遇有自然灾害等不可抗力因素的,在不可抗力期间可以申请探矿权、采矿权使用费减免。

第十条　本办法自发布之日起实施。

国土资源部关于印发《中央所得探矿权采矿权使用费和价款使用管理暂行办法》的通知

(国土资发〔2002〕433 号)

各省、自治区、直辖市国土资源厅(国土环境资源厅、国土资源和房屋管理局、房屋土地资源管理局、规划和国土资源局)、各直属单位、部机关各司局:

为适应国家财政改革和部门预算管理的要求,规范和加强中央所得探矿权采矿权使用费和价款的预算管理,根据《探矿权采矿权使用费和价款管理办法》(财综字〔1999〕74 号)及预算管理的有关规定,特制定《中央所得探矿权采矿权使用费和价款使用管理暂行办法》。现印发,请认真贯彻执行。

国土资源部
二〇〇二年十二月三十日

中央所得探矿权采矿权使用费和价款使用管理暂行办法

第一章　总　　则

第一条　为规范和加强探矿权采矿权使用费和价款(以下简称:两权使用费和价款)的预算管理,根据《探矿权采矿权使用费和价款管理办法》(财综字〔1999〕74 号)及预算管理的有关规定制定本办法。

第二条 由国土资源部负责收取中央所得的两权使用费和价款的使用管理,应当遵守本办法。

第三条 两权使用费和价款实行"收支两条线"管理,坚持"以收定支、专款专用、预算控制、超支不补"的原则。

第四条 两权使用费和价款实行预、决算管理。

第二章 支 出 范 围

第五条 两权使用费和价款收入专项用于矿产资源勘查、保护和管理性支出。

第六条 矿产资源勘查支出:指为满足国家对战略性、紧缺性矿产资源的要求,以及国家在出让探矿权采矿权前必须进行的矿产资源勘查所发生的支出。

第七条 矿产资源保护支出:指用于维护矿产资源的勘查、开采正常工作秩序,合理开发、利用矿产资源发生的各项支出。具体包括:矿产资源规划、矿区规划工作费,矿产资源利用方案的编制、审查费,探矿权采矿权纠纷调处费,矿山尾矿治理与开发利用及因采矿活动引起的次生地质灾害的勘查与防治费,矿山地质环境保护治理和地质遗迹保护等项目经费。

第八条 管理性支出:指用于探矿权采矿权审批、登记、出让、转让监督管理过程中发生的各种管理性支出和业务支出。具体包括:勘查区块的审批、登记业务费,专用文书、票据、报表的购置或印刷费,勘查、开采矿产资源的监督管理费、矿产资源管理的政策调查研究费、宣传和业务培训费,资源储量核查费,勘查、开发和资源信息系统管理费,以及采用挂牌、招标、拍卖形式出让探矿权采矿权的评估费、公告费、咨询费、中介机构佣金、场地租金以及其他必需的成本费用等支出。

第九条 矿产资源勘查和保护项目经费的具体支出范围是从事项目所发生的全部成本、费用支出。

第三章 预 算 管 理

第十条 两权使用费和价款的年度收入预算,由部探矿权采矿权登记职能部门于每年8月31日前,按附件一(略)规定的表式向部财务主管部门编报下一年度两权使用费和价款收入预算建议。

第十一条 两权使用费和价款用于矿产资源勘查、保护项目的支出预算,实行"项目管理、专款专用、专项核算"的预算管理办法。项目承担单位要严格按批准的项目预算,规定的开支范围,专款专用。项目完成后,应及时办理项目验收和结算。

第十二条 两权使用费和价款用于管理性支出预算,实行"预算控制,超支不补"的预算管理办法。在经费使用上,严格按批准的预算数和开支范围支出,不得超范围、超标准开支,更不得用于各种捐赠和福利性支出。

第十三条 矿产资源勘查、保护项目的年度支出预算建议由部有关职能部门和部直属事业单位依据财政部关于年度预算编制的有关要求及项目重要性的排序进行编报。项目预算编制办法及表式另行制定。管理性支出预算建议由部有关职能部门按《国土资源部专项经费管理暂行办法》(国土资发〔2001〕67号)和财政部关于年度预算编制要求编报。

第十四条 项目承担单位应根据工作的实际需要,在充分调查研究和论证的基础上,编制项目支出预算建议。报送项目支出预算建议时应提交项目建议书及经批准的工作设计,同时附送项目可行性研究报告和项目施工方案。项目建议书应包括以下内容:

1. 立项背景依据、工作任务和目标;
2. 经济和社会效益分析;
3. 项目预算及预算支出明细;
4. 工作进度安排计划;
5. 项目执行单位和协作单位。

第十五条 部负责组织专家对项目支出预算建议以评审或评议的方式进行审查,综合优选矿产资源勘查、保护项目。部有关职能部门负责项目立项及技术论证等审查;部财务主管部门负责项目经费预算的审查。审查合格的项目进入项目库,进行分类排序,滚动安排。

第十六条 部财务主管部门根据两权使用费和价款收缴情况、结合项目申报和下一年度管理工作的实际需要及项目的排序,审核、汇总和编制两权使用费和价款年度收支预算草案,报部领导批准,纳入部门预算,并按规定的时间报财政部审核、批准。

第十七条 部依据财政部审核和批准的部门预算,在规定的期限内下达两权使用费和价款支出预算。

第十八条 项目支出预算按财政主管部门关于项目预算管理的有关规定批复下达到项目承担单位,并由部有关职能部门与项目承担单位签订项目任务委托书,项目任务委托书的格式见附件二(略)。

第十九条 支出预算一经批准,任何单位和个人不得随意调整;确需调整的,应按照预算管理程序报批。

第四章 财务管理

第二十条 部有关职能部门负责项目的组织实施,部财务主管部门按财政部关于资金拨付的有关规定办理资金拨付,并监督资金的使用。

第二十一条 项目承担单位要严格按批准下达的项目支出预算合理安排项目经费

的使用。项目完成后,应及时办理项目竣工验收和结算。有协作单位的项目,应在项目设计书中明确协作单位、工作任务、经费额度和账户,并据此向协作单位转拨经费。若协作单位为部门系统以外的单位,原则上应采用任务招标方式确定外协单位,签订任务合同书。

第二十二条 年度未完项目的经费结余,可转下年度继续使用。已完项目的经费结余,应严格按照有关财务制度的规定进行分配。但因调整项目设计或未按项目设计开展工作形成的经费结余按原渠道返回;因特殊情况,不能按设计进度完成的项目,最多可延期一年完成。对超过一年仍不能完成的,部将终止该项目,并按项目任务委托书中的有关条款追究违约责任。

第二十三条 项目承担单位应按照事前审核、事中监控、事后检查的要求,建立健全两权使用费和价款经费使用的监督检查制度,定期或不定期地开展两权使用费和价款经费使用的检查。

部负责组织对两权使用费和价款经费使用的重点检查。对截留、挪用和坐支两权使用费和价款经费等行为,按有关法律、法规的规定处理。

第五章 附 则

第二十四条 本办法由国土资源部财务主管部门负责解释。

第二十五条 本办法自发布之日起执行。

财政部办公厅 国土资源部办公厅 人民银行办公厅关于国土资源部征收的探矿权采矿权价款收入收缴管理有关事宜的通知

(财办库〔2006〕365号)

各省、自治区、直辖市财政厅(局)、国土资源厅(局)、中国人民银行上海总部、各分行、营业管理部、省会(首府)城市中心支行、副省级城市中心支行:

根据《财政部 国土资源部 中国人民银行关于探矿权采矿权价款收入管理有关事项的通知》(财建〔2006〕394号)规定,自2006年9月1日起,探矿权采矿权价款收入(以下简称价款收入)按固定比例进行分成,其中,20%归中央所有,80%归地方所有。为做好国务院国土资源管理部门登记管理范围的价款收入收缴工作,现将有关事项通知如下:

一、价款收入采取中央计征、探矿权采矿权申请人在矿山所在地缴款的方式收缴。实施非税收入收缴管理制度改革的地方,按照地方财政部门有关改革规定执行;暂未实施非税收入收缴管理制度改革的地方,采取就地缴库方式。

二、价款收入的收缴,按照以下程序办理:

(一)国务院国土资源管理部门审批探矿权采矿权申请,根据出让探矿权采矿权评估价、协议价或招标、拍卖、挂牌成交价开具"缴款通知书",送探矿权、采矿权申请人,并抄送地方国土资源部门。

(二)实施非税收入收缴管理制度改革的地方,探矿权、采矿权申请人在接到"缴款通知书"的7个工作日内,按"缴款通知书"要求办理缴款手续,使用一张缴款凭证将价款收入全额缴入"缴款通知书"确定(地方财政部门指定)的账户。

价款收入缴入省级财政部门指定账户的,各省级财政部门收到价款收入后,将应分成中央的20%于次日内汇划至财政部在相关省、自治区、直辖市开设的中央财政汇缴专户;将归属地方的80%,按照各省、自治区、直辖市人民政府规定的省、市、县分成比例进行分成。具体操作由省级财政部门与当地人民银行商定。

价款收入缴入市、县级财政部门指定账户的,各市、县财政部门收到价款收入后,将应分成中央的20%于次日内向省级财政部门汇集,省级财政部门收到汇集资金的次日内,将其汇划至财政部在相关省、自治区、直辖市开设的中央财政汇缴专户;将归属地方的80%,按照各省、自治区、直辖市人民政府规定的省、市、县分成比例进行分成。具体操作由省级财政部门与当地人民银行商定。

(三)暂未实施非税收入收缴管理制度改革的地方,由缴款人在接到"缴款通知书"的7个工作日内,使用一张"一般缴款书",将价款收入就地全额缴入国库。办理缴库手续时,"一般缴款书"的"收款单位"栏填写"财政部门","预算级次"栏填写"共享","收款国库"栏填写实际收纳款项的国库名称,预算科目根据当年《政府预算收支分类科目》的有关规定填写,并在"备注"栏中注明各预算级次的分成比例。

各级国库收到库款时,按规定的分成比例,将库款的20%逐级上划国家金库总库;将库款的80%部分,按各省、自治区、直辖市人民政府规定的省、市、县分成比例进行划解。

三、国土资源部依据加盖银行(国库)转(收)讫章的相关缴款凭证("一般缴款书"第四联原件和第一联复印件,其他缴款凭证退执收单位联原件和收据联复印件)及相关资料、凭证等办理有关手续。

四、价款收入的缴款手续原则上由各省级财政或国土资源部门办理。请各省级财政、国土资源部门从有利于收缴改革推进、有利于价款收入及时足额缴款、有利于保证监管力度和方便缴款人等方面,合理确定价款收入缴款的具体方式,制定本地区价款收入缴款的具体操作办法,明确价款收入缴款的账户,于2007年1月15日前报财政部、国土资源部备案。

五、各级财政部门、国土资源部门、人民银行应密切配合,及时核对收入实现情况,确保价款收入足额收取并及时缴库。各省级财政部门和财政部驻各省、自治区、直辖市财政监察专员办事处应切实加强对价款收入的监管,各级财政部门应及时与中央财政核对收入实现情况。

六、本通知下发后,凡与本通知不一致的,一律以本通知为准。

国土资源部关于进一步加强探矿权采矿权价款管理的通知

(国土资发〔2004〕97 号)

各省、自治区、直辖市国土资源厅(局)(国土环境资源厅、国土资源和房屋管理局、规划和国土资源局)、计划单列市国土资源行政主管部门:

为加强探矿权采矿权价款的管理,财政部和国土资源部相继制定了一系列管理办法,对探矿权采矿权价款的征收、使用作出了明确规定。但是,《探矿权采矿权招标拍卖挂牌管理规定(试行)》(国土资发〔2003〕197 号)试行以来,在探矿权采矿权价款收取、分配和使用等方面出现一些新问题。为进一步加强探矿权采矿权价款管理,推进探矿权采矿权市场建设,切实维护国家和探矿权人采矿权人的权益,现就有关问题通知如下:

一、价款是国家依法出让探矿权采矿权取得的收入,包括以行政审批方式出让探矿权采矿权取得的全部收入和以招标、拍卖、挂牌等方式出让探矿权采矿权并按照成交确认书或出让合同等取得的全部收入。各级国土资源行政主管部门要按照国务院《矿产资源勘查区块登记管理办法》(国务院第 240 号令)、《矿产资源开采登记管理办法》(国务院第 241 号令)的规定,及时、足额收取国家出资勘查形成的探矿权采矿权价款;要按照国土资源部国土资发〔2003〕197 号文的要求,切实加强招标、拍卖、挂牌出让探矿权采矿权价款的收缴管理,不得随意减交、缓交或免交。

对于通过招标、拍卖、挂牌等出让方式取得探矿权采矿权的,各级国土资源行政主管部门要严格按照《矿产资源补偿费征收管理办法》(国务院第 150 号令)和国务院第 240 号、241 号令的规定,及时足额收取矿产资源补偿费和探矿权采矿权使用费,不得以招标、拍卖、挂牌等出让探矿权采矿权价款抵顶。

二、严格按照财政部、国土资源部的有关规定和谁投资谁受益的原则,加强探矿权采矿权价款的征收管理。各级国土资源行政主管部门必须按照财政部、国土资源部《探矿权采矿权使用费和价款管理办法》(财综字〔1999〕74 号)及《关于探矿权采矿权使用费和价款管理办法的补充通知》(财综字〔1999〕183 号)的规定,加强招标、拍卖、挂牌出让探矿权采矿权价款的征收管理,及时将价款收入上缴财政部门。对于中央财政投资形成的探矿权采矿权价款,全额上缴中央财政;对于共同投资形成的探矿权采矿权价款按照投资比例享有权益;对于其他方式形成的价款,按照省级人民政府有关部门制定的办法管理。

要严格执行财政部、国土资源部《探矿权采矿权价款转增国家资本管理办法》(财建

〔2000〕439号)的规定,加强探矿权采矿权价款转增国家资本的申报和审批工作,对于不符合转增国家资本要求的,不得申报和批准。对于已经批准转增国家资本的,要及时办理相关手续。

三、各级国土资源行政主管部门要严格按照规定的程序和要求,办理与探矿权采矿权价款有关的手续。凡是没有及时缴纳探矿权采矿权价款的,国土资源行政主管部门不得办理探矿权采矿权登记手续;凡是没有按照《探矿权采矿权转让管理办法》(国务院第242号令)第五条、第六条的规定,提交探矿权采矿权价款缴纳完结文件的,国土资源行政主管部门不得受理探矿权采矿权转让申请。

探矿权采矿权人未经批准擅自转让探矿权采矿权的,按照国务院第242号令第14条的规定处罚,其转让所得全部收缴财政,国土资源行政主管部门不得办理相关手续。

四、各级国土资源行政主管部门要加强与有关部门的联系与合作,认真执行收支两条线管理规定。要严格按照探矿权采矿权价款使用管理的有关规定,加强探矿权采矿权价款的使用管理。严格按照规定的用途和程序,及时编制和申报预算,凡是预算没有经过批准的,不得使用价款。预算一经批准,不得随意调整。

各级国土资源行政主管部门要会同有关部门,结合本地实际制定探矿权采矿权价款的具体管理办法,规范招标、拍卖、挂牌等出让探矿权采矿权过程中发生的场租、佣金、公告、评估、资料复制等成本支出管理,确定管理部门和中介机构费用的支出标准、程序、支出方式、预算编制和审批、支付等。

各级国土资源行政主管部门要不断完善探矿权采矿权价款管理办法,不断规范价款的收取、使用和监督管理,做到应收尽收,保证国家财产收益,维护矿权人的权益、推动探矿权采矿权市场建设和完善,促进矿产资源的合理开发、保护和利用。要加强探矿权采矿权价款收支的财务管理和监督,加强价款预算执行的监督检查。

本通知执行过程中的问题,请及时告部。

国土资源部
二〇〇四年四月二十八日

财政部 自然资源部 税务总局关于印发《矿业权出让收益征收办法》的通知

(财综〔2023〕10号)

各省、自治区、直辖市、计划单列市财政厅(局)、自然资源厅(局),新疆生产建设兵团财政局、自然资源局,国家税务总局各省、自治区、直辖市、计划单列市税务局:

根据《国务院关于印发矿产资源权益金制度改革方案的通知》(国发〔2017〕29号),为进一步健全矿产资源有偿使用制度,规范矿业权出让收益征收管理,维护矿产资源国家所有者权益,促进矿产资源保护与合理利用,推动相关行业健康有序发展,财政部、自然资源部、税务总局制定了《矿业权出让收益征收办法》,请遵照执行。

该办法自 2023 年 5 月 1 日起施行,《矿业权出让收益征收管理暂行办法》(财综〔2017〕35 号)、《财政部 自然资源部关于进一步明确矿业权出让收益征收管理有关问题的通知》(财综〔2019〕11 号)同时废止。

附件:矿业权出让收益征收办法

财政部 自然资源部 税务总局
二〇二三年三月二十四日

附件

矿业权出让收益征收办法

第一章 总 则

第一条 为健全矿产资源有偿使用制度,规范矿业权出让收益征收管理,维护矿产资源国家所有者权益,促进矿产资源保护与合理利用,根据《中华人民共和国矿产资源法》、《国务院关于印发矿产资源权益金制度改革方案的通知》(国发〔2017〕29 号)等有关规定,制定本办法。

第二条 矿业权出让收益是国家基于自然资源所有权,依法向矿业权人收取的国有资源有偿使用收入。矿业权出让收益包括探矿权出让收益和采矿权出让收益。

第三条 在中华人民共和国领域及管辖海域勘查、开采矿产资源的矿业权人,应依照本办法缴纳矿业权出让收益。

第四条 矿业权出让收益为中央和地方共享收入,由中央和地方按照 4∶6 的比例分成,纳入一般公共预算管理。

地方管理海域的矿业权出让收益,由中央和地方按照 4∶6 的比例分成;其他我国管辖海域的矿业权出让收益,全部缴入中央国库。

地方分成的矿业权出让收益在省(自治区、直辖市)、市、县级之间的分配比例,由省级人民政府确定。

第五条 财政部门、自然资源主管部门、税务部门按职责分工负责矿业权出让收益的征收管理,监缴由财政部各地监管局负责。

第六条 矿业权出让收益原则上按照矿业权属地征收。矿业权范围跨市、县级行政区域的,具体征收机关由有关省(自治区、直辖市、计划单列市)税务部门会同同级财政、自然资源主管部门确定;跨省级行政区域,以及同时跨省级行政区域与其他我国管辖海域的,具体征收机关由税务总局会同财政部、自然资源部确定。

陆域油气矿业权、海域油气矿业权范围跨省级行政区域的,由各省(自治区、直辖市、计划单列市)税务部门按照财政部门、自然资源主管部门确定的钻井所在地、钻井平台所在海域确定具体征收机关。海域油气矿业权范围同时跨省级行政区域与其他我国管辖海域的,其中按成交价征收的部分,按照海域管辖权确定具体征收机关,并按所占的海域面积比例分别计征;按出让收益率形式征收的部分,依据钻井平台所在海域确定具体征收机关。

第二章 出让收益征收方式

第七条 矿业权出让方式包括竞争出让和协议出让。

矿业权出让收益征收方式包括按矿业权出让收益率形式征收或按出让金额形式征收。

第八条 按矿业权出让收益率形式征收矿业权出让收益的具体规定:

(一)适用范围。按矿业权出让收益率形式征收矿业权出让收益的矿种,具体范围为本办法所附《按矿业权出让收益率形式征收矿业权出让收益的矿种目录(试行)》(以下简称《矿种目录》)。《矿种目录》的调整,由自然资源部商财政部确定后公布。

(二)征收方式。按竞争方式出让探矿权、采矿权的,在出让时征收竞争确定的成交价;在矿山开采时,按合同约定的矿业权出让收益率逐年征收采矿权出让收益。矿业权出让收益率依据矿业权出让时《矿种目录》规定的标准确定。

按协议方式出让探矿权、采矿权的,成交价按起始价确定,在出让时征收;在矿山开采时,按矿产品销售时的矿业权出让收益率逐年征收采矿权出让收益。

矿业权出让收益=探矿权(采矿权)成交价+逐年征收的采矿权出让收益。其中,逐年征收的采矿权出让收益=年度矿产品销售收入×矿业权出让收益率。

第九条 矿产品销售收入,按照矿业权人销售矿产品向购买方收取的全部收入确定,不包括增值税税款。销售收入的具体规定,由自然资源部商财政部、税务总局另行明确。

第十条 起始价主要依据矿业权面积,综合考虑成矿条件、勘查程度、矿业权市场变化等因素确定。起始价指导意见由自然资源部商财政部制定。起始价征收标准由省级自然资源主管部门、财政部门参照国家的指导意见制定,报省级人民政府同意后公布执行。

矿业权出让收益率征收标准综合考虑经济社会发展水平、矿产品价格变化等因素确定。具体标准由自然资源部商财政部制定,纳入《矿种目录》。

第十一条 按出让金额形式征收矿业权出让收益的具体规定:

（一）适用范围。除本办法《矿种目录》所列矿种外，其余矿种按出让金额形式征收矿业权出让收益。

（二）征收方式。按竞争方式出让探矿权、采矿权的，矿业权出让收益按竞争结果确定。按协议方式出让探矿权、采矿权的，矿业权出让收益按照评估值、矿业权出让收益市场基准价测算值就高确定。

（三）探矿权转为采矿权的，继续缴纳原探矿权出让收益，并在采矿权出让合同中约定剩余探矿权出让收益的缴纳时间和期限，不再另行缴纳采矿权出让收益。探矿权未转为采矿权的，剩余探矿权出让收益不再缴纳。

第十二条 按出让金额形式征收的矿业权出让收益，可按照以下原则分期缴纳：

出让探矿权的，探矿权出让收益首次征收比例不得低于探矿权出让收益的10%且不高于20%，探矿权人自愿一次性缴清的除外；剩余部分转采后在采矿许可证有效期内按年度分期缴清。其中，矿山生产规模为中型及以上的，均摊征收年限不少于采矿许可证有效期的一半。

出让采矿权的，采矿权出让收益首次征收比例不得低于采矿权出让收益的10%且不高于20%，采矿权人自愿一次性缴清的除外；剩余部分在采矿许可证有效期内按年度分期缴清。其中，矿山生产规模为中型及以上的，均摊征收年限不少于采矿许可证有效期的一半。

具体首次征收比例和分期征收年限，由省级财政部门商自然资源主管部门按照上述原则制定。

第十三条 矿业权出让收益市场基准价既要注重维护矿产资源国家所有者权益，又要体现市场配置资源的决定性作用。省级自然资源主管部门应在梳理以往基准价制定情况的基础上，根据本地区矿业权出让实际选择矿种，以矿业权出让成交价格等有关统计数据为基础，以现行技术经济水平下的预期收益为调整依据，以其他矿业权市场交易资料为参考补充，按照矿业权出让收益评估指南要求，选择恰当的评估方法进行模拟评估，考虑地质勘查工作程度、区域成矿地质条件以及资源品级、矿产品价格、开采技术条件、交通运输条件、地区差异等影响因素，科学设计调整系数，综合形成矿业权出让收益市场基准价，经省级人民政府同意后公布执行，并将结果报自然资源部备案。矿业权出让收益市场基准价应结合矿业市场发展形势适时调整，原则上每三年更新一次。

自然资源部应加强对省（自治区、直辖市）矿业权出让收益市场基准价制定情况的检查指导。

第十四条 调整矿业权出让收益评估参数，评估期限要与采矿权登记发证年限、矿山开发利用实际有效衔接且最长不超过三十年。采矿权人拟动用评估范围外的资源储量时，应按规定进行处置。

第十五条 已设且进行过有偿处置的采矿权,涉及动用采矿权范围内未有偿处置的资源储量时,比照协议出让方式,按以下原则征收采矿权出让收益:

《矿种目录》所列矿种,按矿产品销售时的矿业权出让收益率逐年征收采矿权出让收益。

《矿种目录》外的矿种,按出让金额形式征收采矿权出让收益。

第十六条 探矿权变更勘查主矿种时,原登记矿种均不存在的,原合同约定的矿业权出让收益不需继续缴纳,按采矿权新立时确定的矿种征收采矿权出让收益。其他情形,应按合同约定继续缴纳矿业权出让收益,涉及增加的矿种,在采矿权新立时征收采矿权出让收益。

采矿权变更开采主矿种时,应按合同约定继续缴纳矿业权出让收益,并对新增矿种直接征收采矿权出让收益。

其中,变更后的矿种在《矿种目录》中的,比照第八条中规定的协议出让方式,按矿产品销售时的矿业权出让收益率逐年征收采矿权出让收益;变更后的矿种在《矿种目录》外的,比照第十一条中规定的协议出让方式,按出让金额形式征收采矿权出让收益。

第十七条 石油、天然气、页岩气和煤层气若有相互增列矿种的情形,销售收入合并计算并按主矿种的矿业权出让收益率征收。

第十八条 矿业权转让时,未缴纳的矿业权出让收益及涉及的相关费用,缴纳义务由受让人承担。

第十九条 对发现油气资源并开始开采、产生收入的油气探矿权人,应按本办法第八条规定逐年征收矿业权出让收益。

第二十条 对国家鼓励实行综合开发利用的矿产资源,可结合矿产资源综合利用情况减缴矿业权出让收益。

第二十一条 采矿权人开采完毕注销采矿许可证前,应当缴清采矿权出让收益。因国家政策调整、重大自然灾害等原因注销采矿许可证的,按出让金额形式征收的矿业权出让收益根据采矿权实际动用的资源储量进行核定,实行多退少补。

第二十二条 对于法律法规或国务院规定明确要求支持的承担特殊职能的非营利性矿山企业,缴纳矿业权出让收益确有困难的,经财政部、自然资源部批准,可在一定期限内缓缴应缴矿业权出让收益。

第三章 缴款及退库

第二十三条 自然资源主管部门与矿业权人签订合同后,以及发生合同、权证内容变更等影响矿业权出让收益征收的情形时,及时向税务部门推送合同等费源信息。税务部门征收矿业权出让收益后,及时向自然资源主管部门回传征收信息。费源信息、征收信息推送内容和要求,按照《财政部自然资源部税务总局人民银行关于将国有土地使用权出让收入、矿产资源专项收入、海域使用金、无居民海岛使用金四项政府非税收入划转税务部门征收有关问题的通知》(财综〔2021〕19号)的规定执行。

第二十四条 按出让金额形式征收的矿业权出让收益,税务部门依据自然资源部门推送的合同等费源信息开具缴款通知书,通知矿业权人及时缴款。矿业权人在收到缴款通知书之日起30日内,按缴款通知及时缴纳矿业权出让收益。分期缴纳矿业权出让收益的矿业权人,首期出让收益按缴款通知书缴纳,剩余部分按矿业权合同约定的时间缴纳。

按矿业权出让收益率形式征收的矿业权出让收益,成交价部分以合同约定及时通知矿业权人缴款,矿业权人在收到缴款通知书之日起30日内,按缴款通知及时缴纳矿业权出让收益(成交价部分)。按矿业权出让收益率逐年缴纳的部分,由矿业权人向税务部门据实申报缴纳上一年度采矿权出让收益,缴款时间最迟不晚于次年2月底。

第二十五条 矿业权出让收益缴入"矿业权出让收益"(103071404目)科目。

第二十六条 已上缴中央和地方财政的矿业权出让收益、矿业权价款,因误缴、误收、政策性关闭、重大自然灾害以及非矿业权人自身原因需要办理退库的,从"矿业权出让收益"(103071404目)科目下,按入库时中央与地方分成比例进行退库。

因缴费人误缴、税务部门误收需要退库的,由缴费人向税务部门申请办理,税务部门经严格审核并商有关财政部门、自然资源主管部门复核同意后,按规定办理退付手续;其他情形需要退库的,由缴费人向财政部门和自然资源主管部门申请办理。有关财政部门、自然资源主管部门应按照预算管理级次和权限逐级报批。涉及中央分成部分退库的,应由省级财政部门、自然资源主管部门向财政部当地监管局提出申请。

中央分成的矿业权出让收益、矿业权价款退还工作由财政部各地监管局负责。监管局应当在收到省级财政部门、自然资源主管部门矿业权出让收益(价款)退还申请及相关材料之日起30个工作日内,完成审核工作,向省级财政部门、自然资源主管部门出具审核意见,按《财政部驻各地财政监察专员办事处开展财政国库业务监管工作规程》(财库〔2016〕47号)等有关规定程序办理就地退库手续,并报财政部、自然资源部备案。地方分成部分退还工作由省级财政部门、自然资源主管部门负责,具体办法由省级财政部门、自然资源主管部门确定。

第二十七条 财政部门、自然资源主管部门、税务部门要按照《财政部自然资源部税务总局人民银行关于将国有土地使用权出让收入、矿产资源专项收入、海域使用金、无居民海岛使用金四项政府非税收入划转税务部门征收有关问题的通知》(财综〔2021〕19号)和《财政部税务总局关于印发〈省级财税部门系统互联互通和信息共享方案(非税收入)〉

的通知》(财库〔2021〕11号)等规定及时共享缴款信息。

第四章 新旧政策衔接

第二十八条 本办法实施前已签订的合同或分期缴款批复不再调整,矿业权人继续缴纳剩余部分,有关资金缴入矿业权出让收益科目,并统一按规定分成比例分成。

《矿业权出让收益征收管理暂行办法》(财综〔2017〕35号)印发前分期缴纳矿业权价款需承担资金占用费的,应当继续按规定缴纳。资金占用费利率可参考人民银行发布的上一期新发放贷款加权平均利率计算。资金占用费缴入矿业权出让收益科目,并统一按规定分成比例分成。

第二十九条 以申请在先方式取得,未进行有偿处置且不涉及国家出资探明矿产地的探矿权、采矿权,比照协议出让方式,按照以下原则征收采矿权出让收益:

(一)《矿种目录》所列矿种,探矿权尚未转为采矿权的,应在转为采矿权后,按矿产品销售时的矿业权出让收益率逐年征收采矿权出让收益。

(二)《矿种目录》所列矿种,已转为采矿权的,按矿产品销售时的矿业权出让收益率逐年征收采矿权出让收益。

自2017年7月1日至2023年4月30日未缴纳的矿业权出让收益,按本办法规定的矿业权出让收益率征收标准及未缴纳期间的销售收入计算应缴矿业权出让收益,可一次性或平均分六年征收。相关自然资源主管部门应清理确认矿业权人欠缴矿业权出让收益情况,一次性推送同级财政部门、税务部门。相关税务部门据此及时通知矿业权人缴纳欠缴款项直至全部缴清,并及时向相关财政部门、自然资源主管部门反馈收缴信息。

自2023年5月1日后应缴的矿业权出让收益,按矿产品销售时的矿业权出让收益率逐年征收。

(三)《矿种目录》所列矿种外,探矿权尚未转为采矿权的,应在采矿权新立时,按出让金额形式征收采矿权出让收益。

(四)《矿种目录》所列矿种外,已转为采矿权的,以2017年7月1日为剩余资源储量估算基准日,按出让金额形式征收采矿权出让收益。

第三十条 对于无偿占有属于国家出资探明矿产地的探矿权和无偿取得的采矿权,自2006年9月30日以来欠缴的矿业权出让收益(价款),比照协议出让方式,按以下原则征收采矿权出让收益:

(一)《矿种目录》所列矿种,探矿权尚未转为采矿权的,在转采时按矿产品销售时的出让收益率征收采矿权出让收益。

(二)《矿种目录》所列矿种,已转为采矿权的,通过评估后,按出让金额形式征收自

2006年9月30日(地方已有规定的从其规定)至本办法实施之日已动用资源储量的采矿权出让收益,并可参照第十二条的规定在采矿许可证剩余有效期内进行分期缴纳;之后的剩余资源储量,按矿产品销售时的出让收益率征收采矿权出让收益。

(三)《矿种目录》所列矿种外,探矿权尚未转为采矿权的,应在采矿权新立时,按出让金额形式征收采矿权出让收益。

(四)《矿种目录》所列矿种外,已转为采矿权的,以2006年9月30日为剩余资源储量估算基准日(地方已有规定的从其规定),按出让金额形式征收采矿权出让收益。

第三十一条 经财政部门和原国土资源主管部门批准,已将探矿权、采矿权价款转增国家资本金(国家基金),或以折股形式缴纳的,不再补缴探矿权、采矿权出让收益。

第五章 监 管

第三十二条 各级财政部门、自然资源主管部门和税务部门应当切实加强矿业权出让收益征收监督管理,按照职能分工,将相关信息纳入矿业权人勘查开采信息公示系统,适时检查矿业权出让收益征收情况。

第三十三条 矿业权人未按时足额缴纳矿业权出让收益的,从滞纳之日起每日加收千分之二的滞纳金,加收的滞纳金不超过欠缴金额本金。矿业权出让收益滞纳金缴入矿业权出让收益科目,并统一按规定分成比例分成。

第三十四条 各级财政部门、自然资源主管部门、税务部门及其工作人员,在矿业权出让收益征收工作中,存在滥用职权、玩忽职守、徇私舞弊等违法违规行为的,依法追究相应责任。

第三十五条 相关中介、服务机构和企业未如实提供相关信息,造成矿业权人少缴矿业权出让收益的,由县级以上自然资源主管部门会同有关部门将其行为记入企业不良信息;构成犯罪的,依法追究刑事责任。

第六章 附 则

第三十六条 省(自治区、直辖市)财政部门、自然资源主管部门、税务部门应当根据本办法细化本地区矿业权出让收益征收管理制度。

第三十七条 本办法自2023年5月1日起施行。《矿业权出让收益征收管理暂行办法》(财综〔2017〕35号)、《财政部自然资源部关于进一步明确矿业权出让收益征收管理有关问题的通知》(财综〔2019〕11号)同时废止。

附:按矿业权出让收益率形式征收矿业权出让收益的矿种目录(试行)

附

按矿业权出让收益率形式征收矿业权出让收益的矿种目录
（试行）

序号	矿种	计征对象	矿业权出让收益率(%)
1	石油、天然气、页岩气、天然气水合物		陆域矿业权出让收益率为0.8，海域矿业权出让收益率为0.6。
2	煤层气		0.3
3	煤炭、石煤	原矿产品	2.4
4	铀、钍	选矿产品	1
5	油页岩、油砂		0.8
6	天然沥青	原矿产品	2.3
7	地热	$T<60℃$	3.6
7	地热	$60℃\leq T<90℃$	4.2
7	地热	$T\geq 90℃$	4.7
8	铁、锰、铬、钒、钛	选矿产品	1.8
9	铜、铝土矿、镍、钴	选矿产品	1.2
10	钨、锡、锑、钼、铅、锌、汞	选矿产品	2.3
11	镁、铋	选矿产品	1.8
12	金、银、铂族（铂、钯、钌、锇、铱、铑）	选矿产品	2.3
13	稀有金属（铌、钽、铍、锂、锆、锶、铷、铯）、稀散金属（锗、镓、铟、铊、铪、铼、镉、硒、碲）	选矿产品	1.4
14	轻稀土（镧、铈、镨、钕）	选矿产品	2.3
15	中重稀土（钐、铕、钇、钆、铽、镝、钬、铒、铥、镱、镥、钪）	选矿产品	4
16	磷	原矿产品	2.1
17	石墨	选矿产品	1.7
18	萤石（普通萤石、光学萤石）	选矿产品	2.4
19	硼	选矿产品	2.3
20	金刚石、自然硫、硫铁矿、水晶（压电水晶、熔炼水晶、光学水晶）、刚玉、红柱石、蓝晶石、硅线石、硅灰石、钠硝石、滑石、石棉、蓝石棉、云母、长石、石榴子石、叶蜡石、透闪石、透辉石、蛭石、沸石、明矾石、石膏（含硬石膏）、重晶石、毒重石、芒硝（无水芒硝、钙芒硝、白钠镁矾）、天然碱、冰洲石、方解石、菱镁矿、电气石、颜料矿物（赭石、颜料黄土）、含钾岩石、碘、溴、砷	原矿产品	2.9

(续表)

序号	矿种	计征对象	矿业权出让收益率（%）
21	泥灰岩、白垩、脉石英（冶金用、玻璃用）、粉石英、天然油石、含钾砂页岩、硅藻土、高岭土、陶瓷土、膨润土、铁矾土、麦饭石、珍珠岩、松脂岩、火山灰、火山渣、浮石、粗面岩（水泥用、铸石用）、泥炭	原矿产品	3.1
22	宝石、黄玉、玉石、玛瑙、工艺水晶	原矿产品	8
23	地下水、矿泉水	原矿产品	3
24	二氧化碳气、硫化氢气、氦气、氡气	原矿产品	0.8
25	钾盐、矿盐（岩盐、湖盐、天然卤水）、镁盐	选矿产品	2.8

中华人民共和国海域使用管理法

（2001年10月27日第九届全国人民代表大会常务委员会第二十四次会议通过）

目　录

第一章　总则

第二章　海洋功能区划

第三章　海域使用的申请与审批

第四章　海域使用权

第五章　海域使用金

第六章　监督检查

第七章　法律责任

第八章　附则

第一章　总　　则

第一条　为了加强海域使用管理，维护国家海域所有权和海域使用权人的合法权益，促进海域的合理开发和可持续利用，制定本法。

第二条　本法所称海域，是指中华人民共和国内水、领海的水面、水体、海床和底土。

本法所称内水，是指中华人民共和国领海基线向陆地一侧至海岸线的海域。

在中华人民共和国内水、领海持续使用特定海域三个月以上的排他性用海活动，适用本法。

第三条　海域属于国家所有，国务院代表国家行使海域所有权。任何单位或者个人不得侵占、买卖或者以其他形式非法转让海域。

单位和个人使用海域,必须依法取得海域使用权。

第四条 国家实行海洋功能区划制度。海域使用必须符合海洋功能区划。

国家严格管理填海、围海等改变海域自然属性的用海活动。

第五条 国家建立海域使用管理信息系统,对海域使用状况实施监视、监测。

第六条 国家建立海域使用权登记制度,依法登记的海域使用权受法律保护。

国家建立海域使用统计制度,定期发布海域使用统计资料。

第七条 国务院海洋行政主管部门负责全国海域使用的监督管理。沿海县级以上地方人民政府海洋行政主管部门根据授权,负责本行政区毗邻海域使用的监督管理。

渔业行政主管部门依照《中华人民共和国渔业法》,对海洋渔业实施监督管理。

海事管理机构依照《中华人民共和国海上交通安全法》,对海上交通安全实施监督管理。

第八条 任何单位和个人都有遵守海域使用管理法律、法规的义务,并有权对违反海域使用管理法律、法规的行为提出检举和控告。

第九条 在保护和合理利用海域以及进行有关的科学研究等方面成绩显著的单位和个人,由人民政府给予奖励。

第二章 海洋功能区划

第十条 国务院海洋行政主管部门会同国务院有关部门和沿海省、自治区、直辖市人民政府,编制全国海洋功能区划。

沿海县级以上地方人民政府海洋行政主管部门会同本级人民政府有关部门,依据上一级海洋功能区划,编制地方海洋功能区划。

第十一条 海洋功能区划按照下列原则编制:

(一)按照海域的区位、自然资源和自然环境等自然属性,科学确定海域功能;

(二)根据经济和社会发展的需要,统筹安排各有关行业用海;

(三)保护和改善生态环境,保障海域可持续利用,促进海洋经济的发展;

(四)保障海上交通安全;

(五)保障国防安全,保证军事用海需要。

第十二条 海洋功能区划实行分级审批。

全国海洋功能区划,报国务院批准。

沿海省、自治区、直辖市海洋功能区划,经该省、自治区、直辖市人民政府审核同意后,报国务院批准。

沿海市、县海洋功能区划,经该市、县人民政府审核同意后,报所在的省、自治区、直辖市人民政府批准,报国务院海洋行政主管部门备案。

第十三条 海洋功能区划的修改,由原编制机关会同同级有关部门提出修改方案,报原批准机关批准;未经批准,不得改变海洋功能区划确定的海域功能。

经国务院批准,因公共利益、国防安全或者进行大型能源、交通等基础设施建设,需要改变海洋功能区划的,根据国务院的批准文件修改海洋功能区划。

第十四条 海洋功能区划经批准后,应当向社会公布;但是,涉及国家秘密的部分除外。

第十五条 养殖、盐业、交通、旅游等行业规划涉及海域使用的,应当符合海洋功能区划。

沿海土地利用总体规划、城市规划、港口规划涉及海域使用的,应当与海洋功能区划相衔接。

第三章 海域使用的申请与审批

第十六条 单位和个人可以向县级以上人民政府海洋行政主管部门申请使用海域。

申请使用海域的,申请人应当提交下列书面材料:

(一)海域使用申请书;

(二)海域使用论证材料;

(三)相关的资信证明材料;

(四)法律、法规规定的其他书面材料。

第十七条 县级以上人民政府海洋行政主管部门依据海洋功能区划,对海域使用申请进行审核,并依照本法和省、自治区、直辖市人民政府的规定,报有批准权的人民政府批准。

海洋行政主管部门审核海域使用申请,应当征求同级有关部门的意见。

第十八条 下列项目用海,应当报国务院审批:

(一)填海五十公顷以上的项目用海;

(二)围海一百公顷以上的项目用海;

(三)不改变海域自然属性的用海七百公顷以上的项目用海;

(四)国家重大建设项目用海;

(五)国务院规定的其他项目用海。

前款规定以外的项目用海的审批权限,由国务院授权省、自治区、直辖市人民政府规定。

第四章 海域使用权

第十九条 海域使用申请经依法批准后,国务院批准用海的,由国务院海洋行政主管部门登记造册,向海域使用申请人颁发海域使用权证书;地方人民政府批准用海的,由地方人民政府登记造册,向海域使用申请人颁发海域使用权证书。海域使用申请人自领取海域使用权证书之日起,取得海域使用权。

第二十条　海域使用权除依照本法第十九条规定的方式取得外,也可以通过招标或者拍卖的方式取得。招标或者拍卖方案由海洋行政主管部门制订,报有审批权的人民政府批准后组织实施。海洋行政主管部门制订招标或者拍卖方案,应当征求同级有关部门的意见。

招标或者拍卖工作完成后,依法向中标人或者买受人颁发海域使用权证书。中标人或者买受人自领取海域使用权证书之日起,取得海域使用权。

第二十一条　颁发海域使用权证书,应当向社会公告。

颁发海域使用权证书,除依法收取海域使用金外,不得收取其他费用。

海域使用权证书的发放和管理办法,由国务院规定。

第二十二条　本法施行前,已经由农村集体经济组织或者村民委员会经营、管理的养殖用海,符合海洋功能区划的,经当地县级人民政府核准,可以将海域使用权确定给该农村集体经济组织或者村民委员会,由本集体经济组织的成员承包,用于养殖生产。

第二十三条　海域使用权人依法使用海域并获得收益的权利受法律保护,任何单位和个人不得侵犯。

海域使用权人有依法保护和合理使用海域的义务;海域使用权人对不妨害其依法使用海域的非排他性用海活动,不得阻挠。

第二十四条　海域使用权人在使用海域期间,未经依法批准,不得从事海洋基础测绘。

海域使用权人发现所使用海域的自然资源和自然条件发生重大变化时,应当及时报告海洋行政主管部门。

第二十五条　海域使用权最高期限,按照下列用途确定:

(一)养殖用海十五年;

(二)拆船用海二十年;

(三)旅游、娱乐用海二十五年;

(四)盐业、矿业用海三十年;

(五)公益事业用海四十年;

(六)港口、修造船厂等建设工程用海五十年。

第二十六条　海域使用权期限届满,海域使用权人需要继续使用海域的,应当至迟于期限届满前二个月向原批准用海的人民政府申请续期。除根据公共利益或者国家安全需要收回海域使用权的外,原批准用海的人民政府应当批准续期。准予续期的,海域使用权人应当依法缴纳续期的海域使用金。

第二十七条 因企业合并、分立或者与他人合资、合作经营,变更海域使用权人的,需经原批准用海的人民政府批准。

海域使用权可以依法转让。海域使用权转让的具体办法,由国务院规定。

海域使用权可以依法继承。

第二十八条 海域使用权人不得擅自改变经批准的海域用途;确需改变的,应当在符合海洋功能区划的前提下,报原批准用海的人民政府批准。

第二十九条 海域使用权期满,未申请续期或者申请续期未获批准的,海域使用权终止。

海域使用权终止后,原海域使用权人应当拆除可能造成海洋环境污染或者影响其他用海项目的用海设施和构筑物。

第三十条 因公共利益或者国家安全的需要,原批准用海的人民政府可以依法收回海域使用权。

依照前款规定在海域使用权期满前提前收回海域使用权的,对海域使用权人应当给予相应的补偿。

第三十一条 因海域使用权发生争议,当事人协商解决不成的,由县级以上人民政府海洋行政主管部门调解;当事人也可以直接向人民法院提起诉讼。

在海域使用权争议解决前,任何一方不得改变海域使用现状。

第三十二条 填海项目竣工后形成的土地,属于国家所有。

海域使用权人应当自填海项目竣工之日起三个月内,凭海域使用权证书,向县级以上人民政府土地行政主管部门提出土地登记申请,由县级以上人民政府登记造册,换发国有土地使用权证书,确认土地使用权。

第五章 海 域 使 用 金

第三十三条 国家实行海域有偿使用制度。

单位和个人使用海域,应当按照国务院的规定缴纳海域使用金。海域使用金应当按照国务院的规定上缴财政。

对渔民使用海域从事养殖活动收取海域使用金的具体实施步骤和办法,由国务院另行规定。

第三十四条 根据不同的用海性质或者情形,海域使用金可以按照规定一次缴纳或者按年度逐年缴纳。

第三十五条 下列用海,免缴海域使用金:

(一)军事用海;

(二)公务船舶专用码头用海;

（三）非经营性的航道、锚地等交通基础设施用海；

（四）教学、科研、防灾减灾、海难搜救打捞等非经营性公益事业用海。

第三十六条 下列用海,按照国务院财政部门和国务院海洋行政主管部门的规定,经有批准权的人民政府财政部门和海洋行政主管部门审查批准,可以减缴或者免缴海域使用金：

（一）公用设施用海；

（二）国家重大建设项目用海；

（三）养殖用海。

第六章 监督检查

第三十七条 县级以上人民政府海洋行政主管部门应当加强对海域使用的监督检查。

县级以上人民政府财政部门应当加强对海域使用金缴纳情况的监督检查。

第三十八条 海洋行政主管部门应当加强队伍建设,提高海域使用管理监督检查人员的政治、业务素质。海域使用管理监督检查人员必须秉公执法,忠于职守,清正廉洁,文明服务,并依法接受监督。

海洋行政主管部门及其工作人员不得参与和从事与海域使用有关的生产经营活动。

第三十九条 县级以上人民政府海洋行政主管部门履行监督检查职责时,有权采取下列措施：

（一）要求被检查单位或者个人提供海域使用的有关文件和资料；

（二）要求被检查单位或者个人就海域使用的有关问题作出说明；

（三）进入被检查单位或者个人占用的海域现场进行勘查；

（四）责令当事人停止正在进行的违法行为。

第四十条 海域使用管理监督检查人员履行监督检查职责时,应当出示有效执法证件。

有关单位和个人对海洋行政主管部门的监督检查应当予以配合,不得拒绝、妨碍监督检查人员依法执行公务。

第四十一条 依照法律规定行使海洋监督管理权的有关部门在海上执法时应当密切配合,互相支持,共同维护国家海域所有权和海域使用权人的合法权益。

第七章 法律责任

第四十二条 未经批准或者骗取批准,非法占用海域的,责令退还非法占用的海域,恢复海域原状,没收违法所得,并处非法占用海域期间内该海域面积应缴纳的海域使用金五倍以上十五倍以下的罚款；对未经批准或者骗取批准,进行围海、填海活动的,并处非法占用海域期间内该海域面积应缴纳的海域使用金十倍以上二十倍以下的罚款。

第四十三条 无权批准使用海域的单位非法批准使用海域的,超越批准权限非法批准使用海域的,或者不按海洋功能区划批准使用海域的,批准文件无效,收回非法使用的海域;对非法批准使用海域的直接负责的主管人员和其他直接责任人员,依法给予行政处分。

第四十四条 违反本法第二十三条规定,阻挠、妨害海域使用权人依法使用海域的,海域使用权人可以请求海洋行政主管部门排除妨害,也可以依法向人民法院提起诉讼;造成损失的,可以依法请求损害赔偿。

第四十五条 违反本法第二十六条规定,海域使用权期满,未办理有关手续仍继续使用海域的,责令限期办理,可以并处一万元以下的罚款;拒不办理的,以非法占用海域论处。

第四十六条 违反本法第二十八条规定,擅自改变海域用途的,责令限期改正,没收违法所得,并处非法改变海域用途的期间内该海域面积应缴纳的海域使用金五倍以上十五倍以下的罚款;对拒不改正的,由颁发海域使用权证书的人民政府注销海域使用权证书,收回海域使用权。

第四十七条 违反本法第二十九条第二款规定,海域使用权终止,原海域使用权人不按规定拆除用海设施和构筑物的,责令限期拆除;逾期拒不拆除的,处五万元以下的罚款,并由县级以上人民政府海洋行政主管部门委托有关单位代为拆除,所需费用由原海域使用权人承担。

第四十八条 违反本法规定,按年度逐年缴纳海域使用金的海域使用权人不按期缴纳海域使用金的,限期缴纳;在限期内仍拒不缴纳的,由颁发海域使用权证书的人民政府注销海域使用权证书,收回海域使用权。

第四十九条 违反本法规定,拒不接受海洋行政主管部门监督检查、不如实反映情况或者不提供有关资料的,责令限期改正,给予警告,可以并处二万元以下的罚款。

第五十条 本法规定的行政处罚,由县级以上人民政府海洋行政主管部门依据职权决定。但是,本法已对处罚机关作出规定的除外。

第五十一条 国务院海洋行政主管部门和县级以上地方人民政府违反本法规定颁发海域使用权证书的,或者颁发海域使用权证书后不进行监督管理,或者发现违法行为不予查处的,对直接负责的主管人员和其他直接责任人员,依法给予行政处分;徇私舞弊、滥用职权或者玩忽职守构成犯罪的,依法追究刑事责任。

第八章 附　　则

第五十二条 在中华人民共和国内水、领海使用特定海域不足三个月,可能对国防安全、海上交通安全和其他用海活动造成重大影响的排他性用海活动,参照本法有关规定办理临时海域使用证。

第五十三条 军事用海的管理办法,由国务院、中央军事委员会依据本法制定。

第五十四条 本法自 2002 年 1 月 1 日起施行。

财政部 国家海洋局关于调整海域使用金免缴审批权限的通知

(财综〔2013〕66 号)

辽宁、河北、天津、山东、江苏、上海、浙江、福建、广东、广西、海南省(自治区、直辖市)财政厅(局)、海洋与渔业厅(局),大连、青岛、宁波、厦门、深圳市财政局(委)、海洋与渔业局:

2006 年以来,财政部、国家海洋局先后印发了《海域使用金减免管理办法》(财综〔2006〕24 号)、《关于海域使用金减免管理等有关事项的通知》(财综〔2008〕71 号)等文件,进一步明确和细化了海域使用金依法免缴的政策和审批程序,各级财政部门、海洋行政主管部门认真贯彻落实,规范了海域使用金免缴行为,但也存在审批程序过于繁杂等问题。根据国务院转变政府职能简政放权的要求,为进一步提高工作效率,方便用海单位和个人,决定调整海域使用金免缴审批权限。现就有关事宜通知如下:

一、调整海域使用金免缴审批权限

(一)将用海单位和个人申请免缴国务院批准项目用海的海域使用金,按中央和地方分成,分别报财政部、国家海洋局和省、自治区、直辖市、计划单列市财政部门、海洋行政主管部门审查批准,调整为报财政部、国家海洋局审查批准。同时,财政部、国家海洋局将批准免缴海域使用金文件抄送项目用海所在地省级或者计划单列市财政部门、海洋行政主管部门以及财政部驻当地财政监察专员办事处备查。

(二)将用海单位和个人申请免缴地方各级人民政府批准的项目用海海域使用金,按中央和地方分成,分别报财政部、国家海洋局和省、自治区、直辖市、计划单列市财政部门、海洋行政主管部门审查批准,调整为报省、自治区、直辖市、计划单列市财政部门、海洋行政主管部门审查批准。同时,省、自治区、直辖市、计划单列市财政部门、海洋行政主管部门应将批准免缴海域使用金文件报财政部、国家海洋局备案,并抄送财政部驻当地财政监察专员办事处备查。其中,计划单列市财政部门、海洋行政主管部门批准免缴海域使用金文件同时报相关省财政部门、海洋行政主管部门备案。

(三)养殖用海单位和个人申请免缴海域使用金,继续由批准项目用海的地方人民政府财政部门、海洋行政主管部门审查批准。

二、建立海域使用金免缴台账

各级财政部门、海洋行政主管部门应当建立海域使用金免缴台账,逐笔记录项目用海名称、用海类型、用海面积、免缴金额、批准免缴海域使用金的依据、批复时间等信息,并汇总年度海域使用金免缴信息,报上级财政部门、海洋行政主管部门。各级海洋行政主管部门应当同时在国家海域动态监视监测管理系统中录入海域使用金免缴信息,在年度海域使用公报中向社会公布,自觉接受社会监督。

三、加强海域使用金免缴的监督管理

各级财政部门、海洋行政主管部门要严格按照《海域使用管理法》第三十五条、财综〔2006〕24号文件、财综〔2008〕71号文件审批海域使用金免缴事项,不得违反规定批准免缴海域使用金。同时,要自觉接受各级审计机关的审计和监督。对于违反规定批准免缴海域使用金的行为,依照《财政违法行为处罚处分条例》、《海域使用管理违法违纪行为处分规定》等相关规定,责令改正,补收应当缴纳的海域使用金,并追究相关单位和人员的责任。

本通知自2013年7月1日起执行。财综〔2006〕24号文件、财综〔2008〕71号文件有关规定与本通知不一致的,一律以本通知规定为准。

财政部
国家海洋局
2013年6月25日

财政部 国家海洋局关于印发《无居民海岛使用金征收使用管理办法》的通知

(财综〔2010〕44号)

辽宁、河北、天津、山东、江苏、上海、浙江、福建、广东、广西、海南省(自治区、直辖市)财政厅(局)、海洋厅(局):

为加强和规范无居民海岛使用金的征收、使用管理,促进无居民海岛的有效保护和合理开发利用,根据《中华人民共和国海岛保护法》和《中华人民共和国预算法》等法律规定,我们制定了《无居民海岛使用金征收使用管理办法》,现印发给你们,请遵照执行。

附件:无居民海岛使用金征收使用管理办法

财政部
海洋局
二〇一〇年六月七日

无居民海岛使用金征收使用管理办法

第一章 总 则

第一条 为了加强和规范无居民海岛使用金的征收、使用管理,促进无居民海岛的有效保护和合理开发利用,根据《中华人民共和国海岛保护法》和《中华人民共和国预算法》等法律规定,制定本办法。

第二条 国家实行无居民海岛有偿使用制度。

单位和个人利用无居民海岛,应当经国务院或者沿海省、自治区、直辖市人民政府依法批准,并按照本办法规定缴纳无居民海岛使用金。未足额缴纳无居民海岛使用金的,海洋主管部门不得办理无居民海岛使用权证书。

无居民海岛使用金,是指国家在一定年限内出让无居民海岛使用权,由无居民海岛使用者依法向国家缴纳的无居民海岛使用权价款,不包括无居民海岛使用者取得无居民海岛使用权应当依法缴纳的其他相关税费。

第三条 无居民海岛使用权可以通过申请审批方式出让,也可以通过招标、拍卖、挂牌的方式出让。其中,旅游、娱乐、工业等经营性用岛有两个及两个以上意向者的,一律实行招标、拍卖、挂牌方式出让。

未经批准,无居民海岛使用者不得转让、出租和抵押无居民海岛使用权,不得改变海岛用途和用岛性质。

第四条 无居民海岛使用权出让实行最低价限制制度。

无居民海岛使用权出让最低价标准由国务院财政部门会同国务院海洋主管部门根据无居民海岛的等别、用岛类型和方式、离岸距离等因素,适当考虑生态补偿因素确定,并适时进行调整。

无居民海岛的等别划分、用岛类型界定和无居民海岛使用权出让最低价标准分别参见附1、附2和附3。

第五条 无居民海岛使用权出让价款不得低于无居民海岛使用权出让最低价。

无居民海岛使用权出让最低价的计算公式为:

无居民海岛使用权出让最低价=无居民海岛使用权出让面积×使用年限×无居民海岛使用权出让最低价标准

公式中无居民海岛使用权出让面积以无居民海岛使用批准文件确定的开发利用面积为准。

第六条 无居民海岛使用权出让前应当由具有资产评估资格的中介机构对出让价款进行预评估,评估结果作为政府决策的参考依据。有关评估管理规定由国务院财政部门会同国务院海洋主管部门制定。

第七条 无居民海岛使用金属于政府非税收入,由省级以上财政部门负责征收管理,由省级以上海洋主管部门负责具体征收。

第八条 无居民海岛使用金实行中央地方分成。其中20%缴入中央国库,80%缴入地方国库。地方分成的无居民海岛使用金在省(自治区、直辖市,以下简称省)、市、县级之间的分配比例,由沿海各省级人民政府财政部门确定,报省级人民政府批准后执行。

第九条 无居民海岛使用金纳入一般预算管理,主要用于海岛保护、管理和生态修复。

第二章 征 收

第十条 无居民海岛使用金按照批准的使用年限实行一次性计征。

应缴纳的无居民海岛使用金额度超过1亿元的,无居民海岛使用者可以提出申请,经批准用岛的海洋主管部门商同级财政部门同意后,可以在3年时间内分次缴纳。

分次缴纳无居民海岛使用金的,首次缴纳额度不得低于总额度的50%。在首次缴纳无居民海岛使用金后,由国务院海洋主管部门或者省级海洋主管部门依法颁发无居民海岛使用临时证书;全部缴清无居民海岛使用金后,由国务院海洋主管部门或者省级海洋主管部门依法换发无居民海岛使用权证书。

无居民海岛使用者申请分次缴纳无居民海岛使用金的申请和批准程序,按照本办法规定的免缴无居民海岛使用金的申请和核准程序执行。

第十一条 国务院批准用岛的,无居民海岛使用金由国务院海洋主管部门负责征收。

省级人民政府批准用岛的,无居民海岛使用金由海岛所在地省级海洋主管部门负责征收。

第十二条 无居民海岛使用金实行就地缴库办法。

省级以上海洋主管部门征收无居民海岛使用金,应当向无居民海岛使用者开具《无居民海岛使用金缴款通知书》,通知无居民海岛使用者按照有关要求,填写"一般缴款书",在无居民海岛所在市、县就地缴纳无居民海岛使用金。省级以上海洋主管部门应将《无居民海岛使用金缴款通知书》以及"一般缴款书"第四联复印件报送财政部驻当地财政监察专员办事处备查。填写"一般缴款书"时,"财政机关"填写"财政部门","预算级次"填写"中央地方分成","收款国库"填写实际收纳款项的国库名称,"备注"栏注明中央地方分成比例。

《无居民海岛使用金缴款通知书》应当明确用岛面积、适用的征收等别、征收标准、应缴纳的无居民海岛使用金数额、缴纳无居民海岛使用金的期限、缴库方式、适用的政府收支分类科目等相关内容。无居民海岛使用者应当在收到《无居民海岛使用金缴款通知书》一个月之内,按要求缴纳无居民海岛使用金。

无居民海岛使用金收入列《政府收支分类科目》"1030708无居民海岛使用金收入"(新增),并下设01目"中央无居民海岛使用金收入"和02目"地方无居民海岛使用金收入"。

第十三条 无居民海岛使用者未按规定及时足额缴纳无居民海岛使用金的,按日加收1‰的滞纳金。

滞纳金随同无居民海岛使用金按规定分成比例和科目一并缴入相应级次国库。

第三章 免　缴

第十四条 下列用岛免缴无居民海岛使用金:

(一)国防用岛;

(二)公务用岛,指各级国家行政机关或者其他承担公共事务管理任务的单位依法履行公共事务管理职责的用岛;

(三)教学用岛,指非经营性的教学和科研项目用岛;

(四)防灾减灾用岛;

(五)非经营性公用基础设施建设用岛,包括非经营性码头、桥梁、道路建设用岛,非经营性供水、供电设施建设用岛,不包括为上述非经营性基础设施提供配套服务的经营性用岛;

(六)基础测绘和气象观测用岛;

(七)国务院财政部门、海洋主管部门认定的其他公益事业用岛。

第十五条 免缴无居民海岛使用金的,应当依法申请并经核准。

符合本办法第十四条规定情形的项目用岛,申请人应当在收到《无居民海岛使用金缴款通知书》之日起30日内,按照下列规定提出免缴无居民海岛使用金的书面申请,逾期不予受理:

(一)申请人申请免缴国务院审批项目用岛应缴的无居民海岛使用金,应当分别向国务院财政、海洋主管部门提出书面申请;

(二)申请人申请免缴省级人民政府审批项目用岛应缴的无居民海岛使用金,应当分别向项目所在地的省级财政、海洋主管部门提出书面申请。

第十六条 申请人申请免缴无居民海岛使用金,应当提交下列相关资料:

(一)免缴无居民海岛使用金的书面申请,包括免缴理由、免缴金额、免缴期限等内容;

(二)能够证明项目用岛性质的相关证明材料;

(三)省级以上财政、海洋主管部门认为应当提交的其他相关材料。

第十七条 国务院财政、海洋主管部门原则上应当在收到申请人的申请后60日内,由国务院海洋主管部门对免缴无居民海岛使用金的合法性提出初审意见,经同级财政部门审核同意后,由国务院财政部门会同同级海洋主管部门以书面形式批复申请人。

省级财政、海洋主管部门原则上应当在收到申请人的申请后60日内,由省级海洋主管部门对免缴无居民海岛使用金的合法性提出初审意见,经同级财政部门审核同意后,由省级财政部门会同同级海洋主管部门以书面形式批复申请人。

第十八条 经依法核准免缴无居民海岛使用金的用岛项目,申请转让无居民海岛使用权或者改变海岛用途和用岛性质的,应当按照有关规定重新履行无居民海岛使用金免缴申请和报批手续。

第十九条 省级以上财政、海洋主管部门应当严格按照本办法规定权限核准免缴无居民海岛使用金。其他任何部门和单位均不得核准免缴无居民海岛使用金。

第四章 使 用

第二十条 无居民海岛使用金的具体使用范围如下:

(一)海岛保护。包括海岛及其周边海域生态系统保护、无居民海岛自然资源保护和特殊用途海岛保护,即保护海岛资源、生态,维护国家海洋权益和国防安全。

(二)海岛管理。包括各级政府及其海岛管理部门依据法律及法定职权,综合运用行政、经济、法律和技术等措施对海岛保护和合理利用进行的管理和监督。

(三)海岛生态修复。包括依据生态修复方案,通过生物技术、工程技术等人工方法对生态系统遭受破坏的海岛进行修复,并对修复效果进行追踪的工作。

(四)省级以上财政、海洋主管部门确定的其他项目。

第二十一条 当年缴入国库的无居民海岛使用金由财政部门在下一年度支出预算中安排使用。

第二十二条 中央分成的无居民海岛使用金支出预算,按照国务院财政部门关于部门预算管理的规定进行编报、审核和下达;地方分成的无居民海岛使用金支出预算,按照本地区关于部门预算管理的规定执行。中央分成的无居民海岛使用金在用于中央本级支出有结余时,可以视情况安排补助地方无居民海岛使用金支出预算,或者由国务院财政部门统筹安排。

第二十三条 无居民海岛使用金的支付按照财政国库管理制度的规定执行。资金使用中涉及政府采购的,按照《中华人民共和国政府采购法》及政府采购的有关规定执行。

无居民海岛使用金支出列《政府收支分类科目》220类02款17项"无居民海岛使用

金支出"科目(新增)。

第二十四条 无居民海岛使用金项目资金应当纳入单位财务统一管理,分账核算,确保专款专用。严禁将无居民海岛使用金项目资金用于支付各种罚款、捐助、赞助、投资等。

第二十五条 跨年度执行的项目在项目未完成时形成的年度结转资金,结转下一年度按规定继续使用。项目因故终止的,结余资金按照国务院财政部门关于财政拨款结余资金的有关规定办理。

第五章 监督检查与法律责任

第二十六条 各级财政、海洋主管部门应当加强对无居民海岛使用金征收、使用情况的管理,定期或不定期地开展无居民海岛使用金征收、使用情况的专项检查。

第二十七条 拒不缴纳无居民海岛使用金的,由依法颁发无居民海岛使用权证书的海洋主管部门无偿收回无居民海岛使用权。

第二十八条 无居民海岛使用金项目承担单位未按照批准的用途使用无居民海岛使用金的,由县级以上财政部门会同同级海洋主管部门依据职权责令限期改正;逾期不改正的,项目承担单位应将无居民海岛使用金按原拨款渠道退回批准预算的财政部门,并给予5年内不得申请无居民海岛使用金项目的处理。

第二十九条 单位和个人有下列行为之一的,依照《财政违法行为处罚处分条例》(国务院令第427号)等国家有关规定追究法律责任:

(一)不按规定征收无居民海岛使用金的;

(二)不按规定及时足额缴纳无居民海岛使用金的;

(三)违反本办法规定核准免缴无居民海岛使用金的;

(四)申请人不如实提供有关资料,弄虚作假,骗取免缴无居民海岛使用金的;

(五)截留、挤占、挪用无居民海岛使用金的。

第六章 附 则

第三十条 沿海地区省级财政部门会同同级海洋主管部门根据本办法,可以结合本地区实际情况,制定本地区无居民海岛使用金的具体征收使用管理办法,并报国务院财政、海洋主管部门备案。

第三十一条 本办法由国务院财政部门会同国务院海洋主管部门负责解释。

第三十二条 本办法自2010年8月1日起施行。

附:1. 无居民海岛等别划分

    2. 无居民海岛用岛类型界定(略)

    3. 无居民海岛使用权出让最低价标准(略)

附 1：

无居民海岛等别划分

一等	上海：宝山区 浦东新区 山东：青岛市（市北区 市南区 四方区） 福建：厦门市（湖里区 思明区） 广东：广州市（番禺区 黄埔区 萝岗区 南沙区）深圳市（宝安区 福田区 龙岗区 南山区 盐田区）
二等	上海：奉贤区 金山区 天津：滨海新区 辽宁：大连市（沙河口区 西岗区 中山区） 山东：青岛市（城阳区 黄岛区 崂山区 李沧区） 浙江：宁波市（海曙区 江北区 江东区）温州市（龙湾区 鹿城区） 福建：泉州市丰泽区 厦门市（海沧区 集美区） 广东：东莞市 汕头市（潮阳区 澄海区 濠江区 金平区 龙湖区）中山市 珠海市（斗门区 金湾区 香洲区）
三等	上海：崇明县 辽宁：大连市甘井子 营口市鲅鱼圈区 河北：秦皇岛市（北戴河区 海港区） 山东：即墨市 胶南市 胶州市 龙口市 蓬莱市 日照市（东港区 岚山区）荣成市 威海市环翠区 烟台市（福山区 莱山区 芝罘区） 浙江：宁波市（北仑区 鄞州区 镇海区）台州市（椒江区 路桥区）舟山市定海区 福建：福清市 福州市马尾区 晋江市 泉州市（洛江区 泉港区）石狮市 厦门市（同安区 翔安区） 广东：惠东县 惠州市惠阳区 江门市新会区 茂名市茂港区 汕头市潮南区 湛江市（赤坎区 麻章区 坡头区 霞山区） 海南：海口市（龙华区 美兰区 秀英区）三亚市
四等	辽宁：长海县 大连市（金州区 旅顺口区）葫芦岛市（连山区 龙港区）绥中县 瓦房店市 兴城市 营口市（西市区 老边区） 河北：秦皇岛市山海关区 山东：莱州市 乳山市 文登市 烟台市牟平区 江苏：连云港市连云区 浙江：慈溪市 海盐县 平湖市 嵊泗县 温岭市 玉环县 余姚市 乐清市 舟山市普陀区 福建：长乐市 惠安县 龙海市 南安市 广东：恩平市 南澳县 汕尾市城区 台山市 阳江市江城区 广西：北海市（海城区 银海区）
五等	辽宁：东港市 盖州市 普兰店市 庄河市 河北：抚宁县 滦南县 唐海县 唐山市丰南区 乐亭县 山东：长岛县 东营市（东营区 河口区）海阳市 莱阳市 潍坊市寒亭区 招远市 江苏：大丰市 东台市 海安县 海门市 启东市 如东县 南通市通州区 浙江：岱山县 洞头县 奉化市 临海市 宁海县 瑞安市 三门县 象山县 福建：连江县 罗源县 平潭县 莆田市（城厢区 涵江区 荔城区 秀屿区）漳浦县 广东：电白县 海丰县 惠来县 揭东县 雷州市 廉江市 陆丰市 饶平县 遂溪县 吴川市 徐闻县 阳东县 阳西县 广西：北海市铁山港区 防城港市（防城区 港口区）钦州市钦南区 海南：澄迈县 儋州市 琼海市 文昌市

(续表)

六等	辽宁:大洼县 凌海市 盘山县 河北:昌黎县 海兴县 黄骅市 山东:昌邑市 广饶县 垦利县 利津县 寿光市 无棣县 沾化县 江苏:滨海县 赣榆县 灌云县 射阳县 响水县 浙江:苍南县 平阳县 福建:东山县 福安市 福鼎市 宁德市蕉城区 霞浦县 仙游县 云霄县 诏安县 广西:东兴市 合浦县 海南:昌江县 东方市 临高县 陵水县 万宁市 乐东县 我国管辖的其他区域的海岛

财政部 国家海洋局关于印发《调整海域无居民海岛使用金征收标准》的通知

(财综〔2018〕15号)

沿海省、自治区、直辖市、计划单列市财政厅(局)、海洋厅(局):

根据中共中央、国务院关于生态文明体制改革总体方案和海域、无居民海岛有偿使用意见的要求,财政部、国家海洋局制定了《海域使用金征收标准》和《无居民海岛使用金征收标准》(见附件,以下简称国家标准),现印发你们,请遵照执行。如有问题,请及时告知。现将有关事项通知如下:

一、自本通知施行之日起,征收海域使用金和无居民海岛使用金统一按照国家标准执行。

二、沿海省、自治区、直辖市、计划单列市应根据本地区情况合理划分海域级别,制定不低于国家标准的地方海域使用金征收标准。以申请审批方式出让海域使用权的,执行地方标准;以招标、拍卖、挂牌方式出让海域使用权的,出让底价不得低于按照地方标准计算的海域使用金金额。尚未颁布地方海域使用金征收标准的地区,执行国家标准。养殖用海海域使用金执行地方标准。

地方人民政府管理海域以外的用海项目,执行国家标准,相关等别按照毗邻最近行政区的等别确定。养殖用海的海域使用金征收标准参照毗邻最近行政区的地方标准执行。

三、无居民海岛使用权出让实行最低标准限制制度。无居民海岛使用权出让由国家或省级海洋行政主管部门按照相关程序通过评估提出出让标准,作为无居民海岛市场化出让或申请审批出让的使用金征收依据,出让标准不得低于按照最低标准核算的最低出让标准。

四、本通知施行前已获批准但尚未缴纳海域使用金和无居民海岛使用金的用海、用岛项目,仍执行原海域使用金和无居民海岛使用金征收标准。其中,招标、拍卖、挂牌方式出让的项目批准时间,以政府批复出让方案的时间为准。

五、经批准分期缴纳海域使用金和无居民海岛使用金的用海、用岛项目,在批准的分期缴款时间内,应按照出让合同或分期缴款批复缴纳剩余部分。

六、已获批按规定逐年缴纳海域使用金的用海项目,项目确权登记时间在通知施行前的,仍执行原海域使用金征收标准,出让合同另有约定的除外,缴款通知书已有规定的从其规定;因海域使用权续期或用海方案调整等需重新报经政府批准的,批准后按照新标准执行。

本通知施行后批准的逐年缴纳海域使用金的用海项目,如海域使用金征收标准调整,调整后第二年起执行新标准。

七、本通知自2018年5月1日起施行。此前财政部、国家海洋局制发的有关规定与本通知规定不一致的,一律以本通知规定为准。地方海域使用金征收标准(含养殖用海征收标准)制定工作,应于2019年4月底前完成,并报财政部、国家海洋局备案。

八、财政部会同国家海洋局将根据海域、无居民海岛资源环境承载能力和国民经济社会发展情况,综合评估用海用岛需求、海域和无居民海岛使用权价值、生态环境损害成本、社会承受能力等因素的变化,建立价格监测评价机制,对海域、无居民海岛使用金征收标准进行动态调整。

附件:1. 海域使用金征收标准
  2. 无居民海岛使用金征收标准
  3. 海域使用金缴款通知书模版

财政部
国家海洋局
2018年3月13日

附件 1

海域使用金征收标准

为贯彻落实《生态文明体制改革总体方案》以及《海域、无居民海岛有偿使用的意见》要求,充分发挥海域使用金征收标准经济杠杆的调控作用,提高用海生态门槛,引导海域开发利用布局优化和海洋产业结构调整,根据《中华人民共和国海域使用管理法》、《中华人民共和国预算法》,现对海域使用金征收标准调整如下:

一、海域等别调整

根据沿海地区行政区划变化以及海域资源和生态环境、社会经济发展等情况,全国海域等别调整如下:

海域等别

等级	地区
一等	上海：宝山区　浦东新区 山东：青岛市（市南区　市北区） 福建：厦门市（思明区　湖里区） 广东：广州市（黄埔区　番禺区　南沙区　增城区）深圳市（福田区　南山区　宝安区　龙岗区　盐田区）
二等	上海：金山区　奉贤区 天津：滨海新区 辽宁：大连市（中山区　西岗区　沙河口区） 山东：青岛市（黄岛区　崂山区　李沧区　城阳区） 浙江：宁波市江北区　温州市龙湾区 福建：泉州市丰泽区　厦门市（海沧区　集美区） 广东：东莞市　汕头市（龙湖区　金平区　潮阳区）中山市　珠海市（香洲区　斗门区　金湾区）
三等	上海：崇明区 辽宁：大连市甘井子区　营口市鲅鱼圈区 河北：秦皇岛市（海港区　北戴河区） 山东：青岛市即墨区　胶州市　烟台市（芝罘区　福山区　莱山区）龙口市　蓬莱市　威海市环翠区　荣成市　日照市（东港区　岚山区） 浙江：宁波市（北仑区　镇海区　鄞州区）台州市（椒江区　路桥区）舟山市定海区 福建：福州市马尾　福清市　厦门市（同安区　翔安区）泉州市（洛江区　泉港区）石狮市　晋江市 广东：汕头市（濠江区　潮南区　澄海区）江门市新会区　湛江市（赤坎区　霞山区　坡头区　麻章区）茂名市电白区　惠州市惠阳区　惠东县 海南：海口市（秀英区　龙华区　美兰区）三亚市（海棠区　吉阳区　天涯区　崖州区）
四等	辽宁：大连市（旅顺口区　金州区）瓦房店市　长海县　营口市（西市区　老边区）盖州市　葫芦岛市（连山区　龙港区）绥中县　兴城市 河北：秦皇岛市山海关区 山东：烟台市牟平区　莱州市　招远市　海阳市　威海市文登区　乳山市 江苏：连云港市连云区 浙江：慈溪市　余姚市　乐清市　海盐县　平湖市　玉环市　温岭市　舟山市普陀区　嵊泗县 福建：福州市长乐区　惠安县　龙海市　南安市 广东：南澳县　台山市　恩平市　汕尾市城区　阳江市江城区 广西：北海市（海城区　银海区） 海南：儋州市
五等	辽宁：大连市普兰店区　庄河市　东港市 河北：秦皇岛市抚宁区　唐山市（丰南区　曹妃甸区）滦南县　乐亭县　黄骅市 山东：东营市（东营区　河口区）长岛县　莱阳市　潍坊市寒亭区 江苏：南通市通州区　海安县　如东县　启东市　海门市　盐城市大丰区　东台市 浙江：宁波市奉化区　象山县　宁海县　温州市洞头区　瑞安市　岱山县　三门县　临海市 福建：连江县　罗源县　平潭县　莆田市（城厢区　涵江区　荔城区　秀屿区）漳浦县 广东：遂溪县　徐闻县　廉江市　雷州市　吴川市　海丰县　陆丰市　阳东县　阳西县　饶平县　揭阳市榕城区　惠来县 广西：北海市铁山港区　防城港市（港口区　防城区）钦州市钦南区 海南：琼海市　文昌市　万宁市　澄迈县　乐东县　陵水县
六等	辽宁：锦州市太和区　凌海市　盘锦市大洼区　盘山县 河北：昌黎县　海兴县 山东：东营市垦利区　利津县　广饶县　寿光市　昌邑市　滨州市沾化区　无棣县 江苏：连云港市赣榆区　灌云县　灌南县　盐城市亭湖区　响水县　滨海县　射阳县 浙江：平阳县　苍南县 福建：仙游县　云霄县　诏安县　东山县　宁德市蕉城区　霞浦县　福安市　福鼎市 广西：合浦县　东兴市 海南：三沙市　东方市　临高县　昌江县

二、海域使用金征收标准调整

根据国民经济增长、资源价格变化水平，并考虑海域开发利用的生态环境损害成本和社会承受能力，海域使用金征收标准调整如下：

海域使用金征收标准

单位：万元/公顷

用海方式		海域等别	一等	二等	三等	四等	五等	六等	征收方式
填海造地用海	建设填海造地用海	工业、交通运输、渔业基础设施等填海	300	250	190	140	100	60	一次性征收
		城镇建设填海	2 700	2 300	1 900	1 400	900	600	
	农业填海造地用海		130	110	90	75	60	45	
构筑物用海	非透水构筑物用海		250	200	150	100	75	50	
	跨海桥梁、海底隧道用海		17.30						
	透水构筑物用海		4.63	3.93	3.23	2.53	1.84	1.16	
	港池、蓄水用海		1.17	0.93	0.69	0.46	0.32	0.23	
围海用海	盐田用海		0.32	0.26	0.20	0.15	0.11	0.08	
	围海养殖用海		由各省（自治区、直辖市）制定						
	围海式游乐场用海		4.76	3.89	3.24	2.67	2.24	1.93	
	其他围海用海		1.17	0.93	0.69	0.46	0.32	0.23	
开放式用海	开放式养殖用海		由各省（自治区、直辖市）制定						按年度征收
	浴场用海		0.65	0.53	0.42	0.31	0.20	0.10	
	开放式游乐场用海		3.26	2.39	1.74	1.17	0.74	0.43	
	专用航道、锚地用海		0.30	0.23	0.17	0.13	0.09	0.05	
	其他开放式用海		0.30	0.23	0.17	0.13	0.09	0.05	
其他用海	人工岛式油气开采用海		13.00						
	平台式油气开采用海		6.50						
	海底电缆管道用海		0.70						
	海砂等矿产开采用海		7.30						
	取、排水口用海		1.05						
	污水达标排放用海		1.40						
	温、冷排水用海		1.05						
	倾倒用海		1.40						
	种植用海		0.05						

注：1. 离大陆岸线最近距离2千米以上且最小水深大于5米（理论最低潮面）的离岸式填海，按照征收标准的80％征收；2. 填海造地用海占用大陆自然岸线的，占用自然岸线的该宗填海按照征收标准的120％征收；3. 建设人工鱼礁的透水构筑物用海，按照征收标准的80％征收；4. 地方人民政府管辖海域以外的项目用海执行国家标准，海域等别按照毗邻最近行政区的等别确定。养殖用海标准按照毗邻最近行政区征收标准征收。

三、用海方式界定

根据海域使用特征及对海域自然属性的影响程度,用海方式界定如下:

用海方式界定

编码		用海方式名称	界定
1		填海造地用海	指筑堤围割海域填成土地,并形成有效岸线的用海
	11	建设填海造地用海	指通过筑堤围割海域,填成建设用地用于工业、交通运输、渔业基础设施、城镇建设等的用海。 工业、交通运输、渔业基础设施等填海是指主导用途用于工业、交通运输、渔业基础设施、旅游娱乐、海底工程、特殊用海等的填海造地用海;城镇建设填海是指除工业、交通运输、渔业基础设施填海以外的其他填海造地用海。
	12	农业填海造地用海	指通过筑堤围割海域,填成农用地用于农、林、牧业生产的用海
2		构筑物用海	指采用透水或非透水等方式构筑海上各类设施的用海
	21	非透水构筑物用海	指采用非透水方式构筑不形成有效岸线的码头、突堤、引堤、防波堤、路基、设施基座等构筑物的用海
	22	跨海桥梁、海底隧道用海	指占用海面空间或底土用于建设跨海桥梁、海底隧道、海底仓储等的用海
	23	透水构筑物用海	指采用透水方式构筑码头、平台、海面栈桥、高脚屋、塔架、潜堤、人工鱼礁等构筑物的用海
3		围海用海	指通过筑堤或其他手段,以完全或不完全闭合形式围割海域进行海洋开发活动的用海
	31	港池、蓄水用海	指通过修筑海堤或防浪设施圈围海域,用于港口作业、修造船、蓄水等的用海,含开敞式码头前沿的船舶靠泊和回旋水域
	32	盐田用海	指通过筑堤圈围海域用于盐业生产的用海
	33	围海养殖用海	指通过筑堤圈围海域用于养殖生产的用海
	34	围海式游乐场用海	指通过修筑海堤或防浪设施圈围海域,用于游艇、帆板、冲浪、潜水、水下观光、垂钓等水上娱乐活动的海域
	35	其他围海用海	指上述围海用海以外的围海用海
4		开放式用海	指不进行填海造地、围海或设置构筑物,直接利用海域进行开发活动的用海
	41	开放式养殖用海	指采用筏式、网箱、底播或以人工投苗、自然增殖海洋底栖生物等形式进行增养殖生产的用海
	42	浴场用海	指供游人游泳、嬉水,且无固定设施的用海
	43	开放式游乐场用海	指开展游艇、帆板、冲浪、潜水、水下观光、垂钓等娱乐活动,且无固定设施的用海
	44	专用航道、锚地用海	指供船舶航行、锚泊的用海
	45	其他开放式用海	指上述开放式用海以外的开放式用海

(续表)

编码		用海方式名称	界定
5		其他用海	指上述用海方式之外的用海
	51	人工岛式油气开采用海	指采用人工岛方式开采油气资源的用海
	52	平台式油气开采用海	指采用固定式平台、移动式平台、浮式储油装置及其他辅助设施开采油气资源的用海
	53	海底电缆管道用海	指铺设海底通信光(电)缆及电力电缆,输水、输气、输油及输送其他物质的管状输送设施的用海
	54	海砂等矿产开采用海	指开采海砂及其他固体矿产资源的用海
	55	取、排水口用海	指抽取或排放海水的用海
	56	污水达标排放用海	指受纳指定达标污水的用海
	57	温、冷排水用海	指受纳温、冷排水的用海
	58	倾倒用海	指向海上倾倒区倾倒废弃物或利用海床在水下堆放疏浚物等的用海
	59	种植用海	指种植芦苇、翅碱蓬、人工防护林、红树林等的用海

附件 2

无居民海岛使用金征收标准

为贯彻落实《生态文明体制改革总体方案》和《海域、无居民海岛有偿使用的意见》,体现政府配置资源的引导作用,进一步发挥海岛有偿使用的经济杠杆作用,国家实行无居民海岛使用金征收标准动态调整机制,全面提升海岛生态保护和资源合理利用水平。根据《中华人民共和国海岛保护法》和《中华人民共和国预算法》,现将无居民海岛使用权出让最低标准调整如下:

一、无居民海岛等别

依据经济社会发展条件差异和无居民海岛分布情况,将无居民海岛划分为六等。

海岛等别划分

一等	上海:浦东新区 山东:青岛市(市北区 市南区) 福建:厦门市(湖里区 思明区) 广东:广州市(黄埔区 南沙区) 深圳市(宝安区 福田区 龙岗区 南山区 盐田区)
二等	上海:金山区 天津:滨海新区 辽宁:大连市(沙河口区 西岗区 中山区) 山东:青岛市(城阳区 黄岛区 崂山区) 福建:泉州市丰泽区 厦门市(海沧区 集美区) 广东:东莞市 中山市 珠海市(金湾区 香洲区)

(续表)

三等	上海：崇明区 辽宁：大连市甘井子区 山东：即墨市 龙口市 蓬莱市 日照市(东港区 岚山区) 荣成市 威海市环翠区 烟台市(莱山区 芝罘区) 浙江：宁波市(北仑区 鄞州区 镇海区) 台州市(椒江区 路桥区) 舟山市定海区 福建：福清市 福州市马尾区 晋江市 泉州市泉港区 石狮市 厦门市翔安区 广东：茂名市电白区 惠东县 惠州市惠阳区 汕头市(澄海区 濠江区 潮南区 潮阳区 金平区 龙湖区) 湛江市(赤坎区 麻章区 坡头区) 海南：海口市美兰区 三亚市(吉阳区 崖州区 天涯区 海棠区)
四等	辽宁：长海县 大连市(金州区 旅顺口区) 瓦房店市 葫芦岛市市辖区 绥中县 兴城市 河北：秦皇岛市山海关区 山东：莱州市 乳山市 威海市文登区 烟台市牟平区 海阳市 江苏：连云港市连云区 浙江：海盐县 平湖市 嵊泗县 温岭市 玉环市 乐清市 舟山市普陀区 福建：福州市长乐区 惠安县 龙海市 南安市 广东：恩平市 南澳县 汕尾市城区 台山市 阳江市江城区 广西：北海市海城区 海南：儋州市
五等	辽宁：东港市 大连市普兰店区 庄河市 河北：唐山市曹妃甸区 乐亭县 山东：长岛县 东营市(东营区 河口区) 莱阳市 潍坊市寒亭区 江苏：盐城市大丰区 东台市 如东县 浙江：岱山县 温州市洞头区 宁波市奉化区 临海市 宁海县 瑞安市 三门县 象山县 福建：连江县 罗源县 平潭县 莆田市(荔城区 秀屿区) 漳浦县 广东：海丰县 惠来县 雷州市 廉江市 陆丰市 饶平县 遂溪县 吴川市 徐闻县 阳东县 阳西县 广西：防城港市(防城区 港口区) 钦州市钦南区 海南：澄迈县 琼海市 文昌市 陵水县 乐东县 万宁市
六等	辽宁：锦州市(凌海市) 盘锦市(大洼区 盘山县) 山东：昌邑市 广饶县 利津县 无棣县 江苏：连云港市赣榆区 浙江：苍南县 平阳县 福建：东山县 福安市 福鼎市 宁德市蕉城区 霞浦县 云霄县 诏安县 广西：东兴市 合浦县 海南：昌江县 东方市 临高县 三沙市 我国管辖的其他区域的海岛

二、无居民海岛用岛类型

根据无居民海岛开发利用项目主导功能定位,将用岛类型划分为九类。

用岛类型划分

类型编码	类型名称	界定
1	旅游娱乐用岛	用于游览、观光、娱乐、康体等旅游娱乐活动及相关设施建设的用岛。
2	交通运输用岛	用于港口码头、路桥、隧道、机场等交通运输设施及其附属设施建设的用岛。
3	工业仓储用岛	用于工业生产、工业仓储等的用岛,包括船舶工业、电力工业、盐业等。
4	渔业用岛	用于渔业生产活动及其附属设施建设的用岛。
5	农林牧业用岛	用于农、林、牧业生产活动的用岛。
6	可再生能源用岛	用于风能、太阳能、海洋能、温差能等可再生能源设施建设的经营性用岛。
7	城乡建设用岛	用于城乡基础设施及配套设施等建设的用岛。
8	公共服务用岛	用于科研、教育、监测、观测、助航导航等非经营性和公益性设施建设的用岛。
9	国防用岛	用于驻军、军事设施建设、军事生产等国防目的的用岛。

三、无居民海岛用岛方式

根据用岛活动对海岛自然岸线、表面积、岛体和植被等的改变程度,将无居民海岛用岛方式划分为六种。

用岛方式划分

方式编码	方式名称	界定
1	原生利用式	不改变海岛岛体及表面积,保持海岛自然岸线和植被的用岛行为。
2	轻度利用式	造成海岛自然岸线、表面积、岛体和植被等要素发生改变,且变化率最高的指标符合以下任一条件的用岛行为: 1) 改变海岛自然岸线属性≤10%; 2) 改变海岛表面积≤10%; 3) 改变海岛岛体体积≤10%; 4) 破坏海岛植被≤10%。
3	中度利用式	造成海岛自然岸线、表面积、岛体和植被等要素发生改变,且变化率最高的指标符合以下任一条件的用岛行为: 1) 改变海岛自然岸线属性>10%且<30%; 2) 改变海岛表面积>10%且<30%; 3) 改变海岛岛体体积>10%且<30%; 4) 破坏海岛植被>10%且<30%。
4	重度利用式	造成海岛自然岸线、表面积、岛体和植被等要素发生改变,且变化率最高的指标符合以下任一条件的用岛行为: 1) 改变海岛自然岸线属性≥30%且<65%; 2) 改变岛体表面积≥30%且<65%; 3) 改变海岛岛体体积≥30%且<65%; 4) 破坏海岛植被≥30%且<65%。

(续表)

方式编码	方式名称	界定
5	极度利用式	造成海岛自然岸线、表面积、岛体和植被等要素发生改变,且变化率最高的指标符合以下任一条件的用岛行为: 1) 改变海岛自然岸线属性≥65%; 2) 改变岛体表面积≥65%; 3) 改变海岛岛体体积≥65%; 4) 破坏海岛植被≥65%。
6	填海连岛与造成岛体消失的用岛	

四、无居民海岛使用权出让最低标准

根据各用岛类型的收益情况和用岛方式对海岛生态系统造成的影响,在充分体现国家所有者权益的基础上,将生态环境损害成本纳入价格形成机制,确定无居民海岛使用权出让最低标准。国家每年对无居民海岛使用权出让最低标准进行评估,适时调整。

无居民海岛使用权出让最低标准 单位:万元/公顷·年

等别	用岛方式 用岛类型	原生利用式	轻度利用式	中度利用式	重度利用式	极度利用式	填海连岛与造成岛体消失的用岛
一等	旅游娱乐用岛	0.95	1.91	5.73	12.41	19.09	2 455.00万元/公顷,按用岛面积一次性计征。
	交通运输用岛	1.18	2.36	7.07	15.32	23.56	
	工业仓储用岛	1.37	2.75	8.25	17.87	27.49	
	渔业用岛	0.38	0.75	2.26	4.90	7.54	
	农林牧业用岛	0.30	0.60	1.81	3.92	6.03	
	可再生能源用岛	1.04	2.08	6.25	13.54	20.83	
	城乡建设用岛	1.47	2.95	8.84	19.15	29.46	
	公共服务用岛	—	—	—	—	—	
	国防用岛	—	—	—	—	—	
二等	旅游娱乐用岛	0.77	1.54	4.62	10.00	15.38	1 976.00万元/公顷,按用岛面积一次性计征。
	交通运输用岛	0.95	1.90	5.69	12.33	18.97	
	工业仓储用岛	1.11	2.21	6.64	14.38	22.13	
	渔业用岛	0.30	0.61	1.83	3.95	6.08	
	农林牧业用岛	0.24	0.49	1.46	3.16	4.87	
	可再生能源用岛	0.84	1.68	5.04	10.91	16.78	
	城乡建设用岛	1.19	2.37	7.11	15.41	23.71	
	公共服务用岛	—	—	—	—	—	
	国防用岛	—	—	—	—	—	

(续表)

等别	用岛类型＼用岛方式	原生利用式	轻度利用式	中度利用式	重度利用式	极度利用式	填海连岛与造成岛体消失的用岛
三等	旅游娱乐用岛	0.68	1.37	4.10	8.88	13.66	1 729.00 万元/公顷，按用岛面积一次性计征。
	交通运输用岛	0.83	1.66	4.98	10.79	16.60	
	工业仓储用岛	0.97	1.94	5.81	12.59	19.36	
	渔业用岛	0.28	0.55	1.65	3.58	5.50	
	农林牧业用岛	0.22	0.44	1.32	2.86	4.40	
	可再生能源用岛	0.75	1.49	4.47	9.69	14.90	
	城乡建设用岛	1.04	2.07	6.22	13.48	20.75	
	公共服务用岛	—	—	—	—	—	
	国防用岛	—	—	—	—	—	
四等	旅游娱乐用岛	0.49	0.98	2.94	6.36	9.79	1 248.00 万元/公顷，按用岛面积一次性计征。
	交通运输用岛	0.60	1.20	3.59	7.79	11.98	
	工业仓储用岛	0.70	1.40	4.19	9.08	13.98	
	渔业用岛	0.20	0.39	1.17	2.54	3.91	
	农林牧业用岛	0.16	0.31	0.94	2.03	3.13	
	可再生能源用岛	0.53	1.07	3.20	6.94	10.68	
	城乡建设用岛	0.75	1.50	4.49	9.73	14.97	
	公共服务用岛	—	—	—	—	—	
	国防用岛	—	—	—	—	—	
五等	旅游娱乐用岛	0.42	0.84	2.51	5.45	8.38	1 056.00 万元/公顷，按用岛面积一次性计征。
	交通运输用岛	0.51	1.01	3.04	6.59	10.14	
	工业仓储用岛	0.59	1.18	3.55	7.69	11.83	
	渔业用岛	0.17	0.34	1.02	2.21	3.39	
	农林牧业用岛	0.14	0.27	0.81	1.76	2.71	
	可再生能源用岛	0.46	0.91	2.74	5.94	9.14	
	城乡建设用岛	0.63	1.27	3.80	8.24	12.68	
	公共服务用岛	—	—	—	—	—	
	国防用岛	—	—	—	—	—	
六等	旅游娱乐用岛	0.37	0.75	2.24	4.86	7.48	927.00 万元/公顷，按用岛面积一次性计征。
	交通运输用岛	0.45	0.89	2.67	5.79	8.90	
	工业仓储用岛	0.52	1.04	3.12	6.75	10.39	
	渔业用岛	0.15	0.31	0.93	2.01	3.09	
	农林牧业用岛	0.12	0.25	0.74	1.61	2.47	
	可再生能源用岛	0.41	0.82	2.45	5.30	8.16	
	城乡建设用岛	0.56	1.11	3.34	7.23	11.13	
	公共服务用岛	—	—	—	—	—	
	国防用岛	—	—	—	—	—	

最低价计算公式为"无居民海岛使用权出让最低价＝无居民海岛使用权出让面积×出让年限×无居民海岛使用权出让最低标准"。

无居民海岛出让前，应确定无居民海岛等别、用岛类型和用岛方式，核算出让最低价，在此基础上对无居民海岛上的珍稀濒危物种、淡水、沙滩等资源价值进行评估，一并形成出让价。出让价作为申请审批出让和市场化出让底价的参考依据，不得低于最低价。

附件3

海域使用金缴款通知书模版

×××项目用海总面积×××公顷，其中×××（用海方式）用海面积×××公顷。海域使用金按×××（文号）规定征收。项目所在海域等别为×××等，征收标准为：×××（用海方式）×××万元/公顷，一次性征收；×××（用海方式）×××万元/公顷，按年度征收。第一年度海域使用金合计为×××万元，其中30%（×××万元）缴中央国库，70%（×××万元）缴地方国库。自第二年度起，逐年缴纳海域使用金的用海按当年有效的征收标准征收海域使用金。

请你单位与×××海洋厅（局）联系，按要求办理缴款手续，确保海域使用金及时足额缴纳。

财政部 国家林业局关于印发《森林植被恢复费征收使用管理暂行办法》的通知

（财综〔2002〕73号）

各省、自治区、直辖市财政厅（局）、林业（农林）厅（局），内蒙古、吉林、黑龙江、大兴安岭森工（林业）集团公司：

根据《中华人民共和国森林法》和《中华人民共和国森林法实施条例》（国务院令第278号）的有关规定，我们制定了《森林植被恢复费征收使用管理暂行办法》，现印发给你们，请遵照执行。

附件：森林植被恢复费征收使用管理暂行办法

财政部

国家林业局

2002年10月25日

森林植被恢复费征收使用管理暂行办法

第一章 总 则

第一条 为保护森林资源,促进我国林业可持续发展,根据《中华人民共和国森林法》和《中华人民共和国森林法实施条例》(国务院令第 278 号)的有关规定,制定本办法。

第二条 森林植被恢复费属于政府性基金,纳入财政预算管理。

第三条 森林植被恢复费的征收、使用和管理应当接受财政、审计部门和上级林业主管部门的监督检查。

第二章 征 收

第四条 凡勘查、开采矿藏和修建道路、水利、电力、通讯等各项建设工程需要占用林地,经县级以上林业主管部门审核同意或批准的,用地单位应当按照本办法规定向县级以上林业主管部门预缴森林植被恢复费。

第五条 县级以上林业主管部门按照下列规定预收森林植被恢复费:

(一)占用或者临时占用国务院确定的国家所有的重点林区(以下简称"重点林区")林地的,由国务院林业主管部门或其委托的单位负责预收。

(二)占用除重点林区以外林地的,由省、自治区、直辖市林业主管部门负责预收。

第六条 森林植被恢复费征收标准按照恢复不少于被占用林地面积的森林植被所需要的调查规划设计、造林培育等费用核定。具体征收标准如下:

(一)用材林林地、经济林林地、薪炭林林地、苗圃地,每平方米收取 6 元。

(二)未成林造林地,每平方米收取 4 元。

(三)防护林和特种用途林林地,每平方米收取 8 元;国家重点防护林和特种用途林地,每平方米收取 10 元。

(四)疏林地、灌木林地,每平方米收取 3 元。

(五)宜林地、采伐迹地、火烧迹地,每平方米收取 2 元。

城市及城市规划区的林地,可按照上述规定标准 2 倍收取。对农民按规定标准建设住宅占用林地,在"十五"期间暂不收取森林植被恢复费。

第七条 县级以上林业主管部门收取森林植被恢复费,按照财务隶属关系使用财政部和省、自治区、直辖市财政部门统一印制的非税收入票据。

第三章 缴 库

第八条 县级以上林业主管部门收取的森林植被恢复费,按照预算收入级次上缴国库。

(一)国务院林业主管部门及其委托单位收取的森林植被恢复费,全额缴入中央国库。

（二）省、自治区、直辖市以下各级林业主管部门收取的森林植被恢复费，全额缴入同级地方国库。

第九条 森林植被恢复费实行就地缴库办法。县级以上林业主管部门收取森林植被恢复费后，自取得收入之日起3日内就地缴入同级国库。

第十条 县级以上林业主管部门在办理缴库手续时，应填制一般缴款书。国务院林业主管部门及其委托单位在缴款书的"收款单位"栏填写"财政部"，"预算级次"栏填写"中央级"；省、自治区、直辖市以下林业主管部门按同级财政部门的有关规定填写。

第十一条 占用林地未被批准，有关林业主管部门需要将预收的森林植被恢复费退还用地单位时，应当由有关林业主管部门汇总实际发生的退还金额，并附有关证明材料，按照财政部规定的退库项目，向同级财政部门申请办理森林植被恢复费退库手续。

第四章 使用管理

第十二条 森林植被恢复费主要用于林业主管部门组织的植树造林、恢复森林植被，包括调查规划设计、整地、造林、抚育、护林防火、病虫害防治、资源管护等开支，不得平调、截留或挪作他用。

第十三条 国务院林业主管部门及其委托单位收取的森林植被恢复费，纳入中央财政预算管理。其中：占用大兴安岭林业集团管理的林地收取的森林植被恢复费，列入中央本级支出预算，用于大兴安岭林区植树造林、恢复森林植被；占用或者临时占用内蒙古、吉林、黑龙江森工集团管理的林地收取的森林植被恢复费，列入中央补助地方专款预算，用于有关森工集团管理林区范围内的植树造林、恢复森林植被。

省、自治区、直辖市林业主管部门收取的森林植被恢复费，纳入省级财政预算管理。其中：省、自治区主要用于全省（自治区）范围内异地植树造林、恢复森林植被的比例不得高于20％；通过省、自治区财政专项转移支付返还被占用或征用林地所在地县、地（州、市）级财政，用于植树造林、恢复森林植被的比例不得低于80％。

直辖市主要用于全市范围内异地植树造林、恢复森林植被的比例可高于20％。具体比例由各省、自治区、直辖市财政部门商林业主管部门制定。

县、地（州、市）级林业主管部门收取的森林植被恢复费，纳入同级财政预算管理，主要用于本区域范围内的植树造林、恢复森林植被。

第五章 违规处理

第十五条 占用或者临时占用林地的单位和个人不按照本办法规定缴纳森林植被恢复费；县级以上林业主管部门违反本办法规定，多收、减收、免收、缓收，或者隐瞒、截留、挪用、坐收坐支森林植被恢复费，由上级或同级财政部门会同有关部门责令改正，并按照《国务院关于违反财政法规处罚的暂行规定》(国发〔1987〕58号)等有关法律、行政法规的规定进行处罚。

第十六条 对违反第十六条规定行为中涉及有关部门或单位直接负责的主管人员和其他直接责任人员,按照《违反行政事业性收费和罚没收入收支两条线管理规定行政处分暂行规定》(国务院令第281号),给予行政处分;构成犯罪的,移交司法机关依法追究其刑事责任。

第六章 附 则

第十七条 本办法自2003年1月1日起执行。各省、自治区、直辖市有关规定与本办法不一致的,一律以本办法为准。

第十八条 本办法由财政部、国家林业局负责解释。

第十九条 各省、自治区、直辖市财政部门、林业主管部门可以根据本办法规定制定具体实施办法,并报财政部、国家林业局备案。

财政部 国家林业局关于调整森林植被恢复费征收标准引导节约集约利用林地的通知

(财税〔2015〕122号)

各省、自治区、直辖市财政厅(局)、林业厅(局),新疆生产建设兵团财务局、林业局,内蒙古、吉林、黑龙江、大兴安岭森工(林业)集团公司:

由占用征收林地的建设单位依法缴纳森林植被恢复费,是促进节约集约利用林地、培育和恢复森林植被、实现森林植被占补平衡的一项重要制度保障。2002年财政部、国家林业局印发《森林植被恢复费征收使用管理暂行办法》(财综〔2002〕73号)以来,各地不断加强和规范森林植被恢复费征收使用管理,对推动植树造林、增加森林植被面积发挥了重要作用。随着我国经济社会快速发展,各项建设工程对占用征收林地需求不断增加,但其支付的补偿标准明显偏低,无序占用、粗放利用林地问题突出,减少的森林植被无法得到有效恢复。根据中共中央、国务院印发的《生态文明体制改革总体方案》的要求,为加快健全资源有偿使用和生态补偿制度,建立引导节约集约利用林地的约束机制,确保森林植被面积不减少、质量不降低,保障国家生态安全,现就调整森林植被恢复费征收标准等有关问题通知如下:

一、制定森林植被恢复费征收标准应当遵循以下原则:

(一)合理引导节约集约利用林地,限制无序占用、粗放使用林地。

（二）反映不同类型林地生态和经济价值，合理补偿森林植被恢复成本。

（三）充分体现公益林、城市规划区林地的重要性和特殊性，突出加强公益林和城市规划区林地的保护。

（四）保障公共基础设施、公共事业和民生工程等建设项目使用林地，控制经营性建设项目使用林地。

（五）考虑不同地区经济社会发展水平、森林资源禀赋和恢复成本差异，适应各地植树造林、恢复森林植被工作需要。

（六）与经济社会发展相适应，考虑企业承受能力，并建立定期评估和调整机制。

（七）体现公平公正原则，对中央和地方企业不得实行歧视性征收标准。

二、森林植被恢复费征收标准应当按照恢复不少于被占用征收林地面积的森林植被所需要的调查规划设计、造林培育、保护管理等费用进行核定。具体征收标准如下：

（一）郁闭度0.2以上的乔木林地（含采伐迹地、火烧迹地）、竹林地、苗圃地，每平方米不低于10元；灌木林地、疏林地、未成林造林地，每平方米不低于6元；宜林地，每平方米不低于3元。

各省、自治区、直辖市财政、林业主管部门在上述下限标准基础上，结合本地实际情况，制定本省、自治区、直辖市具体征收标准。

（二）国家和省级公益林林地，按照第（一）款规定征收标准2倍征收。

（三）城市规划区的林地，按照第（一）、（二）款规定征收标准2倍征收。

（四）城市规划区外的林地，按占用征收林地建设项目性质实行不同征收标准。属于公共基础设施、公共事业和国防建设项目的，按照第（一）、（二）款规定征收标准征收；属于经营性建设项目的，按照第（一）、（二）款规定征收标准2倍征收。

公共基础设施建设项目包括：公路、铁路、机场、港口码头、水利、电力、通讯、能源基地、电网、油气管网等建设项目。公共事业建设项目包括：教育、科技、文化、卫生、体育、环境和资源保护、防灾减灾、文物保护、社会福利、市政公用等建设项目。经营性建设项目包括：商业、服务业、工矿业、仓储、城镇住宅、旅游开发、养殖、经营性墓地等建设项目。

三、对农村居民按规定标准建设住宅，农村集体经济组织修建乡村道路、学校、幼儿园、敬老院、福利院、卫生院等社会公益项目以及保障性安居工程，免征森林植被恢复费。法律、法规规定减免森林植被恢复费的，从其规定。

四、加强森林植被恢复费征收管理。各级林业主管部门要严格按规定的范围、标准和时限要求征收森林植被恢复费，确保及时、足额征缴到位。任何单位和个人均不得违反规定，擅自减免或缓征森林植被恢复费，不得自行改变森林植被恢复费的征收对象、范围和标准。要向社会公开各类建设项目占用征收林地及森林植被恢复费征收使用情况，提高透明度，接受社会监督。上级财政、林业主管部门要加强监督检查，坚决查处不按规定征收森林植被恢复费的行为。

五、做好组织实施和宣传工作。各地要高度重视调整森林植被恢复费征收标准工作，加强组织领导，周密部署，协调配合，抓好落实。要通过政府网站和公共媒体等渠道，加强森林植被恢复费政策宣传解读，及时发布信息，做好舆论引导工作，统一思想、凝聚共识，营造良好的舆论氛围。

各省、自治区、直辖市财政、林业主管部门要在2016年3月底前，将调整森林植被恢复费征收标准等政策落实到位，并及时报财政部、国家林业局备案。

财政部　国家林业局
二〇一五年十一月十八日

财政部关于将森林植被恢复费、草原植被恢复费划转税务部门征收的通知

（财税〔2022〕50号）

税务总局、林草局：

为贯彻落实党中央、国务院关于政府非税收入征管职责划转的有关要求，平稳有序推进森林植被恢复费、草原植被恢复费划转工作，现就有关事项通知如下：

一、自2023年1月1日起，将森林植被恢复费、草原植被恢复费划转至税务部门征收。2023年1月1日以前审核（批准）的相关用地申请，应于2023年1月1日（含）以后缴纳的上述收入，收缴工作继续由原执收（监缴）单位负责。划转以前和以后年度形成的欠缴收入由税务部门负责征缴入库。

二、缴纳义务人应当依据林草部门核定的费额，按照规定的期限和程序，向税务部门申报和缴纳森林植被恢复费、草原植被恢复费。

三、税务部门按照属地原则征收森林植被恢复费、草原植被恢复费，并会同林草部门逐项确定职责划转后的征缴流程，按照国库集中收缴制度等有关规定，依法依规开展收入征管工作，确保收入及时足额缴库。

四、税务部门征收森林植被恢复费、草原植被恢复费应当使用财政部统一监（印）制的非税收入票据，按照税务部门全国统一信息化方式规范管理。

五、森林植被恢复费、草原植被恢复费入库后需要办理退库的，由缴费人向税务部门申请办理，税务部门经严格审核并商有关财政、林草部门复核同意后，按照财政部门有关退库管理规定办理退付手续。

六、除本通知规定外，森林植被恢复费、草原植被恢复费的征收范围、对象、标准、分

成、减免等政策继续按照现行规定执行。

七、各级税务部门要会同财政、林草部门做好业务交接衔接和信息系统互联互通工作,及时实现征管信息实时共享,并将计征、缴款等明细信息通过互联互通系统传递给财政、林草部门。同时,向财政部门报送征收情况,并附文字说明材料。

财政部
二〇二二年十二月十三日

财政部 国家发展和改革委员会关于同意收取草原植被恢复费有关问题的通知

(财综〔2010〕29号)

农业部,各省、自治区、直辖市财政厅(局)、发展改革委、物价局:

为保护和恢复草原植被,改善生态环境,根据《中华人民共和国草原法》的规定,现将草原植被恢复费有关问题通知如下:

一、进行矿藏勘查开采和工程建设征用或使用草原的单位和个人,应向相关省、自治区、直辖市(以下简称省级)草原行政主管部门或其委托的草原监理站(所)缴纳草原植被恢复费。

因工程建设、勘查、旅游等活动需要临时占用草原且未履行恢复义务的单位和个人,应向县级以上地方草原行政主管部门或其委托的草原监理站(所)缴纳草原植被恢复费。

在草原上修建直接为草原保护和畜牧业生产服务的工程设施,以及农牧民按规定标准建设住宅使用草原的,不缴纳草原植被恢复费。

二、草原植被恢复费收费标准由国家发展改革委、财政部另行制定。

三、勘查、开采矿藏和工程建设需征用或使用草原的,用地单位和个人应按规定权限向省级以上草原行政主管部门提出申请,经审核同意的,向省级草原行政主管部门或其委托的草原监理站(所)缴纳草原植被恢复费。用地单位和个人在办理建设用地审批手续时未获批准的,省级草原行政主管部门或其委托的草原监理站(所)应当将收取的草原植被恢复费全部退还用地单位和个人。

四、县级以上地方草原行政主管部门或其委托的草原监理站(所)收取草原植被恢复费,使用省级财政部门统一印制的财政票据。

五、县级以上地方草原行政主管部门或其委托的草原监理站(所)收取的草原植被恢复费,全额缴入地方国库,具体缴库办法按照省级财政部门的规定执行。草原植被恢复费收入列"政府收支分类科目"第103类"非税收入"02款"专项收入"13项"草原植被恢复费收入"。

六、征用或使用草原未获得建设用地批准，省级草原行政主管部门或其委托的草原监理站（所）需将收取的草原植被恢复费退还用地单位和个人时，应由省级草原行政主管部门或其委托的草原监理站（所）按实际发生的退还金额，附有关证明材料，向省级财政部门申请办理草原植被恢复费退库手续。

七、草原植被恢复费纳入财政预算管理，专项用于草原行政主管部门组织的草原植被恢复、保护和管理。使用范围包括：草原调查规划、人工草原建设、草原植被恢复、退化沙化草原改良和治理、草原生态监测、草原病虫害防治、草原防火和管护等开支。任何单位和个人不得截留或挪作他用。

八、省级财政部门商同级草原行政主管部门根据省以下各级草原行政主管部门承担的恢复草原植被职责，确定草原植被恢复费在省以下各级之间的资金使用比例，并报财政部备案。

九、县级以上地方草原行政主管部门应按规定编制草原植被恢复费收支预算，报同级财政部门审核。财政部门根据县级以上地方草原行政主管部门开展草原植被恢复、保护和管理工作需要，核定草原植被恢复费支出预算。草原植被恢复费支出列"政府收支分类科目"第213类"农林水事务"01款"农业"53项"草原植被恢复费支出"。草原植被恢复费的支付按照财政国库管理制度有关规定执行。

十、县级以上地方草原行政主管部门及其委托的草原监理站（所）应严格按照本规定执行，不得多收、减收、缓收、停收或者侵占、截留、挪用草原植被恢复费，并自觉接受财政、价格、审计部门和上级草原行政主管部门的监督检查。

财政部　国家发展改革委
二〇一〇年四月二十七日

国家发展改革委 财政部关于草原植被恢复费收费标准及有关问题的通知

（发改价格〔2010〕1235号）

农业部，各省、自治区、直辖市发展改革委、物价局、财政厅（局）：

根据《财政部 国家发展改革委关于同意收取草原植被恢复费有关问题的通知》（财综〔2010〕29号）规定，经研究，现将草原植被恢复费收费标准及有关问题通知如下：

一、进行矿藏勘查开采和工程建设征用或使用草原的单位和个人，向省、自治区、直辖市草原行政主管部门或其委托的草原监理站（所）复缴纳草原植被恢复费的收费标准，以及因工程建设、勘查、旅游等活动需要临时占用草原且未履行恢复义务的单位和个人,向县级以上地方草原行政主管部门或其委托的草原监理站(所)缴纳草原植被恢复费的收费标准,由所在地省、自治区、直辖市价格主管部门会同财政部门核定,并报国家发展改革委、财政部备案。

在草原上修建直接为草原保护和畜牧业生产服务的工程设施,以及农牧民按规定标准建设住宅使用草原的,不缴纳草原植被恢复费。

二、收费单位应到指定的价格主管部门办理收费许可证,并使用省级财政部门统一印制的财政票据。

三、收费单位应严格执行批准的收费项目和收费标准,不得自行增设收费项目、扩大收费范围或提高收费标准,并自觉接受价格、财政、审计部门的监督检查。

四、上述规定自本通知发布之日起执行。

国家发展改革委
财政部
二○一○年六月七日

国务院关于开征石油特别收益金的决定

(国发〔2006〕13号)

各省、自治区、直辖市人民政府,国务院各部委、各直属机构:

石油是关系国民经济和社会发展全局的重要战略资源。2004年以来,由于国际市场石油价格持续大幅度上涨,国内原油采掘业利润增加较多,其他行业和社会用油成本加大,造成各行业利益分配不平衡,影响经济平稳运行。为妥善处理各方面利益关系,推进石油价格形成机制改革,加强国家调控,促进国民经济持续健康协调发展,国务院决定对石油开采企业销售国产原油因油价上涨获得的超额收入征收石油特别收益金。

石油特别收益金属中央财政非税收入,纳入中央财政预算管理,具体征收管理办法由财政部制定并公布施行。

国务院
二○○六年三月十五日

财政部关于印发《石油特别收益金征收管理办法》的通知

(财企〔2006〕72号)

各省、自治区、直辖市、计划单列市财政厅(局),国务院有关部委、有关直属机构,中国石油天然气集团公司、中国石油化工集团公司、中国海洋石油总公司:

根据《国务院关于开征石油特别收益金的决定》(国发〔2006〕13号),现将我们制定的《石油特别收益金征收管理办法》印发给你们,请遵照执行。

附件:石油特别收益金征收管理办法

财政部
二〇〇六年三月二十五日

附件

石油特别收益金征收管理办法

第一条 为推动石油价格机制改革,促进国民经济持续健康协调发展,规范石油特别收益金征收管理,制定本办法。

第二条 本办法所称石油特别收益金,是指国家对石油开采企业销售国产原油因价格超过一定水平所获得的超额收入按比例征收的收益金。

第三条 凡在中华人民共和国陆地领域和所辖海域独立开采并销售原油的企业,以及在上述领域以合资、合作等方式开采并销售原油的其他企业(以下简称合资合作企业),均应当按照本办法的规定缴纳石油特别收益金。

第四条 石油特别收益金属中央财政非税收入,纳入中央财政预算管理。

第五条 财政部负责石油特别收益金的征收管理工作。中央石油开采企业向财政部申报缴纳石油特别收益金;地方石油开采企业向财政部驻所在地财政监察专员办事处申报缴纳;合资合作企业应当缴纳的石油特别收益金由合资合作的中方企业代扣代缴。

第六条 石油特别收益金实行5级超额累进从价定率计征,按月计算、按季缴纳。

第七条 石油特别收益金征收比率按石油开采企业销售原油的月加权平均价格确定。为便于参照国际市场油价水平,原油价格按美元/桶计价,起征点为40美元/桶。具体征收比率及速算扣除数见下表(计算公式见附表):

原油价格(美元/桶)	征收比率	极速算扣除数(美元/桶)
40~45(含)	20%	0
45~50(含)	25%	0.25
50~55(含)	30%	0.75
55~60(含)	35%	1.5
60 以上	40%	2.5

第八条 计算石油特别收益金时,原油吨桶比按石油开采企业实际执行或挂靠油种的吨桶比计算;美元兑换人民币汇率以中国人民银行当月每日公布的中间价按月平均计算。

第九条 石油开采企业集团公司下属多家石油开采企业的,石油特别收益金以石油开采企业集团公司为单位汇总缴纳。

第十条 缴纳石油特别收益金的石油开采企业,应当如实填写石油特别收益金申报表(见附表),各集团公司汇总后,在每季度结束后的 10 个工作日内,向财政机关申报缴纳。

第十一条 财政机关对石油开采企业集团公司上报的特别收益金申报表进行认真审核,并以书面形式确认石油开采企业应缴石油特别收益金金额。石油开采企业应在接到书面确认通知的 5 个工作日内缴入中央金库。

第十二条 石油特别收益金缴库一律使用财政部统一监制的"一般缴款书"。缴款书所列各项内容必须填列完整、正确。"财政机关"栏填写"财政部","预算级次"栏填写"中央级","预算科目"栏填写第 71 类"其他收入"中第 7113 款"石油特别收益金专项收入"。

第十三条 石油开采企业在规定的期限内未足额缴纳石油特别收益金的,由财政机关责令限期缴纳,并从滞纳之日起按日加收万分之五的滞纳金。

第十四条 财政机关不得擅自减征或免征石油开采企业应缴纳的石油特别收益金。

第十五条 石油特别收益金列入企业成本费用,准予在企业所得税税前扣除。

第十六条 石油开采企业未按照本办法规定缴纳石油特别收益金的,由财政机关按照《财政违法行为处罚处分条例》的规定予以处罚。

第十七条 本办法自 2006 年 3 月 26 日起执行。

第十八条 本办法由财政部负责解释。

附表

石油特别收益金申报表

企业名称：　　　　　　　　　　　　　　　　　　　　　　　　　　　　××××年×月

石油开采企业名称	销售价格(a)		销售数量		应缴纳石油特别收益金(元)(f)
	元/吨(b)	美元/桶(c)	吨(d)	桶(e)	
合计					

注：(1) a指石油开采企业当月销售原油所实现的加权平均销售价格，按当月实际销售收入除以销售量计算

(2) c=b/(吨桶比×美元兑换人民币汇率)

(3) f=[(c−40)×征收率−速算扣除数]×d×吨桶比×美元兑换人民币汇率=[(c−40)×征收率−速算扣除数]×e×美元兑换人民币汇率

财政部关于征收石油特别收益金有关问题的补充通知

(财企〔2006〕183号)

各省、自治区、直辖市、计划单列市财政厅(局)，国务院有关部委、有关直属机构，中国石油天然气集团公司、中国石油化工集团公司、中国海洋石油总公司：

《财政部关于印发〈石油特别收益金征收管理办法〉的通知》(财企〔2006〕72号，以下简称《办法》)下发后，部分石油开采企业就全面、准确地执行该《办法》提出了一些建议。现就征缴石油特别收益金的有关问题补充通知如下：

一、关于石油特别收益金的征收范围

凡在中华人民共和国陆地领域和所辖海域开采的石油，无论其是否在中国境内销售，均应按规定缴纳石油特别收益金。中外合作油田按规定上缴国家的石油增值税、矿区使用费、国家留成油不征收石油特别收益金。

二、关于合资合作企业石油特别收益金的缴纳主体

合资合作企业应当缴纳的石油特别收益金，由合资合作的各方中拥有石油勘探和开采许可证的一方企业统一向财政机关申报。财政机关对上报的特别收益金申报表审核后，以书面形式确认各方企业应缴的石油特别收益金金额。企业按照书面通知中确认的

金额,填写"一般缴款书"直接办理缴库。

三、关于中外合作油田石油特别收益金计算的有关问题

中外合作油田的合作各方企业,应以合作各方按期确定的分成价格为依据计算缴纳石油特别收益金。石油特别收益金不作为合作企业联合账簿中合作各方的相关成本费用进行回收。

四、其他有关问题

(一)石油特别收益金以人民币缴纳。

(二)对合作油田的各方企业应缴纳的石油特别收益金,在申报缴纳时应分别列示。在规定期限内由于申报环节或缴款环节延误须加收的滞纳金和罚款,由有关责任方分别承担。

(三)石油开采企业在申报应缴纳的石油特别收益金时,应同时提供本企业各个月份销售原油的价格执行依据文件。中外合作油田应提供合作各方确定的分成价格确定文件。

中华人民共和国财政部
二〇〇六年六月三十日

财政部关于提高石油特别收益金起征点的通知

(财税〔2014〕115号)

国务院有关部委、有关直属机构,各省、自治区、直辖市、计划单列市财政厅(局),中国石油天然气集团公司、中国石油化工集团公司、中国海洋石油总公司:

经国务院批准,财政部决定从2015年1月1日起,将石油特别收益金起征点提高至65美元/桶。起征点提高后,石油特别收益金征收仍实行5级超额累进从价定率计征。具体征收比率及速算扣除数见下表:

原油价格(美元/桶)	征收比率	速算扣除数(美元/桶)
65~70(含)	20%	0
70~75(含)	25%	0.25
75~80(含)	30%	0.75
80~85(含)	35%	1.5
85以上	40%	2.5

石油特别收益金起征点提高后,其他征收管理的有关问题,仍按照《财政部关于印发

《石油特别收益金征收管理办法》的通知》(财企〔2006〕72号)等有关文件的规定执行。

财政部
2014年12月25日

财政部关于调整石油特别收益金征收方式的通知

(财企〔2012〕42号)

国务院有关部委、有关直属机构,各省、自治区、直辖市、计划单列市财政厅(局),中国石油天然气集团公司、中国石油化工集团公司、中国海洋石油总公司:

　　为进一步完善石油特别收益金征收管理办法,财政部决定适当调整石油特别收益金征收方式。现通知如下:

　　一、从申报缴纳2012年石油特别收益金开始,将征收方式由原"按月计算、按季缴纳"调整为"按月计算、按季申报,按月缴纳"。

　　二、缴纳石油特别收益金的石油开采企业,应当如实填写石油特别收益金申报表,各集团公司汇总后,在每季度结束后的10个工作日内,向财政机关申报缴纳上季度各月石油特别收益金。

　　三、财政机关对石油开采企业集团公司上报的石油特别收益金申报表进行认真审核,并以书面形式确认石油开采企业分月应缴石油特别收益金时间和金额。石油开采企业应按书面通知确认的时限和金额将石油特别收益金分月缴入中央金库。

　　四、石油特别收益金其他征收管理的有关问题,仍按照《财政部关于印发〈石油特别收益金征收管理办法〉的通知》(财企〔2006〕72号)和《财政部关于提高石油特别收益金起征点的通知》(财企〔2011〕480号)的有关规定执行。

财政部
2012年3月28日

财政部 国家发展改革委关于印发
《油价调控风险准备金征收管理办法》的通知

(财税〔2016〕137号)

各省、自治区、直辖市财政厅(局)、发展改革委、物价局,中国石油天然气集团公司、中国

石油化工集团公司、中国海洋石油总公司,财政部驻各省、自治区、直辖市财政监察专员办事处:

为完善成品油价格形成机制,规范油价调控风险准备金征收管理,经国务院同意,我们制定了《油价调控风险准备金征收管理办法》,现印发给你们,请遵照执行。

附件:油价调控风险准备金征收管理办法

抄送:国务院办公厅。

附件:油价调控风险准备金征收管理办法

财政部 国家发展改革委
2016 年 12 月 15 日

油价调控风险准备金征收管理办法

第一章 总 则

第一条 为完善成品油价格形成机制,加强和规范油价调控风险准备金(以下简称风险准备金)征收管理,根据《中华人民共和国预算法》和《国家发展改革委关于进一步完善成品油价格形成机制有关问题的通知》(发改价格〔2016〕64 号)的有关规定,制定本办法。

第二条 风险准备金的收缴、预算、使用和监督管理,适用本办法。

第三条 风险准备金全额上缴中央国库,纳入一般公共预算管理,列"其他专项收入",统筹用于节能减排、提升油品质量、保障石油供应安全,以及应对国际油价大幅波动,实施保障措施的资金来源。

第二章 征 收 管 理

第四条 风险准备金的缴纳义务人为中华人民共和国境内生产、委托加工和进口汽、柴油的成品油生产经营企业。

第五条 当国际市场原油价格低于国家规定的成品油价格调控下限时,缴纳义务人应按照汽油、柴油的销售数量和规定的征收标准缴纳风险准备金。

第六条 汽油、柴油销售数量是指缴纳义务人于相邻两个调价窗口期之间实际销售数量。

第七条 风险准备金征收标准按照成品油价格未调金额确定。

第八条 成品油价格未调金额由国家发展改革委、财政部根据国际原油价格变动情况,按照现行成品油价格形成机制计算核定,于每季度前 10 个工作日内,将上季度每次调价窗口期的征收标准,书面告知征收机关。

第九条 财政部驻各省、区、市财政监察专员办事处(以下简称专员办)负责征收风险准备金。

第十条 风险准备金的缴纳地点为缴纳义务人注册登记地。

第十一条 风险准备金由缴纳义务人申报缴纳。其中,缴纳义务人有两个及以上从事成品油生产经营企业的,可由征收机关指定集团公司或其他公司实行汇总缴纳。

(一)中国石油天然气集团公司、中国石油化工集团公司、中国海洋石油总公司等中央企业应当缴纳的风险准备金,由财政部驻北京市专员办负责征收。

(二)地方企业应当缴纳的风险准备金,由所在省(区、市)征收机关负责征收。

第十二条 缴纳义务人可以选择按季度或者按年度缴纳风险准备金。具体缴纳方式由缴纳义务人报征收机关核准。缴纳方式一经确定,不得随意变更。

第十三条 缴纳义务人应当根据本办法规定,向所在地征收机关如实申报汽油、柴油销售数量和应缴纳的风险准备金。

按季度缴纳的,缴纳义务人应当于每季度前15个工作日内,如实填写《油价调控风险准备金申报表》(见附1),提交给征收机关审核。

按年度缴纳的,缴纳义务人应当于每年1月20日前,如实填写《油价调控风险准备金申报表》,提交给征收机关审核。

第十四条 征收机关应当于5个工作日内完成对申报材料的审核,并向缴纳义务人开具《非税收入一般缴款书》。

第十五条 缴纳义务人按照《非税收入一般缴款书》所规定的缴款额,在5个工作日内足额上缴风险准备金。

第十六条 风险准备金缴库时,填列政府收支分类科目第103029999目"其他专项收入"。

第十七条 风险准备金具体缴库办法,按照财政部国库集中收缴制度有关规定执行。

第十八条 对于按季缴纳的,征收机关根据缴纳义务人实际销售的汽油、柴油数量,在次年3月底完成对缴纳义务人全年风险准备金的汇算清缴工作。

第十九条 风险准备金计入"其他应付款"核算,不得计入企业当期收入。

第二十条 任何单位和个人不得违反本办法规定,擅自减免或缓征风险准备金,不得自行调整风险准备金征收对象、范围和标准。

第三章 监督管理

第二十一条 风险准备金的征收情况应当接受财政、发展改革(价格)部门的监督检查和审计机关的审计监督。

第二十二条 缴纳义务人应当按照本通知规定,及时申报和缴纳风险准备金,不得拒绝或拖延。

第二十三条 征收机关要加强风险准备金征收管理,对逃避缴纳、应申报未申报、申报不实等情况,严格按照法律、行政法规规定查处,确保资金及时足额入库。

征收机关违反规定,多征、提前征收或者减征、免征、缓征应征风险准备金收入的,严格按照有关法律、行政法规规定,追究负有直接责任的主管人员和其他直接责任人员法律责任。

第四章 附　　则

第二十四条 本办法由财政部、国家发展改革委解释。

第二十五条 本办法自 2016 年 1 月 13 日起施行。